Th. W. Adorno KW-222-185

Dialéctica negativa -
La jerga de la autenticidad
Obra completa, 6

Edición de Rolf Tiedemann
con la colaboración de Gretel Adorno,
Susan Bech-Morss y Klauss Schultz

Traducción
Alfredo Brotons Muñoz

akal

AKAL BÁSICA DE BOLSILLO **66**

Th. W. Adorno

Obra completa

Maqueta: RAG
Portada: Sergio Ramírez

1.ª reimpresión, 2008
2.ª reimpresión, 2011
3.ª reimpresión, 2014

Título original
Negative Dialektik. Jargon der Eigentlichkeit

© Suhrkamp Verlag, Frankfurt am Main, 1970

© De la edición de bolsillo, Ediciones Akal, S. A., 2005
para lengua española

Sector Foresta, 1
28760 Tres Cantos
Madrid - España

Tel.: 918 061 996
Fax: 918 044 028

www.akal.com

ISBN: 978-84-460-1673-1
Depósito legal: M-9.523-2011

Impreso en España

Índice

DIALÉCTICA NEGATIVA

LA JERGA DE LA AUTENTICIDAD

DIALÉCTICA NEGATIVA

Prólogo

La formulación *dialéctica negativa* atenta contra la tradición. Ya en Platón, la dialéctica quiere obtener algo positivo mediante el instrumento intelectual de la negación; más tarde, la figura de una negación de la negación designó esto lacónicamente. Este libro querría liberar a la dialéctica de semejante esencia afirmativa, sin disminuir en nada la determinidad. Devanar su paradójico título es una de sus miras.

Lo que, según la representación dominante de la filosofía, sería fundamento el autor no lo desarrolla más que después de haber expuesto ampliamente mucho de lo que esa representación supone que se alza sobre un fundamento. Esto implica tanto una crítica del concepto de fundamento como la primacía de un pensar de contenidos. El movimiento de éste únicamente en la consumación adquiere su autoconsciencia. Precisa de lo, según las reglas de juego del espíritu que nunca han dejado de estar vigentes, secundario.

No sólo se ofrece una metodología de los trabajos materiales del autor: según la teoría de la dialéctica negativa, no existe ninguna continuidad entre aquéllos y ésta. Pero sin duda se trata de tal discontinuidad y de las indicaciones para el pensamiento que de ella cabe colegir. El procedimiento no se fundamenta, sino que se justifica. El autor pone, hasta donde es capaz, las cartas sobre la mesa; lo cual no es de ningún modo lo mismo que el juego.

Cuando Benjamin, en 1937, leyó la parte de la *Metacrítica de la teoría del conocimiento* que el autor por entonces había acabado –en aquella publicación el último capítulo–, opinó a propósito de ella que se debe atravesar el helado desierto de la abstracción para alcanzar con-

vincentemente el filosofar concreto. La dialéctica negativa traza ahora retrospectivamente un tal camino. En la filosofía contemporánea la
concreción no era la mayoría de las veces sino subrepticia. Por el contrario, este sumamente abstracto texto quiere servir a su autenticidad
no menos que a la explicación del modo concreto de proceder del autor. Si en los debates estéticos más recientes se habla de antidrama y
antihéroes, a la dialéctica negativa, tan alejada de los temas estéticos,
se la podría llamar un antisistema. Con medios de lógica consecuente trata de sustituir el principio de unidad y la omnipotencia del concepto soberano por la idea de lo que escaparía al hechizo de tal unidad. Desde que cobró confianza en los propios impulsos espirituales,
el autor sintió como suya la tarea de, con la fuerza del sujeto, desmontar
la falacia de la subjetividad constitutiva; no quiere seguir aplazando esta
tarea. Uno de los motivos determinante fue el de trascender rigurosamente la separación oficial entre la filosofía oficial y lo sustantivo o
formalmente científico.

La introducción expone el concepto de experiencia filosófica. La
primera arranca parte de la situación de la ontología dominante en Alemania. No se la juzga desde arriba, sino que se la entiende desde la necesidad, por su parte problemática, y se la critica inmanentemente.
A partir de los resultados, la segunda parte pasa a la idea de una dialéctica negativa y su posición con respecto a algunas categorías que conserva tanto como altera cualitativamente. La tercera parte presenta modelos de dialéctica negativa. No son ejemplos; no explican simplemente
consideraciones generales. Conduciendo a lo sustantivo, querrían al
mismo tiempo hacer justicia a la intención de contenido de lo en principio, por necesidad, tratado en general, en oposición al empleo, introducido por Platón y desde entonces repetido por la filosofía, de ejemplos como algo en sí indiferente. Mientras que deben aclarar qué es la
dialéctica negativa y llevarla, conforme al propio concepto de ésta, al
ámbito real, los modelos se ocupan, no sin semejanza con el llamado
método ejemplificador, de conceptos clave de las disciplinas filosóficas a fin de intervenir en el centro de éstas. Esto es lo que una dialéctica de la libertad quiere hacer por la filosofía de la moral; por la de la
historia, «el espíritu del mundo y la historia de la naturaleza»; el último capítulo circunscribe a tientas las preguntas metafísicas, en el sentido de una pivotación sobre el eje, mediante la autorreflexión crítica,
del giro copernicano.

Ulrich Sonnemann está trabajando en un libro que ha de llevar el título de *Antropología negativa*. Ni él ni el autor sabían de antemano nada de esta coincidencia. Revela lo perentorio del asunto.

El autor está preparado para la resistencia a la que la *Dialéctica negativa* se expone. Sin rencor permite alegrarse a todos los que, de este lado o del otro, proclamarán que ellos siempre lo habían dicho y que es ahora cuando el autor lo confiesa.

Fráncfort, verano de 1966

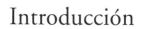

Introducción

La filosofía, que otrora pareció obsoleta, se mantiene con vida porque se dejó pasar el instante de su realización. El juicio sumario de que meramente interpretaba el mundo, de que por resignación ante la realidad se atrofió también en sí, se convierte en derrotismo de la razón tras el fracaso de la transformación del mundo. No ofrece lugar alguno desde el cual la teoría como tal pueda ser condenada por el anacronismo del que, después como antes, es sospechosa. Quizá la interpretación que prometía la transición a la práctica fue insuficiente. El instante del que dependía la crítica de la teoría no puede prolongarse teóricamente. Una praxis indefinidamente aplazada ya no es la instancia de apelación contra una especulación autosatisfecha, sino la mayoría de las veces el pretexto con el que los ejecutivos estrangulan por vano al pensamiento crítico del que una praxis transformadora habría menester. Tras haber roto la promesa de ser una con la realidad o de estar inmediatamente a punto de su producción, la filosofía está obligada a criticarse a sí misma sin contemplaciones. Lo que antaño, por comparación con la apariencia de los sentidos y de toda experiencia vuelta hacia el exterior, se sentía como lo absolutamente contrario a la ingenuidad se ha convertido por su parte, objetivamente, en tan ingenuo como hace ciento cincuenta años ya Goethe consideraba a los pobres pasantes que buenamente se entregaban subjetivamente a la especulación. El introvertido arquitecto de los pensamientos vive en la luna confiscada por los extrovertidos técnicos. Las cápsulas conceptuales que, según costumbre filosófica, debían poder acoger al todo, a la vista de la sociedad desmesuradamente expandida y de los progresos del conocimiento positivo de la naturaleza, parecen reliquias de la primitiva economía mercantil en medio del tardocapitalismo industrial. Tan desmedida se ha hecho la desproporción, mientras tanto rebajada a tópico, entre poder y espíritu alguno, que hace inútiles los intentos de conceptualizar lo preponderante inspirados por el propio concepto de espíritu. La voluntad de hacer esto denota una pretensión de poder que aquello por conceptualizar refuta. La expresión más patente del destino histórico de la filosofía es su regresión, impuesta por las ciencias particulares, a una ciencia particular. Si, según sus palabras, Kant se había liberado del concepto de escuela al pasar al concepto cósmico de la filosofía[1], ésta ha regresado, por la fuerza, a su concepto de escuela. Siempre que confunde éste con el concepto cósmico, sus pretensiones caen en el ridículo. Hegel, a pesar de la doctrina del espíritu absoluto, en el cual él incluía a la filosofía, sabía a ésta mero momento en la realidad, actividad fruto de la división del trabajo, y por tanto la restringía. De ahí resultó luego su propia limitación, su desproporción con la realidad, y tanto más ciertamente cuanto más a fondo olvidó esa restricción y rechazó como algo extraño a ella la meditación sobre su propia posición en un todo al que monopoliza como su objeto en lugar de reconocer cuánto, hasta en su composición interna, su verdad inmanente depende de él. Sólo una filosofía que se desprenda de tal ingenuidad vale de algún modo la pena de seguir siendo pensada. Pero su autorreflexión crítica no puede detenerse ante las cumbres más altas de su historia. A ella le cumpliría preguntar si y cómo, tras la caída de la filosofía hegeliana, es ella aún posible en general, tal como Kant inquiría sobre la posibilidad de la metafísica después de la crítica del racionalismo. Si la doctrina hegeliana de la dialéctica representa el intento inigualado de mostrarse con conceptos filosóficos a la altura de lo a éstos heterogéneo, hay que rendir cuentas de la relación debida a la dialéctica en la medida en que su intento ha fracasado.

Ninguna teoría escapa ya al mercado: cada una de ellas se pone a la venta como posible entre las opiniones concurrentes, todas sometidas a elección, todas devoradas. Si no hay, sin embargo, anteojeras que el pensamiento pueda ponerse para no ver esto; si igualmente cierto es que la infatuada convicción de que la propia teoría ha escapado a ese destino degenera en el elogio de sí misma, tampoco la dialéctica ha menester de enmudecer ante tal reserva ni ante la a ésta aneja de su superfluidad, de lo arbitrario de un método pegado por fuera. Su nombre no dice en principio nada más que los objetos no se reducen a su concepto, que éstos entran en contradicción con la norma tradicional de la *adaequatio*. La contradicción no es aquello en que el idealismo absoluto de Hegel debía inevitablemente transfigurarlo: algo de esencia heraclítea. Es un indicio de la no-verdad de la identidad, del agotamiento de lo concebido en el concepto. La apariencia de identidad es sin embargo inherente al pensar mismo de su forma pura. Pensar significa identificar. El orden conceptual se desliza satisfecho ante lo que el pensamiento quiere concebir. Su apariencia y su verdad se interfieren. Aquélla no se deja eliminar por decreto, por ejemplo mediante la afirmación de algo que es en sí aparte de la totalidad de las determinaciones cogitativas. Está secretamente implícito en Kant y fue movilizado por Hegel contra él que el en sí, más allá del concepto, es nulo en cuanto totalmente indeterminado. La consciencia de la apariencialidad de la totalidad conceptual no tiene otra salida que romper la apariencia de identidad total inmanentemente: según su propio criterio. Pero como esa totalidad se construye conforme a la lógica, cuyo núcleo constituye el principio de tercio excluso, todo lo que no se adecúe a éste, todo lo cualitativamente distinto, recibe el marchamo de la contradicción. La contradicción es lo no-idéntico bajo el aspecto de la identidad; la primacía del principio de contradicción en la dialéctica mide lo heterogéneo por el pensamiento de la unidad. Cuando choca con su límite, se sobrepuja. La dialéctica es la consciencia consecuente de la no-identidad. No adopta de antemano un punto de vista. Hacia ella empuja los pensamientos su inevitable insuficiencia, su culpa de lo que piensa. Si, como se ha repetido desde los críticos aristotélicos de Hegel[2], se objeta a la dialéctica que todo lo que cae en su molino lo lleve por su parte a la forma meramente lógica de la contradicción y deje además de lado –así argumenta todavía Croce–[3] toda la diversidad de lo no contradictorio, de lo simplemente diferente, entonces se achaca al método la culpa de la cosa. Lo diferenciado aparece divergente, disonante, negativo en tanto en cuanto por su propia formación la consciencia tenga que tender a la unidad: en tanto en cuanto mida lo que no es idéntico con ella por su pretensión de totalidad. Esto es lo que la dialéctica reprocha a la consciencia como contradicción. Gracias a la esencia de la misma consciencia, la contradictoriedad tiene el carácter de una legalidad ineludible y fatal. Identidad y contradicción del pensar están mutuamente soldados. La totalidad de la contradicción no es nada más que la no-verdad de la identificación total, tal como se manifiesta en ésta. La contradicción es la no-identidad bajo el dictamen de una ley que afecta también a lo no-idéntico.

Pero ésta no es una ley del pensamiento, sino real. Quien se pliega a la disciplina dialéctica ha incuestionablemente de pagarlo con el amargo sacrificio de la diversidad cualitativa de la experiencia. Sin embargo, el empobrecimiento de la experiencia por la dialéctica, que escandaliza a las sanas intenciones, en el mundo administrado se revela como adecuado a la uniformidad abstracta de éste. Lo que tiene de doloroso es el dolor, elevado a concepto, por el mismo. El conocimiento debe sometérsele si no quiere degradar una vez más la concreción a la ideología en que realmente está comenzando a convertirse. Una versión modificada de la dialéctica se contentó con su renacimiento desvigorizado: su deducción de las aporías de Kant desde el punto de vista de la historia del espíritu y lo programado, pero no cumplido, en los sistemas de sus sucesores. Cumplir no es sino negativo. La dialéctica desarrolla la diferencia, dictada por lo universal, de lo particular con respecto a lo universal. Mientras que ella, la cesura entre sujeto y objeto penetrada en la consciencia, es inseparable del sujeto (y surca todo lo que, incluso de objetivo, piensa éste), tendría su fin en la reconciliación. Ésta liberaría lo no-idéntico, lo desembarazaría aun de la coacción espiritualizada, abriría por primera vez la multiplicidad de lo diverso, sobre la que la dialéctica ya no tendría poder alguno. La reconciliación sería la rememoración de lo múltiple ya no hostil, que es anatema para la razón subjetiva. La dialéctica sirve a la reconciliación. Desmonta el carácter de coacción lógica a que obedece; por eso se la acusa de panlogismo. En cuanto idealista, estaba claveteada al predominio del sujeto absoluto en cuanto la fuerza que negativamente produce cada movimiento singular del concepto y la marcha conjunta. Incluso en la concepción hegeliana, que desbordaba a la consciencia individual y aun a la trascendental kantiana y fichteana, tal primacía del sujeto está históricamente condenada. La desaloja no sólo la falta de vigor de un pensamiento adormecedor, que ante la preponderancia del curso del mundo renuncia a construirlo. Más bien, ninguna de las reconciliaciones que afirmó el idealismo absoluto –cualquier otro resultó inconsecuente–, desde las lógicas hasta las político-históricas, fue sólida. El hecho de que el idealismo consistente no haya podido constituirse más que como epítome de la contradicción es tanto su verdad, de lógica consecuente, como el castigo que merece su logicidad en cuanto logicidad; apariencia tanto como necesaria. Pero la reanudación del proceso a la dialéctica, cuya forma no-idealista entretanto ha degenerado en dogma, lo mismo que la idealista en bien cultural, no decide únicamente sobre la actualidad de un modo de filosofar históricamente transmitido, o sobre la estructura filosófica del objeto de conocimiento. Hegel había devuelto a la filosofía el derecho y la capacidad de pensar contenidos en lugar de contentarse con el análisis de formas de conocimiento vacías y, en sentido enfático, nulas. La filosofía actual recae, cuando en general trata de algo con contenido, en la arbitrariedad de la concepción del mundo, o bien en aquel formalismo, aquello «indiferente», contra lo que Hegel se había sublevado. La evolución de la fenomenología, a la que en un tiempo animó la necesidad de contenido, hacia una evocación del ser que rechaza todo contenido como impureza, prueba esto. El filosofar de Hegel sobre contenidos tuvo como fundamento y resultado la primacía del sujeto o, según la famosa formulación de la consideración inicial de la *Lógica*, la identidad de identidad y no-identidad[4]. Lo singular determinado era para él determinable por el espíritu, pues su determinación inmanente no debía ser otra cosa que espíritu. Sin esta suposición la filosofía no sería, según Hegel, capaz de conocer nada ni de contenido ni esencial. Si el concepto de dialéctica idealistamente adquirido no alberga experiencias que, en contra del énfasis hegeliano, sean independientes del aparejo idealista, a la filosofía le resulta inevitable una renuncia que rechace el examen de contenidos, se limite a la metodología de las ciencias, considere a ésta la filosofía y virtualmente se suprima.

Según la situación histórica, la filosofía tiene su verdadero interés en aquello sobre lo que Hegel, de acuerdo con la tradición, proclamó su desinterés: en lo carente de concepto, singular y particular; en aquello que desde Platón se despachó como efímero e irrelevante y de lo que Hegel colgó la etiqueta de existencia perezosa. Su tema serían las cualidades por ella degradadas, en cuanto contingentes, a *quantité négligeable*. Lo urgente para el concepto es aquello a lo que no llega, lo que su mecanismo de abstracción excluye, lo que no es ya un ejemplar de concepto. Tanto Bergson como Husserl, exponentes de la modernidad filosófica, estimularon esto, pero ante ello retrocedieron a la metafísica tradicional. Por amor a lo no-conceptual, Bergson creó, con un golpe de fuerza, otro tipo de conocimiento. La sal dialéctica es arrastrada por la corriente indiferenciada de la vida; lo fijado como cosa, degradado como subalterno, no concebido junto con su subalternidad. El odio al rígido concepto universal instaura un culto de la inmediatez racional, de la libertad soberana en medio de lo no libre. Sus dos modos de conocimiento los proyecta en una oposición tan dualista como sólo lo fueron las doctrinas por él atacadas de Descartes y Kant; al mecánico-causal, en cuanto saber pragmático, el intuitivo le molesta tan poco como a la estructura burguesa la relajada despreocupación de quienes deben su privilegio a esa estructura. Las tan celebradas intuiciones aparecen bastante abstractas en la misma filosofía de Bergson, apenas van más allá de la consciencia fenoménica del tiempo que incluso en Kant subyace al tiempo físico-cronológico (al espacial según el análisis de Bergson). Por más que arduo de desarrollar, el comportamiento intuitivo del espíritu, arcaico rudimento de una reacción mimética, sigue sin duda existiendo de hecho. Lo que lo precede promete algo más allá del petrificado presente. Sólo intermitentemente se logran, sin embargo, las intuiciones. Todo conocimiento, incluido el propio de Bergson, ha menester de la racionalidad por él despreciada, precisamente si quiere concretarse. La duración elevada a absoluto, el puro devenir, el *actus purus*, se convertiría en la misma atemporalidad que Bergson censura en la metafísica desde Platón y Aristóteles. A él no le preocupaba el hecho de que lo que busca a tientas, si no es que resulte ser un *fata morgana*, únicamente cabría enfocarlo con el instrumental del conocimiento, mediante la reflexión sobre sus propios medios; ni el que, con un modo de proceder que de antemano carece de mediación con el del conocimiento, se degenera en arbitrariedad. – El Husserl lógico, por el contrario, destacó ciertamente de manera nítida el modo de aprehender la esencia frente a la abstracción generalizadora. Lo que tenía en mente era una experiencia espiritual específica que debía poder ver la esencia a partir de lo particular. Ahora bien, la esencia en cuestión no se distinguía en nada de los conceptos universales corrientes. Entre las operaciones para la visión de las esencias y su *terminus ad quem* hay una desproporción enorme. Ninguno de los dos intentos de evasión consiguieron escapar al idealismo: Bergson se orientaba, lo mismo que sus enemigos jurados positivistas, por las *données immédiates de la cons-*

cience; Husserl, análogamente, por los fenómenos del flujo de la consciencia. Ni uno ni otro salen del perímetro de la inmanencia subjetiva[5]. Contra ambos habría que insistir en aquello que en vano persiguen: decir contra Wittgenstein lo que no se puede decir. La sencilla contradicción de esta demanda es la de la misma filosofía: califica a ésta como dialéctica antes siquiera de que se enrede en sus contradicciones de detalle. El trabajo de la autorreflexión filosófica consiste en desenredar esa paradoja. Todo lo demás es significación, reconstrucción, hoy como en los tiempos de Hegel prefilosóficas. Una confianza, por problemática que sea, en que a la filosofía le es posible; en que el concepto puede trascender al concepto, lo preparatorio y lo que remata, y, por tanto, alcanzar lo privado de conceptos, es imprescindible a la filosofía, al igual que precisa de algo de la ingenuidad de que ésta adolece. De lo contrario, debe capitular, y con ella todo el espíritu. No se podría pensar la más simple operación, no habría ninguna verdad; dicho enfáticamente: todo no sería más que nada. Pero lo que de la verdad; se toca mediante los conceptos más allá de su abstracto cerco no puede tener ningún otro escenario que lo por él oprimido, despreciado y rechazado. La utopía del conocimiento sería abrir con conceptos lo privado de conceptos, sin equipararlo a ellos.

Semejante concepto de dialéctica despierta dudas sobre su posibilidad. La anticipación de un constante movimiento entre contradicciones parece enseñar, por muy modificada que esté, la totalidad del espíritu, precisamente la tesis derogada de la identidad. El espíritu que no deja de reflexionar sobre la contradicción en la cosa debe ser esta misma si es que la cosa se ha de organizar según la forma de la contradicción. La verdad que en la dialéctica idealista impulsa más allá de todo lo particular como algo falso en su unilateralidad es la del todo; si no estuviese pensada de antemano, los pasos dialécticos carecerían de motivación y orientación. A esto se ha de contestar que el objeto de la experiencia espiritual es en sí, de manera sumamente real, un sistema antagonista no sólo gracias a su mediación como sujeto cognoscente que se reencuentra en ésta. La constitución forzosa de la realidad que el idealismo había proyectado en la región del sujeto y del espíritu debe retraducirse a partir de ésta. Lo que del idealismo queda es que el determinismo objetivo del espíritu, la sociedad, es tanto una suma de sujetos como la negación de éstos. Están en ella irreconocibles y desvigorizados; por eso es igual de desesperadamente objetiva y concepto, lo cual el idealismo confunde con algo positivo. El sistema no es el del espíritu absoluto, sino el del más condicionado de todos los que disponen de él y ni siquiera son capaces de saber hasta qué punto es propio de ellos. Radicalmente distinta de la constitución teórica, la preformación subjetiva del proceso social de producción material es lo que éste tiene de irresuelto, de irreconciliado con los sujetos. Su propia razón, que, tan inconsciente como el sujeto trascendental, instaura la identidad mediante el engaño, les resulta inconmensurable a los sujetos a los que ella reduce al denominador común: el sujeto como enemigo del sujeto. La universalidad precedente es verdadera tanto como no-verdadera: verdadera porque constituye aquel «éter» que Hegel llama espíritu; no-verdadera porque la suya no es aún razón, sino producto del interés particular. Por eso la crítica filosófica de la identidad trasciende a la filosofía. Pero el hecho de que se necesite igualmente de lo no subsumible bajo la identidad –según la terminología marxista, del valor de uso– para que la vida en general, incluso bajo las relaciones de producción dominantes, perdure es lo inefable de la utopía. Ésta se introduce en lo que se ha conjurado para que no se realice. Teniendo en cuenta la posibilidad concreta de la utopía, la dialéctica es la ontología de la situación falsa. Una situación justa, irreductible tanto a sistema cuanto a contradicción, se liberaría de ella.

La filosofía, incluida la hegeliana, se expone a la objeción general de que, puesto que por fuerza tiene como material conceptos, anticipa una decisión idealista. De hecho, ninguna filosofía, ni siquiera el empirismo extremo, puede traer por los pelos los *facta bruta* y presentarlos como casos de anatomía o experimentos de física: ninguna puede, como no pocas pinturas quieren hacerle creer seductoramente, meter las cosas singulares en los textos. Pero el argumento, en su generalidad formal, toma el concepto, tan fetichistamente como éste se exhibe ingenuamente en su ámbito, como una totalidad autosuficiente sobre la que nada puede el pensamiento filosófico. En verdad todos los conceptos, incluidos los filosóficos, acaban en lo no-conceptual, pues son por su parte momentos de la realidad, la cual –primariamente con fines de dominio de la naturaleza– necesita de su formación. Aquello como lo cual la mediación conceptual se aparece, desde el interior, a sí misma, la preeminencia de su esfera, sin la cual nada es sabido, no debe confundirse con lo que ella es en sí. Tal apariencia de algo que es en sí le confiere el movimiento que le exime de la realidad a la que por su parte está uncida. De la necesidad que tiene la filosofía de operar con conceptos no puede hacerse la virtud de su prioridad, como tampoco, a la inversa, puede hacerse de la crítica de esta virtud el veredicto sumario sobre la filosofía. No obstante, la comprensión de que su esencia conceptual, a pesar de su inevitabilidad, no es su absoluto está, a su vez, mediada por la conformación del concepto; no es una tesis dogmática, y menos ingenuamente realista. Conceptos como el del ser al comienzo de la *Lógica* de Hegel significan en principio, enfáticamente, lo no-conceptual; apuntan, con expresión de Lask, más allá de sí. Contribuye a darles sentido el hecho de que no se contentan con su propia conceptualidad, a pesar de que, al incluir lo no-conceptual como su sentido, tienden a equipararse a ello y permanecen por tanto prisioneros en sí. Su contenido les es tan inmanente, espiritual, como óntico, trascendente a ellos. Mediante la autoconsciencia de esto consiguen desprenderse de su fetichismo. La reflexión filosófica se asegura de lo no-conceptual en el concepto. De lo contrario, éste, según el dictamen de Kant, sería vacío; al final, en general, ya no sería el concepto de algo y, por tanto, devendría nulo. La filosofía que reconoce esto, que abroga la autarquía del concepto, quita la venda de los ojos. Que el concepto es concepto aunque trata del ente en nada cambia el hecho de que esté por su parte enredado en un todo no-conceptual contra el que únicamente su cosificación, que por supuesto lo instaura como concepto, lo impermeabiliza. El concepto es un momento como otro cualquiera en la lógica dialéctica. Su ser mediado por lo no-conceptual sobrevive en él gracias a su significado, que por su parte fundamenta su ser concepto. Lo caracteriza tanto el referirse a lo no-conceptual –tal como, en último término, según la teoría tradicional del conocimiento, toda definición de conceptos ha menester de momentos no-conceptuales, deícticos– como, por el contrario, el (en cuanto unidad abstracta de los *onta* en él subsumidos) alejarse de lo óntico. Cambiar esta dirección de la conceptualidad, volverla hacia lo no-idéntico, es el gozne de la dialéctica negativa. La comprensión del carácter constitutivo de lo no-conceptual en el concepto acabaría con la coacción a la identidad que el concepto, sin tal reflexión que se lo impida, comporta. Su autorreflexión sobre el propio sentido aparta de la apariencia de ser en sí del concepto en cuanto una unidad de sentido.

El antídoto de la filosofía es el desencantamiento del concepto. Impide su propagación: que se convierta para sí mismo en el absoluto. Una idea legada por el idealismo y pervertida por éste como ninguna otra, que ha de cambiar de función, es la de infinito. No cumple a la filosofía ser exhaustiva según el uso científico, reducir los fenómenos a un mínimo de proposiciones. Así lo indica la polémica de Hegel contra Fichte, que parte de un «proverbio». La filosofía quiere más bien abismarse literalmente en lo heterogéneo a ella, sin reducirlo a categorías prefabricadas. Querría ajustarse a ello tan estrechamente como en vano deseaban hacerlo el programa de la fenomenología y de Simmel: su meta es la exteriorización integral. Únicamente allí donde la filosofía no lo impone cabe aprehender el contenido filosófico. Se ha de abandonar la ilusión de que pueda confinar a la esencia en la finitud de sus determinaciones. Quizá a los filósofos idealistas la palabra infinito se les venía a la boca con tan fatal facilidad porque querían mitigar la corrosiva duda sobre la magra finitud de su aparato conceptual, incluido, pese a su intención, el de Hegel. La filosofía tradicional cree poseer su objeto como infinito, y por ello se hace, en cuanto filosofía, finita, terminada. Una filosofía modificada debería cancelar esa pretensión, no seguir convenciéndose a sí y a los demás de que dispone de lo infinito. Pero, en lugar de eso, sería ella la que, sutilmente entendida, se haría infinita, por cuanto desdeñaría fijarse en un corpus de teoremas enumerables. Tendría su contenido en la diversidad, no aprestada por un esquema, de objetos que se le imponen o que ella busca; se abandonaría verdaderamente a ellos, no los utilizaría como espejos en los que reproducirse, confundiendo su copia con la concreción. No sería otra cosa que la experiencia plena, no reducida, en el medio de la reflexión conceptual; incluso la «ciencia de la experiencia de la consciencia» degradó los contenidos de tal experiencia a ejemplos de categorías. Lo que incita a la filosofía al arriesgado empeño en su propia infinitud es la expectativa sin garantías de que cada singular y particular que descifre represente en sí, como la mónada leibniziana, ese todo que como tal no deja de escurrírsele; por supuesto, según una disarmonía preestablecida, antes que como armonía. El giro metacrítico contra la *prima philosophia* es al mismo tiempo aquel contra la finitud de una filosofía que alardea de infinitud y no la respeta. El conocimiento no interioriza por completo ninguno de sus objetos. No debe preparar el fantasma de un todo. Así, la tarea de una interpretación filosófica de las obras de arte no puede ser producir su identidad con el concepto, agotarlas en éste; a través de ella, sin embargo, se despliega la obra en su verdad. Lo que por el contrario se puede prever, sea como proceso regulado de la abstracción, sea como aplicación del concepto a lo comprendido en su definición, quizá sea útil como técnica en el más amplio sentido: para la filosofía, que no se deja encasillar, es indiferente. Por principio siempre se puede equivocar, y, sólo por eso, ganar algo. El escepticismo y el pragmatismo, en último término incluso en la versión absolutamente humana de éste, la de Dewey, lo han reconocido; pero eso habría que añadirlo como fermento de una filosofía vigorosa, no renunciar a ello de antemano a favor de la prueba de su validación. Frente al dominio total del método, la filosofía contiene, correctivamente, el momento del juego que la tradición de su cientifización querría extirpar. También para Hegel era éste un punto neurálgico: él rechazaba «... las especies y diferencias que están determinadas por el azar externo y por el juego, no por la razón»[6]. El pensamiento no ingenuo sabe qué poco alcanza de lo pensado, y sin embargo debe siempre hablar como si lo tuviera completamente. Esto lo aproxima a la payasada. Los rasgos de ésta puede negarlos tanto menos cuanto que son lo único que le abre la esperanza a lo que le está vedado. La filosofía es lo más serio de todo, pero tampoco es tan seria. Algo que aspira a lo que ello mismo no es ya a priori, y sobre lo que no tiene ningún poder garantizado pertenece al mismo tiempo, según su propio concepto, a una esfera de lo incondicionado de la que la esencia conceptual hizo un tabú. No de otro modo puede el concepto representar la causa de lo que él suplantó, la mímesis, que apropiándose de algo de ésta en su propio comportamiento, sin perderse en ella. En tal medida, aunque por una razón totalmente diferente que en Schelling, no es el momento estético accidental para la filosofía. No menos, sin embargo, compete a ésta superarlo en la perentoriedad de sus intelecciones de lo real. Ésta y el juego son sus polos. La afinidad de la filosofía con el arte no autoriza a la primera a tomar préstamos del segundo, menos aún en virtud de las intuiciones que los bárbaros toman por la prerrogativa del arte. Tampoco en el trabajo artístico caen éstas casi nunca aisladamente, como rayos desde lo alto. Han crecido junto con la ley formal de la obra; si se las quisiese preparar separadamente, se disolverían. El pensamiento, además, no guarda fuentes cuya frescura lo liberaría de pensar; no se dispone de ningún tipo de conocimiento que sea absolutamente distinto del que se tiene, ante el que presa del pánico y en vano huye el intuicionismo. Una filosofía que imitara al arte, que quisiera convertirse por sí misma en obra de arte, se tacharía a sí misma. Postularía la pretensión de identidad: que su objeto se absorbiera en ella concediendo a su modo de proceder una supremacía a la que lo heterogéneo se acomoda a priori en cuanto material, mientras que justamente su relación con lo heterogéneo es temática para la filosofía. El arte y la filosofía no tienen lo que les es común en la forma o en el procedimiento configurador, sino en un modo de proceder que prohíbe la pseudomorfosis. Ambos mantienen la fidelidad a su propio contenido a través de su oposición; el arte, al hacerles dengues a sus significados; la filosofía, al no prenderse de nada inmediato. El concepto filosófico no ceja en el anhelo que anima al arte en tanto aconceptual y cuyo cumplimiento escapa de su inmediatez como de una apariencia. Órgano del pensar e igualmente el muro entre éste y lo que se ha de pensar, el concepto niega ese anhelo. Tal negación la filosofía no puede ni esquivarla ni plegarse a ella. A ella compete el empeño de llegar más allá del concepto por medio del concepto.

Incluso tras el repudio del idealismo, no puede, por supuesto en un sentido más amplio que en el demasiado positivamente hegeliano[*], prescindir de la especulación que el idealismo puso en boga y que con él cayó en desgracia. A los positivistas no les resulta difícil acusar de especulación al materialismo marxista, que parte de leyes de la esencia objetiva, de ningún modo de datos inmediatos o de proposiciones protocolarias. Para purificarse de la sospecha de ideología,

---

[*] «Si, por lo demás, aun hoy en día el escepticismo es con frecuencia considerado como un enemigo irresistible de todo saber positivo en general y por tanto también de la filosofía en la medida en que en ésta se trata del conocimiento positivo, se ha por el contrario de señalar que, de hecho, es meramente el pensar del entendimiento abstracto el que tiene que temer al escepticismo y el que no se puede resistir a éste, mientras que la filosofía contiene en sí al escepticismo como un momento, a saber, como lo dialéctico. Pero entonces la filosofía no se queda en el resultado meramente negativo de la dialéctica, como es el caso con el escepticismo. Éste confunde su resultado al retenerlo como mera, es decir, abstracta negación. Como la dialéctica tiene como resultado suyo lo negativo, esto es, precisamente en cuanto resultado, al mismo tiempo tiene lo positivo, pues contiene como superado en sí aquello de lo cual resulta y sin lo cual no es. Pero ésta es la determinación fundamental de la tercera forma de lo lógico, a saber, de lo especulativo o racional-positivo» (Hegel, *WW* 8, pp. 194 ss.).

ahora mismo es más oportuno calificar a Marx de metafísico que de enemigo de clase. Pero el terreno seguro es un fantasma allí donde la pretensión de verdad exige elevarse por encima de él. La filosofía no puede alimentarse de teoremas que quieran disuadirla de su interés esencial, en lugar de satisfacerlo siquiera con un no. Los movimientos contrarios a Kant lo han sentido desde el siglo XIX, aunque una y otra vez comprometidos con el oscurantismo. Pero la resistencia de la filosofía necesita del despliegue. Incluso en la música, y sin duda en todo arte, el impulso que incita al primer compás no se encuentra cumplido enseguida, sino sólo en el discurso articulado. En tal medida, por mucho que ella sea también apariencia en cuanto totalidad, anima a ejercer a través de ésta la crítica de la apariencia, la de la presencia del contenido aquí y ahora. Tal mediación no conviene menos a la filosofía. Si se permite decirlo con una conclusión breve, como un cortocircuito, cae sobre ella el veredicto hegeliano sobre la profundidad vacía. A quien habla de lo profundo esto lo hace tan poco profundo como metafísica a una novela que refiera las opiniones metafísicas de su personaje. Reclamar de la filosofía que aborde la cuestión del ser u otros temas principales de la metafísica occidental es propio de una fe primitiva en el material. Sin duda, ella no puede sustraerse a la dignidad de esos temas, pero no hay confianza en que le corresponda el tratamiento de los grandes objetos. Hasta tal punto tiene que temer los caminos trillados de la reflexión filosófica, que su interés enfático busca refugio en objetos efímeros, aún no sobredeterminados por las intenciones. La problemática filosófica tradicional se ha de negar, por supuesto sin desligarse de sus preguntas. El mundo objetivamente arremangado como totalidad no libera a la consciencia. La fija incesantemente a aquello de lo que quiere evadirse; su botín no es, sin embargo, otro justamente, que un pensar que con toda frescura y alegría comienza desde el principio, despreocupado de la forma histórica de sus problemas. Sólo gracias a su aliento cogitativo participa la filosofía de la idea de profundidad. Modelo de ello en los tiempos modernos es la deducción kantiana de los conceptos puros del entendimiento, cuyo autor, con ironía abismalmente apologética, dijo que era «algo profundamente planteado»[7]. También la profundidad es, como a Hegel no se le escapó, un momento de la dialéctica, no una cualidad aislada. Según una abominable tradición alemana, figuran como profundos los pensamientos que se juramentan por la teodicea del mal y de la muerte. Callada y subrepticiamente se introduce un *terminus ad quem* teológico, como si lo decisivo para la dignidad del pensamiento fuera su resultado, la confirmación de la trascendencia, o la inmersión en la interioridad, el mero ser-para-sí; como si la retirada del mundo fuera sin más una con la consciencia del fundamento del mundo. Frente a los fantasmas de la profundidad que en la historia del espíritu siempre estuvieron bien dispuestos hacia lo constituido, que para ellos era demasiado insípido, su verdadera medida sería la resistencia. El poder de lo constituido erige las fachadas contra las que se estrella la consciencia. Ésta debe tratar de atravesarlas. Sólo eso arrancaría el postulado de la profundidad a la ideología. En tal resistencia sobrevive el momento especulativo: lo que no se deja prescribir su ley por los hechos dados los trasciende incluso en el contacto más estrecho con los objetos y en el repudio de la sacrosanta trascendencia. Donde el pensamiento va más allá de aquello a lo que se vincula, resistiéndose a ello, está su libertad. Ésta obedece al impulso expresivo del sujeto. La necesidad de prestar voz al sufrimiento es condición de toda verdad. Pues el sufrimiento es objetividad que pesa sobre el sujeto; lo que éste experimenta como lo más subjetivo suyo, su expresión, está objetivamente mediado.

Esto puede ayudar a explicar por qué a la filosofía su exposición no le es indiferente y externa, sino inmanente a su idea. Sólo a través de su expresión –el lenguaje– se objetiva su integral momento expresivo, aconceptual y mimético. La libertad de la filosofía no es nada más que la capacidad para contribuir a dar voz a su falta de libertad. Si el momento expresivo aspira a más, degenera en concepción del mundo; cuando renuncia al momento expresivo y al deber de exposición, se asimila a la ciencia. Expresión y rigor no son para ella posibilidades dicotómicas. Se necesitan mutuamente, ninguna es sin la otra. El pensar por el que se esfuerza, lo mismo que el pensar en ella, exime a la expresión de su contingencia. Sólo en cuanto expresado, a través de la exposición verbal, se hace el pensar concluyente; lo dicho laxamente está mal pensado. La expresión obliga al rigor a lo expresado. No es un fin en sí misma a expensas de esto, sino que lo arranca a la perversión cosista, objeto por su parte de la crítica filosófica. Una filosofía especulativa sin basamento idealista requiere fidelidad al rigor para quebrar su autoritaria pretensión de poder. Benjamin, cuyo esbozo original del *Libro de los Pasajes* aunaba de manera incomparable capacidad especulativa con proximidad micrológica a los contenidos factuales, en su correspondencia sobre el primer estrato (propiamente hablando, metafísico) de ese trabajo juzgó luego que sólo podía llevarse a cabo como «ilícitamente "poético"»[8]. Esta declaración de capitulación designa tanto la dificultad de una filosofía que no quiera divagar como el punto en que su concepto se ha de prolongar. La produjo, sin duda, la aceptación, por así decir como una concepción del mundo, del materialismo dialéctico con los ojos cerrados. Pero el hecho de que Benjamin no se decidiera a la redacción definitiva de la teoría de los *Pasajes* nos recuerda que la filosofía es más aún que una empresa cuando se expone al fracaso total, como respuesta a la seguridad absoluta tradicionalmente subrepticia. El derrotismo de Benjamin con respecto a su propio pensamiento estaba condicionado por un resto de positividad no dialéctica que él arrastró, inalterado según la forma, desde la fase teológica a la materialista. Por el contrario, la equiparación hegeliana de la negatividad al pensamiento, que protege a la filosofía tanto de la positividad de la ciencia como de la contingencia dilettante, tiene su contenido de experiencia. Pensar es, ya en sí, negar todo contenido particular, resistencia contra lo a él impuesto; esto el pensar lo heredó de la relación del trabajo con su material, su arquetipo. Cuando hoy más que nunca la ideología incita al pensamiento a la positividad, registra ladinamente que justamente ésta es contraria al pensar y que se necesita la intercesión amistosa de la autoridad social para acostumbrarlo a la positividad. El esfuerzo implícito, como contrapartida de la intuición pasiva, en el concepto mismo del pensar es ya negativo, sublevación contra la exigencia de plegarse a ello que tiene todo lo inmediato. Juicio y conclusión, las formas cogitativas de las que ni siquiera la crítica del pensar puede prescindir, contienen en sí gérmenes críticos; su determinidad siempre es al mismo tiempo exclusión de lo no alcanzado por ellas, y la verdad que quieren organizar niega, aunque con derecho cuestionable, lo no acuñado por ellas. El juicio según el cual algo es así rechaza potencialmente que la relación entre su sujeto y su predicado sea distinta a como se expresa en el juicio. Las formas cogitativas quieren más que lo meramente existente, «dado». La punta que el pensar dirige contra su material no es únicamente el dominio de la naturaleza convertido en espiritual. Mientras hace violencia al material sobre el que ejerce sus síntesis, el pensar cede al mismo tiempo a un potencial que espera en lo opuesto a él y obedece inconscientemente a la idea de reparar en los pedazos lo que él mismo perpetró; esto inconsciente se hace consciente para la filosofía. A un pensar irreconciliable se asocia la experiencia en la reconciliación, porque la resistencia del pensar a lo que meramente es, la imperiosa libertad del sujeto, intenta también en el objeto lo que por su aprestamiento como objeto ha perdido éste.

La especulación tradicional desarrolló la síntesis de la diversidad por ella representada, sobre la base kantiana, como caótica, e intentó finalmente devanar a partir de sí todo contenido. Por el contrario, el *telos* de la filosofía, lo abierto y descubierto, es tan antisistemático como su libertad de interpretar los fenómenos que inerme afronta. Pero ella sigue teniendo que respetar el sistema en la medida en que lo heterogéneo a ella se le enfrenta como sistema. Hacia ello se mueve el mundo administrado. El sistema es la objetividad negativa, no el sujeto positivo. En una fase histórica que ha relegado los sistemas, en cuanto que se aplican seriamente a contenidos, al ominoso reino de la poesía de pensamientos, y que ellos únicamente ha conservado el pálido contorno del esquema de ordenamiento, resulta difícil representarse vívidamente lo que otrora impulsó al espíritu filosófico al sistema. La virtud de la parcialidad no debe impedir a la contemplación de la historia de la filosofía reconocer lo superior que éste, racionalista o idealista, fue durante más de dos siglos a sus oponentes; éstos aparecen, comparados con él, triviales. Los sistemas ponen manos a la obra, interpretan el mundo; propiamente hablando, los demás nunca hacen sino aseverar: esto no va; se resignan y dimiten en un doble sentido. Si al final tuvieran más verdad, eso hablaría a favor de la caducidad de la filosofía. A ésta le tocaría en todo caso arrancar tal verdad a su subalternidad e imponerla contra las filosofías que no sólo por presunción se denominan superiores: sobre todo al materialismo se le nota hasta hoy en día que fue inventado en Abdera. Según la crítica de Nietzsche, el sistema no hacía sino meramente documentar la mezquindad de los doctos que se desquitaban de la impotencia política mediante la construcción conceptual de su derecho casi administrativo a disponer del ente. Pero la necesidad sistemática, la de no contentarse con sus *membra disiecta,* sino alcanzar el saber absoluto, cuya aspiración se alza involuntariamente en la perentoriedad de cada juicio singular, fue a veces más que una pseudomorfosis del espíritu en el irresistiblemente exitoso método de las matemáticas y las ciencias naturales. Desde el punto de vista de la historia de la filosofía, los sistemas, sobre todo del siglo XVII, tenían un fin compensatorio. La misma ratio que, de acuerdo con el interés de la clase burguesa, había derruido el orden feudal y la forma espiritual de su reflexión, la ontología escolástica, frente a las ruinas, su propia obra, sintió enseguida miedo al caos. Tembló ante lo que, por debajo de su ámbito de dominio, perduraba amenazador y se fortalecía proporcionalmente a su propia potencia. Ese miedo marcó en sus inicios el modo de conducta en conjunto constitutivo del pensamiento burgués: neutralizar a toda prisa cada paso hacia la emancipación mediante el reforzamiento del orden. A la sombra de la imperfección de su emancipación, la consciencia burguesa tiene que temer ser anulada por una más progresista; barrunta que, puesto que no es toda la libertad, sólo produce una caricatura de ésta; por eso extiende teóricamente su autonomía al sistema, el cual, al mismo tiempo, se asemeja a sus mecanismos coactivos. La ratio burguesa emprendió la producción a partir de sí del orden que desde fuera había negado. Pero éste deja de ser tal en cuanto producido; es, por tanto, insaciable. El sistema era tal orden generado de forma absurdo-racional; algo puesto que se presenta como ser en sí. Tuvo que trasladar su origen al pensar formal separado de su contenido; no de otro modo podía ejercer su dominio sobre el material. El sistema filosófico fue antinómico desde el comienzo. En él el enfoque interfería con su propia imposibilidad; ésta precisamente condenó a la historia temprana de los sistemas modernos a la aniquilación de cada uno por el siguiente. La ratio que, para imponerse como sistema, eliminaba virtualmente todas las determinaciones cualitativas a las que se refería, incurrió en una contradicción irreconciliable con la objetividad, a la cual hacía violencia pretendiendo concebirla. Tanto más se alejaba de ella cuanto más completamente la sometía a sus axiomas, en último término al único de la identidad. Las pedanterías de todos los sistemas, hasta las prolijidades arquitectónicas de Kant y, pese a su programa, incluso de Hegel, son jalones de un fracaso condicionado a priori y señalados con incomparable honestidad en las grietas del sistema kantiano; ya en Molière es la pedantería una parte principal de la ontología del espíritu burgués. Lo que en lo por concebir retrocede ante la identidad del concepto obliga a éste a una prevención excesiva de que no quepa ni una sola duda sobre la invulnerable compacidad, hermetismo y acribia del producto del pensamiento. La gran filosofía se acompañaba del celo paranoico de no tolerar nada más que a sí misma y de perseguirlo con toda la astucia de su razón mientras que ante la persecución esto se retira cada vez más lejos. El más mínimo resto de no-identidad bastaba para desmentir la identidad, total según su concepto. Las aberraciones de los sistemas, desde la glándula pineal de Descartes y los axiomas y definiciones de Spinoza, en los que ya se ha bombeado todo el racionalismo que luego él extrae deductivamente, patentizan con su no-verdad la de los sistemas mismos, su desvarío.

El sistema en el que el espíritu soberano se creyó transfigurado tiene su prehistoria en lo preespiritual, en la vida animal de la especie. Los depredadores están hambrientos; el salto sobre la presa es difícil, a menudo peligroso. Para que el animal se atreva son sin duda menester impulsos suplementarios. Su fusión con el fastidio del hambre los convierte en una furia contra la presa, cuya expresión a su vez aterroriza y paraliza adecuadamente a ésta. Con el progreso a la humanidad esto se racionaliza mediante la proyección. El *animal rationale*, que tiene apetito de su adversario, debe, ya feliz poseedor de un superego, encontrar una razón. Cuanto más perfectamente obedece lo que hace a la ley de la autoconservación, tanto menos puede admitir ante sí y los demás la primacía de ésta; de lo contrario, el laboriosamente logrado *status* de ϑῶον πολιτικόν, como se dice en neoalemán, perdería su credibilidad. Todo ser vivo que se haya de devorar tiene que ser malo. Este esquema antropológico se ha sublimado hasta en el seno de la teoría del conocimiento. En el idealismo –de la manera más explícita en Fichte– rige inconscientemente la ideología según la cual el no yo, *l'autrui*, en último término todo lo que recuerda a la naturaleza, es menos valioso, de modo que se lo puede zampar sin remordimientos la unidad del pensamiento que se conserva a sí mismo. Esto justifica el principio de éste tanto como aumenta su avidez. El sistema es el vientre hecho espíritu, la furia el marchamo de cualquier idealismo; desfigura hasta el humanismo de Kant, repudia el nimbo de lo superior y lo más noble con que se supo revestir. La visión del hombre en el centro está emparentada con el desprecio del hombre: no dejar nada indemne. La sublime inexorabilidad de la ley moral era del mismo cuño que tal furia racionalizada contra lo no-idéntico, y tampoco el liberalista Hegel lo hizo mejor cuando con la superioridad de la mala conciencia sermoneaba a quienes rehúsan el concepto especulativo, la hipóstasis del espíritu*. Lo liberador de Nietzsche, verdaderamente un vuelco en el pensar occidental que los sucesores meramente usurparon, fue que expresara tales misterios. Un espíritu que descarta la racionalización –su jurisdicción– cesa, en virtud de su autorreflexión, de ser lo radicalmente malo que lo irrita en el otro. – Sin embargo, aquel proceso en que los sistemas se desintegraron en virtud de su propia insuficiencia contrapuntea a un proceso social. Lo que quería hacer conmensurable, identificar consigo, en cuanto principio de canje, la ratio burguesa lo aproximó realmente a los sistemas con éxito creciente aunque potencialmente criminal: fuera quedó cada vez menos. Lo que en la teoría se probó como vano fue irónicamente confirmado en la praxis. De ahí que el discurso sobre la crisis del sistema en cuanto ideología se puso de moda incluso entre todos los tipos que antes, según el ideal ya obsoleto del sistema, no podían dejar de clamar llenos de rencor contra el *aperçu*. La realidad ya no debe construirse, porque habría que construirla demasiado a fondo. Su irracionalidad, que se refuerza bajo la presión de la racionalidad particular, la desintegración por la integración, provee pretextos para ello. Si, en cuanto sistema cerrado y por tanto irreconciliado con los sujetos, la sociedad fuese examinada por dentro, sería demasiado dolorosa para los sujetos siempre y cuando éstos sigan existiendo de algún modo. El presunto existencial de la angustia es la claustrofobia de la sociedad convertida en sistema. Los adeptos de la filosofía académica niegan tenazmente el carácter sistemático de ésta, aún ayer consigna suya; pueden así hacerse pasar impunemente por portavoces del pensar libre, originario y eventualmente no académico. Tal abuso no anula la crítica al sistema. En contraste con la filosofía escéptica, que se negaba al énfasis, a toda filosofía enfática le era común el principio de que sólo era posible como sistema. Este principio paralizó a la filosofía casi tanto como las orientaciones empiristas. Antes de que ésta comience, se postula aquello sobre lo que sólo ella tendría que juzgar acertadamente.

---

* «El pensar o representar, que sólo tiene ante sí un ser determinado, el ser-ahí, ha de remitirse al mencionado comienzo de la ciencia que realizó Parménides, el cual aclaró y elevó su representar, y con ello también el representar de los tiempos subsiguientes, al pensamiento puro, al ser en cuanto tal, y con ello creó el elemento de la ciencia» (Hegel, *WW*, 4, p. 96 [ed. cast.: *Ciencia de la lógica*, Buenos Aires, Solar/Hachette, 1976, p. 82]).

El sistema, la forma de exposición de una totalidad a la que nada resulta externo, plantea el pensamiento como absoluto frente a cada uno de sus contenidos y volatiliza el contenido en pensamientos: idealistamente antes de toda argumentación a favor del idealismo.

Pero la crítica no liquida simplemente al sistema. Con razón distinguió D'Alembert, en el apogeo de la Ilustración, entre *esprit de système* y *esprit systématique*, y el método de la *Enciclopedia* lo tuvo en cuenta. No es sólo el motivo trivial de una coherencia, que antes bien cristaliza en lo incoherente, lo que habla a favor del *esprit systématique*; éste no sólo satisface la avidez de los burócratas por embutirlo todo en sus categorías. La forma de sistema adecuada al mundo es la que, según el contenido, se sustrae a la hegemonía del pensamiento; pero la unidad y la unanimidad son, al mismo tiempo, la proyección sesgada de una situación pacificada, ya no antagonista, sobre las coordenadas de un pensamiento dominador, opresivo. El doble sentido de la sistemática filosófica no deja otra elección que trasponer a la determinación abierta de los momentos singulares la fuerza del pensamiento otrora liberada por los sistemas. Esto no era totalmente ajeno a la lógica de Hegel. El microanálisis de las categorías singulares, que al mismo tiempo se presentaba como su autorreflexión objetiva, debía, sin ninguna consideración a nada encasquetado desde arriba, hacer pasar cada concepto a su otro. La totalidad de este movimiento significaba entonces para él el sistema. Entre el concepto de éste, en cuanto conclusivo y, por tanto, estancador, y el de dinamismo, en cuanto el de la pura producción autártica a partir del sujeto, la cual constituye toda sistemática filosófica, reinan tanto la contradicción como la afinidad. Hegel sólo pudo reducir la tensión entre el estatismo y el dinamismo gracias a la construcción del principio de unidad, del espíritu, en cuanto algo que al mismo tiempo es en sí y puramente deviniente, en recuperación del *actus purus* aristotélico-escolástico. La incongruencia de esta construcción, que sincopa en el punto arquimédico producción subjetiva y ontología, nominalismo y realismo, impide también, de manera inmanente al sistema, la resolución de esa tensión. Semejante concepto filosófico de sistema se eleva sin embargo muy por encima de una sistemática meramente científica que exige una exposición ordenada y bien organizada de los pensamientos, la edificación consecuente de las disciplinas especializadas, sin, no obstante, insistir estrictamente, desde el objeto, en la unidad interna de los momentos.

Tan implicado está el postulado de ésta en la presuposición de la identidad de todo ente con el principio cognoscente, como legítimamente recuerda, por otra parte, ese postulado (una vez cargado como se lo carga en la especulación idealista), la afinidad mutua de los objetos, la cual la necesidad cientifista de orden convierte en tabú para luego ceder al sucedáneo de sus esquemas. Aquello en que los objetos comunican, en lugar de ser cada uno el átomo al que la lógica clasificatoria lo reduce, es la huella de la determinidad de los objetos en sí que Kant negó y que Hegel quiso restablecer contra él a través del sujeto. Concebir una cosa misma, no meramente acomodarla, proyectarla en el sistema de referencias, no es otra cosa que percibir el momento singular en su conexión inmanente con otros. Tal antisubjetivismo se agita bajo la crujiente cáscara del idealismo absoluto en la inclinación a desellar las cosas de que se trata en cada caso mediante el recurso a la manera en que devinieron. La concepción del sistema recuerda, en forma invertida, la coherencia de lo no-idéntico que precisamente es vulnerada por la sistemática deductiva. La crítica al sistema y el pensar asistemático son exteriores mientras no sean capaces de liberar la fuerza de la coherencia que los sistemas idealistas transcribieron al sujeto trascendental.

De siempre fue la ratio el principio del yo que funda el sistema, el método puro previo a todo contenido. Nada exterior a ella la limita, ni siquiera el llamado orden espiritual. Al asegurar en todos sus niveles una infinitud positiva a su principio, el idealismo hace del pensamiento, de su autonomización histórica, una metafísica. Elimina todo ente heterogéneo. Esto determina al sistema como devenir puro, puro proceso, en fin esa generación absoluta como la cual Fichte, en este sentido el auténtico sistematizador de la filosofía, explica el pensamiento. Ya en Kant lo único que contenía a la ratio emancipada, al *progressus ad infinitum*, era el reconocimiento, por lo menos formal, de lo no-idéntico. La antinomia de la totalidad y la infinitud –pues el incesante *ad infinitum* hace estallar el sistema que estriba en sí y que sin embargo no debe su existencia sino a la infinitud– pertenece a la esencia idealista. Imita a una antinomia central para la sociedad burguesa. También ésta debe, para conservarse a sí misma, para mantenerse igual a sí, para «ser», expandirse constantemente, ir más allá, rechazar cada vez más lejos los límites, no respetar ninguno, no permanecer igual a sí[9]. Se le ha demostrado que en cuanto alcanza un techo, en cuanto ya no dispone de espacios no capitalistas fuera de sí misma, según su concepto tendría que superarse. Esto aclara por qué, a pesar de Aristóteles, el concepto moderno de dinámica tanto como el de sistema no era adecuado para la Antigüedad. Tampoco a Platón, tantos de cuyos diálogos eligen la forma aforística, se le podrían imputar ni uno ni otro más que retrospectivamente. La censura que por ello Kant dirigió a los antiguos no es tan lisa y llanamente lógica como se presenta, sino histórica: totalmente moderna. Por otro lado, el sistematismo está tan encarnado en la consciencia moderna, que hasta los esfuerzos antisistemáticos de Husserl, que comenzaron bajo el nombre de ontología y de los cuales luego se desgajó la ontología fundamental, se reconstituyeron irresistiblemente, al precio de su formulación, en un sistema. De tal modo imbricadas mutuamente, las esencias estática y dinámica del sistema no cesan de estar en conflicto. Si debe estar efectivamente cerrado, no tolerar nada fuera de su jurisdicción, por más dinámicamente que se lo conciba, el sistema se hace, en cuanto infinitud positiva, finito, estático. Que se sustente a sí mismo de este modo, por lo cual Hegel celebraba el suyo, lo paraliza. Dicho burdamente, los sistemas cerrados tienen que estar acabados. Chocarrerías como la una y otra vez retraída a Hegel de que la historia universal ha culminado en el Estado prusiano no son ni meras aberraciones con un fin ideológico ni irrelevantes con respecto al todo. En su necesario contrasentido, se desmorona la presunta unidad de sistema y dinamismo. Éste, al negar el concepto de espíritu y en cuanto teoría que asegurase de que fuera siempre hay aún algo, tiene la tendencia a desmentir al sistema, su producto. No sería infructuoso tratar la historia de la filosofía moderna bajo el aspecto de cómo se las arregló con el antagonismo entre estatismo y dinamismo en el sistema. El sistema hegeliano no era en sí verdaderamente algo en devenir, sino que implícitamente ya estaba pensado de antemano en cada determinación singular. Tal garantía lo condena a la no-verdad. Inconscientemente, por así decir, la consciencia tendría que sumergirse en los fenómenos con respecto a los cuales toma posición. Con ello, por supuesto, la dialéctica se alteraría cualitativamente. La unanimidad sistemática se desmoronaría. El fenómeno dejaría de ser lo que en Hegel sigue siendo, a pesar de todas las declaraciones en contra, ejemplo de su concepto. Esto carga al pensamiento con más trabajo y esfuerzo de lo que Hegel llama tales, pues en él el pensamiento nunca hace más que extraer de sus objetos lo que en sí ya es pensamiento. A pesar del programa de la exteriorización, se satisface en sí mismo, desiste por más que exija lo contrario. Si el pensamiento se exteriorizase realmente en la cosa, si se rigiese por ésta, no por su categoría, el objeto comenzaría a hablar bajo la insistente mirada del pensamiento mismo. Hegel había objetado a la teoría del conocimiento que sólo forjando se hace uno herrero, en la consumación del conocimiento de lo que se le opone, de lo por así decir ateórico. En esto hay que tomarle la palabra; sólo ello devolvería a la filosofía lo que Hegel llamaba la libertad para el objeto que había perdido bajo el hechizo del concepto de libertad, de la autonomía del sujeto instauradora de sentido. Pero la fuerza especulativa para hacer saltar lo irresoluble es la de la negación. Únicamente en ella pervive el rasgo sistemático. Las categorías de la crítica al sistema son al mismo tiempo las que conciben lo particular. Lo que en el sistema antes excedió legítimamente a lo singular tiene su lugar fuera del sistema. La mirada que al interpretar percibe en el fenómeno más de lo que éste meramente es, y únicamente por ello lo que éste es, seculariza a la metafísica. Sólo fragmentos, en cuanto forma de la filosofía, harían honor a las mónadas ilusoriamente proyectadas por el idealismo. Serían representaciones en lo particular de la totalidad en cuanto tal irrepresentable.

El pensamiento, al que fuera de la consumación dialéctica no le es lícito hipostasiar positivamente nada, va más allá del objeto con el que ya no simula ser uno; se hace más independiente que en la concepción de su absolutidad, en la que lo soberano y lo complaciente se mezclan, cada uno en sí dependiente de lo otro. Quizá a eso apuntaba Kant al eximir de cualquier inmanencia a la esfera inteligible. La inmersión en lo singular, la inmanencia dialéctica intensificada al extremo, ha también menester, como momento suyo, de la libertad, que la pretensión de identidad recorta, de salirse del objeto. Hegel la habría desaprobado; él confiaba en la total mediación en los objetos. En la práctica cognitiva, en la disolución de lo indisoluble, el momento de tal trascendencia del pensamiento se evidencia el hecho de que, en cuanto micrología, sólo dispone de medios macrológicos. La exigencia de perentoriedad sin sistema es la de modelos cogitativos. Éstos no son de índole meramente monadológica. El modelo toca lo específico y más que lo específico, sin volatilizarlo en su superconcepto más general. Pensar filosóficamente es tanto como pensar en modelos; la dialéctica negativa, un conjunto de análisis de modelos. La filosofía se rebajaría de nuevo a afirmación consoladora si se engañase a sí y a otros sobre el hecho de que, sea lo que sea aquello con que mueve sus objetos en sí mismos, tiene también que instilarse en ellos desde fuera. Lo que en ellos mismos espera ha menester de una intervención para hablar, con la perspectiva de que las fuerzas movilizadas desde fuera, en último término toda teoría aplicada a los fenómenos, se detengan en éstos. También en tal medida significa teoría filosófica su propio final: por su realización. No faltan en la historia intenciones afines. Bajo el aspecto formal, a la Ilustración francesa su concepto supremo, el de la razón, le confiere algo de sistemático; la imbricación constitutiva de su idea de razón con la de una organización objetivamente racional de la sociedad priva, sin embargo, al sistema del *pathos* que sólo recobra en cuanto la razón renuncia como idea a su realización y se absolutiza a sí misma como espíritu. El pensar como enciclopedia, algo racionalmente organizado y sin embargo discontinuo, asistemático, laxo, expresa el espíritu autocrítico de la razón. Éste representa lo que luego, tanto por su creciente distancia de la praxis como por su integración en la rutina académica, huyó de la filosofía, la experiencia del mundo, esa mirada sobre la realidad de la que también el pensamiento es un momento. No otra cosa es la libertad del espíritu. Por supuesto, tan poco prescindible como el elemento del *homme de lettres* difamado por el *ethos* científico pequeñoburgués le es al pensar aquello de lo que la filosofía cientifizada abusó, el replegarse meditativo, el argumento, que tanto escepticismo mereció. Siempre que la filosofía era sustancial, se conjugaban ambos momentos. Desde una cierta distancia la dialéctica habría que caracterizarla como el esfuerzo de dejarse penetrar elevado a autoconsciencia. De lo contrario el argumento especializado degenera en técnica de especialistas privados de conceptos en medio del concepto, tal como hoy en día se propaga académicamente en la llamada filosofía analítica, susceptible de ser aprendida y copiada por robots. Lo inmanentemente argumentativo es legítimo cuando recibe la realidad integrada en un sistema a fin de aplicar contra ella su propia fuerza. Lo libre en el pensamiento representa en cambio la instancia que ya sabe de lo enfáticamente no-verdadero de ese contexto. Sin ese saber no llegaría a la erupción, ésta se malograría sin apropiación de la energía del sistema. Que los dos momentos no se fundan sin fisuras tiene su razón en el poder real del sistema, que incluye incluso lo que excede a éste. La no-verdad del mismo contexto de inmanencia se le revela sin embargo a la abrumadora experiencia de que el mundo, que se organiza tan sistemáticamente como si fuera la razón realizada que Hegel glorificó, en su vieja sinrazón eterniza al mismo tiempo la impotencia del espíritu que aparece omnipotente. La crítica inmanente del idealismo defiende al idealismo en la medida en que muestra hasta qué punto se le engaña sobre sí mismo; hasta qué punto lo primero, que según él es siempre el espíritu, está en complicidad con la ciega prepotencia de lo que meramente es. La exige inmediatamente la doctrina del espíritu absoluto. – El consenso científico propendería a admitir que también la experiencia implica teoría. Pero ésta sería un «punto de vista», en el mejor de los casos hipotética. Representantes conciliadores del cientifismo demandan que lo que ellos llaman ciencia decente y honesta rinda cuentas de semejantes presupuestos. Precisamente esta exigencia es incompatible con la experiencia espiritual. Si se le reclamase un punto de vista, sería el del comensal sobre el asado. Ella vive de él devorándolo: sólo si se sumergiera en ella, eso sería filosofía. Hasta entonces, la teoría encarna en la experiencia espiritual aquella disciplina que ya Goethe sentía dolorosa en relación con Kant. Si la filosofía se abandonase sólo a su dinamismo y a su buena suerte, no habría freno. La ideología acecha al espíritu que, gozando de sí mismo como el Zaratustra de Nietzsche, se convierte casi en lo absoluto irresistiblemente. La teoría impide eso. Corrige la ingenuidad de su autoconfianza sin tener sin embargo que sacrificar la espontaneidad más allá de la cual quiere por su parte acceder la teoría. Pues de ningún modo desaparece la diferencia entre la llamada parte subjetiva de la experiencia espiritual y su objeto; el necesario y doloroso esfuerzo del sujeto cognoscente la atestigua. En la situación irreconciliada, la no-identidad se experimenta como algo negativo. Ante ello el sujeto se retira a sí y a la abundancia de sus modos de reacción. Únicamente la autorreflexión crítica lo protege de la limitación de su abundancia y de construir un muro entre sí y el objeto, de suponer su ser para sí como lo en y para sí. Cuanta menos identidad se puede suponer entre sujeto y objeto, tanto más contradictorio se hace aquello de lo que se cree capaz al primero en cuanto cognoscente, una fortaleza sin cadenas y una autorreflexión abierta. La teoría y la experiencia espiritual han menester de su interacción. La primera no contiene respuestas para todo, sino que reacciona a un mundo hasta en lo más íntimo falso. Sobre lo que estaría sustraído al hechizo de éste, la teoría no tiene jurisdicción. Para la consciencia la movilidad es esencial, no una propiedad contingente. Significa un doble comportamiento: el que procede del interior, el proceso inmanente, el propiamente hablando dialéctico; y uno libre, como si saliera de la dialéctica, desatado. Sin embargo, no son sólo disparejos. El pensamiento no reglamentado es electivamente afín a la dialéctica, la cual, en cuanto crítica al sistema, recuerda lo que estaría fuera del sistema; y la fuerza que libera al movimiento dialéctico en el conocimiento es la que se rebela contra el sistema. A ambas posiciones de la consciencia las une la crítica mutua, no el compromiso.

Una dialéctica que no esté ya «pegada»[10] a la identidad provoca, si no la objeción de la falta de suelo que cabe reconocer en sus frutos fascistas, la de que produce vértigo. Esta sensación es central a la gran poesía de la modernidad desde Baudelaire; a la filosofía se le da a entender anacrónicamente que no debería tomar parte en nada parecido. Debe decirse lo que se quiere: Karl Kraus tuvo que experimentar que cuanto más precisamente lo declaraba cada una de sus frases, justamente en aras de tal exactitud la consciencia reificada protestaba de que parecía que una rueda de molino le daba vueltas en la cabeza. El sentido de tales quejas se puede captar en un uso de la mentalidad dominante. Ésta presenta con preferencia alternativas entre las cuales elegir, marcar una de ellas con una cruz. Las decisiones de una administración se reducen así con frecuencia al sí o no a los proyectos presentados; en secreto el administrativo se ha convertido en el modelo ansiado incluso de un pensamiento presuntamente aún libre. Pero lo que, en sus situaciones esenciales, cumple al pensamiento filosófico es no participar en ese juego. La alternativa alegada es ya una muestra de heteronomía. Sobre la legitimidad de las exigencias alternativas sólo podría juzgar la consciencia a la que moralistamente se requiere la decisión de antemano. La insistencia en la confesión de un punto de vista es la cláusula de conciencia prolongada en la teoría. Lo que le corresponde es el embrutecimiento. Ni siquiera en los grandes teoremas conserva lo verdadero de éstos tras la eliminación de lo accesorio. Marx y Engels, por ejemplo, se opusieron a que mediante la contraposición más simple de pobres y ricos se aguara la dinámica teoría de las clases y su agudizada expresión económica. El resumen de lo esencial falsea la esencia. La filosofía que se rebajase a aquello de lo que ya Hegel se mofaba; si se adaptase a los lectores propicios con explicaciones sobre qué se ha de pensar con el pensamiento, se uniría a la creciente regresión sin no obstante mantener el paso. Por detrás de la preocupación de por dónde, pues, agarrarla, lo que hay la mayoría de las veces no es sino agresión, el deseo de agarrarla a la manera en que históricamente las escuelas se devoraban entre sí. La equivalencia de culpa y expiación ha sido transferida a la secuencia de los pensamientos. Es justamente esta asimilación del espíritu al principio dominante lo que la reflexión filosófica tiene que calar. El pensamiento tradicional y los hábitos de sentido común que legó tras desaparecer filosóficamente exigen un sistema de referencia, un *frame of reference*, en el que todo encuentre su lugar. Ni siquiera se concede demasiado valor a la inteligibilidad del sistema de referencia –incluso se lo puede formular en axiomas dogmáticos–, siempre que toda reflexión sea localizable y el pensamiento a descubierto mantenido a distancia. En cambio, el conocimiento, para fructificar, se entrega a los objetos *à fonds perdu*. El vértigo que esto provoca es un *index veri*; el *shock* de lo abierto, la negatividad, como la cual aparece necesariamente en lo cubierto y perenne, no-verdad sólo para lo no-verdadero.

El desmontaje de los sistemas y del sistema no es un acto de epistemología formal. En los detalles únicamente hay que buscar lo que antes haya querido poner en ellos el sistema. Al pensamiento no se le garantiza ni que esté ahí ni qué sea. Sólo así se cumpliría el discurso de la verdad como lo concreto, del que constantemente se abusa. Éste obliga al pensamiento a detenerse en lo mínimo. Sobre lo concreto no se ha de filosofar, sino partir de ello. Pero en la entrega al objeto específico se sospecha falta de una posición inequívoca. Lo existente toma por herejía lo distinto a él, mientras que en el mundo falso la proximidad, la patria y la seguridad son, por su parte, figuras de sujeción. Con ésta los hombres temen perderlo todo porque no conocen otra felicidad, ni siquiera del pensamiento, que la de poder atenerse a algo, la no-libertad perenne. En medio de la crítica a la ontología, se demanda al menos un pedazo de ésta; como si la más mínima intelección a descubierto no expresara mejor lo que se quiere que una

declaration of intention que luego no pasa de ahí. En la filosofía se confirma una experiencia que Schönberg advertía en la teoría tradicional
de la música: propiamente hablando, de ésta uno sólo aprende cómo
empieza y termina un movimiento, nada sobre este mismo, su decurso.
Análogamente, la filosofía tendría no que reducirse a categorías, sino
sólo que componerse en cierto sentido. En su progresión debe reno-
varse incesantemente, por su propia fuerza tanto como por la fricción
con aquello por lo que se mide; lo que decide es lo que en ella se compone, no una tesis o posición; el tejido, no el curso de un pensamiento
de vía estrecha, ya sea deductivo o inductivo. De ahí que la filosofía sea
esencialmente no referible. De lo contrario sería superflua; contra ella
habla el hecho de que la mayoría de las veces se pueda referir. Pero un
comportamiento que no guarda nada primero ni seguro y que, sin embargo, sólo ya en virtud de la determinidad de su exposición, hace tan
pocas concesiones al relativismo, el hermano del absolutismo, que se aproxima a la doctrina, produce escándalo. Empuja, hasta la ruptura, más
allá de Hegel, cuya dialéctica quería tenerlo todo, ser incluso *prima philosophia* y, en el principio de identidad, el sujeto absoluto, lo fue efectivamente. No obstante, mediante la disociación del pensar con respecto
a lo primero y firme, éste no se absolutiza como flotando libremente.
La disociación precisamente lo ata a lo que él mismo no es y elimina
la ilusión de su autarquía. Lo falso de la racionalidad desligada, que
se escapa de sí misma, la transformación de la Ilustración en mitología, es ello mismo racionalmente determinable. Según su propio sentido, pensar es pensar en algo. Incluso en la forma lógica de abstracción de algo, en cuanto algo significado o juzgado, la cual no afirma
poner por sí ningún ente, pervive imborrable para el pensamiento, que
querría borrarlo, lo no-idéntico con éste, lo que no es pensamiento.
La ratio se hace irracional cuando, olvidando esto, hipostasía sus productos, las abstracciones, contra el sentido del pensamiento. El imperativo de su autarquía condena a éste a la vacuidad, en último término a la estulticia y al primitivismo. La objeción contra lo carente
de suelo habría que volverla contra el principio espiritual que se mantiene en sí mismo en cuanto esfera de los orígenes absolutos; pero donde la ontología, Heidegger el primero, no toca suelo, ése es el lugar de
la verdad. Es flotante, frágil, en virtud de su contenido temporal. Benjamin criticó incisivamente la protoburguesa sentencia de Gottfried
Keller según la cual la verdad no se nos puede escapar. La filosofía ha

de renunciar al consuelo de que la verdad sería imperdible. Una filosofía que no pueda precipitarse en el abismo del que parlotean los fundamentalistas de la metafísica –no se trata de sofística ágil, sino de locura– se convierte, bajo el imperativo de su principio de seguridad, en analítica, potencialmente en una tautología. Sólo pensamientos tales que van hasta el extremo hacen frente a la omnipotente impotencia de la colusión segura; sólo la acrobacia cerebral tiene aún relación con la cosa, a la que, según la *fable convenue*, desprecia por su autosatisfacción. Nada irreflexivamente banal, en cuanto impronta de la vida falsa, sigue siendo verdadero. Hoy en día es reaccionario todo intento de, sobre todo con vistas a su aplicabilidad, detener el pensamiento con la frase de su vanidosa exageración y gratuidad. En su forma vulgar el argumento sonaría: si quieres, puedo hacer innumerables análisis de esa clase. Con esto cada uno de ellos se devalúa. A alguien que, siguiendo el mismo patrón, desacreditaba sus breves formas, Peter Altenberg le dio la respuesta: pues no quiero. Contra el riesgo de deslizarse en lo arbitrario, el pensamiento abierto está desprotegido; nada le garantiza estar lo bastante saturado de la cosa como para superar ese riesgo. Pero la consecuencia de su ejecución, la densidad de su textura, contribuye a salir con bien del trance. La función del concepto de seguridad en filosofía se ha invertido. Lo que antaño quiso superar el dogma y el tutelaje mediante la autocerteza se convirtió en seguro social de un conocimiento al que nada le puede pasar. Efectivamente, a lo inobjetable nada le pasa.

En la historia de la filosofía se repite la metamorfosis de categorías epistemológicas en morales; la interpretación fichteana de Kant es la prueba más llamativa de ello, no la única. Algo análogo sucedió con el absolutismo lógico-epistemológico. Para los ontólogos fundamentales el escándalo de un pensar sin suelo es el relativismo. La dialéctica se opone tan abruptamente a éste como al absolutismo; no buscando una posición intermedia entre ambos, sino atravesando los extremos, los cuales por su propia idea se han de convencer de su no-verdad. Proceder así con el relativismo es oportuno, pues la mayoría de las veces la crítica que se le hacía era tan formal que en cierto modo dejaba intacta la fibra del pensamiento relativista. El desde Leonard Nelson popular argumento contra Spengler, por ejemplo, de que el relativismo presupone al menos algo absoluto, a saber, la validez de sí mismo, y con ello se contradice, es miserable. Confunde la nega-

ción universal de un principio con su propia elevación a algo afirmativo, sin tener en cuenta la diferencia específica de la relevancia de
ambas. Más fructífero podría ser reconocer el relativismo como una
forma limitada de consciencia. En un principio fue la del individualismo burgués, que toma por última la consciencia individual, por su
parte mediada por lo universal, y por ello concede a las opiniones de
cada uno de los individuos singulares el mismo derecho, como si no
hubiera ningún criterio de su verdad. A la tesis abstracta de la verdad
de todo pensamiento se le ha de recordar muy concretamente su propia condicionalidad, la ceguera para el momento supraindividual, que
es el único que hace de la consciencia individual pensamiento. Tras esta
tesis se encuentra el desprecio del espíritu a favor de la prepotencia de
las relaciones materiales como lo único que cuenta. A los puntos de vista incómodos y decididos de su hijo, el padre opone que todo es relativo, que, como en el proverbio griego, el oro es el hombre. El relativismo
es materialismo vulgar, el pensamiento estorba el negocio. Absolutamente hostil al espíritu, tal actitud resulta necesariamente abstracta.
La relatividad de todo conocimiento nunca puede afirmarse sino desde fuera en tanto no se consuma un conocimiento concluyente. En
cuanto la consciencia entra en una cosa determinada y se expone a la
pretensión inmanente a ésta de verdad o falsedad, la presuntamente
subjetiva contingencia del pensamiento se disuelve. Pero por eso el
relativismo es nulo, porque lo mismo que por una parte él tiene por
arbitrario y contingente, y por otra por irreductible, surge, se ha de
derivar, como apariencia socialmente necesaria, de la objetividad: justamente la de una sociedad individualizada. Los modos de reacción,
según la doctrina relativista, peculiares de cada individuo están pre-
formados, son siempre casi un mugido; en particular, el estereotipo
de la relatividad. También la apariencia individualista ha sido, pues,
reducida a intereses de grupos por relativistas más ingeniosos como
Pareto. Pero los límites de la objetividad específica de los estratos, puestos por la sociología de la ciencia, sólo son por su parte correctamente
deducibles del todo de la sociedad, lo objetivo. Cuando una versión
tardía del relativismo sociológico, la de Mannheim, imagina poder des-
tilar con inteligencia «libremente flotante» objetividad científica de
las diversas perspectivas de los estratos, invierte lo condicionante en
condicionado. En verdad las perspectivas divergentes tienen su ley en
la estructura del proceso social en cuanto un todo preordenado. El

conocimiento de éste les hace perder su gratuidad. Un empresario que no quiera sucumbir a la competencia debe calcular de tal modo que la parte no remunerada del producto del trabajo ajeno se le devengue como beneficio, y debe pensar que así está haciendo un canje equitativo: la fuerza de trabajo por sus costes de reproducción; pero con el mismo rigor cabe demostrar por qué esta consciencia objetivamente necesaria es objetivamente falsa. Esta relación dialéctica supera en sí sus momentos particulares. La relatividad presuntamente social de las concepciones obedece a la ley objetiva de la producción social bajo la propiedad privada de los medios de producción. El escepticismo burgués, que el relativismo incorpora como doctrina, es obtuso. La perenne hostilidad al espíritu es, no obstante, algo más que meramente un rasgo de la antropología subjetivamente burguesa. La produce el hecho de que en el seno de las relaciones existentes de producción el concepto otrora emancipado de razón debe temer que su consecuencia haga explotar éstas. Por eso es por lo que la razón se limita; a lo largo de la época burguesa la idea de autonomía del espíritu ha ido acompañada del autodesprecio reactivo de éste. No se perdona que la constitución de la existencia que él dirige le impida aquel despliegue de la libertad inherente a su concepto. Su expresión filosófica es el relativismo: no es necesario recurrir a ningún absolutismo dogmático contra él, la demostración de su estrechez lo quiebra. Por más que se las diera de progresista, el relativismo siempre llevaba asociado el momento reaccionario, ya en la sofística en cuanto disponibilidad para los intereses más fuertes. Una crítica a fondo del relativismo es el paradigma de negación determinada.

La dialéctica desaherrojada carece de algo sólido tan poco como Hegel. Sin embargo, ya no le confiere la primacía. Hegel no lo acentúa tanto en el origen de su metafísica: debía emerger al final como todo transparente. Sus categorías lógicas tienen en cambio un peculiar carácter doble. Son estructuras surgidas, que se superan, y al mismo tiempo a priori, invariantes. La doctrina de la inmediatez que de nuevo se restaura en cada fase dialéctica las pone de acuerdo con el dinamismo. La ya en Hegel críticamente teñida teoría de la segunda naturaleza no está perdida para una dialéctica negativa. Se admite *tel quel* la inmediatez inmediata, las formaciones que la sociedad y su evolución presentan al pensamiento, a fin de mediante el análisis poner al descubierto sus mediaciones, según el criterio de la diferencia inmanente entre los fenómenos y lo que de por sí éstos pretenden ser. Para tal análisis lo sólido que se mantiene, lo «positivo» del joven Hegel, es, como para éste, lo negativo. En el prólogo a la *Fenomenología* el pensamiento, el enemigo jurado de esa positividad, aún se caracteriza como el principio negativo*. La reflexión más simple conduce a esto: lo que no piensa, sino que se abandona a la intuición, propende a lo positivo malo en virtud de esa disposición pasiva que en la crítica de la razón se define como la legítima fuente sensible del conocimiento. Percibir algo tal como se presenta en cada caso, renunciando a la reflexión, potencialmente es siempre ya reconocer cómo es; por el contrario, todo pensamiento provoca virtualmente un movimiento negativo. Por supuesto, en Hegel, pese a todas las afirmaciones de lo contrario, la primacía del sujeto sobre el objeto resulta incontrovertida. Lo único que la oculta es justamente la semiteológica palabra espíritu, en la que no se puede borrar el recuerdo de la subjetividad individual. La cuenta que por ello se le presenta a la lógica hegeliana consiste en su carácter sobremanera formal. Mientras que según su propio concepto debería estar llena de contenido, en su empeño por ser todo al mismo tiempo, metafísica y doctrina de las categorías, excluye de sí al ente determinado, lo único en que se podría legitimar su enfoque; no se encuentra con ello en absoluto tan lejos de Kant y Fichte, a los que Hegel no se cansa de condenar en cuanto portavoces de la subjetividad abstracta. Por su parte, la *Ciencia de la lógica* es abstracta en el sentido más simple; la reducción a conceptos universales elimina ya de antemano lo contrario a éstos, aquello concreto que la dialéctica idealista alardea de portar en sí y desplegar. El espíritu gana su batalla contra un enemigo inexistente. La menospreciativa expresión de Hegel sobre la existencia contingente, la pluma de Krug que la filosofía puede y debe desdeñar deducir a partir de sí, es un «¡Alto, al ladrón!». Puesto que siempre

---

* «La actividad del separar es la fuerza y la labor del entendimiento, de la más maravillosa y grande potencia o, mejor dicho, de la absoluta. El círculo que descansa cerrado en sí y que en cuanto sustancia mantiene sus momentos es la relación inmediata y por tanto incapaz de causar asombro. Pero el hecho de que lo accidental en cuanto tal, separado de su ámbito, lo vinculado y sólo real en su conexión con lo otro, adquiera una existencia propia y una libertad particularizada es la potencia portentosa de lo negativo; es la energía del pensamiento, del yo puro» (Hegel, *WW* 2, pp. 33 ss. [ed. cast.: *Fenomenología del espíritu*, México, Fondo de Cultura Económica, 1973, pp. 23 ss.]).

tiene ya que ver con el medio del concepto y ella misma no reflexiona más que en general sobre la relación del concepto con su contenido, lo no-conceptual, la lógica hegeliana está ya de antemano segura de la absolutidad del concepto que ella se compromete a demostrar. Pero, cuanto más se cala críticamente en la autonomía de la subjetividad, cuanto más consciente se es de ella como algo por su parte mediado, tanto más perentoria la obligación para el pensamiento de rivalizar con lo que le confiere la solidez que él en sí no tiene. De lo contrario ni siquiera existiría ese dinamismo con que la dialéctica mueve la carga de lo sólido. No toda experiencia que se presente como primaria se ha de negar lisa y llanamente. Si a la experiencia de la consciencia le faltase por completo lo que Kierkegaard defendía como ingenuidad, el pensamiento, desorientado en sí mismo, accedería a lo que lo establecido espera de él y sólo entonces se haría auténticamente ingenuo. Incluso términos como experiencia originaria, comprometidos por la fenomenología y la neoontología, designan algo verdadero, por más que lo dañen pomposamente. Si la resistencia contra la fachada no se alzase espontánea, despreocupada de sus propias dependencias, pensamientos y actividad serían copias borrosas. Lo que en el objeto excede las determinaciones de éste impuestas por el pensamiento no vuelve al sujeto sino como algo inmediato; a su vez el sujeto nunca es menos sujeto que cuando se siente totalmente seguro de sí mismo, en la experiencia primaria. Lo más subjetivo de todo, lo inmediatamente dado, escapa a su intervención. Sólo que tal consciencia inmediata no es ni continuamente mantenible ni positiva sin más. Pues la consciencia es al mismo tiempo la mediación universal y no puede saltar más allá de su sombra ni siquiera en los *données immediates*, que son los suyos. Éstos no son la verdad. La confianza en que de lo inmediato en cuanto lo firme y simplemente primero surja sin fisuras el todo es una ilusión idealista. Para la dialéctica la inmediatez no deja de ser más que lo que ella se da inmediatamente. En lugar de en fundamento, se convierte en momento. En el polo opuesto no ocurre otra cosa con las invariantes del pensamiento puro. Únicamente un relativismo pueril discutiría la validez de la lógica formal o de las matemáticas y la trataría como efímera por ser devenida. Sólo que las invariantes, cuya propia invarianza es algo producido, no se pueden desgajar de lo que varía, como si con ello se tuviera en las manos toda la verdad. Ésta está amalgamada con el contenido cosal que se altera, y su inalterabilidad es el engaño de la *prima philosophia*. Mientras que los invariantes no se disuelven indiferenciadamente en la dinámica histórica y en la de la consciencia, son sólo momentos en ella; se convierten en ideología en cuanto se fijan como trascendencia. La ideología de ningún modo equivale siempre a la filosofía idealista explícita. Está afincada en la substrucción de algo ello mismo primero, casi indiferente a su contenido, en la identidad implícita de concepto y cosa que justifica el mundo incluso cuando se enseña sumariamente la dependencia de la consciencia con respecto al ser.

En crudo contraste con el ideal científico al uso, la objetividad del conocimiento dialéctico no ha menester de menos, sino de más sujeto. De lo contrario la experiencia filosófica degenera. Pero el positivista espíritu del tiempo es alérgico a él. No todos serían capaces de tal experiencia. Ésta constituiría el privilegio de algunos individuos, determinados por su disposición y biografía; exigirla como condición del conocimiento sería elitista y antidemocrático. Se ha de conceder que, en efecto, no todos pueden tener, en igual medida, experiencias filosóficas, al modo en que, por ejemplo, todas las personas con un coeficiente intelectual comparable deberían poder repetir experimentos de ciencias naturales o comprender deducciones matemáticas, por más que, para esto, según la opinión corriente, es primero necesario un talento muy específico. En todo caso, la parte subjetiva de la filosofía, comparada con la racionalidad virtualmente carente de sujeto de un ideal científico para el que todo es sustituible por todo, retiene un suplemento irracional. No es ninguna cualidad natural. Aunque se da aires de democrático, el argumento ignora lo que el mundo administrado hace de sus miembros a la fuerza. Los únicos que pueden oponérsele espiritualmente son aquellos que él no haya modelado completamente. La crítica del privilegio se convierte en privilegio: así de dialéctico es el curso del mundo. Bajo condiciones sociales, sobre todo las de la educación, que embridan, enderezan, de múltiples maneras atrofian las fuerzas productivas espirituales; bajo la dominante pobreza en imágenes y los procesos patógenos de la primera infancia diagnosticados, de ningún modo sin embargo realmente alterados, por el psicoanálisis, sería ficticio suponer que todos podrían entenderlo todo o siquiera notarlo. Si se esperase eso, el conocimiento se organizaría según los rasgos patológicos de una humanidad a la que por la ley de la perennidad se le arrebata la posibilidad de crearse experiencias, si es que alguna vez la ha poseído. La construcción de la verdad por analogía con una *volonté de tous* –consecuencia extrema del concepto subjetivo de razón– defrauda en el nombre de todos a éstos respecto a aquello de lo que tienen necesidad. A aquellos que han tenido la dicha inmerecida de en su composición espiritual no acomodarse por entero a las normas vigentes –una dicha que bastante a menudo tienen que expiar en su relación con el entorno– cumple expresar con esfuerzo moral, por procuración por así decir, lo que la mayoría de aquellos para los que lo dicen no son capaces de ver o, para hacer justicia a la realidad, se prohíben ver. El criterio de lo verdadero no es su inmediata comunicabilidad a cualquiera. Hay que resistirse a la coacción casi universal a confundir la comunicación de lo conocido con esto e incluso a situarla por encima, ahora que todo paso hacia la comunicación vende y falsea la verdad. Mientras tanto, todo lo lingüístico padece esta paradoja. La verdad es objetiva y no plausible. Por poco que inmediatamente agrade a alguno y por mucho que haya menester de la mediación subjetiva, lo que se aplica a su textura es lo que de un modo demasiado entusiasta ya reclamaba Spinoza para la verdad singular: que sea indicio de sí misma. El carácter de privilegio que el rencor le imputa lo pierde en cuanto deja de invocar las experiencias de las que es deudora, sino que se interna en configuraciones y en contextos causales que la ayudan a alcanzar la evidencia o la convencen de sus carencias. A la experiencia filosófica lo último que le conviene es la arrogancia elitista. Debe darse cuenta de hasta qué punto, según su posibilidad en lo existente, está contaminada de lo existente, en último término con la relación de clases. En ella las oportunidades que lo universal concede intermitentemente a los individuos se vuelven contra lo universal que sabotea la universalidad de tal experiencia. Si esta universalidad se produjera, con ello la experiencia de todos los individuos se alteraría y abandonaría mucho de la contingencia que hasta ahora la deforma irremediablemente aun donde todavía se agita. La doctrina de Hegel según la cual el objeto se refleja en sí mismo sobrevive a su versión idealista porque a una dialéctica alterada el sujeto, despojado de su soberanía, virtualmente se le convierte aún más en la forma de la reflexión de la objetividad. Cuanto menos se las da de definitiva, de omnicomprensiva, tanto menos se objetualiza la teoría frente al que piensa. La desaparición de la coacción del sistema permite a éste fiarse más desinhibidamente de la propia consciencia y de la propia experiencia de lo que toleraría la patética concepción de una subjetividad que tiene que pagar su abstracto triunfo con la renuncia a su contenido específico. Ésta es conforme a aquella emancipación de la individualidad que se operó en el periodo entre el gran idealismo y el presente, y sus logros, a pesar y a causa de la actual presión de la regresión colectiva, cabe teóricamente revocarlos tan poco como los impulsos de la dialéctica de 1800. El individualismo del siglo XIX debilitó sin duda la fuerza objetivadora del espíritu —la de la comprensión de la objetividad y de la construcción de ésta—, pero también le procuró una diferenciación que reforzó la experiencia del objeto.

Entregarse al objeto es tanto como hacer justicia a los momentos cualitativos de éste. La objetivación científica, de acuerdo con la tendencia a la cuantificación de toda la ciencia desde Descartes, propende a eliminar las cualidades, a transformarlas en determinaciones mensurables. En medida creciente, la racionalidad misma es asimilada *more mathematico* a la facultad de la cuantificación. Ésta da cuenta de la primacía de una triunfante ciencia de la naturaleza con tanta precisión como poco reside en el concepto de la ratio en sí. A la cual no es lo que menos la ciega el hecho de que se cierra a los momentos cualitativos en cuanto algo que por su parte se ha de pensar racionalmente. La ratio no es meramente συναγωγή, ascensión desde los fenómenos dispersos hasta su concepto genérico[11]. Igualmente exige la capacidad de distinguir. Sin ésta la función sintética del pensar, la unificación abstractiva, no sería posible: juntar lo semejante significa necesariamente segregarlo de lo disímil. Pero esto es lo cualitativo; un pensamiento que no lo piensa está él mismo ya mutilado y en desacuerdo consigo. En el comienzo de la filosofía europea de la razón, Platón, que fue el primero en instaurar las matemáticas como prototipo metodológico, confirió una expresión aún vigorosa al momento cualitativo de la ratio al poner junto a la συναγωγή, con los mismos derechos, la διαίρεσις. Ésta desemboca en el imperativo según el cual la consciencia, habida cuenta de la distinción socrática y sofística entre φύσει y θέσει, debe acomodarse a la naturaleza de las cosas, no comportarse arbitrariamente con ellas. Con esto, la distinción cualitativa no es sólo incorporada a la dialéctica platónica, a su doctrina del pensamiento, sino interpretada como correctivo de la violencia de una cuantificación desatada. Un símil del *Fedro* no deja ninguna duda al respecto. En él el pensar organizador y la ausencia de violencia se equilibran. Invirtiendo el movimiento conceptual de la síntesis, se dice, hay que «ser capaz, al dividir en subclases, de guiar el corte por las articulaciones, de manera correspondiente a la naturaleza, y no intentar, a la manera de un mal cocinero, romper cualquier miembro»[12]. Toda cuantificación sigue conservando como sustrato de lo que se ha de cuantificar aquel momento cualitativo que, según la exhortación de Platón, no debe romperse a fin de que la ratio, en cuanto deterioro del objeto que debe alcanzar, no se transforme en sinrazón. En una segunda reflexión, a la operación racional se le asocia, por así decir, como momento del antídoto la cualidad que la limitada primera reflexión de la ciencia omitió en la filosofía que le era sumisa y extraña. No hay ningún análisis cuantificado que no reciba su sentido, su *terminus ad quem*, más que en la retraducción en lo cualitativo. La meta cognitiva incluso de la estadística es cualitativa, la cuantificación es únicamente su medio. La absolutización de la tendencia a la cuantificación de la ratio es conforme con su falta de autorreflexión. Tal carencia sirve a la insistencia en lo cualitativo, no conjura la irracionalidad. Después únicamente Hegel ha mostrado consciencia de esto sin inclinación romántico-retrospectiva, en una época, por supuesto, en la que la cuantificación todavía no gozaba tan indiscutiblemente como hoy de la supremacía. Para él ciertamente, de acuerdo con la tradición científica, «la verdad de la cualidad [es] ella misma la cantidad»[13]. Pero en el *Sistema de filosofía* la reconoce como «determinidad indiferente al ser, exterior a éste»[14]. Según la *Gran lógica*, la cantidad es «ella misma una cualidad». Conserva su relevancia en lo cuantitativo; y el *quantum* vuelve a la cualidad[15].

A la tendencia a la cuantificación correspondía por el lado subjetivo la reducción del cognoscente a algo universal privado de cualidades, puramente lógico. Sin duda las cualidades no se liberarían más en una situación objetiva que ya no estaría limitada a la cuantificación ni seguiría inculcando cuantificación en quien debe adaptarse espiritualmente. Pero ésta no es la esencia intemporal que las matemáticas, su instrumento, hacen que parezca. Lo mismo que apareció, su pretensión de exclusividad es pasajera. En la cosa el potencial de sus cualidades espera al sujeto cualitativo, no al residuo trascendental de éste, aunque para esto el sujeto no se fortalece más que mediante su restricción debida a la división del trabajo. Sin embargo, cuantas más sean las reacciones suyas reprobadas como presuntamente sólo subjetivas, tantas más serán las determinaciones cualitativas de la cosa que escapen al conocimiento. El ideal de lo diferenciado y matizado, que, pese a todo el *science is measurement*, el conocimiento nunca olvidó del todo hasta en sus más recientes desarrollos, no sólo se refiere a una capacidad individual, prescindible para la objetividad. Su impulso lo recibe de la cosa. Diferenciado es quien en ésta y en el concepto de ésta sabe distinguir aun lo mínimo y lo que se escabulle al concepto; únicamente la diferencialidad llega hasta lo mínimo. En su postulado, el de la facultad para la experiencia del objeto –y la diferencialidad es la experiencia de éste convertida en forma subjetiva de reacción–, encuentra refugio el momento mimético del conocimiento, el de la afinidad electiva entre cognoscente y conocido. Este momento se va desmigajando poco a poco en el proceso global de la Ilustración. Pero éste no lo elimina por completo en la medida en que no quiere anularse a sí mismo. Incluso en la concepción del conocimiento racional, desprovisto de toda afinidad, pervive el tanteo de aquella concordancia que otrora era incuestionable para la ilusión mágica. Si este momento se suprimiera por completo, la posibilidad de que el sujeto conozca al objeto se haría incomprensible, irracional la racionalidad desaherrojada. Por su parte, sin embargo, el momento mimético se fusiona con el racional en el camino de su secularización. Este proceso se resume como diferencialidad. Contiene en sí tanto la capacidad de reacción mimética como el órgano lógico para la relación entre *genus*, *species* y *differentia specifica*. A la capacidad diferenciadora sigue estándole además asociada tanta contingencia como a cualquier individualidad incólume frente a lo universal de su razón. Esta contingencia, no obstante, no es tan radical como gustaría a los criterios del cientifismo. Hegel fue curiosamente inconsecuente cuando acusó a la consciencia individual, escenario de la experiencia espiritual que anima su obra, de contingencia y limitación. Esto sólo es explicable por el deseo de desmantelar el momento crítico que va ligado al espíritu individual. En la particularización de éste echaba él de ver las contradicciones entre el concepto y lo particular. La desgraciada es casi siempre, y con razón, la consciencia individual. La aversión hacia ella de Hegel se niega justamente al hecho que él, cuando le conviene, subraya: hasta qué punto lo universal es inherente a eso individual. Según la necesidad estratégica, él trata al individuo como si fuera lo inmediato cuya apariencia él mismo destruye. Pero, con ésta, desaparece también la apariencia de la contingencia absoluta de la experiencia individual. Ésta no tendría ninguna continuidad sin los conceptos. Por su participación en el medio discursivo, según su propia determinación siempre es al mismo tiempo más que sólo individual. El individuo se convierte en sujeto en la medida en que gracias a su consciencia individual se objetiva, en la unidad de sí mismo tanto como en la de sus experiencias: una y otra podrían estarles negadas a los animales. Puesto que es en sí universal, y en cuanto lo es, alcanza también la experiencia individual lo universal. Incluso en la reflexión epistemológica, la universalidad lógica y la unidad de la consciencia individual se condicionan mutuamente. Pero esto no afecta solamente al lado subjetivo-formal de la individualidad. Cada contenido de la consciencia individual se lo provee su portador por mor de la conservación de éste y se reproduce con ésta. Es a través de la autorreflexión como la consciencia individual puede liberarse de esto, ampliarse. La empuja a ello el tormento de que esa universalidad tenga tendencia a adquirir la preeminencia en la experiencia individual. En cuanto «prueba de la realidad», la experiencia redobla no simplemente las emociones y deseos del individuo, sino que también los niega, con lo cual sobrevive. Lo universal no se deja en absoluto aprehender por el sujeto si no es en el movimiento de la consciencia humana individual. Si se excluyese al individuo, no surgiría un sujeto superior, depurado de las escorias de la contingencia, sino uno inconscientemente imitativo. En el Este el cortocircuito teórico en la visión del individuo ha servido de pretexto para la opresión colectiva. Incluso cuando está cegado o aterrorizado, el partido, debido al número de sus afiliados, debe ser a priori superior a cualquier individuo en cuanto a poder cognoscitivo. Sin embargo, el individuo aislado, al que no afecta el *ukase*, puede a veces percibir la objetividad de una manera menos turbia que un colectivo que por lo demás ya no es más que la ideología de sus gremios. El aserto de Brecht, «el partido tiene mil ojos, el individuo sólo dos», es falso como sólo puede serlo toda perogrullada. La fantasía exacta de un disidente puede ver más que mil ojos a los que les han calado las gafas rosadas de la unidad, que entonces confunden lo que perciben con la universalidad de lo verdadero y entran en regresión. A lo cual se opone la individuación del conocimiento. No sólo depende de ésta, de la diferenciación, la percepción del objeto: ella misma está igualmente constituida a partir del objeto, que en ella reclama, por así decir, su *restitutio in integrum*. No obstante, las formas subjetivas de reacción de las que el objeto ha menester han por su parte incesantemente menester de corrección en el objeto. Ésta se consuma en la autorreflexión, el fermento de la experiencia espiritual. El proceso de la objetivación filosófica sería, dicho metafóricamente, vertical, intratemporal, frente al horizontal, abstractamente cuantificador, de la ciencia; esto es lo que de verdadero hay en la metafísica del tiempo de Bergson.

Su generación, Simmel, Husserl y Scheler incluidos, anhelaba en vano una filosofía que, receptiva a los objetos, se cargara de contenido. Lo que denuncia la tradición, a eso aspiraba la tradición. Pero esto no dispensa de la reflexión metódica sobre qué relación guarda cada uno de los análisis de contenido con la teoría de la dialéctica. La aseveración de la filosofía idealista de la identidad, según la cual la segunda se absorbería en los primeros, carece de fuerza. Sin embargo, objetivamente, no sólo a través del sujeto cognoscente, el todo que la teoría expresa está contenido en lo individual por analizar. La mediación entre ambos es ella misma de contenido, la producida por la totalidad social. Pero es también formal gracias a la legitimidad abstracta de la misma totalidad, la del canje. El idealismo, que de ahí destiló su espíritu absoluto, codifica al mismo tiempo lo verdadero, que esa mediación se ejerce sobre los fenómenos como mecanismo coactivo; esto es lo que oculta tras el llamado problema constitutivo. La experiencia filosófica no posee este universal, inmediatamente, como fenómeno, sino tan abstractamente como objetivo es él. Ha de partir de lo particular, sin olvidar lo que no tiene pero sí sabe. Su camino es doble, como el heraclíteo, el ascendente y el descendente. Mientras la determinación real de los fenómenos se la asegura su concepto, a éste no puede aducirlo ontológicamente, como lo en sí verdadero. Está fusionado con lo no-verdadero, con el principio opresor, y esto aminora aún más su dignidad epistemocrítica. No constituye un *telos* positivo que saciaría al conocimiento. La negatividad de lo universal fija por su parte el conocimiento a lo particular, en cuanto lo que se ha de salvar. «Verdaderos son solamente los pensamientos que no se entienden a sí mismos.» En sus elementos necesariamente universales, toda filosofía, incluso aquella con la intención de libertad, arrastra consigo la no-libertad en la que se prolonga la de la sociedad. Tiene en sí la coacción; pero sólo ésta la protege de la regresión a la arbitrariedad. El carácter coactivo que le es inmanente, el pensar puede reconocerlo críticamente; su propia coacción es el medio de su liberación. Lo primero es instaurar la libertad para el objeto, que en Hegel llevaba a la incapacitación del sujeto. Hasta entonces la dialéctica como método y como de la cosa divergen. Concepto y realidad son de la misma esencia contradictoria. Lo que desgarra antagónicamente a la sociedad, el principio del dominio, es lo mismo que, espiritualizado, produce la diferencia entre el concepto y lo sometido a éste. Pero esa diferencia adquiere la forma lógica de la contradicción porque todo lo que no se pliega al principio del dominio aparece, según el criterio del principio, no como algo distinto indiferente a éste, sino como una violación de la lógica. Por otra parte, el resto de divergencia entre la concepción filosófica y la ejecución atestigua, además, algo de la no-identidad que no permite al método ni absorber por entero los contenidos sólo en los cuales debe ella, sin embargo, estar, ni espiritualizarlos. La prelación del contenido se expresa como necesaria insuficiencia del método. Lo que como tal, en la figura de la reflexión universal, se debe decir para no quedar indefenso ante la filosofía de los filósofos, sólo se legitima en la ejecución, y con ello se niega de nuevo el método. Desde el punto de vista del contenido, su exceso es abstracto, falso; ya Hegel tuvo que resignarse a la discrepancia del prólogo de la *Fenomenología* con ésta. El ideal filosófico sería que la justificación de lo que se hace se tornara superflua en el mismo hacer filosófico.

El intento más reciente de ruptura con el fetichismo del concepto –con la filosofía académica, sin renunciar a la exigencia de rigor– se dio bajo el nombre de existencialismo. Como la ontología fundamental, de la que se había separado mediante el compromiso político, seguía presa del idealismo; por lo demás, comparado con la estructura filosófica, conservaba algo de contingente, reemplazable por la política contraria siempre que ésta satisfaga la *characteristica formalis* del existencialismo. Uno y otro bando tienen sus partidarios. Para el decisionismo no hay límite alguno trazado. Sin embargo, la componente idealista del existencialismo está por su parte en función de la política. A Sartre y sus amigos, críticos de la sociedad y reacios a conformarse con la crítica teórica, no se les pasó por alto que, allí donde alcanzó el poder, el comunismo se enterró como sistema de administración. La institución del partido estatal centralista es un sarcasmo de todo lo que otrora se había pensado sobre la relación con el poder del Estado. Por eso Sartre lo ha apostado todo al momento que la praxis dominante ya no tolera; en el lenguaje de la filosofía, la espontaneidad. Cuantas menos oportunidades objetivas le ofrecía el reparto social del poder, tanto más exclusivamente ha urgido él la categoría kierkegaardiana de la decisión. Ésta recibe en Kierkegaard su sentido del *terminus ad quem*, de la cristología; en Sartre se convierte en lo absoluto al que otrora debía servir. Pese a su extremo nominalismo[*], en su fase más efectiva la filosofía de Sartre se organizó según la vieja categoría idealista de la libre actividad del sujeto. Como para Fichte, para el existencialismo cualquier objetividad es indiferente. En consecuencia, en los dramas de Sartre las relaciones y condiciones sociales se convirtieron a lo sumo en suplemento de actualidad; estructuralmente, sin embargo, en apenas algo más que ocasiones para la acción. A ésta la falta de objeto en la filosofía de Sartre la condenó a una irracionalidad que era, por cierto, lo que menos pretendía el pertinaz ilustrado. La representación de una libertad absoluta de decisión es tan ilusoria como siempre es la del yo absoluto del que el mundo emana. Bastaría la más modesta experiencia política para hacer tambalearse como decorados las situaciones construidas para servir de pretexto a la decisión de los héroes. Ni siquiera dramatúrgicamente cabría postular semejante decisión soberana en una imbricación histórica concreta. Un general que decide no permitir que se

---

[*] La restitución del realismo conceptual por parte de Hegel, hasta la provocativa defensa del argumento ontológico, era reaccionaria según las reglas de juego de una Ilustración sin reflexión. Mientras tanto, el curso de la historia ha justificado su intención antinominalista. En contraste con el grosero esquema de la sociología scheleriana del saber, el nominalismo se convirtió por su parte en ideología, la del atónito «¡Eso no!» del que la ciencia oficial gusta de servirse apenas se mencionan entidades molestas como clase, ideología, recientemente incluso sociedad. La relación de la filosofía genuinamente crítica con el nominalismo no es invariante, cambia históricamente con la función de la *skepsis* (cfr. Max HORKHEIMER, «Montaigne und die Funktion der Skepsis» [«Montaigne y la función de la *skepsis*»], *Zeitschrift für Sozialforschung [Revista para la investigación social]*, VII año [1958], *passim*). Adscribir cualquier *fundamentum in re* de los conceptos al sujeto es idealismo. De éste el nominalismo sólo se divorció cuando el idealismo elevó una pretensión a la objetividad. El concepto de una sociedad capitalista no es un *flatus vocis*.

cometan más atrocidades tan irracionalmente como antes gozaba de éstas; que levanta el sitio de una ciudad que ya se le ha entregado mediante la traición y funda una comunidad utópica, incluso en los tiempos feroces de un renacimiento alemán grotescamente romantizado, habría al punto sido, si no asesinado por los soldados amotinados, destituido por sus superiores. No hace sino concordar harto exactamente con esto el hecho de que Götz, fanfarroneando como el Holofernes de Nestroy, tras haber sido instruido por la masacre de la Ciudad de la Luz sobre su libre actividad, se pone a disposición de un movimiento popular organizado, máscara transparente de aquellos contra los que Sartre esgrime la espontaneidad absoluta. Enseguida vuelve, pues, a cometer también el hombre neogótico, sólo que ahora abiertamente con la bendición de la filosofía, las atrocidades de las que en nombre de la libertad había abjurado. El sujeto absoluto no consigue librarse de sus ataduras: las cadenas que quería romper, las del dominio, son una misma cosa con el principio de la subjetividad absoluta. Honra a Sartre que esto se manifieste en su drama y contra su principal obra filosófica; sus obras de teatro desmienten la filosofía de cuyas tesis se ocupan. Sin embargo, las tonterías del existencialismo político, lo mismo que de la fraseología del despolitizado alemán, tienen su fundamento filosófico. El existencialismo promueve lo inevitable, el mero ser-ahí de los hombres, a una actitud que el individuo debe elegir sin fundamento para la determinación de la elección y sin que propiamente hablando tenga otra elección. Cuando el existencialismo enseña más que tal tautología, hace causa común con la subjetividad que es para sí en cuanto lo único sustancial. Las orientaciones que llevan como divisas derivados del *existere* latino querrían apelar a la realidad de la experiencia corporal contra la ciencia individual alienada. Por miedo a la reificación, retroceden ante lo cosal. Bajo mano, esto se les convierte en un ejemplo. Lo que someten a ἐποχή se venga de ellas imponiendo su poder a espaldas de la filosofía en las decisiones según ésta irracionales. El pensar expurgado de lo cosal no es superior a la ciencia individual privada de conceptos; todas sus versiones incurren, por segunda vez, en justamente el formalismo que combaten en defensa del interés esencial de la filosofía. Adicionalmente ese formalismo es luego rellenado con préstamos contingentes, en particular de la psicología. Al menos en su radical forma francesa, la intención del existencia-

lismo no sería realizable en la distancia de los contenidos cosales, sino
en la proximidad amenazante a éstos. La separación entre sujeto y objeto no sería superable por la reducción a la esencia humana, ni aunque ésta fuera la individualización absoluta. La pregunta por el hombre, popular hasta en el marxismo de linaje lukacsiano, es ideológica
porque dicta según la forma pura lo invariante de la posible respuesta
posible, aunque ésta fuera la misma historicidad. Lo que el hombre
debe ser en sí nunca es más que lo que ha sido: él está encadenado a
la roca de su pasado. Pero no es sólo lo que ha sido y es, sino asimismo lo que puede ser; ninguna determinación basta para anticiparlo. Hasta qué punto son incapaces de esa exteriorización por la
que suspiran en el recurso a la existencia humana individual las escuelas agrupadas en torno a la existencia, incluso las extremadamente
nominalistas, lo reconocen en la medida en que filosofan con conceptos universales sobre lo que se reduce a su propio concepto, lo contrario a éste, en lugar de elevarlo al pensamiento. La existencia la ilus-
tran con lo existente.

De qué otro modo habría que pensar tiene en los lenguajes su lejano y vago arquetipo en los nombres que no recubren categorialmente la cosa, por supuesto al precio de su función cognoscitiva. Un
conocimiento no menoscabado quiere aquello ante lo que se le ha
entrenado para resignarse y lo que tapan los nombres que están demasiado próximos a ello; resignación y obcecación se complementan ideológicamente. La precisión idiosincrásica en la elección de las
palabras, como si debieran nombrar a las cosas, no es una de las me-
nores razones por las que a la filosofía la exposición le es esencial. El
fundamento cognoscitivo para tal insistencia de la expresión frente
al τόδε es la propia dialéctica de ésta, su mediación conceptual en
sí misma; tal es el punto de arranque para comprender lo que de aconceptual hay en la expresión. Pues la mediación en medio de lo no-
conceptual no es un resto después de consumada la sustracción, nada
tampoco que remitiría a una mala infinitud de tales procedimientos.
La mediación de la ὕλη es, más bien, su historia implícita. Lo que
de alguna manera aún la legitima, la filosofía lo extrae de algo negativo: el hecho de que aquello indisoluble ante lo que capituló y de
lo que el idealismo se zafa, sin embargo, en su ser así y no de otra
manera es a su vez también un fetiche, el de la irrevocabilidad del
ente. El fetiche se deshace ante la intelección de que el ente no es

simplemente así y no de otra manera, sino que ha llegado a ser bajo condiciones. Este devenir desaparece y habita en la cosa, para inmovilizarse en el concepto de ésta tan poco como para separarse de su resultado y olvidar. La experiencia temporal se le parece. En la lectura del ente como texto de su devenir se tocan la dialéctica materialista e idealista. Sin embargo, mientras que para el idealismo la historia interna de la inmediatez justifica a ésta como etapa del concepto, materialistamente se convierte en criterio de la no-verdad no sólo del concepto, sino más aún de lo inmediato que es. Aquello con que la dialéctica negativa penetra sus endurecidos objetos es la posibilidad por la que la realidad de éstos ha engañado y que sin embargo se ve en cada uno de ellos. Pero incluso haciendo un esfuerzo extremo por expresar lingüísticamente tal historia coagulada en las cosas, las palabras empleadas siguen siendo conceptos. Su precisión sustituye a la mismidad de la cosa, sin que ésta se haga totalmente presente; entre ellas y lo que conjuran se abre un hueco. De ahí el poso de arbitrariedad y relativismo tanto en la elección de las palabras como en toda la exposición. Incluso en Benjamin los conceptos tienen propensión a disimular autoritariamente su conceptualidad. Sólo los conceptos pueden realizar lo que el concepto impide. El conocimiento es un τρώσας τάσεται. La deficiencia determinable en todos los conceptos obliga a citar otros; surgen ahí aquellas constelaciones que son las únicas a las que ha pasado algo de la esperanza del nombre. A éste el lenguaje de la filosofía se aproxima mediante su negación. Lo que critica en las palabras, su pretensión de verdad inmediata, es casi siempre la ideología de una identidad positiva, existente, entre la palabra y la cosa. Tampoco la insistencia ante una palabra y concepto singular, la puerta de hierro que se ha de abrir, es más que un momento, aunque indispensable. Para ser conocido, lo interior a que el conocimiento se pliega en la expresión ha siempre menester también de algo exterior a ello.

Hay que dejar de nadar –la palabra suena ignominiosa– con la corriente principal de la filosofía moderna. La filosofía contemporánea, hasta hoy dominante, querría excluir los momentos tradicionales del pensar, deshistorizarlo en cuanto a su propio contenido, asignar la historia a una rama especializada de una ciencia que establezca hechos. Desde que se buscaba en la presunta inmediatez de lo subjetivamente dado el fundamento de todo conocimiento, se ha intentado, obedeciendo por así decir al ídolo del presente puro, extirparle al pensamiento su dimensión histórica. El pensamiento ficticio, ahora unidimensional, se convierte en fundamento del conocimiento del sentido interno. Bajo este aspecto armonizan los patriarcas de la modernidad oficialmente considerados como antípodas: en las explicaciones autobiográficas de Descartes sobre el origen de su método y la doctrina baconiana de los ídolos. Lo que en el pensar es histórico, en lugar de obedecer a la atemporalidad de la lógica objetivada, es equiparado a la superstición que de hecho era la apelación a la tradición eclesiásticamente institucional contra el pensamiento verificador. La crítica a la autoridad tenía toda la razón. Pero no comprende que al conocimiento mismo la tradición le es inmanente en cuanto el momento mediador entre sus objetos. El conocimiento deforma éstos tan pronto como, estabilizados gracias a la objetivación, hace con ellos *tabula rasa*. Aun en su forma independizada frente al contenido, participa en sí de la tradición en cuanto recuerdo inconsciente; ninguna pregunta podría siquiera ser formulada en la que no se conservase y siguiese actuando un saber del pasado. La figura del pensamiento como movimiento intratemporal, que progresa de manera motivada, anticipa, microcósmicamente, la macrocósmica, histórica, que se interiorizó en la estructura cogitativa. Entre los logros de la deducción kantiana destaca el de haber percibido aun en la forma pura del conocimiento, de la unidad del «yo pienso», en el nivel de la reproducción en la imaginación, el recuerdo, la huella de lo histórico. Sin embargo, como no hay tiempo sin lo que hay en él, lo que en su fase tardía Husserl llamaba la historicidad interna no puede seguir siendo interior, pura forma. La historicidad interna del pensamiento es inseparable del contenido de éste y por tanto de la tradición. Por el contrario, el sujeto puro, perfectamente sublimado, sería lo absolutamente desprovisto de tradición. Un conocimiento que satisficiera por completo al ídolo de esa pureza, la atemporalidad total, coincidiría con la lógica formal, sería tautología; ni siquiera habría ya sitio para una lógica trascendental. La atemporalidad a que la consciencia burguesa, quizá como compensación de su propia mortalidad, aspira es el colmo de su obcecación. Benjamin asimiló esto cuando abjuró brutalmente del ideal de autonomía y sometió su pensamiento a una tradición que por supuesto, en cuanto voluntariamente instalada, subjetivamente elegida, carece tanto de autoridad como el pensamiento autárquico al que acusa de ello. Aunque contrapartida del trascendental, el momento tradicional es cuasi trascendental, no la subjetividad puntual, sino lo propiamente hablando constitutivo, el mecanismo según Kant oculto en el fondo del alma. Entre las variantes de las demasiado estrechas preguntas iniciales de la *Crítica de la razón pura* no debería faltar la de cómo un pensamiento que tiene que desprenderse de la tradición puede conservarla transformándola[16]; no otra cosa es la experiencia espiritual. La filosofía de Bergson, más aún la novela de Proust, se abandonaron a ella, sólo que por su parte bajo el hechizo de la inmediatez, por aversión hacia la atemporalidad burguesa que con la mecánica del concepto anticipa la supresión de la vida. Pero únicamente la methexis de la filosofía en la tradición sería la negación determinada de ésta. La fundan los textos que ella critica. En éstos, que la tradición le aporta y a la que incorporan los textos mismos, se hace su comportamiento conmensurable con la tradición. Eso justifica la transición de la filosofía a la interpretación que no eleva a lo absoluto ni lo interpretado ni el símbolo, sino que busca qué sea verdadero allí donde el pensamiento seculariza el arquetipo irrecuperable de los textos sagrados.

Por la sujeción, sea abierta, sea latente, a los textos, la filosofía admite lo que bajo el ideal del método en vano niega, su esencia lingüística. Ésta, análogamente a la tradición, en la historia moderna de la filosofía ha sido difamada como retórica. Segregada y degradada a medio para el efecto, fue vehículo de la mentira en la filosofía. El desprecio por la retórica saldaba la deuda que, desde la Antigüedad, había contraído por aquella separación de la cosa que Platón denunciaba. Pero la persecución del momento retórico por el que la expresión se salvaguardaba en el pensamiento no contribuyó menos a la tecnificación de éste, a su potencial supresión, que el cultivo de la retórica bajo el desprecio del objeto. La retórica representa en filosofía lo que no puede ser pensado de otro modo que en el lenguaje. Se afirma en los postulados de la exposición por los que la filosofía se distingue de la comunicación de contenidos ya conocidos y fijados. Como todo testaferro, está en peligro porque fácilmente da el paso a la usurpación de lo que la exposición no puede procurar sin mediación al pensamiento. La corrompe constantemente el fin de convencer, sin el cual, sin embargo, la relación del pensamiento con la praxis volve-

ría a desaparecer del acto de pensar. La alergia a la expresión de toda
la tradición filosófica aprobada, desde Platón hasta los semánticos, es
conforme al impulso de toda Ilustración a censurar lo indisciplinado
de los ademanes hasta en la lógica, un mecanismo de defensa de la
consciencia reificada. Si la colusión de la filosofía con la ciencia desemboca virtualmente en la supresión del lenguaje y con ello de la misma filosofía, ésta no sobrevive sin su esfuerzo lingüístico. En lugar de
chapotear en la cascada lingüística, reflexiona sobre ésta. Con razón
la negligencia lingüística –científicamente: lo inexacto– gusta de unir-
se con el gesto científico de la insobornabilidad por el lenguaje. Pues
la supresión del lenguaje en el pensamiento no es la desmitologización
de éste. Con el lenguaje la filosofía sacrifica ciegamente aquello en lo
que ella se comporta con su cosa de una manera más que meramente significativa; sólo en cuanto lenguaje puede lo semejante conocer
a lo semejante. No se puede, sin embargo, ignorar la denuncia permanente de la retórica por el nominalismo, para el que el nombre está
privado de la más mínima semejanza con aquello que dice; recurrir
sin quiebras contra ella al momento retórico. La dialéctica, según el
sentido literal, lenguaje en cuanto *organon* del pensamiento, sería el intento de salvar críticamente el momento retórico: de aproximar la cosa
y la expresión hasta la indiferencia mutua. Lo que históricamente apareció como mancha del pensamiento, su conexión con el lenguaje que
nada puede romper totalmente, lo atribuye a la fuerza del pensamiento.
Esto inspiró a la fenomenología cuando ésta, por ingenuamente que
fuera, quiso asegurarse de la verdad en el análisis de las palabras. En
la cualidad retórica la cultura, la sociedad, la tradición animan al pensamiento. Lo lisa y llanamente antirretórico está ligado a la barbarie
en que termina el pensamiento burgués. La difamación de Cicerón,
incluso la antipatía de Hegel hacia Diderot atestiguan el resentimiento
de aquellos a los que la miseria de la vida aparta de la libertad de elevarse y que consideran pecaminoso el cuerpo del lenguaje. Contra el
parecer vulgar, en la dialéctica el momento retórico toma el partido
del contenido. Al mediatizarlo con el formal, lógico, la dialéctica trata de dominar el dilema entre la opinión arbitraria y lo inesencialmente
correcto. Pero se inclina hacia el contenido como hacia lo abierto, no
decidido de antemano por el armazón: una protesta contra el mito.
Mítico es lo perenne, que ha acabado por diluirse en la legalidad formal del pensamiento. Un conocimiento que quiere el contenido quie-

re la utopía. Ésta, la consciencia de la posibilidad, se adhiere a lo concreto en cuanto lo no deformado. Es lo posible, nunca lo inmediatamente real, lo que obstruye el paso a la utopía; por eso es por lo que en medio de lo existente aparece como abstracto. El color indeleble procede de lo que no es. Le sirve el pensamiento, un pedazo de la existencia que, aunque negativamente, alcanza a lo que no es. Sólo la más extrema lejanía sería la proximidad; la filosofía es el prisma que capta su color.

Primera parte

RELACIÓN CON LA ONTOLOGÍA

I. La necesidad ontológica

Las ontologías en Alemania, sobre todo la heideggeriana, siguen aún operando, sin que intimiden las huellas del pasado político. La ontología es entendida tácitamente como disposición a sancionar un orden heterónomo, exento de justificación ante la consciencia. El hecho de que en instancias superiores semejantes explicaciones sean desmentidas como malentendido, desviaciones hacia lo óntico, carencia de radicalismo en la pregunta, no hace sino fortalecer la dignidad del llamamiento. La ontología parece tanto más numinosa cuanto menos se la puede fijar a contenidos determinados que permitirían picotear al entendimiento entrometido. La intangibilidad se convierte en incomprensibilidad. Quien rehúsa la adhesión es sospechoso de ser un tipo espiritualmente apátrida, sin hogar en el ser, de una manera no tan distinta a como otrora los idealistas Fichte y Schelling vilipendiaban a aquellos que se oponían a su metafísica. En todas sus tendencias mutuamente hostiles y excluyentes en cuanto versión falsa, la ontología es apologética. Pero su efecto no se podría entender si no hiciera frente a una necesidad perentoria, indicio de algo omitido, el anhelo de no tenerse que conformar con el veredicto kantiano sobre el saber de lo absoluto. Cuando al comienzo de las tendencias neoontológicas se habló con simpatía teológica de la resurrección de la metafísica, se manifestó aún cruda, pero claramente. Ya la voluntad husserliana de sustituir la *intentio obliqua* por la *intentio recta*, de volverse hacia las cosas, tenía algo de eso; lo que en la crítica de la razón había trazado los límites de la posibilidad del conocimiento no era otra cosa que la misma meditación retrospectiva sobre la facultad del conocimiento de la que en principio quería dispensar el programa fenomenológico. En el «proyecto» de una constitución ontológica de ámbitos temáticos y regiones, en último término «del mundo como el compendio de todo lo que es ahí», operaba claramente la voluntad de captar el todo sin límites dictados a su conocimiento; las εἴδη husserlianas, luego convertidas en existenciales por el Heidegger de *Ser y tiempo*, debían anticipar comprehensivamente qué eran propiamente hablando aquellas regiones, incluida la más alta. Lo que había implícito tras ellas era que los proyectos de la razón pudieran prediseñar su estructura a toda la profusión de lo ente; segunda reanudación de las antiguas filosofías de lo absoluto, la primera de las cuales fue el idealismo poskantiano. Pero, al mismo tiempo, seguía operando la tendencia crítica, menos contra conceptos dogmáticos que, como esfuerzo por no establecer o construir ya los absolutos, ahora privados de su unidad sistemática y separados los unos de los otros, sino aceptarlos y describirlos receptivamente, en una actitud formada en el ideal científico positivista. De este modo, el saber absoluto se convierte otra vez, como en Schelling, en intuición intelectual. Lo que se espera es tachar las mediaciones en lugar de reflexionarlas. El inconformista motivo de que la filosofía no tiene necesidad de resignarse a los límites –los de la ciencia organizada y aprovechable– se invierte en conformismo. La estructura categorial aceptada como tal sin crítica, el armazón de las relaciones existentes, se confirma como absoluta, y la inmediatez irreflexiva del método se presta a cualquier arbitrariedad. La crítica del criticismo se hace precrítica. De ahí el comportamiento espiritual del permanente «regreso a». Lo absoluto se convierte en lo que menos querría y lo que por supuesto dice sobre ello la verdad crítica, algo histórico-natural de lo que bastante rápida y groseramente pudo extraerse la norma de adaptarse. Frente a esto, la filosofía idealista de escuela negaba lo que de la filosofía espera quien sin preparación se adentra en ella. Ése era el reverso de la responsabilidad científica de sí mismo impuesta por Kant. En el idealismo alemán ya rumorea la consciencia de que la filosofía ejercida como especialidad ha dejado de tener que ver con los seres humanos, a los que deshabitúa por ser vanas, de las únicas preguntas por mor de las cuales se ocupan de ella; sin cautela colegial lo expresaron Schopenhauer y Kierkegaard, y Nietzsche se negó a cualquier acuerdo con el mundo académico. Pero bajo este aspecto las ontologías actuales no se apropian simplemente de la tradición antiaca-

démica de la filosofía, al preguntar, como en su día formuló Paul Till-
ich, por lo que concierne incondicionalmente a uno. Lo que han hecho ha sido establecer académicamente el *pathos* de lo no académico.
Un agradable estremecimiento ante la decadencia del mundo se une
en ellas con el sentimiento tranquilizador de operar sobre un suelo firme, si cabe incluso filológicamente asegurado. La audacia, como siempre prerrogativa de la juventud, se sabe cubierta por el acuerdo general y por la más poderosa de las instituciones educativas. El
movimiento en su conjunto se convirtió en lo contrario de lo que sus
comienzos parecían prometer. La ocupación con lo relevante revertió
en una abstractidad insuperada por ninguna metodología neokantia-
na. Esta evolución no se puede separar de la problemática de la necesidad misma. Esa filosofía es tan incapaz de satisfacerla como otrora el sistema trascendental. De ahí la atmósfera de que se ha rodeado
la ontología. En línea con una antigua tradición alemana, estima en
más la pregunta que la respuesta; cuando queda deudora de lo prometido, ha elevado el fracaso, por su parte consolador, a existencial.
Efectivamente, en filosofía las preguntas tienen otro peso que en las
ciencias individuales, donde con su solución se eliminan, mientras que
su ritmo en la historia de la filosofía sería antes bien el de la duración
y el olvido. No quiere eso decir, como continuamente se repite de manera maquinal después de Kierkegaard, que la existencia del que pregunta sea esa verdad que la respuesta meramente busca en vano. Sino
que la auténtica pregunta casi siempre incluye en cierto modo su respuesta. No conoce, como la investigación, un primero-luego de pregunta y respuesta. Tiene que modelar su pregunta según lo que ha experimentado a fin de recuperarlo. Sus respuestas no están dadas,
hechas, producidas: la pregunta desplegada, transparente, se convierte en ellas. Al idealismo le gustaría sofocar justamente esto, producir,
«deducir» su propia forma, a ser posible cada contenido. Un pensar,
por el contrario, que no se afirme como origen no debería ocultar que
no produce, sino que reproduce lo que, en cuanto experiencia, ya tiene. El momento de la expresión en el pensamiento incita a éste a no
aparentar *more mathematico* que plantea problemas y luego soluciones. En la filosofía, palabras como problema y solución suenan a men-
daces, pues postulan la independencia de lo pensado con respecto al
pensamiento precisamente allí donde el pensamiento y lo pensado están mutuamente mediados. Propiamente hablando, sólo lo que es ver-

dadero se puede entender filosóficamente. La co-consumación relle-
nadora del juicio en el cual se entiende es lo mismo que la decisión
sobre lo verdadero y lo falso. Quien no juzga co-consumadoramente sobre la astringencia de un juicio o la ausencia de ésta no lo entiende.
Su propio contenido de sentido, que habría que entender, lo tiene en
la pretensión de una tal astringencia. Por esto se distingue la relación
entre comprensión y juicio del orden temporal ordinario. Sin juicio
se puede entender tan poco como juzgar sin comprensión. Esto es lo
que quita su derecho al esquema de que la solución es el juicio, el problema la mera pregunta, fundada en la comprensión. Lo mediado es
la fibra misma de la llamada demostración filosófica, que contrasta
con el modelo matemático, sin que no obstante éste simplemente des-
aparezca. Pues la astringencia del pensamiento filosófico requiere que
su procedimiento se mida con las formas de conclusión. En filosofía
las pruebas son el esfuerzo por procurar perentoriedad a lo expresado haciéndolo conmensurable con los medios del pensamiento discursivo. Pero no se sigue puramente de éste: la misma reflexión crítica de tal productividad del pensamiento es un contenido de la filosofía.
Aunque en Hegel la aspiración a derivar lo no-idéntico de la identidad es intensificada al máximo, la estructura del pensamiento en la
Gran lógica implica las soluciones en los planteamientos, en lugar de
presentar los resultados tras hacer las cuentas. Mientras que agudiza
la crítica del juicio analítico hasta la tesis de la «falsedad» de éste, en
él todo es juicio analítico, un ir y venir del pensamiento sin cita de
nada exterior a él. El hecho de que lo nuevo y distinto sea a su vez lo
antiguo y conocido es un momento de la dialéctica. Tan evidente es
su conexión con la tesis de la identidad como poco es circunscrito por
ésta. Cuanto más se entrega a su experiencia, tanto más se aproxima
el pensamiento filosófico, paradójicamente, al juicio analítico. Hacerse
plenamente consciente de un desiderátum del conocimiento es la mayoría de las veces este mismo conocimiento: contrapartida del principio idealista de la producción perpetua. En la renuncia al aparejo
tradicional de la prueba, en el acento sobre el saber ya consciente, se
impone en filosofía el hecho de que de ningún modo es lo absoluto.

La necesidad ontológica garantiza tan poco lo que quiere como
el sufrimiento de los hambrientos la comida. Pero sobre tal garantía
no atormenta ninguna duda a un movimiento filosófico que no se
amamantó con ella. No fue ésta la menor de las razones por las que

se vio abocado a lo falsamente afirmativo. «El ensombrecimiento del mundo nunca alcanza la luz del ser.»[1] En aquellas categorías a las que la ontología fundamental debe su eco, y, por eso, o bien reniega de ellas, o bien las sublima de modo que no sirvan ya a una confrontación indeseable, se puede leer hasta qué punto son huellas de algo que falta e irrestituible, hasta qué punto son la ideología complementaria de esto. Pero el culto del ser o, al menos, la atracción que la palabra ejerce como algo superior vive del hecho de que también realmente, como otrora en la teoría del conocimiento, los conceptos de función han ido desplazando cada vez más lejos los conceptos de sustancia. La sociedad se ha convertido en el contexto total de funciones como el cual la pensó otrora el liberalismo; el ente es tal en relación con otro, es irrelevante en sí mismo. El espanto que esto provoca, la consciencia aún confusa de que está perdiendo su sustancialidad, prepara al sujeto a escuchar la aseveración de que, pese a todo, el ser, inarticuladamente equiparado con esa sustancialidad, sobrevive imperdible a ese contexto de funciones. Lo que el filosofar ontológico trata de despertar, por así decir, mediante un conjuro lo minan, sin embargo, procesos reales, la producción y reproducción de la vida social. El esfuerzo por vindicar teóricamente al hombre, al ser y al tiempo como protofenómenos no detiene el destino de las ideas resucitadas. Incluso en el ámbito específicamente filosófico se han criticado certeramente como hipóstasis dogmáticas conceptos cuyo sustrato ha dejado históricamente de existir; así, en Kant, la trascendencia del alma empírica, el aura de la palabra existencia en el capítulo de los paralogismos; el recurso inmediato al ser en aquel sobre la anfibología de los conceptos de la reflexión. La nueva ontología no se apropia esa crítica kantiana, no la continúa mediante la reflexión, sino que la trata como si perteneciera a una consciencia racionalista de cuyas manchas un pensar genuino ha de limpiarse como en un baño ritual. Para a pesar de todo uncir también a la filosofía crítica, a éste se le imputa inmediatamente un contenido ontológico. El momento antisubjetivista y «trascendente» Heidegger lo pudo leer no sin legitimación en Kant. En el prólogo a la *Crítica de la razón pura*, éste hace programáticamente hincapié en el carácter objetivo de su planteamiento, planteamiento sobre el cual no deja ninguna duda en el curso de la deducción de los conceptos puros del entendimiento. No se reduce a lo que la historia convencional de la filosofía retiene de él, el giro copernicano: el interés objetivo conserva la primacía sobre el subjetivamente dirigido a la mera consecución del conocimiento, a un desmembramiento de la consciencia al estilo empirista. De ningún modo cabe, sin embargo, equiparar este interés subjetivo a una ontología oculta. Esto lo contradice no solamente la crítica de la ontología racionalista por parte de Kant, la cual en caso de necesidad dejaría margen para la concepción de otra, sino el mismo curso de pensamiento de la crítica de la razón. Según él, la objetividad –la del conocimiento y la de la suma de todo lo conocido– está subjetivamente mediada. Ésta tolera ciertamente la admisión de un en sí más allá de la polaridad sujeto-objeto, pero con toda intención la deja tan indeterminada que ninguna interpretación, por deformada que fuera, podría extraer de ella una ontología. Si Kant quería rescatar aquel *kosmos noetikos* que el giro hacia el sujeto atacaba; si en este sentido su obra comporta un momento ontológico, sigue sin embargo siendo un momento y no el central. Su filosofía trata de llevar a cabo ese rescate con la fuerza de lo que amenaza lo por rescatar.

La revitalización de la ontología a partir de una intención objetivista tendría como apoyo lo que por supuesto sería lo menos compatible con ella del concepto: el hecho de que en gran medida el sujeto se convirtió en ideología encubridora del contexto objetivo de funciones de la sociedad y mitigadora del sufrimiento de los sujetos sometidos a ella. En tal sentido, y no sólo hoy en día, está el no-yo drásticamente en un rango superior al yo. Esto la filosofía de Heidegger lo deja de lado, pero lo registra: aquella primacía histórica se le convierte entre las manos en prelación ontológica del ser, lisa y llanamente, sobre todo lo óntico, real. Prudentemente, pues, se ha guardado también él de dar marcha atrás al giro copernicano, el giro hacia la idea, a la vista de todos. Él ha deslindado celosamente su versión de la ontología del objetivismo, su actitud antiidealista del realismo, sea éste crítico o ingenuo[2]. Incuestionablemente, la necesidad ontológica no cabía nivelarla con el antiidealismo, según los frentes del debate académico de las escuelas. Pero, entre sus impulsos, quizá el más persistente fue sin embargo el de desmentir el idealismo. Lo que está trastornado es el sentimiento antropocéntrico de la vida. El sujeto, la autorreflexión filosófica, se ha apropiado, por así decir, de la crítica secular del geocentrismo. Este motivo es más que una mera concepción del mundo, por más cómodo que haya sido explotarlo como concepción del mundo. Las síntesis extravagantes entre la evolución de la filosofía y de las ciencias naturales no gozan sin duda de buena fama: ignoran la autonomización del lenguaje de las fórmulas físico-matemáticas, que ya hace mucho tiempo que no se deja encerrar en la intuición ni en general en ninguna de las categorías inmediatamente conmensurables con la consciencia humana. Los resultados de la cosmología moderna han tenido, sin embargo, una amplia resonancia; todas las representaciones que han querido aproximar el universo al sujeto o incluso deducirlo como algo puesto por éste han sido relegadas como una ingenuidad comparable a la de los abderitanos o paranoicos que consideran sus pequeñas ciudades el centro del mundo. El fundamento del idealismo filosófico, el dominio mismo de la naturaleza, ha perdido la certeza de su omnipotencia precisamente en virtud de su desmedida expansión durante la primera mitad del siglo XX; tanto porque la consciencia de los hombres se arrastraba renqueante tras ella y el orden de sus relaciones seguía siendo irracional, como porque en cuanto a la grandeza de lo alcanzado su insignificancia sólo puede medirse en comparación con lo inalcanzable. El barrunto y el miedo de que el dominio de la naturaleza contribuya cada vez más con su progreso a tejer la desgracia de la que quería proteger, esa segunda naturaleza en que la naturaleza ha proliferado, son universales. La ontología y la filosofía del ser son –junto a otros y más groseros– modos de reacción en los que la consciencia espera escapar a ese enredo. Pero tienen en sí una dialéctica fatal. La verdad que expulsa al hombre del centro de la creación y le recuerda su impotencia refuerza, en cuanto comportamiento subjetivo, el sentido de impotencia, impulsa a los hombres a identificarse con ésta y aumenta así la fascinación de la segunda naturaleza. La credulidad en el ser, turbio derivado de un barrunto crítico e integrado en una concepción del mundo, degenera en aquello como lo que imprudentemente la definió en una ocasión, en pertenencia al ser. El hombre se siente frente al universo, pero se adhiere sin remilgos a cualquier particular con sólo que éste convenza bastante enérgicamente al sujeto de la propia debilidad. La disposición de éste a arrugarse ante la desgracia que surge en el contexto mismo de los sujetos es la venganza por el vano deseo de éstos de escapar de la jaula de su subjetividad. El salto filosófico, el gesto primordial de Kierkegaard, es él mismo la arbitrariedad a la que pretende sustraerse el sometimiento del sujeto al ser. La fascinación de éste sólo mengua allí donde, como diría Hegel, también está el sujeto; se perpetúa en lo que sería sin más distinto al sujeto, lo mismo que ya el *deus absconditus* portaba siempre rasgos de la irracionalidad de las deidades míticas. Sobre las filosofías restauradoras de hoy en día arroja luz el exotismo *kitsch* de concepciones del mundo de artesanía, como el budismo zen que tan asombrosamente bien se consume. Como éste, simulan aquella posición del pensamiento que la historia acumulada en los sujetos hace imposible adoptar. La limitación del espíritu a lo abierto y asequible a su nivel histórico de experiencia es un elemento de libertad; lo errante sin concepto encarna lo contrario a ésta. Las doctrinas que se evaden despreocupadamente del sujeto al cosmos son, junto con toda la filosofía del ser, más fácilmente conciliables con la endurecida constitución del mundo y las oportunidades de éxito que éste ofrece que la más mínima porción de autorreflexión del sujeto sobre sí y su cautividad real.

Heidegger caló, por supuesto, la ilusión de la que se nutre el éxito popular de la ontología: que a partir de una consciencia en la que el nominalismo y el subjetivismo están sedimentados, la cual en general sólo mediante la autorreflexión ha llegado a ser el ente, se puede simplemente elegir el estado de la *intentio recta*. Él elude la alternativa con la doctrina del ser, la cual se afirma como más allá de la *intentio recta* y la *intentio obliqua*, del sujeto y el objeto, del concepto lo mismo que del ente. Ser es el concepto supremo –pues quien dice ser no lo tiene a él mismo en la boca, sino a la palabra– y estaría sin embargo privilegiado con respecto a toda conceptualidad en virtud de los momentos pensados en la palabra ser, los cuales no se agotan en la abstractamente ganada unidad conceptual de los atributos. Aunque, al menos, el Heidegger maduro ya no se refiere a ella, su discurso del ser supone la doctrina husserliana de la intuición categorial o visión de las esencias. Según la estructura que la filosofía heideggeriana atribuye al ser, éste únicamente a través de tal intuición podría, para utilizar la terminología de la escuela, abrirse o desvelarse; el ser de Heidegger por antonomasia sería el ideal de lo que se da a la ideación. La crítica que en esa doctrina se encuentra a la lógica clasificatoria en cuanto la unidad de los atributos de lo sometido al concepto sigue vigente. Pero Husserl, cuya filosofía se mantuvo dentro de los límites de la división del trabajo y, a pesar de todas las llamadas preguntas por el fundamento, dejó incólume hasta su fase tardía el concepto de ciencia rigurosa, trató de, con las reglas de juego de ésta, armonizar inmediatamente lo que tiene su propio sentido en su crítica; *he wanted to eat the cake and have it too*. Su método expresamente presentado como tal querría inyectar en los conceptos clasificatorios el *modus* en que el conocimiento se asegura de ellos, lo que en cuanto clasificatorios, en cuanto mero apresto de lo dado, no pueden tener, sino que sólo tendrían mediante la concepción de la cosa misma, la cual en Husserl oscila entre algo intramental y algo opuesto a la inmanencia de la consciencia. A Husserl no cabe reprocharle, como solía hacerse en vida suya, la acientificidad de la intuición categorial en cuanto irracionalista –en cuanto un todo, su obra se opone al irracionalismo–, sino su contaminación con la ciencia. Heidegger ha advertido esto y ha dado el paso ante el que Husserl vacilaba. Pero, con ello, ha descartado el momento racional que Husserl conservó[*] y, en esto más bien afín a Bergson, ha practicado tácitamente un procedimiento que sacrifica la relación al concepto discursivo, momento indispensable del pensamiento. La desnudez de Bergson, el cual yuxtapone dos modos de conocimiento entre sí no mediados, disparejos, la tapó por tanto en la medida en que, mediante la movilización de la dignidad presuntamente superior de lo que la intuición categorial alcanza, con la pregunta por la legitimación de esto elimina también como preontológica la epistemocrítica. Lo insuficiente de la pregunta epistemológica previa se convierte en título legal para simplemente eliminarla; frente a la tradición de la crítica del dogmatismo, éste se convierte para él sencillamente en la sabiduría superior. Éste es el origen del arcaísmo heideggeriano. La ambigüedad de las palabras griegas para «ser», que se remonta a la confusión jónica entre materiales, principios y esencia pura, no se consigna como insuficiencia, sino como superioridad de lo originario. Debe curar al concepto ser de la herida de su conceptualidad, de la escisión entre el pensamiento y lo pensado.

Pero lo que aparece como si tuviera su lugar en la edad anterior al pecado original de la metafísica, sea ésta subjetivizante u objetivizante, se convierte *contrecoeur* en grosero en sí. Una subjetividad que reniega de sí se invierte en objetivismo. Por más cuidadosamente que tal pensar evite la controversia criticista atribuyendo las dos posiciones

---

[*] Cfr. ya el capítulo de las *Ideen [Ideas]* sobre la jurisdicción de la razón.

antitéticas a la pérdida del ser, la sublimación de sus conceptos, continuación incansable de las reducciones husserlianas, despoja a lo que se entiende por ser tanto de toda existencia individuada como de todas las huellas de abstracción racional. En la tautología en que este ser desemboca, el sujeto se ha esfumado: «Pero el ser, ¿qué es el ser? Es él mismo»[3]. El ser se aproxima forzosamente a tal tautología. Ésta no mejora cuando se opta por ella con astuta franqueza y se la explica como la garantía de lo más profundo. Todo juicio, según la indicación de Hegel incluso el analítico, comporta, lo quiera o no, la pretensión de predicar algo que no es simplemente idéntico con el mero concepto de sujeto. Si el juicio no tiene en cuenta esto, está rompiendo el contrato que por su forma ha suscrito de antemano. Pero ello es inevitable en el concepto de ser tal como es manipulado por la nueva ontología. Ésta «termina en la arbitrariedad de hacer pasar el "ser", que precisamente en su pureza es el contrario exacto de la pura inmediatez, es decir, algo totalmente mediado, sólo con sentido en las mediaciones, por lo sin más inmediato»[4]. El ser no puede determinarlo más que por él mismo, pues él ni es comprensible mediante conceptos, ni, por tanto, «mediato», ni se deja mostrar inmediatamente según el modelo de lo sensiblemente cierto; cualquier instancia crítica con respecto al ser es sustituida por la repetición del puro nombre. El residuo, la esencia presuntamente indeformada[5], viene a ser como una ἀρχή del tipo de las que el movimiento motivado del pensamiento tuvo que rechazar. El hecho de que una filosofía niegue ser una metafísica no decide, como en una ocasión señala Heidegger en oposición a Sartre[6], si lo es, pero funda la sospecha de que en la inaceptación de su contenido metafísico se oculta lo no-verdadero. El nuevo comienzo a partir de un pretendido punto cero es la máscara de un olvido forzado, la simpatía con la barbarie no le es ajena. La decadencia de las antiguas ontologías, de las escolásticas tanto como de sus sucesores racionalistas, no fue un cambio contingente de concepción del mundo o de estilo de pensamiento; en eso cree el mismo relativismo histórico contra el que antaño se sublevó la necesidad ontológica. Ninguna simpatía por el entusiasmo de Platón frente a los resignados rasgos de ciencia natural en Aristóteles desvigoriza la objeción contra la doctrina de las ideas en cuanto duplicación del mundo de las cosas; ninguna defensa de las bondades del orden elimina las dificultades que en la metafísica aristotélica provoca la relación entre τόδε τι y πρώτη

οὐσία; derivan de la no-mediación entre las determinaciones del ser
y del ente, que la nueva ontología restaura ingenuamente de manera
resuelta. Por legítima que sea, la exigencia de una razón objetiva tampoco capacita por sí sola para eliminar la crítica kantiana del argumento ontológico. Ya la transición eleática al hoy en día glorificado
concepto del ser fue, algo a lo que Heidegger concede poco valor, Ilustración con respecto al hilozoísmo. Pero la intención de borrar todo esto
regresando al otro lado de la reflexión del pensamiento crítico, hasta
el alba sagrada, querría lisa y llanamente eludir las coacciones filosóficas que, otrora reconocidas, impedían la satisfacción de la necesidad ontológica. La voluntad de no contentarse, de experimentar por
parte de la filosofía algo esencial, la deforman respuestas cortadas a
la medida de la necesidad, dudosas entre la obligación de dar pan, no
piedras, y la ilegítima convicción de que debe haber pan porque debe
haberlo.

El hecho de que la filosofía orientada a la primacía del método se
contenta con las llamadas preguntas previas, y, por tanto, quizá se siente además incluso segura en cuanto ciencia fundamental, meramente
engaña sobre el hecho de que las preguntas previas, y la filosofía misma, apenas tienen ya ninguna consecuencia para el conocimiento. Las
reflexiones sobre el instrumento hace ya mucho que no afectan a lo
científicamente conocido, sino únicamente a lo que en general es cognoscible, la validez de los juicios científicos. Para tal reflexión lo conocido determinado es algo subalterno, un mero *constitutum*; mientras que de ahí extrae su aspiración a hundirse en su constitución
general, a esto le resulta indiferente. La primera en que se expresó esto
es la famosa fórmula kantiana según la cual «el idealista trascendental» es «un realista empírico»[7]. La admiración ante el intento de la *Crítica de la razón pura* de fundamentar la experiencia ha sido sorda a la
declaración de bancarrota de que la inmensa tensión de esa crítica contra el contenido de la experiencia es ella misma ἀδιάφορον. Lo único que hace es estimular el funcionamiento normal del entendimiento
y la correspondiente visión de la realidad; por lo demás, incluso Heidegger opta por el «hombre que piensa normalmente»[8]. De las intuiciones intramundanas y de los juicios del *common sense* son pocos los
que se ponen fuera de circulación. «Kant quiso probar de una manera chocante para "todo el mundo" que "todo el mundo" tiene razón:

ése fue el chiste secreto de aquel alma. Escribió contra los sabios a favor del prejuicio popular, pero para los sabios y no para el pueblo.»[9]
El derrotismo paraliza el impulso específicamente filosófico a hacer
explotar algo verdadero, algo oculto detrás de los ídolos de la consciencia convencional. El sarcasmo del capítulo de las anfibologías contra la desmesura de querer conocer el interior de las cosas, la vanidosa resignación viril con que la filosofía se instala en el *mundus sensibilis*
como en el extranjero, no es meramente la renuncia ilustrada a aquella metafísica que confunde el concepto con su propia realidad, sino
también la oscurantista a los que no capitulan ante la fachada. Algo
del recuerdo de esto óptimo que la filosofía no tanto olvidó como, en
honor de la ciencia que quería fundamentar, excluyó celosamente, sobrevive en la necesidad ontológica; la voluntad de no dejar que al pensamiento se le arrebate aquello por lo que es pensado. Desde que las
ciencias, irrevocablemente, se han independizado de la filosofía idealista, las de éxito no buscan otra legitimación que la indicación de su
método. En su autoexplicación la ciencia se convierte en *causa sui*, se
acepta como algo dado y con ello sanciona también la forma que, según la división del trabajo, adopta en cada caso, por más que su insuficiencia no puede permanecer mucho tiempo oculta. El ideal de
positividad que toman prestado hace sobre todo de las ciencias del espíritu víctimas de la irrelevancia y la aconceptualidad en innumerables investigaciones particulares. El corte entre disciplinas particulares como la sociología, la economía y la historia hace desaparecer el
interés por el conocimiento en trincheras pedantemente trazadas y
defendidas por encima de su valor. La ontología recuerda esto, pero, devenida prudente, no quiere insuflar en la cosa, por medio del pensamiento especulativo, lo esencial. Esto debe más bien surgir como algo
dado, tributo a las reglas de juego de la positividad más allá de la cual
quiere ir la necesidad. No pocos adeptos de la ciencia esperan de la
ontología un complemento decisivo sin tener que tocar los procedimientos científicos. Cuando en su fase tardía la filosofía heideggeriana pretende elevarse por encima de la distinción tradicional entre esencia y hecho, refleja la fundada irritación que produce la divergencia
entre ciencias de la esencia y de los hechos, entre disciplinas lógico-
matemáticas y factuales, las cuales prosperan inconexamente yuxtapuestas por más que el ideal de conocimiento de las unas sería incompatible con el de las otras. Pero el antagonismo entre los excluyentes

criterios científicos y la exigencia absoluta de una doctrina de la esencia y luego del ser no lo elimina una orden de ésta. Ella se opone a su
adversario abstractamente, adolece de las mismas carencias de la consciencia sometida a la división del trabajo como cuya cura se comporta.
Lo que frente a la ciencia propone no es su autorreflexión ni, como
evidentemente piensa Walter Bröcker, nada que con movimiento necesario formaría por encima de ella un estrato cualitativamente distinto. De un pistoletazo, según el viejo símil hegeliano contra Schelling, da a la ciencia un suplemento que la liquida sumariamente sin
acertar a cambiar nada en ella misma. Pero su aristocrática separación
de la ciencia acaba confirmando el dominio universal de ésta, análogamente a como bajo el fascismo la actividad científico-tecnológica
era contrapunteada por consignas irracionalistas. La misma transición
de la crítica de las ciencias a lo a ellas esencial en cuanto el ser prescinde, a su vez, de lo que de alguna manera pudiera ser esencial en
las ciencias y arrebata la necesidad de lo que parece otorgar. Al distanciarse de todo lo factual más aprensivamente de lo que nunca hizo
Kant, el filosofar ontológico permite menos intelección no reglamentada que el idealismo en su forma schellingiana e incluso hegeliana. Sobre todo la consciencia social, que precisamente para las ontologías antiguas era inseparable de la filosófica, es reprobada como
heterodoxia, como ocupación con lo que meramente es y μετάβασις
εἰς ἄλλο γένος. La hermenéutica de Heidegger ha hecho propio el
giro contra la epistemología inaugurado por Hegel en la introducción
a la *Fenomenología*[10]. Pero las reservas de la filosofía trascendental contra una filosofía de contenido que, de entrada, rechaza el contenido
en cuanto meramente empírico perviven pese a todas las protestas en
su programa de separar el ser del ente y explicar el ser mismo[11]. La
ontología fundamental se sustrae no en última instancia porque, como
contraste del ser con el ente, mantiene en pie un ideal de «pureza» heredado de la metodologización de la filosofía –el último eslabón fue
Husserl–, pero sin embargo parece como si filosofara sobre algo factual. Este hábito no se podía reconciliar con esa pureza más que en
un ámbito en el que todas las distinciones determinadas, es más, todo
contenido, se desvanecen. Espantado por las debilidades de Scheler,
Heidegger no deja a la *prima philosophia* comprometerse groseramente
por la contingencia de lo material, la caducidad de las eternidades del
momento. Pero tampoco renuncia a la concreción originariamente pro-

metida por la palabra existencia*. El pecado original sería la distinción entre el concepto y lo material, mientras que se perpetúa en el *pathos* del ser. Entre las muchas funciones de éste no ha de subestimarse la de que ciertamente resalta su superior dignidad frente al ente, pero al mismo tiempo comporta el recuerdo del ente, del cual quiere ser separado, como el de algo precedente a la diferenciación y el antagonismo. El ser es seductor, elocuente como el rumor de las hojas en el viento de las malas poesías. Sólo que a éste se le escurre, en cierto modo sin culpa, lo que elogia, mientras que en filosofía se insiste en ello como

---

* Günther Anders (*Die Antiquiertheit des Menschen [Lo anticuado del hombre]*, Múnich, 1961, pp. 186 ss., 220, 326 y sobre todo, «On the Pseudo-Concreteness of Heidegger's Philosophy» [«Sobre la pseudoconcreción de la filosofía de Heidegger»], *Philos. & Phenomenol. Research [Investigación filosófica y fenomenológica]*, vol. VIII, núm. 3, pp. 327 ss.) puso en la picota hace ya años el carácter pseudoconcreto de la ontología fundamental. La palabra concreción, muy connotada afectivamente en la filosofía alemana entre las dos guerras, estaba impregnada del espíritu del tiempo. Su magia se servía de aquel rasgo de la *nekia* homérica, cuando Odiseo, para conseguir que las sombras hablen, las alimenta con sangre. No era probablemente tan fuerte el efecto de «Sangre y suelo» [*Blut und Boden*, de donde *Blubo*, era la consigna de la política agraria nazi que ligaba la propiedad de la tierra a la familia campesina. *(N. del T.)*] como apelación al origen. La resonancia irónica que desde el comienzo acompañó a la fórmula delata la consciencia de lo gastado del arcaísmo bajo las condiciones de producción industrial del capitalismo avanzado. Incluso la *Falange Negra* [*Schwarze Korps*, semanario de las SS y una de las publicaciones de más radical ideología nazi. *(N. del T.)*] se burlaba de la barba de los antiguos germanos. En lugar de eso, la apariencia de lo concreto seducía como la de lo irreemplazable, no fungible. En medio de un mundo en marcha hacia la monotonía apareció ese fantasma; fantasma porque no tocaba el fondo de la relación de intercambio; si no, los nostálgicos se habrían sentido verdaderamente amenazados por lo que llamaban la uniformidad, el principio inconsciente para ellos del capitalismo que reprochaban a sus adversarios. La obsesión por el concepto de lo concreto se aliaba con la incapacidad para llegar a él con el pensamiento. La palabra encantatoria sustituye a la cosa. Por supuesto, la filosofía de Heidegger explota la impostura de esa clase de concreción; puesto que τόδε τι y οὐσία son indiscernibles, él, como ya en Aristóteles estaba proyectado, cada vez según la necesidad y el *thema probandum*, sustituye el uno por el otro. Lo que meramente es se convierte en nulo, despojado de la mácula de ser lo que es, elevado al ser, a su propio puro concepto. El ser, por contra, libre de todo contenido restrictivo, ya no ha menester de presentarse como concepto, sino que pasa por tan inmediato como el τόδε τι: por concreto. Ambos momentos, antaño absolutamente aislados, no tienen ninguna *differentia specifica* mutua y devienen intercambiables; este quid pro quo es una pieza capital de la filosofía de Heidegger.

en una posesión sobre la que el pensamiento que la piensa nada puede. Esa dialéctica que hace pasar la una a la otra, la pura particularización y la pura universalidad, ambas igualmente indeterminadas, es silenciada y explotada en la doctrina del ser; la indeterminación como coraza mítica.

La filosofía de Heidegger, pese a toda la aversión a lo que él llama el «se», denominación que ha de denunciar la antropología de la esfera de la circulación, se parece a un sistema de crédito altamente desarrollado. Un concepto se empeña con otro. El estado de flotación que con ello se instaura ironiza sobre el gesto de una filosofía que se siente tan castiza que, para ella, es preferible al extranjerismo «filosofía» el alemán «pensar». Lo mismo que, según un viejo chiste, el deudor se encuentra en ventaja con respecto al acreedor, porque éste depende de que aquél quiera pagar, Heidegger saca beneficio de todo lo que debe. El hecho de no ser ni un hecho ni un concepto exime al ser de crítica. Se agarre ésta a lo que se agarre, será despachado como un malentendido. El concepto toma prestado de lo fáctico un *air* de plenitud compacta, de lo primeramente no hecho de manera cogitativa, no sólida: del en sí; el ente, del espíritu que lo sintetiza, toma prestada el aura de ser más que fáctico: la unción de la trascendencia; y justamente esta estructura se hipostasía como algo superior al entendimiento reflexivo que separa con el escalpelo el ente y el concepto. Incluso la miseria de lo que después de todo esto le queda entre las manos la refunde Heidegger en una ventaja; una de las invariantes, por supuesto nunca llamadas como tales, que atraviesan su filosofía es la revalorización de toda ausencia de contenido, de toda carencia de conocimiento, hasta convertirse en indicio de profundidad. La abstracción involuntaria se presenta como voto voluntario. «El pensar», se dice en el tratado sobre *La doctrina de la verdad según Platón*, «está en el descenso a la pobreza de su esencia provisoria»[12]: como si el vacío del concepto de ser fuera fruto de la castidad monacal de lo originario, no condicionado por las aporías del pensamiento. Sin embargo, el ser que no ha de ser un concepto o bien uno completamente particular es el aporético[13] por antonomasia. Transforma lo más abstracto en lo más concreto y por tanto más verdadero. A qué afecta esa ascesis, el propio lenguaje de Heidegger lo confiesa en formulaciones que lo critican más acerbamente que una crítica malévola: «El pensar abre con su decir surcos inaparentes en el lenguaje. Son aún más inaparentes que los surcos que el campesino de lento paso traza en el campo»[14]. Pese a tal humildad afectada, ni siquiera corre riesgos teológicos. Sin duda los atributos del ser, como otrora los de la idea absoluta, se asemejan a los tradicionales de la divinidad. Pero la filosofía del ser se guarda de la existencia de ésta. Tan arcaizante como es el todo, tanto menos quiere reconocerse como no moderno. En lugar de eso, participa en la modernidad como coartada del ente que el ser trascendía y que sin embargo se supone que se protege en éste.

Desde Schelling, toda filosofía de contenido se ha basado en la tesis de la identidad. Sólo cuando la suma del ente, en último término el ente mismo, momento del espíritu, es reductible a la subjetividad; sólo cuando cosa y concepto son idénticos en lo superior del espíritu, ha podido procederse según el axioma de Fichte de que lo a priori es al mismo tiempo lo a posteriori. Pero el juicio histórico sobre la tesis de la identidad afecta también a la concepción de Heidegger. Para su máxima fenomenológica de que el pensamiento tiene que plegarse a lo que se le da o en último término se le «destina» –como si el pensamiento fuera incapaz de penetrar en las condiciones de tal destino– es tabú la posibilidad de la construcción, del concepto especulativo, la cual estaba incardinada con la tesis de la identidad. Ya la fenomenología husserliana adoleció del hecho de querer bajo el lema «A las cosas» ir más allá de la teoría del conocimiento. Husserl llamó expresamente a su doctrina no epistemológica[*], lo mismo que, más tarde, Heidegger, a la suya, no metafísica, pero el paso a la cosidad lo espantó más profundamente que a cualquier neokantiano marburgués, al que el método infinitesimal podría haber ayudado a dar tal paso. Heidegger sacrifica la empiria lo mismo que Husserl; todo lo que no sería, según el lenguaje de éste, fenomenología eidética, lo rechaza a las no filosóficas ciencias factuales. Pero extiende la proscripción incluso a las εἴδη husserlianas, las unidades de lo fáctico supremas, exentas de

---

[*] En la consideración fenomenológica fundamental de las *Ideas*, expone su método como estructura de operaciones sin derivarla. La arbitrariedad así concedida, que él no quiso eliminar más que en su fase tardía, es inevitable. Si fuera deducido, el procedimiento se revelaría como precisamente lo desde arriba que a ningún precio querría ser. Contravendría aquel cuasipositivista «a las cosas». Éstas, sin embargo, de ningún modo obligan a las reducciones fenomenológicas, que con ello adquieren un toque de posición arbitraria. Pese a toda la «jurisdicción de la razón» conservada, conducen al irracionalismo.

hechos, conceptuales, que llevan anejos vestigios de la cosalidad. El ser es la contracción de las esencialidades. La ontología cae por su propia consecuencia en una tierra de nadie. Tiene que eliminar los a posteriori, y no debe tampoco ser una lógica en cuanto una doctrina del pensar y una disciplina particular; cada paso del pensamiento debiera llevarla más allá del único punto en que le cabría esperar bastarse a sí misma. Al final, ni siquiera del ser se atreve apenas a predicar algo. Lo que en esto se manifiesta no es tanto una meditación mística, como la miseria de un pensamiento que quiere lo otro a sí y no puede permitirse nada sin miedo a perder con ello lo que afirma. La filosofía tiende a convertirse en un gesto ritual. En éste, por supuesto, bulle también algo verdadero, su enmudecimiento.

A la filosofía del ser no le es ajena la estimulación histórica del objetivismo en cuanto un comportamiento del espíritu. Lo que le gustaría es atravesar la capa intermedia de las posiciones subjetivas convertidas en segunda naturaleza, los muros que el pensar ha construido en torno a sí. Esto repercute en el programa husserliano, y Heidegger estuvo de acuerdo[15]. La prestación del sujeto, que fundamenta el conocimiento en el idealismo, tras la decadencia de éste irrita como ornamento prescindible. En esto la ontología fundamental, lo mismo que la fenomenología, resulta contra su voluntad heredera del positivismo[16]. En Heidegger el objetivismo da una voltereta: trata de filosofar por así decir sin forma, puramente a partir de las cosas, y con ello éstas se le escapan. El tedio que produce el encarcelamiento subjetivo del conocimiento conduce al convencimiento de que lo trascendente a la subjetividad es inmediato para ésta sin que sea manchada por el concepto. Análogamente a las corrientes románticas tanto como al posterior Movimiento de la Juventud[*], la ontología fundamental se figura que es antirromántica en la protesta contra el momento restrictivo y turbio de la subjetividad; quiere conquistar ésta con una retórica belicosa a la que tampoco Heidegger hace ascos[17]. Pero puesto que la subjetividad difícilmente puede pensar sus mediaciones fuera del mundo, desea retroceder a niveles de consciencia anteriores a la reflexión sobre la subjetividad y la mediación. Esto no se logra. Allí donde cree

---

[*] Organización juvenil auspiciada en Alemania por el ascendente nazismo durante los años treinta del siglo XX. [*N. del T.*]

ajustarse, por así decir sin sujeto, a aquello como lo cual se muestran las cosas, de manera conforme al material, originaria y neoobjetivista al mismo tiempo, excluye de lo pensado, lo mismo que Kant otrora de la trascendente cosa en sí, todas las determinaciones. Éstas serían escandalosas tanto en cuanto obra de la razón meramente subjetiva como en cuanto descendientes del ente particular. Desiderata contradictorios coliden y se anulan recíprocamente. Puesto que ni se puede pensar especulativamente, sea lo que sea lo puesto por el pensamiento, ni, a la inversa, introducir un ente que, en cuanto pedacito del mundo, comprometería la prelación del ser, auténticamente el pensamiento no osa en absoluto pensar ya nada más que algo completamente vacío, mucho más X aún de lo que lo fue jamás el sujeto trascendental, el cual, en cuanto unidad de la consciencia, siempre comportaba el recuerdo de una consciencia existente, la «egoidad». Esta X, lo absolutamente inexpresable, sustraído a todos los predicados, se convierte bajo el nombre de ser en el *ens realissimum*. Con la inevitabilidad de la formación aporética de los conceptos se cumple en la filosofía del ser, contra su voluntad, el juicio de Hegel sobre el ser: es indistinguiblemente uno con la nada, y Heidegger no se ha engañado a este respecto. Pero lo que se ha de objetar a la ontología existencial no es ese nihilismo[18] como el que para su horror la interpretaron luego los existencialistas de izquierdas, sino el hecho de que presente como algo positivo la absoluta nihilidad de su palabra suprema.

Por mucho que por ambos lados el ser se comprima adimensionalmente en un punto con permanente precaución, el procedimiento tiene sin embargo su *fundamentum in re*. La intuición categorial, la interiorización del concepto, recuerda que a los hechos categorialmente constituidos que la teoría tradicional del conocimiento únicamente conoce como síntesis debe corresponderles también siempre, más allá de la ὕλη sensible, un momento. En tal medida tienen, asimismo, siempre algo de inmediato, que recuerda a la intuitividad. Así como un simple enunciado matemático carece de valor sin la síntesis de los números entre los cuales se establece la ecuación, la síntesis –esto Kant lo descuida– no sería posible si la relación de los elementos no correspondiese a esta síntesis, no obstante las dificultades en que según la lógica corriente se enreda tal modo de hablar; si, dicho drástica y equívocamente, ambos lados de la ecuación no fuesen de hecho iguales. Tan poco sentido tiene hablar de esta copertenencia independientemente de la síntesis del pensamiento como lo tiene la síntesis racional sin esa correspondencia: caso típico de «mediación». A ello remite el hecho de que en la reflexión se vacile sobre si pensar es una actividad y no más bien, precisamente en su tensión, un adecuarse. Lo que se piensa espontáneamente es, inseparablemente de ello, algo aparente. El hecho de que Heidegger resalte el aspecto del aparecer contra la absoluta reducción de éste al pensar, sería un saludable correctivo para el idealismo. Pero, con ello, aísla el momento del hecho, lo concibe, según la terminología de Hegel, tan abstractamente como concibe el idealismo el momento sintético. Hipostasiado, deja de ser momento y se convierte en lo último que, en su protesta contra la división entre concepto y ente, querría ser una ontología: lo reificado. Pero por su propio carácter es genético. La objetividad del espíritu enseñada por Hegel, producto del proceso histórico, permite, como no pocos idealistas, por ejemplo el Rickert tardío, redescubrieron, algo así como una relación intuitiva con lo espiritual. Cuanto más intensamente se sabe la consciencia segura de tal devenida objetividad del espíritu, en lugar de atribuirla al sujeto que contempla como «proyección», tanto más se acerca a una fisonomía rigurosa del espíritu. Las figuras de éste se convierten en una segunda inmediatez para un pensar que no extrae por su parte todas las determinaciones ni descalifica su confrontación. La doctrina de la intuición categorial confía en esto demasiado ingenuamente; confunde esa segunda inmediatez con una primera. Hegel estaba muy por encima en la lógica de la esencia; ésta trata a la esencia tanto como algo surgido del ser cuanto como algo independiente de él, por así decir, una especie de ser-ahí. Por el contrario, la exigencia husserliana tácitamente asumida por Heidegger de la descripción pura de los hechos espirituales –aceptarlos como aquello como lo que se dan y sólo como eso– dogmatiza tales hechos como si lo espiritual, al ser reflexionado, pensado de nuevo, no se convirtiera en otra cosa. Sin vacilación se supone que el pensar, indiscutiblemente actividad, puede en general tener un objeto que no por ser pensado es al mismo tiempo algo pensado. Potencialmente, el idealismo conservado ya en el concepto del hecho puramente espiritual se trueca así en ontología. Sin embargo, con la suposición de un pensar puramente receptivo, se derrumba la afirmación de la fenomenología a la que toda la escuela debía su influencia: que no imagina, sino que investiga, describe; que no es una teoría del conocimiento; en una palabra, que no porta el estigma de la inteligencia reflexiva. Pero el arcano de la ontología fundamental, el ser, es el hecho categorial que se presenta presuntamente de manera pura, llevado a la fórmula suprema. – Hace mucho que el análisis fenomenológico sabe bien que la consciencia sintetizante tiene algo de receptivo. Lo coperteneciente en el juicio se le da a conocer mediante ejemplos, no sólo comparativamente. Lo que cabe discutir no es la inmediatez de la intelección sin más, sino su hipóstasis. Cuando algo destaca primariamente en un objeto específico, cae sobre la *species* la luz más clara: en ésta se disuelve la tautología, que no sabe de la *species* nada más que lo que la define. Sin el momento de la intelección inmediata la proposición de Hegel de que lo particular es lo universal se quedaría en aseveración. La fenomenología la ha salvado a partir de Husserl, por supuesto a costa de su complemento, el elemento reflexivo. Sin embargo, su visión de las esencias –el Heidegger tardío se guarda de la consigna de la escuela de la que proviene– envuelve contradicciones que ni por el lado nominalista ni por el realista cabe resolver por amor a la paz. Por lo pronto, la ideación es electivamente afín a la ideología, a la subrepción de la inmediatez por lo mediado, que lo inviste de la autoridad del ser-en-sí, absoluto, evidente sin discusión para el sujeto. Por otro lado, la visión de las esencias designa la mirada fisonómica sobre los hechos espirituales. La legitima el hecho de que lo espiritual no se constituye por la consciencia que se le dirige cognoscitivamente, sino que está objetivamente fundamentado en sí, mucho más allá de su autor individual, en la vida colectiva del espíritu y según sus leyes inmanentes. Es a esa objetividad del espíritu a lo que es adecuado el momento de la mirada inmediata. En cuanto en sí algo ya preformado, se deja también intuir lo mismo que las cosas sensibles. Sólo que esta intuición es tan poco absoluta e irrefutable como la de las cosas sensibles. Como a los juicios sintéticos a priori kantianos, Husserl atribuye, sin más, a lo fenomenológicamente centelleante, necesidad y universalidad, como en la ciencia. Pero a lo que, bastante erróneamente, contribuye la intuición categorial sería a la comprensión de la cosa misma, no de su aparato clasificatorio. El $\psi\epsilon\tilde{\upsilon}\delta o\varsigma$ no es la no cientificidad de la intuición categorial, sino su cientifización dogmática. Bajo la mirada ideante se mueve la mediación, que estaba congelada en la apariencia de inmediatez de lo espiritualmente dado; en esto la visión de las esencias se aproxima a la consciencia alegórica. En cuanto experiencia de lo devenido en lo que se supone que meramente es, sería precisamente casi lo contrario de aquello para lo que se emplea: no aceptación fiel del ser, sino crítica; la consciencia no de la identidad de la cosa con su concepto, sino de la brecha entre ambos. Aquello en lo que insiste la filosofía del ser, como si fuera el órgano de lo positivo por antonomasia, tiene su verdad en la negatividad. – El énfasis de Heidegger en el ser, que no debe ser un mero concepto, se puede basar en la indisolubilidad del contenido del juicio en los juicios, como antes Husserl en la unidad ideal de la *species*. La valoración de tal consciencia mediante ejemplos podría ascender históricamente. Cuanto más socializado el mundo, cuanto más se recubren sus objetos con determinaciones universales, tanto más tiende el hecho singular, según una observación de Günther Anders, a ser inmediatamente transparente sobre lo que tiene de universal; tanto más se puede ver en él precisamente mediante una inmersión micrológica; una situación, por supuesto, de cariz nominalista, que se opone diametralmente a la intención ontológica, por más que bien pudo desencadenar la visión de las esencias, sin que ésta lo barruntara. Si, no obstante, este procedimiento está una y otra vez expuesto a la objeción de las ciencias particulares, al reproche entretanto hace mucho automatizado de universalización falsa o precipitada, no es culpa solamente del hábito cogitativo que desde hace mucho tiempo abusa de su *ethos* científico de ordenar los hechos modestamente desde fuera, como racionalización de que ya no está dentro de ellos, no los comprende. En la medida en que las investigaciones empíricas demuestran concretamente a las anticipaciones del concepto, al medio del pensar mediante ejemplos, que el algo individual casi inmediatamente percibido como algo categorial no posee ninguna universalidad, convencen de su error al método tanto husserliano como heideggeriano, que elude esa prueba y sin embargo coquetea con un lenguaje de investigación que suena como si se sometiera a la prueba.

La afirmación de que el ser, preordenado a cualquier abstracción, no es un concepto, o, a lo sumo, uno cualitativamente eminente, omite el hecho de que toda inmediatez, que ya, según enseña la *Fenomenología* de Hegel, se reproduce una y otra vez en todas las mediaciones, es un momento, no todo el conocimiento. Ningún proyecto ontológico se pasa sin absolutizar momentos singulares seleccionados. Si el conocimiento es una confluencia de la función cogitativa sintética y de lo que se ha de sintetizar; si ninguno de estos dos elementos es independiente del otro, tampoco ningún recuerdo inmediato, que Heidegger estipula como única fuente de derecho de una filosofía digna del ser, prospera sino en virtud de la espontaneidad del pensamiento a la que él desdeña. Si ninguna reflexión tendría contenido sin lo inmediato, esto persiste desvinculado, arbitrario sin la reflexión, la determinación del pensamiento, diferenciadora de lo que significa el ser que supuestamente se muestra de manera pura a un pensamiento pasivo, no pensante. La resonancia decorativa de los pronunciamientos sobre si desvela o ilumina la produce el carácter ficticio de lo afirmado. Si la determinación y cumplimiento pensante de la presunta palabra originaria, su confrontación crítica con aquello de que se trata, no es posible, eso acusa a todo discurso del ser. No ha sido pensada porque en la indeterminación que exige no se deja pensar en absoluto. Pero el hecho de que la filosofía del ser haga de esa inconsumabilidad intangibilidad, de la exención del proceso racional trascendencia frente al entendimiento reflexivo, es un acto de violencia tan astuto como desesperado. Más decidido que la fenomenología, que se queda a medio camino, Heidegger querría evadirse de la inmanencia de la consciencia. Pero, ciego al momento de la síntesis en el sustrato, su evasión es irrupción en un espejo. Ignora que el espíritu, que en la por Heidegger adorada filosofía eleática del ser se confesaba idéntico al ser, en cuanto implicado en los sentidos está ya contenido en lo que presenta como aquella mismidad pura que él tendría frente a sí. La crítica de Heidegger a la tradición de la filosofía se convierte objetivamente en lo contrario de lo que promete. Al omitir el espíritu subjetivo y con ello necesariamente también el material, la facticidad en que se opera la síntesis; al hacer pasar lo en sí articulado según estos momentos por algo único y absoluto, se convierte en lo inverso de una «destrucción», de la exigencia de desencantar lo hecho por hombres en los conceptos. En lugar de ver en éstos correlaciones humanas, los confunde con el *mundus intelligibilis*. Conserva repitiendo aquello contra lo que se subleva, las configuraciones cogitativas que según su propio programa deben eliminarse en cuanto encubridoras. So pretexto de mantener como aparece lo que las subyace, una vez más se convierten imperceptiblemente en el en sí en que de todos modos se han convertido para la consciencia reificada. Lo que se comporta como si destruyera los fetiches destruye única-

mente las condiciones para percibirlos como fetiches. La aparente evasión termina en aquello de lo que huye; el ser en que desemboca es
ϑέσει. En la cesión del ser, lo espiritualmente mediado a la visión
receptiva, la filosofía converge con la visión superficialmente irracionalista de la vida. La remisión a la irracionalidad no sería por sí misma idéntica al irracionalismo filosófico. Aquélla es la marca que la
insuperable no-identidad de sujeto y objeto deja en el conocimiento, el cual, por la mera forma del juicio predicativo, postula la identidad; incluso la esperanza contra la omnipotencia del concepto subjetivo. Pero, lo mismo que éste, la irracionalidad sigue así siendo ella
misma función de la ratio y objeto de su autocrítica: la red filtra lo
que la atraviesa. También los filosofemas del irracionalismo son remi-
tidos a conceptos y por tanto a un momento racional que les sería incompatible. Uno de los motivos de la dialéctica es acabar con aquello que Heidegger elude usurpando un punto de vista más allá de la
diferencia entre sujeto y objeto, en la cual se revela la inadecuación
de la ratio con lo pensado. Tal salto, sin embargo, fracasa con los medios de la razón. El pensar no puede conquistar ninguna posición en
la que desaparecería inmediatamente esa separación entre sujeto y objeto que se encuentra en cualquier pensamiento, en el pensar mismo.
Por eso, el momento de verdad de Heidegger se nivela con el irracionalismo de una concepción del mundo. Hoy día, como en los tiempos de Kant, la filosofía demanda la crítica de la razón por ésta, no
su destierro o abolición.

Con la prohibición de pensar, el pensar sanciona lo que meramente
es. La necesidad genuinamente crítica del pensamiento de despertar
de la fantasmagoría de la cultura está asimilada, canalizada, conduci-
da a la falsa consciencia. La cultura que envuelve al pensamiento lo
ha desacostumbrado de la pregunta por qué es todo y para qué; sumariamente, de aquella por su sentido, la cual se hace más apremiante
cuanto menos evidente es tal sentido para los hombres y más completamente lo sustituye la industria cultural. En lugar de eso se en-
troniza lo de una vez por todas así y no de otra manera de lo que pretende tener sentido en cuanto cultura. Ante el peso de la existencia
de ésta, se insiste tan poco sobre si está realizado como sobre la propia legitimación del sentido. Frente a esto, la ontología fundamental
se presenta como portavoz del interés escamoteado, de lo «olvidado».

No en último término porque siente aversión a la teoría del conocimiento, la cual fácilmente incluye ese interés entre los prejuicios. Sin embargo, no puede eliminar la teoría del conocimiento a capricho. En la doctrina del ser-ahí –de la subjetividad– como autopista a la ontología resucita secretamente la vieja interpelación subjetiva denigrada por el *pathos* ontológico. Incluso la pretensión del método fenomenológico de desmantelar la tradición del filosofar occidental se incardina en ésta y al respecto se hace pocas ilusiones; el efecto de lo originario se lo debe a los progresos del olvido entre los que lo reivindican. El giro de la pregunta por el sentido del ser o de sus variantes tradicionales (¿por qué, en general, existe algo y no sólo nada?) es de origen fenomenológico: es cedida al análisis semántico de la palabra ser. Lo que éste, o el ser-ahí, signifiquen sería, en todo caso, lo mismo que el sentido del ser o del ser-ahí; algo ello mismo ya inmanente a la cultura, como los significados que la semántica descifra en los idiomas, es tratado como si hubiera escapado tanto a la relatividad de lo hecho como a la pérdida de sentido de lo que meramente es. Ésa es la función de la versión heideggeriana de la doctrina de la primacía del lenguaje. Hacer inmediatamente del sentido de la palabra «ser» el sentido del ser es un grave equívoco. Sin duda, los equívocos no son sólo una expresión imprecisa[19]. La homofonía de las palabras siempre remite a algo igual. Los dos significados de «sentido» están imbricados. Los conceptos, instrumentos del pensar humano, no tienen ningún sentido cuando el sentido mismo ha sido negado, cuando de ellos se ha expulsado todo recuerdo de un sentido objetivo más allá de los mecanismos de la formación de conceptos. El positivismo, para el cual los conceptos no son sino fichas intercambiables, contingentes, extrajo la consecuencia y extirpó la verdad en honor a la verdad. Ciertamente, la posición contraria de la filosofía del ser le echa en cara el desvarío de su razón. Pero la unidad de lo equívoco sólo se hace visible a través de su diferencia implícita. En el discurso de Heidegger sobre el sentido falta. Sigue él así su propensión a la hipóstasis: a los resultados extraídos de la esfera de lo condicionado él les confiere, por medio del modo de expresión de ésta, la apariencia de la incondicionalidad. Esto lo hace posible lo irisado de la palabra «ser». Si el verdadero ser es representado radicalmente como χωρίς del ente, es idéntico con su significado: no hay más que indicar el sentido de la esencialidad ser y se tiene el sentido del ser mismo. Según este esquema, el intento de escapar al idealismo es inadvertidamente revocado y la doctrina del ser, reformada en una del pensar que despoja al ser de todo lo que no sea puro pensamiento. Para acceder a un sentido cualquiera del ser que se siente como ausente, se ofrece como compensación lo que en cuanto ámbito del sentido está de antemano constituido en el juicio analítico, la doctrina del significado. Que los conceptos, para ser en absoluto tales, han de significar algo, sirve de vehículo para que tenga sentido su ὑποκείμενον –el ser mismo–, pues éste no se da más que como concepto, como significado lingüístico. Que este concepto no debe ser concepto sino inmediato envuelve de dignidad ontológica al sentido semántico. «El discurso del "ser" nunca entiende tampoco este nombre en el sentido de un género a cuya vacía universalidad pertenecen las doctrinas del ente históricamente presentadas como casos singulares. El "ser" dice aptitud inmemorial y está, por tanto, regido por la tradición.»[20] De ahí extrae tal filosofía su consuelo. Éste es el magneto de la ontología fundamental, mucho más allá del contenido teórico.

La ontología querría restaurar, a partir del espíritu, el orden y la autoridad de éste que el espíritu ha hecho saltar por los aires. La expresión «proyecto» delata su propensión a negar la libertad por la libertad: a un acto de subjetividad que impone se le confiere perentoriedad transubjetiva. Este contrasentido harto palmario, el Heidegger tardío sólo ha podido reprimirlo dogmáticamente. El recuerdo de la subjetividad es extirpado en el concepto de proyecto: «Lo que lanza en el proyectar no es el hombre, sino el ser mismo que destina al hombre a la existencia del ser-ahí como su esencia»[21]. A la mitologización heideggeriana del ser como la esfera del destino[22] se añade la mítica *hybris*, que proclama que el plan decretado por el sujeto como el de la autoridad suprema finge ser la voz misma del ser. Una consciencia que no condescienda a ello es descalificada como «olvido del ser»[23]. Tal pretensión decretadora de orden armoniza con la estructura del pensamiento heideggeriano. Sólo en cuanto acto de violencia contra el pensar tiene su oportunidad. Pues la pérdida que en la expresión tiene una resonancia *kitsch* no fue un golpe del destino, sino que estaba motivada. Lo deplorado, herencia de las ἀρχαί primitivas, se le derritió a la consciencia que escapaba a la naturaleza. El mito mismo se reveló un engaño; sólo un engaño puede hacerlo presente, y una orden. La autoestilización del ser como un más allá del concepto crítico debe sin embargo seguir procurándole el título legal del que la heteronomía ha menester mientras perviva algo de la Ilustración. El sufrimiento como el cual la filosofía de Heidegger registra la pérdida del ser no es solamente la no-verdad; si no, difícilmente buscaría auxilio en Hölderlin. La sociedad, según cuyo propio concepto las relaciones de los hombres quieren estar fundadas en la libertad sin que hasta hoy la libertad se haya realizado en sus relaciones, es tan rígida como defectuosa. En la relación universal de canje se enroman todos los momentos cualitativos cuyo compendio podría ser algo como una estructura. Cuanto más desmesurado el poder de las formas institucionales, tanto más caótica la vida que éstas imponen y deforman a su imagen. La producción y reproducción de la vida, junto con todo lo que el término superestructura cubre, no son transparentes a esa razón cuya realización reconciliada no sería sino un orden digno del hombre, aquel sin violencia. Los órdenes antiguos, naturales, o bien han desaparecido o bien sobreviven para mal a su propia legitimación. De ningún modo es el curso de la sociedad tan anárquico en ninguna parte como aparece en la contingencia todavía irracional del destino individual. Pero su legalidad objetualizada es la contrapartida de una constitución del ser-ahí en la que se podría vivir sin angustia. Los proyectos ontológicos siente eso, lo proyectan sobre las víctimas, los sujetos, y acallan convulsivamente el barrunto de la negatividad objetiva mediante el mensaje de un orden en sí, llevado hasta su máxima abstracción, la estructura del ser. En todas partes el mundo se prepara para pasar al horror del orden, no a su contrario, abierta o encubiertamente denunciado por la filosofía apologética. El hecho de que en gran medida la libertad no dejara de ser ideología; el hecho de que los hombres sean impotentes ante el sistema y no sean capaces de determinar su vida y la del todo a partir de la razón; es más, el hecho de que no puedan concebir ya tal pensamiento sin sufrimiento suplementario, condena su sublevación a convertirse en la figura inversa: prefieren sardónicamente lo peor a la apariencia de algo mejor. Las filosofías de moda echan además leña al fuego. Se sienten ya al unísono con el orden que alborea de los intereses más poderosos, mientras, como Hitler, convierten en tragedia su riesgo solitario. El hecho de que se las den de metafísicamente indigentes y abocadas a la nada es ideología justificatoria precisamente del orden que provoca la desesperación y amenaza a los hombres con la aniquilación física. La resonancia de la metafísica resucitada es el acuerdo precursor con esa opresión cuya victoria incluso en Occidente se encuentra en el potencial social, y en el

Este, donde el pensamiento de la libertad realizada se ha pervertido en no-libertad, hace tiempo que se alcanzó. Heidegger exhorta a un pensar obediente y rechaza el empleo de la palabra humanismo con el manido gesto contra el mercado de la opinión pública. Se alinea así con el frente unitario de los que truenan contra los ismos. Cabría sin duda preguntar si no le gustaría abolir la cháchara sobre el humanismo, que bastante repugnante es, meramente porque su doctrina quiere matar la cosa.

Sin embargo, a pesar de su intención autoritaria, la ontología enriquecida con algunas experiencias rara vez elogia más abiertamente la jerarquía que en los tiempos en que un discípulo de Scheler publicó un libro sobre *El mundo de la Edad Media y nosotros*[*]. La táctica de blindarse por todas partes armoniza con una fase social que sólo a regañadientes se funda ya en una etapa pasada de la sociedad. La toma del poder cuenta con los productos antropológicos finales de la sociedad burguesa y los utiliza. Lo mismo que el caudillo se eleva por encima del pueblo atomizado, truena contra el orgullo de casta y, a fin de perpetuarse, cambia de vez en cuando las guardias, así las simpatías jerárquicas de los primeros tiempos del renacimiento ontológico desaparecen en la omnipotencia y soledad del ser. Tampoco eso es sólo ideología. El antirrelativismo que se remonta al escrito de Husserl sobre la fundamentación del absolutismo lógico, los *Prolegómenos a la lógica pura*, se funde con una aversión al pensamiento estático, cósico, que, expresado en el idealismo alemán y en Marx, fue al principio sin embargo, descuidado por el Scheler temprano y el primer comienzo de la nueva ontología. Por lo demás, la actualidad del relativismo ha menguado; también se parlotea menos sobre él. La necesidad filosófica ha pasado imperceptiblemente de la necesidad de contenido cosal y firmeza a la de evitar la reificación en el espíritu llevada a cabo por la sociedad y categóricamente dictada a sus miembros mediante una metafísica que condena tal reificación, le indica los límites mediante la apelación a algo imperdiblemente originario y con ello no le inflige en serio tanto daño como la ontología al funcionamiento de la ciencia. De los valores eternos comprometidos no queda más que la confianza en la santidad de la esencia ser, preordenada a todo lo cósico. Por mor de su despreciable inautenticidad con respecto al ser, el cual debe

---

[*] *Die Welt des Mittelalters und wir,* publicado por Paul Ludwig Landsberg en 1922. [N. del T.]

ser en sí dinámico, «acontecer», el mundo reificado es, por así decir, tenido por indigno de alteración. La crítica del relativismo es llevada al
extremo de la difamación de la progresiva racionalidad del pensamiento
occidental, de la razón subjetiva en conjunto. El afecto de antiguo probado y ya de nuevo mantenido por la opinión pública contra el intelecto destructor se alía con aquél contra lo cósicamente alienado: de
siempre han interactuado. Heidegger es cosófobo y antifuncional en
uno. A ningún precio debe ser el ser una cosa y, sin embargo, como
una y otra vez indica la metáfora, el suelo debe ser algo «firme»[24]. Se
echa aquí de ver que subjetivación y reificación no meramente divergen, sino que son correlativos. Cuanto más funcionalizado, cuanto más
se convierte en producto del conocimiento lo conocido, tanto más se
atribuye el momento del movimiento en ello al sujeto como actividad
de éste; tanto más se convierte el objeto en resultado del trabajo en él
coagulado, algo muerto. La reducción –que precede a toda síntesis subjetiva como su condición necesaria– del objeto a mero material extrae
su propio dinamismo de éste; en cuanto algo descualificado, es inmovilizado, despojado de aquello de lo que en general se podría predicar movimiento. No en vano se llamaba en Kant dinámica a una clase de categorías[25]. Pero la materia, desprovista de dinamismo, no es algo
sin más inmediato, sino que, a pesar de la apariencia de su concreción
absoluta, está mediada por la abstracción, acabada de ensartar, por así
decir. La vida se polariza según lo totalmente abstracto y lo totalmente
concreto, mientras que únicamente estaría en la tensión entre ambos;
los dos polos son igualmente reificados, e incluso lo que queda del sujeto espontáneo, la apercepción pura, por su separación de todo yo vivo,
como yo pienso kantiano, deja de ser sujeto y en su logicidad independizada se recubre de la rigidez que todo lo domina. Sólo que la
crítica heideggeriana de la reificación carga sin más ceremonias al intelecto reflexivo y ejecutivo con lo que tiene su origen en la realidad,
la cual lo reifica a él mismo junto al mundo de su experiencia. De lo
que el espíritu comete no tiene la culpa su irrespetuosa insolencia, sino que
él da curso a aquello a lo que le fuerza el contexto de la realidad en el
que él mismo sólo constituye un momento. Únicamente con no-verdad cabe remitir la reificación al ser y a la historia del ser a fin de que
se deplore y consagre como destino lo que la autorreflexión y la praxis que ésta desencadena podrían quizá alterar. La doctrina del ser transmite, legítimamente contra el positivismo, lo que fundamenta toda la

historia de la filosofía por ella denigrada, Kant y Hegel sobre todo: que los dualismos de interior y exterior, de sujeto y objeto, de esencia y fenómeno, de concepto y hecho no son absolutos. Pero su reconciliación es proyectada en el origen irrecuperable y por tanto se consolida contra el impulso reconciliador el mismo dualismo contra el que el todo fue concebido. La nenia por el olvido del ser es un sabotaje a la reconciliación; la historia míticamente impenetrable del ser a la que se aferra la esperanza niega a ésta. Habría que quebrar su fatalidad como contexto de obcecación.

Pero este contexto de obcecación no se extiende solamente a los proyectos ontológicos, sino igualmente a las necesidades con las que enlazan y de las que implícitamente extraen la garantía de sus tesis. La misma necesidad, la espiritual no menos que la material, está expuesta a la crítica ahora que ni siquiera la ingenuidad endurecida puede confiar ya en que los procesos sociales se sigan orientando inmediatamente según la oferta y la demanda y por tanto según las necesidades. Éstas son tan poco algo invariante, indeducible, como garantizan su satisfacción. La apariencia en ellas y la ilusión en la que se presentan, por más que debieran ser mitigadas, remiten a la misma falsa conciencia. En la medida en que son heterónomamente producidas, participan de la ideología por más tangibles que sean. Por supuesto, nada real cabe extraer limpiamente de lo ideológico suyo a no ser que la crítica quiera, por su parte, sucumbir a una ideología, la de la simple vida natural. Las necesidades reales pueden ser objetivamente ideologías sin que de ello resulte un título legal a negarlas. Pues en las necesidades mismas de los hombres aprehendidos y administrados reacciona algo en lo que no están del todo aprehendidos, un excedente de participación subjetiva del que el sistema no se ha apoderado por completo. Las necesidades materiales habrían de atenderse incluso en su figura invertida causada por la sobreproducción. La necesidad ontológica también tiene su momento real en una situación en la que los hombres no son capaces ni de conocer ni de reconocer como racional –dotada de sentido– la única necesidad a la que obedece su comportamiento. La falsa conciencia en sus necesidades tiende a algo que los sujetos mayores de edad no necesitarían y compromete con ello todo posible cumplimiento. A la falsa conciencia se añade el hecho de que hace pasar lo inalcanzable por alcanzable, complementariamente a la posible satisfacción de necesidades que se le niega. Al mismo tiempo, incluso en semejantes necesidades invertidas se muestra espiritualizado el sufrimiento por la negación material, inconsciente de sí mismo. Tiene que presionar por su supresión, por cuanto la necesidad no es lo único que la produce. El pensamiento sin necesidad, que no quisiera nada, sería nulo; pero un pensamiento nacido de la necesidad se confunde cuando la necesidad es representada de manera meramente subjetiva. Las necesidades son un conglomerado de verdad y falsedad; verdadero sería el pensamiento que deseare lo justo. Si la doctrina, según la cual, las necesidades no se han de leer a partir de un estado de naturaleza, sino del llamado nivel cultural, está en lo cierto, en éste se encuentran también las relaciones de producción social junto a su mala irracionalidad. Ésta se ha de criticar sin miramientos en las necesidades espirituales, el sucedáneo de lo escatimado. Sucedáneo es en sí la nueva ontología: lo que se promete como más allá del enfoque idealista sigue siendo latentemente idealismo e impide la crítica incisiva de éste. Generalmente son sucedáneos no sólo los primitivos cumplimientos de deseos con que la industria cultural apacienta a las masas sin que éstas crean seriamente en ellos. La obcecación no tiene límites allí donde el canon cultural oficial sitúa sus bienes, en lo supuestamente sublime de la filosofía. La más apremiante de sus necesidades hoy parece la de algo firme. Ella inspira las ontologías; por ella se miden éstas. Estriba su derecho en el hecho de que lo que se quiere es seguridad, no ser enterrado por una dinámica histórica contra la que uno se siente impotente. Lo inamovible querría conservar lo antiguo condenado. Cuanto más desesperanzadoramente bloquean este anhelo las formas sociales vigentes, tanto más irresistiblemente es impelida la autoconservación desesperada a una filosofía que ha de ser ambas cosas en una, desesperada y autoconservación. Las estructuras invariantes han sido creadas a imagen y semejanza del terror omnipresente, del vértigo de una sociedad amenazada por la destrucción total. Si desapareciese la amenaza, con ella desaparecería sin duda también su inversión positiva, ella misma no otra cosa que su negación abstracta.

Más específicamente, la necesidad de una estructura de invariantes es una reacción a la representación del mundo deformado proyectada por la crítica conservadora de la cultura desde el siglo XIX y desde entonces popularizada. La alimentaron tesis de la historia del arte como la de la extinción de la fuerza creadora de estilos; a partir de la estética se extendió como perspectiva del todo. Sin excluir lo que los historiadores del arte suponían: que esa pérdida lo era efectivamente, no más bien un poderoso paso hacia el desencadenamiento de las fuer-

zas productivas. Teóricos estéticamente revolucionarios como Adolf
Loos se atrevieron todavía a expresarlo a comienzos de siglo[26], sólo que
la consciencia atemorizada de la crítica cultural, entretanto juramen-
tada con la cultura vigente, lo ha olvidado. El lamento por la pérdida
de formas ordenadoras crece con la violencia de éstas. Las instituciones son más poderosas que nunca: hace tiempo que produjeron algo
como el estilo iluminado por neón de la industria cultural que recubre el mundo como antaño la barroquización. El enconado conflicto
entre la subjetividad y las formas, bajo la omnipotencia de éstas para
la consciencia que se experimenta como impotente, que ya no confía
en transformar la institución y sus calcos espirituales, se invierte en identificación con el agresor. La deplorada deformación del mundo, pre-
ludio de la llamada a un orden obligatorio que el sujeto espera en silencio que venga desde fuera, heterónomamente, es, en la medida en
que su afirmación es más que mera ideología, fruto no de la emancipación del sujeto, sino del fracaso de ésta. Lo que aparece como lo informe de una constitución del ser-ahí únicamente modelada según la
razón subjetiva es lo que subyuga a los sujetos, el puro principio del
ser-para-otro, del carácter de mercancía. En aras de la equivalencia y
la comparabilidad universales, por todas partes rebaja las determinaciones cualitativas, tiende a nivelar. Pero el mismo carácter de mercancía, dominio mediado del hombre sobre el hombre, fija a los sujetos en su minoría de edad: su mayoría de edad y la libertad para lo
cualitativo coincidirían. El estilo revela, bajo el reflector del arte moderno mismo, sus momentos represivos. La necesidad de forma que
toma prestada engaña sobre lo que ésta tiene de malo, coactivo. Una
forma que no demuestra en sí misma su derecho a la vida gracias a su
transparente función, sino que sólo es puesta para que haya forma, es
no-verdadera y por tanto inaccesible incluso como forma. Potencialmente, el espíritu al que se quiere convencer de que en ellos estaría pro-
tegido se encuentra más allá de ellos. Sólo porque fracasó en organizar el mundo de tal modo que no obedeciera ya a las categorías formales
contrarias a la consciencia más progresista, tiene la forma dominante
que hacer convulsivamente su propia causa de esas categorías. Pero puesto que su inaccesibilidad el espíritu no puede eliminarla por completo, a la actual, groseramente visible, contrapone una heteronomía bien
pasada, bien abstracta, los valores como *causae sui* y el fantasma de su
reconciliación con los vivos. El odio al arte moderno radical, en que

siguen felizmente concordando el conservadurismo restaurador y el fascismo, deriva del hecho de que este arte recuerda lo desatendido tanto como por su pura existencia pone en evidencia la cuestionabilidad del ideal estructural heterónomo. La consciencia subjetiva de los hombres está demasiado debilitada socialmente para hacer saltar las invariantes en las que está encarcelado. En lugar de esto, se adapta a ellas mientras se aflige por su ausencia. La consciencia reificada es un momento en la totalidad del mundo reificado; la necesidad ontológica su metafísica, por más que ésta, según su contenido doctrinal, explota la crítica, ella misma abaratada, de la reificación. La figura de la invarianza como tal es la proyección de lo solidificado de esa consciencia. Incapaz de la experiencia de cualquier cosa que no esté ya contenida en el repertorio de la perennidad, refunde la inalterabilidad en la idea de algo eterno, la de trascendencia. Una consciencia liberada que, por supuesto, nadie tiene en lo no-libre; que sería dueña de sí, efectivamente tan autónoma como hasta ahora nunca ha hecho sino fingirlo, no debería temer constantemente perderse en otro –en secreto, los poderes que la dominan–. La necesidad de sostén, de algo supuestamente sustancial, no es sustancial de la manera en que lo querría su autojustificación; es, más bien, señal de la debilidad del yo, conocida por la psicología como dolencia de los seres humanos actualmente típica. Quien desde fuera y en sí dejara de estar oprimido no buscaría ningún sostén, quizá ni siquiera a sí mismo. Los sujetos que incluso bajo las condiciones heterónomas han podido salvar algo de su libertad padecen menos por la falta de sostén que los no-libres, a los que gusta demasiado considerar culpable a la libertad. Si los hombres dejasen de tener que igualarse a las cosas, ni necesitarían de una superestructura cósica, ni deberían proyectarse, según el modelo de la coseidad, como invariantes. La doctrina de las invariantes eterniza qué poco se ha cambiado su positividad lo malo. En tal medida, es falsa la necesidad ontológica. Probablemente la metafísica no aparecería en el horizonte hasta la caída de las invariantes. Pero el consuelo ayuda poco. Lo que sería cosa del tiempo no tiene tiempo, en lo decisivo no vale esperar; quien lo admite acepta la separación entre lo temporal y lo eterno. Sin embargo, como ésta es falsa y las respuestas que necesitaría están mal construidas en la hora histórica, todas las preguntas que apuntan a un consuelo tienen carácter antinómico.

II. Ser y existencia

La crítica de la necesidad ontológica lleva a la crítica inmanente de la ontología. Sobre la filosofía del ser no tiene ningún poder lo que en general, desde fuera, la rechaza en lugar de competir con ella en su propia estructura; de, según el desiderátum de Hegel, volver contra ella su propia fuerza. Las motivaciones y las resultantes de los movimientos de pensamiento de Heidegger pueden reconstruirse incluso cuando no son explícitos; pocas de sus proposiciones carecen de un valor posicional en el contexto funcional del todo. Hasta tal punto es sucesor de los sistemas deductivos. La historia de éstos es rica en conceptos que son producidos por el progreso del pensamiento, aunque no pueda señalarse ningún indicio del hecho que les correspondería; es en la necesidad de formarlos donde surge el momento especulativo de la filosofía. El movimiento cogitativo en ellos petrificado debe hacerse de nuevo fluido, investigar repetidamente, por así decir, su acierto. No basta con demostrarle a la filosofía del ser que no hay nada como lo que ella llama ser. Pues ella no postula un tal «haber». En lugar de esto, tal ceguera del ser habría que deducirla como respuesta a la pretensión de irrefutabilidad que explota esa ceguera. La falta de sentido cuya constatación provoca el grito de triunfo del positivismo sigue siendo evidente desde el punto de vista de la historia de la filosofía. Como la secularización del contenido teológico, otrora considerada como objetivamente obligatoria, no se puede revocar, su apologeta tiene que intentar salvarlo a través de la subjetividad. Así se comportó virtualmente ya la Doctrina de la Fe de la Reforma; seguramente ésa era la figura de la filosofía kantiana. Desde entonces la Ilustración ha progresado irresistiblemente, la misma subjetividad ha sido arrastrada al proceso de desmitologización. Con ello la oportunidad de salvación se hundió hasta un valor límite. Paradójicamente, su esperanza ha cedido a su abandono, a una secularización sin restricciones y que al mismo tiempo se reflexiona a sí misma. El enfoque de Heidegger es verdadero en la medida en que se pliega a él en la negación de la metafísica tradicional; se hace no-verdadero allí donde, de manera en absoluto tan diferente de Hegel, habla como si con ello se hiciera inmediatamente presente lo que trata de salvar. La filosofía del ser fracasa en cuanto reclama en el ser un sentido según su propio testimonio disuelto por ese pensar al que el ser mismo en cuanto reflexión conceptual sigue ligado desde el momento en que es pensado. La falta de sentido de la palabra «ser», de la que al sentido común le cuesta tan poco burlarse, no debe imputarse ni a un pensar demasiado poco ni a un irresponsable pensar sin ton ni son. En ella se condensa la imposibilidad de captar o producir un sentido positivo mediante el pensamiento que fue el medio de la volatilización objetiva del sentido. Si se intenta realizar la distinción heideggeriana entre el ser y el concepto que lo circunscribe lógicamente, lo que, tras la sustracción del ente, tanto como de las categorías de la abstracción, queda entre las manos es una incógnita que en nada más que en el *pathos* de su invocación aventaja al concepto kantiano de la trascendente cosa en sí. Con ello, sin embargo, la palabra «pensar», a la que Heidegger no quiere renunciar, deviene tan falta de contenido como lo que se ha de pensar. Un pensar sin concepto no es tal. El hecho de que ese ser, pensar el cual sería, según Heidegger, la verdadera tarea, se cierre a cualquier determinación cogitativa, vacía la llamada a pensarlo. El objetivismo de Heidegger, el anatema contra el sujeto pensante, es el fiel reverso de esto. En las proposiciones para los positivistas desprovistas de sentido se le pasa la cuenta a la época; son falsas meramente porque se erigen como llenas de sentido, resuenan como el eco de un contenido en sí. No es el sentido lo que habita en la célula más íntima de la filosofía de Heidegger; por mucho que se presente como saber salvífico, es lo que Scheler llamaba saber de dominación. Ciertamente, el culto heideggeriano del ser, polémico contra el idealista del espíritu, tiene como presupuesto la crítica de la autodivinización de éste. Sin embargo, el ser heideggeriano, casi indiscernible del espíritu, sus antípodas, no es menos represivo que éste; sólo menos transparente que él, cuyo principio era la transparencia; por eso aún más incapaz de una autorreflexión crítica de la esencia dominadora de lo que jamás lo fueron las filosofías del espíritu. La carga eléctrica de la palabra «ser» en Heidegger concuerda bien con el elogio del hombre piadoso y creyente en general que la cultura neutralizada dispensa, como si piedad y credulidad fueran un mérito en sí, independientemente de la verdad de lo creído. En Heidegger se reitera esta neutralización: la piedad ontológica elimina por completo el contenido que facultativamente comportaban las religiones a medias o por entero secularizadas. De los usos religiosos en Heidegger, que los practica, no queda nada más que el refuerzo general de la dependencia y la sumisión, sucedáneo de la ley formal objetiva del pensar. Mientras que la estructura se sustrae permanentemente, lo mismo que el positivismo lógico, no deja en paz a los adeptos. Si los hechos han sido despojados de todo aquello por lo que son más que hechos, Heidegger se apodera por así decir del producto residual del aura que se desvanece. Éste garantiza a la filosofía algo así como la postexistencia siempre y cuando se ocupe del ἕν καὶ πᾶν como de su especialidad. La expresión del ser no es nada más que el sentimiento de esa aura, un aura, por supuesto, sin astro que le dispensaría la luz. En ella el momento de la mediación se aísla y deviene con ello inmediato. Pero la mediación se deja hipostasiar tan poco como los polos sujeto y objeto; únicamente tiene validez en la constelación de éstos. La mediación está mediada por lo mediado. Heidegger la saca de quicio hasta convertirla en una objetividad por así decir no-objetual. Coloniza un imaginario reino intermedio entre la estupidez de los *facta bruta* y las bobadas sobre las concepciones del mundo. El concepto de ser, que no quiere poner en palabras sus mediaciones, se convierte en lo carente de esencia como lo cual percibió Aristóteles la idea platónica, la esencia *par excellence*, en la repetición del ente. A éste se lo priva de cuanto se procura al ser. Mientras que con ello la enfática pretensión del ser a la esencialidad pura deviene caduca, el ente, indisociablemente inherente al ser, participa parasitariamente, sin en la versión heideggeriana tener que reconocer su carácter óntico, de esa pretensión ontológica. El hecho de que el ser se muestre, que haya de ser pasivamente aceptado por el sujeto, es un préstamo de los antiguos datos de la teoría del conocimiento, que habían de ser algo fáctico, óntico. Pero en el recinto sacro del ser esto óntico se despoja al mismo tiempo del vestigio de la contingencia que antaño permitió su crítica. En virtud de la lógica de la aporía filosófica, sin siquiera haber esperado al ingrediente ideológico del filósofo, él traspone la prepotencia de un tal ente en algo esencial. La representación del ser como una entidad a cuya determinación cogitativa faltaría inevitablemente lo pensado, por el hecho de que lo descompone y, por tanto, según el habla política correspondiente, lo desagrega, desemboca en el hermetismo eleático, como otrora el sistema y hoy en día el mundo. Pero, a diferencia de la intención de los sistemas, lo hermético es heterónomo: inalcanzable por la voluntad racional tanto de los individuos como del sujeto social total que hasta hoy no se ha realizado. En la sociedad que se perfila renovada con vistas al estatismo, al acervo de la ideología apologética, no parecen añadirse ya nuevos motivos; más bien, los corrientes se hacen hasta tal punto diluidos e irreconocibles que sólo difícilmente pueden ser desmentidos por experiencias actuales. Si los recursos y trucos de la filosofía proyectan el ente en el ser, entonces el ente se ve felizmente justificado; si en cuanto mero ente es castigado con el desprecio, entonces puede llevar a cabo sus diabluras sin estorbos desde fuera. No de otro modo evitan los dictadores de fibra delicada la visita a campos de concentración cuyos funcionarios obren honestamente según sus directrices.

El culto del ser vive de una ideología ancestral, los *idola fori:* lo que prospera a la sombra de la palabra «ser» y de las formas derivadas de ella. «Es» establece entre el sujeto gramatical y el predicado el nexo del juicio de existencia y sugiere con ello algo óntico. Pero al mismo tiempo significa, tomado puramente para sí, como cópula, el hecho categorial universal de una síntesis, sin él mismo representar nada óntico. Por eso se lo puede apuntar sin muchos rodeos en el bando ontológico. De la logicidad de la cópula extrae Heidegger la pureza ontológica de que gusta su alergia a lo fáctico; pero, del juicio existencial, obtiene el recuerdo de lo óntico, el cual le permite luego hipostasiar como dato el logro categorial de la síntesis. Sin duda, también al «es» le corresponde un «hecho»: en cualquier juicio predicativo el «es» tiene, lo mismo que el sujeto y el predicado, su significado. Pero el «hecho» es intencional, no óntico. Por su propio sentido la cópula únicamente se cumple en la relación entre sujeto y predicado. No es independiente. En la medida en que se equivoca al ponerla más allá de lo único que le da significado, Heidegger sucumbe a aquel pensamiento cósico contra el que se sublevó. Si lo significado por el «es» lo fija al en sí ideal absoluto –precisamente el ser–, entonces, una vez desprendido de la cópula, lo representado por el sujeto y el predicado del juicio tendría el mismo derecho. Su síntesis mediante la cópula les sucedería a los dos de manera meramente externa; justamente contra esto se inventó el concepto de ser. Sujeto, cópula, predicado serían una vez más, como en una lógica obsoleta, individualidades encerradas en sí, acabadas, según el modelo de las cosas. En verdad, sin embargo, la predicación no se adjunta, sino que, al acoplarse los dos, es también lo que en sí ya serían si este «serían» pudiera representarse de algún modo sin la síntesis del «es». Lo cual impide la extrapolación de la cópula a una esencia «ser» preordenada, tanto como a un «devenir», la síntesis pura. Esa extrapolación estriba en una confusión en la teoría del significado: la del significado universal de la cópula «es», constante marca gramatical de la síntesis del juicio, con el significado específico que el «es» cobra en cada juicio. De ninguna manera coinciden. En este sentido habría que comparar el «es» con las expresiones ocasionales. Su universalidad es un indicio de particularización, la forma universal para la realización de juicios particulares. La nomenclatura lo tiene en cuenta en la medida en que reserva el término científico cópula para esa universalidad y, para el trabajo particular que el juicio debe llevar a cabo en cada caso, justamente el «es». Heidegger desdeña la diferencia. Con ello el trabajo particular del «es» se convierte sólo en algo así como un modo de manifestación de eso universal. La distinción entre la categoría y el contenido del juicio existencial se esfuma. La sustitución de la forma gramatical universal por el contenido apofántico transforma el trabajo óntico del «es» en algo ontológico, un modo de ser del ser. Pero si se descuida el trabajo postulado en el sentido del «es», mediado y mediador, en lo particular, entonces de ese «es» no queda sustrato de ninguna clase, sino simplemente la forma abstracta de la mediación en general. Ésta, según la expresión de Hegel el devenir puro, es tan poco un principio originario como cualquier otro, a menos que no se quiera desalojar a Parménides con Heráclito. La palabra «ser» tiene una resonancia que sólo la definición arbitraria podría desoír; confiere a la filosofía heideggeriana su timbre. Cada ente es más de lo que es; el ser, en contraste con el ente, lo recuerda. Como nada es ente que, en la medida en que es determinado y se determina a sí mismo, no necesite de otro que no sea él mismo –pues no podría determinarse por él mismo–, apunta más allá de sí. «Mediación» es simplemente otra palabra para esto. Pero Heidegger trata de conservar lo que apunta más allá de sí y abandonar en cuanto escombros aquello más allá a lo que remite. Para él la imbricación se convierte en su contrario absoluto, la πρώτη οὐσία. En la palabra «ser», la suma de lo que es, la cópula se ha objetualizado. Sin duda, del «es» sin ser cabría hablar tan poco como de éste sin aquél. La palabra remite al momento objetivo que en todo juicio predicativo condiciona la síntesis en que únicamente se cristaliza. Pero tan poco como aquel hecho en el juicio es el ser independiente con respecto al «es». El lenguaje, al que Heidegger toma con razón por más que la mera significación, en virtud de la no-independencia de sus formas testimonia contra lo que él le extirpa. Si la gramática acopla al «es» con la categoría sustrato ser en cuanto su activo: que algo sea, recíprocamente, ser lo emplea simplemente en relación con todo lo que es, no en sí. La apariencia de lo ontológicamente puro se ve en todo caso fortalecida por el hecho de que todo análisis de juicios lleva a dos momentos ninguno de los cuales –tan poco como, metalógicamente, sujeto y objeto[*]– cabe

---

[*] Hay que comenzar por distinguir la relación sujeto-objeto en el juicio, en cuanto puramente lógica, y la relación de sujeto y objeto, en cuanto epistemológico-material; el término «sujeto» significa allí y aquí algo casi contradictorio. En la teoría del juicio es lo puesto a la base, de lo que se predica algo; con respecto al acto de juicio y a lo juzgado en la síntesis del juicio, en cierto modo la objetividad, aquello sobre lo que se ejerce el pensar. Pero epistemológicamente «sujeto» significa la función cogitativa, a menudo también ese ente que piensa y que sólo cabe excluir del concepto «yo» al precio de que éste deje de significar lo que significa. Si bien, pese a todo, esta distinción envuelve una estrecha afinidad de lo distinguido. La constelación de un hecho afectado por el juicio –en el lenguaje de la fenomenología, de «lo juzgado como tal»–, y de la síntesis, que estriba en ese hecho tanto como lo instaura, recuerda a la material de sujeto y objeto. Éstos se distinguen igualmente, no pueden ser reducidos a la identidad pura de uno u otro lado, y allí se condicionan recíprocamente porque ningún objeto es determinable sin la determinación que hace de él tal, el sujeto, y porque ningún sujeto puede pensar nada que no sea algo que esté frente a él, el sujeto mismo no exceptuado: el pensar está encadenado al ente. El paralelismo entre lógica y teoría del conocimiento es más que mera analogía. La relación puramente lógica entre hecho y síntesis, que se sabe sin tener en cuenta la existencia, la facticidad espacio-temporal, es en verdad una abstracción de la relación sujeto-objeto. Ésta es puesta bajo el punto de vista del pensar puro, todo contenido cosal particular óntico descuidado, sin que sin embargo esta abstracción tenga poder sobre el algo que ocupa el lugar vacío de la cosalidad y que, por general que sea el nombre que se le dé a aquélla, se refiere a lo cosal, que, sólo a través de esto, se convierte en lo que ello mismo significa. El dispositivo metodológico de la abstracción tiene su límite en el sentido de lo que ésta se figura tener entre manos como forma pura. Al «algo» lógico-formal la huella del ente le es indeleble. La forma algo está constituida según el modelo del material, del τόδε τι; es forma de lo material y en esta medida, según su propio significado puramente lógico, necesitada de aquello metalógico por lo que la reflexión epistemológica se esforzaba en cuanto el polo opuesto al pensar.

reducirlo al otro. El pensamiento fascinado por la quimera de algo absolutamente primero tenderá a acabar reclamando aun esa misma irreductibilidad como tal término último. En el concepto heideggeriano
del ser resuena la reducción a la irreductibilidad. Pero es una formalización que no concuerda con lo que es formalizado. Tomada para sí,
no significa más que lo negativo, que los momentos del juicio, siempre que se juzga, no se reducen a uno u otro bando; que no son idénticos. Fuera de esta relación de los momentos del juego, la irreductibilidad no es nada, con ella no se puede pensar nada en absoluto. Por eso
no se le puede imputar ninguna prioridad ontológica frente a los momentos. El paralogismo reside en la transformación de eso negativo, el
hecho de que ninguno de los momentos se pueda reconducir al otro,
en algo positivo. Heidegger llega al límite de la comprensión dialéctica de la no-identidad en la identidad. Pero no aguanta la contradicción
en el concepto de ser. La suprime. Cualquier cosa que se pueda pensar con el ser se burla de la identidad del concepto con lo por él significado; Heidegger, sin embargo, lo trata como identidad, puro ser él
mismo, nudo de su alteridad. La no-identidad en la identidad absoluta la disimula como una vergüenza familiar. Puesto que el «eso» no
es ni sólo una función subjetiva ni algo cósico, un ente, una objetividad según el pensar tradicional, Heidegger lo llama ser, aquello tercero. La transición ignora la intención de la expresión que Heidegger cree
explicar humildemente. El reconocimiento de que el «es» no es un mero
pensamiento ni un mero ente no permite su transfiguración en algo
trascendente con respecto a esas dos determinaciones. Todo intento de
solamente pensar el «es», siquiera en la más pálida universalidad, en
general, conduce aquí al ente y allí al concepto. La constelación de los
momentos no se puede reducir a una esencia singular; le es inherente
lo que ello mismo no es esencia. La unidad que la palabra ser promete sólo dura en tanto no es pensada, en tanto su significado, conforme al propio método de Heidegger, no es analizado; cada uno de tales análisis saca a la luz lo que desapareció en el abismo del ser. Pero
si el análisis del ser se convierte él mismo en tabú, la aporía se torna
subrepción. En el ser debe pensarse lo absoluto, pero sólo porque no
se deja pensar que sea lo absoluto; sólo porque ciega mágicamente el
conocimiento de los momentos, parece más allá de los momentos; porque la razón no puede pensar lo mejor que hay en ella, ella misma se
convierte en lo malo.

En verdad, contra el atomismo lingüístico del Heidegger creyente en la totalidad, todos los conceptos singulares son en sí inseparables de los juicios que la lógica clasificatoria descuida; la antigua tripartición de la lógica en concepto, juicio y conclusión es un residuo como el sistema de Linneo. Los juicios no son una mera síntesis de conceptos, pues no hay concepto sin juicio; Heidegger pasa por alto esto, quizá por influencia de la escolástica. En la mediatidad del ser, así como del «es», se oculta, sin embargo, el sujeto. Heidegger escamotea este momento, si se quiere idealista, y, con ello, eleva la subjetividad a lo previo a todo dualismo sujeto-objeto, lo absoluto. Que todo análisis del juicio lleve al sujeto y objeto no instaura ninguna región más allá de esos momentos, que sería en sí. Su resultado es la constelación de esos momentos, no un tercero superior, ni siquiera más general. En la óptica de Heidegger cabe ciertamente aducir que el «es» no es cósico, τὰ ὄντα, ente, objetividad en el sentido corriente. Pues sin la síntesis el «es» no tiene ningún sustrato; en el hecho significado no se podría señalar ningún τόδε τι que le correspondiera. Por tanto, reza la consecuencia, el «es» debe indicar a aquel tercero, justamente al ser. Pero es una consecuencia falsa, golpe de mano de una semántica que se basta a sí misma. La errónea conclusión se hace flagrante en el hecho de que un semejante sustrato presuntamente puro no puede ser pensado. Todo intento de hacerlo tropieza con mediaciones de las que el ser hipostasiado querría desembarazarse. Sin embargo, aun del hecho de que no cabe pensarlo extrae Heidegger la ganancia de una suplementaria dignidad metafísica del ser. Porque al pensamiento se le niega que sea lo absoluto; porque, bien hegelianamente, no basta reducirlo ni al sujeto ni al objeto sin resto que esté más allá del sujeto y del objeto, mientras que, sin embargo, independientemente de éstos no sería en absoluto. La razón que no puede pensarlo acaba por ser difamada, como si el pensamiento pudiera de alguna manera disociarse de la razón. Es indiscutible que el ser no es simplemente la suma de lo que es, de lo que es el caso. Tal comprensión puede hacer antipositivistamente justicia al excedente del concepto sobre la facticidad. Ningún concepto podría pensarse, ni siquiera sería posible, sin el plus que hace del lenguaje lenguaje. Lo que en cambio, con respecto a τὰ ὄντα, resuena en la palabra «ser», que todo es más de lo que es, significa imbricación, nada trascendente a ésta. La cual en Heidegger se convierte en esto, se añade al ente singular. Él sigue a la dialéctica en la medida en que ni sujeto ni objeto son algo inmediato y último, pero se sale de ella al perseguir más allá de éstos algo inmediato, primero. El pensamiento se hace arcaico en cuanto transfigura en ἀρχή metafísica lo que en el ente disperso es más que él mismo. Como reacción a la pérdida del aura[1], ésta, el apuntar más allá de sí de las cosas, adquiere en Heidegger la función de sustrato y es por tanto ella misma igualada a las cosas. Él decreta una repristinación del horror que, mucho tiempo antes de las religiones naturales míticas, la confusión preparaba: con el nombre alemán de ser *[Sein]* se exhuma el maná[2], como si la impotencia naciente se pareciera a la de los primitivos preanimistas cuando truena. En secreto, Heidegger observa la ley de que con la racionalidad progresiva de una sociedad constantemente irracional se retrocede cada vez más lejos. Escarmentado, evita el pelagismo romántico de Klages y los poderes de Oskar Goldberg, y huye de la región de la superstición tangible a una penumbra en la que no se formen ya ni siquiera mitologemas como el de la realidad de las imágenes. Escapa a la crítica sin por ello renunciar a las ventajas del origen; a éste se lo desplaza tan lejos, que aparece intemporal y por tanto omnipresente. «Pero eso no va.»[3] De la historia no cabe salir más que mediante la regresión. Su meta, la más antigua, no es lo verdadero, sino la apariencia absoluta, la letárgica cohibición en una naturaleza cuya impenetrabilidad meramente parodia lo sobrenatural. La trascendencia de Heidegger[*] es la inmanencia absolutizada, enrocada contra su propio carácter de inmanencia. Esa apariencia necesita explicación; cómo puede lo por antonomasia deducido, mediado, el ser, usurpar las insignias del *ens concretissimum*. Se basa en el hecho de que los polos de la teoría del conocimiento y la metafísica tradicionales, el puro esto-ahí y el puro pensar, son abstractos. Son tantas las determinaciones alejadas de ambos, que sobre ellos cabe decir poco más, siempre y cuando el jui-

---

[*] «El ser en cuanto tema fundamental de la filosofía no es el género de ningún ente, y sin embargo concierne a todo ente. Su "universalidad" se ha de buscar más arriba. El ser y la estructura del ser están más allá de todo ente y de toda posible determinación de un ente que sea ella misma ente. El ser es lo trascendente por antonomasia. La del ser del "ser-ahí" es una trascendencia señalada en la medida en que implica la posibilidad y la necesidad de la más radical individuación. Todo abrir el ser en cuanto *trascendens* es conocimiento trascendental. La verdad fenomenológica (la apertura del ser) es *veritas transcendentalis*» (HEIDEGGER, *Sein und Zeit,* 38 [ed. cast.: *El ser y el tiempo,* México, Fondo de Cultura Económica, 1974, pp. 48 ss.]).

cio quiera orientarse por aquello sobre lo que juzga. Por eso los dos polos parecen mutuamente indistinguibles, y esto permite sustituir inadvertidamente uno por el otro según lo que cada vez haya que demostrar. El concepto de ente por antonomasia, según su ideal sin ninguna
categoría, en su perfecta descualificación no tiene necesidad de dejarse limitar a ningún ente y puede llamarse ser. Pero el ser, en cuanto
concepto absoluto, no tiene necesidad de legitimarse como concepto:
cualquier contorno lo limitaría y pecaría contra su propio sentido. Por
eso puede revestirse con la dignidad de lo inmediato tan bien como el
τόδε τι con la de lo esencial. Toda la filosofía de Heidegger se mueve entre ambos extremos mutuamente indiferentes*. Pero contra su voluntad el ente se impone en el ser. Éste recibe su vida del fruto prohibido, como si éste fueran manzanas de Freia. Mientras que el ser, por
mor de su absolutidad aurática, no quiere contaminarse con nada ente,
sin embargo sólo se convierte en aquello inmediato que confiere a la
pretensión de absolutidad el título legal porque ser siempre significa
también tanto como ente por antonomasia. En cuanto el discurso del
ser agrega cualquier cosa a la invocación pura, esto procede de lo óntico. En Heidegger los rudimentos de ontología material son temporales; lo devenido y efímero, como antes en Scheler.

---

* El hecho de que, pese a su contacto con Hegel, se aparte de la dialéctica, le confiere el atractivo de la trascendencia alcanzada. Refractaria a la reflexión dialéctica a la que
constantemente alude, se gobierna con la lógica tradicional y, según el modelo del juicio
predicativo, se apodera del carácter de firmeza e incondicionalidad de lo que para la lógica dialéctica era mero momento. Así, por ejemplo, según una formulación inicial (cfr. Heidegger, *Sein und Zeit*, cit., p. 13 [ed. cast.: *El ser y el tiempo*, cit., pp. 21 ss.], el ser-ahí debe
ser eso óntico, existente, que tiene la ventaja –inconfesadamente paradójica– de ser ontológico. El ser-ahí es una variante alemana y vergonzosa del sujeto. A Heidegger no se le
escapaba que es tanto principio de la mediación como inmediato, pues en cuanto *constituens* presupone el *constitutum* facticidad. El hecho es dialéctico; Heidegger lo traduce a
todo trance a la lógica de la falta de contradicción. De los momentos mutuamente contradictorios del sujeto se hacen dos atributos que él le pega como a una sustancia. Pero
esto contribuye a la dignidad ontológica: la contradicción no desplegada se convierte en
garantía de algo superior en sí porque no se adapta a las condiciones de la lógica discursiva en cuyo lenguaje es traducida. Gracias a esta proyección, llamada ser, debe estar, en
cuanto algo positivo, tanto por encima del concepto como por encima del hecho. Tal positividad no resistiría a su reflexión dialéctica. Semejantes esquemas son τόποι de la ontología fundamental en su conjunto. La trascendencia por encima del pensamiento, tanto como por encima del hecho, la extrae de que las estructuras dialécticas son expresadas
e hipostasiadas no dialécticamente, como si se las pudiera simplemente nombrar.

Al concepto de ser no se le hace de todos modos justicia hasta que también se comprende la genuina experiencia que produce su instauración: el impulso filosófico a expresar lo inexpresable. Cuanto más temerosa se ha cerrado la filosofía a ese impulso, algo peculiar suyo, tanto mayor la tentación de abordar directamente lo inexpresable sin el trabajo de Sísifo que no sería la peor definición de la filosofía y que tantas bromas sobre ella provoca. La filosofía misma, en cuanto forma del espíritu, contiene un momento profundamente emparentado con eso flotante que en Heidegger se supone como aquello sobre lo que habría que meditar y que impide la meditación. Pues, mucho más específicamente de lo que la historia de su concepto permite conjeturar, la filosofía es una forma en la que rara vez, aparte un estrato de Hegel, incorpora a su reflexión su diferencia cualitativa respecto a la ciencia, la doctrina de la ciencia, la lógica, a las cuales sin embargo está adherida. La filosofía no consiste ni en *vérités de raison* ni en *vérités de fait*. Nada de lo que dice se pliega a los firmes criterios de cualquier cosa que sea el caso; ni se pliegan sus proposiciones sobre lo conceptual a los criterios del hecho lógico, ni aquéllas sobre lo fáctico a los de la investigación empírica. Frágil lo es también debido a su distancia. No se deja fijar. La suya es la historia de un fracaso permanente en la medida en que, aterrorizada por la ciencia, una y otra vez se ha dejado llevar por lo sólido. Su crítica positivista se la merece por la pretensión de cientificidad que la ciencia rechaza; esa crítica se equivoca al confrontar la filosofía con un criterio que no es el suyo dondequiera que obedezca a su idea. Pero no renuncia a la verdad, sino que ilumina la científica como limitada. Lo flotante en ella lo determina el hecho de que en su distancia con respecto al conocimiento verificador no es sin embargo no perentoria, sino que lleva una vida propia de rigor. Éste lo busca en lo que ella misma no es, en lo opuesto a ella y en la reflexión de lo que el conocimiento positivo supone con mala ingenuidad como perentorio. La filosofía no es ni ciencia ni aquello a lo que con un burdo oxímoron el positivismo querría degradarla, sino una forma tan mediada por lo distinto a ella como separada de ello. Pero lo flotante en ella no es otra cosa que la expresión de lo inexpresable en ella misma. En esto está verdaderamente hermanada con la música. Lo flotante apenas cabe ponerlo correctamente en palabras; esto podría ser la causa de que los filósofos, con excepción por ejemplo de Nietzsche, lo pasen por alto. Es más la premisa para la comprensión de textos filosóficos que la cualidad sucinta de éstos. Puede haber surgido históricamente y también haber enmudecido, como amenaza a la música. Heidegger ha inervado esto y, quizá porque está a punto de extinguirse, literalmente ha transformado eso específico de la filosofía en un sector, en una objetualidad de orden *quasi* superior; la filosofía que reconoce que ni juzga, sobre la facticidad ni sobre conceptos a la manera en que habitualmente se juzga, y que ni siquiera se sabe segura de su objeto, querría encontrar su objeto sin embargo positivo más allá del hecho, del concepto y del juicio. Lo flotante en el pensar es así elevado a lo inexpresable mismo que quiere expresar; lo no-objetual a objeto silueteado de su propia esencia; y justamente por ello violado. Bajo el peso de la tradición que Heidegger quiere quitarse de encima, lo inexpresable se hace expreso y compacto en la palabra «ser»; extraña al pensar e irracional, la protesta contra la reificación se reifica. Al tratar de manera inmediatamente temática lo inexpresable de la filosofía, Heidegger hace retroceder a ésta hasta la revocación de la consciencia. Como castigo, la fuente, según su concepción cegada, y que él trata de desenterrar, se seca, más indigente de lo que nunca ha estado la comprensión de la presuntamente destruida filosofía que a través de sus mediaciones tiende a lo inexpresable. Lo que, abusando de Hölderlin, se atribuye a la indigencia de la época es la del pensar que se imagina más allá del tiempo. La expresión inmediata de lo inexpresable es nula; cuando su expresión ha llevado carga, como en la gran música, su sello ha sido lo escurridizo y efímero y se ha adherido al transcurso, no al «eso es» denotativo. El pensamiento que quiere pensar lo inexpresable al precio del pensamiento lo falsea como lo que menos querría, el absurdo de un objeto, sin más, abstracto.

El niño, podría aducir la ontología fundamental si para ella no fuera demasiado óntico-psicológico, pregunta por el ser. La reflexión lo aparta de ello y la reflexión de la reflexión querría, como de siempre ha sucedido en el idealismo, remediarlo. Pero la reflexión duplicada difícilmente pregunta como el niño, inmediatamente. El comportamiento de éste la filosofía, por así decir con el antropomorfismo del adulto, en cuanto la de la infancia de todo el género, se lo figura como pretemporal-supratemporal. Lo que le da problemas es antes bien su relación con las palabras (de las cuales se apropia con un esfuerzo apenas imaginable ya a una edad más avanzada) que el mundo, el cual, en cuanto compuesto de objetos de acción, le es, hasta cierto punto, familiar en las fases tempranas. Quiere asegurarse del significado de las palabras, y la ocupación con ellas, sin duda también una psicoanalíticamente explicable obstinación endiabladamente regañona, lo lleva a la relación entre palabra y cosa. A lo mejor le da la lata a su madre con el fastidioso problema de por qué el banco se llama banco. Su ingenuidad es no-ingenua. La cultura se ha infiltrado como lenguaje entre los primerísimos movimientos de su consciencia; una hipoteca sobre el discurso de la originariedad. El sentido de las palabras y su contenido de verdad, su «posición ante la objetividad», no se distinguen todavía nítidamente; saber lo que la palabra banco significa y lo que realmente es un banco –a lo cual se ha de añadir, sin embargo, el juicio existencial– a esa consciencia le es igual, o, al menos, no diferenciado, además de que en innumerables casos discernir resulta fatigoso. Precisamente en cuanto orientada por el vocabulario aprendido, está la inmediatez infantil en sí mediada, la insistencia en el «por qué», en lo primero, preformada. El lenguaje es experimentado como φύσει, no como σέσει, *taken for granted*; en el comienzo es el fetichismo, y a él queda siempre sometido la caza del comienzo. Por supuesto, ese fetichismo es difícil de ver, pues sin excepción todo lo pensado es también lingüístico, el nominalismo irreflexivo tan falso como el realismo que confiere al lenguaje falible los atributos del revelado. Heidegger tiene para sí que no hay ningún en sí no lingüístico; que el lenguaje, por tanto, está en la verdad, no ésta en el lenguaje como algo meramente designado por él. Pero la participación constitutiva del lenguaje en la verdad no establece la identidad entre ambos. La fuerza del lenguaje se comprueba en el hecho de que en la reflexión expresión y cosa se separan[4]. El lenguaje sólo se convierte en instancia de la verdad en la consciencia de la no-identidad de la expresión con lo significado. Heidegger se niega a esa reflexión; se detiene en el primer paso de la dialéctica de la filosofía del lenguaje. Su pensar es repristinación también porque le gustaría restaurar el poder del nombre a través de un ritual del nombrar. Para que los lenguajes secularizados se lo permitan al sujeto, este poder está sin embargo demasiado poco presente en ellos. Mediante la secularización los sujetos les han quitado el nombre, y es de su intransigencia, no de la confianza filosófica en Dios, de lo que ha menester la objetividad del lenguaje. Éste es más que *signum* sólo debido a su fuerza significativa cuando lo significado lo tiene de la forma más precisa y densa. Sólo es en la medida en que deviene, en la confrontación constante entre expresión y cosa; así procedió Karl Kraus, que sin embargo él mismo pudo haber propendido a una visión ontológica del lenguaje. Pero el procedimiento de Heidegger es, en frase acuñada por Scholem, cabalística germanizante. Con las lenguas históricas se comporta como si fueran las del ser, románticamente como todo lo violentamente antirromántico. Su tipo de destrucción enmudece ante la irreflexiva formación filológica, a la cual al mismo tiempo deja en suspenso. Tal consciencia asiente a lo que la rodea o al menos se aviene a ello; el genuino radicalismo filosófico, no importa cómo aparezca históricamente, es producto de la duda. La pregunta radical que no destruye más que a ésta es ella misma ilusoria.

La expresión enfática de la palabra «ser» la cimienta la vieja categoría heideggeriana de autenticidad, que luego, por supuesto, apenas se vuelve a mencionar. La trascendencia del ser con respecto al concepto y al ente quiere redimir el desiderátum de la autenticidad como lo que no es apariencia, ni prefabricada ni pasajera. Con razón se protesta contra el hecho de que el desarrollo histórico de la filosofía nivele la distinción entre esencia y apariencia, el impulso inherente a la filosofía en cuanto el θαυμάζειν, la insatisfacción ante la fachada. La tesis metafísica de la esencia como el verdadero mundo detrás de los fenómenos, una Ilustración irreflexiva la ha negado con la igualmente abstracta contratesis de que la esencia sería, en cuanto quintaesencia de la metafísica, la apariencia: como si la esencia fuera por tanto la esencia. En virtud de la escisión del mundo se encubre la ley de la escisión, lo auténtico. El positivismo, que se acomoda a ello eliminando como mito y proyección subjetiva lo que no es *datum*, lo que está oculto, consolida con ello la apariencialidad lo mismo que antaño las doctrinas que se consolaban del sufrimiento en el *mundus sensibilis* con la aseveración de lo noumenal. En Heidegger hay algún vestigio de este mecanismo. Pero lo auténtico que él echa de menos se transforma enseguida en positividad, autenticidad en cuanto comportamiento de la consciencia que, apartándose de la profanidad, imita impotente el hábito teológico de la antigua teoría de la esencia. La esencia oculta es inmune a la sospecha de que sea una no-esencia. No se arriesga ninguna ponderación sobre, por ejemplo, que las categorías de la llamada masificación, que *Ser y tiempo* tanto como el librito de Jaspers en Göschen* sobre *La situación espiritual de la época* desarrollan, pudieran ser ellas mismas las de esa no-esencia oculta que hace de los hombres lo que son; éstos tienen entonces también que dejarse incluso insultar por la filosofía, porque se habrían olvidado de la esencia. La resistencia contra la consciencia reificada que vibra en el *pathos* de la autenticidad está rota. El resto de crítica se desata contra el fenómeno, a saber, los sujetos; a la esencia, cuya culpa es representada por la de éstos y se reproduce, no se la molesta. – Mientras que no se deja desviar del θαυμάζειν, la ontología fundamental malogra la respuesta a qué es auténtico por la forma de la pregunta. No por nada se adereza con el *dégoûtant* término de pregunta por el ser. Es mendaz porque se apela al interés corporal de cada individuo –el desnudo del monólogo de Hamlet, sea el individuo absolutamente negado con la muerte o tenga éste la esperanza del *non confundar* cristiano–, pero lo que Hamlet quiere decir con «ser o no ser» se sustituye por la esencia pura, que absorbe a la existencia. Al hacer, según el uso fenomenológico, de algo un tema con todo lujo de descripciones y distinciones, la ontología fundamental satisface y desvía de él. «La pregunta por el ser», dice Heidegger, «apunta, por ende, a una condición apriórica de posibilidad no sólo de las ciencias que escudriñan el ente en cuanto tal o cual ente y al hacerlo en cada caso se mueven ya en una comprensión del ser, sino a la condición de posibilidad de las ontologías mismas que anteceden a las ciencias ónticas y las fundan. Toda ontología, por rico y sólidamente articulado que sea el sistema de categorías de que disponga, resulta en el fondo ciega y una perversión de su intención más propia si antes no ha aclarado suficientemente el sentido del ser y concebido esta aclaración como su tarea fundamental»[5]. Mediante el desquiciamiento de lo que en tales proposiciones adereza la prolijidad fenomenológica como pregunta por el ser, ésta pierde lo que podría representarse bajo la palabra y, si ello es posible, eso representado aún es degradado de tal modo a inhibición activa que como verdad superior, como auténtica respuesta a la pregunta eludida, se recomienda la renuncia. Para ser lo bastante auténtica, la llamada pregunta por el ser se restringe al punto sin dimensión de lo

---

* K. JASPERS, *Die geistige Situation der Zeit,* Berlín, 1931 [ed. cast.: *Ambiente espiritual de nuestro tiempo,* Madrid, Labor, 1933]. *[N. del T.]*

único que admite como genuino significado del ser. Se transforma en prohibición de ir más allá de sí misma, en último término de aquella tautología que en Heidegger se manifiesta en el hecho de que el ser que se desvela nunca dice otra cosa que sólo ser[6]. Si pudiera, la esencia tautológica del ser Heidegger la haría pasar aun por algo superior a las determinaciones de la lógica. Pero se ha de desarrollar a partir de la aporética. Como ya Husserl, Heidegger se pliega sin reparos a la vez a desiderata del pensamiento que en la historia de la metafísica, harto soberanamente puesta por él fuera de curso, se han demostrado incompatibles: a lo puro, libre de toda mezcla empírica y por tanto absolutamente válido; y a lo inmediato, dado sin más, incontestable porque carece de componente conceptual. Así es como Husserl combinaba el programa de una fenomenología «pura», a saber, eidética, con el de la autodonación del objeto fenoménico. Las normas contradictorias se unen ya en el título «fenomenología pura». El hecho de que no quisiera ser una teoría del conocimiento, sino una postura asumible a voluntad, dispensaba de pensar hasta el final la relación de sus categorías entre sí. A este respecto Heidegger sólo difiere de su maestro en que el contradictorio programa lo quita de su escenario husserliano, la consciencia, y lo traslada a la trascendencia de la consciencia, una concepción, por lo demás, que estaba prefigurada en el predominio del noema en el Husserl medio. Pero la incompatibilidad de lo puro y lo intuitivo obliga a elegir tan indeterminadamente el sustrato de su unidad que ya no contiene ningún momento a partir del cual una de las dos exigencias pudiera desmentir a la otra. Por eso el ser heideggeriano no puede ser ni ente ni concepto. Por la inexpugnabilidad así conseguida tiene que pagar con su nihilidad, una irrellenabilidad por ningún pensamiento ni intuición, que nada retiene en sus manos más que la igualdad a sí mismo del mero nombre[*]. Ni siquiera las infinitas repeticiones de las que están plagadas las publicaciones de Heidegger se

---

[*] «El excedente de objetividad que se le atribuye» –al ser– «pone a ésta al descubierto en toda su vacuidad: "como opinión vacía de simplemente todo". Sólo en virtud de un quid pro quo, a saber, al imputarle la ontología moderna el significado que le corresponde al ser en cuanto lo significado, el ser es significativo aun sin sujeto significante. La escisión arbitraria, la subjetividad por tanto, se revela así como su *principium vitale*. La ontología no puede en absoluto concebir al ser de otro modo que a partir del ente, pero justamente escamotea este condicionamiento suyo» (Karl Heinz Haag, *op. cit.,* p. 69).

han de achacar menos a su facundia que a la aporética. Sólo mediante la determinación llega un fenómeno más allá de sí. Lo que se mantiene totalmente indeterminado es dicho una y otra vez como sucedáneo suyo, del mismo modo que los gestos que rebotan en los objetos de su acción se reiteran en un ritual sin sentido. Este ritual de la repetición la filosofía del ser lo comparte con el mito que tanto le gustaría ser.

La dialéctica de ser y ente, que no se puede pensar ningún ser sin ente y ningún ente sin mediación, es reprimida por Heidegger: los momentos que no son sin que el uno sea mediado por el otro son para él inmediadamente el uno, y este uno el ser positivo. Pero el cálculo no sale. La relación de deuda de las categorías es denunciada. Echado a puntapiés, el ente vuelve: el ser purgado del ente sólo es fenómeno originario mientras sin embargo tenga una vez más en sí al ente que excluye. Heidegger sale del apuro con una pieza maestra de estrategia; ésta es la matriz de todo su pensar. Con el término diferencia ontológica su filosofía se apodera hasta del momento indisoluble del ente. «Lo que hay que entender por tal ser que se supone completamente independiente de la esfera de lo óntico debe quedar en todo caso en suspenso. Su determinación lo arrastraría a la dialéctica de sujeto y objeto, de la que precisamente debe estar exento. En esta indeterminación, en el punto sin duda más central de la ontología heideggeriana, estriba el hecho de que los extremos ser y ente tienen también que permanecer necesariamente indeterminados el uno con respecto al otro, de tal modo que ni siquiera se puede indicar en qué consiste su diferencia. El discurso de la "diferencia ontológica" se reduce a la tautología de que el ser no es el ente porque es el ser. Heidegger comete por tanto la falta que reprocha a la metafísica occidental, a saber, que siempre ha quedado no dicho lo que el ser a diferencia del ente significa.»[7] Bajo el aliento de la filosofía el ente se convierte en una situación de hecho ontológica*, expresión apagada

---

* La doctrina heideggeriana de la prioridad del ser-ahí en cuanto lo óntico que, al mismo tiempo, es ontológico, de la presencia del ser, hipostasía al ser de antemano. Sólo si el ser, como a Heidegger le gustaría, se autonomiza como algo precedente al ser-ahí, recibe el ser-ahí la transparencia del ser, la cual a su vez es, sin embargo, lo único que se supone que descubre a éste. También en este sentido es subrepticia la supuesta superación del subjetivismo. Pese al plan reductivo de Heidegger, la doctrina de la trascendencia del ser en el ente reintrodujo de contrabando justamente la primacía ontoló-

e hipostasiada de que el ser se puede pensar sin el ente tan poco como, según la tesis fundamental de Heidegger, el ente sin el ser. Así realiza él su pirueta. La miseria de la ontología, no poderse pasar sin lo opuesto a ella, sin lo óntico; la dependencia del principio ontológico con respecto a su contrapartida, el inalienable *skandalon* de la ontología, se convierte en componente suya. El triunfo de Heidegger sobre las demás ontologías menos ingeniosas es la ontologización de lo óntico. Que no hay ser sin ente se lleva a la forma de que a la esencia del ser pertenece el ser del ente. Con ello se convierte algo verdadero en una no-verdad: el ente en esencia. El ser se apodera de lo que en la dimensión de su ser-en-sí él no querría ser, del ente cuya unidad conceptual el sentido literal del ser siempre significa también. Toda la construcción de la diferencia ontológica es una aldea potemkiniana[*]. Sólo se erige a fin de que se pueda rechazar tanto más soberanamente la duda sobre el ser absoluto gracias a la tesis del ente como un modo de ser del ser[**]. Al ser todo ente singular llevado a su concepto, el de lo óntico, desaparece de él lo que, frente al concepto, hace de él un ente. La universalmente conceptual estructura formal del discurso de lo óntico y todo lo equivalente a éste sustituye al contenido, heterogéneo con respecto a lo conceptual, de ese concepto. Eso lo posibilita el hecho de que el concepto de ente –en absoluto diferente en esto del de ser celebrado por Heidegger– es aquel que abarca a lo sin más no-conceptual, a lo que no se agota en el concepto, sin no obstante expresar él mismo nunca su diferencia de lo abarcado. Puesto que «el ente» es el concepto para todo ente, el ente mismo se convierte en concepto, en una estructura ontológica que se

---

gica de la subjetividad de la que el lenguaje de la ontología fundamental abjura. Heidegger fue consecuente cuando posteriormente invirtió el análisis del ser-ahí en el sentido de una primacía incólume del ser que no se puede fundamentar a partir del ente porque, según él, el ser precisamente no es. Por supuesto, así todo aquello por lo que él había producido efecto se vino abajo, pero ese efecto ya había pasado a la autoridad de lo posterior.

[*] Alusión a las aldeas artificialmente ideales que el político Grigori Alexandrovich Potemkin (1739-1791) mandó construir y llenar de figurantes a orillas del río Dnieper a fin de que al visitar la zona la emperatriz Catalina II se llevara una buena impresión de la administración de su favorito. *[N. del T.]*

[**] «... si es que a la verdad del ser pertenece que el ser nunca se halla sin el ente, que un ente jamás es sin el ser» (HEIDEGGER, *Was ist Metaphysik?*, Fráncfort del Meno, ⁵1949, p. 41).

transforma en la del ser sin solución de continuidad. En *Ser y tiempo* la ontologización del ente se traduce en la lapidaria fórmula: «La "esencia" del ser-ahí reside en su existencia»[8]. De la definición de ente-ahí, de lo existente *qua* existente, por los conceptos de ser-ahí y existencia resulta que lo que en el ente-ahí es precisamente no esencial, no ontológico, es ontológico. La diferencia ontológica se elimina en virtud de la conceptualización de lo no-conceptual como no-conceptualidad.

Lo óntico no molesta a la ontología si es igual a ella. La subrepción la fundamenta la anterioridad de la ontología con respecto a la diferencia ontológica: «Pero aquí no se trata de una contraposición de *existentia* y *essentia*, porque en general estas dos determinaciones metafísicas del ser, no digamos pues su relación, no están todavía en cuestión»[9]. Esto presuntamente antecedente a la diferencia ontológica cae en Heidegger, pese a la afirmación contraria, del lado de la esencia: al ser impugnada la diferencia que el concepto de ente expresa, el concepto es exaltado por lo no-conceptual que debería subyacerle. Esto puede captarse en otro *passus* del tratado sobre Platón. La pregunta por la existencia la desvía de ésta y la transforma en una pregunta por la esencia: «La frase "El hombre existe" no responde a la pregunta de si el hombre es realmente o no, sino que responde a la pregunta por la "esencia" del hombre»[10]. El discurso del todavía no allí donde se rechaza la antítesis de existencia y esencia[11] no es una casual metáfora temporal de algo atemporal. De hecho, es pensamiento arcaico, el de los hilozoístas jonios mucho más que de los eléatas; en los escasos filosofemas de aquéllos que se han conservado se mezclan confusamente existencia y esencia. El trabajo y el esfuerzo de la metafísica antigua, desde la parmenídea que tenía que separar pensar y ser a fin de poder identificarlos, hasta la aristotélica, consistían en forzar la escisión. La desmitologización es escisión, el mito la unidad engañosa de lo no-escindido. Pero puesto que la insuficiencia de los principios originarios para la explicación del mundo en ellos cosignificado llevó a la descomposición de éstos y con ello la extraterritorialidad mágica del ser como algo que vagaba entre la esencia y el hecho se enzarzó en la red de los conceptos, Heidegger, en nombre del privilegio del ser, tiene que condenar el trabajo crítico del concepto como historia de una decadencia, como si la filosofía pudiera adoptar, más allá de la historia, una perspectiva histórica, mientras, por otra parte, debe sin embargo obedecer a la historia, la cual, lo mismo que la existencia, es ella misma ontologizada. Heidegger es antiintelectualista por coerción del sistema, antifilosófico por filosofía, lo mismo que los actuales renacimientos religiosos no se dejan inspirar por la verdad de sus doctrinas, sino por la filosofía de que sería bueno tener una religión. La historia del pensamiento es, hasta donde se la puede rastrear, dialéctica de la Ilustración. Por eso Heidegger, de manera bastante resuelta, no se detiene, como en su juventud quizá pudo seducirlo, en ninguna de sus etapas, sino que con una máquina del tiempo wellsiana se precipita en el abismo del arcaísmo en el que todo puede ser todo y significar todo. Tiende la mano al mito; también el suyo resulta ser uno del siglo XX, la apariencia, como la historia lo ha desenmascarado y que se patentiza en la perfecta incompatibilidad del mito con la forma racionalizada de la realidad en que toda consciencia está imbricada. Ésta presume de condición mitológica, como si tal cosa le fuera posible sin ser igual a ella. Con el concepto de ser de Heidegger se anuncia el mítico del destino: «El advenimiento del ente estriba en el sino del ser»[12]. La ensalzada indistinción entre existencia y esencia en el ser es llamada con el nombre de lo que es: ceguera del nexo natural, fatalidad de la concatenación, negación absoluta de la trascendencia que tremola en el discurso del ser. Esta trascendencia es la apariencia en el concepto de ser; pero su fundamento es el hecho[9] de que las determinaciones heideggerianas, las del ser-ahí, en cuanto la miseria de la historia humana real hasta hoy, son apartadas, se deshacen del recuerdo de ésta. Se convierten en momento del ser mismo y por tanto en algo preordenado a esa existencia. Su poder y gloria astrales son tan fríos con respecto al oprobio y la falibilidad de la realidad histórica cuanto ésta es sancionada como inalterable. La celebración de lo sin sentido como sentido, la repetición ritual de los nexos naturales en las acciones simbólicas singulares como si, por ello, fueran sobrenaturales, es mítica. Categorías como la angustia, de las que no se puede estipular que deban conservarse para siempre, se convierten mediante su transfiguración en constituyentes del ser como tal, en algo preordenado a esa existencia, en su a priori. Se instalan como justamente el «sentido» que en la presente situación histórica no se puede nombrar positiva, inmediatamente. A lo sin sentido se le confiere sentido al suponer que el sentido del ser debe precisamente resultar en su reflejo, la mera existencia, en cuanto la forma de ésta.

La especial posición ontológica del ser-ahí Hegel la anticipa gracias a la tesis idealista de la prelación del sujeto. Hegel explota el hecho de que lo no-idéntico por su parte sólo cabe determinarlo como concepto; con ello para él se lo elimina dialécticamente, se lo lleva a la identidad; lo óntico ontológico. Esto lo delatan pronto ciertas matizaciones lingüísticas en la *Ciencia de la lógica*. La tercera nota al «devenir» que se asocia a Jacobi expone que espacio y tiempo «son expresamente determinados como indeterminados, lo cual –para volver hacia su más simple forma– es el ser. Pero justamente esta indeterminidad es lo que constituye la determinación de ellos; pues la indeterminidad es lo opuesto de la determinidad; por lo tanto, como lo opuesto, es ella misma lo determinado, o negativo, y por cierto que lo negativo puro, completamente abstracto. Esta indeterminidad o negación abstracta, que de este modo el ser tiene en sí mismo, es lo que tanto la reflexión externa como la interna expresan al ponerlo como igual a la nada, declararlo una vacía cosa del pensamiento, una nada. – O bien, si puede uno expresarse así, puesto que el ser es lo carente de determinación, no es la determinidad (afirmativa) la que él es, no el ser, sino la nada»[13]. La indeterminidad se emplea tácitamente como sinónimo de lo indeterminado. En su concepto desaparece aquello cuyo concepto es; éste es equiparado a lo indeterminado en cuanto su determinación, y esto permite la identificación de lo indeterminado con la nada. Con ello está ya en verdad supuesto el idealismo absoluto que la lógica primero tendría que demostrar. Del mismo sentido es la negación de Hegel a comenzar con el algo en lugar de con el ser. Es trivial que lo no-idéntico no es una inmediatez, que está mediado. Pero en puntos centrales Hegel no hace justicia a esa concepción propia. Según ésta, lo no-idéntico es ciertamente idéntico –en cuanto ello mismo mediado–, pero sin embargo no-idéntico, lo otro con respecto a todas sus identificaciones. Él no lleva a término la dialéctica de lo no-idéntico, aunque por lo demás tiene la intención de defender la terminología precrítica contra la de la filosofía de la reflexión. Su propio concepto de lo no-idéntico, en él vehículo para hacer de ello lo idéntico, la igualdad-a-sí-mismo, tiene inevitablemente lo contrario a ésta como contenido; sobre esto pasa rápidamente. Lo que estableció expresamente en el escrito sobre la diferencia y enseguida se integró en su propia filosofía se convierte en la objeción más grave contra ésta. El sistema absoluto de Hegel, que estriba en la resistencia perenne de lo no-idéntico, se niega, contra su autocomprensión, a sí mismo. Verdaderamente, sin algo no-idéntico no hay ninguna identidad, mientras que ésta, en cuanto total, en él se arroga sin embargo la prelación ontológica en sí. Contribuye a ello la elevación de la mediatidad de lo no-idéntico a ser absolutamente conceptual de esto. En lugar de hacerlo suyo en conceptos, la teoría devora lo indisoluble mediante la subsunción bajo su concepto universal, el de la indisolubilidad. La remisión de la identidad a lo no-idéntico, como Hegel casi consiguió, es la protesta contra toda filosofía de la identidad. La categoría aristotélica de *steresis* se convierte en su triunfo y en su fatalidad. Lo que necesariamente escapa al concepto abstracto, que éste no puede ser él mismo lo no-conceptual, para él cuenta, frente a aquello de lo que por fuerza abstrae, como mérito, algo superior, espíritu. Lo que es menos debe ser más verdadero, como luego en la infatuada ideología heideggeriana del esplendor de lo simple. Pero la apología de la indigencia no es meramente la de un pensar de nuevo contraído a un punto, sino que tiene su función precisamente ideológica. La afectación de sencillez sublime que desentierra la dignidad de la pobreza y de la vida frugal se ajusta al permanente contrasentido de la carencia real en una sociedad cuyo nivel de producción no permite seguir alegando que no hay bienes suficientes para todos. Flirteando con el amigo renano de la casa, la filosofía, mantenida por su propio concepto lejos de la ingenuidad, ayuda a pasar por alto esto: a su historia del ser la carencia le brilla como lo superior por antonomasia o al menos *ad calendas graecas*. Ya en Hegel pasa por lo más sustancial lo aportado por la abstracción. La materia, incluida la transición a la existencia, la trata él según el mismo *topos*[14]. Puesto que el concepto de ésta es indeterminado, puesto que en cuanto concepto le falta justamente lo que con él se significa, toda la luz cae sobre su forma. Ello inserta a Hegel en el límite extremo de la metafísica occidental. Engels vio esto, pero extrajo la consecuencia inversa, igualmente no-dialéctica, de que la materia es el primer ser[15]. La crítica dialéctica conviene al mismo concepto de primer ser. Heidegger repite la maniobra eulenspiegeliana* de Hegel. Sólo que éste la practica abiertamente, mientras que Heidegger, que no quiere ser idealista, envuelve en nubes la ontologización de lo óntico. Sin embargo, el estímulo a engalanar el menos en el concepto como su más es en todas partes la re-

---

* Alusión al legendario pícaro alemán Till Eulenspiegel. *[N. del T.]*

nuncia platónica según la cual lo no-sensible es lo superior. La lógica sublima el ideal ascético al máximo y al mismo tiempo lo fetichiza, desprovista como está de la tensión hacia lo sensible en que el ideal ascético tiene su verdad contra el engaño del cumplimiento autorizado. El concepto, que se hace puro al rechazar su contenido, funciona en secreto como modelo de una organización de la vida de la que, a pesar de todo el progreso del aparato –al cual corresponde el concepto–, a ningún precio puede sin embargo desaparecer la pobreza. Si de alguna manera fuera posible, irónicamente la ontología lo sería como epítome de la negatividad. Lo que permanece igual a sí mismo, la pura identidad, es lo malo; intemporal la fatalidad mítica. En cuanto secularización de la segunda, la filosofía fue su esclava por cuanto con gigantesco eufemismo reinterpretó lo inalterable como lo bueno hasta las teodiceas de Leibniz y Hegel. Si se quisiera proyectar una ontología y para ello se siguiera el hecho fundamental cuya repetición hace de él una invariante, éste sería el horror. Una ontología de la cultura tendría que asumir sobre todo aquello en lo que la cultura ha fracasado absolutamente. El lugar de una ontología filosóficamente legítima sería más la construcción de la industria cultural que la del ser; bueno sólo sería lo que se le escapara a la ontología.

La ontologización de lo óntico es a lo que primariamente apunta la doctrina de la existencia. Puesto que ésta, según el ancestral argumento, no puede ser deducida de la esencia, ella misma debe ser esencial. La existencia es elevada por encima del prototipo de Kierkegaard, pero justamente por ello, en comparación con éste, se la enroma. Incluso la sentencia bíblica «Por sus frutos los conoceréis» suena en el templo de la existencia como profanación de éste y tiene que enmudecer. Modo de ser del ser, la existencia deja de oponerse antitéticamente al concepto, lo que en ella hay de doloroso es alejado. Recibe la dignidad de la idea platónica, pero también el blindaje de lo que no puede ser pensado de otro modo, porque no es nada pensado, sino que simplemente es ahí. En esto están de acuerdo Heidegger y Jaspers. Éste reconoce cándidamente la neutralización de la existencia contra Kierkegaard: «En sus decisiones negativas sentía... yo... lo contrario de todo lo que amaba y quería, de todo lo que yo estaba y no estaba dispuesto a hacer»[16]. Incluso el existencialismo de Jaspers, que en la construcción del concepto de ser no se ha dejado seducir por el *pater subtilis*, se ha entendido a sí desde el comienzo como «pregunta por el

ser»[17]; ambos pudieron, sin serse infieles, santiguarse ante lo que en
París, bajo el signo de la existencia, harto rápidamente para su gusto
se abrió paso de las aulas a las tabernas[18] y allí resonaba menos respe-
tablemente. Por supuesto, mientras la crítica se estanca en la tesis de
la no-ontologizabilidad de lo óntico, ella misma sigue siendo juicio sobre relaciones estructurales invariantes, por así decir demasiado ontológica; éste fue el motivo filosófico del giro de Sartre hacia la política.
Tras la Segunda Guerra Mundial, el movimiento que se llamó existencialista y se comportaba vanguardistamente tenía algo de endeble,
vago. El existencialismo, del que el *establishment* alemán recelaba como
subversivo, se parece a las barbas de sus adeptos. Se visten de modo
oposicionista estos adolescentes parecidos a hombres de las cavernas,
que se niegan a seguir colaborando en la patraña de la cultura, mientras que sin embargo no hacen sino pegarse el emblema pasado de moda
de la dignidad patriarcal de sus abuelos. Lo que es verdadero en el concepto de existencia es la protesta contra una situación de la sociedad
y del pensamiento cientifista que expulsa a la experiencia no reglamentada, virtualmente al sujeto en cuanto momento del conocimiento. La de Kierkegaard contra la filosofía era también la protesta contra la consciencia reificada, en la que, según decía, la subjetividad se
había extinguido: defendía de la filosofía incluso el interés de ésta. Esto
se repite anacrónicamente en las escuelas existencialistas francesas. La
subjetividad, entretanto realmente desvigorizada e interiormente debilitada, es aislada y –complementariamente a la hipóstasis heideggeriana de su polo opuesto, el ser– hipostasiada. La disociación del sujeto, lo mismo que la del ser, desemboca, de manera palmaria en el
Sartre de *L'être et le néant*, en la ilusión de la inmediatez de lo mediado. El ser está tan mediado por el concepto, y, por tanto, por el sujeto,
como a la inversa, el sujeto está mediado por el mundo en que vive,
como impotente y meramente interior es también su decisión. Tal impotencia hace que la no-esencia cósica triunfe sobre el sujeto. El concepto de existencia sedujo a muchos como arranque de la filosofía porque parecía reunir lo divergente: la reflexión sobre el sujeto que
constituye a todo conocimiento y, por tanto, a todo ente, y la individuación concreta, inmediata a todo sujeto singular, de la experiencia
de éste. La divergencia entre ambas irritaba al planteamiento subjetivo en su conjunto: al sujeto constitutivo se le podía reprochar que fuera meramente extraído de lo empírico y por tanto incapaz de funda-

mentarlo a él y a cualquier ser-ahí empírico; al individuo, que fuera un fragmento contingente del mundo y careciera de la necesidad esencial de la que ha menester para abarcar y, en la medida de lo posible, fundar el ente. La existencia o, en la jerga demagógica, el hombre, parece tanto universal, la esencia común a todos los hombres, como específico, en la medida en que esto universal no puede ser representado, ni siquiera sólo pensado, de otro modo que en su particularización, la individualidad determinada. Antes de toda crítica del conocimiento, sin embargo, en la más simple meditación sobre el concepto hombre, este eureka pierde, *in intentione recta,* su evidencia. Lo que es el hombre no se puede indicar. El de hoy es función, no-libre, regresa detrás de todo lo que se le asigna como invariante, excepción hecha de la desamparada indigencia en que no pocas antropologías se regocijan. Las mutilaciones que desde hace milenios se le han infligido las arrastra consigo como herencia social. Si la esencia del hombre se descifrase a partir de su constitución actual, eso sabotearía su posibilidad. Apenas serviría ya una llamada antropología histórica. Incluiría ciertamente la evolución y los condicionantes, pero se los atribuiría a los sujetos haciendo abstracción de la deshumanización que ha hecho de ellos lo que son y que sigue siendo tolerada en nombre de una *qualitas humana*. Cuanto más concreta aparece, tanto más engañosa deviene la antropología, indiferente con respecto a lo que en el hombre en absoluto se fundamenta en él en cuanto el sujeto, sino en el proceso de desubjetivación que desde tiempos inmemoriales ha corrido en paralelo con la formación histórica del sujeto. La tesis de la antropología oportunista según la cual el hombre es abierto –rara vez le falta la maligna mirada de reojo al animal– está vacía; su propia indeterminidad, su bancarrota, la hacen pasar por algo determinado y positivo. La existencia es un momento, no el todo contra el que fue inventada y del que, separada, acaparó la irredimible pretensión del todo en sí en cuanto se estilizó como filosofía. Que no se pueda decir lo que el hombre es no es una antropología particularmente sublime, sino un *veto* a cualquiera de ellas.

Mientras que, nominalistamente, se vale de la existencia contra la esencia, como arma de la teología contra la metafísica, Kierkegaard provee inmediatamente de dotación de sentido a la existencia, al individuo, ya según el dogma de la semejanza a Dios de la persona. Polemiza contra la ontología, pero el ente, en cuanto ser-ahí «ese individuo», absorbe sus atributos. De modo no muy diferente a las reflexiones iniciales de *La enfermedad mortal,* es caracterizada también la existencia en *Ser y tiempo*; el título legal de la ontologización de ésta es la «transparencia» kierkegaardiana del sujeto, la consciencia: «Al ser mismo, con respecto al cual el ser-ahí puede comportarse de tal o cual manera y siempre se comporta de alguna manera, lo llamamos existencia»[19], o literalmente: «En razón de su determinidad existencial, el ser-ahí es en sí mismo "ontológico"»[20]. El concepto de subjetividad no tornasola menos que el de ser y cabe por tanto sintonizarlo con éste como se quiera. Su plurivocidad permite equiparar el ser-ahí a un modo de ser del ser y despachar la diferencia ontológica por medio del análisis. Al ser-ahí se le llama entonces óntico en virtud de su individuación espacio-temporal, ontológico en cuanto logos. Lo que es dudoso en la inferencia heideggeriana del ser-ahí al ser es ese «al mismo tiempo» que el discurso heideggeriano de la «múltiple prelación» del «ser-ahí» «sobre todo otro ente» implica. Puesto que el sujeto está determinado por la consciencia, aquello a lo que la consciencia se adhiere indisociablemente no es también en él totalmente consciencia, transparente, «ontológico». Ningún algo, sólo frases, podrían en general ser ontológicas. El individuo que tiene consciencia y cuya consciencia no sería sin él resulta espacio-temporal, facticidad, ente; no ser. En el ser hay sujeto, pues es concepto, no inmediatamente dado: pero en el sujeto hay consciencia humana singular y por tanto algo óntico. Que este ente pueda pensar no basta para despojarlo de su determinación en cuanto de un ente, como si él fuese inmediatamente esencial. Precisamente no «en sí mismo» es «ontológico», pues esta mismidad postula eso óntico que la doctrina de la prelación ontológica elimina de sí.

Pero a crítica se presta no meramente el hecho de que el concepto ontológico de existencia extirpe lo no-conceptual al elevarlo a su concepto, sino igualmente la relevancia que con ello cobra el momento no-conceptual. El nominalismo, una de las raíces de la filosofía existencial del protestante Kierkegaard, procuró a la ontología heideggeriana la fuerza de atracción de lo no-especulativo. Lo mismo que en el concepto de existencia lo existente es falsamente conceptualizado, así complementariamente a lo existente se le atribuye una prelación sobre el concepto de la que luego se vuelve a aprovechar el concepto ontológico de existencia. Si el individuo es apariencia socialmente mediada, también lo es su forma de reflexión epistemológica. Por qué la consciencia individual del que habla, que ya en la partícula «mi» presupone una universalidad lingüística que él niega por la primacía de su particularización, debe ser anterior a cualquier otra es inescrutable; lo contingente que lo obliga a comenzar con su conciencia, en la cual está enraizado de una vez por todas, se le convierte en fundamento de la necesidad. Con ello, como Hegel no tardó en reconocer, lo que está implícito en la limitación al «mi» a priori es la referencia a eso otro que por ello debe ser excluido. La sociedad es antes que el sujeto. El hecho de que éste se tenga por ente anterior a la sociedad es su error necesario y dice algo meramente negativo sobre la sociedad. En el «mi» la relación de propiedad se ha perpetuado lingüísticamente, se ha convertido casi en forma lógica. Sin el momento de lo universal al que el mi alude al distinguirse de él, el puro τόδε es tan abstracto como lo universal que es acusado de vacío y nulo por el τόδε τι aislado. El personalismo filosófico de Kierkegaard, acaso también su destilación buberiana, venteaba en el nominalismo la oportunidad latente de la metafísica; una Ilustración consecuente devuelve sin embargo a la mitología en el punto en que absolutiza el nominalismo en lugar de penetrar, dialéctica, también su tesis; allí donde, en la fe en un dato último, interrumpe la reflexión. Tal interrupción de la reflexión, el orgullo positivista por la propia ingenuidad, no es nada distinto de la autoconservación irreflexiva convertida en concepto terco.

El concepto de lo existencial, al que Heidegger prefiere el existencial ya ontologizado que es el ser-ahí *qua* ser, está dominado por la idea de que la medida de la verdad no es su objetividad, sea de la índole que sea, sino el puro ser así y comportarse así de quien piensa. La razón subjetiva de los positivistas es ennoblecida al despojarla de su momento racional. En esto Jaspers sigue a Kierkegaard sin ambages; el objetivismo de Heidegger difícilmente suscribiría, por cierto, la proposición de que la subjetividad es la verdad; esto es, no obstante, lo que resuena en el análisis de los existenciales en *Ser y tiempo*. A su popularidad en Alemania contribuye que el gesto radical y el tono pastoral se combinen con una ideología, dirigida a la persona, de lo nuclear y lo auténtico, cualidades que los individuos, en el espíritu de privilegio, se reservan para sí mismos con taimado candor. Si, por su esencia, descrita como funcional por Kant, la subjetividad disuelve las sólidas sustancias preordenadas, su afirmación ontológica mitiga la angustia ante ello. La subjetividad, el concepto de función κατ᾽ἐξοχήν, se convierte en lo absolutamente sólido, tal como por lo demás ya se había establecido en la doctrina kantiana de la unidad trascendental. Pero la verdad, la constelación de sujeto y objeto en la cual ambos se compenetran, cabe reducirla a la subjetividad tan poco como, a la inversa, a ese ser cuya relación dialéctica con la subjetividad Heidegger trata de borrar. Lo que en el sujeto es verdadero se despliega en la referencia a lo que no es él mismo, de ningún modo mediante la afirmación jactanciosa de su ser-así. Que Hegel lo supiera fastidia a las escuelas de la repristinación. Si la verdad fuera efectivamente la subjetividad, si el pensamiento no fuera nada más que repetición del sujeto, el pensamiento sería nulo. La elevación existencial del sujeto elimina por amor a éste lo que podría revelársele. Con ello se entrega al relativismo, al cual se cree superior, y rebaja al sujeto a su contingencia opaca. Tal existencialismo irracional saca pecho y azuza contra los intelectuales al reconocerse como también uno de ellos: «Pero el filósofo arriesga el palabreo en el que no hay ninguna distinción objetiva entre un hablar auténtico de origen filosofante y una intelectualidad vacía. Mientras que en cuanto investigador tiene siempre criterios de validez universal para sus resultados y su satisfacción en la ineluctabilidad de su validez, en cuanto filósofo el hombre para la distinción entre el hablar vacío y el que despierta a la existencia sólo tiene el siempre subjetivo criterio de su propio ser. Por eso el *ethos* de la actividad teórica es radicalmente distinto en las ciencias y en la filosofía»[21]. Despojada de lo otro a sí en que se enajena, la existencia, que de este modo se proclama criterio del pensamiento, otorga autoritariamente a sus meros decretos la validez que en la praxis política otorga el dictador a la concepción del mundo de turno. La reducción del pensamiento a los pensantes detiene su progreso, en el cual solamente se convertiría en pensamiento y en el cual únicamente viviría la subjetividad. Ésta, en cuanto el suelo apisonado de la verdad, se reifica. Todo esto era ya audible en el sonido de la anticuada palabra personalidad. El pensar hace de sí lo que el pensante es ya de antemano, tautología, una forma de la consciencia regresiva. En lugar de esto, el potencial utópico del pensamiento sería que éste, mediado por la razón incorporada en los sujetos singulares, atravesara la limitación de los que piensan así. Su mejor fuerza es sobrevolar a los pensantes débiles y falibles. A ésta la paraliza –desde Kierkegaard con fines oscurantistas– el concepto existencial de verdad, la estupidez se propaga como fuerza que lleva a la verdad; por eso en todos los países el culto de la existencia florece en provincias.

Hace tiempo que la ontología ha casado la oposición del concepto de existencia al idealismo. El ente, que otrora debía dar testimonio contra la consagración de la idea hecha por hombres, ha sido provisto con la mucho más ambiciosa consagración del ser mismo. Su éter lo ennoblece de antemano frente a las condiciones de la existencia material a las que el Kierkegaard del «instante» se refería cuando confrontaba la idea con la existencia. Mediante la absorción del concepto de existencia en el ser, es más, ya mediante su preparación filosófica como concepto universal susceptible de discusión, se escamotea a su vez la historia, que en Kierkegaard, el cual no menospreciaba a los hegelianos de izquierdas, había irrumpido en la especulación bajo el *signum* teológico del paradójico contacto entre el tiempo y la eternidad. La ambivalencia de la doctrina del ser: tratar del ser y al mismo tiempo ontologizarlo, desposeerlo por tanto de todo lo no-conceptual en él mediante el recurso a su *characteristica formalis*, determina también su relación con la historia*. De una parte, mediante su transposición en el existencial se aleja de la historicidad la sal de lo histórico, la pretensión de toda *prima philosophia* a una doctrina de las invariantes se extiende a lo que varía: la historicidad detiene la historia en lo no-histórico, sin preocuparse de las condiciones históricas a las que subyacen la conexión interna y la constelación de sujeto y objeto**. Esto permite luego el veredicto sobre la sociología. Ésta, como antes la psicología en Husserl, se deforma en la cosa misma de una relativización exterior que

---

* «Sólo un ente que en su ser es esencialmente venidero, de tal manera que, libre para su muerte estrellándose contra ella, puede dejarse arrojar retroactivamente sobre su ahí fáctico, es decir, sólo un ente que en cuanto venidero ha sido igualmente originario, puede, transmitiéndose a sí mismo la posibilidad heredada, asumir su propia yección y ser instantáneamente para "su tiempo". Sólo la auténtica temporalidad, que es al mismo tiempo finita, hace posible algo como un destino, es decir, una auténtica historicidad» (Heidegger, *Sein und Zeit*, cit., p. 385 [ed. cast.: *El ser y el tiempo*, cit., pp. 415 ss.]).

** Por su forma lingüística a la ontología fundamental cabe imputarle un momento histórico y social que por su parte no cabría reducir a la pura *essentia* de la historicidad. Los relativos a la crítica del lenguaje en la *Jerga de la autenticidad* son por tanto hallazgos contra el contenido filosófico. La arbitrariedad que Heidegger arrastra consigo en el concepto de proyecto, herencia inmediata de la fenomenología desde su transición a una disciplina material, se hace flagrante en los resultados: las determinaciones específicas de ser-ahí y existencia en Heidegger, lo que él atribuye a la *condition humaine*

perjudica al trabajo probo del pensamiento; como si lo que se acumula en el núcleo de todo lo que cabe conocer no fuera historia real; como si todo conocimiento que se resiste en serio a la reificación no pusiera las cosas petrificadas en flujo, no percibiera justamente por ello en éstas la historia. Por otra parte, la ontologización de la historia permite de nuevo atribuir el poderío del ser al poder histórico no considerado y así justificar la subordinación a las situaciones históricas como si la urgiera el ser mismo. Karl Löwith ha puesto de relieve este aspecto de la visión heideggeriana de la historia[*]. El hecho de que según el caso la historia puede ser ignorada o divinizada es una consecuencia política que se puede extraer de la filosofía del ser. El tiempo mismo, y con él la caducidad, es igualmente absolutizado y transfigurado como eterno por los proyectos de la ontología existencial. El concepto de existencia, en cuanto el de la esencialidad de la caducidad, la temporalidad de lo temporal, mantiene lejos a la existencia al nombrarla. Una vez se la trata como título de un problema fenomenológico, ya está integrada. Éstas son las consolaciones más recientes de la filosofía, del mismo cuño que el eufemismo mítico; fe falsamente resucitada en que

---

y considera como clave de una verdadera doctrina del ser, no son rigurosas, como él pretende, sino deformadas por algo contingentemente privado. El falso tono lo tapa y precisamente por ello lo confiesa.

[*] «Las comillas que Heidegger pone a "su tiempo" en la cita supra deben presumiblemente aludir al hecho de que no se trata de un "compromiso" arbitrario con un hoy contemporáneo que se impone momentáneamente, sino del tiempo decisivo de un auténtico instante cuyo carácter decisivo resulta de la distinción entre tiempo e historia vulgares y existenciales. Pero ¿cómo se puede distinguir nítidamente en un caso dado si el tiempo de la decisión es un instante "originario" o sólo un "hoy" intruso en el curso y transcurso de un acontecer cósmico? La resolución que no sabe a qué se ha resuelto no da ninguna respuesta a eso. Más de una vez ha sucedido ya que personas muy resueltas se comprometen con una causa que tenía la pretensión de ser fatal y decisiva y que sin embargo era vulgar y no digna del sacrificio. ¿Cómo se ha en general de poder trazar dentro de un pensar absolutamente histórico el límite entre el acontecer "auténtico" y lo que acontece "vulgarmente", y distinguir nítidamente entre el destino autoelegido y los sinos no elegidos que golpean al hombre y lo inducen a una elección y decisión momentáneas? ¿Y no se ha vengado suficientemente la historia vulgar del desprecio de Heidegger hacia lo meramente presente hoy, al inducirlo en un instante vulgarmente decisivo a asumir bajo Hitler la dirección de la Universidad de Friburgo y traducir su resuelto ser-ahí más propio en un "ser-ahí alemán" para poner en práctica la teoría ontológica de la historicidad existencial en el suelo óntico del acontecer realmente histórico, es decir, político?» (Karl LÖWITH, *Heidegger, Denker in dürftiger Zeit [Heidegger, pensador en una época de indigencia]*, Fráncfort del Meno, 1953, p. 49).

el hechizo de la naturaleza se rompería remedándolo propiciatoriamente. El pensar existencial se mete en la caverna de la mímesis anterior. Al hacerlo condesciende, no obstante, al prejuicio más nefasto de la historia de la filosofía despedida por él como empleado superfluo, el platónico de que el bien tiene que ser lo imperecedero, con lo cual no se dice más que en la guerra permanente los en cada caso más fuertes tendrían razón. Sin embargo, si la pedagogía de Platón cultivaba las virtudes guerreras, éstas, según el diálogo *Gorgias*, tenían que rendir cuentas ante la idea de justicia, la suprema. Pero en el oscurecido cielo de la doctrina existencial no brilla ya ninguna estrella. La existencia es santificada sin lo que santifica. De la idea eterna en la que el ente debía participar o por la que debía ser condicionado no queda más que la afirmación nuda de lo que de todos modos es: aprobación del poder.

Segunda parte

DIALÉCTICA NEGATIVA
CONCEPTO Y CATEGORÍAS

Ningún ser sin ente. El algo en cuanto sustrato cogitativamente necesario del concepto, incluido el del ser, es la abstracción extrema, pero que ningún proceso ulterior de pensamiento elimina, de lo cosal no idéntico con el pensar: la lógica formal no se puede pensar sin el algo. No cabe purgarla de su rudimento metalógico*. Que mediante la forma del «en general» el pensamiento pueda sacudirse lo cosal, la suposición de la forma absoluta, es ilusorio. La experiencia de contenido de lo cosal es constitutiva de la forma de lo cosal en general. Correlativamente, tampoco en el subjetivo polo opuesto el concepto puro, función del pensar, puede segregar radicalmente del yo que es. El πρῶτον ψεῦδος del idealismo desde Fichte era que en el movimiento de la abstracción uno se libra de aquello de lo que se abstrae. Es eliminado del pensamiento, lo destierra del reino autóctono de éste, no aniquilado en sí; la fe en ello es mágica. Pensar contradiría ya a su propio concepto sin lo pensado y esto pensado se refiere anticipadamente al ente, tal como sin embargo éste debe ser primero puesto por el pensar absoluto: un simple ὕστερον πρότερον. Para la lógica de la no-

---

* En la primera nota a la primera tríada de la *Lógica*, Hegel se niega a comenzar por el algo en lugar de por el ser (cfr. Hegel, *WW* 4, cit. [ed. cast.: p. 89]; también p. 80 [ed. cast.: *Ciencia de la lógica*, cit., pp. 78 y 68]). Con ello prejuzga toda la obra, que quiere exponer la primacía del sujeto, en el sentido de éste, idealistamente. Difícilmente discurriría en él la dialéctica de otro modo si, como correspondería al rasgo fundamentalmente aristotélico de la obra, partiera del algo abstracto. La representación de un tal algo por antonomasia quizá atestiguaría más tolerancia frente a lo no-idéntico que la del ser, pero es apenas menos mediada. Tampoco cabría quedarse en el concepto del algo, su análisis debería seguir avanzando en la dirección de lo que él piensa: la de lo no-conceptual. Sin embargo, en el arranque de la *Lógica* Hegel no puede soportar siquiera el mínimo vestigio de no-identidad que la palabra «algo» recuerda.

contradicción resultaría escandaloso; sólo la dialéctica puede concebirlo en la autocrítica del concepto. Ésta la provoca objetivamente el
contenido de lo ventilado en la crítica de la razón, la teoría del conocimiento, y por tanto sobrevive a la decadencia del idealismo, que en
ella culminó. El pensamiento conduce al momento del idealismo que
es contrario a éste; no le deja volatilizarse de nuevo en los pensamientos. La concepción kantiana aún permitía dicotomías como la de forma y contenido, sujeto y objeto, sin que la mediatidad de los pares
opuestos la desconcertara; no advertía la esencia dialéctica de éstas,
la contradicción como la implicación de su sentido. El maestro de Heidegger, Husserl, fue el primero que agudizó hasta tal punto la idea de
apriolidad que, contra su voluntad lo mismo que contra la de Heidegger,
la dialéctica de la πρώτη φιλοσοφία cabía extraerla de su propia pretensión[1]. Pero, una vez se ha hecho inevitable, la dialéctica no puede, como la ontología y la filosofía trascendental, obstinarse en su
principio, ser mantenida como una estructura, por más que modificada, sustentante. La crítica de la ontología no quiere desembocar en
otra ontología, ni siquiera de lo no-ontológico. De lo contrario meramente se pondría otra cosa como lo absolutamente primero; esta vez
no la identidad absoluta, el ser, el concepto, sino lo no-idéntico, el
ente, la facticidad. Con ello hipostasiaría el concepto de lo no-conceptual y obraría contra lo que éste significa. La filosofía fundamental, la πρώτη φιλοσοφία, comporta necesariamente la primacía del
concepto; lo que se niega a ella, abandona también la forma de un filosofar presuntamente desde el fundamento. La filosofía pudo sose-
garse con el pensamiento de la apercepción trascendental o incluso
del ser mientras esos conceptos no fueron idénticos con el pensar que
los piensa. Si tal identidad se deroga por principio, ésta arrastra en su
caída la tranquilidad del concepto en cuanto algo último. Puesto que
el carácter fundamental de todo concepto universal se desvanece ante
el ente determinado, la filosofía no puede seguir teniendo puestas sus
esperanzas en la totalidad.

En la *Crítica de la razón pura* la sensación ocupa en cuanto el algo
el lugar de lo indeleblemente óntico. La sensación, sin embargo, no
tiene nada de la prelación de la dignidad cognoscitiva sobre cualquier
otro ente real. Su «mi», contingente para un análisis trascendental y
ligado a condiciones ónticas, es tomado erróneamente por la experiencia encerrada en su jerarquía de la reflexión, que es la más próxi-

ma para sí misma, lo toma erróneamente por una pretensión legal; como si lo que para cualquier consciencia humana singular es presuntamente lo último fuera en sí algo último, sin que ninguna otra consciencia humana singular, limitada a sí misma, pudiera reclamar para sus sensaciones el mismo privilegio. Sin embargo, si, para funcionar, por tanto, para juzgar válidamente, la forma, el sujeto trascendental, debe necesitar estrictamente de la sensación, estaría, cuasiontológicamente, atada no sólo a la apercepción pura, sino, igualmente, a su polo opuesto, a su materia. Esto tendría que socavar toda la doctrina de la constitución subjetiva a la que, según Kant, la materia no es reductible. Pero con ello se hundiría también la idea de algo inalterable, igual a sí mismo. Ésta se deriva del dominio del concepto que quería ser constante frente a sus contenidos, justamente la «materia» y, por tanto, se cegaba a ésta. Las sensaciones, la materia kantiana sin la cual las formas no se podrían siquiera representar, que en consecuencia son también por su parte condiciones de posibilidad del conocimiento, tienen el carácter de lo efímero. Lo no-conceptual, inalienable del concepto, desmiente el ser-en-sí de éste y lo cambia. El concepto de lo no-conceptual no puede permanecer cabe sí la teoría del conocimiento; ésta obliga a la filosofía a la cosalidad. Siempre que se ha apoderado de ésta, ha asumido aquello como su objeto junto con lo históricamente existente, no por primera vez en Schelling y Hegel, sino *contrecoeur* ya en Platón, que bautizó lo existente como lo no-existente y no obstante escribió una doctrina del Estado en la que las ideas eternas se codean con determinaciones empíricas como el canje de equivalentes y la división del trabajo. Hoy en día se ha enromado académicamente la distinción entre una filosofía regular, oficial, que tiene que ver con los conceptos más elevados aun cuando éstos nieguen su conceptualidad, y una relación con la sociedad meramente genética, extrafilosófica, cuyos desacreditados prototipos son la sociología del saber y la crítica de la ideología. La distinción es tan desatinada como sospechosa, por su parte, la necesidad de filosofía regular. Una filosofía que tardíamente teme por su pureza no meramente se aparta de todo aquello en lo que otrora tuvo su sustancia, sino que el análisis filosófico da inmanentemente, en el interior de los conceptos presuntamente puros y del contenido de verdad de éstos, con eso óntico que horroriza a la pretensión de pureza y que, temblando en su soberbia, cede a las ciencias particulares. El mínimo residuo óntico en los conceptos con los que la filosofía regular se afana en vano, obliga a ésta a incluir en su reflexión el ente-ahí mismo, en lugar de contentarse con su mero contenido y de fingirse allí a cubierto de lo que éste significa. El pensamiento filosófico no tiene como contenido ni restos tras la supresión del espacio y del tiempo, ni hallazgos generales sobre lo espacio-temporal. Cristaliza en lo particular, en lo determinado en el espacio y el tiempo. El concepto de ente sin más no es otra cosa que la sombra del falso concepto de ser.

Donde se enseña algo absolutamente primero, siempre se habla, como de un correlato conforme a sentido, de algo inferior, absolutamente heterogéneo con respecto a él; la *prima philosophia* y el dualismo van juntos. Para escapar a ello la ontología fundamental debe tratar de mantener lo para ella primero lejos de la determinación. A lo primero en Kant, la unidad sintética de la apercepción, no le fue mejor. Para él cualquier determinación del objeto es una inversión de la subjetividad en la multiplicidad desprovista de cualidades, sin tener en cuenta que los actos determinantes, que para él pasan por logros espontáneos de la lógica trascendental, se constituyen conforme a un momento que ellos mismos no son; que sólo se puede sintetizar aquello que por sí lo permite y exige. La determinación activa no es nada puramente subjetivo, y por eso sí vano el triunfo del sujeto soberano que ahí prescribe a la naturaleza las leyes. Pero puesto que en verdad sujeto y objeto no se enfrentan firmemente como en el diagrama kantiano, sino que se penetran recíprocamente, la degradación de la cosa a algo caóticamente abstracto por parte de Kant afecta también a la fuerza que debe formarlo. El hechizo que ejerce el sujeto se convierte en idéntico hechizo sobre el sujeto; la furia hegeliana del desaparecer persigue a ambos. El sujeto se agota y empobrece en el empeño categorial; para poder determinar, articular lo que está frente a él de modo que se convierta en objeto kantiano, por amor de la validez objetiva de esas determinaciones tiene que desleírse en una mera universalidad, no amputar menos de sí mismo que del objeto de conocimiento, a fin de que éste, conforme al programa, se reduzca a su concepto. El sujeto objetivante se contrae al punto de la razón abstracta, en último término a la no-contradicción, que por su parte no tiene ningún sentido independientemente del objeto determinado. Lo absolutamente primero resulta necesariamente tan indeterminado como su opuesto: la unidad de lo abstractamente antitético no se revela a ninguna indagación en un antecedente concreto. La estructura rígidamente dicotómica se desintegra más bien en virtud de las determinaciones de cada uno de los polos en cuanto momento de su propia contrapartida. El dualismo es anterior al pensamiento filosófico y tan inevitable como se convierte en falso en el proceso del pensar. La mediación no es sino la expresión general, ella misma insuficiente, para esto. – No obstante, si la pretensión del sujeto de ser lo primero que a cencerros tapados la ontología sigue inspirando se anula, entonces tampoco lo secundario según el esquema de la filosofía tradicional sigue siendo secundario, subordinado en el doble sentido. Su menosprecio era el reverso de la trivialidad de que todo ente es coloreado por el observador, su grupo o género. En verdad el conocimiento del momento de la mediación subjetiva en lo objetivo implica la crítica de la representación de un atisbo del puro en sí que, olvidada, acecha detrás de esa trivialidad. La metafísica occidental ha sido, salvo entre los herejes, metafísica a través de una mirilla. El sujeto –él mismo sólo un momento limitado– fue encerrado por ella en su sí mismo para toda la eternidad, en castigo por su divinización. Como a través de las aspilleras de una torre, mira a un cielo negro en el que sale la estrella de la idea o del ser. Precisamente el muro en torno al sujeto proyecta sobre todo lo que éste conjura la sombra de lo cosificado que la filosofía subjetiva luego vuelve a combatir impotente. Sea lo que sea lo que de experiencia comporte la palabra «ser», sólo es expresable en configuraciones del ente, no mediante la alergia a él; de lo contrario el contenido de la filosofía se convierte en el pobre resultado de un proceso de sustracción, análogamente a como otrora la certeza cartesiana del sujeto, de la sustancia pensante. No se puede mirar afuera. Lo que estaría más allá sólo aparece en los materiales y categorías interiores. Así se discernirían la verdad y la no-verdad de la filosofía kantiana. Verdadera lo es en la medida en que destruye la ilusión del saber inmediato de lo absoluto; no-verdadera en la medida en que describe esto absoluto con un modelo que correspondería a una consciencia inmediata, siquiera fuera el *intellectus archetypus*. La demostración de esta no-verdad es la verdad del idealismo poskantiano; pero éste es a su vez no-verdadero porque equipara la verdad subjetivamente mediada al sujeto en sí, como si el puro concepto de éste fuera el ser mismo.

Semejantes reflexiones producen la apariencia de paradoja: que la subjetividad, el pensar mismo, no cabe explicarla por sí, sino a partir de lo fáctico, sobre todo de la sociedad; pero que la objetividad del conocimiento no existe sin el pensar, la subjetividad. Tal paradoja surge en la norma cartesiana de que la explicación tiene que fundamentar lo posterior, al menos lo lógicamente posterior, a partir de lo anterior. La norma ya no es perentoria. Según el criterio de ésta, el hecho dialéctico sería la *simple* contradicción lógica. Pero el hecho no cabe explicarlo por un esquema de orden jerárquico aplicado desde fuera. Si no, la tentativa de explicación presupone la explicación que primero debe encontrar; supone la no-contradicción, principio subjetivo del pensamiento, como inherente a lo que se ha de pensar, el objeto. Desde cierto punto de vista, la lógica dialéctica es más positivista que el positivismo que desprecia: respeta, en cuanto pensamiento, lo que se ha de pensar, el objeto, incluso allí donde éste no se somete a las reglas del pensamiento. Su análisis no afecta a las reglas del pensamiento. El pensamiento no tiene necesidad de contentarse con su propia legalidad; es capaz de pensar contra sí mismo sin renunciar a sí; si una definición de dialéctica fuera posible, cabría proponer una como ésta. El cuadro de mandos del pensamiento no tiene que seguir adherido a él; éste llega lo bastante lejos como para calar incluso la totalidad de su pretensión lógica como obcecación. Lo aparentemente intolerable, que la subjetividad presuponga algo fáctico pero la objetividad al sujeto, sólo es intolerable para tal obcecación, la hipóstasis de la relación entre fundamento y consecuencia, del principio subjetivo al que la experiencia del objeto no se acomoda. La dialéctica es, en cuanto procedimiento filosófico, el intento de desenredar el nudo de la paradoja con el medio más antiguo de la Ilustración, la astucia. No por casualidad la paradoja es desde Kierkegaard la forma decadente de la dialéctica. La razón dialéctica sigue el impulso de trascender el contexto natural y su obcecación, la cual se continúa en la coerción subjetiva de las reglas lógicas, sin imponerle su dominio: sin sacrificio ni venganza. También su propia esencia es devenida y efímera, como la sociedad antagónica. Por supuesto, el antagonismo tiene tan poco su límite en la sociedad como el sufrimiento. Lo mismo que la dialéctica no se ha de extender a la naturaleza como principio universal de explicación, tampoco cabe erigir yuxtapuestas dos clases de verdad, la dialéctica interior a la sociedad y una indiferente a ésta. La separación, orientada por la división de las ciencias, entre ser social y extrasocial engaña sobre el hecho de que en la historia heterónoma se perpetúa el ciego crecimiento natural[2]. Nada saca del contexto dialéctico de la inmanencia más que él mismo. La dialéctica medita críticamente sobre él, refleja su propio movimiento; de lo contrario, la legitimidad de Kant contra Hegel seguiría incólume. Tal dialéctica es negativa. Su idea nombra la diferencia con respecto a Hegel. En éste identidad y positividad coincidían; la inclusión de todo lo no-idéntico y objetivo en la subjetividad ampliada y exaltada a espíritu absoluto debería llevar a cabo la reconciliación. Frente a esto, la fuerza del todo operante en toda determinación singular no es sólo la negación de ésta, sino ella misma también lo negativo, lo no-verdadero. La filosofía del sujeto absoluto, total, es particular*. La reversibilidad de la tesis de la identidad que es inherente a ésta opera contra su principio del espíritu. Si el ente puede deducirse totalmente del espíritu, éste se convierte, para su desgracia, en semejante al ente al que pretende contradecir; de lo contrario, espíritu y ente no coincidirían. Es precisamente el insaciable principio de identidad el que perpetúa el antagonismo mediante la represión de lo contradictorio. Lo que no tolera nada que no sea como él mismo impide la reconciliación por la cual se toma. La violencia de la igualación reproduce la contradicción que extirpa.

Primero Karl Korsch, luego los funcionarios del Diamat, han objetado que el viraje hacia la no-identidad es, debido a su carácter in-

---

* En la historia de la filosofía moderna la palabra «identidad» ha tenido varios sentidos. Primero designó la unidad de la consciencia personal: que un yo se conserva como lo mismo en todas sus experiencias. Eso es lo que significaba el kantiano «"yo pienso" que debe poder acompañar a todas mis representaciones». Luego, de nuevo, la identidad debía ser lo legalmente igual en todo ser dotado de razón, el pensamiento en cuanto universalidad lógica; además, la igualdad consigo mismo de cada objeto del pensamiento, el simple A = A. Por último, epistemológicamente: que sujeto y objeto, por mediados que estén, coinciden. Los dos primeros estratos de significado no fueron de ningún modo estrictamente separados ni siquiera por Kant. Eso no es culpa de una terminología laxa. La identidad designa más bien el punto de indiferencia entre los momentos psicológico y lógico en el idealismo. En cuanto a la del pensamiento, la universalidad lógica está ligada a la identidad individual sin la cual no llegaría a producirse, pues de lo contrario nada pasado se mantendría en un presente, en general, por tanto, como algo igual. El recurso a ésta presupone a su vez la universalidad lógica, es un recurso del pensamiento. El «yo pienso» kantiano, el momento de unidad individual, siempre exige también lo universal supraindividual. El yo singular es uno sólo en virtud de la universalidad del principio de unidad numérica; la unidad de la consciencia misma, forma de la reflexión de la identidad lógica. Que una consciencia individual sea una se aplica sólo bajo el presupuesto lógico del tercio excluso: que no debe poder haber otro. En tal medida su singularidad, para ser sólo posible, es supraindividual. Ninguno de los dos momentos tiene prioridad con respecto al otro. Si no hubiese ninguna consciencia idéntica, ninguna identidad de la particularización, tampoco habría nada universal, ni viceversa. Así es como se legitima epistemológicamente la concepción dialéctica de lo particular y lo universal.

manentemente crítico y teórico, un matiz irrelevante del neohegelia-
nismo o de la izquierda hegeliana históricamente superada; como si la
crítica marxista de la filosofía dispensara de ésta, mientras que simultáneamente en el Este, con su celo cultural, no se puede renunciar a
una filosofía marxista. La exigencia de unidad entre praxis y teoría ha
degradado irresistiblemente a ésta al papel de criada; ha eliminado de
ella lo que ella tendría que haber aportado en esa unidad. El visado
práctico que se pide a toda teoría se ha convertido en el *nihil obstat* de
la censura. Pero, cuando en la famosa teoría-praxis la primera sucum-
bió, la segunda se vio desprovista de concepto, se convirtió en una parte de la política más allá de la cual debía conducir; quedó a merced
del poder. La liquidación de la teoría a manos de la dogmatización y
la prohibición de pensar contribuyó a la mala praxis; que la teoría re-
cupere su independencia constituye el interés de la misma praxis. La
relación entre ambos momentos no está decidida de una vez por todas, sino que cambia históricamente. Hoy, cuando el trajín que todo
lo domina paraliza y difama la teoría, por su mera existencia la teoría,
con toda su impotencia, atestigua contra él. Por eso es legítima y odiada; sin ella, la praxis, que continuamente quiere transformar, no podría
ser transformada. Quien tilda a la teoría de anacrónica obedece al topos de suprimir como anticuado lo que sigue doliendo como fracaso.
Por eso precisamente es endosado el curso del mundo, no condescen-
der al cual es la única idea de la teoría y que no la afecta teóricamente
aun cuando, positivistamente o por decreto, consiga su eliminación. La
furia que acompaña al recuerdo de una teoría con peso específico no
está por lo demás muy lejos del raquitismo de los hábitos intelectuales
en el lado occidental. El miedo a la epigonalidad y al olor a escuela que
desprende toda repetición de motivos codificados por la historia de la
filosofía induce a las instituciones escolásticas a anunciarse como lo nunca visto todavía. Precisamente eso refuerza la fatal continuidad de lo ya
visto. Pero tan dudoso es un procedimiento que se aferra a las vivencias originarias con tanta más fuerza cuanto más prontamente le entrega
sus categorías el mecanismo social, como poco cabe equiparar los pensamientos a aquello de lo que derivan; esta costumbre es, precisamente,
propia de la filosofía del origen. Quien se defiende contra el olvido –contra el histórico, por supuesto, no, como Heidegger, contra el del ser y,
por tanto, extrahistórico–; contra el sacrificio por todas partes reclamado
de la libertad de consciencia una vez alcanzada, no aboga por una res-

tauración en la historia del espíritu. El hecho de que la historia haya pasado por encima de ciertas posiciones sólo lo respetan como juicio sobre el contenido de verdad de éstas aquellos para quienes la historia significa el juicio universal. Muchas veces, lo desechado pero teóricamente no absorbido sólo posteriormente rinde su contenido de verdad. Se convierte en el absceso de la salud dominante; esto vuelve a llamar la atención en situaciones nuevas. Lo que en Hegel y Marx resultaba teóricamente insuficiente se transmitió a la praxis histórica; por eso se ha de reflexionar teóricamente de nuevo, en lugar de que el pensamiento se pliegue irracionalmente a la primacía de la praxis; ella misma era un concepto eminentemente teórico.

La desvinculación de Hegel se hace palpable en una contradicción que afecta al todo, que no se zanja programáticamente como particular. Crítico de la separación kantiana de forma y contenido, Hegel quería una filosofía sin forma separable, sin método manejable independientemente de la cosa, y sin embargo se comportó metódicamente. De hecho, la dialéctica no es ni método sólo ni algo real en sentido ingenuo. No es un método, pues la cosa irreconciliada, que carece precisamente de esa identidad subrogada por el pensamiento, está llena de contradicciones y se cierra a cualquier intento de interpretarla unánimemente. Ella, no el impulso del pensamiento a la organización, da lugar a la dialéctica. No es algo simplemente real, pues la contradictoriedad es una categoría de la reflexión, la confrontación de concepto y cosa en el pensamiento. La dialéctica en cuanto procedimiento significa pensar en contradicciones por mor de y contra la contradicción otrora experimentada en la cosa. Una contradicción en la realidad es una contradicción contra ésta. Pero tal dialéctica ya no se puede conciliar con Hegel. Su movimiento no tiende a la identidad en la diferencia entre cada objeto y su concepto; más bien sospecha de lo idéntico. La suya es una lógica de la desintegración: de la figura aprestada y objetualizada de los conceptos que en principio el sujeto cognoscente tiene inmediatamente ante sí. Su identidad con el sujeto es la no-verdad. Con ella la preformación subjetiva del fenómeno se sitúa ante lo no-idéntico en éste, ante el *individuum ineffabile*. La suma de las determinaciones idénticas correspondía al desiderátum de la filosofía tradicional, la estructura apriórica y su forma arcaizante tardía, la ontología. Pero esta estructura es, ante cualquier contenido específico, en cuanto algo abstractamente establecido, negativa en el sentido más simple, espíritu devenido coacción. El poder de esa negatividad impera realmente hasta hoy. Lo que sería distinto aún no ha comenzado. Lo cual afecta a todas las determinaciones singulares. Cualquiera que aparezca desprovista de contradicciones se revela tan llena de contradicciones como los modelos ontológicos de ser y existencia. A la filosofía no cabe exigirle nada positivo que sea idéntico con la construcción de ésta. En el proceso de desmitologización, la positividad tiene que ser negada hasta en la razón instrumental que se encarga de la desmitologización. La idea de reconciliación impide su establecimiento positivo en el concepto. Sin embargo, la crítica del idealismo no desecha lo que de discernimiento fue otrora adquirido por la construcción a partir del concepto y lo que de energía obtuvo del método la conducción de los conceptos. El círculo mágico del idealismo sólo lo trasciende lo que todavía está inscrito en su figura, lo que lo llama por su nombre tras el cumplimiento de su propio procedimiento deductivo, lo que en el compendio desplegado de la totalidad demuestra lo escindido, lo no-verdadero de ésta. La identidad pura es lo puesto por el sujeto, aportado por tanto desde fuera. De modo bastante paradójico, criticarla inmanentemente también significa por consiguiente criticarla desde fuera. El sujeto tiene que compensar a lo no-idéntico de lo que le ha hecho. Con ello precisamente se libera de la apariencia de su ser-para-sí absoluto. Ésta, por su parte, es producto del pensar identificador, el cual, cuanto más degrada una cosa a mero ejemplo de su especie o género, tanto más se figura tenerla como tal sin aportación subjetiva.

Al abismarse en lo en principio contrario a él, en el concepto, y darse cuenta de su carácter inmanentemente antinómico, el pensamiento se deja llevar por la idea de algo que estaría más allá de la contradicción. La oposición del pensamiento a lo a él heterogéneo se reproduce en el pensamiento mismo como la contradicción inmanente a éste. La crítica recíproca de lo universal y lo particular, actos identificadores que juzgan sobre si el concepto hace justicia a lo abordado y sobre si lo particular llena también su concepto, son el medio del pensamiento de la no-identidad entre lo particular y el concepto. Y no sólo el del pensamiento. Si ha de liberarse de la coacción de la que realmente se le hace objeto en la figura de la identificación, la humanidad tiene que lograr al mismo tiempo la identidad con su concepto. Todas las categorías relevantes participan de ella. El principio del canje, la reducción del trabajo humano al abstracto concepto universal del tiempo medio de trabajo, está originariamente emparentado con el principio de identificación. Su modelo social lo tiene en el canje, y no existiría sin éste; él hace conmensurables, idénticos, seres singulares y acciones no-idénticos. La extensión del principio reduce el mundo entero a algo idéntico, a una totalidad. Si, por el contrario, se negase abstractamente el principio; si se proclamase como ideal que, a mayor gloria de lo irreductiblemente cualitativo, ya no debe proceder paso a paso, eso sería buscar excusas para la recaída en la antigua injusticia. Pues el canje de equivalentes de antiguo consiste precisamente en el canje de lo desigual en su nombre, en la apropiación de la plusvalía del trabajo. Si simplemente se anulara la categoría métrica de la comparabilidad, en lugar de la racionalidad, la cual, por cierto que ideológicamente pero también como promesa, es inherente al principio del canje, aparecerían la apropiación inmediata, la violencia, hoy en día puro privilegio de monopolios y camarillas. La crítica del canje como el principio identificador del pensamiento quiere la realización del ideal del canje libre y justo, hasta hoy en día un mero pretexto. Sólo eso trascendería al canje. Si la teoría crítica lo ha desvelado como el de lo igual y sin embargo desigual, la crítica de la desigualdad en la igualdad aspira también a la igualdad, pese a todo el escepticismo respecto al rencor contenido en el ideal burgués de la igualdad, que no tolera nada cualitativamente diferente. Si no se retuviese ya a ningún hombre una parte de su trabajo vivo, se alcanzaría la identidad racional y la sociedad estaría más allá del pensamiento identificador. Esto se aproxima bastante a Hegel. La línea de demarcación con él difícilmente la trazan distinciones singulares; más bien la intención: si la consciencia quiere, teóricamente y con consecuencia práctica, afirmar y reforzar la identidad como lo último, lo absoluto, o la experimenta como el aparato universal de coacción, del cual también se necesita en último término para sustraerse a la coacción universal, tal como la libertad sólo puede realizarse mediante la coacción civilizadora, no como *retour à la nature*. A la totalidad hay que oponerse convenciéndola de la no-identidad consigo misma que ella niega según su propio concepto. La dialéctica negativa está por tanto ligada, como a su punto de partida, a las categorías supremas de la filosofía de la identidad. En tal medida resulta ella también falsa, partícipe de la lógica de la identidad, lo mismo que aquello contra lo que es pensada. Debe corregirse en su proceso crítico, que afecta a aquellos conceptos que ella trata según su forma, como si también para ella siguiesen siendo los primeros. Una cosa es que un pensamiento, cerrado por la necesidad de la forma de la que ninguno puede escapar, se ajuste por principio para negar inmanentemente la aspiración de la filosofía tradicional a una estructura cerrada, y otra que esa forma de la clausura la urja de por sí, haga de sí mismo lo primero según la intención. En el idealismo el principio sumamente formal de identidad tenía, gracias a su propia formalización, la afirmación como contenido. La terminología lo pone inocentemente al descubierto; a las frases predicativas simples se las llama afirmativas. La cópula dice: así es, y no de otra manera; el acto de síntesis que representa proclama que no debe ser de otra manera: de lo contrario no se consumaría. En toda síntesis opera la voluntad de identidad; ésta, en cuanto tarea a priori del pensamiento, inmanente a él, aparece positiva y deseable: el sustrato de la síntesis sería reconciliada por ésta con el yo y por tanto bueno. Lo cual entonces autoriza enseguida el desiderátum moral de que el sujeto debe plegarse a lo heterogéneo a él en virtud de la comprensión de hasta qué punto la cosa es la suya. La identidad es la protoforma de la ideología. Se la saborea como adecuación a la cosa en ella reprimida; la adecuación ha sido siempre también sujeción a objetivos de dominación, en este sentido su propia contradicción. Tras el esfuerzo indecible que tuvo que costarle al género humano erigir la primacía de la identidad incluso contra sí misma, ahora se alegra y disfruta de su victoria convirtiéndola en determinación de la cosa vencida: lo que le ocurrió a ésta tiene que presentarlo como su en-sí. La identidad debe su fuerza de resistencia contra la Ilustración a la complicidad con el pensamiento identificador: con el pensamiento en general. Éste muestra su lado ideológico no cumpliendo nunca el juramento de que el no-yo es en último término el yo; cuanto más se apodera de él el yo, tanto más completamente se encuentra el yo rebajado a objeto. La identidad se convierte en instancia de una doctrina de la acomodación en la que el objeto al que tiene que orientarse el sujeto devuelve a éste lo que el sujeto le infligió. Debe aceptar la razón contra su razón. Por eso la crítica de la ideología no es algo periférico e intracientífico, algo limitado al espíritu objetivo y los productos del subjetivo, sino filosóficamente central: crítica de la consciencia constitutiva misma.

La fuerza de la consciencia alcanza a su propio engaño. Es racionalmente recognoscible dónde la racionalidad desembridada, escapando a sí misma, deviene falsa, verdaderamente mitología. La ratio se invierte en irracionalidad en cuanto, en su necesario progreso, desconoce que la desaparición de su propio sustrato, por diluido que se encuentre, es su propio producto, obra de su abstracción. Cuando el pensar sigue inconscientemente la ley de su movimiento, se vuelve contra su sentido, lo pensado por el pensamiento, lo que pone freno a la fuga de las intenciones subjetivas. La imposición de su autarquía condena al pensar al vacío; al final éste se convierte, subjetivamente, en estupidez y primitivismo. La regresión de la consciencia es producto de su falta de autorreflexión. Ésta es capaz de calar incluso el principio de identidad, pero sin identificación no se puede pensar, toda determinación es identificación. Pero precisamente ella se aproxima también a lo que el objeto mismo es en cuanto algo no-idéntico: al acuñarlo quiere dejarse acuñar por él. En secreto, la no-identidad es el *telos* de la identificación, lo que en ella se ha de salvar; el defecto del pensamiento tradicional consiste en tomar la identidad por su objetivo. La fuerza que hace estallar la apariencia de identidad es la del pensamiento mismo: la aplicación de su «eso es» hace tambalearse su sin embargo imprescindible forma. El conocimiento de lo no-idéntico es también dialéctico porque precisamente él, más y de manera diferente al pensamiento de la identidad, identifica. Él quiere decir qué es algo, mientras que el pensamiento de la identidad dice bajo qué cae, de qué es ejemplar o representante, qué, por tanto, no es él mismo. El pensamiento de la identidad se aleja tanto más de la identidad de su objeto cuanto más desconsideradamente lo acosa. Con su crítica la identidad no desaparece; cambia cualitativamente. En ella viven elementos de la afinidad del objeto con su pensamiento. Es *hybris* que la identidad exista, que la cosa se corresponda con su concepto. Pero su ideal no habría simplemente que desecharlo: en el reproche de que la cosa no es idéntica a su concepto vive también el anhelo de éste de que pueda llegar a serlo. Así contiene la consciencia de la no-identidad identidad. Sin duda, su suposición es, hasta en la lógica formal, el momento ideológico en el puro pensamiento. Sin embargo, en él se oculta también el momento de verdad de la ideología, la indicación de que no debe haber ninguna contradicción, ningún antagonismo. Ya en el simple juicio identificador, al elemento pragmático, dominador de la naturaleza, se asocia un elemento utópico. «A» debe ser lo que no es todavía. Tal esperanza se vincula contradictoriamente a aquello en que la forma de la identidad predicativa cede. Para eso la tradición filosófica tenía la palabra «ideas». Éstas no son ni χωρίς ni huero repique, sino signos negativos. La no-verdad de toda identidad obtenida es la figura invertida de la verdad. Las ideas viven en los intersticios entre lo que las cosas pretenden ser y lo que son. Por encima de la identidad y por encima de la contradicción, la utopía sería una conjunción de lo distinto. En su nombre la identificación se refleja en la manera en que el lenguaje emplea la palabra fuera de la lógica, que habla de identificación no de un objeto, sino con los hombres y las cosas. La disputa griega sobre si lo que conoce a lo semejante es lo semejante o lo desemejante sólo cabría zanjarla dialécticamente. Si, en la tesis de que sólo lo semejante es capaz de ello, el momento indeleble de la mímesis en todo conocimiento y en toda praxis humana llega a la consciencia, tal consciencia se convierte en no-verdad cuando la afinidad, en su indelebilidad al mismo tiempo infinitamente lejana, se pone a sí misma positivamente. En la teoría del conocimiento de ahí resulta inevitable la falsa consecuencia de que el objeto es el sujeto. La filosofía tradicional se figura conocer lo desemejante haciéndolo semejante a sí, mientras que auténticamente con ello sólo se conoce a sí misma. La idea de una filosofía transformada sería percibir lo semejante determinándolo como lo desemejante a ella. – El momento de la no-identidad en el juicio identificador es sin más discernible en la medida en que todo objeto singular subsumido en una clase tiene determinaciones que no están contenidas en la definición de su clase. Sin embargo, en un concepto más enfático, que no sea simplemente la unidad distintiva de los objetos singulares de los que se ha extraído, vale al mismo tiempo lo contrario. El juicio según el cual cada uno es un hombre libre se refiere, enfáticamente pensado, al concepto de libertad. El cual, no obstante, es, por su parte, tanto más que lo que de ese hombre se predica, cuanto que ese hombre, por otras determinaciones, es más que el concepto de su libertad. El concepto de ésta no dice sólo que se lo pueda aplicar a todos los hombres singulares, definidos como libres. Se nutre de la idea de una situación en la que los individuos tendrían cualidades que aquí y ahora no cabría atribuir a ninguno. Lo específico de elogiar a alguien como libre estriba en el *sous-entendu* de que se le atribuye algo imposible porque se manifiesta en él; esto al mismo tiempo llamativo y secreto anima a todo juicio identificador que de algún modo vale la pena. El concepto de libertad queda por detrás de sí en cuanto se lo aplica empíricamente. Entonces no es él mismo lo que dice. Pero, puesto que siempre tiene que ser también concepto de lo bajo él comprendido, tiene que confrontarse con ello. Tal confrontación lo lleva a la confrontación consigo mismo. Todo intento de, mediante una definición meramente establecida, «operacional», excluir del concepto de libertad lo que la terminología filosófica llamaba antaño la idea de ésta, minimizaría arbitrariamente al concepto, por mor de su manejabilidad, frente a lo que en sí significa. Lo individual es más tanto como menos que su determinación universal. Pero, puesto que sólo mediante la superación de esa contradicción, por tanto mediante la identidad alcanzada entre lo particular y su concepto, se encontraría consigo mismo lo particular, lo determinado, el interés del individuo no consiste sólo en conservar lo que el concepto universal le roba, sino igualmente ese plus del concepto frente a su indigencia. Hasta hoy lo viene experimentando como su propia negatividad. La contradicción entre universal y particular tiene como contenido el hecho de que la individualidad no existe todavía y es por tanto mala allí donde se establece. Al mismo tiempo, esa contradicción entre el concepto de libertad y la realización de ésta no deja de ser también la insuficiencia del concepto; el potencial de libertad quiere crítica de lo que su formalización obligatoria hizo de él.

Tal contradicción no es ningún fallo del pensamiento subjetivo; lo irritante de la dialéctica es la contradictoriedad objetiva, especialmente para la filosofía de la reflexión, hoy, como en tiempos de Hegel, predominante. Es incompatible con la lógica sin más válida y la univocidad formal del juicio ha de eliminarla. En la medida en que la crítica se atenga abstractamente a su regla, la contradicción objetiva no sería más que un giro pretencioso para el hecho de que el aparato conceptual subjetivo afirma ineludiblemente del ente particular sobre el que juzga la verdad de su juicio, mientras que este ente no concuerda con el juicio más que en la medida en que ya es preformado por la necesidad apofántica en las definiciones de los conceptos. Esto podría incorporarlo fácilmente la lógica avanzada de la filosofía de la reflexión. Pero la contradictoriedad objetiva no designa solamente lo que del ente queda fuera en el juicio, sino algo en lo juzgado mismo. Pues el juicio siempre significa el ente por juzgar más allá de aquello particular incluido por el juicio; de otro modo, sería, por su propia intención, superfluo. Y es precisamente a esta intención a la que no satisface. El motivo negativo de la filosofía de la identidad ha conservado su fuerza;

nada particular es verdadero, nada es, como su particularidad pretende, ello mismo. La contradicción dialéctica no es ni mera proyección
de una fracasada construcción conceptual en la cosa, ni una metafísica poseída de locura homicida. La experiencia prohíbe resolver en la
unidad de la consciencia cualquier cosa que aparezca como contradictoria. Una contradicción como, por ejemplo, la que se da entre la determinación que el individuo sabe como suya propia y la que le impone
la sociedad si quiere ganarse la vida, el «rol», es irreductible a unidad
sin manipulación, sin interposición de miserables conceptos genéricos,
que hacen desaparecer las diferencias esenciales*; igualmente la contradicción de que el principio del canje, que en la sociedad actual aumenta las fuerzas productivas, al mismo tiempo amenaza a ésta en grado creciente con la destrucción. Una consciencia subjetiva a la que la
contradicción le sea intolerable se ve abocada a una elección desesperada. O bien tiene que estilizar armoniosamente el curso del mundo
que le es contrario y, contra la mejor intelección, obedecerlo heterónomamente; o bien, con obstinada fidelidad a su propia determinación, tiene que comportarse como si no hubiera curso del mundo, y
perecer a manos suyas. La contradicción objetiva y las emanaciones de
ésta no puede eliminarlas por sí misma, mediante una componenda
conceptual. Pero sí comprenderla; todo lo demás es aseveración vana.
Tiene más peso del que Hegel, el primero en señalarla, le atribuía. Otrora vehículo de la identificación total, se convierte en órgano de su imposibilidad. El conocimiento dialéctico no tiene, como le reprochan
sus adversarios, que construir desde arriba contradicciones y avanzar
mediante su resolución, aunque así es como a veces procede la lógica
de Hegel. Lo que en lugar de eso le corresponde es perseguir la inadecuación entre pensamiento y cosa; experimentarla en la cosa. La dialéctica no necesita temer el reproche de obsesión con la idea fija del
antagonismo objetivo mientras que la cosa ya estaría pacificada; nada
singular encuentra su paz en el todo no pacificado. Los conceptos apo-
réticos de la filosofía son marcas de lo objetivamente, no meramente

---

*   Caso clásico de tal concepto genérico, de la técnica de la subsunción lógica a pro-
pósitos ideológicos, es el hoy corriente de sociedad industrial. Pasa por alto las condiciones sociales de producción mediante el recurso a las fuerzas productivas técnicas, como
si únicamente el nivel de éstas decidiera, inmediatamente, sobre la forma social. Esta
maniobra teórica puede por supuesto excusarse por las innegables convergencias del
Este y el Oeste en el signo del poder burocrático.

por el pensamiento, irresuelto. Echar a la cazurra tozudez especulativa la culpa de las contradicciones desplazaría ésta; la vergüenza ordena a la filosofía no reprimir la intelección por Georg Simmel de que es asombroso lo poco que a su historia se le notan los sufrimientos de la humanidad. La contradicción dialéctica no «es» sin más, sino que su intención –su momento subjetivo– consiste en no dejarse disuadir; en ella la dialéctica va a lo diferente. El movimiento dialéctico sigue siendo filosofía en cuanto autocrítica de la filosofía.

Puesto que el ente no es inmediatamente, sino sólo a través del concepto, habría que comenzar por el concepto, no por el mero dato. El mismo concepto de concepto se ha vuelto problemático. No menos que su contrapartida irracional, la intuición, tiene en cuanto tal rasgos arcaicos que se entrecruzan con los racionales; reliquias de un pensar estático y de un ideal estático del conocimiento en medio de la consciencia dinamizada. La pretensión inmanente del concepto es la invarianza creadora de su orden frente al cambio de lo comprendido bajo él. Éste es negado por la forma del concepto, también en ello «falsa». En la dialéctica el pensamiento protesta contra los arcaísmos de su conceptualidad. El concepto en sí hipostasía, antes de todo contenido, su propia forma frente a los contenidos. Pero con ello ya hipostasía igualmente el principio de identidad: que lo que simplemente se postula desde la práctica cogitativa es un hecho en sí en cuanto algo sólido, algo constante. El pensamiento identificador objetualiza por medio de la identidad lógica del concepto. La dialéctica, por su lado subjetivo, tiende a pensar que la forma del pensamiento ya no hace a sus objetos inmutables, siempre idénticos a sí mismos; la experiencia niega que lo sean. Hasta qué punto es lábil la identidad de lo sólido en la filosofía tradicional queda de manifiesto en su garante, la consciencia humana singular. En cuanto unidad generalmente prediseñada, en Kant ésta debe fundamentar toda identidad. De hecho, el hombre maduro, al mirar atrás, por poco pronto que empezara a existir con cierta consciencia, recordará claramente su pasado lejano. Éste crea una unidad, por irrealmente que la infancia se le escape. Pero, en esa irrealidad, el yo del que uno se acuerda, que uno fue otrora y que potencialmente vuelve a ser uno mismo, se convierte al mismo tiempo en alguien distinto, extraño, al que se ha de observar con distancia. Tal ambivalencia de identidad y no-identidad se mantiene hasta en la problemática lógica de la identidad. El lenguaje especializado tendría a punto para ésta la fórmula corriente de la identidad en la no-identidad. Por de pronto habría que contraponerle la no-identidad en la identidad. Tal inversión meramente formal daría sin embargo lugar a la subrepción de que la dialéctica es, pese a todo, *prima philosophia* en cuanto *prima dialectica*[*]. El giro hacia lo no-idéntico se acredita en su realización; si se quedase en declaración, se desdeciría. En las filosofías tradicionales, incluso en aquellas que, según el lema de Schelling, construyeron, la construcción fue, auténticamente, reconstrucción, que no toleraba nada que ellas no hubieran predigerido. En la medida en que interpretaron aun lo heterogéneo como sí mismas, en último término el espíritu, esto se les convirtió ya de nuevo en lo igual, lo idéntico, en lo cual, como con un gigantesco juicio analítico, se repitieron sin lugar para lo cualitativamente nuevo. Está muy arraigado el hábito mental de que sin tal estructura de la identidad la filosofía no es posible y se deshace en la pura yuxtaposición de constataciones. El mero intento de orientar el pensamiento filosófico hacia lo no-idéntico, en lugar de a la identidad, sería absurdo; reduciría a priori lo no-idéntico a su concepto y lo identificaría con éste. Las consideraciones evidentes de esta clase son demasiado radicales y, por tanto, como la mayoría de las preguntas radicales, lo son demasiado poco. Cada vez más, la forma del incansable recurso, en el cual hace estragos algo del acuciante *ethos* del trabajo, recula ante lo que habría de calar y lo deja incólume. La categoría de raíz, de origen, es ella misma una categoría de dominio, de confirmación del primero que se presenta porque era el primero que estaba allí; del autóctono fren-

---

[*] «Si no hace más que reelaborar el resultado de las ciencias particulares y pensarlo hasta hacer de él un todo, la dialéctica es una empiria superior y auténticamente nada más que aquella reflexión que se empeña en presentar a partir de las experiencias la armonía del todo. Pero entonces la dialéctica no puede romper con el punto de vista genético; entonces no puede gloriarse de un progreso inmanente que excluya aun toda adquisición contingente de la observación y el descubrimiento; entonces no trabaja sino en el mismo sentido y con los mismos medios que las demás ciencias, sólo diferente en el objetivo de la reunión de las partes en el pensamiento del todo. Se plantea por tanto aquí de nuevo un dilema que da que pensar. O bien el desarrollo dialéctico es independiente y sólo se determina por sí; en cuyo caso, tiene realmente que saberlo todo por sí. O bien presupone las ciencias finitas y los conocimientos empíricos; pero entonces el progreso inmanente y la conexión sin fisuras son interrumpidos por lo recibido desde fuera; y, además, se comporta de manera acrítica con respecto a la experiencia. La dialéctica tiene que elegir. Nosotros no vemos una tercera posibilidad» (F. A. Trendelenburg, *op. cit.*, pp. 91 ss.).

te al inmigrante, del sedentario frente al nómada. Lo que seduce porque no quiere dejarse aplacar por lo derivado, por la ideología, el origen, es por su parte un principio ideológico. En la frase de Karl Kraus «El origen es la meta», de resonancias conservadoras, se expresa también algo difícilmente pretendido: el concepto de origen debería ser privado de su aberración estática. El objetivo no sería volver al origen, al fantasma de la buena naturaleza, sino que el origen correspondería sólo a la meta, sólo se constituiría a partir de ésta. No hay ningún origen salvo en la vida de lo efímero.

En cuanto idealista, la dialéctica fue también filosofía del origen. Hegel la comparaba con el círculo. La vuelta del resultado del movimiento a su inicio lo anula mortalmente: con ello debía establecerse sin grietas la identidad entre sujeto y objeto. Su instrumento epistemológico se llamaba síntesis. Se somete a crítica no como acto singular del pensamiento, que junta los momentos separados en su relación, sino como idea conductora y suprema. En su uso más general, el concepto de síntesis, construcción contra descomposición, ha adquirido manifiestamente, entretanto, aquel tenor que quizá fue en la invención de una supuesta psicosíntesis contra el psicoanálisis de Freud donde se expresó de manera más repugnante; la idiosincrasia se resiste a llevarse la palabra síntesis a la boca. Hegel la emplea mucho menos de lo que hace esperar el esquema de la triplicidad que él ya condenaba como crotoreo. A éste podría corresponder la estructura efectiva de su pensamiento. Predominan en él las negaciones determinadas de conceptos enfocados desde la más extrema proximidad, volteados de un lado para otro. Lo que en tales meditaciones se caracteriza formalmente como síntesis mantiene la fidelidad a la negación en la medida en que con ello se ha de salvar lo que cada vez ha sucumbido al movimiento precedente del concepto. La síntesis hegeliana es sin excepción comprensión de la insuficiencia de ese movimiento, por así decir, en sus costes de producción. Y en la introducción a la *Fenomenología* llegó a aproximarse mucho a la consciencia de la esencia negativa de la lógica dialéctica por él desarrollada. Su mandamiento de puramente observar cualquier concepto hasta que por su propio sentido, es decir, por su identidad, se mueva, se haga no-idéntico consigo mismo, es de análisis, no de síntesis. El estatismo de los conceptos, a fin de que éstos se satisfagan, debe liberar su dinamismo, de manera comparable al hervidero que con el microscopio se observa en las gotas de agua. Por eso el método se llama fenomenológico, una relación pasiva con lo fenoménico. Ya en Hegel, lo que Benjamin llamó la dialéctica en suspenso era mucho más avanzado que lo que cien años más tarde apareció como fenomenología. Objetivamente, dialéctica significa romper la coacción a la identidad mediante la energía acumulada en ella, coagulada en sus objetualizaciones. Lo cual en Hegel se impuso parcialmente contra éste, que por supuesto no puede admitir lo no-verdadero en la coacción a la identidad. En la medida en que se experimenta como no-idéntico consigo y en sí movido, el concepto, ya no meramente él mismo, se dirige a su, en terminología hegeliana, otro[3], sin absorberlo. Se determina por lo que es exterior a él, porque según lo propio no se agota en sí mismo. En cuanto él mismo, en absoluto es sólo él mismo. Cuando en la *Ciencia de la lógica* trata de la tercera tríada, el devenir[4], sólo tras haber equiparado entre sí el ser y la nada como lo enteramente vacío y carente de determinación pasa Hegel a considerar la diferencia que la absoluta diversidad del sentido literal de ambos conceptos anuncia. Afila su temprana teoría de que la identidad sólo puede en general ser predicada con sentido, por tanto más que tautológicamente, de lo no-idéntico: sólo en cuanto mutuamente identificados, gracias a su síntesis, se convertirían los momentos en lo no-idéntico. De ahí le brota a la afirmación de su identidad aquel desasosiego que Hegel llama el devenir: vibra en sí. En cuanto consciencia de la no-identidad a través de la identidad, la identidad no es sólo un proceso progresivo, sino al mismo tiempo retrógrado; hasta tal punto la describe correctamente la imagen del círculo. El despliegue del concepto es también retroceso, síntesis la determinación de la diferencia que pereció, «desapareció», en el concepto; casi, como en Hölderlin, anámnesis de lo natural que tuvo que sucumbir. Sólo en la síntesis consumada, en la unificación de los momentos contradictorios, se manifiesta su diferencia. Sin el paso de que el ser es lo mismo que la nada, uno y otro serían mutuamente, con un término favorito de Hegel, indiferentes; sólo cuando deben ser lo mismo, se convierten en contradictorios. La dialéctica no se avergüenza de la reminiscencia de la procesión danzante de Echternach[*]. Incuestionablemente, Hegel restringió, contra Kant, la

---

[*] En la procesión al sepulcro de San Willibrord, en la abadía benedictina fundada por este monje en el siglo VII, que se celebra el martes de Pentecostés en Echternach, capital de Müllenthal (Luxemburgo), los cofrades desfilan por las calles saltando y dan-

prioridad de la síntesis: la pluralidad y la unidad, ambas categorías en Kant ya yuxtapuestas, las reconoció, según el modelo de los diálogos tardíos de Platón, como momentos de los cuales uno no es sin el otro. Sin embargo, Hegel, como Kant y toda la tradición, incluido Platón, toma partido por la unidad. La negación abstracta de ésta tampoco cuadra con el pensamiento. La ilusión de apoderarse inmediatamente de lo plural recaería, en cuanto regresión mimética, tanto en la mitología, en el horror de lo difuso, como, en el polo opuesto, el pensar la unidad, la imitación de la naturaleza ciega mediante su represión, desemboca en dominación mítica. La autorreflexión de la Ilustración no es su revocación: es en aras del statu quo actual como es corrompida en este sentido. Incluso el giro autocrítico del pensar la unidad depende de conceptos, síntesis coaguladas. Para invertir la tendencia de los actos sintetizantes éstas han de reflexionar sobre el daño que infligen a lo plural. Sólo la unidad trasciende a la unidad. En ella tiene su derecho a la vida la afinidad que fue repelida por la progresiva unidad y sin embargo, secularizada hasta la irreconocibilidad, invernó en ella. Como bien sabía Platón, las síntesis del sujeto imitan mediatamente, según el concepto, lo que de por sí esa síntesis quiere.

Lo no-idéntico no puede obtenerse inmediatamente como algo por su parte positivo, ni tampoco mediante la negación de lo negativo. Ésta no es ella misma, como en Hegel, afirmación. Lo positivo que según Hegel debe resultar de la negación no comparte sólo el nombre con aquella positividad que en su juventud combatió. La equiparación de la negación de la negación con la positividad es la quintaesencia del identificar, el principio formal reducido a su forma más pura. Con él obtiene la supremacía en lo más íntimo de la dialéctica el principio antidialéctico, aquella lógica tradicional que *more arithmetico* computa menos por menos como más. Era un préstamo de aquella matemática contra la que de ordinario tan idiosincrásicamente reacciona Hegel. Si el todo es el hechizo, lo negativo, también la negación de las particularidades, que en ese todo tiene su epítome, resulta negativa. Lo único positivo en ella sería la negación determinada, la crítica, no un resultado de signo cambiado con la suerte de conservar la afirmación en su poder. En la reproducción de una inmediatez opaca que en cuanto de-

---

zando a un ritmo compulsivo (dos pasos adelante, uno atrás) para alejar el mal de Echternach, nombre con el que en la Edad Media se conocía a la epilepsia. *[N. del T.]*

venida es también apariencia, porta precisamente la positividad del Hegel maduro rasgos de lo, según el uso lingüístico predialéctico, malo. Aunque sus análisis destruyen la apariencia de ser-en-sí de la subjetividad*, de ningún modo es por ello la institución que debe superar la subjetividad y llevar a sí misma lo superior como lo que él casi mecánicamente la trata. En ella más bien se reproduce ampliado lo que la subjetividad, por abstractamente que ésta pudiera estar oprimida, negaba con razón. La negación que el sujeto ejercía era legítima; también lo es y, sin embargo, es, a su vez, ideología la que se ejerció sobre él. Al olvidar a cada nueva fase dialéctica el derecho de la anterior contra la comprensión intermitente de su propia lógica, Hegel prepara el molde de lo que tacha de negación abstracta: una positividad abstracta, es decir, confirmada por la arbitrariedad subjetiva. Ésta brota teóricamente del método, no, como según Hegel debería ser, de la cosa, y se ha expandido como ideología por el mundo tanto como se convierte en auténtico aborto y con ello se convence de su monstruosidad. Hasta en el lenguaje vulgar que elogia a las personas en la medida en que son positivas, en último término en la frase sanguinaria de las fuerzas positivas, es lo positivo fetichizado en sí. Frente a ello, lo serio de una negación no extraviada consiste en que no se presta al sancionamiento del ente. La negación de la negación no anula a ésta, sino que demuestra que no era lo bastante negativa; de lo contrario, la dialéctica, a fin de cuentas, sigue siendo, por lo cual se integró en Hegel pero al precio de su despotenciación, indiferente con respecto a lo puesto como inicio. Lo negado es negativo hasta que desaparece. Esto aparta decisivamente de Hegel. Allanar de nuevo la contradicción dialéctica, expresión de lo irresolublemente no-idéntico, significa tanto como ignorar lo que ésta dice, volver a un pensar deductivo puro. Que la negación de la negación es la positividad sólo puede defenderlo quien ya de entrada presupone, como panconceptualidad, la

---

*   Como casi todas las categorías hegelianas, también la de la negación negada y por tanto positiva tiene algún contenido de experiencia. A saber, para el progreso subjetivo del conocimiento filosófico. Si el cognoscente sabe con suficiente exactitud lo que le falta a un conocimiento, o en qué es éste falso, gracias a tal determinidad suele tener ya lo que echa de menos. Sólo que este momento de la negación determinada, en cuanto algo por su parte subjetivo, no puede ponerse en el haber de la lógica objetiva y menos aún de la metafísica. Ese momento es de todos modos el más fuerte que habla a favor de la suficiencia de un conocimiento enfático; a favor de que éste es capaz de ello, y ahí tiene la posibilidad de la metafísica, más allá de la hegeliana, un apoyo.

positividad. Éste obtiene el botín de la primacía de la lógica sobre lo metalógico, del fraude idealista de la filosofía en su forma abstracta, la justificación en sí. La negación de la negación sería de nuevo la identidad, una obcecación renovada; una proyección de la lógica deductiva, en último término del principio de la subjetividad, en lo absoluto. Entre la comprensión más profunda y su deterioro resuena la frase de Hegel: «También la verdad es lo positivo en cuanto el saber que coincide con el objeto, pero es sólo esta igualdad consigo en la medida en que el saber se ha comportado negativamente frente al otro, ha penetrado en el objeto y ha superado la negación que éste constituye»[5]. La calificación de la verdad como comportamiento negativo del saber que penetra en el objeto –es decir, borra la apariencia de su ser-así inmediato– suena como un programa de una dialéctica negativa en cuanto del saber «que coincide con el objeto»; sin embargo, el establecimiento de este saber como positividad abjura de ese programa. Con la fórmula de la «igualdad consigo», de la pura identidad, el saber del objeto se desvela como truco, pues este saber ya no es el del objeto, sino la tautología de una νόησις νοήσεως absolutizada. De una manera irreconciliable, la idea de reconciliación impide su afirmación en el concepto. Si se objeta que la crítica de la negación positiva de la negación daña el nervio vital de la lógica de Hegel y en absoluto se permite ningún movimiento dialéctico más, éste se ve limitado, por fe en la autoridad, a la autocomprensión de Hegel. Mientras que incuestionablemente la construcción de su sistema se derrumbaría sin ese principio, la dialéctica no tiene su contenido de experiencia en el principio, sino en la resistencia de lo otro a la identidad; de ahí su fuerza. En ella hay también un sujeto en la medida en que la hegemonía real de éste produce las contradicciones, pero éstas se han filtrado en el objeto. Achacar la dialéctica puramente al sujeto, suprimir la contradicción, por así decir, por sí mismo, suprime también la dialéctica, al ampliarla hasta convertirla en la totalidad. En Hegel surgió en el sistema, pero no tiene en éste su medida.

El pensamiento que se ha extraviado en la identidad capitula fácilmente ante lo indisoluble y hace de la indisolubilidad del objeto un tabú para el sujeto, el cual, irracionalista o cientifistamente, debe moderarse, no ocuparse de lo que no se le asemeja, deponiendo las armas ante el ideal corriente de conocimiento al que con ello incluso testimonia respeto. Tal actitud del pensamiento no es de ningún modo ajena a ese ideal. Éste combina constantemente el apetito de incorporación con la aversión a lo no incorporable, que precisamente necesitaría del conocimiento. La resignación de la teoría ante la singularidad tampoco trabaja, pues, menos a favor de lo existente, a lo cual procura el nimbo y la autoridad de la impenetrabilidad y la dureza espirituales, que el desbordamiento voraz. Lo existente singular tampoco coincide con su concepto genérico, el de la existencia, tampoco es ininterpretable, ni tampoco, por su parte, nada último contra lo que el conocimiento se rompería la cabeza. Según el resultado más duradero de la lógica hegeliana, no es simplemente para sí, sino en sí su otro y vinculado a otro. Lo que es es más de lo que es. Este plus no le es impuesto, sino que, en cuanto lo expulsado de él, le resulta inmanente. En tal medida, lo no-idéntico sería la propia identidad de la cosa contra sus identificaciones. Lo más interno del objeto se muestra como al mismo tiempo externo a éste, su cerrazón como apariencia, reflejo del procedimiento de identificación, de fijación. A eso es a lo que la insistencia cogitativa ante lo singular lleva como a su esencia, en lugar de lo universal que la representa. La comunicación con otro cristaliza en lo singular que en su ser-ahí es mediado por ella. Efectivamente, lo universal, como Husserl reconoció, mora en el centro de la cosa individual, no se constituye solamente en la comparación de un individuo con otros. Pues la individualidad absoluta –y a esto Husserl no le prestó ninguna atención– es producto precisamente del proceso de abstracción que se desata por mor de la universalidad. Mientras que lo individual no puede deducirse del pensamiento, el núcleo de lo individual sería comparable con esas obras de arte individuadas hasta el extremo, que renuncian a todos los esquemas, cuyo análisis reencuentra en el extremo de su individuación momentos de lo universal, su a sí misma disimulada participación en la tipología.

El momento unificador sobrevive sin negación de la negación, aunque también sin entregarse a la abstracción como principio supremo, debido a que de los conceptos no se avanza al concepto más general en un proceso escalonado, sino que se presentan en constelación. Ésta ilumina lo específico del objeto, que es indiferente o molesto para el procedimiento clasificatorio. Un modelo de esto es el proceder del lenguaje. Éste no ofrece un mero sistema de signos a las funciones cognitivas. Allí donde se presenta esencialmente como lenguaje, donde se convierte en representación, no define sus conceptos. A éstos su objetividad se la procura por medio de la relación en que pone a los conceptos, centrados en torno a una cosa. Sirve con ello a la intención del concepto de expresar por completo aquello a lo que se refiere. Sólo las constelaciones representan, desde fuera, lo que el concepto ha amputado en el interior, el plus que él quiere ser tanto como no puede serlo. Al reunirse los conceptos en torno a la cosa por conocer, determinan potencialmente su interior, alcanzan pensando lo que el pensamiento necesariamente elimina de sí. El uso hegeliano del término «concreto», según el cual la cosa misma es su contexto, no su pura mismidad, registra esto sin no obstante, pese a toda la crítica de la lógica discursiva, menospreciar a ésta. Pero la de Hegel era una dialéctica sin lenguaje, mientras que la acepción más simple de «dialéctica» postula el lenguaje; hasta tal punto seguía siendo Hegel adicto a la ciencia corriente. En el sentido enfático no necesitaba del lenguaje, pues en él todo, incluido lo mudo y opaco, debía ser espíritu y el espíritu el contexto. Esa suposición es insalvable. Pero lo irreductible a un contexto de antemano pensado trasciende sin duda por sí, en cuanto algo no-idéntico, su hermetismo. Comunica con aquello de lo que el concepto lo separó. Sólo es opaco para la pretensión de totalidad de la identidad; se resiste a su presión. Sin embargo, en cuanto tal busca hacerse oír. Por el lenguaje se sustrae al hechizo de su mismidad. Lo que en lo no-idéntico no puede definirse en su concepto excede su ser-ahí singular, en el cual se concentra sólo en la polaridad con el concepto, mirando fijamente a éste. El interior de lo no-idéntico es su relación con lo que él mismo no es y lo que su reglamentada, congelada identidad consigo mismo le niega. Llega a sí sólo en su exteriorización, no en su endurecimiento; también esto ha de aprenderse de Hegel, sin concesiones a los momentos represivos de su exteriorización. El objeto se abre a una insistencia monadológica que es consciencia de la constelación en que está: la posibilidad de inmersión en lo interno ha menester de eso exterior. Pero tal universalidad inmanente del individuo es objetiva en cuanto historia sedimentada. Ésta se encuentra en él y fuera de él, es algo que lo engloba y en lo que ello tiene su lugar. Darse cuenta de la constelación en que está la cosa significa tanto como descifrar la que él porta en sí en cuanto algo devenido. El *chorismos* entre exterior e interior está por su parte históricamente condicionado. A la historia en el objeto sólo puede liberarla un saber que tenga también en cuenta la posición histórica del objeto en su relación con otros; actualización y concentración de algo ya sabido, a lo cual transforma. El conocimiento del objeto en su constelación es el del proceso que éste acumula en sí. El pensamiento teórico rodea en cuanto constelación al concepto que quisiera abrir, esperando que salte a la manera de las cerraduras de las cajas fuertes sofisticadas: no únicamente con una sola llave o un solo número, sino con una combinación de números.

Cómo podrían abrirse los objetos mediante una constelación cabe extraerlo menos de la filosofía que se desinteresó de ello que de investigaciones científicas significativas; en muchos respectos, el trabajo científico de talla se ha adelantado a su autocomprensión filosófica, el cientifismo. Sin embargo, de ningún modo hay necesidad de partir de investigaciones según su propio contenido metafísicas, como *El origen del* Trauerspiel *alemán,* de Benjamin, que entienden por constelación el concepto mismo de verdad[6]. Habría que recurrir a un sabio de mentalidad tan positivista como Max Weber. Por supuesto, él comprendía los «tipos ideales», por entero en el sentido de la teoría del conocimiento subjetivista, como recurso para acercarse al objeto, carentes de toda sustancialidad en sí mismos y remodelables a voluntad. Pero, como en todo nominalismo, por más que pueda considerar nulos sus conceptos, en éste se abre paso algo de la constitución de la cosa y va más allá de la ventaja de la práctica del pensamiento –no el menor motivo de crítica del nominalismo irreflexivo–, de modo que los trabajos materiales de Weber se dejan guiar mucho más por el objeto de lo que cabría esperar de la metodología del sudoeste alemán. Realmente el concepto es la razón suficiente de la cosa* en la medida en que la investigación, al menos la de un objeto social, deviene falsa allí donde se limita a las dependencias dentro de su ámbito que fundamentaron el objeto, e ignora la determinación de éste por la totalidad. Sin el concepto genérico esas dependencias ocultan la más real de todas, la de la sociedad, y las *res* singulares que el concepto tiene bajo sí no pueden compensarla ade-

---

* «Esta relación, el todo como unidad esencial, se halla sólo en el concepto, en el fin. Para esta unidad las causas mecánicas no son suficientes porque no se halla en su base el fin como unidad de las determinaciones. Por la razón suficiente Leibniz por consiguiente entendía aquella que bastara también para esta unidad, por tanto que comprendiera en sí no sólo las meras causas, sino las causas finales. Pero esta determinación del fundamento no pertenece todavía a este punto; el fundamento teleológico es una propiedad del concepto y de la mediación por medio de él, que es la razón.» (Hegel, WW 4, cit., p. 555 [ed. cast.: *La ciencia de la lógica,* cit., p. 393]).

cuadamente. Pero ella únicamente aparece a través de lo singular y es así como, a su vez, el concepto se transforma en el conocimiento determinado. En oposición a la práctica científica usual, en el ensayo sobre *La ética protestante y el espíritu del capitalismo*, al plantear la pregunta por la definición de éste, Weber era tan claramente consciente de la dificultad de la definición de los conceptos históricos como antes de él sólo lo habían sido filósofos: Kant, Hegel, Nietzsche. Él rechaza expresamente el proceso definitorio por deslinde según el esquema *genus proximum, differentia specifica*[7] y exige en lugar de éste que los conceptos sociológicos deberían «componerse poco a poco a partir de las componentes singulares extraíbles de la realidad histórica. La comprensión conceptual definitiva no puede por ende darse al principio, sino que debe hacerlo al final de la investigación»[8]. Si de semejante definición se tiene siempre necesidad al final, o si lo que Weber llama el «componer» puede, sin resultado formalmente definitorio, ser aquello que en último término desearía también la intención epistemológica de Weber, queda en suspenso. Las definiciones no son ese uno y todo del conocimiento como el cual las considera el cientifismo vulgar, ni tampoco se las puede eliminar. Un pensamiento que en su proceso no dominase la definición, que no pudiera por momentos hacer surgir la cosa con concisión lingüística, sería por supuesto tan estéril como uno saturado de definiciones verbales. Más esencial es sin duda aquello para lo que Weber emplea el término «componer», que para el cientifismo ortodoxo sería inaceptable. Por supuesto, al hacerlo meramente tiene a la vista el lado subjetivo, el procedimiento del conocimiento. Pero con las composiciones en cuestión podría suceder algo parecido a lo que sucede con su análogo, las musicales. Subjetivamente producidas, éstas sólo están logradas allí donde la producción subjetiva desaparece en ellas. El contexto que ésta crea –precisamente la «constelación»– se hace legible como signo de la objetividad: del contenido espiritual. Lo semejante a la escritura de tales constelaciones es la conversión en objetividad, gracias al lenguaje, de lo subjetivamente pensado y juntado. Ni siquiera un procedimiento tan en deuda con el ideal científico tradicional y su teoría como el de Max Weber carece en modo alguno de este momento en él no temático. Mientras que sus obras más maduras, sobre todo *Economía y sociedad*, a veces adolecen en apariencia de un exceso de definiciones verbales que se toma prestado de la jurisprudencia, éstas son, miradas de cerca, más que eso; no sólo fijaciones conceptuales, sino antes bien intentos de, mediante la reunión de conceptos en torno al central buscado, expresar a qué remite éste en lugar de circunscribirlo a fines operativos. Así, por ejemplo, el concepto en todos los respectos decisivo de capitalismo, análogo por lo demás al de Marx, es distinguido enfáticamente de categorías aisladas y subjetivas como la tendencia a enriquecerse o el afán de lucro. En el capitalismo el tan traído y llevado afán de lucro tiene que orientarse por el principio de rentabilidad, por las posibilidades del mercado, tiene que servirse del cálculo del capital; su forma de organización es la del trabajo libre; hogar y empresa se separan, se ha menester de la contabilidad empresarial y de un sistema jurídico racional conforme al principio de racionalidad absoluta que domina totalmente al capitalismo[9]. Lo que resulta dudoso es la exhaustividad de este catálogo; en especial cabría preguntar si el hincapié que Weber hace en la racionalidad, haciendo abstracción de la relación entre las clases que se reproduce mediante el canje de equivalentes, mediante el método, no equipara ya demasiado el capitalismo a su «espíritu», por más que el canje de equivalentes y su problemática no serían ciertamente pensables sin racionalidad. Sin embargo, precisamente la tendencia creciente a la integración del sistema capitalista, cuyos momentos se entrecruzan en un contexto funcional cada vez más completo, plantea la antigua pregunta por la causa, cada vez más precaria por comparación con la constelación; no sólo la teoría del conocimiento, el curso real de la historia obliga a la búsqueda de constelaciones. Si éstas ocupan en Hegel el lugar de una sistematicidad cuya ausencia tanto se le reprochó, su pensar se acredita en esto como un tercero más allá de la alternativa entre positivismo e idealismo.

Cuando una categoría –por obra de la dialéctica negativa, la de la identidad y de la totalidad– cambia, cambia la constelación de todas y con ello a su vez cada una. Paradigmáticos de esto son los conceptos de esencia y fenómeno. Proceden de la tradición filosófica, conservados pero invertidos en su tendencia direccional. A la esencia no se la ha de seguir hipostasiando como puro ser-en-sí espiritual. La esencia se transforma más bien en lo oculto bajo la fachada de lo inmediato, los presuntos hechos, lo cual hace de ellos lo que son; la ley de la fatalidad a la que hasta ahora obedece la historia; tanto más irresistible cuanto más profundamente se esconde bajo los hechos a fin de dejarse cómodamente negar por éstos. Tal esencia es una monstruosidad, la organización del mundo que rebaja a los hombres a medios de su *sese conservare*, amputa y amenaza su vida reproduciéndola y haciéndoles creer que sería así a fin de satisfacer su necesidad. Esta esencia tiene que aparecer también como la hegeliana: momificada en su propia contradicción. La esencia sólo se deja conocer en la contradicción del ente con lo que él afirma ser. Frente a los supuestos hechos, es sin duda también conceptual, no inmediata. Pero tal conceptualidad no es meramente θέσει, producto del sujeto del conocimiento en que finalmente éste se reencuentra a sí mismo confirmado. En lugar de eso, expresa el hecho de que el mundo concebido, aunque sea culpa del sujeto, no es el suyo propio, sino hostil a él. La doctrina husserliana de la visión de las esencias atestigua esto de forma casi irreconocible. Desemboca en el extrañamiento total de la esencia con respecto a la consciencia que la aprehende. Aunque bajo la forma fetichista de una esfera ideal sin más absoluta, recuerda que incluso los conceptos, con los cuales equipara sin reparos sus esencialidades, no son sólo los productos de síntesis y abstracciones: igualmente representan también un momento en la pluralidad que conjura los conceptos, según la doctrina idealista meramente puestos. El idealismo hipertrofiado de Husserl y por eso durante mucho tiempo irreconocible para sí mismo, la ontologización del espíritu puro, en sus escritos más influyentes favoreció la expresión distorsionada de un motivo antiidealista, la insuficiencia de la omnipotencia del sujeto pensante. La fenomenología le prohibía a éste prescribir leyes allí donde él ya tiene que obedecerlas; en tal medida experimenta él en ellas algo objetivo. Sin embargo, ya que en Husserl, como en los idealistas, todas las mediaciones se desplazan al lado noético, el del sujeto, el momento de la objetividad en el concepto no puede concebirlo más que como inmediatez sui géneris y, con un acto de violencia epistemológica, tiene que reproducir la percepción sensible. Él negó enérgicamente que, pese a todo, la esencia sea también un momento: surgida. Hegel, a quien condenaba con la arrogancia de la ignorancia, tenía sobre él la ventaja de haber comprendido que las categorías de la esencia en el segundo libro de la *Lógica* son tan devenidas, productos de la autorreflexión de las categorías del ser, como objetivamente válidas. Ahí ya no llegó un pensar que se negaba fanáticamente a la dialéctica, por más que el tema fundamental de Husserl, las proposiciones lógicas, tendrían que haberlo llevado a ella. Pues esas proposiciones son, conforme a su teoría, de carácter objetivo, «leyes esenciales», tanto como, de lo cual él nada dice en principio, están ligadas al pensar y en lo más íntimo remitidas a lo que por su parte no son. Lo absoluto del absolutismo lógico tiene sus derechos en la validez de las proposiciones formales y de las matemáticas; sin embargo, no es absoluto porque, en cuanto exigencia de la identidad positivamente alcanzada de sujeto y objeto, la misma exigencia de absolutidad está condicionada, resultado de la exigencia subjetiva de totalidad. La dialéctica de la esencia, en cuanto de algo según el modo de ésta cuasi ente y sin embargo no-ente, de ninguna manera cabe no obstante disolverla, como hace Hegel, en la unidad del espíritu en cuanto productor y producido. Su doctrina de la objetividad de la esencia postula que el ser es el espíritu que todavía no ha llegado a sí. La esencia recuerda la no-identidad en el concepto de lo que primero no es puesto por el sujeto, sino que sigue a éste. Incluso la separación de la lógica y las matemáticas del ámbito óntico en que estriba el fenómeno de su ser-en-sí, la interpretación ontológica de las categorías formales, tiene su aspecto óntico en cuanto, como Hegel lo habría llamado, una repulsión de lo óntico. Ese momento óntico se reproduce en ellas. Como les es imposible calarse a sí mismas como algo separado y condicionado –pues la separación es su propia esencia–, adquieren una especie de ser-ahí. Más todavía, sin embargo, las leyes esenciales de la sociedad y su movimiento. Son más reales que lo fáctico en que aparecen y que engaña sobre ellas. Pero rechazan los atributos esenciales de su esencialidad. Cabría designarlas como la negatividad que hace del mundo lo que es reducido a su concepto. – Nietzsche, enemigo irreconciliable de la herencia teológica en la metafísica, se había burlado de la distinción entre esencia y fenómeno y entregado el trasmundo a los trasnochados, de acuerdo en esto con todo el positivismo. Quizá en ninguna otra parte sea tan palpable cómo una Ilustración incansable beneficia a los oscurantistas. La esencia es lo que según la misma ley de la no-esencia se oculta; negar que haya una esencia significa tomar partido por la apariencia, por la ideología total en que entretanto se ha convertido el ser-ahí. Aquel para el que todo lo aparente vale lo mismo porque él no sabe de ninguna esencia que permitiría distinguir, por un amor fanatizado a la verdad hace causa común con la no-verdad, con la por Nietzsche despreciada estupidez científica que se niega a preocuparse por la dignidad de los objetos tratados y, sobre esta dignidad, o bien repite como un papagayo la opinión pública, o bien, como criterio de ella, opta por si sobre una cosa, como dicen, todavía no se ha trabajado. La mentalidad científica cede la decisión sobre lo esencial y lo no-esencial a las disciplinas que cada vez se ocupan del objeto; para una puede ser no-esencial lo que para la otra es esencial. En concordancia con esto, Hegel traslada la distinción a un tercero, a algo que en principio se encuentra fuera del movimiento inmanente de la cosa*. Contra él Husserl, que ni soñaba una dialéctica entre esencia y apariencia, tiene irónicamente razón: realmente hay una experiencia, ciertamente falible pero inmediata, espiritual, de lo esencial y lo no-esencial, de la cual la necesidad científica de orden sólo violentamente puede disuadir a los sujetos. Donde tal experiencia no se tiene, el conocimiento permanece inmóvil y estéril. Su medida es lo que objetivamente les ocurre a los sujetos como sufrimiento suyo. Por supuesto, paralelamente con la nivelación teórica de esencia y fenómeno, los cognoscentes pagan también subjetivamente, con la capacidad de sufrimiento y dicha, la facultad primaria de distinguir lo esencial y lo no-esencial, sin que al hacerlo se sepa muy bien qué es causa, qué consecuencia. El obstinado impulso a preferir velar por la corrección de lo irrelevante a reflexionar sobre algo relevante, con el riesgo del error, se cuenta entre los síntomas más extendidos de la consciencia regresiva. El retrógrado de estilo más reciente no se deja irritar por ningún trasmundo, contento como está con el antemundo, al que compra aquello con que éste, con palabras o tácitamente, lo camela. El positivismo se convierte en ideología al eliminar primero la categoría objetiva de esencia y luego, consecuentemente, el interés por lo esencial. Pero esto de ningún modo se agota en la ley universal oculta. Su potencial positivo sobrevive en lo concernido por la ley, no-esencial para el veredicto sobre el curso del mundo, relegado al margen. La mirada sobre esto, sobre la freudiana «escoria del mundo fenoménico» más allá de la psicológica, sigue la intención dirigida a lo particular en cuanto lo no-idéntico. Lo esencial está con-

---

* «En la medida, por consiguiente, en que en un ser-ahí se distingan mutuamente algo esencial y algo no-esencial, esta distinción es un poner exterior, una segregación, que no atañe al ser-ahí mismo, de una parte de éste respecto de otra parte; una separación que cae en un tercero. Queda con ello indeterminado qué pertenece a lo esencial y a lo no-esencial. Es de alguna manera una consideración y una observación externas las que lo producen, y el mismo contenido se ha de contemplar ora como esencial, ora como no-esencial» (Hegel, *op. cit.,* p. 487 [ed. cast.: p. 346]).

tra la universalidad dominante, la no-esencia, tanto cuanto la sobrepasa críticamente.

Tampoco la mediación de esencia y fenómeno, de concepto y cosa, sigue siendo lo que era, el momento de la subjetividad en el objeto. Lo que media los hechos no es tanto el mecanismo subjetivo que los preforma y concibe, como la objetividad heterónoma al sujeto detrás de lo que éste puede experimentar. Ella escapa al círculo subjetivo primario de la experiencia, le está preordenada. Cuando en la actual fase histórica se juzga, como se suele decir, demasiado subjetivamente, la mayor parte de las veces el sujeto se hace automáticamente eco del *consensus omnium*. Éste sólo daría al objeto lo suyo cuando, en lugar de contentarse con la copia falsa, se resistiera al valor medio de tal objetividad y se liberara como sujeto. De esta emancipación, no de la insaciable represión del sujeto, depende la objetividad hoy en día. El predominio de lo objetivado en los sujetos, que les impide llegar a ser sujetos, les impide asimismo el conocimiento de lo objetivo; éste es el resultado de lo que antaño se llamaba el «factor subjetivo». Ahora lo mediado es antes subjetividad que objetividad, y tal mediación ha necesidad más urgente del análisis que la tradicional. En los mecanismos subjetivos de mediación se prolongan los de la objetividad a que todo sujeto, incluido el trascendental, se ajusta. De que los datos, según su exigencia, sean percibidos así y no de otra manera se cuida el orden presubjetivo, que por su parte constituye esencialmente la subjetividad constitutiva para la teoría del conocimiento. Lo que en la deducción kantiana de las categorías sigue siendo al final, según su propia confesión, contingente, «dado», que la razón dispone de esos y no de otros conceptos básicos, deriva de lo que las categorías, según Kant, quieren fundamentar primero. Pero la universalidad de la mediación no es ningún título legal para nivelar con relación a ella todo lo que se halla entre el cielo y la tierra, como si mediación de lo inmediato y mediación del concepto fueran lo mismo. Al concepto la mediación le es esencial, él mismo es, según su constitución, inmediatamente la mediación; la mediación de la inmediatez, sin embargo, determinación de la reflexión, significativa sólo en relación con lo a ella opuesto, lo inmediato. Si ya no hay nada que no esté mediado, tal mediación, como Hegel subrayó, necesariamente se refiere siempre a algo mediado sin lo cual ella por su parte tampoco existiría. Por el contrario, que no haya nada mediado sin mediación tiene un carácter exclusivamente privativo y epistemológico: expresión de la imposibilidad

de sin mediación determinar el algo, apenas más que la tautología de
que pensar en algo es precisamente pensar. A la inversa, sin el algo no quedaría ninguna mediación. Ni en la inmediatez se encuentra su ser-me-
diado ni en la mediación algo inmediato que sería mediado. Hegel descuidó esta distinción. La mediación de lo inmediato afecta a su *modus*:
al saber de ello y a los límites de tal saber. La inmediatez es objetiva, no
una modalidad, una mera determinación del cómo para una consciencia: su concepto de inmediatez se refiere a lo que no puede ser eliminado por el concepto de ésta. La mediación no dice de ningún modo que
todo se absorba en ella, sino que postula lo que es mediado por ella, algo
no absorbible; pero la inmediatez misma representa un momento que no
necesita del conocimiento, de la mediación, del mismo modo que ésta
precisa de lo inmediato. Mientras la filosofía aplique los conceptos de
inmediato y mediato, de los que por ahora difícilmente puede prescindir, su lenguaje atestigua el estado de cosas que la versión idealista de la
dialéctica impugna. El hecho de que ésta pase por alto la diferencia aparentemente mínima contribuye a su plausibilidad. El triunfo de que lo
inmediato esté totalmente mediado atropella lo mediado y alcanza en
un viaje de placer la totalidad del concepto, el dominio absoluto del sujeto, sin ser ya detenido por nada conceptual. Pero, puesto que la diferencia escamoteada es reconocible por la dialéctica, la identificación total no tiene la última palabra en ésta. Ella es susceptible de abandonar
su jurisdicción sin oponerle dogmáticamente desde fuera una tesis presuntamente realista. El círculo de la identificación, la cual a fin de cuentas nunca identifica sino a sí misma, lo trazó el pensamiento que no tolera nada fuera; su cautividad es su propia obra. Tal racionalidad totalitaria
y por tanto particular la dictó históricamente lo amenazador de la naturaleza. Éste es su límite. El pensamiento identificador, la igualación
de todo lo desigual, perpetúa en la angustia la caída en la naturaleza. Una
razón irreflexiva se ciega hasta la locura ante cualquier cosa que se sustrae a su dominio. Por ahora es una razón páthica; la razón primero habría de curarse de esto. Incluso la teoría de la alienación, fermento de la
dialéctica, confunde la necesidad de aproximarse al mundo heterónomo y en tal medida irracional, según el lema de Novalis «en todas partes hallarse en casa», con la barbarie arcaica de que el sujeto nostálgico
no está en condiciones de amar lo extraño, lo que es distinto; con la avidez de incorporación y persecución. Si lo extraño dejara de estar pros-
crito, apenas habría ya alienación.

El equívoco en el concepto de mediación que hace que los polos mutuamente opuestos del conocimiento se equiparen a costa de su diferencia cualitativa, de la que simplemente depende todo, se remonta a la abstracción. Pero la palabra «abstracto» es demasiado abstracta, ella misma equívoca. La unidad de lo comprendido bajo conceptos universales es fundamentalmente distinta de lo particular conceptualmente determinado. En esto el concepto siempre es, al mismo tiempo, su negativo; recorta lo que esto mismo es y que, sin embargo, no se deja nombrar inmediatamente, y lo sustituye por la identidad. Esto negativo, falso, sin embargo al mismo tiempo necesario, es el escenario de la dialéctica. El núcleo, por su parte, también abstracto, según su versión idealista, no es simplemente eliminado. En virtud de su diferenciación de la nada, ni siquiera el algo indeterminado sería, contra Hegel, algo indeterminado sin más. Esto refuta la doctrina idealista de la subjetividad de todas las determinaciones. Lo particular sería tan poco determinable sin lo universal por lo cual se identifica según la lógica corriente, como es idéntico con ello. El idealismo no quiere ver que un algo, por más desprovisto de cualidades que esté, no por ello debe ser ya tenido por nada. Como Hegel se arredra ante la dialéctica de lo particular por él concebida –ésta aniquilaría la primacía de lo idéntico y consecuentemente el idealismo–, se ve constantemente empujado al simulacro. En lugar de lo particular, él desliza el concepto universal de particularización sin más, por ejemplo de «existencia», en el que ya no hay ningún particular. Esto restaura el procedimiento del pensamiento que con razón tachó Kant en el antiguo racionalismo como anfibología de los conceptos de la reflexión. La dialéctica hegeliana deviene sofística allí donde fracasa. Lo que hace de lo particular el impulso dialéctico, su indisolubilidad en el concepto genérico, ella lo trata como estado de cosas universal, como si lo particular mismo fuera su propio concepto genérico y por tanto indisoluble. Así precisamente es como la dialéctica de la no-identidad y la identidad se convierte en ilusoria: victoria de la identidad sobre lo idéntico. La insuficiencia del conocimiento que de ningún particular puede asegurarse sin el concepto, el cual de ningún modo es lo particular, da por arte de birlibirloque la ventaja al espíritu que se eleva por encima de lo particular y lo purifica de lo que se opone al concepto. El concepto universal de particularidad no tiene ningún poder sobre lo particular a que en abstracto se refiere.

La polaridad de sujeto y objeto aparece fácilmente como una estructura por su parte no-dialéctica, en la cual debe tener lugar toda dialéctica. Pero ambos conceptos son categorías de la reflexión surgidas, fórmulas para algo no unificable; no algo positivo, no estados de cosas primarios, sino absolutamente negativos, expresión únicamente de la no-identidad. A pesar de todo, la diferencia entre sujeto y objeto no cabe por su parte simplemente negarla. Ni son una dualidad última, ni tras ellos se oculta una unidad suprema. Se constituyen mutuamente tanto como, en virtud de tal constitución, se separan. Si se lo plantease fundamentalmente como principio, el dualismo de sujeto y objeto sería, lo mismo que el principio de identidad que rehúsa, una vez más total, monista; la dualidad absoluta sería unidad. Hegel se aprovechó de esto para acabar incluyendo en el pensamiento la polaridad sujeto-objeto, cuyo desarrollo por ambos lados sentía como su superioridad sobre Fichte y Schelling. En cuanto estructura del ser, según él la dialéctica de sujeto y objeto se convierte en sujeto[*]. Ambos son, en cuanto abstracciones, productos del pensamiento; la suposición de su oposición declara necesariamente al pensamiento lo primero. Pero el dualismo tampoco cede a la insinuación del pensamiento puro. En tanto en cuanto éste sigue siendo pensamiento, se consuma conforme a la dicotomía que se ha convertido en la forma del pensamiento y sin la cual el pensamiento quizá no existiría. Todo concepto, incluido el del ser, reproduce la diferencia entre el pensamiento y lo pensado. Ésta fue grabada a fuego en la consciencia teórica por la constitución antagónica de la realidad; en la medida en que expresa ésta, la no-verdad del dualis-

---

[*] «El concebir un objeto no consiste de hecho en otra cosa sino en que el yo se lo apropia, lo penetra y lo lleva a su propia forma, es decir, a la universalidad que es de inmediato determinación, o la determinación que es de inmediato universalidad. En la intuición o incluso en la representación el objeto es todavía algo exterior, extraño. Por medio del concebir el ser-en-sí y por-sí que el objeto tiene en el intuir y representar se transforma en un ser-puesto; el yo penetra en él pensando. Pero, tal como está en el pensamiento, es en sí y por sí; tal como está en la intuición o en la representación, es apariencia; el pensamiento supera su inmediatez, con la cual él se presenta primeramente a nosotros, y lo convierte así en un ser-puesto; pero este ser-puesto suyo es su ser-en-sí y por-sí, o su objetividad. El objeto por lo tanto tiene esta objetividad en el concepto, y éste es la unidad de la autoconsciencia, en la que él ha sido acogido; su objetividad o el concepto no es por ende otra cosa que la naturaleza de la autoconsciencia; no tiene otros momentos o determinaciones que el yo mismo» (Hegel, *WW* 5, cit., p. 16 [ed. cast.: *Ciencia de la lógica*, cit., pp. 517 ss.]).

mo es verdad. Disociado de esto, el antagonismo se convertiría en ex-cusa filosófica de su eternidad. Nada es posible en cuanto la negación determinada de los momentos singulares por medio de los cuales suje-to y objeto se oponen absolutamente y, precisamente por ello, se iden-tifican mutuamente. Ni el sujeto es nunca en verdad enteramente suje-to, ni el objeto nunca enteramente objeto; sin embargo, ni uno ni otro son pedazos arrancados a un tercero que los trascendería. El tercero no sería menos engañoso. La recomendación kantiana de extraerlo en cuan-to algo infinito del conocimiento positivo, finito, y espolear a éste con lo inalcanzable a un esfuerzo incansable, es insuficiente. Hay que atenerse críticamente a la dualidad de sujeto y objeto contra la exigencia de to-talidad que es inherente al pensamiento. La separación que hace del ob-jeto algo extraño, dominante, y se lo apropia es ciertamente subjetiva, resultado de un apresto ordenancista. Sólo que la crítica del origen sub-jetivo de la separación no vuelve a unir lo separado una vez esto se ha escindido realmente. La consciencia se gloría de la unión de lo que ella primero dividió arbitrariamente en elementos; de ahí el trasfondo ideo-lógico de todo discurso de la síntesis. Éste es la tapadera de un análisis oculto a sí mismo y cada vez más tabú. La antipatía hacia éste de la cons-ciencia vulgarmente noble tiene como fundamento el hecho de que la fragmentación que el espíritu burgués reprocha a sus críticos haber per-petrado es su propia obra inconsciente. Su modelo son los procesos ra-cionales de trabajo. Éstos necesitan de la parcelación como condición de la producción de mercancías, la cual se asemeja al proceso de sínte-sis mediante conceptos universales. Si Kant hubiese incluido en la crí-tica de la razón la relación de su método con la teoría, la del sujeto que investiga epistemológicamente con el investigado, no se le habría esca-pado que las formas que deben sintetizar lo múltiple son por su parte productos de operaciones que la estructura de la obra titula, bastante re-veladoramente, analítica trascendental.

El curso de la reflexión epistemológica consistía, según la tenden-cia prevaleciente, en reducir cada vez más objetividad al sujeto. Precisa-mente esta tendencia es lo que habría que invertir. Por eso la tradición de la filosofía separa del ente el concepto de la subjetividad, lo cual se imita al ente. El hecho de que la filosofía, adoleciendo hasta hoy de una insuficiente autorreflexión, olvidara la mediación en lo mediador, en el sujeto, es en cuanto algo más sublime tan poco meritorio como cualquier olvido. Lo olvidado persigue al sujeto como para castigarlo. En cuanto éste se hace objeto de reflexión epistemológica, se contagia de ese carácter de objetualidad cuya ausencia gusta de reclamar como superioridad con respecto al ámbito de lo fáctico. Su esencialidad, un ser-ahí a la segunda potencia, presupone, como a Hegel no se le pasó por alto, lo primero, la facticidad, como condición de su posibilidad, aunque negada. La inmediatez de las reacciones primarias se quebró antiguamente en la formación del yo y, con ellas, la espontaneidad a que, según el uso trascendental, debe reducirse; su identidad centrista corre por cuenta de lo que luego le atribuye a él mismo. El sujeto constitutivo de la filosofía es más cósico que el contenido anímico particular que él excluyó de sí por cósico-naturalista. Cuanto más autocráticamente se eleva por encima del ente, tanto más el yo se convierte inadvertidamente en el objeto y revoca irónicamente su papel constitutivo. Lo que es ónticamente mediado por el modelo empírico que inequívocamente transparece como modelo de la primera redacción de la deducción de los conceptos puros del entendimiento no es meramente el yo puro, sino el principio trascendental mismo en que la filosofía cree poseer lo primero suyo frente al ente. Alfred Sohn-Rethel ha sido el primero en llamar la atención sobre el hecho de que en él, en la actividad universal y necesaria del espíritu, se oculta obligadamente el trabajo social. El concepto aporético del sujeto trascendental, el de un no-ente que sin embargo debe obrar; el de algo universal que sin embargo debe experimentar lo particular, sería una pompa de jabón que nunca se podría obtener del autártico contexto de inmanencia de la consciencia necesariamente individual. Sin embargo, frente a ésta no sólo representa lo más abstracto, sino, en virtud de su fuerza de acuñación, también lo más real. Más allá del círculo mágico de la filosofía de la identidad, el sujeto trascendental se deja descifrar como la sociedad inconsciente de sí misma. Tal inconsciencia sigue siendo derivable. Desde que el trabajo espiritual se separó del corporal bajo el signo del dominio del espíritu, de la justificación del privilegio, el espíritu separado tuvo que vindicar con la exageración de la mala consciencia precisamente esa pretensión de dominio que él deduce de la tesis de que él es lo primero y originario, y por tanto olvidar de dónde procede su pretensión, so pena de derrumbarse. El espíritu barrunta en lo más íntimo que su dominio estable no es en absoluto del espíritu, sino que posee su ultima ratio en la violencia física de que dispone. So pena de perecer, no puede poner su secreto en palabras. La abstracción, que incluso según el testimonio de idealistas extremos como Fichte es lo único que en general hace del sujeto *constituens*, refleja la separación del trabajo corporal perceptible a través de la confrontación con éste. Cuando, en la *Crítica del Programa de Gotha,* Marx objetó a los lassalleanos que el trabajo no es, como era costumbre repetir maquinalmente entre los socialistas vulgares, la única fuente de riqueza[10], lo que, en un periodo en el que ya había dejado atrás la temática filosófica oficial, estaba expresando filosóficamente era nada menos que el trabajo no se ha de hipostasiar en ninguna forma, ni en la de la labor manual ni en la de la producción espiritual. Tal hipóstasis no hace sino proseguir la ilusión de la hegemonía del principio productivo. Éste únicamente llega a su verdad en relación con aquello no-idéntico para lo que Marx, detractor de la teoría del conocimiento, eligió primero el crudo término, también demasiado estrecho, de naturaleza, luego el de materia natural y otras denominaciones, menos cargadas[11]. Lo que desde la *Crítica de la razón pura* constituye la esencia del sujeto trascendental, la funcionalidad, la actividad pura que se consuma en los logros de los sujetos singulares y al mismo tiempo los sobrepasa, proyecta el trabajo libremente suspendido sobre el sujeto en cuanto origen. Cuando Kant todavía restringía la funcionalidad del sujeto por ser nula y vacía sin un material correspondiente a ella, estaba señalando con seguridad que el social es un trabajo en algo; la mayor consecuencia de los idealistas posteriores lo eliminó eso sin titubeos. Pero la universalidad del sujeto trascendental es la del contexto funcional de la sociedad, la de un todo constituido a partir de las espontaneidades y cualidades singulares, a las que a su vez limita mediante el principio nivelador del canje y virtualmente, en cuanto impotentemente dependientes del todo, elimina. El dominio universal del valor de canje sobre los hombres, que niega a priori a los sujetos que sean sujetos, rebaja la misma objetividad a mero objeto, relega a la no-verdad ese principio de universalidad que afirma fundar el predominio del sujeto. El plus del sujeto trascendental es el menos del sujeto empírico, él mismo sumamente reducido.

En cuanto extremo caso límite de la ideología, el sujeto trascendental raya en la verdad. La universalidad trascendental no es una mera autoexaltación narcisista del yo, la *hybris* de su autonomía, sino que tiene su realidad en el dominio que se impone y eterniza a través del principio de equivalencia. El proceso de abstracción transfigurado por

la filosofía y únicamente atribuido al sujeto cognoscente tiene lugar
en la sociedad real del canje. – La determinación de lo trascendental
como lo necesario que se asocia con la funcionalidad y la universalidad expresa el principio de autoconservación de la especie. Éste provee
el fundamento legal para la abstracción sin la cual no puede pasarse; ella
es el medio de una razón autoconservadora. Parodiando a Heidegger, el
pensamiento de la necesidad en lo filosóficamente universal podría in-
terpretarse sin mucho artificio como la necesidad de invertir la menesterosidad, de remediar mediante el trabajo organizado la escasez de medios de vida; con lo cual, por supuesto, se sacaría de quicio la misma
mitología heideggeriana del lenguaje: una apoteosis del espíritu objetivo que de antemano proscribe como de menor valor la reflexión sobre el proceso material que culmina en éste. – La unidad de la consciencia es la unidad de la consciencia del hombre singular, e incluso en
cuanto principio porta visible la huella de ésta; la del ente, por tanto.
Ciertamente, la autoconsciencia individual, en virtud de su ubicuidad,
se convierte para la filosofía trascendental en algo universal que no puede seguir reclamando las ventajas de la concreción de la autocerteza;
sin embargo, en la medida en que la unidad de la consciencia está modelada según la objetividad, es decir, tiene su medida en la posibilidad de la constitución de objetos, es el reflejo conceptual de la conjunción total, sin fisuras, de los actos de producción en la sociedad,
que es lo único en general por lo que se constituye la objetividad de
las mercancías, su «objetualidad». – Más aún, lo firme, persistente, impenetrable del yo es mímesis de la impenetrabilidad, percibida por la
consciencia primitiva, del mundo exterior para la consciencia que experimenta. La impotencia real del yo tiene su eco en su omnipotencia espiritual. El principio del yo imita lo que niega. El *obiectum* no
es, como durante milenios ha enseñado el idealismo, *subiectum*: sí en
cambio el *subiectum obiectum*. La primacía de la subjetividad prosigue espiritualizada la lucha darwiniana por la existencia. La opresión
de la naturaleza con fines humanos es una mera relación natural; de
ahí, la superioridad de la razón que domina la naturaleza y de su principio, la apariencia. De éste participa epistemológica-metafísicamen-
te el sujeto que en Bacon se proclama señor y finalmente creador idealista de todas las cosas. En el ejercicio de su dominio se convierte en
parte de lo que cree dominar, sucumbe como el amo hegeliano. En éste
se hace palmario hasta qué punto es esclavo del objeto al consumirlo.

Lo que hace es el hechizo de lo que el sujeto se figura someter a su hechizo. Su desesperada autoexaltación es la reacción a la experiencia de su impotencia, que impide la autorreflexión; la consciencia absoluta es inconsciente. La filosofía moral kantiana ofrece un magnífico testimonio de esto en la contradicción nada velada de que el mismo sujeto al que llama libre y sublime es en cuanto ente parte de aquel contexto natural al que su libertad quiere sustraerse. Ya la doctrina platónica de las ideas, un enorme paso en la desmitologización, repite el mito: eterniza como esencialidades las pasadas relaciones de dominio recibidas de la naturaleza por el hombre y por éste practicadas. Si el dominio de la naturaleza fue condición y etapa de la desmitologización, ésta debería extenderse a ese dominio si no quiere convertirse en víctima del mito. Pero el énfasis filosófico sobre la fuerza constitutiva del momento subjetivo también bloquea siempre el acceso a la verdad. Así, especies animales como el dinosaurio triceratops o el rinoceronte arrastran consigo las corazas que los protegen como prisión congénita de la que en vano –así al menos parece antropométricamente– tratan de deshacerse. El aprisionamiento en el aparato de su *survival* podría explicar tanto la especial ferocidad de los rinocerontes como la inconfesada y por consiguiente tanto más terrible del *homo sapiens*. El momento subjetivo está por así decir engarzado en el objetivo, es él mismo, en cuanto algo impuesto al sujeto como su límite, objetivo.

Todo esto tiene, según las normas tradicionales de la filosofía, la idealista y la ontológica, algo de ὕστερον πρότερον. Con engolamiento apodíctico puede aducirse que semejantes consideraciones, sin reconocerlo, presuponen como mediador lo que querían deducir como mediado, el sujeto, el pensamiento; que todas sus determinaciones sólo son, en cuanto determinaciones, determinaciones del pensamiento. Pero el pensamiento crítico no quiere procurar al objeto el trono vacío del sujeto, en el que el objeto no sería nada más que un ídolo, sino eliminar la jerarquía. Sin duda, el análisis de la subjetividad apenas puede quebrar en sí, clara y totalmente, la apariencia de que el sujeto es el punto arquimédico. Pues esta apariencia contiene, sin que se lo pueda extraer de las mediaciones del pensamiento, esa verdad de la anterioridad de la sociedad con respecto a la consciencia individual y a toda su experiencia. La comprensión de que el pensamiento está mediado por la objetividad no niega el pensamiento y las leyes objetivas por las que es pensamiento. El hecho de que no pueda escapar a éste indica por su parte precisamente el apoyo en lo no-idéntico a que el pensamiento tanto se niega como, por su propia forma, lo busca y expresa. Pero lo que todavía es transparente es el fundamento de la apariencia mucho más allá de Kant trascendental: por qué en la *intentio obliqua* el pensamiento desemboca, constante e ineludiblemente, en la propia primacía, en la hipóstasis del sujeto. A saber, la abstracción, cuya reificación en la historia del nominalismo desde la crítica aristotélica a Platón se ha reprochado al sujeto como culpa suya, es ella misma el principio por que en general el sujeto se convierte en sujeto, su propia esencia. Por eso el recurso a lo que no es él mismo tiene que antojársele a éste exterior, violento. Lo que convence al sujeto de su propia arbitrariedad, a su *prius* de su propia aposterioridad, siempre le suena a dogma trascendente. Cuando al idealismo se lo critica estrictamente desde dentro, siempre tiene a mano la defensa de que así queda sancionado por la crítica. Puesto que la crítica se sirve de las premisas del idealismo, éste la tiene ya en sí; por eso es superior a ella. Pero las objeciones desde fuera el idealismo las rechaza en cuanto pertenecientes a la filosofía de la reflexión, predialécticas. Mas el idealismo no tiene por qué abdicar ante esta alternativa. La inmanencia es la totalidad de aquellas posiciones de identidad cuyo principio resulta aniquilado en la crítica inmanente. Al idealismo, como decía Marx, hay que tocarle «su propia melodía». Lo no-idéntico que lo determina desde dentro, según el criterio de la identidad, es al mismo tiempo lo opuesto a su principio que en vano el idealismo afirma dominar. Por supuesto, enteramente sin ningún saber desde fuera, si se quiere sin un momento de inmediatez, una intervención del pensamiento subjetivo que ve más allá de la estructura de la dialéctica, ninguna crítica inmanente es capaz de cumplir su fin. Precisamente el idealismo no puede ver mal ese momento, el de la espontaneidad, porque él mismo no existiría sin éste. Al idealismo, lo más íntimo del cual se consideraba que era espontaneidad, lo quiebra la espontaneidad. – El sujeto en cuanto ideología está encantado por el nombre de subjetividad, lo mismo que el enano Narizotas de Hauff por la hierbecilla estornuda-a-gusto. Esta hierbecilla se le mantenía en secreto; por eso nunca aprendió a preparar la crema Souzeraine que lleva el nombre de Soberanía en Decadencia. Ninguna introspección le llevaría por sí sola a la regla de su deforme figura, lo mismo que de su trabajo. Le es preciso el estímulo del exterior, de la sabiduría de la oca Mimí. Tal estímulo es para la filosofía, sobre todo para la hegeliana, herejía. La crítica inmanente tiene su límite en el hecho de que al final la ley del contexto de inmanencia es una con la obcecación que habría que romper. Pero este instante, el único verdadero salto cualitativo, sólo se produce con la consumación de la dialéctica inmanente, la cual tiene la característica de trascenderse, de manera no del todo diferente al paso de la dialéctica platónica a las ideas que son en sí; si la dialéctica se encerrara totalmente, sería ya esa totalidad que se basa en el principio de identidad. Schelling hizo valer contra Hegel este interés y con ello se expuso al escarnio a propósito de la abdicación del pensamiento, que se refugiaría en la mística. El momento materialista en Schelling, que atribuía al material en sí algo como una fuerza motora, quizá tuvo parte en ese aspecto de su filosofía. Pero el salto tampoco cabe hipostasiarlo como en Kierkegaard. De lo contrario, calumnia a la razón. La dialéctica debe limitarse a partir de la consciencia de sí misma. Sin embargo, la desilusión de que, enteramente sin salto, por su propio movimiento, la filosofía no despierta de su sueño; de que para ello ha menester de lo que su hechizo mantiene alejado, de algo distinto y nuevo, esta desilusión no es otra que la del niño que se entristece al leer el cuento de Hauff porque el enano liberado de su deformidad pierde la ocasión de servir al duque la crema Souzeraine.

La crítica desarrollada de la identidad avanza a tientas hacia la preponderancia del objeto. El pensamiento identitario es, aunque lo discuta, subjetivista. Revisarlo, achacar la identidad a la no-verdad, no instaura ningún equilibrio entre sujeto y objeto, ninguna omnipotencia del concepto de función en el conocimiento: aun sólo limitado, el sujeto está ya derrocado. Él sabe por qué se siente absolutamente amenazado por el más mínimo resto de lo no-idéntico, según la norma de su propia absolutidad. Con un mínimo queda arruinado como todo, pues su pretensión es el todo. La subjetividad cambia su cualidad en un contexto que ella no puede desarrollar a partir de sí. La disimetría en el concepto de mediación hace que el sujeto esté en el objeto de una manera totalmente distinta a como éste en aquél. El objeto sólo puede pensarlo el sujeto, pero siempre se mantiene frente a éste como algo distinto; sin embargo, el sujeto, por su propia constitución, es de antemano también objeto. Sin sujeto el objeto no puede ser pensado ni siquiera como idea; pero sí el sujeto sin objeto. Ser también objeto forma parte del sentido de la subjetividad; no igualmente del sentido de la objetividad ser sujeto. El yo ente lo implica incluso el sentido del lógico «yo pienso que debe poder acompañar todas mis representaciones» porque tiene la sucesión temporal como condición de su posibilidad y la temporal no es sino la de algo temporal. El «mis» remite a un sujeto como objeto entre objetos, y sin este «mis» no habría ningún «yo pienso». La expresión «ser-ahí», sinónimo de «sujeto», alude a esta situación. De la objetividad se extrae que el sujeto es; lo cual confiere a este mismo algo de objetividad; no por casualidad *subiectum*, lo que yace en el fondo, recuerda precisamente lo que el lenguaje técnico de la filosofía llamó objetivo. El objeto en cambio se refiere a la subjetividad sólo en la reflexión sobre la posibilidad de su determinación. No es que la objetividad sea algo inmediato, que haya que olvidar la crítica al realismo ingenuo. La prelación del objeto significa la progresiva diferenciación cualitativa de lo en sí mediado, un momento de la dialéctica que no está más allá de ésta pero que se articula en ella. Ni siquiera Kant se dejó disuadir de la prelación de la objetividad. En la *Crítica de la razón pura*[12] condujo la desmembración subjetiva de la facultad cognitiva desde una intención subjetiva tanto como defendió encarnizadamente la cosa trascendente en sí*. Él tenía bien presente que ser en sí no contradice sin más el concepto de un objeto; que la mediación subjetiva de éste se ha de achacar menos a la idea del objeto que a la insuficiencia del sujeto. Aunque éste tampoco consiguió en él salir de sí, él no sacrifica la idea de alteridad. Sin ella el conocimiento degeneraría en tautología; él mismo sería lo conocido. Evidentemente, esto irritaba a la meditación kantiana más que la incongruencia de que la cosa en sí sea la causa desconocida de los fenómenos, mientras que la causalidad la crítica de la razón se la adjudica en cuanto categoría al sujeto. Si la construcción de la subjetividad tras-

---

* La prelación del objeto habría que perseguirla literalmente hasta donde el pensamiento se imagina haber alcanzado su propia objetividad absoluta mediante el desprendimiento de toda la que no sea ella misma pensamiento: en la lógica formal. El algo al que se refieren todas las proposiciones lógicas es, aun cuando éstas puedan ignorarse por completo, copia de lo apuntado por el pensamiento y sin lo cual él mismo no podría existir; lo no cogitativo es condición lógico-inmanente del pensamiento. Propiamente hablando, la cópula, el es, siempre contiene ya, según el modelo del juicio existencial, la objetualidad. Con ello se desvanecen también todas las esperanzas de la necesidad de seguridad de poseer en la lógica formal algo sin más incondicionado, el fundamento seguro de la filosofía.

cendental fue el esfuerzo grandiosamente paradójico y falible de adueñarse del objeto en su polo opuesto, en la misma medida también solamente a través de la crítica de ese esfuerzo podría llevarse a cabo lo que la dialéctica positiva, idealista, sólo proclamaba. Un momento ontológico es necesario en cuanto la ontología niega críticamente al sujeto el papel concluyentemente constitutivo, sin que no obstante lo sustituya el objeto, por así decir, en una segunda inmediatez. Únicamente a una inmediatez subjetiva, y a la reflexión sobre el sujeto, le es alcanzable la prelación del objeto. La situación, difícilmente compatible con las reglas de la lógica corriente, incongruente en su expresión abstracta, podría explicarse por el hecho de que ciertamente cabría escribir una protohistoria del sujeto tal como se esboza en la *Dialéctica de la Ilustración*, pero no una protohistoria del objeto. Ésta siempre trataría ya de objetos. Si contra esto se argumenta que sin sujeto cognoscente no habría ningún conocimiento sobre el objeto, de ahí no se sigue ningún privilegio ontológico de la consciencia. Toda afirmación de que la subjetividad de alguna manera «es» incluye una objetividad que el sujeto no pretende fundamentar sino en virtud de su ser absoluto. Sólo porque está por su parte mediado, y por tanto no es lo radicalmente otro del objeto que es lo único que legitima al sujeto, puede éste comprender en general la objetividad. Antes que constitutiva, la mediación subjetiva es el bloque ante la objetividad; no absorbe lo que ésta esencialmente es, el ente. Genéticamente, la consciencia autonomizada, quintaesencia de lo activo en las acciones del conocimiento, se desgaja de la energía libidinosa de la esencia específica hombre. Su esencia no es indiferente a esto; de ningún modo define, como en Husserl, la «esfera de los orígenes absolutos». La consciencia es función del sujeto vivo, su concepto está formado a imagen de éste. No se lo puede exorcizar de su sentido propio. La objeción de que así el momento empírico de la subjetividad se confundiría con el trascendental o esencial es débil. Sin relación alguna con una consciencia empírica, la del yo vivo, no habría ninguna consciencia trascendental, puramente espiritual. Análogas reflexiones sobre la génesis del objeto serían nulas. Mediación del objeto quiere decir que éste no puede ser hipostasiado estática, dogmáticamente, sino que sólo puede ser conocido en su imbricación con la subjetividad; mediación del sujeto, que sin el momento de la objetividad no habría, literalmente, nada. Un indicio de la prelación del objeto es la impotencia del espíritu en todos sus juicios como, hasta el día de hoy, en la organización de la realidad. Lo negativo de que con la identificación el espíritu fracasara la reconciliación, malograra su prelación, se convierte en motor de su propio desencantamiento. Él es verdadero y apariencia: verdadero porque nada está exento del dominio que él redujo a su pura forma; no-verdadero porque en su colusión con el dominio no es en absoluto aquello por lo que se tiene y pretende ser. La Ilustración trasciende así su autocomprensión tradicional: ya no es desmitologización sólo como *reductio ad hominem*, sino también, a la inversa, como *reductio hominis*, como percepción del engaño del sujeto estilizado como absoluto. El sujeto es la tardía y, sin embargo, igual forma más antigua del mito.

La prelación del objeto, en cuanto algo sin embargo él mismo mediado, no acaba con la dialéctica sujeto-objeto. La inmediatez está más allá de la dialéctica tan poco como la mediación. Según la tradición de la teoría del conocimiento, lo inmediato está en el sujeto, pero como dato o afección de éste. Ciertamente, el sujeto, en la medida en que es autónomo y espontáneo, ha de tener sobre ello un poder formativo; pero no lo tiene en la medida en que lo inmediatamente dado es ahí sin más. Ésta es la base en que estriba la doctrina de la subjetividad –la del «mi», la del contenido del sujeto en cuanto posesión suya–, tanto como en la forma de lo dado se resiste a algo objetivo, por así decir el memento de la objetividad en el sujeto. Por eso Hume criticó en nombre de lo inmediato la identidad, el principio del yo, que querría afirmarse independiente frente a lo inmediato. Pero la inmediatez no se puede fijar como le gustaría a la teoría del conocimiento ávida de resultar concluyente. En ésta lo inmediatamente dado y las formas asimismo dadas sin más se adaptan complementariamente. Ciertamente la inmediatez pone coto a la idolatría de la deducción, pero es también por su parte algo abstraído por el objeto, material bruto del proceso subjetivo de producción en el que la teoría del conocimiento tenía su modelo. En su forma pobre y ciega, lo dado no es objetividad, sino meramente el valor límite que el sujeto no llega a dominar por entero en su propio ámbito de jurisdicción tras haber confiscado el objeto concreto. Pese a toda la reducción sensualista de las cosas, el empirismo ha captado en este sentido algo de la prelación del objeto: desde Locke mantuvo que no hay ningún contenido de la consciencia que no provenga de los sentidos, que no sea «dado». La crítica del realismo ingenuo en todo el empirismo, que culmina en la abolición de la cosa por Hume, nunca dejó pese a todo de ser, gracias al carácter de facticidad de la inmediatez al que se ligaba, y al escepticismo con respecto al sujeto en cuanto creador, rudimentariamente «realista». Pero, una vez el pensamiento se ha liberado de la suposición de una prelación del sujeto, la teoría empírica del conocimiento carece también de título legal para, gracias a una reducción subjetiva, transferir a la inmediatez de los datos, como determinación residual, una especie de *minimum* del objeto. Tal construcción no es nada más que un compromiso entre el dogma de la prelación del sujeto y la imposibilidad de su realización; el dato sensible despojado de sus determinaciones, desnudo, producto de ese proceso de abstracción con que lo contrasta la teoría del conocimiento kantianamente subjetiva; cuanto más depurado de sus formas, tanto más raquítico, «abstracto» se hace también, pues, el dato. El residuo del objeto en cuanto lo dado que queda tras la sustracción del añadido subjetivo es un engaño de la *prima philosophia*. Sólo una fe incólume en la primacía de la subjetividad puede creer que las determinaciones por las que el objeto se hace concreto le son meramente impuestas. Pero sus formas no son, como según la doctrina kantiana, algo último para el conocimiento; éste es capaz de romperlas en el proceso de su experiencia. Si la filosofía, fatalmente separada de las ciencias de la naturaleza, puede en general reclamarse de la física sin cortocircuito, es en tal contexto. Su desarrollo desde Einstein ha hecho saltar por los aires con contundencia teórica la cárcel de la intuición tanto como de la apriodad subjetiva de espacio, tiempo y causalidad. Con la posibilidad de tal ruptura, la experiencia –según el principio newtoniano de la observación– subjetiva habla a favor de la preeminencia del objeto y contra su propia omnipotencia. De espíritu involuntariamente dialéctico, vuelve la observación subjetiva contra la doctrina de los constituyentes subjetivos. El objeto es más que la pura facticidad; al mismo tiempo, el hecho de que no se la pueda eliminar impide a aquél conformarse con el concepto abstracto y la decocción de ésta, los datos sensibles protocolarios. La idea de un objeto concreto incumbe a la crítica de una categorización subjetivo-externa y a su correlato, la ficción de algo fáctico carente de determinaciones. Nada en el mundo está compuesto, por así decir adicionado, de facticidad y concepto. La fuerza probatoria del ejemplo kantiano de los cien táleros pensados, a los cuales no se agrega su realidad como una cualidad más, afecta al mismo dualismo forma-contenido de la *Crítica de la ra-*

zón pura y llega mucho más allá de ésta; lo que auténticamente desmiente es la distinción entre multiplicidad y unidad que la tradición de la filosofía hace desde Platón. Ni el concepto ni la facticidad son añadidos a su complemento. La descaradamente idealista presuposición hegeliana de que el sujeto puede entregarse al objeto, a la cosa misma, puramente, sin reservas, porque en el proceso esa cosa se revela como lo que ella ya es en sí, sujeto, apunta contra el idealismo una verdad sobre el modo de comportamiento del sujeto pensante: realmente tiene que «contemplar» el objeto porque él no crea el objeto y la máxima del conocimiento es ayudarle. La postulada pasividad del sujeto se mide por la determinidad objetiva del objeto. Pero requiere de reflexión subjetiva más tenaz que las identificaciones que según la doctrina kantiana la consciencia lleva a cabo por así decir automática, inconscientemente. El hecho de que la actividad del espíritu, sobre todo la que Kant achaca al problema de la constitución, sea distinta de ese automatismo con el que él la equiparaba constituye, específicamente, la experiencia espiritual que los idealistas descubrieron, por supuesto para enseguida castrarla. Lo que la cosa misma pueda significar no está positiva, inmediatamente dado; quien quiera conocerlo debe pensar más, no menos, que el punto de referencia de la síntesis de lo múltiple, que en lo más profundo no es ningún pensamiento en absoluto. Sin embargo, la cosa misma no es de ningún modo un producto del pensamiento; más bien lo no-idéntico a través de la identidad. Tal no-identidad no es una «idea»; pero sí algo adjunto. El sujeto de la experiencia se afana por desaparecer en ella. La verdad sería su ruina. La sustracción de todo lo específico de la subjetividad en el método científico meramente la disimula, *ad maiorem gloriam* del sujeto objetualizado como método.

En una filosofía con pretensiones el pensamiento de la prelación del objeto es sospechoso, la repugnancia hacia ello institucionalizada desde Fichte. La aseveración de lo contrario mil veces repetida y modificada quiere conjurar la lacerante sospecha de que lo heterónomo sea más poderoso que la autonomía, que ya según la doctrina kantiana no debe poder ser dominada por esa preeminencia. Tal subjetivismo filosófico acompaña ideológicamente a la emancipación del yo subjetivo como su fundamentación. Su obstinada fuerza la extrae de la oposición mal dirigida contra lo establecido: contra su cosicidad. Al relativizarla o licuarla, la filosofía cree estar por encima de la hegemonía de las mercancías y por encima de su forma subjetiva de reflexión, la consciencia reificada. En Fichte ese impulso es innegable, lo mismo que el ansia de poder total. Fue antiideológico en la medida en que el ser-en-sí del mundo, que es confirmado por la consciencia convencional, irreflexiva, lo caló como algo meramente producido, inadecuado para conservarse. Pese a la prelación del objeto, la cosicidad del mundo es también apariencia. Induce a los sujetos a atribuir a las cosas en sí la relación social de su producción. Eso se desarrolla en el capítulo marxista dedicado al fetiche, verdaderamente un pedazo de la herencia de la filosofía clásica alemana. En él sobrevive incluso su motivo sistemático: el carácter fetichista de la mercancía no es imputado a una consciencia subjetivo-errónea, sino objetivamente deducido del a priori social, el proceso de canje. En Marx se expresa ya la diferencia entre la prelación del objeto como algo que se ha de instaurar críticamente y su caricatura en lo establecido, su deformación por el carácter de mercancía. El canje tiene como antecedente una objetividad real y es al mismo tiempo objetivamente no-verdadero, atenta contra su principio, el de igualdad; por eso crea necesariamente una consciencia falsa, los ídolos del mercado. Sólo sardónicamente el crecimiento natural de la sociedad del canje es ley natural: la hegemonía de la economía no es una invariante. Para consolarse, el pensamiento se imagina fácilmente que en la disolución de la reificación, del carácter de mercancía, posee la piedra filosofal. Pero la reificación misma es la forma de reflexión de la falsa objetividad; centrar la teoría en torno a ella, una figura de la consciencia, hace a la teoría crítica idealistamente aceptable para la consciencia dominante y el inconsciente colectivo. A lo cual deben los escritos tempranos de Marx, en contraste con *El capital*, su actual popularidad, especialmente entre los teólogos. No carece de ironía el hecho de que los brutales y primitivos funcionarios que hace más de cuarenta años acusaron a Lukács de herejía por el capítulo dedicado a la reificación en el importante libro *Historia y consciencia de clase* olieran lo idealista de su concepción. La dialéctica no se puede reducir ni a la reificación ni a cualquier otra categoría aislada, por polémica que sea. Mientras tanto, aquello por lo que los hombres sufren, el *lamento* por la reificación, más que denunciarlo lo pasa por alto. La desgracia reside en las relaciones que condenan a los hombres a la impotencia y la apatía y que ellos sin embargo habrían de cambiar; no primariamente en los hombres y el modo en que las relaciones se les aparecen. Frente a la posibilidad de desastre total, la reificación es un epifenómeno; cuánto más la alienación que la acompaña, el estado subjetivo de consciencia que le corresponde. La reproduce la angustia; la consciencia, reificada en la sociedad ya constituida, no es *constituens* suyo. Quien tenga lo reificado por el mal radical; quien quiera dinamizar todo lo que es en pura actualidad, tiende a la hostilidad hacia lo otro, ajeno, cuyo nombre no por casualidad resuena en la alienación; a esa no-identidad para la que habría que liberar no sólo la consciencia, sino una humanidad reconciliada. Pero el dinamismo absoluto sería aquella acción absoluta que se satisface violentamente en sí y abusa de lo no-idéntico en cuanto su mera ocasión. Las consignas inquebrantables sobre toda la humanidad sirven para de nuevo igualar con el sujeto lo que no es igual a él. Las cosas se endurecen como fragmentos de lo que ha sido sometido; su rescate implica el amor por las cosas. No se puede separar de la dialéctica de lo establecido lo que la consciencia experimenta como reificadamente ajeno: negativamente la coacción y la heteronomía, pero también la figura deformada de lo que habría que amar y que el hechizo, la autonomía de la consciencia, no permitiría amar. Más allá del romanticismo, que se sentía como mal del siglo, sufrimiento por la alienación, se eleva la frase de Eichendorff «bello destierro». La situación reconciliada no anexaría lo ajeno al imperialismo filosófico, sino que tendría su felicidad en que lo lejano y distinto permanezca en la cercanía otorgada, más allá tanto de lo heterogéneo como de lo propio. La infatigable acusación de reificación se cierra a esa dialéctica, y eso acusa a la construcción de la filosofía de la historia que comporta tal requisitoria. Los tiempos llenos de sentido cuyo retorno anhelaba el joven Lukács eran, de igual modo, el producto de la reificación, de una institución inhumana, como él sólo certificó de las burguesas. En las representaciones contemporáneas de las ciudades medievales suele parecer como si una ejecución tuviera lugar precisamente para regocijo del pueblo. Si antaño hubo de prevalecer una armonía entre sujeto y objeto, fue, lo mismo que la más reciente, producto de la presión y frágil. La transfiguración de situaciones pasadas sirve a una protesta posterior y superflua, que se experimenta sin salida; sólo en cuanto perdidas cobran su brillo. Su culto, el de fases presubjetivas, afloró con horror en la época del individuo en descomposición y los colectivos regresivos. Reificación y consciencia reificada produjeron, junto con el despegue de las ciencias naturales, también el potencial de un mundo sin defecto; ya antes era lo cósicamente des-humanizado condición de humanidad[13]; al menos ésta acompañó a figuras cósicas de la consciencia, mientras que la indiferencia por las cosas que son apreciadas como puros medios y reducidas al sujeto contribuyó a liquidar la humanidad. En lo cósico se hallan compenetradas ambas cosas, lo no-idéntico del objeto y el sometimiento de los hombres a las relaciones dominantes de producción, a su propio, para ellos desconocido, contexto funcional. En sus lacónicas afirmaciones sobre la constitución de una sociedad liberada, el Marx maduro cambió su relación con la división del trabajo, el fundamento de la reificación[14]. Él distingue el estado de libertad de la inmediatez primigenia. En el momento de la planificación, del cual esperaba una producción para los vivos en lugar de para el provecho, en cierto sentido una restitución de la inmediatez, se conserva lo cósicamente ajeno; la mediación incluso en el esbozo de realización de lo sólo pensado por la filosofía. No obstante, el hecho de que sin el momento de lo cósicamente rígido la dialéctica no sería posible y se suavizaría en una inocua doctrina del cambio no se ha de achacar ni a la costumbre filosófica ni únicamente a la coacción social que en esa rigidez se da a conocer a la consciencia. A la filosofía toca pensar lo distinto del pensamiento, lo único que hace de éste un pensamiento, mientras que su *daimon* le persuade de que eso no debe ser.

Con el paso a la prelación del objeto, la dialéctica se convierte en materialista. El objeto, expresión positiva de lo no-idéntico, es una máscara terminológica. En el objeto, preparado para ser el del conocimiento, lo corporal se espiritualiza mediante su traducción en teoría del conocimiento, reducido tal como la fenomenología de Husserl acabó por prescribirlo de manera metodológicamente general. Cuando las categorías de sujeto y objeto, para la crítica del conocimiento irreductibles, aparecen en ella como falsas, como no puramente contrapuestas, eso también significa que lo objetivo en el objeto, lo que en él no se puede espiritualizar, sólo se llama objeto desde el punto de vista del análisis subjetivamente orientado, para el cual la primacía del sujeto se antoja incuestionable. Considerado desde fuera, lo que en la reflexión sobre el espíritu se representa como algo no espiritual, como objeto, se convierte en materia. La categoría de no-identidad obedece todavía al criterio de identidad. Emancipados de tal criterio, los momentos no-idénticos se muestran como materiales o como inseparablemente fusionados con lo material. La sensación, cruz de toda teoría del conocimiento, ésta, en contradicción con su propia constitución plena, que sin embargo debe ser la fuente de legitimidad del conocimiento, no la reinterpreta sino como hecho de la consciencia. Ninguna sensación sin momento somático. En este sentido su concepto, en comparación con lo que supuestamente subsume, está deformado en aras del deseo de una conexión autárquica de todas las fases del conocimiento. Mientras que, según el principio cognitivo de estilización, la sensación pertenece a la consciencia, su fenomenología, imparcial según las reglas cognitivas, debería igualmente describirla como algo que no se agota en la consciencia. Cada una es en sí también una impresión corporal. Ésta ni siquiera «acompaña» a la sensación. Esto presupondría su *chorismos* de lo corpóreo; éste únicamente le es provisto por la intención noológica, en sentido estricto por la abstracción. El matiz lingüístico de palabras como sensible, sensual e incluso sensación delata qué poco son los hechos con ellas designados aquello como lo cual los trata la teoría del conocimiento, momentos puros del conocimiento. La reconstrucción, inmanente al sujeto, del mundo de las cosas no tendría la base de su jerarquía, precisamente la sensación, sin la *physis*, lo único sobre lo que podría erigirse una teoría del conocimiento autárquica. El momento somático es irreductible en cuanto momento no puramente cognitivo en el conocimiento. Con ello la pretensión subjetiva caduca aun allí donde precisamente el empirismo radical la había conservado. El hecho de que los logros cognitivos del sujeto del conocimiento sean según su propio sentido somáticos afecta no sólo a la relación fundamentante de sujeto y objeto, sino a la dignidad de lo corporal. Esto surge en el polo óntico del conocimiento subjetivo como su núcleo. Lo cual destrona la idea conductora de la teoría del conocimiento de constituir el cuerpo como ley de la conexión de sensaciones y actos, es decir, espiritualmente; las sensaciones son ya en sí lo que la sistemática querría presentar como su formación por la consciencia. La filosofía tradicional ha embrujado lo heterogéneo a ella mediante la confección de sus categorías. Ni sujeto ni objeto son algo, según la expresión hegeliana, meramente «puesto». Sólo eso explica completamente por qué el antagonismo que la filosofía revistió con las palabras sujeto y objeto no se puede interpretar como estado de cosas originario. De lo contrario, se haría del espíritu algo sin más distinto del cuerpo, en contradicción con lo inmanentemente somático suyo; sin embargo, sólo con espíritu no se puede eliminar el antagonismo, pues ello virtualmente lo volvería a espiritualizar. En él se manifiesta tanto lo que tendría prelación sobre el sujeto y se sustrae a éste como la irreconciliabilidad de la época con el sujeto, por así decir, la figura invertida de la prelación de la objetividad.

En la medida en que no procede inmanentemente y no simplemente predica, la crítica idealista del materialismo gusta de servirse de la doctrina de lo inmediatamente dado. Hechos de la consciencia deben fundar, lo mismo que todos los juicios sobre el mundo de las cosas, también el concepto de materia. Si, conforme al uso del materialismo vulgar, quisiera equipararse lo espiritual a procesos cerebrales, entonces las percepciones sensibles originarias, se sostiene idealistamente en contra, deberían ser de procesos cerebrales, no por ejemplo de colores. La indiscutible astringencia de tal refutación se debe a la grosera arbitrariedad de aquello contra lo que polemiza. La reducción a procesos de consciencia se deja tutelar por el ideal cientifista del conocimiento, por la necesidad de corroborar sin fisuras metódicas la validez de las proposiciones científicas. La verificación, que por su parte subyace a la problemática filosófica, se convierte en la pauta de ésta; la ciencia es, por así decir ontologizada, como si los criterios de validez de los juicios, el curso de su examen, fueran sin más lo mismo que los estados de cosas, a los cuales tratan retrospectivamente, como ya constituidos, según las normas de su inteligibilidad subjetiva. El control de los juicios científicos debe con frecuencia producirse aclarando paso a paso cómo cada vez se llegó al juicio. Recibe con ello un acento subjetivo: qué errores ha cometido el sujeto cognoscente al emitir su juicio –uno, por ejemplo, que se oponga a otras proposiciones de la misma disciplina–. Pero es evidente que tal pregunta retroactiva no coincide ni con el estado de cosas juzgado mismo ni con su fundamentación objetiva. Si uno se equivoca y se lo demuestran, eso no quiere decir que el ejemplo de cálculo o las reglas matemáticas que en él se aplican sean reductibles a «su» cálculo, por más que éste pueda necesitar, como momentos de su objetividad, de actos subjetivos. Esta distinción tiene cuantiosas consecuencias para el concepto de una lógica trascendental, constitutiva. Kant ya repitió el error que reprochaba a sus predecesores racionalistas, una anfibología de los conceptos de reflexión. Sustituyó la fundamentación objetiva del juicio por la reflexión sobre el curso que al juzgar toma el sujeto cognoscente. No es en esto en lo que menos se muestra la *Crítica de la razón pura* como teoría de la ciencia. Instaurar esa anfibología como principio filosófico, acabar extrayendo de ella la metafísica, fue sin duda el acto fallido más funesto de la historia de la filosofía moderna. Se la puede por su parte comprender desde el punto de vista de la filosofía de la historia. Tras la destrucción del *ordo* tomista, que presentaba a la objetividad como querida por Dios, ésta pareció derrumbarse. Al mismo tiempo, sin embargo, frente a la mera opinión, la objetividad científica creció desmesuradamente y con ello la autoconfianza de su órgano, la *ratio*. La contradicción cabía resolverla dejándose inducir por la *ratio* a pasar a interpretarla, en lugar de como el instrumento, la instancia de apelación de la reflexión, como constituyente desde el punto de vista ontológico, a la manera como expresamente procedió el racionalismo de la escuela wolffiana. Hasta tal punto seguían siendo también el criticismo kantiano y toda la doctrina de la constitución subjetiva prisioneros del pensar precrítico; esto se hizo evidente entre los idealistas poskantianos. La hipóstasis del medio, hoy en día ya costumbre sobreentendida de los hombres, estaba teóricamente implícita en el llamado giro copernicano. No por casualidad es éste en Kant una metáfora, según la tendencia del contenido, lo contrario del astronómico. La lógica discursiva tradicional por la que se guía la argumentación corriente contra el materialismo debería criticar el procedimiento como *petitio principii*. La prioridad de la consciencia, que, por su parte, debe legitimar a la ciencia, tal como es presupuesta en el comienzo de la *Crítica de la razón pura,* se deduce de criterios de procedimiento que confirman o refutan juicios según unas reglas de juego científicas. Tal círculo vicioso es indicio de planteamiento falso. Disimula que en sí, como algo primero indudable y absoluto, después de todo, hechos puros de consciencia no existen: ésa fue la experiencia fundamental de la generación del *Jugendstil* y el neorromanticismo, a la que los nervios se le encrespaban ante la representación dominante de la fehaciente facticidad de lo psíquico. Posteriormente, bajo el dictado del control de validez y por necesidad clasificatoria, los hechos de la consciencia se distinguen de sus sutiles pasos de frontera, sobre todo los que llevan a las inervaciones corporales, que contradicen la pretendida firmeza de aquéllos. Concuerda con ello el hecho de que ningún sujeto de lo inmediatamente dado, ningún yo al que esto le sea dado, es posible independientemente del mundo transsubjetivo. Aquel a quien le es dado algo pertenece a priori a la misma esfera que aquello que le es dado. Esto condena la tesis del a priori subjetivo. El materialismo no es el dogma como el cual lo denuncian sus avispados adversarios, sino disolución de algo por su parte calado como dogmático; de ahí su derecho en la filosofía crítica. Cuando en la *Fundamentación* construyó la libertad como libertad con respecto a la sensación, Kant rindió sin querer homenaje a lo que quería refutar. Tan poco como la jerarquía idealista de los datos cabe salvar la separación absoluta de cuerpo y espíritu, que clandestinamente desemboca en la prelación del espíritu. Históricamente, en el transcurso del desarrollo de la racionalidad y el principio del yo, ambos han entrado en oposición mutua; pero ninguno es sin el otro. La lógica de la no-contradicción puede censurar esto, pero el estado de cosas le da el alto. La fenomenología de los hechos de consciencia obliga a trascender lo que los definió como tales.

Marx había puesto el acento en el materialismo histórico contra el metafísico vulgar. Así introdujo aquél en la problemática filosófica, mientras el materialismo vulgar hacía travesuras dogmáticas más acá de la filosofía. El materialismo ha dejado de ser desde entonces una posición a la contra que se puede decidir asumir, para convertirse en la quintaesencia de la crítica del idealismo y de la realidad por la que el idealismo opta deformándola. La formulación horkheimeriana «teoría crítica» no quiere hacer aceptable el materialismo, sino llevar en él a la autoconsciencia teórica aquello por lo que se distingue de las explicaciones diletantes del mundo no menos que de la «teoría tradicional» de la ciencia. En cuanto dialéctica, la teoría debe ser –como, en gran medida, lo fue la marxista– inmanente, aun cuando acabe negando toda la esfera en que se mueve. Esto la contrapone a una sociología del saber meramente aplicada desde fuera y, como pronto descubrió la filosofía, impotente frente a ésta. La sociología del saber fracasa ante la filosofía, sustituye por su función social y el condicionamiento de los intereses el contenido de verdad, mientras que no entra en la propia crítica de éste, frente al cual se comporta con indiferencia. Fracasa asimismo ante el concepto de ideología con que cocina su mísero guisote. Pues el concepto de ideología sólo tiene sentido en relación con la verdad o no-verdad de aquello a que se refiere; de apariencia socialmente necesaria únicamente puede hablarse en función de lo que no sería una apariencia y que por supuesto tiene su indicio en la apariencia.

A la crítica de la ideología toca juzgar sobre la participación del sujeto y el objeto y de su dinámica. Desmiente la falsa objetividad, el fetichismo de los conceptos, mediante la reducción al sujeto social; la
falsa subjetividad, la pretensión a veces velada hasta la invisibilidad de
que lo que es es espíritu, mediante la demostración del fraude, de su
monstruosidad parasitaria, tanto como de su inmanente hostilidad al
espíritu. El todo de un concepto de ideología indiferenciadamente total termina por el contrario en nada. En cuanto no se distingue de una
consciencia adecuada, deja de servir para la crítica de la falsa. En la idea
de una verdad objetiva la dialéctica materialista se convierte necesariamente en filosófica, a pesar de toda la crítica de la filosofía que ejerce
y gracias a ella. La sociología del saber, por el contrario, niega tanto como
la estructura objetiva de la sociedad la idea de una verdad objetiva y del
conocimiento de ésta. Para ella, lo mismo que para el tipo de economía
positivista al que su fundador Pareto se adhería, la sociedad no es nada
más que la media de los modos de reacción individuales. La doctrina de
la ideología la reduce a una doctrina subjetiva de los ídolos a la manera
de las ideologías burguesas tempranas; una auténtica treta de abogado
a fin de deshacerse de la filosofía y con ella de la dialéctica materialista. Por añadidura, el espíritu es localizado *tel quel*. Tal reducción de las
llamadas formas de la consciencia es bien compatible con la apologética filosófica. A la sociología del saber le queda tranquilamente la salida de que la verdad o no-verdad del filosóficamente docto no tendría
nada que ver con las condiciones sociales; relativismo y división del trabajo se alían. La teoría de los dos mundos del Scheler tardío se aprovechó de eso sin reparos. Filosóficamente no se puede acceder a las categorías sociales más que mediante el desciframiento del concepto de
verdad de las categorías filosóficas.

El capítulo hegeliano sobre el amo y el esclavo desarrolla, como se
sabe, a partir de la relación laboral la génesis de la autoconsciencia, y
ciertamente en la adaptación del yo al fin por él determinado tanto como
al material heterogéneo. Apenas queda así precisamente encubierto el
origen del yo en el no-yo. Se busca en el proceso real de la vida, en las
legalidades de la supervivencia de la especie, en la provisión de sus medios de vida. Después de eso, en vano hipostasía Hegel el espíritu. Para
conseguirlo de algún modo, tiene que inflarlo hasta convertirlo en el
todo, cuando según el concepto el espíritu tiene su *differentia specifica* en ser sujeto, es decir, no el todo: tal subrepción no cede a ningún

esfuerzo del concepto dialéctico. Un espíritu que deba ser una totalidad es un sinsentido, análogamente a los partidos únicos surgidos en el siglo XX, que no toleran a ningún otro junto a ellos y cuyos nombres son alegorías burlonas del poder inmediato de lo particular en los Estados totalitarios. Si del espíritu como totalidad se elimina toda diferencia con eso otro en que según Hegel ha de tener aquél su vida, se convierte por segunda vez en la nada, como la cual se ha de revelar el puro ser al comienzo de la lógica dialéctica: el espíritu se desvanecería en el mero ente. El Hegel de la *Fenomenología* difícilmente habría vacilado en designar el concepto de espíritu como algo en sí mediado, como espíritu tanto como no-espíritu; de ahí no habría extraído la consecuencia de repudiar la cadena de la identidad absoluta. Si el espíritu, sin embargo, en lo que él es necesita de lo que él no es, el recurso al trabajo ya no es lo que los apologetas de la sección filosofía repiten como su sabiduría última: una μετάβασις εἰς ἄλλο γένος. La comprensión por parte del idealismo de que la actividad del espíritu en cuanto trabajo la llevan a cabo los individuos tanto como los medios de éstos, y de que en su consumación los individuos son degradados a su función, sigue incólume. El concepto idealista de espíritu explota la transición al trabajo social: la actividad que absorbe a los actores singulares puede fácilmente transfigurarla, prescindiendo de éstos, en el en sí. La simpatía del materialismo responde polémica a ello con el nominalismo. Pero filosóficamente era demasiado estrecha; que sólo lo individual y los individuos son lo verdaderamente real era incompatible con la teoría marxista aprendida en la escuela de Hegel de la ley del valor que en el capitalismo se realiza pasando por encima de los hombres. La mediación dialéctica de lo universal y lo particular no permite a la teoría que opta por lo particular tratar fanáticamente lo universal como una pompa de jabón. La teoría entonces no podría comprender ni la perniciosa prepotencia de lo universal en lo establecido ni la idea de una situación que, conduciendo a los individuos a lo suyo, despojaría a lo universal de su mala particularidad. Pero un sujeto trascendental sin sociedad, sin los sujetos singulares que para bien o para mal ésta integra, tampoco cabe ni siquiera imaginarlo; el concepto de sujeto trascendental se estrella contra esto. Incluso la universalidad kantiana quiere serlo para todos, a saber, para todos los seres dotados de razón, y a priori los dotados de razón están socializados. El intento de Scheler de desterrar sin contemplaciones el materialismo al bando nominalista fue una maniobra táctica. Primero el materialismo, no sin ayuda de una innegable carencia de reflexión filosófica, es denigrado como subalterno, luego su subalternidad brillantemente superada. En su declive, en cuanto medio político de dominación, la misma dialéctica materialista se convirtió en la grosera concepción del mundo que le era tan odiosa que prefirió aliarse con la ciencia. Se opone a lo que de manera suicida exigía Brecht de ella, la simplificación con fines tácticos. Según su propia esencia, sigue siendo dialéctica, filosofía y antifilosofía. La afirmación de que la consciencia depende del ser no era una metafísica invertida, sino agudizada contra la impostura de que el espíritu es en sí, más allá del proceso total en que se encuentra como momento. Tampoco sus condiciones son, no obstante, un en sí. La expresión «ser» significa algo totalmente diferente en Marx y en Heidegger, aunque no sin nada en común: en la doctrina ontológica de la prioridad del ser sobre el pensamiento, de su «trascendencia», el eco materialista resuena desde remotísimas lejanías. La doctrina del ser se convierte en ideológica cuando imperceptiblemente espiritualiza el momento materialista en el pensar mediante su transposición en una funcionalidad pura más allá de todo ente, cuando exorciza lo que de crítica de la falsa consciencia es inherente al concepto materialista del ser. La palabra que quería nombrar la verdad contra la ideología se convierte en lo menos verdadero de todo: el mentís de la idealidad, en la proclamación de una esfera ideal.

La determinación del espíritu como actividad obliga inmanentemente a la transición de la filosofía del espíritu a lo otro a éste. Desde Kant el idealismo no puede escapar a esa determinación, ni siquiera Hegel. Pero la actividad hace participar al espíritu en la génesis que irrita al idealismo como algo que lo contamina. El espíritu en cuanto actividad es, como los filósofos repiten, un devenir; no, por tanto, algo a lo que ellos casi otorgan aún más valor, χωρίς de la historia. Su actividad, según el simple concepto de ésta, es intratemporal, histórica; devenir tanto como algo devenido en que el devenir se ha acumulado. Lo mismo que el tiempo, la más universal de cuyas representaciones ha menester de algo temporal, no existe ninguna actividad sin sustrato, sin actividad y sin aquello en que se ejerce. En la idea de actividad absoluta sólo se oculta lo que ahí ha de actuar; la pura νόησυς νοήσεως es la fe vergonzante en el Dios creador, neutralizada como metafísica. La doctrina idealista del absoluto querría absorber la trascendencia teológica como proceso, integrarla en una inmanencia que no tolera ningún absoluto, algo independiente de condiciones ónticas. La incongruencia más profunda del idealismo quizá sea el hecho de que, por una parte, debe llevar a cabo la secularización al extremo, a fin de no sacrificar su pretensión de totalidad, por otra, su fantasma del absoluto, la totalidad, sólo puede, sin embargo, expresarlo en categorías teológicas. Arrancadas a la religión, éstas devienen inesenciales y no se llenan en aquella «experiencia de la consciencia» a la que, ahora bien, son remitidas. La actividad del espíritu, una vez humanizada, no puede ser atribuida a nadie ni a nada más que a los vivos. Esto sigue infiltrando el momento natural en el concepto que más se eleva por encima de todo naturalismo, el de la subjetividad como unidad sintética de la apercepción. Únicamente en la medida en que por su parte es también no-yo se relaciona el yo con el no-yo, «hace» algo, e incluso el hacer sería pensar. En una segunda reflexión el pensar rompe la supremacía del pensar sobre lo otro a él, porque en sí siempre es ya otro. De ahí que no merezca ninguna prelación sobre las génesis fácticas el supremo *abstractum* de toda actividad, la función trascendental. Entre el momento de realidad en ésta y la actividad de los sujetos reales no se abre ningún abismo ontológico; ninguno por tanto entre espíritu y trabajo. Éste, producción de algo representado que aún no era fáctico, no se agota en lo que es ahí; el espíritu puede nivelarse con el ser-ahí tan poco como éste con aquél. Con todo, el momento que no es en el espíritu está tan imbricado con el ser-ahí, que separarlo limpiamente casi sería como objetualizarlo y falsearlo. La controversia sobre la prioridad del espíritu o el cuerpo procede predialécticamente. Sigue arrastrando la pregunta por algo primero. De manera casi hilozoísta, apunta a un ἀρχή, según la forma ontológico, por materialista que desde el punto de vista del contenido pueda sonar la respuesta. Ambos, cuerpo y espíritu, son abstracciones de su experiencia, su radical diferencia algo puesto. Ésta refleja la «autoconsciencia» del espíritu históricamente adquirida y la emancipación de éste con respecto a lo que por mor de su propia identidad niega. Todo lo espiritual es impulso corporal modificado, y tal modificación la conversión cualitativa en lo que no meramente es. El impulso, en la acepción de Schelling*, es la protoforma del espíritu.

Los hechos presuntamente fundamentales de la consciencia son otra cosa que meramente tales. En la dimensión de placer y displacer se in-

---

* «Así que también el ser es perfectamente indiferente frente al ente. Pero cuanto más íntima y en sí deliciosa sea esa dejadez, tanto antes ha de generarse en la eternidad,

serta algo corporal en ellos. Todo dolor y toda negatividad, motor del pensamiento dialéctico, son la forma de lo físico de múltiples maneras mediatizada, de no pocas devenida incognoscible, del mismo modo que toda felicidad aspira a la consumación sensible y en ésta obtiene su objetividad. Despojada de todo aspecto en este sentido, la felicidad no es tal. En los datos subjetivamente sensuales esa dimensión, por su parte lo contradictorio del espíritu en éste, es amortiguada hasta convertirla por así decir en su calco epistemológico, algo en absoluto tan distinto de la curiosa teoría de Hume según la cual las representaciones, las *ideas** –los hechos de la consciencia con función intencional– son pálidas copias de impresiones. Criticar esta doctrina como secretamente ingenuo-naturalista es cómodo. Pero, desde el punto de vista epistemológico, en ella el momento somático vibra por última vez antes de ser definitivamente expulsado. Sobrevive en el conocimiento como su inquietud, que lo pone en movimiento y se reproduce inaplacada en su avance; la consciencia desgraciada no es una obcecada vanidad del espíritu, sino inherente a éste, la única auténtica dignidad que recibió al separarse del cuerpo. Lo recuerda, negativamente, en su aspecto corporal; sólo el hecho de ser capaz de ello le procura alguna esperanza. La más mínima huella de sufrimiento sin sentido en el mundo de la experiencia desmiente toda la filosofía de la identidad, que querría disuadir de él a la experiencia. «Mientras siga habiendo un mendigo, seguirá habiendo mito»[15]; por eso la filosofía de la identidad es mitología en cuanto pensamiento. El momento corporal recuerda al conocimiento que el sufrimiento no debe ser, que debe cambiar. «El dolor habla: pasa.» Por eso lo específicamente materialista converge con lo crítico, con la praxis socialmente transformadora. La abolición del sufrimiento o su alivio hasta un grado que no se puede anticipar teóricamente, al que no se puede imponer ningún límite, no es cosa del individuo que siente el sufrimiento, sino sólo de la especie a la que sigue perteneciendo aun cuando subjetivamente se emancipa de ella y objeti-

---

sin su intervención y sin que ella lo sepa, un ansia queda de llegar a sí misma, de encontrarse y disfrutarse a sí misma, un impulso a llegar a ser consciencia del que ella misma no es consciente» (SCHELLING, *Die Weltalter*, Múnich, 1946, p. 136 [ed. cast.: *Las edades del mundo*, Madrid, Akal, 2002, p. 136]). – «Y así vemos la naturaleza, desde el nivel más profundo, deseando lo más interior y oculto de ella misma y ascendiendo y avanzando en su afán hasta que finalmente ha atraído a sí, hecho lo más esencial, lo puramente espiritual mismo» (*op. cit.*, p. 140 [ed. cast.: p. 138]).
* *Ideas*: en inglés en el original. *[N. del T.]*

vamente es empujado a la soledad absoluta de un objeto desamparado. Todas las actividades de la especie remiten a su perpetuación física, por más que puedan ignorarla, independizarse desde el punto de vista organizativo y sólo de pasada ocuparse de ella. En cuanto autoconservación desaherrojada, absurda, incluso las disposiciones que la sociedad adopta para destruirse son al mismo tiempo acciones inconscientes de sí mismas contra el sufrimiento. Contra éste se vuelve también toda su particularidad, sin por supuesto ver más allá de lo propio. Confrontado con ellas, el único fin que hace de la sociedad sociedad exige que ésta se organice tal como aquí y allí impiden implacables las relaciones de producción y tal como aquí y ahora sería inmediatamente posible según las fuerzas de producción. Semejante organización tendría su *telos* en la negación del sufrimiento físico aun del último de sus miembros y de las formas interiores de reflexión de ese sufrimiento. Tal es el interés de todos, únicamente realizable poco a poco mediante una solidaridad transparente a sí misma y a todo viviente.

El materialismo ha dado entretanto el gusto de su propio envilecimiento a quienes no quieren que se realice. La minoría de edad que causó esto no es, como Kant pensaba, culpa de la humanidad misma. Mientras tanto, es al menos planificadamente reproducida por los que detentan el poder. El espíritu objetivo que éstos pilotan porque necesitan de su aherrojamiento se ajusta a una consciencia aherrojada a lo largo de milenios. El materialismo llegado al poder político se ha vendido a tal praxis no menos que el mundo que otrora quería cambiar; sigue aherrojado a la consciencia en lugar de comprenderla y por su parte cambiarla. Bajo la gastada excusa de una dictadura, próxima a cumplir cincuenta años, de un proletariado hace mucho sometido a la burocracia, los mecanismos terroristas del Estado se hacen fuertes como institución duradera, para escarnio de la teoría que pregonan. A sus súbditos los encadenan a sus intereses más próximos y los mantienen en su cerrazón. No obstante, la depravación de la teoría no habría sido posible sin el poso de lo apócrifo en ella. Al tratarla sumariamente, desde fuera, los funcionarios que monopolizan la cultura tratan groseramente de fingir que están por encima de la cultura y apoyan la regresión universal. Lo que, a la espera de la revolución inmediatamente inminente, quiso liquidar la filosofía, ya entonces andaba también, impaciente con las pretensiones de ésta, rezagado con respecto a ella. En lo apócrifo del materialismo se revela lo apócrifo de la alta filosofía, lo no-verdadero de la soberanía del espíritu que el materialismo dominante desprecia tan cínicamente como clandestinamente hizo antes la sociedad burguesa. Lo idealistamente sublimado es la impronta de lo apócrifo; los textos de Kafka y Beckett iluminan crudamente esta relación. Lo inferior del materialismo es lo inferior irreflexivo de la situación dominante. Lo que se malogró por culpa de la espiritualización en cuanto principio del fracaso es, frente a lo superior que es desacreditado desde la perspectiva de un inferior perseverante, también lo peor. Lo cerril y bárbaro del materialismo eterniza esa extraterritorialidad del cuarto estado con respecto a la cultura que mientras tanto ha dejado de limitarse a éste, sino que se ha extendido a la cultura misma. El materialismo se convierte en la recaída en la barbarie que debía impedir; trabajar contra ello no es la más indiferente entre las tareas de una teoría crítica. De lo contrario, la vieja mentira perdura con un coeficiente de fricción reducido y de un modo tanto peor. Lo subalterno aumenta después de que con la revolución haya sucedido como antaño con la vuelta del Mesías. Frente a lo vacuamente sublime de la consciencia, la teoría materialista se convirtió no meramente en defectuosa desde el punto de vista estético, sino en falsa. Eso es teóricamente determinable. La dialéctica está en las cosas, pero no existiría sin la consciencia que la refleja; tampoco se deja disipar en ésta. En una materia sin más una, indiferenciada, total, no habría ninguna dialéctica. La oficialmente materialista se ha saltado por decreto la teoría del conocimiento. La venganza le sobreviene epistemológicamente: en la doctrina de la copia. El pensamiento no es una copia de la cosa –de él hace tal únicamente una mitología materialista de estilo epicúreo que inventa la materia enviando imagencitas–, sino que va a la cosa misma. La intención ilustradora del pensamiento, la desmitologización, ahorra el carácter de imagen de la consciencia. Lo que se aferra a la imagen sigue siendo prisionero del mito, idolatría. La suma de las imágenes forma un muro ante la realidad. La teoría de la copia niega la espontaneidad del sujeto, un *movens* de la dialéctica objetiva de las fuerzas de producción y las relaciones de producción. Si el sujeto se reduce al rígido reflejo del objeto al que necesariamente falta el objeto, el cual sólo se abre al excedente subjetivo en el pensamiento, resulta el silencio espiritual sin paz de la administración integral. Únicamente una consciencia infatigablemente reificada se figura o hace creer a los otros que posee fotografías de la objetividad. Su ilusión se transforma en inmediatez dogmática. Cuando Lenin, en lugar de ocuparse

de la teoría del conocimiento, repetía coactivamente contra ésta la aseveración del ser-en-sí de los objetos del conocimiento, lo que quería
hacer patente era la conjura del positivismo con los *powers that be*. Su
necesidad política se volvió con ello contra la meta objetiva del conocimiento. La argumentación trascendente opera por ambición de poder y con efectos desastrosos; lo criticado en que no se ha penetrado
permanece imperturbado tal cual es, y puede resucitar a voluntad como
algo incólume en constelaciones de poder modificadas. La declaración
verbal de Brecht según la cual tras el libro sobre el empiriocriticismo
ya no es necesaria ninguna crítica de la filosofía de la inmanencia era
miope. La teoría materialista no puede prescindir de los desiderata filosóficos si no quiere sucumbir al mismo provincianismo que desfigura el arte en los Estados del Este. El objeto de la teoría no es algo inmediato, cuyo molde ella se pueda llevar a casa; el conocimiento no
posee, como la policía del Estado, un álbum de sus objetos. Éstos los
piensa más bien en su mediación: si no, se conformaría con la descripción de la fachada. El distendido y ya en su lugar problemático criterio de la intuición sensible no cabe aplicarlo, como Brecht acabó admitiendo, a lo radicalmente mediado, la sociedad; se le escapa lo que
se introdujo en el objeto como su ley de movimiento, necesariamente
oculto por la figura ideológica del fenómeno. Marx, que por aversión
a las querellas académicas entró en las categorías epistemológicas como
el proverbial elefante en la cacharrería, no pudo recargar más expresiones como reflejo. Su supuesta supremacía se paga al precio del momento
subjetivo-crítico. La acentuación de éste comporta la convivencia de ideología con cierta hostilidad a la ideología; se impide la subrepción de que
lo producido y las relaciones de producción sean naturaleza inmediatamente. Ninguna teoría puede, en aras de la simplicidad en la agita-
ción, hacerse la tonta ante el nivel de conocimiento objetivamente alcanzado. Debe reflejarlo y promoverlo. La unidad de teoría y praxis no
se entendía como concesión a la debilidad mental, el engendro de la
sociedad represiva. Bajo forma de máquina registradora a la que el pensamiento querría parecerse y a cuya mayor gloria se eliminaría con el
mayor gusto, la consciencia se declara en bancarrota ante una realidad
que en la fase actual no se da intuitiva, sino funcionalmente, abstracta
en sí. Un pensar reproductivo carecería de reflexión, sería una contradicción no dialéctica; sin reflexión no hay teoría. Una consciencia que
insertara entre sí y lo que piensa un tercero, imágenes, reproduciría inad-

vertidamente el idealismo; un corpus de representaciones sustituiría al objeto del conocimiento, y la arbitrariedad subjetiva de tales representaciones es la de los que mandan. El ansia materialista por comprender la cosa quiere lo contrario: sólo sin imágenes cabría pensar el objeto entero. Tal ausencia de imágenes converge con la prohibición teológica de imágenes. El materialismo la secularizó al no permitir la descripción positiva de la utopía; ése es el contenido de su negatividad. Allí donde más materialista es, coincide con la teología. Su anhelo sería la resurrección de la carne; algo totalmente ajeno al idealismo, el reino del espíritu absoluto. El punto de fuga del materialismo histórico sería su propia superación, la liberación del espíritu con respecto a la primacía de las necesidades materiales en el estado de su satisfacción. Sólo con el impulso corporal aplacado se reconciliaría el espíritu y se convertiría en lo que no hace sino prometer desde hace tanto tiempo como bajo la sujeción a las condiciones materiales niega la satisfacción de las necesidades materiales.

Tercera parte

MODELOS

I. Libertad

Para una metacrítica de la razón práctica

El discurso del pseudoproblema quiso antaño impedir desde el punto de vista de la Ilustración que de la autoridad incuestionada de los dogmas se derivaran consideraciones cuya decisión era imposible precisamente para el pensamiento al que se asignaban. En el empleo peyorativo de la palabra «escolástica» resuena esto. Sin embargo, desde hace mucho tiempo se supone que los problemas no son aquellos que hacen escarnio del juicio racional y del interés racional, sino los que emplean conceptos no claramente definidos. Un tabú semántico estrangula las cuestiones de hecho como si no fueran sino preguntas por el significado; la reflexión previa degenera en prohibición de la reflexión. Las reglas de juego de un método modelado sin más según los corrientes de las ciencias exactas regulan qué se puede pensar y si sería lo más urgente; los procedimientos aprobados, los medios, cobran la primacía sobre lo que se ha de conocer, los fines. Las experiencias que se resisten a los signos que unívocamente se les ha asignado son descalificadas. La culpa de las dificultades que provocan se echa únicamente a una laxa nomenclatura precientífica. – Si la voluntad es libre es tan relevante como los términos recalcitrantes al desiderátum de indicar terminante y claramente lo que significan. Puesto que la justicia y el castigo, en fin la posibilidad de lo que toda la tradición de la filosofía llamaba moral o ética, dependen de la respuesta, la necesidad intelectual no se deja convencer de que la pregunta ingenua es un pseudoproblema. La pulidez autojustificada del pensar le ofrece la miserable satisfacción de un sucedáneo. La crítica semántica, sin embargo, no se ha de ignorar negligentemente. La urgencia de una pregunta no puede forzar ninguna respuesta porque no se encuentre una verdadera; menos aún puede la falible necesidad, por desesperada que esté, indicar a la respuesta la dirección. Sobre los objetos en cuestión no habría que reflexionar de tal manera que se juzgue sobre ellos como un ente o un no-ente, sino incluyendo en su propia determinación la imposibilidad de atraparlos tanto como el apremio a pensarlos. En el capítulo de las antinomias de la *Crítica de la razón pura* y en muchas partes de la *Crítica de la razón práctica* es lo que, con intención expresa o sin ella, se intenta: por supuesto, ahí Kant no evitó por completo el uso dogmático que él como Hume censura a propósito de otros conceptos tradicionales. El conflicto entre facticidad –la «naturaleza»– y lo necesario del pensamiento –el mundo inteligible– lo dirimió dicotómicamente. Pero si ni a la voluntad ni a la libertad es posible referirse como a un ente, eso no excluye totalmente que, por analogía con la simple teoría predialéctica del conocimiento, emociones o experiencias singulares puedan sintetizarse bajo conceptos a los que no corresponde ningún sustrato natural pero que reducen esas emociones o experiencias a un denominador común, tal como, por comparación, hace el «objeto» kantiano con sus fenómenos. Según este modelo, la voluntad sería la unidad legal de todos los impulsos que demuestran ser al mismo tiempo espontáneos y racionalmente determinados, a diferencia de la causalidad natural en cuyo marco de todos modos permanecían: fuera del nexo causal, de los actos de voluntad no se sigue ninguna consecuencia. La palabra para la posibilidad de esos impulsos sería libertad. Pero esta ágil solución epistemológica no basta. La pregunta por si la libertad es libre o no fuerza un «o bien, o bien» tan concluyente como problemático, por encima del cual resbala indiferente el concepto de voluntad como la unidad legal de sus impulsos. Y, sobre todo, la formación de conceptos orientada según el modelo de la filosofía de la inmanencia supone tácitamente la estructura monadológica de la voluntad y la libertad. La contradice lo más simple: mediatizados por lo que la psicología analítica llama la «prueba de la realidad», incontables momentos de la realidad exterior, especialmente social, entran en las decisiones designadas con «libertad» y «voluntad»; si es que en general ha de decir algo, el concepto de lo racional en la voluntad se refiere precisamente a eso, por más tercamente que lo niegue Kant. Lo que confiere su elegancia y su autarquía a la determinación a esos conceptos por parte de la filosofía de la inmanencia es en verdad, a la vista de las decisiones reales sobre las cuales se puede preguntar si son libres o no, una abstracción; lo que de lo anímico deja subsistir ésta es exiguo comparado con la compenetración real de lo interior y lo exterior. En este remanente empobrecido, químicamente puro, no cabe leer lo que puede predicarse de la libertad o de su contrario. Expresado más rigurosa, y al mismo tiempo más kantianamente, a quien competen esas decisiones es al sujeto empírico –y sólo a uno empírico pueden competerle; el trascendentalmente puro «yo pienso» no sería capaz de ningún impulso–, él mismo momento del mundo espacio-temporalmente «exterior», con respecto al cual no tiene ninguna prioridad ontológica; por eso fracasa el intento de localizar en él la cuestión del libre albedrío. La línea entre lo inteligible y lo empírico la traza en medio de la empiria. Eso es lo que hay de verdad en la tesis del pseudoproblema. En cuanto se reduce a la de la decisión de cada individuo, saca a ésta de su contexto, al individuo de la sociedad, la cuestión del libre albedrío obedece al engaño del puro ser-en-sí absoluto: una limitada experiencia subjetiva usurpa la dignidad de lo más cierto de todo. El sustrato de la alternativa tiene algo de ficticio. El sujeto que presuntamente es en sí está en sí mediado por aquello de lo que se separa, la conexión de todos los sujetos. A través de la mediación se convierte él mismo en lo que según su consciencia de la libertad no quiere ser, heterónomo. Incluso cuando se asume positivamente la no-libertad, sus condiciones, en cuanto las de una causalidad psíquica inmanentemente cerrada, se buscan en el individuo aislado, el cual esencialmente no es nada aislado de ese modo. Aun cuando el individuo no encuentra en sí el hecho de la libertad, tampoco el teorema de la determinación puede simplemente extinguir *post festum* la sensación ingenua de arbitrariedad; la doctrina del determinismo psicológico sólo se desarrolló en una fase tardía.

Desde el siglo XVII la gran filosofía había determinado la libertad como su interés más peculiar; por mandato inexpreso de la clase burguesa, tenía que fundamentarla transparentemente. Ese interés, sin embargo, es en sí antagónico. Va contra la antigua opresión y fomenta la nueva que se oculta en el mismo principio racional. Se busca una fórmula común para la libertad y la opresión; aquélla se cede a la racionalidad, la cual la limita y la aleja de la empiria, en la que de ningún modo se la quiere ver realizada. La dicotomía se refiere también a la progresiva cientifización. La clase se alía con ella mientras favorezca la producción, y debe temerla en cuanto atenta contra la creencia en la existencia de una libertad ya resignada a la interioridad. Eso es lo que realmente hay detrás de la doctrina de las antinomias. Ya en Kant y luego con los idealistas, la idea de libertad entra en conflicto con la investigación científica, especialmente la psicológica. Kant destierra sus objetos al reino de la no-libertad; la ciencia positiva ha de tener su lugar por debajo de la especulación: en Kant, la doctrina de los *noúmenos*. Con la paralización de la fuerza especulativa y el correlativo desarrollo de las ciencias singulares, el conflicto se ha agudizado al máximo. Las ciencias singulares lo pagaron con su cortedad de miras, la filosofía con su gratuita vacuidad. A medida que las ciencias singulares se han ido incautando del contenido de ésta –la psicología, por ejemplo, de la génesis del carácter, sobre la que el mismo Kant aún formula fantásticas conjeturas–, tanto más penosamente degeneran en declamaciones los filosofemas sobre la libertad de la voluntad. Si las ciencias singulares buscan cada vez más legalidad; si con ello se ven empujadas, previamente a cualquier reflexión, al partido del determinismo, en la filosofía se depositan un número creciente de concepciones precientíficas, apologéticas, de la libertad. En Kant las antinomias, en Hegel la dialéctica de la libertad constituyen un momento filosófico esencial; después de ellos, al menos la filosofía académica prestó juramento al ídolo de un reino de las alturas por encima de la empiria. La libertad inteligible de los individuos se ensalza a fin de que se pueda pedir más fácilmente responsabilidades a los sujetos empíricos, mantenerlos mejor embridados con la perspectiva de un castigo metafísicamente justificado. La alianza entre teoría de la libertad y praxis represiva aleja a la filosofía cada vez más de la comprensión genuina de la libertad y de la no-libertad de los vivos. Se acerca, anacrónicamente, a aquella insípida edificación que Hegel diagnosticó como miseria de la filosofía. Sin embargo, como la ciencia singular –de manera ejemplar la del Derecho Penal– no se encuentra a la altura de la cuestión de la libertad y tiene que revelar su propia incompetencia, busca ayuda en precisamente la filosofía, la cual, debido a su mala y abstracta oposición al cientifismo, no puede proporcionar tal ayuda. Allí donde la ciencia espera la decisión de lo para ella irresoluble de la filosofía, de ésta sólo recibe el consuelo de una concepción del mundo. Por éste se han orientado entonces los científicos según su gusto y, como es de temer, según la propia estructura psicológica de sus impulsos. La relación con el complejo de libertad y determinismo es dejada en manos del capricho de una irracio-

nalidad que oscila entre constataciones empíricas singulares, no conclu-
sivas, y generalidades dogmáticas. La posición frente a ese complejo acaba dependiendo del credo político o del poder reconocido en ese momento. Las reflexiones sobre la libertad y el determinismo suenan arcaicas,
como si vinieran de los primeros tiempos de la burguesía revolucionaria.
Pero que la libertad envejezca sin haberse realizado no ha de aceptarse
como una fatalidad. Ésta tiene que explicarla la resistencia. La idea de
la libertad no ha terminado perdiendo su poder sobre los hombres por
haber sido concebida de antemano tan abstracto-subjetivamente que la
tendencia social objetiva ha podido enterrarla bajo sí sin esfuerzo.

La indiferencia hacia la libertad, hacia su concepto y hacia la cosa
misma la produce la integración de la sociedad, que sobreviene a los
sujetos como si fuera inevitable. El interés de estar atendidos ha para-
lizado en éstos el interés por una libertad que temen como desamparo.
Tan retórica como la apelación a la libertad suena ya su mención. A ello
se ajusta el nominalismo intransigente. El hecho de que según el canon
lógico las relegue al ámbito de las antinomias tiene por su parte una
función social: encubrir las contradicciones mediante la negación. Atenién-
dose a los datos o a sus herederos modernos, los informes, la consciencia
queda aliviada de lo que desde fuera la contradice. Según las reglas de
esa ideología, lo único que habría que hacer es describir y clasificar los
modos de comportamiento de los seres humanos en distintas situaciones, no hablar de voluntad ni de libertad; eso es fetichismo conceptual.
Como de hecho planeó el conductismo, todas las determinaciones del
yo habrían simplemente de retraducirse a modos de reacción y reacciones singulares, que entonces se habrían solidificado. No se tiene en
cuenta que lo solidificado produce nuevas cualidades frente a los reflejos de los que pudiera proceder. Los positivistas obedecen inconscientemente al dogma que cultivaban sus mortales enemigos metafísicos: «Pues lo que más se venera es lo más antiguo, pero lo que más
se respeta aquello por lo que se jura»[1]. En Aristóteles es el mito; de él
sobrevive entre los antimitólogos declarados la concepción de que todo
lo que es es reductible a lo que una vez fue. En el igual por igual de
su método cuantificador hay tan poco margen para el otro que se está
formando como en el hechizo del destino. Sin embargo, lo que en los
hombres, a partir de sus reflejos y contra éstos, se ha objetivado, carácter o voluntad, el órgano potencial de la libertad, socava también a
ésta. Pues encarna el principio de la dominación, al que progresiva-

mente los hombres se someten a sí mismos. La identidad del sí-mismo y de la autoalienación se acompañan mutuamente desde el comienzo; por eso es romántico en el mal sentido de la palabra el concepto de autoalienación. Condición de la libertad, inmediatamente la identidad es al mismo tiempo el principio del determinismo. La voluntad existe hasta donde los hombres se objetivan como carácter. Con ello se convierten frente a sí mismos –sea eso lo que sea– en algo exterior, según el modelo del mundo exterior de las cosas, sometido a la causalidad. – Además, el concepto positivista de «reacción», según su intención puramente descriptivo, presupone incomparablemente mucho más de lo que confiesa: una dependencia pasiva de la situación dada en cada momento. La interacción entre sujeto y objeto es escamoteada a priori, la espontaneidad excluida ya por el método, de acuerdo con la ideología de la adaptación que, al servicio del curso del mundo, priva de ese momento a los hombres también teóricamente. Si no hubiera más que reacciones pasivas, según la terminología de las filosofías antiguas sólo habría receptividad: ningún pensamiento sería posible. Si la voluntad no existe más que por la consciencia, correlativamente tampoco hay sin duda consciencia más que allí donde hay voluntad. La autoconservación requiere, por su parte, a lo largo de su historia, más que el reflejo condicionado y prepara por tanto lo que al final iría más allá de ella. Se apoya así presuntamente en el individuo biológico, el cual prescribe la forma a sus reflejos; los reflejos difícilmente existirían sin ningún momento de unidad. Ésta se vigoriza en cuanto el sí-mismo de la autoconservación; a él se abre la libertad en cuanto la diferencia que se ha llegado a producir entre él y los reflejos.

Sin ningún pensamiento sobre la libertad, sería muy difícil fundamentar teóricamente la sociedad organizada. A su vez, ésta luego recorta la libertad. Ambas cosas podrían mostrarse en la construcción hobbesiana del contrato social. Al contrario que el determinista Hobbes, un determinismo fácticamente implantado sancionaría el *bellum omnium contra omnes*; no habría ningún criterio para las acciones si todas fueran igualmente predeterminadas y ciegas. Se perfila la perspectiva de algo extremo: si no se oculta un paralogismo en el hecho de exigir la libertad en aras de la convivencia; para que no haya terror, debe haber realmente libertad. Pero más bien el terror existe porque todavía no hay libertad. La reflexión sobre la cuestión de la voluntad y la libertad no liquida la cuestión, sino que le confiere un sesgo de filosofía de la historia: ¿por qué las tesis de que la voluntad es libre y de que la voluntad no es libre se han convertido en una antinomia? A Kant no se le pasó por alto que esa reflexión había surgido históricamente y en el retraso de ésta fundamentó expresamente la pretensión revolucionaria de su propia filosofía moral: «Al hombre se lo veía atado por su deber a leyes, pero a nadie se le pudo ocurrir que sólo está sujeto a su propia legislación, si bien ésta es universal, y que sólo está obligado a obrar de conformidad con su propia voluntad legisladora, si bien ésta, según el fin natural, legisla universalmente»[2]. De ningún modo se le ocurrió, sin embargo, si la libertad misma, para él una idea eterna, no podía ser de esencia histórica; no meramente en cuanto concepto, sino según el contenido de la experiencia. Épocas enteras, sociedades enteras han carecido tanto del concepto de libertad como de la cosa. Atribuirles ésta como un en sí objetivo aun cuando les ha estado completamente velada se opondría al principio kantiano de lo trascendental, que debe fundarse en la consciencia subjetiva, y sería insostenible si la supuesta consciencia en general faltase en un solo ser vivo. De ahí sin duda el tenaz esfuerzo de Kant por demostrar la consciencia moral como algo dado en todas partes, incluso en los radicalmente malvados. De lo contrario habría tenido que negar a las fases y sociedades en las que no hay libertad, junto con el carácter de esencia dotada de razón, también el de humanidad; el seguidor de Rousseau difícilmente se habría avenido a eso. Antes de que el individuo se formara en el sentido para Kant evidente, moderno, el cual significa no simplemente el individuo biológico, sino el constituido como unidad por la autorreflexión de éste[3], la «autoconsciencia» hegeliana, hablar de libertad, sea real o exigida, es anacrónico. Por otra parte, la libertad, implantable sin cortapisas únicamente bajo condiciones sociales de abundancia desaherrojada, podría igualmente ser extinguida por completo y quizá sin dejar huella. Lo malo no es que los hombres libres obren radicalmente mal, tal como se obra mal más allá de toda medida imaginada por Kant, sino que todavía no exista el mundo en el que, como asoma en Brecht, ya no tendrían necesidad de ser malos. El mal sería, por tanto, su propia no-libertad; el mal que se produce derivaría de ésta. La sociedad determina a los individuos, incluso según su génesis inmanente, a lo que son; su libertad o no-libertad no es lo primario, como parece bajo el velo del *principium individuationis*. Pues el yo dificulta a la consciencia subjetiva incluso la comprensión de su dependencia, tal como

Schopenhauer explicaba con el mito del velo de Maya. El principio de individuación, ley de la particularización a la que está vinculada la universalidad de la razón en los individuos, tiende a impermeabilizar a ésta contra los contextos que los envuelven y fomenta con ello la confianza lisonjera en la autarquía del sujeto. Bajo el nombre de libertad, su quintaesencia es contrapuesta a la totalidad de todo lo que limita a la individualidad. Pero el *principium individuationis* no es de ninguna manera lo metafísicamente último e inmutable, y por consiguiente tampoco lo es la libertad; ésta es más bien un momento en sentido doble: no es aislable, sino entreverada, y, por lo pronto, nunca es más que un instante de la espontaneidad, un punto nodal histórico, desfigurado bajo las condiciones actuales. Ni prevalece la independencia del individuo en que desmesuradamente hacía hincapié la ideología liberal, ni se ha de negar su sumamente real separación de la sociedad, que aquella ideología interpreta falsamente. A veces, el individuo se ha opuesto a la sociedad como algo aunque particular autónomo, que podía perseguir con la razón sus propios intereses. En esa fase, y más allá de ella, la cuestión de la libertad fue la genuina de si la sociedad permite al individuo ser tan libre como le promete; por tanto, también si ella misma lo es. Temporalmente, el individuo se sale del ciego contexto de la sociedad, pero en su aislamiento sin ventanas no hace sino ayudar a la reproducción de ese contexto. – No menos anuncia la tesis de la no-libertad la experiencia histórica de la irreconciliación entre interior y exterior: los hombres son no-libres en cuanto pertenecen a lo exterior, y esto exterior a ellos es a su vez también ellos mismos. Sólo en lo separado de él y necesario contra él adquiere el sujeto, según se reconoce en la *Fenomenología* de Hegel, los conceptos de libertad y no-libertad que luego refiere a su propia estructura monadológica. La consciencia prefilosófica está más acá de la alternativa; al sujeto que obra ingenuamente y se opone a sí mismo al entorno su propio condicionamiento le es impenetrable. Para dominarlo la consciencia tiene que hacerlo transparente. La soberanía del pensamiento, que en virtud de su libertad vuelve a sí como a su sujeto, produce también el concepto de no-libertad. Ni uno ni otro están en simple contraposición, sino interpenetrados. De lo cual la consciencia no se da cuenta por ansia de saber teórico. La soberanía con que domina a la naturaleza y su figura social, el dominio sobre los hombres, le sugieren lo opuesto a ella, la idea de libertad. El arquetipo histórico de ésta era el que en las jerarquías está arriba, no visiblemente dependiente. En el abstracto concepto universal de ese más allá de la naturaleza la libertad es espiritualizada como libertad con respecto al reino de la causalidad. Pero con ello se convierte en autoengaño. Hablando psicológicamente, el interés del sujeto en la tesis de que es libre sería narcisista, tan desmedido como todo lo narcisista. El narcisismo se infiltra incluso en la argumentación de Kant, el cual sin embargo localiza categóricamente la esfera de la libertad por encima de la psicología. Todo hombre, incluso el «peor bribón», desearía, según la *Fundamentación de la metafísica de las costumbres*, tener la misma disposición «cuando se le presentan ejemplos de honestidad, de perseverancia en la observancia de las buenas máximas, de compasión y universal benevolencia». De ahí no puede esperar ninguna «satisfacción de los apetitos», «ningún estado de contento para ninguna de sus inclinaciones reales o imaginables», «sino sólo un mayor valor íntimo de su persona... Esta persona mejor cree él serlo cuando se sitúa en el punto de vista de un miembro del mundo inteligible al que involuntariamente le empuja la idea de libertad, es decir, de la independencia de las causas determinantes del mundo sensible...»[4]. Kant no ahorra ningún esfuerzo para esa expectativa de un mayor valor íntimo de la persona que motivaría la tesis de la libertad fundamentada, por su parte, ya con aquella objetividad de la ley a la que, no obstante, la consciencia sólo se eleva sobre la base de esa expectativa. No puede sin embargo hacer olvidar que, con respecto a la libertad, el «uso práctico de la razón común humana»[5] se empareja con la necesidad de autoelevación, con el «valor» de la persona. Por otra parte, esa consciencia inmediata, el «común conocimiento moral de la razón» del que metódicamente parte la *Fundamentación* kantiana, experimenta también no menos el interés de negar la misma libertad que reclama. Cuanta más libertad se atribuye el sujeto, y la comunidad de los sujetos, tanto mayor su responsabilidad, y ante ella fracasa en una vida burguesa cuya praxis nunca otorgó al sujeto la autonomía sin restricciones que teóricamente le endosaba. Por eso tiene que sentirse culpable. Los sujetos se dan cuenta de los límites de su libertad en su propia pertenencia a la naturaleza, pero sobre todo en su impotencia frente a la sociedad independizada de ellos. Sin embargo, la universalidad del concepto de libertad del que también participan los oprimidos se vuelve bruscamente contra la dominación en cuanto modelo de la libertad. Como reacción a esto, los privilegiados de la libertad se alegran de que los otros no estén todavía maduros para la libertad. Lo racionalizan plausiblemente con la causalidad natural. Los sujetos no sólo están fusionados con la propia corporeidad, sino que incluso en lo anímico trabajosamente separado del mundo corporal por la reflexión prevalece una legalidad sin excepción. La consciencia de esto ha crecido proporcionalmente a la determinación del alma como una unidad. Con todo, una autoconsciencia inmediatamente evidente de la libertad existe tan poco como de la no-libertad; siempre ha ya menester o bien del reflejo de lo percibido en la sociedad sobre el sujeto –la psicología más antigua es la llamada platónica–, o bien de la psicológica como una ciencia objetualizadora, en las manos de la cual la vida del alma descubierta por ella se convierte en cosa entre cosas y cae bajo la causalidad predicada del mundo de las cosas.

La consciencia naciente de la libertad se nutre del recuerdo del impulso arcaico, aún no guiado por un yo sólido. Cuanto más lo refrena el yo, tanto más cuestionable se convierte para él la libertad prehistórica en cuanto caótica. Sin anámnesis del impulso indómito, preyoico, el cual luego es desterrado a la zona de sujeción sin libertad, a la naturaleza, no se podría alentar la idea de libertad, que por su parte termina sin embargo reforzando al yo. En el concepto filosófico que más alto eleva la libertad como modo de comportamiento por encima del ser-ahí empírico, el de espontaneidad, resuena el eco de aquello que por la conservación de su libertad el yo de la filosofía idealista tiene que controlar hasta aniquilarlo. Como apología de su figura pervertida, la sociedad anima a los individuos a hipostasiar su propia individualidad y, por tanto, su libertad. Por lejos como llegue tan obstinada apariencia, la consciencia únicamente se percata de su momento de no-libertad en circunstancias patógenas como las neurosis obsesivas. Éstas le ordenan obrar, dentro del círculo de su propia inmanencia, según leyes que ella experimenta como «ajenas al yo»; denegación de la libertad en su reino nativo. Desde el punto de vista metapsicológico, el sufrimiento de las neurosis tiene también el aspecto de que destruyen la cómoda imagen –libre por dentro, no-libre por fuera–, sin que el sujeto, en su estado patológico, se dé cuenta de la verdad que le comunica y que no puede reconciliar ni con su pulsión ni con su interés racional. Todo contenido de verdad de las neurosis es que le demuestran al yo en sí su no-libertad en lo ajeno al yo, en la sensación de «yo no

soy eso en absoluto»; allí donde su dominio sobre la naturaleza fracasa. Lo que cae dentro de la unidad de lo que la teoría tradicional del
conocimiento llamaba la autoconsciencia personal –ella misma de esencia tan coactiva cuanto esta unidad se impone a todos sus momentos
como legalidad– le parece libre al yo replegado en sí porque éste deriva la idea de libertad del modelo de la propia dominación, primero
sobre hombres y cosas, luego, interiorizado, sobre todo su contenido
concreto de que dispone en cuanto que lo piensa. Esto no es solamente
el autoengaño de la inmediatez que se hincha como absoluto. Únicamente en cuanto uno obra como yo, no de manera meramente reactiva, puede su obrar llamarse libre en algún sentido. Sin embargo, en
la misma medida sería libre lo no domado por el yo como el principio de toda determinación, lo que al yo, como en la filosofía moral
kantiana, se le antoja no-libre y de hecho ha sido igualmente no-libre
hasta el día de hoy. El progreso de la autoexperiencia de la libertad convierte a ésta, como dato, en problemática, y como, no obstante, el interés del sujeto no renuncia a ella, la sublima como idea. Esto verifi-
ca metapsicológicamente la teoría psicoanalítica de la inhibición. Según
ésta, la instancia inhibidora, el mecanismo represivo, es, bastante dialécticamente, una con el yo, el *organon* de la libertad. La introspección
no descubre en sí ni la libertad ni la no-libertad como algo positivo.
Ambas las concibe en referencia a algo extramental: la libertad como
la contraimagen polémica del sufrimiento bajo la coacción social, la no-
libertad como la imagen fiel de ésta. Ni el sujeto es la «esfera de los orígenes absolutos» como la cual él se filosofa, ni las determinaciones en
virtud de las cuales se atribuye su soberanía necesitan siempre también
de lo que, según la autocomprensión de ellas, meramente debe necesitar de ellas. Sobre lo decisivo en el yo, su independencia y autonomía, sólo puede juzgarse en relación con su alteridad, con el no-yo. Si
la autonomía existe o no, depende de su contrincante y contradicción,
el objeto, que le otorga o niega autonomía al sujeto; separada de él, la
autonomía es ficticia.

De lo poco que sobre la libertad puede estipular la consciencia mediante el recurso a su autoexperiencia dan testimonio los *experimenta
crucis* de la introspección. No por nada el más popular se encarga a un
asno. Kant aún se guía por su esquema en el intento de demostrar la
libertad con la decisión, propia de las piezas de Beckett, de levantarse
de una silla. Para poder decidir concluyente, empíricamente, por así

decir, sobre si la voluntad es libre, hay que limpiar rigurosamente las situaciones de su contenido empírico; crear condiciones experimentales de pensamiento que presenten tan pocas determinantes como sea posible. Cualquier paradigma menos ridículo contiene para el sujeto que se decide fundamentos racionales que cabría inscribir como determinantes; el principio según el cual deben decidir condena los *experimenta* a la necedad, y eso devalúa la decisión. Por principio, situaciones puras de estilo buridanesco no deberían aducirse salvo cuando se las inventa o produce en aras de la demostración de la libertad. Incluso si pudieran encontrarse cosas así, sería irrelevante para la vida de cualquier hombre y por tanto ἀδιάφορον para la libertad. No pocos *experimenta crucis* kantianos tienen, por supuesto, una pretensión mayor. Los aporta como pruebas empíricas del derecho a «introducir la libertad en la ciencia», pues «también la experiencia confirma ese orden de los conceptos en nosotros»[6]; mientras que, sin embargo, las pruebas empíricas de algo según su propia teoría completamente supraempírico deberían hacerle desconfiar, porque con ello el hecho crítico se localiza en aquella esfera a la que en principio está sustraído. El ejemplo, pues, tampoco es concluyente: «Suponed que alguien excuse su inclinación al placer diciendo que ésta, cuando se le presentan el objeto amado y la ocasión, es para él totalmente irresistible; pues bien, si delante de la casa donde se le presenta esta ocasión se erigiera una horca para colgarle en seguida de gozado el placer, ¿no resistiría entonces a su inclinación? No hay que buscar mucho lo que contestaría. Pero preguntadle si, habiéndole exigido un príncipe bajo amenaza de la misma pena de muerte inminente levantar un testimonio falso contra un hombre honrado a quien con plausibles pretextos quisiera perder, preguntadle si entonces tiene por posible vencer su amor a la vida, por grande que éste sea. Quizá no se atreva a asegurar si lo haría o no; pero que para él es posible tiene que admitirlo sin vacilar. Él juzga por tanto que puede hacer algo porque es consciente de que debe hacerlo, y reconoce en sí mismo la libertad que sin la ley moral hubiese permanecido desconocida para él»[7]. Que puede hacerlo podría probablemente concederlo el por Kant acusado de «inclinación al placer» tanto como el extorsionado por el tirano al que Kant respetuosamente llama su príncipe; sería sin duda la verdad si, conscientes del peso de la autoconservación en semejantes decisiones, ambos dijeran no saber cómo se comportarían en la situación real. Un momento psicológico como la «pulsión del yo» y el miedo a la muerte se presentarían irremediablemente de otro modo en la situación aguda que en el inverosímil experimento cogitativo que neutraliza esos momentos en una representación ponderable sin participación de los afectos. De nadie, ni del más íntegro, puede profetizarse cómo se comportará bajo tortura; la situación, que entretanto ha dejado de ser ficticia, señala un límite de lo para Kant evidente. Su ejemplo no permite, como él esperaba, la legitimación del concepto de libertad según su uso práctico, sino a lo sumo encogerse de hombros. El del tahúr no es mejor: «Quien ha perdido en el juego puede enfadarse consigo mismo y su imprudencia, pero si es consciente de haber hecho trampa en el juego (aun cuando por ello haya ganado), tiene que despreciarse a sí mismo en cuanto se compare con la ley moral. Ésta tiene por tanto que ser algo sin duda distinto del principio de la propia felicidad. Pues tener que decirse a sí mismo "soy un indigno aunque haya llenado mi bolsa" tiene que tener otra regla de juicio que el aplaudirse a sí mismo y decir "soy un hombre prudente, pues he enriquecido mi caja"»[8]. Si el tramposo se desprecia o no, incluso suponiendo que reflexione sobre la ley moral, es una cuestión crasamente empírica. Puede sentirse infantilmente, en cuanto elegido, por encima de toda obligación burguesa; también reírse con disimulo del éxito de su jugada, de tal modo que su narcisismo lo acorace contra el supuesto autodesprecio; y puede seguir un código aprobado entre sus iguales. El *pathos* con que debe tratarse de indigno se basa en el reconocimiento de la ley ética de Kant que éste quiere fundamentar con el ejemplo. En el grupo, por ejemplo, de todos los cubiertos por el concepto de *moral insanity* está suspendida, aunque éstos de ningún modo carecen de razón; sólo metafóricamente cabría alinearlos entre los locos. Lo que en las proposiciones sobre el *mundus intelligibilis* busca apoyo en el mundo empírico debe admitir criterios empíricos, y éstos hablan contra el apoyo, conforme a esa aversión del pensamiento especulativo contra el llamado ejemplo en cuanto algo inferior, de la que en Kant no faltan testimonios: «Éste es también el único y gran servicio de los ejemplos, que aguzan el juicio. Pues, en lo tocante a la corrección y la precisión de la comprensión del entendimiento, por lo común les causan más bien algún perjuicio, ya que sólo raras veces cumplen adecuadamente la condición de la regla (como *casus in terminus*) y, además, a menudo debilitan aquel esfuerzo del entendimiento por comprender las reglas en lo universal e independientemente de las especiales circunstancias empíricas según su suficiencia, y por ello acaban por acostumbrar a emplearlas más como fórmulas que como principios. Son así los ejemplos las andaderas del juicio, de las que nunca puede prescindir quien carece del talento natural del juicio»[9]. Cuando, contra su propia opinión, Kant no desdeña pese a todo los ejemplos en la *Crítica de la razón práctica*, levanta la sospecha de que los necesitaba, pues de otro modo que mediante la subrepción empírica no habría cabido demostrar la relación entre la ley ética formal y el ser-ahí, y por tanto la posibilidad del imperativo; su filosofía se venga de él pinchando los ejemplos. El contransentido de los experimentos morales podría tener como núcleo el hecho de que acoplan algo incompatible; de que se comprometen a calcular lo que por su parte desborda del ámbito de lo calculable[*].

Pese a todo ello, muestran un momento que, como corresponde a su vaga experiencia, puede llamarse lo añadido. Las decisiones del sujeto no engranan en la cadena causal, se produce un salto. Esto añadido, fáctico, en que la consciencia se exterioriza, la tradición filosófica no lo vuelve a interpretar sino como consciencia. Ésta debe intervenir, como si la intervención del espíritu puro fuera representable de alguna manera. En aras de lo cual se construye lo que se ha de demostrar: sólo la reflexión del sujeto podría, si no interrumpir la causalidad natural, sí, añadiendo otras series de motivaciones, cambiar su dirección. La autoexperiencia del momento de libertad está unida a la consciencia; el sujeto sólo se sabe libre en la medida en que su acción se le apa-

---

[*] En Kant los experimentos cogitativos no carecen de semejanza con la ética existencialista. Kant, que sabía muy bien que la buena voluntad tiene su medio en la continuidad de una vida y no en el acto aislado, en el experimento, para que así demuestre lo que debe reduce la buena voluntad a la decisión entre dos alternativas. Pero esa continuidad prácticamente ya no existe; por eso Sartre se agarra únicamente a la decisión, en una especie de regresión al siglo XVIII. Mientras que, sin embargo, con la situación de alternativa debe demostrarse autonomía, ésta es heterónoma ante todos los contenidos. En uno de sus ejemplos de situaciones decisivas Kant tiene que recurrir a un déspota; análogamente, los de Sartre proceden muchas veces del fascismo, verdaderos en cuanto denuncia de éste, no como *condition humaine*. Libre sólo sería quien no tuviera que plegarse a ninguna alternativa, y en lo existente es un vestigio de libertad negarse a ellas. Libertad significa crítica y cambio de las situaciones, no su confirmación por la decisión en medio de su estructura coactiva. Cuando, tras una discusión con escolares, a su colectivista pieza didáctica de *El que dice sí* añadió la disidente *El que dice no*, Brecht, a pesar de su credo oficial, contribuyó a que esa idea se abriera paso.

rece idéntica a él, y éste únicamente es el caso en las conscientes. Sólo en ellas levanta cabeza, trabajosa, efímeramente, la subjetividad. Pero la insistencia en esto se estrechó racionalistamente. Hasta tal punto estaba Kant, conforme a su concepción de la razón práctica como la verdaderamente «pura», es decir, soberana frente a todo material, preso de la escuela derrocada por la crítica de la razón teórica. Consciencia, comprensión racional, no es simplemente lo mismo que obrar libre, no se equipara lisa y llanamente con la voluntad. Precisamente eso ocurre en Kant. En él la voluntad es la quintaesencia de la libertad, la «facultad» de obrar libremente, la unidad característica de todos los actos que se representan como libres. Lo que él enseña de las categorías que están en «conexión necesaria» con el «fundamento determinante de la voluntad pura» «en el campo de lo suprasensible» es «que nunca hacen referencia más que a esencias en cuanto inteligencias, y en éstas tampoco más que a la relación de la razón con la voluntad, por ende nunca más que a lo práctico»[10]. Mediante la voluntad se procura realidad la razón, nunca ligada a ningún material del tipo que sea. En esto deberían converger las formulaciones diseminadas en los escritos de Kant sobre filosofía moral. En la *Fundamentación de la metafísica de las costumbres*, la voluntad es «pensada como una facultad de determinarse a sí mismo a obrar conforme a la representación de ciertas leyes»[*]. Según un pasaje posterior del mismo escrito, la voluntad sería «una especie de causalidad de los seres vivos en la medida en que son racionales, y la libertad sería aquella propiedad de esta causalidad por la cual puede ser eficiente independientemente de las causas ajenas que la determinen»[12]. El oxímoron «causalidad por medio de la libertad», que aparece en la tesis de la tercera antinomia y en la *Fundamentación,* se explicita de manera plausible únicamente gracias a la abstracción que hace que la voluntad se agote en la razón. De hecho, la libertad para Kant se convierte en una propiedad de la causalidad de los sujetos vivos, ya que está más allá de las causas ajenas que la determinan y se reduce a aquella necesidad que coincide con la razón. Incluso su concepción como «facultad de los fines»[13] en la *Crítica de la razón práctica*, pese a la orientación de ésta por el concepto objetivo de fin, explica la volun-

---

[*] La «representación de ciertas leyes» desemboca en el concepto de la razón pura, a la que Kant define justamente como «la facultad del conocimiento a partir de principios».

tad como razón teórica, pues los fines «son siempre fundamentos de determinación de la facultad de desear según principios»[14]; pero bajo los principios no se han únicamente de representar las leyes de la razón, a las cuales se atribuye tácitamente la capacidad de dirigir la facultad de desear, la cual por su parte pertenece al mundo de los sentidos. En cuanto λόγος puro, la voluntad se convierte en una tierra de nadie entre sujeto y objeto, antinómica de una manera no prevista en la crítica de la razón. – Sin embargo, al comienzo de la autorreflexión del sujeto moderno en vías de emancipación, en *Hamlet*, la divergencia entre comprensión y obrar se señala paradigmáticamente. Cuanto más se convierte en un ente para sí y se distancia de la armonía sin fisuras con el orden previamente dado, tanto menos son una sola cosa acto y consciencia. Lo añadido posee un aspecto irracional según las reglas de juego racionalistas. Éste desmiente el dualismo cartesiano entre *res extensa* y *res cogitans*, que agrega lo añadido, en cuanto algo mental, a la *res cogitans*, sin tener en cuenta su diferencia del pensamiento. Lo añadido es impulso, rudimento de una fase en la que el dualismo entre lo extramental y lo intramental aún no estaba fijado por completo, ni franqueable con la voluntad ni algo ontológicamente último. Ello afecta también al concepto de voluntad, que tiene por contenido los llamados datos de la consciencia, los cuales al mismo tiempo, desde un punto de vista puramente descriptivo, no sólo son tales; eso es lo que se oculta en la transición de la voluntad a la praxis. El impulso, a la vez intramental y somático, empuja más allá de la esfera de la consciencia, a la cual sin embargo también pertenece. Con él se introduce la libertad en la experiencia; esto anima su concepto en cuanto el de una situación que no fuera ni naturaleza ciega ni oprimida. Su fantasma, que permite a la razón no preocuparse de ninguna demostración de la interdependencia causal, es el de una reconciliación de espíritu y naturaleza. No es tan ajeno a la razón como aparece bajo el aspecto de la equiparación kantiana de ésta con la voluntad; no cae del cielo. A la reflexión filosófica le parece algo sin más distinto, pues la voluntad reducida a la pura razón práctica es una abstracción. Lo añadido es el nombre para lo que esta abstracción eliminó; sin ello la voluntad no sería real en absoluto. Es lo que destella entre los polos de algo ha mucho sido, devenido casi irreconocible, y de lo que alguna vez pudiera ser. La verdadera praxis, la suma de las acciones que satisfarían la idea de libertad, ha ciertamente menester de la plena consciencia teórica. El deci-

sionismo, que elimina a la razón en la transición a la acción, entrega
ésta al automatismo de la dominación; la libertad irreflexiva que éste
se arroga se convierte en esclava de la total no-libertad. El imperio de
Hitler, decisionismo y socialdarwinismo, la prolongación afirmativa
de la causalidad natural, unificados, ha sido instructivo a este respecto.
Pero la praxis ha también menester de otra cosa, de algo que no se agota en la consciencia, corporal, convertido por la mediación en la razón
y cualitativamente distinto de ésta. Ambos momentos de ningún modo
se experimentan separadamente; sin embargo, el análisis filosófico ha
aderezado el fenómeno de tal modo que después, en el lenguaje de la
filosofía, no puede en absoluto expresarse de otra manera que como si
a la racionalidad se le añadiera algo distinto. En la medida en que únicamente admitía la razón como *movens* de la praxis, Kant seguía bajo
el hechizo de aquello pálidamente teórico contra lo cual él inventó complementariamente la primacía de la razón práctica. Toda su filosofía
moral adolece de esto. Lo que es diferente de la consciencia pura en la
acción, lo cual desde el punto de vista kantiano obliga a ésta, lo que
brota súbitamente, es la espontaneidad, que Kant trasplantó igualmente
a la consciencia pura, pues de lo contrario la función constitutiva del
«yo pienso» se habría puesto en peligro. En éste el recuerdo de lo excluido sólo sigue viviendo en la doble interpretación de la espontaneidad intramentalmente interpretada. Por una parte, es obra de la consciencia: pensar; por otra, inconsciente e involuntariamente, el latido
de la *res cogitans* más allá de ésta. La misma consciencia pura –la «lógica»– es algo devenido y algo válido en lo que su propia génesis ha desaparecido. Ésta la tiene en el momento escamoteado por la doctrina
kantiana, el de la negación de la voluntad, el cual según Kant sería
consciencia pura. La lógica es una praxis impermeabilizada contra sí
misma. Una conducta contemplativa, el correlato subjetivo de la lógica, es la conducta que no quiere nada. Por el contrario, todo acto
de voluntad rompe el mecanismo autárquico de la lógica; esto pone
a teoría y praxis en oposición. Kant lo pone todo del revés. Por más
que, con la consciencia creciente, lo añadido se iría sublimando cada
vez más, e incluso con ello el concepto de voluntad se formaría como
el de algo sustancial y unívoco, si la forma motora de reacción se li-
quidara por entero, si la mano dejase de contraerse, no habría ninguna
voluntad. Ya lo que por ésta entendían los grandes filósofos racionalistas la niega sin rendir cuentas por ello, y al Schopenhauer del cuarto

libro no le faltaba razón para sentirse kantiano. El hecho de que sin voluntad no hay consciencia a los idealistas se les difumina en la desnuda identidad: como si la voluntad no fuera nada más que consciencia. En el concepto más profundo de la teoría trascendental del conocimiento, el de la imaginación productiva, la huella de la voluntad se encastra en la función intelectiva pura. Una vez ocurrido esto, asombrosamente a la voluntad se le escamotea la espontaneidad. No se trata meramente de que la razón se haya desarrollado genéticamente a partir de la energía impulsiva, como diferenciación de ésta: sin esa voluntad que se manifiesta en la arbitrariedad de todo acto de pensamiento, y que constituye el único fundamento de su distinción con respecto a los momentos pasivos, «receptivos», del sujeto, en sentido propio no habría pensamiento. Pero el idealismo se ha comprometido a lo contrario y no puede faltar a su palabra so pena de aniquilamiento; eso explica, lo mismo que la distorsión, la proximidad de ésta al estado de cosas verdadero.

La libertad únicamente cabe comprenderla en la negación determinada, conforme a la figura concreta de la no-libertad. Se convierte positivamente en el «como si». Así sucede literalmente en la *Fundamentación de la metafísica de las costumbres*: «Digo, pues: todo ser que no pueda obrar de otro modo que bajo la idea de libertad es justamente por ello realmente libre en el respecto práctico, es decir, que para él valen todas las leyes que están inseparablemente unidas con la libertad, justamente como si su voluntad fuera definida como libre en sí misma y de manera válida en la filosofía teórica»[15]. Lo aporético de esta ficción, a la que, quizá precisamente por su debilidad, el «digo, pues» confiere tal acento subjetivo, lo ilustra una nota al pie en la que Kant se disculpa por «no admitir de manera suficiente para nuestro propósito la libertad más que en cuanto afirmada por los seres racionales, al realizar sus acciones, como fundamento meramente en la idea», «puesto que yo no me podía obligar a demostrar la libertad también en su intención teórica»[16]. Pero los que él tiene en mente son seres que no pueden obrar de otro modo que bajo esa idea, es decir, hombres reales; y a ellos se refiere, según la *Crítica de la razón pura*, aquella «intención teórica» que hace constar la causalidad en su tabla de categorías. Garantizar la libertad a los hombres empíricos, como si su voluntad estuviera demostrada como libre en la filosofía teórica, la de la naturaleza, exige de Kant un esfuerzo desmesurado; pues si la ley moral les fuese absolutamente inconmensurable, la filosofía moral no tendría ningún sentido. Con gusto se sacudiría ésta el hecho de que la tercera antinomia tache por igual a ambas respuestas posibles de transgresiones de los límites y acabe en empate. Aunque en la filosofía práctica proclama rigurosamente el *chorismos* entre lo que es y lo que debe ser, Kant se ve sin embargo obligado a mediaciones. Su idea de libertad se hace paradójica al ser incorporada a la causalidad del mundo fenoménico, que es incompatible con su concepto kantiano. Con la grandiosa inocencia a la que los paralogismos de Kant siguen debiendo su prelación sobre toda sutileza, él lo expresa en la proposición sobre los seres que no podrían obrar de otro modo que bajo la idea de libertad, la consciencia subjetiva de los cuales estaría encadenada a esta idea. Su libertad tiene como base su no-libertad, el no poder hacer otra cosa, y al mismo tiempo una consciencia empírica, que por *amour propre* podría engañarse sobre su libertad tanto como sobre innumerables otros aspectos de su vida psíquica; el ser de la libertad quedaría a merced de la contingencia del ser-ahí espacio-temporal. Si la libertad se hace positiva, si se pone como algo dado o algo irremediable en medio de lo dado, inmediatamente se convierte en lo no-libre. Pero la paradoja de la doctrina kantiana de la libertad corresponde estrictamente a su lugar en la realidad. El hincapié social sobre la libertad como algo existente se coaliga con una opresión sin paliativos, desde el punto de vista psicológico, con rasgos coactivos. Éstos la filosofía moral kantiana, en sí antagónica, los tiene en común con una praxis criminológica en la que con la doctrina dogmática de la libertad de la voluntad se empareja la necesidad de castigar duramente, sin tener en cuenta las condiciones empíricas. Todos los conceptos que en la *Crítica de la razón práctica* tienen que colmar, en honor a la libertad, el abismo entre el imperativo y el hombre, son represivos: ley, obligación, respeto, deber. La causalidad procedente de la libertad corrompe a ésta convirtiéndola en obediencia. Kant, lo mismo que los idealistas tras él, no puede soportar la libertad sin coacción; su concepción a las claras ya le produce aquel miedo a la anarquía que más tarde aconsejó a la consciencia burguesa la liquidación de su propia libertad. Cualesquiera formulaciones de la *Crítica de la razón práctica* permiten reconocerlo más aún casi por el tono que por el contenido: «La consciencia de un libre sometimiento de la libertad a la ley, en cuanto sin embargo unida a una inevitable coacción hecha a todas las inclinaciones si bien sólo por la propia razón, es, pues, el respeto a la ley»[17]. Lo por Kant apriorizado como atemorizante majestad los analistas lo redujeron a condiciones psicológicas. Al explicar causalmente lo que en el idealismo rebaja a coacción ineluctable la libertad, la ciencia determinista secunda realmente la libertad: es parte de su dialéctica.

En su apogeo el idealismo alemán hace causa común con una canción que en aquel mismo periodo entró a formar parte de *Des Knaben Wunderhorn:* los pensamientos son libres. Como según su doctrina todo lo que es debe ser pensamiento, pensamiento de lo absoluto, todo lo que es debe ser libre. Pero esto lo único que quiere es aplacar la consciencia de que los pensamientos no son de ningún modo libres. Incluso antes de todos los controles sociales, antes de toda adaptación a las relaciones de dominación, cabría demostrar que su forma pura, la astringencia lógica, es una no-libertad, una coacción, con respecto a lo pensado tanto como respecto a quien piensa, el cual sólo mediante la concentración ha de reprimirse. Con lo que no encaja en la ejecución del juicio se corta por lo sano. El pensamiento ejerce de antemano aquella violencia que la filosofía reflejaba en el concepto de necesidad. Mediante identificación se median en ella de la manera más íntima filosofía y sociedad. La actual reglamentación universal del pensamiento científico exterioriza esta relación ancestral en procedimientos y formas de organización. Por otro lado, sin un momento de coacción el pensamiento no podría ser en absoluto. La contradicción entre libertad y pensamiento no puede ser eliminada ni por el pensamiento ni para el pensamiento, sino que requiere de la autorreflexión de éste. Con razón desde Leibniz hasta Schopenhauer los filósofos especulativos concentraron sus esfuerzos en la causalidad. Ésta es la *crux* del racionalismo en aquel sentido más amplio que incluye hasta a la metafísica schopenhaueriana en la medida en que ésta se sabe sobre suelo kantiano. La conformidad a ley de las formas puras del pensamiento, la *causa cognoscendi*, es proyectada sobre los objetos como *causa efficiens*. La causalidad presupone el principio de la lógica formal, auténticamente la no-contradicción, el de la desnuda identidad, como regla del conocimiento material de los objetos, por más que históricamente la evolución haya podido discurrir a la inversa. De ahí el equívoco de la palabra ratio: razón y fundamento. La causalidad tiene que pagar por ello: como Hume comprendió, no puede referirse a nada sensiblemente inmediato. En tal sentido se le ha impuesto como un resto dogmático al idealismo, mientras que éste sin la causalidad no podría ejercer sobre el ente la dominación a que aspira. Desprovisto de la coacción de la identidad, el pensamiento quizá prescindiría de la causalidad, que es copia de esa coacción. La causalidad hipostasía la forma como obligatoria para un contenido que de por sí no presenta esa forma; una reflexión metacrítica tendría que asimilar el empirismo. Toda la filosofía de Kant se halla por el contrario bajo el signo de la unidad. Esto es lo que, a pesar del fuerte acento que pone en el «material» que no procede de las formas puras, le confiere el carácter de sistema: de éste no esperaba él menos que sus sucesores. Pero la unidad dominante es el concepto mismo de razón, en último término la unidad lógica de la pura no-contradicción. Nada se añade a ésta en la doctrina kantiana de la praxis. La distinción terminológicamente sugerida entre la teórica pura y la práctica pura, entre una razón de la lógica formal y una de la lógica trascendental, y en último término la de la doctrina de las ideas en sentido estricto, no son diferencias dentro de la razón en sí, sino que únicamente afectan a su uso, el cual o no tiene nada que ver en absoluto con los objetos, o se refiere exclusivamente a la posibilidad de los objetos, o bien, lo mismo que la razón práctica, produce sus objetos, las acciones libres, a partir de sí. La doctrina hegeliana de que lógica y metafísica son lo mismo es inherente a Kant, sin ser todavía tematizada. La objetividad de la razón como tal, el epítome de la validez lógico-formal, se convierte para él en refugio de la ontología tocada de muerte por la crítica en todos los ámbitos materiales. Esto no sólo fundamenta la unidad de las tres críticas: en cuanto precisamente este momento de la unidad, la razón alcanza aquel doble carácter que luego contribuyó a motivar la dialéctica. Distinta del pensamiento, para él la razón es, por una parte, la figura pura de la subjetividad; por otra parte, epítome de la validez objetiva, prototipo de toda objetividad. Su carácter doble permite el sesgo tomado por la filosofía kantiana tanto como por los idealistas alemanes: enseñar la objetividad de la verdad y de cualquier contenido, nominalistamente socavada por la subjetividad, en virtud de esa misma subjetividad que la ha aniquilado. En la razón ambas cosas son ya una sola cosa: con lo cual por supuesto, todo lo que se puede entender por objetividad, lo opuesto al sujeto, mediante la abstracción desaparece en éste por más que Kant aún se resista a ello. Pero el doble filo estructural del concepto de razón se comunica también al de voluntad. Mientras que, en nombre de la espontaneidad, de lo que en el sujeto no puede objetualizarse a ningún precio, no debe ser nada más que sujeto, sólida e idéntica como la razón es objetualizada como una facultad, hipotética pero fáctica, en medio del mundo fáctico-empírico y por tanto conmensurable con éste. Sólo gracias a su naturaleza óntica a priori, la de algo dado como una cualidad, puede juzgarse de ella sin contrasentido que crea sus objetos, las acciones. Pertenece al mundo en que opera. Que esto se le pueda confirmar es la compensación por la instalación de la razón pura como concepto de la indiferencia. Quien la tiene que pagar es la voluntad, de la cual son expulsados por heterónomos todos los impulsos que se niegan a la objetualización.

Quizá no pese demasiado la objeción que desde un punto de vista inmanente al sistema se podría levantar contra Kant de que la división de la razón según sus objetos hace a ésta, contra la doctrina de la autonomía, dependiente de lo que ella no debe ser, lo extrarracional. En esa incoherencia se abre paso, pese a las intenciones de Kant, lo por éste ahuyentado, la íntima remisión de la razón a lo no-idéntico a ella. Sólo que Kant no va tan lejos: la doctrina de la unidad de la razón en todos sus supuestos campos de aplicación supone una firme separación entre la razón y aquello de que se ocupa. Sin embargo, como para ser de algún modo razón ésta se refiere necesariamente a aquello de que se ocupa, en sí esto, contra la teoría kantiana, también la determina. Por ejemplo, en los juicios sobre lo que se ha de hacer prácticamente, la constitución de los objetos interviene de modo cualitativamente distinto a como lo hace en los fundamentos teóricos kantianos. La razón se diferencia en sí según sus objetos, no se la puede estampillar externamente, con diversos grados de validez, como siempre la misma en diferentes ámbitos de objetos. Esto contamina también a la doctrina de la voluntad. Ésta no es χωρίς de su material, la sociedad. Si lo fuese, el imperativo categórico atentaría contra sí mismo; nada más que su material, los demás hombres sólo serían utilizados por el sujeto autónomo como medio, no también como fin. Éste es el contrasentido de la construcción monadológica de la moral. La conducta moral, a ojos vista más concreta que la meramente teórica, se hace más formal que ésta como consecuencia de la doctrina de que la razón práctica es independiente de todo lo «ajeno» a ella, de todo objeto. Sin duda, el formalismo de la ética kantiana no es sólo lo condenable como lo que, desde Scheler, la reaccionaria filosofía académica alemana lo estigmatizó. Aunque no provee de una casuística de lo que se ha de hacer, humanamente impide el abuso de las diferencias de contenido y cualitativas a favor del privilegio y de la ideología. Lo que estipula es la norma universal de derecho; en tal medida pervive en él, pese y debido a su abstracción misma, un cierto contenido: la idea de igualdad. La crítica alemana, para la que el formalismo kantiano era demasiado racionalista, mostró su sangriento color en la praxis fascista, que hacía depender de la ciega apariencia, de la pertenencia o no pertenencia a una raza determinada, a quién debía matarse. El carácter de apariencia de tal concreción, el hecho de que con completa abstracción se subsumiera a los hombres bajo conceptos abstractos y se los tratara en consecuencia, no borra la mancha que desde entonces ensucia a la palabra «concreto». Pero con ello no se invalida la crítica de la moralidad abstracta. Ni ésta ni la ética de valores supuestamente material, cargada de normas efímeramente eternas, bastan frente a la constante irreconciliación de lo particular y lo universal. Elevada a principio, la apelación a cualquiera de ellos supone una injusticia para el opuesto. La despractización de la razón práctica de Kant, su racionalismo por tanto, y su desobjetualización van de la mano; sólo en cuanto desobjetualizada se convierte en aquello absolutamente soberano que debe poder operar en la empiria sin tener en cuenta ni ésta ni el salto entre obrar y hacer. La doctrina de la razón pura práctica prepara la retraducción de la espontaneidad en contemplación que se consumó en la historia posterior de la burguesía y culminó en la apatía política, algo sumamente político. Lo que crea la apariencia de objetividad en sí de la razón práctica es su total subjetivización; ya no está claro cómo, más allá del abismo ontológico, su intervención ha de afectar a ningún ente. Ésta es también la raíz de lo irracional en la ley moral kantiana, de aquello para lo que él eligió el término de «dato», que niega toda transparencia racional; esto frena el avance de la reflexión. Como en él la libertad desemboca en la invariante de la igualdad consigo misma de la razón incluso en el ámbito práctico, pierde aquello por lo que el uso lingüístico distingue entre razón y voluntad. En virtud de su total racionalidad, la voluntad se convierte en irracional. La *Crítica de la razón práctica* se mueve en el contexto de la obcecación. El espíritu le sirve ya de sucedáneo de la acción, la cual ahí no debe ser nada más que el puro espíritu. Esto sabotea la libertad: su portador kantiano, la razón, coincide con la ley pura. La libertad ha menester de lo para Kant heterónomo. Sin algo contingente según el criterio de la razón pura, habría tan poca libertad como sin el juicio racional. La escisión absoluta entre libertad y contingencia es tan arbitraria como la absoluta entre libertad y racionalidad. Según el rasero antidialéctico de la legalidad, en la libertad aparece siempre algo contingente; ella requiere una reflexión que se eleve por encima de las categorías particulares de ley y contingencia.

El concepto moderno de razón era un concepto de la indiferencia. En él el pensamiento subjetivo reducido a la forma pura –y, por eso, potencialmente objetivado, arrancado del yo– se equilibraba con la validez de las formas lógicas, despojada de su constitución, pero que seguía no pudiéndose representar sin el pensamiento subjetivo. En Kant las manifestaciones de la voluntad, las acciones, participan de tal objetividad; se llaman, pues, también objetos*. Su objetualidad, calcada sobre el modelo de la razón, ignora la *differentia specifica* entre acción y objeto. La voluntad, concepto genérico o momento de la unidad en las acciones, es análogamente objetualizada. Lo que con ello le ocurre a ésta no carece totalmente, sin embargo, pese a lo flagrante de su contradicción, de un contenido de verdad. Con respecto a los impulsos singulares la voluntad es de hecho tan autónoma, *quasi* cósica, como el principio de unidad del yo obtiene cierta autonomía frente a sus fenómenos en cuanto los «suyos». Se puede hablar de una voluntad autónoma y en tal medida incluso objetual tanto como de un yo fuerte o, según un lenguaje más antiguo, de carácter; incluso fuera de la construcción kantiana, es aquel punto medio entre naturaleza y *mundus intelligibilis* en cuanto el cual Benjamin la contrapone al destino[18]. La objetualización de los impulsos singulares en la voluntad que los sintetiza y determina es su sublimación, la lograda, retardante desviación

---

* «Por un concepto de la razón práctica entiendo la representación de un objeto como de un efecto posible de la libertad. Ser un objeto del conocimiento práctico como tal no significa por tanto sino la relación de la voluntad con la acción por la cual él o su contrario sería realizado, y el enjuiciamiento de si algo es o no un objeto de la razón pura práctica es sólo la distinción de la posibilidad o imposibilidad de querer aquella acción por la cual, si tuviésemos la facultad para ello (cosa sobre la cual tiene que juzgar la experiencia), un cierto objeto sería realizado» (KANT, *Kritik der praktischen Vernunft*, WWW V, edición de la Academia, p. 57 [ed. cast.: *Crítica de la razón práctica*, en *Fundamentación de la metafísica de las costumbres; Crítica de la razón práctica; La paz perpetua*, México, Porrúa, 1977, p. 131]).

del objetivo primario del impulso, la cual implica duración. En Kant la racionalidad de la voluntad la circunscribe fielmente. Convierte a la voluntad en algo distinto a su «material», los impulsos difusos. Destacar en un hombre su voluntad es referirse al momento de unidad de sus acciones, y eso es su subordinación a la razón. En el título italiano de *Don Giovanni*, al libertino se le llama *il dissoluto*, el disuelto; el lenguaje opta por la moral como la unidad de la persona según la abstracta ley de la razón. La doctrina ética de Kant otorga a la totalidad del sujeto el predominio sobre los momentos, en los cuales únicamente tiene ella su vida y que sin embargo, fuera de tal totalidad, no serían voluntad. El descubrimiento fue progresivo: impidió seguir juzgando casuísticamente sobre los impulsos particulares; incluso preparó desde dentro el fin de la justificación por las obras. Eso apoyaba a la libertad. El sujeto se convierte en moral para sí mismo, no puede ser sopesado según lo interior o exteriormente particular, lo extraño a él. Mediante el establecimiento de la unidad racional de la voluntad como única instancia ética logra protección contra la violencia sobre él infligida por una sociedad jerárquica que –como todavía en Dante– juzga sus actos sin que su propia consciencia se haya apropiado de la ley de éstos. Las acciones singulares se convierten en veniales; ninguna de ellas aislada es absolutamente buena o mala, su criterio es la «buena voluntad», su principio de unidad. La interiorización de la sociedad en cuanto total sustituye a los reflejos de un orden estamental, cuya estructura, cuanto más compacta se da, tanto más deshace lo en los hombres universal. La relegación de la moral a la sobria unidad de la razón fue lo burguesamente sublime de Kant, a pesar de la falsa consciencia en la objetualización de la voluntad.

La afirmación de la libertad tanto como la de la no-libertad terminan, según Kant, en contradicciones. La controversia no puede ser por tanto sino infructuosa. Con la hipóstasis de criterios científico-metódicos se da por evidente que del pensamiento racional habría que descartar los teoremas que no puedan protegerse de la posibilidad de su oposición contradictoria. Desde Hegel esto ya no cabe sostenerlo. La contradicción quizá esté en la cosa, no imputable de antemano al procedimiento. La urgencia del interés por la libertad sugiere tal contradictoriedad objetiva. Al demostrar la necesidad de las antinomias, Kant desdeñó también la excusa del pseudoproblema, aunque no tardó en

inclinarse ante la lógica de la no-contradicción*. La dialéctica trascendental no carece totalmente de la consciencia de ello. Sin duda la
kantiana se presenta, según el modelo aristotélico, como una dialéctica de sofismas. Pero tanto la tesis como la antítesis las desarrolla siempre sin contradicción en sí. En este sentido, de ningún modo acaba
cómodamente con la antítesis, sino que quiere demostrar su ineludibilidad. Sólo una reflexión de nivel superior podría «disolverla» en cuanto hipóstasis de la razón lógica frente a aquello de cuyo ser-en-sí nada
sabe y sobre lo que por tanto a ella no le compete juzgar positivamente.
El hecho de que a la razón la contradicción le sea inevitable indica que
ésta es algo sustraído a ella y a la «lógica». Desde el punto de vista del
contenido, esto permite la posibilidad de que el portador de la razón,
el sujeto, sea ambas cosas, libre y no-libre. Kant dirime la contradicción con los medios de la lógica no dialéctica, mediante la distinción
entre el sujeto puro y el empírico, la cual prescinde de la mediación entre ambos conceptos. El sujeto debe ser no-libre en la medida en que
también él, objeto de sí mismo, está sometido por las categorías a una
síntesis conforme a ley. Para poder obrar en el mundo empírico, el sujeto no puede de hecho ser representado de otro modo que como «fenómeno». Kant de ningún modo niega esto siempre. La crítica especulativa, enseña la obra sobre la razón práctica en concordancia con
aquélla sobre la pura, permite «que los objetos de la experiencia como
tales y entre ellos incluso nuestro propio sujeto no valgan más que como
fenómeno»[19]. La síntesis, la mediación, no puede sustraerse de nada
sobre lo que se juzgue positivamente. Momento de unidad del pensa-

---

* «Pues lo que nos impulsa necesariamente a traspasar los límites de la experiencia
y de todo fenómeno es lo incondicionado que la razón necesariamente y con todo derecho exige a todo lo condicionado en las cosas en sí y por tanto la serie de las condiciones en cuanto completa. Ahora bien, suponiendo que nuestro conocimiento empírico se rige por los objetos en cuanto cosas en sí, se descubre que lo incondicionado no
puede pensarse sin contradicción; por el contrario, si se supone que nuestra representación de las cosas, tal como nos son dadas, no se rige por éstas en cuanto cosas en sí,
sino que más bien estos objetos, en cuanto fenómenos, se rigen por nuestra forma de
representación, desaparece la contradicción; y que, por consiguiente, lo incondicionado no debe hallarse en las cosas en cuanto las conocemos (nos son dadas), pero sí en
ellas en cuanto no las conocemos, en cuanto cosas en sí: entonces se pone de manifiesto que lo que al comienzo admitíamos sólo como ensayo está fundamentado» (Kant,
Kritik der reinen Vernunft, WW III, edición de la Academia, pp. 13 ss. [ed. cast.: *Crítica
de la razón pura*, cit., p. 22 (B XX)]).

miento, comprende bajo sí todo lo pensado y lo determina como necesario. Ello afectaría también al discurso sobre el yo fuerte en cuanto identidad firme, como condición de la libertad. Éste no tendría ningún poder sobre el *chorismos*. Desde el punto de vista kantiano, la objetualización del carácter sólo sería localizable en el ámbito del *constitutum*, no en el del *constituens*. De lo contrario, Kant cometería el mismo paralogismo del que acusa a los racionalistas. Pero el sujeto es libre en cuanto pone, kantianamente «constituye», la propia identidad, el fundamento de su legitimidad. El hecho de que el *constituens* sea el sujeto trascendental, el *constitutum* el empírico, no elimina la contradicción, pues no hay ninguno trascendental si no es en cuanto individuado como unidad de la consciencia, por tanto como momento del empírico. Ha menester de lo no-idéntico irreductible, que al mismo tiempo limita la legitimidad. Sin esto no habría ni identidad ni una ley inmanente de la subjetividad. Sólo existe para lo no-idéntico; lo contrario es tautología. El principio identificador del sujeto es él mismo el interiorizado de la sociedad. Por eso en los sujetos reales, socialmente existentes, la no-libertad tiene hasta hoy la prelación sobre la libertad. En la realidad modelada según el principio de identidad no existe ninguna libertad. Cuando, bajo el hechizo universal, parecen en sí eximidos del principio de identidad y con ello de las determinantes intelectivas, los hombres no son más, sino menos que determinados; en cuanto esquizofrenia, la libertad subjetiva es algo destructor que tanto más incorpora a los hombres el hechizo de la naturaleza.

Una voluntad sin impulsos corporales que debilitados perviven en la imaginación no sería tal; al mismo tiempo, sin embargo, se erige una voluntad como unidad centralizadora de los impulsos, como la instancia que los domestica y potencialmente niega. Esto necesita de su determinación dialéctica. La voluntad es la fuerza de la consciencia con la que ésta abandona la esfera de su propia jurisdicción y así transforma lo que meramente es; su reverso es la resistencia. Incuestionablemente, su recuerdo acompaña siempre a la doctrina trascendental de la razón; así, en la afirmación kantiana de que la ley ética es un dato independientemente de la consciencia filosófica. Su tesis es heterónoma y autoritaria, pero tiene su momento de verdad en el hecho de que restringe el carácter racional puro de la ley ética. Si se tomase estrictamente, la razón una no podría ser otra que aquella sin recortes, filosófica. El motivo culmina en la fórmula fichteana de la evidencia de lo moral. En cuanto mala conciencia de la racionalidad de la voluntad, sin embargo, su irracionalidad es reprimida y falseada. Una vez supuesta como evidente, dispensada de la reflexión racional, lo evidente proporciona una guarida al retraso oscurantista y a la represión. La evidencia es lo distintivo de lo civilizador: bueno es lo uno, inmutable, idéntico. Lo que no se pliega a esto, toda la herencia del momento natural prelógico, se convierte inmediatamente en el mal, tan abstracto como el principio de lo contrario. El mal burgués es la postexistencia de lo anterior, sometido, no totalmente sometido. Pero el mal no es absoluto, lo mismo que su violenta contrapartida. Sobre ello sólo puede decidir cada vez la consciencia que refleja los momentos tan amplia y tan consecuentemente como le son accesibles. Auténticamente, para la justa praxis y para el mismo bien no hay ninguna otra instancia que el estado más avanzado de la teoría. Una idea del bien que debe guiar la voluntad sin que en ella penetren completamente las determinaciones concretas de la razón obedece inadvertidamente a la consciencia reificada, a lo socialmente aprobado. La voluntad arrancada a la razón y declarada fin en sí mismo, cuyo triunfo los nacionalsocialistas reivindicaron para sí mismos en uno de sus días del partido, está tan dispuesta al crimen como todos los ideales que se sublevan contra la razón. La evidencia de la buena voluntad se empecina en el espejismo, sedimento histórico del poder al que la voluntad tendría que resistirse. En contraste con su fariseísmo, el momento irracional de la voluntad condena por principio todo lo moral a la falibilidad. La seguridad moral no existe; suponerla sería ya inmoral, exonerar falsamente al individuo de cualquier cosa a la que se pudiera llamar ética. Cuanto más implacablemente se comporte hasta en la más insignificante situación la sociedad de manera objetivo-antagonista, tanto menos garantizada como la correcta está cualquier decisión moral individual. Sea lo que sea lo que el individuo o el grupo emprenda contra la totalidad de la que forman parte, se contagia del mal de ésta, y no menos quien no haga nada. A este respecto, el pecado original se ha secularizado. El sujeto individual que se figura moralmente seguro fracasa y se convierte en cómplice, pues, uncido al orden, apenas puede algo sobre las condiciones que apelan al ingenio ético: claman por su cambio. Para tal decadencia, no de la moral, sino de lo moral, el ocurrente neoalemán de después de la guerra ha fraguado el nombre de sobreexigencia, por su parte, en cambio, un instrumento apologético. Todas las determinaciones pensables de lo moral, hasta la más formal, la unidad de la autoconsciencia como razón, están extraídas de esa materia de la que la filosofía moral quería mantenerse incontaminada. Hoy en día la moral ha sido devuelta a la heteronomía por ella odiada y tiende a superarse. Sin recurso a un material, de la razón no podría extraerse ningún deber; pero una vez ésta debe reconocer su material *in abstracto* como condición de su posibilidad, no puede prohibir la reflexión sobre el material específico; de lo contrario, se haría precisamente heterónoma. Mirando hacia atrás, la positividad de lo moral, la infalibilidad que los idealistas subjetivos le acreditaron, se desvela como función de una sociedad todavía en cierta medida cerrada, o al menos de su apariencia para la consciencia en ella confinada. Quizá a eso se refería Benjamin con las condiciones y límites de la humanidad. El primado de la razón práctica sobre la teoría, propiamente hablando de la razón sobre la razón, que exigían las doctrinas kantiana y fichteana, sólo tiene validez para fases tradicionalistas, cuyo horizonte ni siquiera tolera las dudas que los idealistas se figuraban resolver.

Marx recibió de Kant y del idealismo alemán la tesis de la primacía de la razón práctica y la agudizó hasta convertirla en la exigencia de cambiar el mundo en lugar de meramente interpretarlo. Suscribió con ello el programa del protoburgués dominio absoluto de la naturaleza. Se impone el modelo real del principio de identidad, que como tal es negado por el materialismo dialéctico, el esfuerzo por equiparar al sujeto lo distinto a éste. Pero, al volver hacia fuera lo real inmanente al concepto, Marx prepara una revolución. El *telos* de la praxis subsiguiente era la abolición de su primacía en la forma en que había dominado por completo la sociedad burguesa. La contemplación sería posible sin inhumanidad en cuanto las fuerzas productivas se desaherrojaran de tal modo que los hombres dejaran de ser engullidos por una praxis que la escasez les impone y que luego se automatiza en ellos. Lo malo hasta hoy de la contemplación que se contenta con este lado de la praxis, tal como Aristóteles la había desarrollado por primera vez como *summum bonum*, ha sido que, precisamente por su indiferencia hacia el cambio del mundo, se ha convertido en parte de una práctica limitada: que se ha convertido en método y en instrumental. La posible reducción del trabajo a un *minimum* tenía que afectar radicalmente al concepto de praxis. Lo que de intelección incumbiría a una humanidad liberada por la praxis sería distinto de una praxis que se exalta a sí misma ideológicamente y da lugar a que los sujetos se muevan en uno u otro sentido. En la contemplación se ve hoy en día un reflejo de ello. La frecuente objeción, extrapolada de las tesis de Feuerbach, de que la felicidad del espíritu sería ilícita en medio de la creciente desgracia de la explosiva demografía en los países pobres, a la vista de las catástrofes ocurridas e inminentes, tiene contra sí no meramente el hecho de que la mayoría de las veces hace de la impotencia una virtud. Sin duda ya no se puede disfrutar verdaderamente del espíritu, porque una felicidad que tuviera que calar la propia inanidad, el tiempo prestado que le es concedido, no sería tal. Incluso donde todavía se mueve, es también minada subjetivamente. Son muchas las cosas que hablan de que en un conocimiento cuya posible relación con una praxis transformadora está al menos temporalmente paralizada tampoco hay en sí una bendición. La praxis es aplazada y apenas puede esperar; esto afecta también a la teoría. Sin embargo, quien no puede hacer nada sin que, aun cuando quiera lo mejor, amenace con redundar en lo peor, se limitará a pensar; ésa es su justificación y la de la felicidad del espíritu. Su horizonte no debe ser en modo alguno el de una relación transparente con una praxis ulteriormente posible. Un pensamiento dilatorio sobre la praxis tiene siempre algo de inadecuado, aun cuando la aplace por coacción nuda. Fácilmente echará sin embargo todo a perder quien someta su pensamiento al *cui bono*. Lo que un día incumba y toque en suerte a una praxis mejor, un pensamiento no puede, conforme a la advertencia de utopismo, preverlo aquí y ahora, lo mismo que la praxis, según su propio concepto, nunca es absorbida en el conocimiento. Sin el visto bueno práctico, el pensamiento debería arremeter contra la fachada tanto, moverse tan ampliamente, como le fuera posible. Una realidad que se cierra a la teoría tradicional, incluso a la mejor hasta ahora, la reclama por mor del hechizo que la envuelve; sus ojos miran tan ajenos al sujeto que éste, acordándose de su omisión, no puede ahorrarse el esfuerzo de la respuesta. Lo desesperado de que la praxis de que se trataría esté deformada proporciona, paradójicamente, al pensamiento un respiro que sería un crimen práctico no aprovechar. Irónicamente, al pensamiento hoy en día lo favorece el hecho de que no pueda absolutizar su propio concepto; en cuanto conducta, sigue siendo un pedazo de praxis, por oculta que ésta esté a sí misma. Pero quien a la felicidad ilícita del espíritu contraponga la literal, sensible, como lo mejor, ignora que al final de la sublimación histórica la felicidad sensible aislada adopta algo de regresivo análogamente a como la relación de los niños con la comida repugna a los adultos. No parecerse en eso a ellos es un pedazo de libertad.

Según los resultados de la analítica trascendental, la tercera antinomia habría quedado de antemano eliminada: «¿Quién os ha mandado idear un estado del mundo absolutamente primero y, por tanto, un comienzo absoluto de la serie sucesiva de los fenómenos, y, para poderos proveer de un punto de reposo a vuestra imaginación, poner límites a la ilimitada naturaleza?»[20]. De todos modos, Kant no se contentó con la constatación sumaria de que la antinomia era un fallo evitable del uso de la razón y lo desarrolló igual que los otros. El idealismo trascendental kantiano contiene la prohibición antiidealista de poner la identidad absoluta. La teoría del conocimiento no debería comportarse como si se pudiera alcanzar el contenido imprevisible, «infinito», de la experiencia a partir de las determinaciones positivas de la razón en sí. Quien desobedece incurre en la contradicción intolerable para el *common sense*. Kant, sin embargo, sigue hurgando en esto tan plausible. Una razón que proceda tal como él le censura tiene, según su propio sentido, en aras de su incontenible ideal cognoscitivo, que ir más allá de lo que le está permitido, como si estuviera bajo una tentación natural e irresistible. A la razón se le sugiere que la totalidad de lo que existe converge sin embargo con ella. Por otra parte, la necesidad, por así decir, extraña al sistema en el infinito proceso de la razón que busca condiciones tiene algo auténtico, la idea de lo absoluto, sin la cual la verdad no podría pensarse, en oposición al conocimiento en cuanto mera *adaequatio rei atque cogitationis*. El hecho de que el proceso, y por tanto la antinomia, sea inseparable de la misma razón que, sin embargo, en cuanto crítica debe reprimir en la analítica trascendental semejantes extravagancias demuestra, con imprevisible autocrítica, la contradicción del criticismo con su propia razón en cuanto el órgano de la verdad enfática. Kant insiste en la necesidad de la contradicción y al mismo tiempo tapona la brecha escamoteando a mayor gloria de la razón aquella necesidad que deriva de la naturaleza de ésta, explicándola simplemente por un corregible uso falso de los conceptos. – Lo mismo que de «causalidad por medio de la libertad», en la tesis de la tercera antinomia se habla, para explicar la libertad, de «necesidad»[21]. Su propia doctrina práctica de la libertad, por inequívocamente que manifieste su intención, no puede según esto ser simplemente acausal o anticausal. Él modifica o amplía el concepto de causalidad, mientras no lo distingue explícitamente del aplicado en la antítesis. Lo contradictorio ya atraviesa su teorema antes de toda la paradoja de lo infinito. En cuanto teoría de la validez del conocimiento científico, la *Crítica de la razón pura* no puede tratar sus temas de otro modo que bajo el concepto de ley, incluido lo que debe escapar a la legalidad.

Extremadamente formal, la famosa definición kantiana de causalidad dice que todo lo que sucede presupone un estado previo, «al cual inevitablemente sigue según una regla»[22]. Desde el punto de vista histórico, se dirige contra la escuela de Leibniz; contra la interpretación de la sucesión a partir de una necesidad interior en cuanto un ser-en-sí. Por otro lado, se distingue de Hume: sin la regularidad del pensamiento de la que éste responsabilizaba a la convención, a algo contingente, la experiencia unánime sería imposible; sin embargo, aquí y allá, Hume tiene que hablar causalmente para hacer plausible lo que él hace indiferente hasta convertirlo en una convención. En Kant, en cambio, la causalidad se convierte en función de la razón subjetiva y, por consiguiente lo por ella representado en cada vez más tenue, hasta disolverse como un pedazo de mitología. Se aproxima al principio racional como tal, precisamente al pensamiento según reglas. Los juicios sobre conexiones causales dan en tautología; la razón constata en ellos lo que ella produce sin más en cuanto facultad de las leyes. El hecho de que prescriba a la naturaleza las leyes, o más bien la ley, no significa más que la subsunción bajo la unidad de la razón. Ésta proyecta tal unidad, su propio principio de identidad, sobre los objetos, y luego la hace pasar por el conocimiento de ellos. Una vez desencantada tan a fondo como por el tabú sobre la determinación interna de los objetos, la causalidad se desintegra también en sí misma. A la condenación humeana la rehabilitación kantiana únicamente la aventaja todavía en el hecho de que lo que aquélla barría ésta lo considera innato para la razón, por así decir como la indigencia de su constitución, si no como una contingencia antropológica. La causalidad debe surgir no en los objetos y su relación, sino más bien simplemente en la coacción subjetiva del pensamiento. El hecho de que un estado tenga que ver algo esencial, específico, con el siguiente pasa también para Kant por dogmático. Pero según la concepción kantiana podrían establecerse para las sucesiones conformidades a ley que en nada recordarían a la relación causal. La relación entre objetos penetrados por lo interior se convierte virtualmente para el teorema de la causalidad en algo exterior. Se desprecia lo más simple de la locución según la cual algo es causa de algo distinto. Una causalidad que se cierra rigurosamente contra lo interno de los objetos sigue sin ser más que su propia cáscara. La *reductio ad hominem* en el concepto de ley alcanza un valor límite en el que la ley ya no dice nada sobre los objetos; la ampliación de la causalidad al puro concepto racional niega a ésta. La kantiana es una causalidad sin *causa*. Al curarla del prejuicio naturalista, se le deshace entre las manos. El hecho de que la consciencia no pueda escapar en absoluto a la causalidad, en cuanto ésta es su forma innata, responde ciertamente a la debilidad de Hume. Pero al afirmar que el sujeto debe pensar causalmente, en el análisis de los constituyentes también él, según el sentido literal de «deber», sigue el principio de causalidad al cual debería haber sometido primero los *constituta*. Si ya la constitución de la causalidad por la razón pura, que por su parte debe ser la libertad, sucumbe a la causalidad, la libertad se ve tan comprometida de antemano que apenas tiene otro lugar que la docilidad de la consciencia frente a la ley. En la construcción de toda la antitética, libertad y causalidad se entrecruzan. Puesto que en Kant la primera es tanto como obrar basándose en la razón, también es conforme a ley, también las leyes «proceden según reglas». De ahí proviene la intolerable hipoteca de la filosofía poskantiana de que sin ley no habría ninguna libertad; únicamente consistiría en la identificación con ella. Vía el idealismo alemán, esto lo heredó, con incalculables consecuencias políticas, Engels[*]: el origen teórico de la falsa reconciliación.

---

[*] «Hegel ha sido el primero en exponer rectamente la relación entre libertad y necesidad. Para él, la libertad es la comprensión de la necesidad. "La necesidad es ciega sólo en la medida en que no es concebida." La libertad no consiste en la soñada independencia respecto de las leyes naturales, sino en el reconocimiento de esas leyes y en la posibilidad así dada de hacerlas obrar según un plan para determinados fines. Esto vale tanto respecto de las leyes de la naturaleza externa como respecto de aquellas que regulan el ser-ahí somático y espiritual del hombre mismo: dos clases de leyes que podemos separar a lo sumo en la representación, pero no en la realidad. La libertad de la voluntad no significa por consiguiente más que la capacidad de poder decidir con conocimiento de causa. Cuanto más libre por consiguiente es el juicio de un ser humano respecto de un determinado punto problemático, con tanta mayor necesidad estará determinado el contenido de ese juicio; mientras que la inseguridad debida a la ignorancia, que elige de manera aparentemente arbitraria entre muchas posibilidades de deci-

Junto con el carácter coactivo de la teoría del conocimiento devendría también caduca aquella pretensión de totalidad que la causalidad plantea en la medida en que ésta coincide con el principio de subjetividad. Desde el punto de vista del contenido, lo que en el idealismo sólo puede aparecer paradójicamente como libertad se convertiría entonces en aquel momento que trasciende la sujeción del curso del mundo al destino. Si la causalidad se buscase como una determinación –por subjetivamente mediada que fuera– de las cosas mismas, en tal especificación se abriría, frente al uno indiferenciado de la pura subjetividad, la perspectiva de la libertad. Ésta pasaría por lo distinto de la coacción. La coacción dejaría entonces de ser ensalzada como acto del sujeto, su totalidad dejaría de ser afirmada. La coacción perdería la violencia apriorística que fue extrapolada de la coacción real. Cuanto más objetiva la causalidad, tanto mayor la posibilidad de libertad; no es ésta la menor razón por la que quien quiere la libertad tiene que insistir en la necesidad. Kant, en cambio, exige la libertad y la impide. La fundamentación de la tesis de la tercera antinomia, la tesis de la espontaneidad absoluta de la causa, secularización del acto libre de creación divina, es de estilo cartesiano; se supone válida para satisfacer al método. Como criterio epistemológico se establece la integridad del conocimiento; sin libertad, «ni siquiera en el curso de la naturaleza es nunca completa la serie de fenómenos por el lado de las causas»[23]. La totalidad del conocimiento, que así se equipara tácitamente a la verdad, sería la identidad de sujeto y objeto. Kant la limita en cuanto crítico del conocimiento y la enseña en cuanto teórico de la verdad. A un conocimiento que no dispusiera de una serie tan completa como según Kant sólo puede representarse bajo la hipóstasis de un acto originario de libertad absoluta; que por tanto no dejara ya fuera nada de lo dado a su sensibilidad, se le opondría uno que no sería distinto de él. Una crítica de tal identidad afectaría, tanto como a la apoteosis positivo-ontológica del concepto subjetivo de causalidad, también a la demostración kantiana de la necesidad de la li-

---

sión diversas y contradictorias, prueba precisamente con ello su no-libertad, su situación de dominada por el objeto al que precisamente debería dominar. La libertad consiste por consiguiente en el dominio sobre nosotros mismos y sobre la naturaleza exterior basado en el conocimiento de las necesidades naturales; por eso es necesariamente un producto de la evolución histórica» (Karl Marx y Friedrich Engels, *Werke [Obras]*, Berlín, 1962, vol. 20, p. 106 [ed. cast.: Friedrich Engels, *La subversión de la ciencia por el señor Eugen Dühring («Anti-Dühring»)*, Barcelona, Grijalbo, 1977, p. 117]).

bertad, la cual por lo demás, según la forma pura, adolece de algo contradictorio. El hecho de que tenga que haber libertad es la *summa iniu-
ria* del autónomo sujeto legislador. El contenido de su propia libertad –de
la identidad que se ha anexionado todo lo no-idéntico– es uno con el
«debe», la ley, la dominación absoluta. Ahí es donde se inflama el *pathos*
de Kant. Hasta la libertad la construye como caso especial de la causalidad. Lo que le importa son las «leyes constantes». Su pusilánime horror
burgués a la anarquía no es menor que su autoconsciente aversión burguesa al tutelaje. Con ello también la sociedad se le cuela hasta en sus
elucubraciones más formales. Lo formal en sí, que por una parte libera
al individuo de las confinadoras determinaciones de lo así y no de otra
manera devenido, por otra no opone nada al ente, no se apoya en nada
más que en la dominación elevada al puro principio, es algo burgués. En
el origen de la *Metafísica de las costumbres* kantiana se oculta la posterior
dicotomía sociológica de Comte entre las leyes del progreso y las del orden, junto con el partidismo por éste; en virtud de su legalidad, debe controlar al progreso. Tal armónico resuena en la frase extraída de la demostración kantiana de la antítesis, «la libertad (independencia) de las
leyes de la naturaleza es ciertamente una liberación de la coacción, pero
también del hilo conductor de todas las reglas»[24]. Debe «romperlo» la «causalidad incondicionada», quiero decir: el acto libre de creación; cuando
Kant, cientificistamente, critica éste en la antítesis, lo tacha, lo mismo que
de ordinario hace con el *factum* obstinado, de «ciego»[25]. Que Kant se apre-
sure a pensar la libertad como ley delata que se la toma tan poco en serio como siempre su clase. Ésta, ya antes de temer al proletariado industrial, combinaba, por ejemplo en la economía de Smith, el elogio del
individuo emancipado con la apología de un orden en el que por una
parte la *invisible hand* cuide del mendigo como del rey, mientras que por
otra en él el competidor libre tenga todavía que esforzarse en el –feudal–
fair play. El popularizador de Kant[*] no falseó a su maestro filosófico cuando llamó al orden hijo benéfico del cielo en el mismo poema en que ma-
chaca que, si los pueblos se liberan a sí mismos, el bienestar no puede
florecer. Ni uno ni otro querían saber nada del hecho de que el caos que
se ofrecía a los ojos de aquella generación en el terror comparativamente modesto de la Revolución francesa –las atrocidades de los chuanes les

---

[*] Alusión a Friedrich Schiller. Las citas proceden de su poema *Die Glocke (La campana)*. [N. del T.]

irritaron menos– era engendro de una represión cuyos rasgos perviven en quienes se rebelan contra ella. Ya aliviado como todos los demás genios alemanes que, en cuanto Robespierre les suministró el pretexto, no pudieron apresurarse más a denostar la Revolución francesa que al principio tuvieron que saludar, en la demostración de la antítesis Kant alaba la «conformidad a ley» a expensas de la «ausencia de ley» y habla hasta de la «fantasmagoría de la libertad»[26]. A las leyes se les otorga el elogioso epíteto de «constantes», el cual debe elevarlas por encima del espantajo de la anarquía, sin que asome la sospecha de que precisamente ellas sean el viejo mal de lo no-libre. Pero la hegemonía del concepto de ley en Kant se muestra en que él la invoca, en la argumentación de la tesis tanto como de la antítesis, como su unidad supuestamente superior.

Toda la sección sobre la antitética de la razón pura argumenta, como es sabido, *e contrario*; en la tesis de tal modo que la contratesis sea culpable de ese uso trascendente de la causalidad que de antemano infringe la doctrina de las categorías; en la antítesis, enfatizando que la categoría de la causalidad sobrepasa los límites de la posibilidad de la experiencia. Desde el punto de vista del contenido, se descuida sin embargo el hecho de que el cientifismo consecuente se guarda de una tal aplicación metafísica de la categoría de la causalidad. Para escapar a la consecuencia agnóstica del cientifismo con el que inconfundiblemente simpatiza la doctrina de la razón teórica, Kant monta una antítesis que en absoluto corresponde a la posición científica: la libertad se conquista mediante la destrucción de un espantapájaros fabricado a medida. Sólo se demuestra que la causalidad no puede ser considerada como positivamente dada hasta el infinito: según el tenor de la *Crítica de la razón pura*, una tautología contra la que los positivistas serían los últimos en tener algo que objetar. De ningún modo se deduce de eso, ni siquiera en el contexto de la argumentación de la tesis, que la cadena causal se interrumpa con la suposición de una libertad no menos positivamente presunta que ella. El paralogismo es de un alcance imprevisible, pues permite reinterpretar positivamente el *non liquet*. La libertad positiva es un concepto aporético, inventado para conservar el ser-en-sí de algo espiritual frente al nominalismo y la cientifización. En un pasaje central de la *Crítica de la razón práctica*, Kant confesó de qué va ésta, precisamente de la salvación de un residuo: «Pero como esta ley se refiere inevitablemente a toda causalidad de las cosas en cuanto su ser-ahí en el tiempo es determinable, habría que rechazar la libertad como un concepto vano e imposible, si ésa fuera la manera como hubiera de representarse también el ser-ahí de esas cosas en sí mismas. Por consiguiente, si se la quiere aún salvar, no queda más camino que atribuir el ser-ahí de una cosa en cuanto es determinable en el tiempo y, por tanto, también la causalidad según la ley de la necesidad natural, sólo al fenómeno, pero la libertad precisamente a la misma esencia en cuanto cosa en sí misma»[27]. La construcción de la libertad se reconoce inspirada por lo que en las *Afinidades electivas* se llamó más tarde el ansia de salvación, mientras que, relegada a propiedad del sujeto intratemporal, se desvelaba como «inane e imposible». Es la esencia aporética de la construcción, no la posibilidad abstracta de la antítesis en el infinito, la que habla contra la doctrina positiva de la libertad. La crítica de la razón prohíbe apodícticamente hablar de un sujeto más allá del espacio y el tiempo como de un objeto del conocimiento. Así argumenta al comienzo todavía la filosofía moral: «Ni siquiera y ciertamente por el conocimiento que de sí tiene mediante la sensación interna puede el hombre pretender conocerse tal como es en sí mismo»[28]. El prólogo de la *Crítica de la razón práctica* lo repite, refiriéndose al de la *pura*[29]. Que a los «objetos de la experiencia», como Kant estipula, haya «pese a todo que ponerles como fundamento cosas en sí mismas»[30] suena en consecuencia crudamente dogmático. De ningún modo es sin embargo aporética solamente la cuestión de la posibilidad de conocer lo que el sujeto sea en y para sí. En ella incurre toda determinación también sólo pensable, «nouménica» en sentido kantiano, del sujeto. Para participar de la libertad, según la doctrina de Kant este sujeto nouménico debería ser extratemporal, «en cuanto inteligencia pura, en su ser-ahí, el cual no puede ser determinado según el tiempo»[31]. El ansia de salvación hace de esto nouménico un ser-ahí –pues de lo contrario nada en absoluto podría predicarse de ello– tanto como esto no debe ser determinable según el tiempo. Sin embargo, el ser-ahí, en cuanto de alguna manera dado, no desvanecido en pura idea, es, según su propio concepto, intratemporal. En la *Crítica de la razón pura* –en la deducción de los conceptos puros del entendimiento tanto como en el capítulo sobre el esquematismo*– la unidad del sujeto se convierte en pura

---

* «Ahora bien, de ahí resulta que por medio de la síntesis trascendental de la imaginación el esquematismo del entendimiento se reduce a nada más que a la unidad de toda la diversidad de la intuición en el sentido interno y así, indirectamente, a la uniforma temporal. Integra los hechos de la consciencia en cuanto los de la misma persona. Ninguna síntesis sin la relación intratemporal de los momentos sintetizados entre sí; ésta sería condición incluso de las operaciones lógicas más formales y de su validez. Pero, según esto, ni siquiera a un sujeto absoluto podría atribuírsele intemporalidad mientras bajo el nombre de sujeto quepa pensar cualquier cosa. En todo caso, éste sería más bien el tiempo absoluto. Es inconcebible cómo la libertad, por principio atributo de un obrar temporal y únicamente actualizada de modo temporal, debe poderse predicar de algo radicalmente intemporal; es inconcebible también cómo algo intemporal de esta clase podría influir en el mundo espacio-temporal sin ello mismo convertirse en temporal y extraviarse en el reino kantiano de la causalidad. El concepto de cosa-en-sí surge como un *deus ex machina*. Oculto e indeterminado, señala un vacío del pensamiento; únicamente su indeterminación permite recurrir a él según las necesidades de la explicación. Lo único que Kant quiere admitir de la cosa en sí es que «afecta» al sujeto. Pero con ello se opondría frontalmente a éste y sólo mediante una especulación inverificable, tampoco, pues, desarrollada por Kant en ninguna parte, cabría fusionarla con el sujeto moral en cuanto que igualmente es en sí. En Kant la crítica del conocimiento impide transcribir la libertad en el ser-ahí; él sale del paso mediante la invocación de una esfera del ser-ahí que ciertamente estaría exenta de esa crítica, pero también de todo juicio sobre lo que ella es. Su intento de concretar la doctrina de la libertad, de atribuir la libertad a los sujetos vivos, se enreda en afirmaciones paradójicas: «Se puede, pues, conceder que si para nosotros fuese posible tener del modo de pensar de un hombre, tal como se muestra por actos interiores tanto como exteriores, una intelección tan profunda que todo móvil, aun el más insignificante, nos fuera conocido, y del mismo modo todas las circunstan-

---

dad de apercepción en cuanto función que corresponde al sentido interno (una receptividad). En consecuencia, las verdaderas y únicas condiciones son los esquemas de los conceptos puros del entendimiento, para procurar a éstos una referencia a objetos y, por ende, un significado, y en definitiva las categorías no tienen, pues, ningún otro uso posible que el empírico, ya que meramente sirven para, sobre la base de una unidad necesaria a priori (en virtud de la necesaria unificación de toda consciencia en una apercepción originaria), someter los fenómenos a unas reglas universales de síntesis y adecuar así tales fenómenos a una completa conexión en una experiencia» (Kant, *Kritik der reinen Vernunft*, cit., p. 138 [ed. cast.: *Crítica de la razón pura*, cit., pp. 187 ss.]).

cias exteriores que operan sobre él, se podría calcular con certeza la conducta de un hombre en el futuro, lo mismo que los eclipses de sol o de
luna, y, sin embargo, afirmar que el hombre es libre»[32]. Desde el punto de vista del contenido, es relevante que ni siquiera en la *Crítica de
la razón práctica* prescinda Kant de términos como «móvil». El intento de hacer la libertad tan comprensible como indispensable le es a una
doctrina de la libertad conduce inevitablemente, a través del medio de
sus metáforas, a representaciones extraídas del mundo empírico. «Móvil» es un concepto mecánico-causal. Sin embargo, aunque la prótasis
fuese válida, la apódosis sería un sinsentido. Para lo único que siguió
sirviendo fue para, mediante una conexión mítica del destino, incluir
también metafísicamente lo empíricamente incluido en la causalidad
total, al imputarle en nombre de la libertad como culpa lo que no sería tal desde la perspectiva de una determinación totalmente dada. Esta
su culpabilidad la reforzaría hasta en lo más íntimo de su subjetividad.
A tal construcción no le queda ya nada más en absoluto que, renunciando a la razón en que debe estribar, intimidar autoritariamente a quien
en vano trate de pensarla. Pero la razón por su parte no significa para
Kant nada más que la facultad legisladora. Por eso tiene él que presentar la libertad desde el principio como «una clase especial de causalidad»[33]. Al ponerla la quita.

De hecho, la construcción aporética de la libertad no se basa en lo
nouménico, sino en lo fenoménico. Ahí puede observarse ese dato de
la ley moral mediante el cual Kant cree garantizada pese a todo la libertad como algo que es ahí. Sin embargo, el dato a que la palabra alude es lo contrario de la libertad, la nuda coacción ejercida en el espacio y el tiempo. En Kant libertad significa tanto como la razón práctica
pura, que se produce a sí misma sus objetos; ésta tiene que ver «no con
objetos para conocerlos, sino con su propia facultad de hacerlos (conforme al conocimiento de los mismos) reales»[34]. La aquí implícita autonomía absoluta de la voluntad sería tanto como el dominio absoluto sobre la naturaleza interna. Kant proclama: «Ser consecuente es la
obligación máxima de un filósofo y, sin embargo, la que más raramente
se cumple»[35]. Lo cual supone no sólo la lógica formal de la consecuencia
pura en cuanto suprema instancia moral, sino al mismo tiempo la subordinación de cada impulso a la unidad lógica, la primacía de ésta
sobre lo difuso de la naturaleza, incluso sobre toda la pluralidad de lo
no-idéntico; ésta aparece siempre como inconsecuente en el círculo ce-

rrado de la lógica. Pese a la solución de la tercera antinomia, la filosofía moral kantiana resulta antinómica: conforme a la concepción global, el concepto de libertad únicamente puede representarlo como
represión. Todas las concreciones de la moral tienen en Kant rasgos represivos. Su carácter abstracto afecta al contenido porque elimina del
sujeto lo que no corresponde a su concepto puro. De ahí el rigorismo
kantiano. Contra el principio hedonista se argumenta no porque sea
en sí malo, sino heterónomo al yo puro: «El placer derivado de la representación de la existencia de una cosa, en cuanto deba ser un fundamento de determinación del deseo de esa cosa, se funda en la receptividad del sujeto, porque depende del ser-ahí de un objeto; pertenece,
por ende, al sentido (sentimiento) y no al entendimiento, el cual expresa una relación de la representación con un objeto según conceptos, pero no con el sujeto según sentimientos»[36]. Pero, por principio,
el honor que Kant otorga a la libertad al quererla limpiar de todo lo
que la menoscaba condena al mismo tiempo a la persona a la no-libertad. No de otro modo que como limitación de sus propios impulsos puede experimentarse tal libertad tensada al extremo. Si, pese a todo,
en no pocos pasajes, como la grandiosa segunda observación al segundo
teorema de los principios de la razón pura práctica, Kant, se inclinaba
por la felicidad, su humanidad rompía la norma de la consecuencia.
Quizá vislumbraba que sin tal flexibilidad no se podría vivir según la
ley moral. El puro principio racional de la personalidad debería converger con el de la autoconservación de la persona, con la totalidad de
su «interés», la cual incluye a la felicidad. Con respecto a ésta Kant adopta una postura tan ambivalente como el espíritu burgués en su conjunto, el cual querría garantizar al individuo la *pursuit of happiness* y
prohibírsela por la moral del trabajo. Tal reflexión sociológica no es
introducida en el apriorismo kantiano desde fuera, adicionalmente. Que
en la *Fundamentación* y en la *Crítica de la razón práctica* aparezcan una
y otra vez términos de contenido social puede ser incompatible con la
intención apriorística. Pero sin semejante metábasis Kant debería enmudecer ante la pregunta por la compatibilidad de la ley moral con
los seres humanos empíricos. Capitularía ante la heteronomía en cuanto reconociese como irrealizable la autonomía. Si al servicio de la coherencia sistemática se quisiese desposeer de su sentido simple a esos
términos cargados de contenido social y sublimarlos en ideas, no sólo
se estaría descuidando el tenor literal. Con violencia demasiado gran-

de como para que la intención de Kant pudiera controlarla, en ellos se anuncia el verdadero origen de las categorías morales. Si en la famosa variante del imperativo categórico en la *Fundamentación* se dice: «Obra de tal modo que uses la humanidad, tanto en tu persona como en la persona de cualquier otro, siempre al mismo tiempo como fin y nunca meramente como medio»[37], quizá de todos modos «humanidad», el potencial humano en los hombres, no haya de entenderse más que meramente como idea reguladora; la humanidad, el principio del ser-hombre, de ninguna manera la suma de todos los hombres, todavía no está realizada. Sin embargo, no cabe escapar al suplemento de contenido fáctico en la palabra: que todo individuo debe ser respetado como representante de la especie socializada hombre, no como mera función del proceso de canje. La diferencia entre medio y fin decisivamente urgida por Kant es social, aquella entre los sujetos en cuanto la mercancía fuerza de trabajo, de la cual hay que sacar provecho, y los hombres, que aun como tal mercancía siguen siendo los sujetos por mor de los cuales se ha puesto en marcha todo el mecanismo que los olvida y sólo incidentalmente los satisface. Sin esta perspectiva, la variante del imperativo se perdería en el vacío. Pero el «nunca meramente» es, según la observación de Horkheimer, uno de esos giros de sobriedad sublime en los que Kant, a fin de no quitar a la utopía la oportunidad de su realización, acepta la empiria incluso en su forma depravada, la de la explotación, como condición de lo mejor, tal como luego esto se desplegó en la *Filosofía de la historia* bajo el concepto de antagonismo. Allí se lee: «El medio de que se sirve la naturaleza para llevar a cabo el desarrollo de todas sus disposiciones es el antagonismo de éstas dentro de la sociedad, en la medida en que éste acaba por convertirse en la causa de un orden legal de las mismas. Entiendo aquí por antagonismo la insociable sociabilidad de los hombres, esto es, el hecho de que la propensión a entrar en sociedad esté ligada a una resistencia cerrada que amenaza constantemente con disolver esa sociedad. Tal disposición subyace a la naturaleza humana de manera bastante obvia. El hombre tiene una tendencia a socializarse: porque en un estado tal se siente más como hombre, esto es, el desarrollo de sus disposiciones naturales. Pero también tiene una gran propensión a individualizarse (aislarse); porque encuentra al mismo tiempo en sí mismo la insociable cualidad de meramente querer dirigir todo según su sentido y por tanto espera hallar resistencia por doquier en la medida en que se sabe inclinado por su parte a la resistencia frente a los demás. Pues bien, esta resistencia es lo que despierta todas las fuerzas del hombre, lo lleva a vencer su propensión a la pereza y a, impulsado por la ambición, el afán de dominio o la codicia, procurarse una posición entre sus congéneres, a los cuales no puede soportar pero de los que tampoco puede prescindir»[38]. El «principio de la humanidad como fin en sí mismo»[39] no es, pese a toda la ética del talante, nada meramente interno, sino una conminación a la realización de un concepto del hombre que, como principio social aunque interiorizado, no tiene su lugar sino en cada individuo. Kant tuvo que darse cuenta del doble sentido de la palabra «humanidad» en cuanto la idea de la humanidad y la suma de todos los hombres. Con profundidad dialéctica, aunque lúdicamente, lo introdujo en la teoría. En lo sucesivo su terminología vacila entre formas de hablar ónticas y referidas a la idea. Los sujetos humanos vivos son ciertamente «seres racionales»[40] tanto como en Kant el «reino universal de los fines en sí mismos»[41], el cual debe ser idéntico a los seres racionales, trasciende a éstos. La idea de humanidad él no quiere ni cederla a la sociedad establecida ni que se evapore como un fantasma. En su ambivalencia con respecto a la felicidad, la tensión crece hasta el desgarramiento. Por una parte la defiende en el concepto de ser digno de ella, por otro la vilipendia en cuanto heterónoma, por ejemplo cuando incluso la «felicidad universal»[42] la encuentra inadecuada como ley de la voluntad. Hasta qué punto, pese al carácter categórico del imperativo, Kant no estaba dispuesto a ontologizarlo por completo lo confirma el siguiente pasaje: «el concepto del bien y del mal tiene que ser determinado, no antes de la ley moral (para la cual ese concepto parecía deber ser colocado como fundamento), sino sólo (como aquí ocurre) después de la misma y por la misma»[43]. El bien y el mal no son un ente-en-sí de una jerarquía moral del espíritu, sino algo puesto por la razón; tal profundidad alcanza el nominalismo aun en el rigorismo kantiano. Sin embargo, al fijarlas a la razón autoconservadora, las categorías morales dejan de ser enteramente incompatibles con esa felicidad a la que tan duramente las opuso Kant. Las modificaciones de su postura con respecto a la felicidad en el progreso de la *Crítica de la razón práctica* no son concesiones negligentes a la tradición de la ética de los bienes; más bien, antes de Hegel, modelo de un movimiento del concepto. Se quiera o no, de la universalidad moral se pasa a la sociedad. Esto se documenta en la primera observación al cuarto teorema de la razón práctica: «Así, pues, la mera forma de una ley, que limita la materia, debe ser al mismo tiempo un fundamento pata añadir esta materia a la voluntad, pero no para presuponerla. Sea la materia, p. ej., mi propia felicidad. Ésta, si la atribuyo a cada cual (como de hecho puedo, pues, hacerlo en los seres finitos), no puede llegar a ser una ley práctica objetiva más que si incluyo en ella la de los demás. Así pues, la ley de favorecer la felicidad de los demás no surge del presupuesto de que esto sea un objeto para el albedrío de cada uno, sino meramente del hecho de que la forma de la universalidad, que necesita de la razón como condición para dar a una máxima del amor propio la validez objetiva de una ley, se convierte en el fundamento de determinación de la voluntad, y así, pues, si el objeto (la felicidad de los demás) no era el fundamento de determinación de la voluntad pura, sino sólo la mera forma legal por la que yo limitaba mi máxima, fundada en la inclinación, a fin de procurarle la universalidad de una ley y hacerla así adecuada a la razón pura práctica, sólo de una limitación y no de la adición de un impulso exterior pudo surgir luego el concepto de la obligación de ensanchar la máxima de mi amor propio también a la felicidad de los demás»[44]. La doctrina de la absoluta independencia de la ley moral con respecto a los seres empíricos e incluso con respecto al principio del placer queda en suspenso en la medida en que la formulación radical, universal, del imperativo incorpora el pensamiento en los vivos.

Además, la ética de Kant, en sí frágil, conserva su aspecto represivo. Triunfa sin paliativos en la necesidad de castigo[*]. No de las obras tardías, sino de la *Crítica de la razón práctica* proceden las frases: «Precisamente así, presentad a quien por lo demás es hombre honrado (o se pone, por lo menos esta vez, sólo en pensamiento, en el lugar de un hombre honrado), la ley moral por la que él reconoce la indignidad de un mentiroso, y enseguida su razón práctica (en el juicio sobre lo que por él debía acontecer) abandona la utilidad, se une con lo que sostiene su respeto hacia su propia persona (la veracidad) y ahora la

---

[*] Conforme al tenor de la *Crítica de la razón pura*, ahí se sigue encontrando la intención opuesta: «Cuanto más de acuerdo con esta idea estén organizados legislación y gobierno, tanto más raros serán por supuesto los castigos, y, así pues, es totalmente racional (como Platón afirma) que en una perfecta ordenación de ambas no sería menester ninguno en absoluto» (Kant, *Kritik der reinen Vernunft*, cit., p. 248 [ed. cast.: *Crítica de la razón pura*, cit., p. 312]).

utilidad, después de separada y lavada de todo anexo a la razón (la cual no está enteramente más que del lado del deber), es pesada por cada cual para entrar, incluso sin duda en otros casos, en enlace con la razón, sólo que nunca cuando pudiera ser contraria a la ley moral, a la que la razón no abandona jamás, sino que se une íntimamente con ella»[45]. En el desprecio por la compasión la razón práctica pura coincide con el «Endureceos» del antípoda Nietzsche: «Incluso este sentimiento de compasión y tierna simpatía, cuando precede a la reflexión sobre qué sea el deber y viene a ser fundamento de determinación, es pesado aun para las personas bienpensantes, lleva a confusión en sus máximas reflexionadas y produce el deseo de librarse de él y someterse sólo a la razón legisladora»[46]. A veces la heteronomía infiltrada en la composición interna de la autonomía se intensifica hasta convertirse en furia contra la misma razón que debe ser el origen de la libertad. Entonces Kant toma partido por la antítesis de la tercera antinomia: «Mas dondequiera que cesa la determinación por leyes naturales, allí también cesa toda explicación y nada queda más que la defensa, esto es, el rechazo de los argumentos de quienes, pretendiendo haber intuido más profundamente la esencia de las cosas, por ello declaran imposible la libertad»[47]. El oscurantismo se da la mano con el culto de la razón en cuanto lo absolutamente dominador. La obligación que según Kant deriva del imperativo categórico contradice a la libertad que en él debe resumirse como determinación suprema de ésta. No es ésta la menor de las razones por las que el imperativo, despojado de toda empiria, se presenta como un «*factum*» que no tiene necesidad de ningún control por parte de la razón[48], pese al *chorismos* entre facticidad e idea. El antinomismo de la doctrina kantiana de la libertad se agudiza hasta el punto de que, para ella, la ley moral vale inmediatamente como racional y como no racional: como racional porque se reduce a la pura razón lógica sin contenido; como no racional porque se la ha de aceptar como dato, no seguir analizándola; todo intento en ese sentido es *anathema*. Este antinomismo no se ha de imputar al filósofo: la pura lógica de la consecuencia, complaciente con la autoconservación sin autorreflexión, en sí está obcecada, es irracional. La execrable manera kantiana de hablar del racionalizar, que todavía repercute en el «raciocinar» de Hegel y sin fundamento pertinente de diferenciación denigra a la razón, casa con la hipóstasis de ésta más allá de todos los fines racionales, pese a su llamativa contradicción. La ratio se convierte en la autoridad irracional.

La contradicción se remonta a la antinomia objetiva entre la experiencia de sí misma de la consciencia y su relación con la totalidad. El individuo se siente libre en la medida en que se ha opuesto a la sociedad e, incomparablemente mucho menos de lo que cree, puede algo contra ésta u otros individuos. Su libertad es primariamente la de uno que sigue fines propios, los cuales no se absorben sin mediación en los sociales; hasta tal punto coincide con el principio de individuación. Una libertad de este tipo se ha desembarazado de la sociedad castiza; en el seno de una crecientemente racional alcanza un poco de realidad. Al mismo tiempo, sin embargo, en medio de la sociedad burguesa siguió siendo tanto apariencia como individualidad en general. Crítica del libre albedrío, lo mismo que del determinismo, significa crítica de esta apariencia. La ley del valor se impone por encima de la cabeza de los individuos formalmente libres. Según Marx, éstos son no-libres en cuanto sus ejecutores involuntarios, y tanto más a fondo cuanto más aumentan los antagonismos sociales sobre los que por primera vez se formó la idea de libertad. El proceso de emancipación del individuo, función de la sociedad de canje, termina en su abolición mediante la integración. Lo que produjo la libertad se invierte en no-libertad. El individuo fue libre como sujeto burgués económicamente activo en la medida en que el sistema económico requería autonomía para funcionar. Con ello su autonomía está ya potencialmente negada en origen. La libertad de la que alardeaba era también, como Hegel fue el primero en calar, algo verdadero, escarnio de la verdadera; expresión de la contingencia del destino social de cada individuo. La necesidad real en la libertad que tenía que afirmarse y, como elogiaba la ideología ultraliberal, abrirse paso a codazos era una tapadera de la necesidad social total que obliga a los individuos a la *ruggedness* para sobrevivir. Incluso conceptos que son tan abstractos que se aproximan a la invarianza se revelan en eso históricos. Así el de la vida. Mientras que se sigue reproduciendo bajo las condiciones de no-libertad, su concepto, según su propio sentido, presupone la posibilidad de lo todavía no incluido, de la experiencia abierta que se disminuye tanto que la palabra «vida» suena ya como consuelo vacío. Pero tanto como la libertad del individuo burgués es también una caricatura la necesidad de su obrar. Ésta no es, como exigiría el concepto de ley, transparente, sino que afecta a cada sujeto singular como azar, continuación del destino mítico. La vida ha conservado esto negativo, un aspecto que sirvió de título a una pieza para piano a cuatro manos de Schubert, *Tormentas de la vida*. En la anarquía de la producción de mercancías la naturalidad de la sociedad, tal como resuena en la palabra «vida», se revela una categoría biológica para algo esencialmente social. Si el proceso de producción y reproducción de la sociedad fuese transparente a los sujetos y determinado por éstos, tampoco seguirían siendo pasivamente arrojados de un lado para otro por las ominosas tormentas de la vida. Desaparecería con ello lo que así se llama vida, junto con el aura fatal de la que el *Jugendstil* rodeó la palabra en la época industrial como justificación de la mala irracionalidad. La caducidad de ese sucedáneo proyecta a veces su sombra amistosa: hoy en día, la literatura del siglo XIX sobre el adulterio es ya papel de desecho si se exceptúan sus productos máximos que evocan los arquetipos históricos de esa época. Así como ningún director de teatro se atrevería a presentar el *Gyges* de Hebbel a un público cuyas damas no estén dispuestas a renunciar a su biquini –el miedo al anacronismo temático, la falta de distancia estética, tiene al mismo tiempo algo de bárbaro–, así, cuando la humanidad se abra camino, sucederá lo mismo con casi todo lo que hoy en día aún pasa por vida y sólo engaña sobre lo poco de vida que hay ya. Hasta entonces la legalidad dominante es contraria al individuo y a sus intereses. Bajo las condiciones de la economía burguesa no hay remedio; en ella la pregunta por la libertad o no-libertad de la voluntad como algo dado no se puede responder. Ésta es, por su parte, reflejo de la sociedad burguesa: la categoría en verdad histórica del individuo exime engañosamente a esa pregunta del dinamismo social y trata a cada individuo como protofenómeno. Obedeciendo a la ideología de la sociedad individualizada, la libertad se ha interiorizado mal; eso reprime toda respuesta concluyente a la ideología. Si la tesis del libre albedrío carga a los individuos dependientes con la injusticia social sobre la que nada pueden y los humilla constantemente con desiderata ante los que tienen que fracasar, la tesis de la no-libertad, por el contrario, prolonga metafísicamente la hegemonía de lo dado, se declara inmutable y anima al individuo, si es que éste no está sin más dispuesto a ello, a claudicar, pues de todos modos no le queda nada más. El determinismo se comporta como si la deshumanización, el carácter de mercancía de la fuerza de trabajo desplegado hasta convertirse en totalidad, fuera la esencia humana sin más, olvidándose de que el carácter de mercancía encuentra su límite en la fuerza de trabajo, la cual no tiene meramente un valor de canje, sino un valor de uso. Si lisa y llanamente se niega el libre albedrío, los hombres se ven reducidos sin reservas a la forma normal del carácter de mercancía de su trabajo en el capitalismo desarrollado. No menos erróneo es el determinismo apriorístico en cuanto la doctrina del libre albedrío que en medio de la sociedad mercantil hace abstracción de ésta. El individuo mismo constituye un momento de ella; se le atribuye la pura espontaneidad de que la sociedad desposee. Basta con que el sujeto plantee la alternativa, para él ineludible, de libertad o no-libertad de la voluntad, y ya está perdido. Toda tesis drástica es falsa. La del determinismo y la de la libertad coinciden en lo más íntimo. Ambas proclaman la identidad. Mediante la reducción a la espontaneidad pura los sujetos empíricos son sometidos a la misma ley que como categoría de la causalidad se expande hasta convertirse en determinismo. Quizá unos hombres libres estarían también liberados de la voluntad; seguramente sólo en una sociedad libre serían libres los individuos. Probablemente a largo plazo, y bajo la amenaza permanente de la recaída, con la represión externa desaparecería la interna. Si, en el espíritu de la opresión, la tradición filosófica confunde libertad y responsabilidad, ésta se convertiría en la participación sin miedo, activa, de cada individuo: en un todo que ya no consolidaría institucionalmente la participación, pero en el que tendría consecuencias reales. La antinomia entre la determinación del individuo y la responsabilidad social contradictoria con ella no es un uso falso de los conceptos, sino que es real, la forma moral de la no-reconciliación de lo universal y lo particular. El hecho de que Hitler y sus monstruos sean, desde cualquier punto de vista psicológico, esclavos de su primera infancia, productos de una mutilación y, sin embargo, de que los pocos a los que se atrapó no podrían ser liberados si es que no debe repetirse hasta el infinito el crimen que en el inconsciente de las masas se justifica por que no haya caído un rayo del cielo, eso no se ha de suavizar mediante construcciones anexas como la de una necesidad utilitaria contraria a la razón. El individuo sólo encuentra humanidad una vez que toda la esfera de la individuación, su aspecto moral incluido, es calada como epifenómeno. A veces es toda la sociedad la que, por desesperación ante su situación, representa contra los individuos a la libertad que en la no-libertad de éstos se convierte en protesta. Por otra parte, en la época de la universal opresión social la imagen de libertad frente a la sociedad sólo pervive en los rasgos del individuo maltratado o aplastado. Dónde se esconde históricamente cada vez no puede decretarse de una vez por todas. La libertad se concreta en las figuras cambiantes de la represión: en la resistencia contra éstas. Ha habido tanta libertad de la voluntad como los hombres han querido liberarse. Pero la libertad misma está tan entreverada de no-libertad, que no es meramente inhibida por ésta, sino que la tiene como condición de su propio concepto. Ni éste ni cualquier otro concepto individual ha de aislarse en cuanto lo absoluto. Sin la unidad y la coacción de la razón, tampoco se habría siquiera pensado nunca algo parecido a la libertad, menos aún lo habría habido; esto se documenta en la filosofía. De la libertad no hay disponible ningún modelo más que el hecho de que la consciencia, lo mismo que en la constitución total de la sociedad, interviene a través de ésta en la complexión del individuo. Esto no es totalmente quimérico porque la consciencia es energía pulsional derivada, ella misma también impulso, también un momento de aquello en lo que interviene. Si no existiese esa afinidad que Kant niega furiosamente, tampoco existiría la idea de libertad en aras de la cual se opone a la afinidad.

De todos modos, lo mismo que a la idea de libertad parece sucederle también a su contrapartida, el concepto de causalidad; conforme a la tendencia universal a la falsa superación de los antagonismos por el hecho de que lo universal liquida desde arriba lo particular por medio de la identificación. No cabe aquí recurrir, produciendo un cortocircuito, a la crisis de la causalidad en las ciencias naturales. Ahí se aplica expresamente sólo al ámbito de lo microscópico; por otra parte, las formulaciones de la causalidad en Kant, al menos las de la *Crítica de la razón pura*, son tan amplias, que presumiblemente en ellas cabrían incluso las regularidades meramente estadísticas. Por desgracia, las ciencias naturales, que también con respecto a la causalidad se contentan con definiciones operacionales, inmanentes a sus métodos, y la filosofía, que no puede dispensarse de rendir cuentas sobre la causalidad si quiere hacer algo más que repetir abstractamente la metodología de las ciencias naturales, se han separado, y por sí sola la necesidad no las aglutina. Sin embargo, la crisis de la causalidad se hace también visible en aquello a lo que aún alcanza la experiencia filosófica, la sociedad contemporánea. Kant aceptó como método incuestionable de la razón la reducción de cada situación a «su» causa. Las ciencias, de las que la filosofía se aleja casi siempre tanto más cuanto más celosamente se recomienda como su abogada, operan probable-

mente no tanto con cadenas causales como con redes causales. Pero
esto es más que una concesión incidental a la ambigüedad empírica de
las relaciones causales. La consciencia de todas las series causales que
se cruzan en cada fenómeno, en lugar de que la causalidad la determinara unívocamente en la serie temporal, Kant tendría que recono-
cerla también como esencial para la categoría misma, según su lenguaje
como a priori: ningún suceso singular está excluido de esa multiplicidad. La infinitud de lo entrelazado y que se cruza hace imposible por
principio, en absoluto de un modo sólo práctico, formar cadenas causales unívocas, tal como las estipulan por igual la tesis y la antítesis de
la tercera antinomia. Ya sólidas indagaciones históricas que en Kant
todavía permanecían en el proceso finito implican, por así decir horizontalmente, aquella infinitud positiva a la que en el capítulo de las
antinomias se aplica la crítica. Kant prescinde de ello como si provin-
cianamente proyectara relaciones abarcables sobre todos los objetos posibles. Ningún camino lleva de su modelo a determinaciones causales
desarrolladas. Como la relación causal él la trata simplemente como
un principio, pasa por alto el entrelazamiento que por principio se produce. Este descuido está condicionado por el desplazamiento de la causalidad al sujeto trascendental. Ésta se reduce, en cuanto forma pura
de la legalidad, a la unidimensionalidad. La aceptación de la difamada
«interacción» en la tabla de categorías es el intento posterior de remediar la falta; testimonia también pronto la incipiente crisis de la causalidad. Como no pasó desapercibido a la escuela de Durkheim, su esquema
imitaba la simple relación de generación lo mismo que la explicación
de ésta ha menester de la causalidad. La causalidad tiene un peculiar
aspecto feudal, si no, como en Anaximandro y Heráclito, una arcaica
relación legal de venganza. El proceso de desmitologización ha refrena-
do la causalidad, heredera de los espíritus que operan en las cosas, tanto como, en nombre de la ley, la ha fortalecido. Si la causalidad es la unidad propiamente dicha en la multiplicidad, como la cual Schopenhauer
la prefería a las demás categorías, en la era burguesa ha habido por
completo tanta causalidad como sistema. De ella se podía hablar en
la historia tanto más cuanto más unívocas eran las relaciones. La Alemania de Hitler causó la Segunda Guerra Mundial con más precisión
que la guillermina la Primera. Pero la tendencia se invierte. A fin de
cuentas, hay una medida de sistema –el lema social es «integración»–
que, en cuanto interdependencia universal de todos los momentos,

sobrepasa el discurso de la causalidad como anticuado; vana es la búsqueda de qué debe haber sido la causa en el seno de una sociedad monolítica. Únicamente esta misma sigue siendo la causa. La causalidad se ha retraído, por así decir, a la causalidad; en medio de su sistema se hace indiscernible. Cuanto más, por mandato científico, se deslíe su concepto hasta hacerse abstracto, tanto menos permite la trama, contemporáneamente espesada al extremo, de la sociedad universalmente socializada reducir con evidencia una situación a otra particular. Cada una depende, horizontalmente tanto como verticalmente, de todas, afecta a todas, es afectada por todas. La doctrina en la que por fin la Ilustración utilizó la causalidad como arma política definitiva, la marxista de superestructura e infraestructura, va casi inocentemente a la zaga de una situación en la que, lo mismo que los aparatos de producción, de distribución y de dominación, también las relaciones e ideologías económicas y sociales están inextricablemente ensambladas, y en la que los hombres vivos se han convertido en un pedazo de ideología. Cuando ésta ya no se añade a lo que es como algo justificatorio o complementario, sino que se convierte en la apariencia de que lo que es lo es inevitablemente y, por tanto, está legitimado, una crítica que opere con la unívoca relación causal de superestructura e infraestructura marra el tiro. En la sociedad totalitaria todo está igual de cerca del centro; es tan transparente, su apología está tan gastada, como son cada vez menos los que la calan. En cualquier edificio administrativo de la industria y en cualquier aeropuerto podría la crítica demostrar hasta qué punto la infraestructura se ha convertido en su propia superestructura. Para ello ha menester, por un lado, de una fisonomía de la situación de conjunto y de extensos datos singulares, por otra de un análisis de los cambios de la estructura económica; no ya de la deducción de una ideología en absoluto autónomamente dada ni con su propia pretensión de verdad a partir de sus condiciones de causalidad. El hecho de que correlativamente con la disminución de la posibilidad de la libertad se vaya deshaciendo la validez de la causalidad es síntoma de la transformación de una sociedad racional en sus medios en aquella abiertamente irracional que hace tiempo que latentemente era según sus fines. La filosofía de Leibniz y Kant, con su separación de la causa final con respecto a la causalidad fenoménicamente válida en sentido estricto y el intento de la unificación de ambas, presintió algo de esa divergencia sin alcanzar su raíz en la antinomia entre fin y medio de la sociedad burguesa. Pero la desaparición de la causalidad hoy en día no anuncia ningún reino de la libertad. En la interdependencia total se reproduce ampliada la antigua dependencia. Con los millones de pliegues de su malla impide la penetración racional, de plazo vencido y al alcance de la mano, que el pensamiento causal, al servicio del progreso, quería promover. La causalidad misma sólo tiene sentido en un horizonte de libertad. Parecía protegida del empirismo porque sin su suposición el conocimiento organizado en ciencia no se antojaba posible; no poseía el idealismo ningún argumento más fuerte. Pero el esfuerzo de Kant por elevar la causalidad en cuanto necesidad subjetiva del pensamiento a condición constitutiva de la objetividad no fue más convincente que su negación empirista. Ya él tuvo que distanciarse de esa suposición de una conexión interna de los fenómenos sin la cual la causalidad se convierte en una relación de si-entonces a la cual escapa precisamente aquella legalidad enfática –el «apriorismo»– que la doctrina de la esencia subjetivo-categórica de la causalidad quiere conservar; la evolución científica consumó luego el potencial de la doctrina de Kant. La justificación de la causalidad mediante su autoexperiencia inmediata en la motivación es también un expediente. Entretanto, desde el punto de vista del contenido, la psicología ha demostrado que esa autoexperiencia no sólo puede, sino que ha de engañar.

Si en cuanto principio cogitativo subjetivo la causalidad tiene algo de contrasentido pero enteramente sin ella no se puede conocer, habría que buscar en la causalidad un momento de lo que no es ello mismo pensamiento. En la causalidad puede constatarse lo que la identidad ha perpetrado en lo no-idéntico. La consciencia de la causalidad es, en cuanto la de la legalidad, la consciencia de ello; en cuanto crítica del conocimiento, también la de la apariencia subjetiva en la identificación. Una causalidad reflexionada apunta a la idea de libertad como posibilidad de la no-identidad. Desde un punto de vista objetivo, provocativamente antikantiano, la causalidad sería una relación entre cosas en sí en la medida y únicamente en la medida en que éstas están sometidas al principio de identidad. Objetiva y subjetivamente, es el hechizo de la naturaleza dominada. Su *fundamentum in re* lo tiene en la identidad, que en cuanto principio espiritual no es sino reflejo de la dominación real de la naturaleza. En la reflexión sobre la causalidad, también la razón, que siempre la encuentra en la naturaleza allí donde ésta domina a la reflexión, se hace consciente de su propia naturalidad en cuanto el principio de su hechizo. Por tal autoconsciencia se distingue la Ilustración progresiva del regreso a la mitología al que irreflexivamente se vendió. Al esquema de su reducción, «esto es el hombre», lo priva de su omnipotencia al reconocerse el hombre a sí mismo como lo que por lo demás él reduce insaciable. Sin embargo, la causalidad no es nada más que la naturalidad del hombre, que éste continúa como dominio sobre la naturaleza. Una vez el sujeto sepa el momento de su igualdad con la naturaleza, dejará de equipararse sólo con la naturaleza. Éste es el secreto y perverso contenido de verdad del idealismo. Pues, cuanto más a fondo el sujeto, según el uso idealista, se equipara con la naturaleza, tanto más se aleja de toda igualdad con ella. La afinidad es el ápice de una dialéctica de la Ilustración. Ésta reincide en la obcecación, en la realización aconceptual desde fuera, en cuanto corta del todo con la afinidad. Sin ésta no hay verdad: eso es lo que desde el punto de vista de la filosofía de la identidad el idealismo caricaturizaba. La consciencia sabe de lo otro a sí tanto como es semejante a ello, no tachándolo junto con la semejanza. Una objetividad como residuo tras la sustracción del sujeto es un remedo. Es el esquema inconsciente de sí mismo, al que el sujeto reduce lo otro a sí. Cuanta menos afinidad tolera éste a las cosas, tanto más irreverentemente identifica. Pero la afinidad no es tampoco una determinación singular, ontológica, positiva. Si se convierte en intuición, en verdad conocida de modo inmediato, simpatético, la dialéctica de la Ilustración la triturará como a una reliquia, como a un mito recalentado; en complicidad con una mitología que se reproduce a partir de la razón pura, con la dominación. La afinidad no es ningún resto del que el conocimiento dispondría tras la exclusión de los esquemas de identificación del aparato categorial, sino más bien su negación determinada. En tal crítica se reflexiona la causalidad. En ella realiza una mimetización del hechizo de las cosas de que él las ha rodeado, en el umbral de una simpatía ante la que el hechizo desaparecería. La subjetividad de la causalidad mantiene una afinidad electiva con los objetos en cuanto barrunto de lo que el sujeto ha hecho con ellos.

La transformación kantiana de la ley moral en hecho extrae su fuerza sugestiva de que, en la esfera de la persona empírica, puede realmente prevalerse de un dato de esa clase. Para la mediación entre lo inteligible y lo empírico, por problemática que sea, esto es ventajoso. La fenomenología de la consciencia empírica e incluso la psicología tropiezan

con precisamente esa conciencia que en la doctrina kantiana se llama
la voz de la ley moral. Las descripciones de su eficacia, sobre todo la
de la «obligación», no son quimeras. Los rasgos coactivos que Kant gra-
bó en la doctrina de la libertad se derivaban de la coacción real de la
conciencia. La irresistibilidad empírica de la conciencia psicológicamente existente, el súper-yo, garantiza a ésta, contra su principio trascendental, la facticidad de la ley moral, a la cual para Kant la conciencia
sin embargo, en cuanto fundamentación de la moral, debería desca-
lificar tanto como al impulso heterónomo. El hecho de no tolerar ninguna crítica de la conciencia pone a Kant en conflicto con su propia
visión de que en el mundo fenoménico todas las motivaciones son las
del yo empírico, psicológico. Por eso quitó de la filosofía moral el momento genético y lo sustituyó por la construcción del carácter inteligible que, por supuesto, el sujeto se da a sí mismo al comienzo˙. Sin
embargo, la pretensión genético-temporal, pese a todo «empírica», no
se puede redimir. Todo lo que se sabe de la génesis del carácter es incompatible con un tal acto de convicción moral. El yo que según Kant
tiene que realizarlo no es algo inmediato, sino él mismo también algo
mediado, surgido; en términos psicoanalíticos: algo desgajado de la difusa energía de la libido. No sólo todo contenido específico de la ley
moral, sino en la misma medida también su forma supuestamente pura,
imperativa, se refiere constitutivamente al ser-ahí fáctico. Ésta presupone tanto la interiorización de la represión como el hecho de que ya está
desarrollada la instancia fija del yo, que se mantiene idéntica y que
Kant, en cuanto condición necesaria de la moralidad, absolutiza. Toda
interpretación de Kant que formulara reparos a su formalismo y que
con ayuda de éste se pusiera a exponer la excluida relatividad empírica de la moral en los contenidos se quedaría corta. Incluso en su extrema abstracción, la ley es algo devenido, lo doloroso de su abstrac-

---

˙ «Al enjuiciar los actos libres con respecto a su causalidad sólo podemos por tanto
llegar a la causa inteligible, pero no más allá de ella. Podemos conocer que es libre, es decir, determinada independientemente de la sensibilidad, y que de este modo puede ser
la condición de los fenómenos sensiblemente incondicionada. Pero por qué el carácter
inteligible da precisamente estos fenómenos y este carácter empírico en unas circunstancias dadas es algo que sobrepasa con mucho toda la capacidad de respuesta de nuestra razón e incluso toda su competencia siquiera para preguntar, como si se pregunta-
ra: ¿por qué el objeto trascendental de nuestra intuición sensible externa da sólo una intuición
en el espacio y no otra cualquiera?» (Kant, *Kritik der reinen Vernunf*, cit., pp. 376 ss.
[ed. cast.: *Crítica de la razón pura*, cit., p. 478]).

ción es un contenido sedimentado, el dominio es reducido a su forma normal, la de la identidad. La psicología recupera lo que en tiempos de Kant aún no sabía y de lo que por tanto él no necesitaba preocuparse específicamente: la génesis empírica de lo que, sin analizarlo, Kant glorificaba como intemporalmente inteligible. En sus tiempos heroicos la escuela freudiana, coincidiendo en esto con el otro Kant, el ilustrado, exigía la crítica implacable del súper-yo como algo extraño al yo, verdaderamente heterónomo. Lo percibía como interiorización ciega e inconsciente de la coacción social. Con una precaución que en todo caso cabe explicar por el temor a las consciencias sociales, en *Materiales para el psicoanálisis*, de Sandor Ferenczi, se dice «que un análisis real del carácter tiene que eliminar, al menos provisoriamente, toda clase de súper-yo, incluido por tanto el del analista. Es más, el paciente ha de acabar siendo liberado de todo vínculo afectivo que vaya más allá de la razón y de las propias tendencias libidinosas. Sólo esta especie de desmontaje del súper-yo puede en general producir una curación radical; éxitos que sólo consistan en la sustitución de un súper-yo por otro deben seguir siendo considerados éxitos de transferencia; éstos ciertamente no cumplen con el fin último de la terapia, desembarazarse también de la transferencia»[49]. La razón, en Kant fundamento de la conciencia, tiene aquí que refutar a ésta disolviéndola. Pues el dominio irreflexivo de la razón, el del yo sobre el ello, es idéntico al principio represivo que el psicoanálisis, cuya crítica enmudece ante el principio de realidad del yo, desplazó al poder inconsciente de éste. La separación entre yo y súper-yo en que su tipología estriba es dudosa; ambos conducen genéticamente por igual a la interiorización de la *imago* del padre. Por eso, por osadamente que arranquen, las teorías analíticas del súper-yo no tardan en paralizarse; de lo contrario tendrían que extenderse al mimado yo. Ferenczi limita su crítica enseguida: «su lucha» se dirige «sólo contra la parte del súper-yo que se ha hecho inconsciente y por tanto no influenciable»[50]. Pero eso no basta. La irresistibilidad constatada por Kant de la coacción de la conciencia consiste, lo mismo que los tabús arcaicos, en tal hacerse inconsciente; si fuese imaginable una omnilateral actualidad racional, no se establecería ningún súper-yo. Los intentos de, como ya Ferenczi y sobre todo el revisionismo psicoanalítico que junto a otras opiniones sanas suscribe también la del sano súper-yo, dividirlo en una parte inconsciente y una preconsciente, por tanto inofensiva, son ociosos; la objetualización y autonomización por las que la conciencia se convierte en instancia son constitutivamente un olvido y en tal medida extrañas al yo. Ferenczi hace aprobatoriamente hincapié en que «el hombre normal sigue conservando también en su preconsciente una suma de modelos positivos y negativos»[51]. Pero, si hay un concepto heterónomo en estricto sentido kantiano, hablando psicoanalíticamente uno de vinculación libidinosa, ése es el de modelo, correlato de aquel «hombre normal» igualmente respetado por Ferenczi, que activa y pasivamente se presta a toda represión social y al que el psicoanálisis de la sociedad constituida acríticamente, con una funesta fe en la división del trabajo. Hasta qué punto el psicoanálisis, en cuanto frena por conformismo social la crítica del súper-yo por él inaugurada, se aproxima a aquella represión que hasta el día de hoy desfigura toda doctrina de la libertad lo muestra con toda claridad un pasaje de Ferenczi: «Mientras este súper-yo cuida de manera moderada de que uno se sienta ciudadano decente y obre como tal, es una institución útil, que no debe tocarse. Pero las exageraciones patológicas de la formación del súper-yo...»[52]. El miedo a las exageraciones es el distintivo de la misma decente burguesía que a ningún precio puede renunciar al súper-yo junto con sus irracionalidades. Sobre cómo cabe distinguir subjetivamente, según criterios psicológicos, entre el súper-yo normal y el patológico, el psicoanálisis demasiado rápidamente llegado a la razón calla lo mismo que el burgués provinciano sobre la frontera entre lo que él conserva como su natural sentimiento nacional y el nacionalismo. El único criterio de distinción es el efecto social, ante cuyas *quaestiones iuris* el psicoanálisis se declara incompetente. Las reflexiones sobre el súper-yo son, como dice Ferenczi, aunque en contradicción con sus tesis, verdaderamente «metapsicológicas». La crítica del súper-yo debería convertirse en crítica de la sociedad que lo produce; si enmudece ante ella, consiente la norma social dominante. Recomendar el súper-yo por su utilidad o ineludibilidad social, mientras que a él mismo en cuanto mecanismo de coacción no le corresponde esa validez objetiva que reclama en el contexto operativo de la motivación psicológica, repite y consolida en el seno de la psicología las irracionalidades que ésta estaba segura de «eliminar».

Lo que, sin embargo, ocurre en la última época es la exteriorización del súper-yo con vistas a la adaptación incondicional, no su superación en un todo más racional. Las efímeras huellas de la libertad, los mensajeros de la posibilidad en la vida empírica, tienden a escasear; la libertad se convierte en valor límite. Ni siquiera se atreve del todo a presentarse como ideología complementaria; en cuanto técnicos de la propaganda, los dirigentes, que entretanto dirigen también la ideología con mano firme, evidentemente conceden ya a la libertad poca fuerza de atracción. Ésta es olvidada. La no-libertad se consuma en su totalidad invisible, que ya no tolera ningún exterior desde el que se la pudiera contemplar y romper. El mundo tal como es se convierte en la única ideología y los hombres en su componente. También ahí prevalece la justicia dialéctica: se ejerce sobre el individuo, el prototipo y agente de una sociedad particularista y no-libre. La libertad en que debe esperar para sí no podría ser meramente la suya propia, debería ser la del todo. La crítica del individuo lleva más allá de la categoría de libertad en la medida en que ésta ha sido creada a imagen del individuo no-libre. La contradicción de que, para la esfera del individuo, no se pueda proclamar ninguna libertad de la voluntad y, por tanto, ninguna moral, mientras que, sin ella, ni siquiera se puede preservar la vida de la especie, no se puede dirimir mediante la imposición de los llamados valores. Su establecimiento heterónomo, las nuevas tablas de Nietzsche, sería lo contrario de la libertad. Pero ésta no tiene que permanecer donde surgió y seguir siendo lo que fue. Más bien, en la interiorización de la coacción social como conciencia, con la resistencia contra la instancia social, la cual mide críticamente a aquélla por su propio principio, va madurando un potencial que estaría liberado de la coacción. La crítica de la conciencia apunta a la salvación de tal potencial, pero no en el ámbito psicológico, sino en la objetividad de una vida reconciliada de los libres. Si la moral kantiana acaba convergiendo, aparentemente contra su rigurosa pretensión de autonomía, con la ética de los bienes, ahí la brecha que ninguna síntesis conceptual puede salvar entre el ideal social y el subjetivo de la razón que se autoconserva afirma su derecho a la verdad. El reproche de que únicamente en la objetividad de la ley moral se eleva a lo absoluto la razón subjetiva sería subalterno. Kant expresa, falible y deformadamente, lo que con razón habría que exigir socialmente. Tal objetividad no cabe traducirla a la esfera subjetiva, ni a la de la psicología ni a la de la racionalidad, sino que, para bien y para mal, sigue existiendo separada de ésta hasta que los intereses particular y universal coincidan realmente. La conciencia es el estigma de la sociedad no-libre. A Kant se le ocultaba necesariamente el arcano de su filosofía: que el sujeto, para poder, como él lo creía capaz, constituir la objetividad u objetivarse en la acción, siempre tiene por su parte que ser también algo objetivo. En el sujeto trascendental, la razón pura, que se interpreta como objetiva, ronda la prelación del sujeto sin el cual, en cuanto momento, tampoco existirían los objetivadores logros kantianos del sujeto. Su concepto de subjetividad tiene en el núcleo rasgos apersonales. Incluso la personalidad del sujeto, para éste lo más inmediato, más próximo, más cierto, es algo mediado. Sin sociedad no hay consciencia del yo, lo mismo que no hay sociedad más allá de sus individuos. Los postulados de la razón práctica que trascienden al sujeto –Dios, la libertad y la inmortalidad– implican una crítica del imperativo categórico, de la pura razón subjetiva. Éste ni siquiera podría ser pensado sin esos postulados, por mucho que Kant asevere lo contrario; sin esperanza no hay ningún bien.

Al pensamiento, que no puede renunciar a la protección de la moral a la vista de la violencia inmediata que se abre paso en todas partes, la tendencia nominalista lo seduce a anclar la moral en la persona como en un bien indestructible. La libertad, que únicamente se expandiría en la institución de una sociedad libre, es buscada allí donde la institución de la libertad constituida la rechaza: en cada individuo, el cual la necesitaría, pero, tal como es de hecho, no la garantiza. En el personalismo ético no se da la reflexión ni sobre la sociedad ni tampoco sobre la persona misma. Ésta, una vez completamente desgajada de lo universal, es asimismo incapaz de constituir nada universal; esto es entonces tomado en secreto de las formas establecidas de dominación. En el prefascismo el personalismo y la cháchara sobre el compromiso no se llevaron mal sobre la plataforma de la irracionalidad. La persona, en cuanto algo absoluto, niega la universalidad que de ella debería desprenderse y otorga a la arbitrariedad su precario título legal. Su carisma está tomado de la irresistibilidad de lo universal, mientras que ella, desorientada por la legitimidad de esto, se retira a sí acuciada por la miseria del pensamiento. Su principio, la unidad inconmovible que constituye su mismidad, repite obstinadamente en el sujeto la dominación. La persona es el nudo históricamente atado que en libertad habría que soltar, no perpetuar; es el viejo hechizo de lo universal, atrincherado en lo particular. Lo moral que de ella se infiere resulta tan contingente como la existencia inmediata. A diferencia de como en el anticuado discurso de Kant sobre la personalidad, la persona se ha convertido en tautología para aquellos a los que ya no queda nada más en absoluto que el aconceptual aquí y ahora de su ser-ahí. La trascendencia

que no pocas neoontologías esperan de la persona únicamente sobresti-
ma su consciencia. Pero ésta no existiría sin eso universal que el recurso
a la persona como fundamento ético querría excluir. Por ello, el concepto de persona y también sus variantes, por ejemplo la relación yo-tú, han
adoptado el tono untuoso de una teología en la que no se cree. El concepto de un hombre justo ni se puede anticipar ni se parecería a la persona, el sagrado duplicado de su propia autoconservación. Desde el punto de vista de la filosofía de la historia, ese concepto presupone, lo mismo
que ciertamente, por una parte, al sujeto objetivado como carácter, por otra
la desintegración de éste. La completa debilidad del yo, el paso de los sujetos a una conducta pasiva y atomista, parecida a los reflejos, es al mismo tiempo la condena que se merecía la persona, en la cual el principio
económico de la apropiación había devenido antropológico. Lo que en
los hombres cabría pensar como carácter inteligible no es lo que en ellos
hay de personal, sino aquello por lo que se distinguen de su ser-ahí. En
la persona este distintivo aparece necesariamente como algo no-idéntico.
Toda pulsión humana contradice la unidad de quien la siente; todo impulso a lo mejor no es sólo, kantianamente, razón, sino ante ésta también una necedad. Los hombres sólo son hombres cuando no obran como
personas ni siquiera se ponen como tales; lo difuso de la naturaleza, en
la cual no son personas, se asemeja al perfil de una esencia inteligible, de
aquella mismidad que se desprendería del yo: en el arte contemporáneo
se incorpora algo de esto. El sujeto es la mentira porque, por mor de la
incondicionalidad de la propia dominación, niega las determinaciones objetivas de sí mismo; sujeto sólo sería lo que se hubiera deshecho de tal
mentira, lo que con su propia fuerza, que debe a la identidad, hubiera
arrancado de sí el revestimiento de ésta. La monstruosidad ideológica de
la persona es inmanentemente criticable. Lo sustancial que según esa
ideología otorga a la persona su dignidad no existe. Los hombres, sin excepción alguna, todavía no son ellos mismos en absoluto. Bajo el concepto de sí-mismo habría derecho a pensar su posibilidad, y ésta se opone
polémicamente a la realidad del sí-mismo. No es ésta la menor de las razones por las que el discurso de la autoalienación es insostenible. A pesar de sus mejores días hegelianos y marxistas[*], o por mor de ellos, ha
degenerado en apologética, pues, con aire paternalista, da a entender

---

[*] «Esta "alienación", para seguir siendo comprensible a los filósofos, sólo puede naturalmente superarse bajo dos presupuestos prácticos» (Karl MARX y Friedrich ENGELS,

que el hombre habría apostatado de un ente-en-sí que él siempre fue ya, mientras que realmente nunca lo ha sido y por eso del recurso a sus ἀρ-χαί nada tiene que esperar más que el sometimiento a una autoridad, precisamente lo ajeno a él. El hecho de que ese concepto no figure ya en *El capital,* de Marx, no está sólo condicionado por la temática económica de la obra, sino que tiene un sentido filosófico. – La dialéctica negativa no se detiene ni ante la coherencia de la existencia, la firme mismidad del yo, ni ante su antítesis no menos endurecida, el rol, al que la sociología subjetiva contemporánea utiliza como remedio universal, como determinación última de la socialización, análogamente a la existencia de la mismidad en no pocos ontólogos. El concepto de rol sanciona la mala y pervertida despersonalización actual: la no-libertad que meramente en aras de la total acomodación sustituye a una autonomía conseguida trabajosamente, y como hasta contraorden, está por debajo de la libertad, no por encima de ella. La miseria de la división del trabajo es hipostasiada como virtud en el concepto de rol. Con ello el yo se prescribe de nuevo a sí mismo aquello a que la sociedad lo condena. El yo liberado, no prisionero en su identidad, no estaría tampoco condenado a roles. Si se acortara radicalmente el tiempo de trabajo, lo que socialmente quedara de división del trabajo perdería el horror de formar por completo a los individuos. La dureza cósica del sí-mismo y su accesibilidad y disponibilidad para los roles socialmente requeridos son cómplices. Tampoco en lo moral cabe negar abstractamente la identidad, sino que se la ha de conservar en la resistencia, si es que alguna vez ha de pasar a ser lo otro a ella. La situación actual es demoledora: pérdida de la identidad por mor de la identidad abstracta, de la nuda autoconservación.

El doble filo del yo ha dejado su marca en la ontología existencial. El recurso al ser-ahí, así como el proyecto de la autenticidad contra el «se», transfiguran en metafísica la idea del yo fuerte, cerrado en sí, «decidido»; *Ser y tiempo* funcionó como manifiesto del personalismo. En la medida, sin embargo, en que Heidegger interpretaba la subjetividad como un modo del ser preordenado al pensamiento, el personalismo se transformaba ya en su contrario. El hecho de que para el sujeto se escojan expresiones apersonales como ser-ahí y existencia lo indica desde el punto de vista lingüístico. En tal uso retorna inadver-

---

Die deutsche Ideologie, Berlín, 1960, p. 31 [ed. cast.: *La ideología alemana,* Barcelona, Grijalbo, 1970, p. 36]).

tidamente el predominio idealistamente alemán, devoto del Estado, de
la identidad más allá de su propio portador, el sujeto. En la despersonalización, la devaluación burguesa del individuo simultáneamente glorificado, estribaba ya la diferencia entre la subjetividad en cuanto el principio
universal del yo individuado –en el lenguaje de Schelling, la egoidad– y
el yo individuado mismo. La esencia de la subjetividad en cuanto ser-
ahí, tematizada en *Ser y tiempo*, se parece a lo que queda de la persona
cuando ya no es persona. Los motivos para ello no son despreciables.
Lo conmensurable al contorno conceptual-universal de la persona, su
consciencia individual, siempre es también apariencia, está entrevera-
do con esa objetividad transubjetiva que, según la doctrina idealista
tanto como según la ontológica, debe estar fundada en el sujeto puro.
Todo lo que el yo pueda experimentar introspectivamente como yo es
también no-yo, la egoidad absoluta es inexperimentable; de ahí la dificultad constatada por Schopenhauer de percatarse de sí mismo. Lo
último no es nada último. El giro objetivo del idealismo absoluto de
Hegel, el equivalente de la subjetividad absoluta, lo tiene en cuenta.
Pero, cuanto más profundamente pierde el individuo lo que antaño se
llamaba su autoconsciencia, tanto más aumenta la despersonalización.
El hecho de que en Heidegger la muerte se haya convertido en la esencia del ser-ahí codifica la nulidad del mero ser para sí mismo*. La sinies-
tra decisión de la despersonalización, sin embargo, se pliega regresiva-
mente a un destino sentido como ineludible, en lugar de apuntar más
allá de la persona mediante la idea de que ésta accedería al suyo. La
apersonalidad de Heidegger está lingüísticamente constituida; es demasiado fácilmente alcanzada mediante la mera omisión de lo único que
hace del sujeto sujeto. Su pensamiento pasa por alto el nudo del sujeto. La perspectiva de la despersonalización no se abriría a la dilución
abstracta del ser-ahí, sino únicamente al análisis de los sujetos que son
ahí dentro del mundo. Ante él se detiene el análisis heideggeriano del
ser-ahí; por eso pueden sus existenciales apersonales adherirse con tan
poco esfuerzo a las personas. El microanálisis de éstas es intolerable para
un pensamiento autoritario; en la mismidad afectaría al principio de todo

---

* Poco después de la publicación de la obra capital de Heidegger, pudo ya demostrarse en el concepto de existencia en Kierkegaard su implicación objetivo-ontológica y
la inversión del interior desprovisto de objetos en objetividad negativa (cfr. Theodor W.
ADORNO, *Kierkegaard. Konstruktion des Ästhetischen,* Fráncfort del Meno, 1962, pp. 87 ss.
[ed. cast.: *Kierkegaard,* Caracas, Monte Ávila, 1971, pp. 140 ss.]).

dominio. Por el contrario, del ser-ahí se puede en general tratar sin dificultad como de algo apersonal, como si fuera algo sobrehumano y sin embargo humano. De hecho, la constitución total de los hombres vivos, en cuanto contexto funcional objetivamente previo a todos ellos, se mueve hacia lo apersonal en el sentido de la anonimidad. De ello se lamenta el lenguaje heideggeriano tanto como refleja ese estado de cosas aprobándolo en cuanto suprapersonal. El horror de la despersonalización sólo lo sobrepujaría la comprensión de lo cósico de la persona misma, del límite a la egoidad que le impondría la igualdad del sí-mismo con la autoconservación. En Heidegger la apersonalidad ontológica siempre se queda en la ontologización de la persona sin llegar a ésta. El conocimiento de aquello en que se ha convertido la consciencia, al precio de lo que en ella hay de vivo, tiene una fuerza retroactiva: así de cósica ha sido ya siempre la egoidad. En el núcleo del sujeto habitan las condiciones objetivas que en aras de la incondicionalidad de su dominio debe negar y que son las propias de éste. El sujeto debería desprenderse de ellas. La presuposición de su identidad es el fin de la coacción identitaria. Eso es lo que aparece, sólo que deformado, en la ontología existencial. Pero ya no hay nada relevante que no entre en la zona de la despersonalización y su dialéctica; la esquizofrenia es la verdad sobre el sujeto desde el punto de vista de la filosofía de la historia. Esa zona que Heidegger roza se convierte en él inadvertidamente en símil del mundo administrado y complementariamente en la determinación desesperadamente consolidada de la subjetividad. Sólo en la crítica de ésta encontraría su objeto lo que, bajo el nombre de destrucción, reserva Heidegger a la historia de la filosofía. La doctrina del ello del antimetafísico Freud está más cerca de la crítica metafísica del sujeto que la metafísica heideggeriana, que no quiere ser tal. Si el papel de la heteronomía prescrita por la autonomía es la figura más reciente de la consciencia desgraciada, a la inversa no hay felicidad más que cuando el sí-mismo no es él mismo. Si éste, bajo la desmedida presión que sobre él pesa, recae en cuanto esquizofrénico en el estado de disociación y ambigüedad del que históricamente se desprendió el sujeto, la disolución del sujeto es al mismo tiempo la imagen efímera y condenada de un sujeto posible. Si su libertad detuvo otrora al mito, él se liberó, como del último mito, de sí mismo. La utopía sería la no-identidad, sin sacrificio, del sujeto.

En el celo kantiano contra la psicología se expresa, junto al miedo a perder de nuevo la pizca fatigosamente atrapada del *mundus intelli-*

gibilis, también la auténtica comprensión de que las categorías morales del individuo son más que sólo individuales. Lo que según el modelo del concepto kantiano de ley se manifiesta como universal en ellas es secretamente algo social. Entre las funciones del concepto, por supuesto tornasolado, de la humanidad en la *Crítica de la razón práctica*, no es la menor que la razón pura valga como universal para todos los seres racionales: un punto de indiferencia en la filosofía de Kant. Si el concepto de universalidad se ha obtenido a partir de la multiplicidad de los sujetos y luego se ha autonomizado como objetividad lógica de la razón, en la que desaparecen todos los sujetos singulares y, en apariencia, la subjetividad como tal, Kant, en la estrecha arista entre el absolutismo lógico y la validez empírica universal, quiere volver a aquel ente que la lógica de la consecuencia del sistema excluía antes. Ahí la filosofía moral antipsicológica converge con los hallazgos psicológicos posteriores. Al desvelar al súper-yo como norma social interiorizada, la psicología rompe sus barreras monadológicas. Éstas son por su parte socialmente producidas. La conciencia extrae su objetividad con respecto a los hombres de la de la sociedad en y por la cual viven y que los penetra hasta el núcleo de su individuación. En tal objetividad se entreveran indistintamente los momentos antagónicos: la coacción heterónoma y la idea de una solidaridad que va más allá de los intereses singulares divergentes. Lo que en la conciencia reproduce la monstruosidad tenazmente persistente, represiva, de la sociedad es lo contrario de la libertad y se ha de desencantar mediante la demostración de su propia determinación. Por el contrario, la norma universal, que la conciencia se apropia inconscientemente, testimonia lo que en la sociedad apunta más allá de la particularidad en cuanto el principio de su totalidad. Ése es su momento de verdad. La respuesta concluyente a la pregunta por la justicia e injusticia de la conciencia se niega porque la justicia y la injusticia son inherentes a ella misma y ningún juicio abstracto puede separarlas: sólo en su figura represiva se forma la conciencia solidaria que la supera. Que entre el individuo y la sociedad no se abra una simple diferencia ni que se reconcilien es esencial a la filosofía moral. En la aspiración socialmente insatisfecha del individuo se ha declarado lo malo de la universalidad. Ése es el contenido supraindividual de verdad en la crítica de la moral. Pero el individuo que, culpable por necesidad, se convierte en lo último y absoluto, con ello incurre por su parte en la apariencia de la sociedad individualista y se engaña sobre sí; de eso se dio en cambio cuenta Hegel, y ciertamente de la manera más aguda donde propició el abuso reaccionario. La sociedad, que en su aspiración universal es injusta con el individuo, es también justa con él en la medida en que en el individuo se hipostasía el principio social de la autoafirmación irreflexiva, él mismo el universal malo. La sociedad lo mide medida por medida. La frase del Kant tardío según la cual la libertad de cada hombre sólo ha de limitarse en cuanto menoscabe la libertad de otro* codifica un estado reconciliado que no sólo estaría más allá del universal malo, el mecanismo coactivo de la sociedad, sino también más allá del individuo empedernido en que ese mecanismo coactivo microcósmicamente se repite. La pregunta por la libertad no exige un sí o un no, sino una teoría que se eleve lo mismo por encima de la sociedad existente que por encima de la individualidad existente. En lugar de sancionar la instancia interiorizada y endurecida del súper-yo, desarrolla la dialéctica de individuo y género. El rigorismo del súper-yo es simplemente el reflejo del hecho de que la situación antagónica impida eso. El sujeto sólo estaría liberado en cuanto reconciliado con el no-yo y por tanto también más allá de la libertad en la medida en que ésta está conjurada con su adversaria, la represión. Cuánta agresión hay hasta ahora en la libertad se hace visible siempre que los hombres actúan como libres en medio de la no-libertad universal. Sin embargo, si en estado de libertad el individuo dejase de defender ansiosamente la antigua particularidad –la individualidad es tanto producto de la presión como el centro de fuerza que se le resiste–, en la misma medida ese estado dejaría de compadecerse con el concepto actual de colectividad. El hecho de que en los países que hoy en día monopolizan el nombre de socialismo el colectivismo se imponga inmediatamente, en cuanto subordinación del individuo a la sociedad, desmiente su socialismo y consolida el antagonismo. El debilitamiento del yo producido por una sociedad socializada que junta incansablemente a los hombres y, literal y metafóricamente, los hace incapaces de estar solos, se manifiesta en las quejas sobre el aislamiento tanto como por la frialdad verdaderamente insoportable que por doquier se

---

* «Es justa toda acción que o según cuya máxima la libertad de arbitrio de cada cual pueda conjugarse con la libertad de todos según una ley universal» (KANT, «Einleitung in die Rechtslehre», *Metaphysik der Sitten*, § C, WW VI, edición de la Academia, p. 230 [ed. cast.: «Introducción a la doctrina del derecho», *La metafísica de las costumbres,* Madrid, Tecnos, 1994, p. 39]).

extiende con la relación de canje en expansión y que se prolonga en el
régimen autoritario de las presuntas democracias populares, despreocupado de las necesidades de los sujetos. Que en una unión de hombres libres éstos deberían estar congregándose constantemente forma
parte del círculo de representaciones del desfilar, del marchar, del tre-
molar de banderas, de los discursos solemnes de los caudillos. Sólo du-
ran mientras la sociedad quiera amasar irracionalmente a sus obligados miembros; objetivamente no son necesarios. El colectivismo y el
individualismo se complementan en lo falso. Contra ambos protestó
desde Fichte la filosofía especulativa de la historia con la doctrina del
estado de pecaminosidad total, más tarde con la del sentido perdido.
La modernidad es equiparada a un mundo deformado, mientras que
Rousseau, el iniciado de la enemistad retrospectiva contra la propia época, la inflamó en el último gran estilo: su repulsa se dirigía contra un
exceso de forma, la desnaturalización de la sociedad. Hora sería de denunciar la *imago* del mundo vaciado de sentido, que de cifra de la nostalgia ha degenerado en lema de los fanáticos del orden. En ningún
lugar de la tierra es la sociedad actual, como certifican sus apologetas
científicos, «abierta»; en ninguna parte tampoco deformada. La creencia en que lo es surgió con la devastación de ciudades y paisajes por
la industria en expansión no planificada, con una falta de racionalidad, no con su exceso. Virtualmente produce ideologías quien reduce
la deformación a procesos metafísicos en lugar de a las relaciones de
la producción material. Con el cambio de éstas podría suavizarse la imagen de violencia como la cual se presenta el mundo a los hombres que
ejercieron la violencia con él. Que las condiciones supraindividuales
desaparecieran –de ningún modo han desaparecido– no sería en sí lo
malo en absoluto; las obras de arte verdaderamente emancipadas del
siglo XX no son, pues, tampoco peores que las que tuvieron éxito en
los estilos de los que con razón se deshizo la modernidad. Como en
un espejo se invierte la experiencia de que según el estado de la consciencia y de las fuerzas productivas materiales se espera de los hombres que sean libres, que esperen también de sí mismos serlo y que no
lo sean, mientras sin embargo en el estado de su no-libertad radical
no hay ningún modelo de pensamiento, conducta ni, con el término
más ignominioso, de «valor» como el que en cuanto no-libres ansían.
El *lamento* por la falta de vinculación tiene como sustancia una constitución de la sociedad que simula libertad sin realizarla. La libertad sólo

existe, bastante pálidamente, en la superestructura; su perenne malogro desvía el anhelo hacia la no-libertad. Probablemente la pregunta por el sentido del ser-ahí es enteramente expresión de esa desproporción.

Negro se presenta el horizonte de un estado de libertad en que ya no habría necesidad de ninguna represión ni de ninguna moral porque el instinto ya no habría de expresarse destructivamente. Las preguntas morales se plantean sin rodeos, no en su repugnante parodia, la represión sexual, sino en frases como: no torturarás; no habrá campos de concentración, mientras todo eso sigue ocurriendo en África y Asia y no se hace más que reprimirlo porque el humanitarismo civilizador es como siempre inhumano con los por él desvergonzadamente estigmatizados como incivilizados. Pero si un filósofo moral se apoderase de esas frases y se alegrase de haber pillado a los críticos de la moral –también ellos citaban los valores con gusto predicados por los filósofos de la moral–, la contundente conclusión sería falsa. Las frases son verdaderas como impulso cuando se anuncia que en algún lugar se ha torturado. Lo que no pueden es racionalizarse; en cuanto principio abstracto, incurrirían enseguida en la mala infinitud de su deducción y validez. La crítica de la moral va dirigida contra la transposición de la lógica de la consecuencia a la conducta de los hombres; la astringente lógica de la consecuencia se convierte ahí en órgano de la no-libertad. El impulso, el desnudo miedo físico y el sentimiento de solidaridad con los cuerpos, como decía Brecht, torturables, que es inmanente a la conducta moral, lo negaría la aspiración a una racionalización sin contemplaciones; lo más urgente se convertiría de nuevo en contemplativo, burla de la propia urgencia. La diferencia entre teoría y praxis implica teóricamente que la praxis ni se puede reducir puramente a teoría ni es la χωρίς de ésta. No pueden encolarse en una síntesis. Lo inseparado vive únicamente en los extremos, en la pulsión espontánea que, impaciente con el argumento, no quiere tolerar que el horror perdure y en la consciencia teórica no aterrorizada por ninguna orden, que comprende por qué, sin embargo, perdura indefinidamente. Esta contradicción es, a la vista de la impotencia real de todos los individuos, el único escenario de la moral hoy en día. La consciencia reaccionará espontáneamente mientras reconozca lo malo sin conformarse con el conocimiento. La incompatibilidad de todo juicio universalmente moral con la determinación psicológica, que sin embargo no dispensa del juicio de que esto es el mal, no se origina en una inconsecuencia del pensamiento, sino en el antagonismo objetivo. Fritz Bauer ha señalado que los mismos tipos que con cien argumentos sospechosos pretenden la absolución de los verdugos de Auschwitz son partidarios de la reintroducción de la pena de muerte. En eso se concentra el estado más reciente de la dialéctica moral: la absolución sería la nuda injusticia, la expiación justa se dejaría contagiar por el principio de la fuerza bruta, en resistirse al cual únicamente consiste la humanidad. La frase de Benjamin según la cual la aplicación de la pena de muerte puede ser moral, su legitimación nunca, profetiza esta dialéctica. Si se hubiera fusilado enseguida a los encargados de la tortura junto a sus jefes y sus muy poderosos protectores, habría sido más moral que procesar a algunos de ellos. El hecho de que hayan conseguido escapar, esconderse durante veinte años, cambia cualitativamente la justicia entonces omitida. En cuanto se ha de movilizar contra ellos una máquina judicial con ordenamiento procesal, togas y defensores comprensivos, la justicia, de todos modos incapaz de una sanción que correspondiera al delito cometido, es ya falsa, comprometida por el mismo principio según el cual obraron antes los asesinos. Los fascistas son lo bastante listos como para explotar tal locura objetiva con su razón diabólicamente desvariada. La razón histórica de la aporía es que en Alemania la revolución contra los fascistas fracasó, mejor dicho, que en 1944 no hubo ningún movimiento revolucionario de masas. La contradicción de enseñar determinismo empírico y al mismo tiempo condenar a los monstruos normales –según aquél, lo que quizá se debiera hacer sería soltarlos– no la puede conciliar ninguna lógica de orden superior. Una lógica teóricamente reflexionada no debería temerla. Si no la ayuda ella misma a tomar consciencia, empuja, en cuanto algo político, a la prosecución de los métodos de tortura que el inconsciente colectivo de todos modos espera y cuya racionalización persigue; en todo caso, hasta aquí concuerda con la teoría de la disuasión. En la ruptura confesada entre una razón del derecho que por última vez otorga a los culpables el honor de una libertad que no merecen y la comprensión de su real no-libertad, la crítica del pensamiento identitario de la lógica de la consecuencia se convierte en moral.

Entre el ser-ahí y la ley moral Kant media con la construcción del carácter inteligible. Ésta se apoya en la tesis de que «la ley moral demuestra su realidad»[53], como si lo dado, lo que es ahí, estuviera legitimado por eso. Si Kant habla de «que el fundamento de determinación de esa causalidad puede admitirse también fuera del mundo de los sentidos en la libertad en cuanto propiedad de un ser inteligible»[54], el concepto de propiedad convierte por completo al ser inteligible en algo positivamente representable en la vida del individuo, «real». Pero esto es, dentro de la axiomática de la no-contradicción, contrario a la doctrina de lo inteligible como un más allá del mundo sensible. Kant lo recuerda enseguida sin tapujos: «Lo moralmente bueno por el contrario es algo suprasensible según el objeto, para lo cual por tanto no puede encontrarse en ninguna intuición sensible algo correspondiente» –con toda certeza, por tanto, ninguna «propiedad»– «y el juicio, bajo leyes de la razón pura práctica, parece por consiguiente estar sometido a dificultades particulares, las cuales estriban en el hecho de que una ley de la libertad debe ser aplicada a acciones en cuanto datos que ocurren en el mundo de los sentidos y en ese respecto pertenece, por tanto, a la naturaleza»[55]. Con espíritu de crítica de la razón, el pasaje se dirige no sólo contra la en la *Crítica de la razón práctica* rigurosamente criticada ontología del bien y del mal en cuanto bienes que son en sí, sino también contra la facultad subjetiva a ella correspondiente, la cual, sustraída a los fenómenos, garantizaría a esa ontología un carácter de esencia completamente sobrenatural. Si, para salvar la libertad, introdujo la doctrina del carácter inteligible, excesivamente expuesta y que se resiste a la experiencia, aunque concebida como mediación con la empiria, objetivamente uno de los motivos más fuertes fue que la voluntad no puede ser deducida en cuanto ente de los fenómenos ni tampoco definida por su síntesis conceptual, sino que debe ser presupuesta como su condición, con los inconvenientes de un realismo ingenuo de la interioridad que él, a propósito de otras hipóstasis de lo anímico, destruyó en el capítulo de los paralogismos. La precaria mediación debe procurarla la prueba de que el carácter ni se reduce a la naturaleza ni es absolutamente trascendente a ésta, como por lo demás implica dialécticamente su concepto. Pero las motivaciones sin las que no habría tal mediación tienen su momento psicológico, mientras que según Kant las de la voluntad humana no pueden ser «nunca otra cosa que la ley moral»[56]. Esto perfila la antinomia de toda respuesta posible: «Pues cómo una ley para sí e inmediatamente pueda ser fundamento de determinación de la voluntad (lo cual es lo esencial de toda moralidad) es un problema insoluble para la razón humana e idéntico con cómo una voluntad libre sea posible. Así pues, tendremos que señalar a priori no el fundamento por el cual la ley moral en sí proporciona un motor, sino qué es lo que ella, siéndolo, opera (o, mejor dicho, debe operar) en el ánimo»[57]. La especulación de Kant enmudece donde debería arrancar, y se resigna a una mera descripción de complejos operativos inmanentes que él, si no estuviese dominado por su propósito, difícilmente habría vacilado en calificar de fantasmagoría: algo empírico usurpa, por la fuerza del afecto que ejerce, una autoridad supraempírica. Se trata de la «existencia inteligible»[58], de un ser-ahí sin el tiempo, el cual, según Kant, participa de la constitución de lo que es ahí, sin que la *contradictio in adiecto* lo asustara, sin que la articulara dialécticamente ni siquiera dijera nada de lo que por esa existencia se ha de pensar. A lo más que se atreve es al discurso «de la espontaneidad del sujeto en cuanto cosa en sí misma»[59]. Según la crítica de la razón, de ésta cabría tan poco hablar positivamente como de las causas trascendentes de los fenómenos del sentido externo, mientras que, sin el carácter inteligible del obrar moral en la empiria, sería imposible la intervención en ésta y con ello la moral. Debe esforzarse desesperadamente por lo que el plan del sistema impide. Viene aquí en su socorro el hecho de que, contra el automatismo causal de la naturaleza tanto física como psicológica, la razón es capaz de intervenir, de fundar un nuevo nexo. Si, en la acabada filosofía moral, condesciende a dejar de pensar el reino inteligible, secularizado en razón pura práctica, como algo absolutamente diferente, éste no es de ningún modo, a la vista de ese influjo constatable de la razón, el portento como el cual se representa según la abstracta relación mutua de las tesis fundamentales de Kant. El hecho de que la razón sea algo distinto de la naturaleza y sin embargo un momento de ésta es su prehistoria convertida en su determinación inmanente. Es natural en cuanto la fuerza física desviada a los fines de la autoconservación; pero una vez escindida y contrastada con la naturaleza, se convierte también en lo otro a ésta. Emergiendo efímeramente de ella, la razón es idéntica y no-idéntica a la naturaleza, dialéctica según su propio concepto. Sin embargo, cuanto más desenfrenadamente hace de sí en esa dialéctica el adversario absoluto de la naturaleza y se olvida de ésta en sí misma, tanto más regresa la razón, autoconservación embrutecida, a la naturaleza; únicamente como reflexión de ésta sería la razón sobrenaturaleza. Ningún arte interpretativo podría eliminar las contradicciones inmanentes de las determinaciones del carácter inteligible. Kant calla sobre qué sea y cómo opera de por sí en el carácter empírico; sea nada más que el puro

acto de su posición o subsista junto a éste, ciertamente suena harto so-
fisticado, pero no carece de plausibilidad para la autoexperiencia. Se conforma con la descripción de cómo aparece esa intervención en la empiria. Si el carácter inteligible se representa, a lo cual invita la palabra,
totalmente como χωρίς, hablar de él es tan absolutamente imposible
como sobre la cosa en sí, a la que Kant equipara el carácter inteligible
bastante crípticamente, en analogía sumamente formal, sin siquiera explicar si es «una» cosa en sí, una en cada persona, la causa ignota de
los fenómenos del sentido interno o, como Kant dice a veces, «la» cosa
en sí, idéntica en todos, el yo absoluto de Fichte. En cuanto intervi-
niera, un sujeto tan radicalmente separado se convertiría en momento del mundo fenoménico y se sometería a las determinaciones de éste,
por tanto a la causalidad. Pero el lógico tradicional Kant nunca podría
conformarse con que el mismo concepto de causalidad estuviera sometido tanto como no sometido a la causalidad˙. Pero, si el carácter
inteligible dejase de ser χωρίς, ya no sería inteligible, sino que, en el
sentido del dualismo kantiano, se contaminaría del *mundus sensibilis*
y no se contradiría menos. Cuando Kant se siente obligado a exponer
más precisamente la doctrina del carácter inteligible, debe por una par-

---

˙ Al concepto de lo inteligible es cómodo oponerle que incluso en la abstracción
extrema estaría prohibido mencionar positivamente causas ignotas de los fenómenos.
Con un concepto sobre el que no se puede decir absolutamente nada no cabría operar,
sería igual a nada, nada también su propio contenido. Tuvo en ello el idealismo alemán
uno de sus argumentos más eficaces contra Kant sin haberse detenido mucho en la idea
leibniziano-kantiana de concepto límite. Cabría sin embargo poner reparos a la plausible crítica de Kant en Fichte y Hegel. Ésta sigue por su parte la lógica tradicional, que
prohíbe en cuanto vano hablar de algo que no se pueda reducir a los contenidos fácticos que constituirían la sustancia de ese concepto. En su rebelión contra Kant, los idealistas olvidaron, por exceso de celo, el concepto que seguían contra él: que la consecuencia
del pensamiento obliga a la construcción de conceptos que no tienen ningún representante en el dato positivamente determinable. Por amor a la especulación denunciaban
a Kant por especulador, culpables del mismo positivismo de que lo acusaban. En el supuesto error de la apología kantiana de la cosa en sí, que la lógica de la consecuencia
podía demostrar tan triunfalmente desde Maimónides, sobrevive en Kant el recuerdo
del momento rebelde contra la lógica de la consecuencia, la no-identidad. Por eso él,
que ciertamente no ignoraba la consecuencia de sus críticos, protestó contra éstos y prefirió quedar convicto de absolutismo a absolutizar la identidad a cuyo sentido propio,
como bastante rápidamente reconoció Hegel, es indispensable la referencia a lo no-idéntico. La construcción de la cosa en sí y del carácter inteligible es la de algo no-idéntico
como la condición de posibilidad de la identificación, pero también la de lo que escapa a la identificación categorial.

te fundamentarlo en una acción en el tiempo, en aquello empírico que
en absoluto debe ser; por otra, descuidar la psicología con que se embrolla:
«Hay casos en que hombres, desde su niñez, incluso con una educación
que ha sido provechosa para otros que se educaron al mismo tiempo,
muestran, sin embargo, malicia tan precoz y continúan aumentándola
tanto hasta la edad adulta, que se les tiene por malvados natos y, en lo
que concierne al modo de pensar, enteramente incorregibles, pero, sin
embargo, se les juzga por sus acciones y omisiones, se les reprochan sus
crímenes como culpas y hasta ellos mismos (los niños) encuentran del
todo fundados estos reproches, como si ellos, sin tener en cuenta la condición natural desesperada que se atribuye a su ánimo, resultaran justamente tan responsables como cualquier otro hombre. Esto no podría ocurrir si nosotros no presupusiésemos que todo lo que se origina en su
albedrío (como, sin duda, toda acción llevada a cabo premeditadamen-
te) tiene como fundamento una libre causalidad que, desde la temprana juventud, expresa su carácter en los fenómenos (las acciones), los cuales, a causa de la uniformidad de la conducta, dan a conocer una conexión
natural que, empero, no hace necesaria la perversa condición de la voluntad, sino que más bien es la consecuencia de los principios malos e
inmutables, libremente adoptados, los cuales lo hacen aún tanto más
reprobable y digno de castigo»[60]. Kant no airea que el veredicto moral
puede equivocarse con los psicópatas. La causalidad presuntamente libre es desplazada a la primera infancia, por lo demás de un modo enteramente adecuado a la génesis del súper-yo. Es sin embargo un disparate atestiguar en bebés, cuya razón misma no se está sino formando,
aquella autonomía que corresponde a la razón plenamente desarrollada. Al retrotraer la responsabilidad moral de la acción individual del
adulto a su oscura prehistoria, en nombre de la emancipación se pro-
nuncia sobre el no-emancipado un veredicto inmoralmente pedagógico.
Los procesos que en los primeros años de vida deciden sobre la formación del yo y del súper-yo o, como en el paradigma kantiano, sobre su
malogro, no pueden evidentemente apriorizarse por mor de su antigüedad, ni cabe adscribir a su sumamente empírico contenido aquella pureza que la doctrina de Kant exige de la ley moral. En su entusiasmo
por la culpabilidad de los desde la cuna malvados, abandona el ámbito inteligible, únicamente para sembrar la desgracia en el empírico.

En qué pensaba Kant con el concepto del carácter inteligible no elude toda conjetura pese al ascético silencio de su teoría: la unidad de la

persona, equivalente de la unidad epistemológica de la autoconsciencia. Tras los bastidores del sistema kantiano se espera que el concepto supremo de la filosofía práctica coincida con el supremo de la teórica, el principio del yo, el cual tanto crea unidad teóricamente como prácticamente reprime e integra los instintos. La unidad de la persona es el lugar de la doctrina de lo inteligible. Según la arquitectura del en Kant constante dualismo forma-contenido, pertenece a las formas: el principio de particularización es, en dialéctica involuntaria, sólo explicitada por Hegel, un universal. En honor de la universalidad, Kant distingue terminológicamente entre personalidad y persona. La primera es «la libertad e independencia del mecanismo de toda la naturaleza, al mismo tiempo considerada sin embargo como una facultad de un ser que está sometido a leyes puras prácticas peculiares, es decir, dadas por su propia razón, la persona, pues, en cuanto perteneciente al mundo de los sentidos, sometida a su propia personalidad en la medida en que al mismo tiempo pertenece al mundo inteligible»[61]. La personalidad, el sujeto en cuanto razón pura, tal como se insinúa en el sufijo «-idad», el indicio de algo conceptualmente universal, debe someterse la persona, el sujeto, en cuanto ser individual empírico, natural. Lo que Kant entiende por el carácter inteligible podría estar muy cerca de la personalidad en la terminología antigua, que «pertenece al mundo inteligible». La unidad de la autoconsciencia presupone contenidos de consciencia psicológico-fácticos no sólo genéticamente, sino según su propia posibilidad pura; designa una zona de indiferencia entre la razón pura y la experiencia espacio-temporal. La crítica de Hume al yo pasó por alto el hecho de que no existirían hechos de consciencia sin que se determinaran dentro de una consciencia individual, no de cualquier otra. Kant lo corrige, pero descuidando también por su parte la reciprocidad: su crítica de Hume, la personalidad, se le ha congelado como principio más allá de las personas individuales, como marco de éstas. Para él la unidad de la consciencia es independiente de toda experiencia. Tal independencia existe en cierto modo frente a los cambiantes hechos singulares de la consciencia, pero no radicalmente frente a toda existencia de contenidos de consciencia fácticos. El platonismo de Kant –en el *Fedón* el alma era algo parecido a la idea– reproduce epistemológicamente la afirmación eminentemente burguesa de la unidad personal en sí a costa de su contenido, la cual acababa por no dejar bajo el nombre de personalidad más que al hombre fuerte. El logro formal de la integración, a priori de ningún modo formal, sino de contenido, el dominio sedimentado de la naturaleza interior, usurpa el rango del bien. Cuanto más personalidad se sea, se sugiere, tanto mejor se es, sin preocuparse de la problematicidad del ser-uno-mismo. Grandes novelas del siglo XIX eran todavía desconfiadas a este respecto. El Tom Jones de Fielding, el niño expósito, un «carácter instintivo» en el sentido psicológico, representa al hombre no mutilado por la convención y al mismo tiempo se hace cómico. Los rinocerontes de Ionesco son su último eco: el único que resiste a la estandarización animal y en este sentido conserva un yo fuerte no tiene en absoluto, alcohólico y profesionalmente fracasado, uno tan fuerte según el veredicto de la vida. A pesar del ejemplo del crío radicalmente malvado, cabría preguntar si en Kant es pensable un carácter inteligible malvado; si no busca el mal en el fracaso de la unidad formal. Donde esa unidad no existe en absoluto, según él cabría sin duda hablar del bien tan poco como entre los animales, como asimismo del mal; a lo sumo podría haberse representado el carácter inteligible como un yo fuerte que controla racionalmente todas sus pulsiones, tal como se enseña en toda la tradición del racionalismo moderno, en particular de Spinoza y Leibniz, que al menos en este punto coinciden[*]. La gran filosofía se endurece contra la idea de un hombre no modelado según el principio de realidad, no endurecido en sí. Esto reporta a la estrategia cogitativa de Kant la ventaja de poder desarrollar la tesis de la libertad paralelamente a la causalidad consistente. Pues la unidad de la persona no es meramente el a priori formal como el cual aparece en el sistema kantiano, sino, contra su voluntad y en pro de su *demonstrandum*, momento de todos los contenidos singulares del sujeto. Cada una de sus pulsiones es «suya» tanto como el sujeto es la totalidad de las pulsiones y por consiguiente lo cualitativamente otro a éstas. El linde se difumina en la región sumamente formal de la autoconsciencia. De ella pueden predicarse sin distinción cosas que no se desvanecen la una en la otra: el contenido fáctico y la mediación, el principio de su conexión. Es mediante la máxima abstracción como, en el concepto de indiferencia de la personalidad, se hace justicia al hecho dialéctico, erigido en tabú según el modo de argumentación de la lógica tradicional, pero tanto más

---

[*] Sobre la relación entre la doctrina kantiana de la voluntad y la de Leibniz y Spinoza, cfr. Johan Eduard ERDMANN, *Geschichte der neueren Philosophie [Historia de la filosofía moderna]* (reimpresión: Stuttgart, 1932), en particular el volumen III, pp. 128 ss.

real, de que en el mundo antagonista los sujetos individuales son también antagónicos, libres y no-libres. En la noche de la indiferencia, una débil luz cae sobre la libertad en cuanto la personalidad en sí, una intimidad protestante aún sustraída a sí misma. El sujeto, según el apotegma de Schiller, se justifica por lo que es, no por lo que hace, como entonces el luterano por la fe, no por las obras. La involuntaria irracionalidad del carácter inteligible kantiano, su indeterminabilidad impuesta por el sistema, seculariza tácitamente la explícita doctrina teológica de la irracionalidad de la predestinación. Ésta, conservada durante la progresista Ilustración, se hace efectivamente cada vez más oprimente. Una vez la ética kantiana arrinconó a Dios en el papel por así decir servil de postulado de la razón práctica –también esto se encuentra preformado en Leibniz e incluso en Descartes–, resulta difícil pensar, bajo el carácter inteligible, algo que es irracionalmente así, como algo distinto al mismo destino ciego contra el que protesta la idea de la libertad. El concepto de carácter siempre ha oscilado entre la naturaleza y la libertad[62]. Cuanto con menos miramientos se equipara el ser-así absoluto del sujeto con su subjetividad, tanto menos impenetrable el concepto de ésta. Lo que otrora se antojaba predestinación por decreto divino apenas puede seguir pensándose como una predestinación por razón objetiva, que de todos modos tendría que apelar a la subjetiva. El ser-en-sí puro, sin ningún contenido empírico, del hombre, que no es buscado en nada más que en su propia racionalidad, no permite ningún juicio racional sobre por qué aquí tiene éxito, allí fracasa. Pero la instancia a la que está aferrado el carácter inteligible, la razón pura, es ella misma algo en devenir y en tal medida también condicionado, no absolutamente condicionante. El hecho de que se sitúe fuera del tiempo como algo absoluto –una anticipación del mismo Fichte que Kant combatió– es mucho más irracional de lo que jamás lo fuera la doctrina de la creación. Esto contribuyó esencialmente a la alianza de la idea de libertad con la no-libertad real. Siendo ahí irreductiblemente, el carácter inteligible duplica en el concepto esa segunda naturaleza como la cual por lo demás la sociedad troquela los caracteres de todos sus miembros. Si se la traduce a juicios sobre los hombres reales, el único criterio de la ética kantiana es: tal como uno es, así es su no-libertad. Ciertamente, el apotegma de Schiller quería primordialmente declarar la repugnancia que le inspira el sometimiento de todas las relaciones humanas al principio del canje, la evaluación de una acción por comparación con la otra. La filosofía moral kantiana anuncia el mismo motivo en la oposición entre mérito y premio. En una sociedad justa, sin embargo, el canje no sólo sería suprimido, sino consumado: a nadie se le recortaría el producto de su trabajo. Ni la acción aislada se puede sopesar, ni hay un bien que no se expresara en acciones. Una intención absoluta, desprovista de intervención específica, degeneraría en indiferencia absoluta, en lo inhumano. Ambos, Kant como Schiller, preludian objetivamente el vergonzoso concepto de una nobleza indefinida que más tarde pueden adjudicarse a capricho, como propiedad, elites que así se denominan a sí mismas. En la filosofía moral kantiana se insinúa una tendencia a su sabotaje. La totalidad del hombre le es indistinguible de la elección preestablecida. Que ya no se pueda preguntar casuísticamente por la justicia o injusticia de una acción tiene también su lado siniestro: la competencia del juicio pasa a las coacciones de la sociedad empírica que el ἀγαθόν kantiano quería trascender. Las categorías de noble y vulgar están, como todas las de la doctrina burguesa de la libertad, entreveradas con relaciones familiares, naturales. En la sociedad tardoburguesa su naturalismo se abre paso una vez más como biologismo y, en último término, como teoría de las razas. La reconciliación de moral y naturaleza a que, contra Kant y en secreto de acuerdo con éste, apuntaba el Schiller filósofo no es de ningún modo en lo existente tan humana e inocente como ella se cree. La naturaleza, antaño provista de sentido, ocupa el lugar de aquella posibilidad a que la construcción del carácter inteligible aspiraba. En la *kalokagacía* de Goethe no puede pasarse por alto el vuelco asesino en que acaba. Ya una carta de Kant sobre un retrato que de él había hecho un pintor judío se sirve de una tesis odiosamente antisemita que el nacionalsocialista Paul Schultze-Naumburg popularizó[*]. La libertad está realmente limitada por la sociedad no sólo desde fuera, sino en sí misma. En cuanto hace uso de sí, incrementa la no-libertad; el ministro de lo mejor es siempre también cómplice de lo peor. Incluso

---

[*] «¡El agradecimiento más entrañable, mi muy estimado y querido amigo, por la publicación de sus amables reflexiones sobre mí, que han llegado a mis manos junto con su hermoso regalo justo al día siguiente de mi cumpleaños! Según dicen mis amigos, el retrato que sin mi consentimiento ha realizado el señor Loewe, un pintor judío, debe de tener ciertamente un grado de parecido conmigo, pero un buen conocedor de las cosas de la pintura dijo al primer golpe de vista: un judío siempre pinta a un judío; se nota en la nariz. Pero bueno está» (extraído de *Kants-Briefwechsel [Correspondencia de Kant]*, vol. II, 1789-1794, Berlín, 1900, p. 33).

allí donde los hombres se sienten más libres de la sociedad, en la fortaleza de su yo, son al mismo tiempo sus agentes: la sociedad les ha implantado el principio del yo, y lo honra aunque lo refrena. La ética de
Kant todavía no ha percibido esta maldición, o bien la pasa por alto.

Si uno quisiera atreverse a otorgar a la X kantiana del carácter inteligible su verdadero contenido, que se afirma contra la total indeterminidad del concepto aporético, sería sin duda la consciencia históricamente más progresista, puntualmente destellante, rápidamente
oscurecida, a la que es inherente el impulso a hacer lo justo. Es la anticipación concreta, intermitente, de la posibilidad, ni ajena ni idéntica a los hombres. Éstos no son sólo los sustratos de la psicología. Pues
no se agotan en el dominio objetualizado de la naturaleza que desde
la naturaleza exterior han retroproyectado sobre sí. Son cosas en sí en
cuanto las cosas no son sino algo hecho por ellos; en tal medida es el
mundo de los fenómenos verdaderamente una apariencia. La voluntad pura de la *Fundamentación* kantiana no es por tanto en absoluto
tan diferente del carácter inteligible. El verso de Karl Kraus «Qué ha
hecho de nosotros el mundo» medita sobre él melancólicamente; lo falsea quien se imagine poseerlo. Negativamente se impone en el dolor
del sujeto por la mutilación de todos los hombres en lo que han llegado a ser, en su realidad. Lo que sería de otro modo, la esencia no
más pervertida, se niega a un lenguaje que porta los estigmas del ente:
antaño la teología hablaba del nombre místico. Pero la separación entre el carácter inteligible y el empírico se experimenta en el ancestral
bloque que se interpone ante la voluntad pura, lo suplementario: consideraciones externas de todo tipo concebible, intereses irracionales múl-
tiplemente subalternos de los sujetos de la falsa sociedad; en general
el principio del propio interés particular que, en la sociedad tal como
ésta es, prescribe a cada individuo sin excepción su conducta y es la
muerte de todos. Hacia el interior el bloque se prolonga en tendencias
obtusamente egotistas, luego en las neurosis. Éstas absorben, como se
sabe, una desmesurada cantidad de la fuerza humana disponible y en
la línea de menor resistencia impiden con la astucia del inconsciente
aquello justo que irremediablemente contradice la autoconservación
apocada. Con esto las neurosis lo tienen tanto más fácil, pueden racionalizarse tanto mejor de lo que el principio de autoconservación en
un estado de libertad tendría que satisfacer el suyo tanto como los intereses de los demás, que él a priori perjudica. Las neurosis son pun-

tales de la sociedad; frustran las mejores posibilidades de los hombres y con ello lo objetivamente mejor que los hombres podrían aportar. Los instintos que impulsan a salir de la falsa situación tienden a encauzarlos hacia un narcisismo satisfecho con la falsa situación. Éste es un gozne en el mecanismo del mal: una debilidad que, donde es posible, se toma por fortaleza. El carácter inteligible acaba por ser la voluntad racional paralizada. Lo que por el contrario pasa en él por lo superior, más sublime, incontaminado por lo inferior, es esencialmente su propia indigencia, la incapacidad para cambiar lo degradante; renuncia que se estiliza como fin en sí. No hay sin embargo nada mejor entre los hombres que ese carácter; la posibilidad de ser otro de quien se es mientras que todos se encuentran encerrados en su sí mismo y, por tanto, siguen aislados de su sí mismo. El fallo flagrante en la doctrina kantiana, lo elusivo, abstracto del carácter inteligible, tiene también algo de la verdad de la prohibición de las imágenes que la filosofía poskantiana, incluido Marx, extendió a todos los conceptos de lo positivo. En cuanto posibilidad del sujeto, el carácter inteligible, lo mismo que la libertad, es algo en devenir, no un ente. Se lo traicionaría en cuanto mediante la descripción, aun la más precavida, fuese incorporado al ente. En la situación justa todo sería, como en el *theologumenon* judío, sólo un poco distinto de como es, pero, en lo más mínimo, se puede representar cómo sería entonces. A pesar de ello, del carácter inteligible sólo cabe hablar en la medida en que no se cierne abstracta e impotentemente sobre el ente, sino tal y como una y otra vez se disuelve realmente en el culpable contexto de éste y es producido por él. La contradicción entre libertad y determinismo no es, como querría la autocomprensión de la crítica de la razón, entre las posiciones teóricas del dogmatismo y el escepticismo, sino la de la autoexperiencia de los sujetos, ora libres, ora no-libres. Bajo el aspecto de la libertad, éstos no son idénticos a sí, pues el sujeto no es aún tal, y por cierto que precisamente debido a su instauración como sujeto: el sí-mismo es lo inhumano. Libertad y carácter inteligible son afines a la identidad y la no-identidad, sin poderse adherir *clare et distincte* a uno u otro bando. Los sujetos son libres, según el modelo kantiano, en la medida en que son conscientes de sí mismos, idénticos a sí; y en tal identidad, de nuevo también no-libres en la medida en que se someten a la coacción de ésta y la perpetúan. Son no-libres en cuanto no-idénticos, en cuanto naturaleza difusa, y sin embargo en cuanto tales libres, pues en las pulsiones que los dominan –no otra cosa es la no-identidad del sujeto consigo– se desprenden también del carácter coactivo de la identidad. La personalidad es la caricatura de la libertad. La aporía tiene el fundamento de que una verdad más allá de la coacción identitaria no sería lo sin más distinto de ésta, sino que estaría mediada por ella. En la sociedad socializada todos los individuos son incapaces de lo moral que socialmente se exige, pero que, en realidad, sólo existiría en una sociedad liberada. La única moral social sería acabar de una vez con la mala infinitud, con el maldito canje de la compensación. Al individuo, sin embargo, no le queda de moral más que aquello para lo que la teoría moral kantiana, que a los animales les concede inclinación, no respeto[63], sólo tiene desprecio: intentar vivir de tal modo que se pueda creer haber sido un buen animal.

II. Espíritu del mundo e historia de la naturaleza

Excurso sobre Hegel

Aquello contra lo que el entendimiento humano enfermo de salud reacciona con la máxima sensibilidad, la hegemonía de algo objetivo sobre los hombres individuales, en su convivencia tanto como en su consciencia, puede experimentarse groseramente a diario. Esa hegemonía se repudia en cuanto especulación sin fundamento, de modo que los individuos puedan conservar la lisonjera ilusión de que sus representaciones entretanto estandarizadas serían la verdad en el doble sentido incondicionada, contra la sospecha de que las cosas no sean así y ellos vivan bajo una fatalidad. En una época que se ha sacudido con tanto alivio el sistema del idealismo objetivo como en economía la doctrina del valor objetivo, son por primera vez de verdad actuales unos teoremas con los que afirma no poder comenzar nada un espíritu que busca su propia seguridad y la del conocimiento en lo dado en cuanto la suma bien ordenada de los hechos individuales inmediatos de las instituciones sociales o la constitución subjetiva de sus miembros. El espíritu objetivo y finalmente absoluto de Hegel, la ley marxista del valor que se impone sin consciencia de los hombres son para la experiencia incontrolada más evidentes que los hechos preparados de la rutina positivista de la ciencia, que hoy en día se prolonga en la ingenua consciencia precientífica; sólo que esta rutina, a mayor gloria de la objetividad del conocimiento, desacostumbra a los hombres de la experiencia de la objetividad real a la que, incluso en sí mismos, están sometidos. Si los que piensan fuesen capaces de tal experiencia y estuviesen dispuestos a ella, ésta tendría que hacer vacilar la fe en la facticidad misma; debería obligar a ir tanto más allá de los hechos que éstos perderían su prelación irreflexiva sobre los universales, los cuales para el nominalismo triunfante son una nada, un añadido prescindible del investigador clasificatorio. Aquel aserto de las consideraciones preliminares de la *Lógica* hegeliana, según el cual no hay nada en el mundo que no esté tan mediado como inmediato es, no perdura más precisamente en ninguna parte que en los hechos de que hace alarde la historiografía. Sería sin duda estúpido discutir con refinamientos epistemocríticos que, cuando bajo el fascismo hitleriano la policía del Estado llama a la puerta de un disidente a las seis de la mañana, para el individuo al que le sucede eso es más inmediato que las maquinaciones precedentes del poder y la instalación del aparato del partido en todas las ramas de la administración; o, más aún, que la tendencia histórica que por su parte hizo estallar la continuidad de la República de Weimar y que no se manifiesta sino en un contexto conceptual, rigurosamente sólo en una teoría desarrollada. Sin embargo, el *factum brutum* del asalto oficial con que el fascismo arremete contra el individuo depende de todos aquellos momentos para la víctima más remotos y por el momento indiferentes. Meramente la más miserable erudición podría, bajo el título de la exactitud científica, cegarse al hecho de que la Revolución francesa, por abruptos que no pocos de sus actos resultaran, se insertaba en la tendencia global de la emancipación de la burguesía. Ésta ni habría sido posible ni se habría logrado si en 1789 no hubiese ocupado ya las posiciones clave de la producción económica y desbordado al feudalismo y su cúspide absolutista, que a veces se había coaligado con el interés burgués. El brutal imperativo de Nietzsche, «Lo que cae hay que empujarlo», codifica a toro pasado una máxima protoburguesa. Probablemente todas las revoluciones burguesas fueron decididas de antemano por el ascenso histórico de la clase y tuvieron un ingrediente de ostentación que en arte se manifestó como decoración clasicista. No obstante, esa tendencia a la ruptura histórica difícilmente se habría realizado sin el agudo desastre económico del absolutismo y la crisis financiera en que fracasaron los reformistas fisiócratas bajo Luis XVI. La miseria específica al menos de las masas parisinas pudo desencadenar el movimiento, mientras que en otros países en los que no era tan aguda el proceso burgués de emancipación triunfó sin revolución y en principio no tocó la más o menos absolutista forma de gobierno.

La infantil diferenciación entre causa profunda y ocasión externa tiene a favor que por lo menos designa crudamente el dualismo de inmediatez y mediación: las ocasiones son lo inmediato, las llamadas causas más profundas lo que media, lo que se propaga, lo que incorpora los detalles. Incluso en el pasado más reciente se ha podido leer en los hechos mismos la hegemonía de la tendencia. Actos específicamente militares como los bombardeos sobre Alemania funcionaron como *slum clearing*, retroactivamente integrados en aquella transformación de las ciudades que hace tiempo que se puede observar no ya sólo en Norteamérica, sino en toda la tierra. Así como el reforzamiento de la familia en las situaciones de emergencia de los refugiados contuvo ciertamente por un tiempo la tendencia al desarrollo antifamiliar, pero difícilmente el *trend*; el número de divorcios y el de familias incompletas siguió aumentando al principio también en Alemania. Incluso las incursiones de los conquistadores en los antiguos México y Perú, que allí debieron de experimentarse como invasiones de otro planeta, contribuyeron sangrientamente, de manera irracional para los aztecas e incas, a la expansión de la sociedad burguesamente racional hasta la concepción de *one world* que es teleológicamente inherente al principio de esa sociedad. Tal preponderancia del *trend* en los hechos, de los cuales sin embargo siempre ha menester, acaba por condenar al ridículo la ancestral distinción entre causa y ocasión; toda la distinción, no sólo la ocasión, es exterior, porque la causa está concretamente en la ocasión. Si el desastre económico de la corte fue una palanca para las sublevaciones parisinas, este desastre económico seguía estando en función de una totalidad, el retraso de la economía absolutista de «dispendio» con respecto a la capitalista de rendimiento. Sólo en el todo histórico alcanzan su relevancia incluso momentos que son contrarios a él y por supuesto, como en la Revolución francesa, no hacen sino favorecerlo. Hasta el retraso de las fuerzas productivas de una clase no es absoluto, sino únicamente relativo al avance de las otras. La construcción filosófica de la historia ha menester del conocimiento de todo esto. No es ésta la menor de las razones por las que, como ya en Hegel y Marx, la filosofía de la historia se aproxima tanto a la historiografía como ésta, en cuanto comprensión de la esencia velada por la facticidad, pero condicionante de ésta, meramente sigue siendo posible como filosofía.

Tampoco bajo este aspecto es la dialéctica una manera de jugar con las concepciones del mundo, una postura filosófica elegible entre otras en un muestrario. Lo mismo que la crítica de los conceptos filosóficos presuntamente primeros empuja a ella, la dialéctica es exigida desde abajo. Sólo reducida por la fuerza a un concepto limitado de sí misma excluye de sí la experiencia el concepto enfático en cuanto momento autónomo aunque mediado. Si a Hegel se le puede objetar que en cuanto deificación de lo que es el idealismo absoluto se convirtiera en precisamente el positivismo que él atacaba como filosofía de la reflexión, a la inversa la dialéctica requerida hoy en día no sería solamente una acusación contra la consciencia dominante, sino que también estaría a la altura de ésta, sería el positivismo consumado que en consecuencia por supuesto se niega a sí. La exigencia filosófica de sumergirse en el detalle, la cual no se deja guiar desde arriba por ninguna filosofía, por intenciones infiltradas en ella, ya se hallaba en Hegel. Sólo que su realización en éste incurría en tautología: su forma de sumergirse en el detalle hace aflorar como por convenio aquel espíritu que desde el principio había sido puesto como algo total y absoluto. A esta tautología se oponía el propósito del Benjamin metafísico, desarrollado en el prólogo al *Origen del* Trauerspiel *alemán*, de salvar la inducción. Su sentencia de que la célula más pequeña de realidad observada pesa tanto como el resto del mundo atestigua tempranamente la autoconsciencia del estado actual de la experiencia; de modo tanto más auténtico porque se formó extraterritorialmente con respecto a las llamadas grandes cuestiones disputadas de la filosofía, de las cuales conviene desconfiar a un concepto transformado de la dialéctica. La prelación de la totalidad sobre el fenómeno se ha de captar en el fenómeno, sobre el cual domina lo que para la tradición pasa por espíritu del mundo; no asumirlo de esta tradición, la platónica en el más amplio sentido, como divino. El espíritu del mundo existe, pero no existe uno, no es espíritu, sino precisamente lo negativo que Hegel se quitó de encima cargándoselo a aquellos que deben obedecerlo y cuya derrota duplica el veredicto de que su diferencia con respecto a la objetividad es lo no-verdadero y malo. El espíritu del mundo se convierte en algo autónomo con respecto a las acciones individuales a partir de las cuales se sintetizan lo mismo que el movimiento global real de la sociedad también las llamadas evoluciones espirituales, y con respecto a los sujetos vivos de estas acciones. Por encima de las cabezas, los atraviesa y en tal medida es de antemano antagónico. El concepto de la reflexión «espíritu del mundo» se desinteresa de los vivos, de los cuales el todo cuya primacía expresa ha menester lo mismo que sólo gracias a ese todo pueden ellos existir. Tal hipóstasis, de modo sólidamente nominalista, era lo que se quería decir con el término marxista «mistificado». Pero la desmontada mistificación tampoco sería según esa teoría sólo ideología. Es igualmente la consciencia deformada de la hegemonía real del todo. En el pensamiento se apropia de la consciencia impenetrable e irresistible de lo universal, el mito perpetuado. Incluso la hipóstasis filosófica tiene su contenido de experiencia en las relaciones heterónomas en las que las de los hombres se han vuelto invisibles. Lo que de irracional hay en el concepto del espíritu del mundo éste lo ha tomado prestado de la irracionalidad del curso del mundo. Pese a ello, no deja de ser fetichista. Hasta el día de hoy la historia no tiene ningún sujeto global, se construya como se construya. Su sustrato es el complejo funcional de los sujetos individuales reales: «¡La historia no hace nada, "no posee ninguna inmensa riqueza", "no libra ninguna clase de luchas"! Es más bien el hombre, el hombre real, vivo, el que hace todo esto, el que posee y lucha; no es, digamos, la "historia" la que utiliza al hombre como medio para laborar por sus fines –como si se tratase de una persona aparte–, sino que no es más que la actividad del hombre que persigue sus objetivos»[1]. Pero a la historia se le atribuyen esas cualidades porque durante milenios la ley del movimiento de la sociedad ha hecho abstracción de sus sujetos individuales. De igual modo los ha rebajado realmente a meros ejecutores, a meros partícipes en la riqueza social y en la lucha social, lo mismo que, de manera no menos real, sin ellos y su espontaneidad no sería nada. Este aspecto antinominalista Marx lo resaltó una y otra vez, sin por supuesto concederle consecuencia filosófica: «Sólo en cuanto es capital personificado, tiene el capitalista un valor histórico y ese derecho histórico a la existencia... Sólo en cuanto personificación del capital, es el capitalista respetable. Como tal, comparte con el atesorador el instinto absoluto de enriquecerse. Pero lo que en éste aparece como manía individual es en el capitalista efecto del mecanismo social, del cual él no es más que un resorte. Además, el desarrollo de la producción capitalista convierte en ley de necesidad un incremento constante del capital invertido en una empresa industrial, y la competencia impone a todo capitalista individual las leyes inmanentes del modo capitalista de producción como leyes coactivas externas. Le obliga a expandir constantemente su capital para conservarlo, y sólo mediante la acumulación progresiva puede expandirlo»[2].

En el concepto del espíritu del mundo el principio de la omnipotencia divina se ha secularizado como el unificador, el plan del mundo como inexorabilidad de lo que sucede. El espíritu del mundo es venerado como la divinidad; es despojado de sus atributos y de todas sus trazas de providencia y gracia. Se cumple así un pedazo de la dialéctica de la Ilustración: el espíritu desencantado y conservado se conforma al mito o bien regresa al estremecimiento ante algo al mismo tiempo ultrapoderoso y desprovisto de cualidades. De tal naturaleza es la sensación de estar tocado por el espíritu del mundo o de percibir su susurro. Se trata de un abandono al destino. Al igual que la inmanencia de éste, el espíritu del mundo está impregnado de sufrimiento y falibilidad. Su negatividad es bagatelizada como accidente por la elevación de la inmanencia total a lo esencial. Sin embargo, experimentar el espíritu del mundo como un todo significa experimentar su negatividad. Eso es lo que anunciaba la crítica de Schopenhauer al optimismo oficial. No obstante, resultaba tan obsesiva como la teodicea hegeliana del más acá. Que la humanidad no viva sino en la total interdependencia, que quizá sólo sobreviva gracias a ésta, no refuta la duda schopenhaueriana de que hubiera que aprobar la voluntad de vivir. Pero, sin duda, sobre aquel con quien estuvo el espíritu del mundo se ha posado a veces el reflejo de una felicidad mucho más allá de la desgracia individual: así en la relación de las dotes espirituales individuales con el estado histórico. Si el espíritu individual no está, como le gustaría a la separación vulgar entre individuo y universal, «influido» por lo universal, sino en sí mediado por la objetividad, ésta no puede ser siempre sólo enemiga del sujeto; la constelación cambia con el dinamismo histórico. En fases en que el espíritu del mundo, la totalidad, se oscurece, incluso los significativamente dotados no consiguen llegar a ser lo que son; en otras más benignas, como durante la Revolución francesa e inmediatamente después de ella, hubo mediocres elevados muy por encima de sí. Incluso al hundimiento particular del individuo que está con el espíritu del mundo, precisamente porque se adelanta a su tiempo, se asocia a veces la consciencia de lo no vano. En la música del joven Beethoven resulta irresistible la expresión de la posibilidad de que todo podría llegar a ser bueno. Por frágil que aún sea, la reconciliación con la objetividad trasciende lo siempre igual. Los instantes en que algo particular se libera sin a su vez él mismo, por su propia particularidad, confinar a otro son anticipaciones de lo inconfinado mismo; tal consuelo irradia desde la burguesía temprana hasta su época tardía. Apenas se independizó de él la filosofía hegeliana de la historia, resonó en ella, ya alejándose, la hora de una época en la que era tal el aliento que movía la realización de la libertad burguesa, que ésta se sobrepasó a sí y abrió la perspectiva de una reconciliación del todo en la que el poder de éste se disiparía.

Periodos de estar con el espíritu del mundo, de felicidad más sustancial que la individual, gustaría asociarlos al desencadenamiento de las fuerzas productivas, mientras que el peso del espíritu del mundo amenaza con aplastar a los hombres en cuanto se hace flagrante el conflicto entre las formas sociales bajo las cuales ellos existen y sus fuerzas. Pero también este esquema es demasiado simple: el discurso de la burguesía rampante es de arcilla. Despliegue y desaherrojamiento de las fuerzas productivas no son opuestos en el sentido de que habría que asignarles fases alternantes, sino verdaderamente dialécticos. El desaherrojamiento de las fuerzas productivas, acto del espíritu que domina a la naturaleza, tiene afinidad con el dominio violento de la naturaleza. Ésta puede temporalmente pasar a segundo término, pero no se la puede eliminar del concepto de fuerza productiva y a fin de cuentas del de la desaherrojada; en la mera palabra resuena una amenaza. En *El capital* se encuentra el pasaje: «En cuanto fanático de la valorización del valor, obliga» –el valor de canje– «implacablemente a la humanidad a la producción por la producción»[3]. Ahí mismo se vuelve esto contra el fetichismo del proceso de producción en la sociedad del canje, pero además viola el tabú universal que hoy en día pesa sobre la duda de la producción como fin en sí mismo. A veces, las fuerzas productivas técnicas son apenas obstruidas socialmente, pero trabajan en relaciones de producción fijas sin mucho influjo sobre éstas. En cuanto se separa de las relaciones sustentantes entre los hombres, el desaherrojamiento de las fuerzas no es menos fetichizado que los órdenes; tampoco es más que un momento de la dialéctica, no la fórmula mágica de ésta. En tales fases el espíritu del mundo, totalidad de lo particular, puede transformarse en lo que bajo él se entierra. Si no engaña todo, ése es el signo de la época actual. Por el contrario, en periodos en los que los vivos han menester del progreso de las fuerzas productivas o, al menos, no son visiblemente puestos en peligro por éstas, prepondera, sin duda, la sensación de concordancia con el espíritu del mundo, por más que con el aprensivo barrunto de que se trate de un

alto el fuego; también con la tentación para el espíritu subjetivo, bajo
la presión de los negocios, de por exceso de celo pasarse, como Hegel,
al objetivo. En todo lo cual el espíritu subjetivo sigue siendo también
una categoría histórica, algo surgido, cambiante, virtualmente efímero. El todavía no individuado espíritu del pueblo de las sociedades primitivas, que bajo la presión de las civilizadas se reproduce también en
éstas, el colectivismo postindividual lo plantea y pone en marcha; el
espíritu objetivo tiene entonces un exceso de poder tanto como es un
nudo embuste.

Si fuese lo que la *Fenomenología* hegeliana proclamaba, la ciencia
de la experiencia de la consciencia, entonces la filosofía no podría, como
Hegel de manera progresiva, liquidar soberanamente la experiencia individual de lo universal que se impone como algo irreconciliadamente
malo, ni erigirse en apologeta del poder desde su puesto presuntamente superior. El penoso recuerdo de cómo, por ejemplo en los gremios, por más subjetivamente buena voluntad que tengan sus miembros, se impone lo menor, pone a la hegemonía de lo universal en una
evidencia de cuya ignominia no resarce ninguna invocación al espíritu del mundo. La opinión del grupo domina; lo hace mediante la acomodación a la mayoría del grupo o a sus miembros más influyentes, más
a menudo gracias a la opinión global que, más allá del grupo, marca
la pauta en uno más amplio, sobre todo la aprobada por los miembros del gremio. El espíritu objetivo de la clase alcanza entre los participantes mucho más allá de su inteligencia individual. La voz de éstos es el eco de aquél aunque ellos mismos, por muy defensores de la
libertad que subjetivamente puedan ser, no sientan nada de ella; las
intrigas sólo se agregan en puntos críticos, como criminalidad manifiesta. El gremio es el microcosmos del grupo de sus pertenecientes,
en último término de la totalidad; eso preforma las decisiones. Obser-
vaciones omnipresentes de esta clase se asemejan irónicamente a las
de la sociología formal de estilo simmeliano. Tienen sin embargo su
contenido no en la socialización sin más, en categorías vacías como
la de grupo. Son, más bien, algo sobre lo que, conforme a su definición, a la sociología formal no le gusta reflexionar, una reproducción
del contenido social; su invarianza no es sino memento de lo poco
que en la historia ha cambiado el poder de lo universal, de hasta qué
punto ésta sigue siendo prehistoria. El espíritu formal de grupo es un
movimiento reflejo de la dominación material. La sociología formal

tiene su derecho a la existencia en la formalización de los mecanismos sociales, el equivalente de la dominación que progresa por medio de la ratio. Concuerda con ello el hecho de que manifiestamente las decisiones de esos gremios, por más que según la esencia puedan estar dotadas de contenido, la mayoría de las veces se adoptan bajo puntos de vista jurídico-formales. La formalización no es algo más neutral por comparación con la relación entre las clases. Ésta se reproduce mediante la abstracción, la jerarquía lógica de los niveles de universalidad, y ciertamente también allí donde a las relaciones de dominación se les da motivo para camuflarse tras procedimientos democráticos.

Hegel fue, pues, quien, tras la *Fenomenología* y la *Lógica*, más lejos llevó el culto del curso del mundo en la *Filosofía del derecho*. El medio en que lo malo es justificado por mor de su objetividad y obtiene la apariencia del bien es en gran medida el de la legalidad, el cual, por cierto, protege positivamente la reproducción de la vida, pero en sus formas existentes resalta sin paliativos, gracias al principio destructivo del poder, lo destructivo en ella. Mientras que la sociedad sin derecho, como en el Tercer Reich, se convirtió en presa de la pura arbitrariedad, el derecho en la sociedad conserva el terror, siempre presta a recurrir a él con ayuda del estatuto aplicable. Hegel suministró la ideología del derecho positivo porque, en la sociedad ya visiblemente antagonista, había la más urgente necesidad de ella. El derecho es el protofenómeno de la racionalidad irracional. En él se convierte en norma el principio formal de equivalencia, mide a todos por la misma vara. Tal igualdad, en la que desaparecen las diferencias, ayuda en secreto a encubrir la desigualdad; mito superviviente en medio de una humanidad sólo en apariencia desmitologizada. Las normas legales amputan lo no cubierto, toda experiencia de lo específico no preformada, en aras de una sistematicidad, sin grietas y, luego, elevan la racionalidad instrumental a una segunda realidad sui géneris. Todo el jurídico es un ámbito de definiciones. Su sistematicidad impone que en él no se incluya nada que se sustraiga a su perímetro cerrado, *quod non est in actis*. Mediante las sanciones del derecho en cuanto instancia social de control, este recinto, ideológico en sí mismo, ejerce, plenamente en el mundo administrado, una violencia real. En las dictaduras pasa a ésta inmediatamente; mediatamente ha estado de siempre en el trasfondo. El hecho de que con el individuo se cometan injusticias tan fácilmente cuando el antagonismo de los intereses le empuja a la esfera jurídica no es, como Hegel quiso hacerle creer, culpa suya por estar demasiado obcecado como para reconocer el propio interés en la norma legal objetiva y las garantías de ésta; más bien es culpa de los constituyentes de la esfera legal misma. Objetivamente verdadera resulta, sin embargo, la descripción que Hegel esboza como un apocamiento presuntamente subjetivo: «El hecho de que el derecho, la eticidad y el mundo real del derecho y de lo ético se aprehendan mediante el pensamiento, que mediante el pensamiento se dé la forma de la racionalidad, esto es, la universalidad y determinidad, la ley, es lo que aquel sentimiento que se reserva el capricho, aquella conciencia que sitúa el derecho en la convicción subjetiva… consideran con razón como lo más hostil a sí. La forma del derecho, como obligación y como ley, es sentida por esa conciencia como letra muerta, fría y como un obstáculo; pues en ella no se reconoce a sí misma, no se sabe, por tanto, libre, porque la ley es la razón de la cosa y ésta no permite al sentimiento inflamarse en la propia particularidad»[4]. Que la conciencia subjetiva considere «con razón» a la eticidad objetiva como lo más hostil a sí ha salido de la pluma de Hegel por un fallo filosófico. Se le escapa lo que en el mismo aliento discute. Si la conciencia individual considera efectivamente al «mundo real del derecho y de lo ético» como enemigo porque en él no se reconoce a sí misma, eso es algo que no debería despacharse con una aseveración. Pues la dialéctica hegeliana afirma que a este respecto no puede comportarse de otro modo, que no puede reconocerse en esto. Con ello concede que no ha sucedido la reconciliación cuya demostración constituye el contenido de su filosofía. Si el ordenamiento jurídico no le fuese objetivamente extraño y externo al sujeto, una mejor comprensión permitiría reducir el antagonismo para Hegel inevitable; pero Hegel ha experimentado con mucho demasiado a fondo su irreductibilidad como para confiar en eso. De ahí la paradoja de que a la vez enseñe y desmienta la reconciliación de conciencia y norma legal.

Si toda doctrina elaborada en su contenido, positiva, del derecho natural lleva a antinomias, la idea de éste, sin embargo, conserva críticamente la no-verdad del derecho positivo. Hoy en día es la conciencia reificada retraducida a la realidad y aumentando ahí la dominación. Ya, según la mera forma, antes del contenido de clase y la justicia de clase, expresa dominación, la insalvable diferencia entre los intereses individuales y el todo en que se subsumen abstractamente. El sistema de conceptos autoproducidos, que la jurisprudencia madura antepone al proceso vital de la sociedad, se decide de antemano, mediante la subsunción de todo lo individual bajo la categoría, por el orden que el sistema clasificatorio imita. Para su gloria imperecedera anunció Aristóteles esto contra la norma legal abstracta en su doctrina de la ἐπιείκεια, de la equidad. Pero cuanto más consecuentemente se desarrollan los sistemas legales, tanto más incapaces se hacen de absorber lo que tiene su esencia en negarse a la absorción. La exigencia de equidad, pensada como correctivo de la injusticia en el derecho, el sistema legal racional puede, por lo regular, desactivarla en cuanto favoritismo y privilegio injusto. La tendencia a ello es universal, del mismo sentido que el proceso económico que reduce los intereses individuales al denominador común de una totalidad que sigue siendo negativa porque debido a su abstracción constitutiva se aleja de los intereses individuales de los que al mismo tiempo se compone sin embargo. La universalidad, que reproduce la conservación de la vida, pone a ésta al mismo tiempo en peligro en un grado cada vez más amenazador. La violencia de lo universal que se realiza no es, como Hegel pensaba, idéntica a la esencia de los individuos en sí, sino siempre también contraria. Ello no meramente son máscaras teatrales, agentes del valor, en una presunta esfera especial de la economía. Incluso allí donde se imaginan haber escapado a la primacía de la economía, hasta bien hondo en su psicología, la *maison tolerée* de lo inaprehensiblemente individual, reaccionan bajo la coacción de lo universal; cuanto más idénticos son a éste, tanto más no-idénticos son a su vez a él en cuanto obedientes sin defensa. En los individuos mismos se expresa el hecho de que el todo junto con ellos sólo se conserva por medio del antagonismo. Innumerables veces, hombres incluso conscientes y capaces de la crítica de la universalidad se ven obligados por ineludibles motivos de autoconservación a acciones y actitudes que ayudan a lo universal a afirmarse ciegamente mientras según la consciencia se le oponen. Únicamente porque para sobrevivir han de hacer cosa propia de lo a ellos extraño nace la apariencia de esa reconciliación que la filosofía hegeliana, que incorruptible reconoció la hegemonía de lo universal, transfiguró corrupta en idea. Lo que brilla como si estuviera por encima de los antagonismos es una misma cosa con la opresión universal. Lo universal se encarga de que lo particular a él sometido no sea mejor que él mismo. Ése es el núcleo de toda la identidad instaurada hasta el día de hoy.

Mirar a la cara a la hegemonía de lo universal perjudica psicológicamente hasta lo insoportable el narcisismo de todos los individuos y el de una sociedad democráticamente organizada. Calar la mismidad como no-existente, como ilusión, empujaría fácilmente la desesperación objetiva de todos a convertirse en la subjetiva y los privaría de la creencia que la sociedad individualista implanta en ellos: que ellos, los individuos, son lo sustancial. Para que el interés individual funcionalmente determinado se satisfaga de alguna manera bajo las formas establecidas, tiene que convertirse él mismo en lo primario; el individuo tiene que confundir lo que para él es inmediato con la πρώτη οὐσία. Tal ilusión subjetiva es objetivamente causada: sólo a través del principio de la autoconservación individual, con toda su estrechez de miras, funciona el todo. Compele a todos los individuos a mirar únicamente por sí, merma la comprensión de la objetividad y por eso se convierte objetivamente más que nunca en el mal. La consciencia nominalista refleja un todo que pervive gracias a la particularidad y a la obstinación de ésta; literalmente ideología, socialmente apariencia necesaria. El principio universal es el de la singularización. Ésta, embrujada al precio de su ser-ahí para no darse cuenta de hasta qué punto es algo mediado, se cree la conciencia indudable. De ahí la difusión popular del nominalismo filosófico. Cada ser-ahí individual debe tener la prelación sobre su concepto; el espíritu, la consciencia de los individuos, no debe estar más que en los individuos y no así lo supraindividual que en ellos se sintetiza y lo único por lo que piensan. Las mónadas se cierran tan encarnizadamente a su dependencia real de la especie como al aspecto colectivo de todas sus formas y contenidos de consciencia: de las formas, que son ellas mismas aquello universal que el nominalismo niega; de los contenidos, aunque el individuo no encuentra ninguna experiencia, ni siquiera ningún llamado material empírico, que no haya sido predigerido y suministrado por lo universal.

Por comparación con la reflexión epistemocrítica sobre lo universal en la consciencia individual, ésta tiene también derecho a no dejarse consolar por el mal, el pecado y la muerte con la invocación de lo universal. En Hegel lo recuerda la doctrina, aparentemente paradójica frente a la de la mediación universal, pero grandiosamente asociada a ésta, de lo inmediato que se restablece universalmente. Pero, difundido como consciencia precientífica y a partir de ahí dirigiendo de nuevo hoy en día la ciencia, el nominalismo, que hace profesión de su ingenuidad –en el instrumentario positivista no falta el orgullo de ser ingenuo y la categoría del «lenguaje cotidiano» es su eco–, no se preocupa de los coeficientes históricos en la relación entre lo universal y lo particular. Una verdadera prelación de lo particular no podría ella misma lograrse más que mediante la transformación de lo universal. Instalarlo sin más como algo que es ahí es una ideología complementaria. Ésta oculta hasta qué punto lo particular se ha convertido en función de lo universal, lo cual, según la forma lógica, tampoco ha dejado nunca de ser. A lo que el nominalismo se agarra como a su posesión más segura es utopía: de ahí su odio al pensamiento utópico, el de la diferencia de lo existente. La rutina científica simula que, instaurado por mecanismos de dominación sumamente reales, el espíritu objetivo, que mientras tanto está planeando también los contenidos de consciencia de su ejército de reserva, no resulta sino de la suma de sus reacciones subjetivas. Pero éstas hace tiempo que no son sino las secundinas de esa universalidad que solícitamente agasaja a los hombres para mejor poder esconderse tras ellos, tutelarlos mejor. El espíritu del mundo ha puesto él mismo en marcha la representación subjetivistamente obstinada de la ciencia que apunta a un sistema autárquico, empírico-racional, de ésta en lugar en comprender la sociedad en sí objetiva y que ejerce su dictado desde arriba. La rebelión otrora críticamente ilustrada contra la cosa en sí se ha convertido en el sabotaje del conocimiento, aunque incluso en la más raquítica conceptualización científica sobreviven huellas de la por su parte no menos raquítica cosa misma. La repulsa kantiana en el capítulo de las anfibologías a conocer el interior de las cosas es la ultima ratio del programa baconiano. Como indicio histórico de su verdad tenía el rechazo del dogmatismo escolástico. El motivo, sin embargo, se invierte cuando lo por él prohibido al conocimiento es su condición epistemológica y real; cuando el sujeto cognoscente reflexiona sobre sí como momento de lo universal por conocer, sin no obstante igualarse totalmente con éste. Es un contrasentido prohibirle conocer desde dentro dónde habita y dónde tiene tanto de su propio interior; hasta tal punto, era el idealismo hegeliano más realista que Kant. Cuando la conceptualización científica entra en conflicto con su ideal de facticidad no menos que con el de la simple razón de ejecutor antiespeculativo, del cual se las da, su aparato se ha convertido en la no-razón. El método reprime arbitrariamente lo que sería su obligación conocer. El ideal cognitivo positivista de los modelos en sí coherentes y no contradictorios, lógicamente inobjetables, no cabe sostenerlo debido a la contradicción inmanente de lo por conocer, de los antagonismos del objeto. Éstos son los de lo universal y lo particular en la sociedad, y el método los niega antes de todo contenido.

La experiencia de esa objetividad preordenada al individuo y a la consciencia de ésta es la de la unidad de la sociedad totalmente socializada. El estrecho parentesco que con ella mantiene la idea filosófica de la identidad absoluta consiste en que no tolera nada exterior a ella misma. Por más que la elevación de la unidad a filosofía la haya podido realizar engañosamente a costa de lo plural, su prelación, que para la tradición filosófica triunfante desde los eléatas pasa por ser el *summum bonum*, no lo es ciertamente, sino un *ens realissimum*. Realmente le pertenece algo de la trascendencia que los filósofos celebran en la unidad en cuanto idea. Mientras que la sociedad burguesa desarrollada –y ya el más antiguo pensamiento de la unidad era urbano, rudimentariamente burgués– se componía de innumerables espontaneidades singulares de individuos que se conservaban a sí mismos y en su autoconservación dependían mutuamente, entre la unidad y los individuos no reinaba de ningún modo ese equilibrio que los teoremas justificatorios dan por establecido. La no-identidad entre unidad y pluralidad tiene en cambio la forma de la prelación del uno, en cuanto identidad del sistema que no deja escapar nada. Sin las espontaneidades individuales, la unidad no se habría producido y, en cuanto su síntesis, era algo secundario; el nominalismo advertía esto. Pero, a medida que, a través de las necesidades de la autoconservación de lo plural, o meramente en virtud de las relaciones irracionales de dominación que abusaron de ellas como pretexto, se fue tejiendo de manera cada vez más densa, capturó a todos los individuos bajo pena de eliminación, los integró, según el término de Spencer, los absorbió, incluso contra su evidente interés individual, con su legalidad. Eso puso entonces fin paulatinamente a la diferenciación progresiva de la que Spencer aún podía hacerse la ilusión de que acompañaba necesariamente a la integración. Mientras que, inmutablemente, el uno y todo sólo se forme en virtud de las particularidades por él comprendidas bajo sí, se forma sin contemplaciones por encima de ellas. Lo que se realiza por mediación del individuo y de muchos es y no es también el asunto propio de los muchos: cada vez tienen menos poder sobre ello. Su suma es al mismo tiempo su otro; de esta dialéctica aparta adrede la mirada la hegeliana. En la medida en que los individuos se dan de alguna manera cuenta de la prelación de la unidad sobre ellos, esta prelación se les refleja como el ser-en-sí de lo universal con que de hecho tropiezan: se les inflige hasta en lo más íntimo incluso cuando ellos mismos se lo inflingen. La sentencia ἦθος ἀνθρώπῳ δαίμων, que la manera de ser, como tal siempre modelada por lo universal, es para el hombre un destino, tiene más verdad que la de un determinismo caracterológico; lo universal por que cada individuo se determina en general como unidad de su particularización está tomado de lo exterior a él y es, por tanto, también tan heterónomo al individuo como sólo lo que otrora se suponía que le imponían los demonios. La ideología del ser-en-sí de la idea es tan poderosa porque es la verdad, pero es la negativa; se convierte en ideología por su transformación en positiva. Una vez han aprendido la supremacía de lo universal, en cuanto lo superior que tienen que aplacar, a los hombres les es casi ineludible transfigurarla en el espíritu. La coacción se les convierte en sentido. No sin cierta razón: pues lo abstractamente universal del todo que ejerce la coacción está hermanado con la universalidad del pensamiento, el espíritu. Lo cual a su vez permite a éste en su sustrato retroproyectarse en esa universalidad como si estuviera realizado en ésta y tuviera para sí su propia realidad. En el espíritu la unanimidad de lo universal se ha convertido en sujeto, y la universalidad no se afirma en la sociedad más por el medio del espíritu, la operación de abstracción que éste lleva a cabo de modo sumamente real. Ambos convergen en el canje, algo al mismo tiempo subjetivamente pensado y objetivamente válido en que, sin embargo, la objetividad de lo universal y la determinación concreta de los sujetos individuales, precisamente porque se hacen conmensurables, se oponen irreconciliadamente. En nombre del espíritu del mundo el espíritu es afirmado e hipostasiado meramente como lo que en sí de siempre ha sido ya; en él, como reconoció Durkheim, al que por eso se acusó de metafísica, la sociedad se adora a sí misma, su coacción como omnipotencia. La sociedad puede encontrarse confirmada por el espíritu del mundo, pues de hecho ella posee todos los atributos que ella luego adora en el espíritu. La veneración mítica de éste no es una pura mitología conceptual: es un gesto de gratitud por el hecho de que en las fases históricas más desarrolladas todos los individuos no vivieron más que por la mediación de esa unidad social que no se agotó en ellos y que, cuanto más prolongada, más se aproxima a su perdición. Si hoy en día, sin que ellos se den cuenta, su existencia les es literalmente otorgada por los grandes monopolios y poderes de manera revocable, se cumple lo que de siempre el concepto enfático de sociedad ha tenido teleológicamente en sí. La ideología ha autonomizado al espíritu del mundo porque en potencia ya estaba autonomizado. Pero el culto de las categorías de éste, por ejemplo de la sumamente formal de grandeza, incluso aceptada por Nietzsche, meramente refuerza en la consciencia su diferencia de todos los individuos, como si fuera ontológica; con ello el antagonismo y la calamidad previsible.

No sólo hoy en día la razón del espíritu del mundo, comparada con la potencial, con el interés global de los sujetos individuales unidos, del cual aquél difiere, es la no-razón. A Hegel, como a todos los que de él aprendieron, se le ha reprochado la equiparación de categorías lógicas aquí, de la filosofía de la historia y sociales allí, como μετά-βασις εἰς ἄλλο γένος: ésta sería aquella punta del idealismo especulativo que, a la vista de la inconstruibilidad de la empiria, habría que desmochar. Sin embargo, precisamente esa construcción hacía justicia a la realidad. El toma y daca de la historia, lo mismo que, en su progresión hacia la totalidad, el principio de equivalencia en la relación social entre los sujetos individuales, procede según la logicidad que se supone que Hegel meramente proyecta de modo interpretativo en ella. Sólo que esta logicidad, la primacía de lo universal en la dialéctica de lo universal y lo particular, es un *index falsi*. Tan inexistente como la libertad, la individualidad, todo lo que Hegel pone en identidad con lo universal, es también esa identidad. En la totalidad de lo universal se expresa el propio fracaso de éste. Lo que no aguanta nada particular se delata por ello a sí mismo como algo que domina particularmente. La universal que se impone es ya la razón limitada. No es meramente unidad dentro de la multiplicidad, sino que, en cuanto postura ante la realidad, es estampada, unidad sobre algo. Pero así, según la pura forma, es en sí antagónica. La unidad es la escisión. La irracionalidad de la ratio particularmente realizada dentro de la totalidad social no es extrínseca a la ratio, no es provocada exclusivamente por su aplicación. Más bien le es inmanente. Medida con una razón plena, la válida se desvela ya en sí, según su principio, como polarizada y por tanto irracional. La Ilustración está sujeta a la dialéctica: ésta se encuentra en su propio concepto. La ratio cabe hipostasiarla tan poco como cualquier otra categoría. En su figura al mismo tiempo universal y antagonista ha coagulado espiritualmente el traspaso a la especie del interés de los individuos por la autoconservación. Obedece a una lógica que la gran filosofía burguesa reprodujo en puntos históricos angulares como Hobbes y Kant: sin la cesión del interés por la autoconservación a la especie, la mayoría de las veces representada por el Estado en el pensamiento burgués, en las relaciones sociales más desarrolladas el individuo no podría conservarse a sí mismo. Sin embargo, a causa de esta transferencia necesaria para los individuos, la racionalidad universal entra casi inevitablemente en oposición con los hombres particulares, a los que tiene que negar para llegar a ser universal y a los que simula y no meramente simula servir. En la universalidad de la ratio, que ratifica la indigencia de todo lo particular, su dependencia con respecto al todo, se despliega, gracias al proceso de abstracción en que estriba, su contradicción con lo particular. La razón omnidominante que se instaura sobre otro se estrecha necesariamente también a sí misma. El principio de la identidad absoluta es en sí contradictorio. Perpetúa la no-identidad como oprimida y dañada. Una huella de esto se incluyó en el esfuerzo de Hegel por absorber la no-identidad en la filosofía de la identidad y hasta determinar la identidad por la no-identidad. Él deforma sin embargo las cosas al afirmar lo no-idéntico, admitir lo no-idéntico como algo por supuesto necesariamente negativo y desconocer la negatividad de lo universal. Le falta simpatía para con la utopía de lo particular sepultada bajo la universalidad, para con la no-identidad que sólo existiría cuando la razón realizada hubiera dejado por debajo de sí a la particular de lo universal. La por él vapuleada consciencia de la injusticia que el concepto de lo universal implica debería respetarla por la universalidad misma de la injusticia. Cuando al principio de la época moderna el *condottiero* Franz von Sickingen, mortalmente herido, encontró para su destino las palabras «nada sin causa», estaba expresando ambas cosas con la fuerza de la época: la necesidad del curso social del mundo que lo condenaba a la destrucción y la negatividad del principio de un curso del mundo que discurre conforme a la necesidad. Es absolutamente incompatible con la felicidad, incluida la del todo. El contenido de experiencia en la fórmula es más que la vulgaridad de la validez universal del principio de causalidad. La consciencia de la persona individual presiente en lo que le sucede la interdependencia universal. Su destino en apariencia aislado refleja al todo. Lo que antaño representaba el nombre mitológico de destino no es en cuanto algo desmitologizado menos mítico que la secular «lógica de las cosas». Ésta, figura de la particularización del individuo, es marcada a fuego en él. Eso fue lo que motivó objetivamente la construcción hegeliana del espíritu del mundo. Éste da por una parte cuenta de la emancipación del sujeto. Tiene que haberse retirado de la universalidad para percibirla en sí y para él. Por otra parte, la conexión de las acciones sociales individuales tiene que haberse anudado en una totalidad compacta, predeterminante del individuo, como nunca pudo serlo en la época feudal.

El concepto de historia universal, en cuya validez se inspiró la filosofía hegeliana de modo parecido a como lo hizo la kantiana en la de las ciencias matemáticas de la naturaleza, se hizo tanto más problemático cuanto más se acercaba el mundo unificado a un proceso global. Por un lado, la ciencia histórica en progreso positivista rompió la representación de la totalidad y de la continuidad ininterrumpida. Sobre ella la construcción filosófica tenía la dudosa ventaja de un menor conocimiento de los detalles que con bastante facilidad se apuntó como distancia soberana; por supuesto, también menos miedo a decir lo esencial, que sólo se perfila en la distancia. Por otra parte, la filosofía avanzada tenía que percibir como discontinuo el acuerdo entre la historia universal y la ideología[5], y la vida atormentada. Hegel mismo había concebido la historia universal como unitaria meramente gracias a sus contradicciones. Con la inversión dialéctica de la dialéctica, el acento más intenso recayó sobre la comprensión de la discontinuidad de lo que ninguna unidad del espíritu y el concepto mantiene consoladoramente cohesionado. Sin embargo, la discontinuidad y la historia universal se han de pensar juntas. Eliminar la segunda como residuo de superstición metafísica consolidaría espiritualmente la mera facticidad como lo único que hay que conocer y por tanto que aceptar, lo mismo que antes el gesto soberano que ordenó los hechos a la marcha totalitaria del espíritu uno los confirmaba como sus expresiones. La historia universal ha de construirse y negarse. La afirmación de un plan universal hacia lo

mejor que se manifestaría en la historia y la cohesionaría sería cínica
después de las catástrofes y a la vista de las futuras. Pero no por eso se
ha de negar la unidad que suelda los momentos discontinuos, caóticamente desperdigados, y las fases de la historia de la dominación de la
naturaleza, que progresa en la de los hombres y acaba en la de la naturaleza interior. No hay ninguna historia universal que lleve desde el salvaje hasta la humanidad, sí sin duda una que lleva de la honda a la me-
gabomba. Acaba en la amenaza total de la humanidad organizada a los
hombres organizados, en la quintaesencia de la discontinuidad. Hegel
es así verificado hasta el horror y puesto boca abajo. Si él transfiguró la
totalidad del sufrimiento histórico en la positividad del absoluto que
se realiza, el uno y todo que hasta el día de hoy, con pausas para tomar
aliento, no deja de avanzar sería teleológicamente el sufrimiento absoluto. La historia es la unidad de la continuidad y la discontinuidad. La
sociedad no se mantiene en vida a pesar de su antagonismo, sino gracias a él; el interés de lucro y con él la relación de las clases son objetivamente el motor del proceso productivo del que depende la vida de
todos y cuya primacía tiene su punto de fuga en la muerte de todos.
Esto implica también lo reconciliador en lo irreconciliable: puesto que
es lo único que permite a los hombres vivir, sin ello ni siquiera existiría la posibilidad de una vida transformada. Lo que históricamente creó
esa posibilidad puede igualmente destruirla. El espíritu del mundo, digno objeto de definición, habría que definirlo como catástrofe permanente. Bajo el principio de identidad que todo lo subyuga, lo que no
entra en la identidad y se sustrae a la racionalidad planificadora en el
reino de los medios se convierte en algo angustioso, represalia por aquella desgracia que la identidad inflige a lo no-idéntico. Apenas cabría interpretar filosóficamente la historia de otra manera sin transformarla por
encantamiento en idea.

No son ociosas las especulaciones sobre si el antagonismo en el origen de la sociedad humana, un pedazo de la historia natural prolongada, fue heredado como el principio *homo homini lupus*, o bien devino
θέσει; y sobre si, en caso de haber surgido, derivó de las necesidades
de la supervivencia de la especie y no, por así decir contingentemente, de
arcaicos actos arbitrarios de toma del poder. Con lo cual, por supuesto, la construcción del espíritu se vendría abajo. Lo históricamente universal, la lógica de las cosas que se condensa en la necesidad de la tendencia global, se basaría en algo fortuito, algo externo a ella; su existencia

no habría sido necesaria. No sólo Hegel, sino también Marx y Engels, seguramente en ninguna parte tan idealistas como en la relación con la totalidad, la duda sobre la inevitabilidad de ésta, a la cual sin embargo se le impone el propósito de cambiar el mundo, la habrían rechazado como un ataque mortal a su propio sistema en lugar de al dominante. Marx, desconfiando de toda antropología, se guarda de transponer el antagonismo a la esencia humana o a un tiempo primordial que se esboza más bien según el *topos* de la edad de oro, pero insiste tanto más tenazmente en su necesidad histórica. La economía tendría la primacía sobre la dominación, la cual no podría ser derivada más que económicamente. La controversia difícilmente se ha de resolver con hechos; se pierden en la penumbra de la historia primitiva. Pero el interés por ésta fue sin duda tan poco por los hechos históricos como otrora por el contrato social, que ya Hobbes y Locke difícilmente consideraban realmente consumado[*]. De lo que incluso entre los hegelianos ateos Marx y Engels se trataba era de la divinización de la historia. La primacía de la economía tiene que fundamentar con rigor histórico el final feliz como inmanente a ella; el proceso económico produciría las relaciones políticas de dominación y las derribaría hasta llegar a la liberación, mediante la coacción, de la coacción de la economía. Sin embargo, por su parte la intransigencia de la doctrina, sobre todo en Engels, era precisamente política. Él y Marx querían la revolución en cuanto la de las relaciones económicas en la sociedad en su totalidad, en el nivel fundamental de su autoconservación, no como cambio de las reglas de juego de la dominación, su forma política. El tiro iba dirigido contra los anarquistas. Lo que movió a Marx y Engels a traducir lo que, por así decir, aún era el pecado original de la humanidad, su protohistoria, a economía política –por más que el mismo concepto de ésta, encadenado a la totalidad de la relación de canje, sea algo tardío– fue la espera de una revolución inmediatamente inminente. Como ésta la querían para el día siguiente, lo que para ellos tenía la máxima actualidad era la desarticulación de las orientaciones de las que tenían que temer que serían derrotadas análogamente a como antaño Espartaco o los campesinos su-

---

[*] El imaginario contrato social fue tan bien acogido entre los pensadores protoburgueses porque tomaba como base la racionalidad burguesa, la relación de canje, en cuanto a priori jurídico-formal; pero era tan imaginario como la misma ratio burguesa en la impenetrable sociedad real.

blevados. Eran enemigos de la utopía por mor de la realización de ésta. Su *imago* de la revolución se estampó en la del mundo primitivo; el peso abrumador de las contradicciones económicas en el capitalismo parecía exigir su derivación de la objetividad acumulada del históricamente más fuerte desde tiempos inmemoriales. No podían sospechar lo que luego sucedió con el fracaso de la revolución incluso allí donde triunfó: que la dominación puede perdurar más allá de la economía planificada, que por supuesto ellos no habrían confundido con el capitalismo de Estado; un potencial que prolonga más allá de su fase específica el rasgo antagonista, desarrollado por Marx y Engels, de la economía dirigida contra la mera política. El aguante de la dominación tras la caída de lo que la crítica de la economía política tenía por objeto principal permitió triunfar a bajo coste a la ideología según la cual la dominación se ha de deducir bien de formas de organización social presuntamente inevitables, por ejemplo de la centralización, bien de las de una consciencia abstraída del proceso real –la ratio–, y que luego, con franca aprobación o con lágrimas de cocodrilo, profetiza a la dominación un futuro infinito mientras haya, bajo la forma que sea, sociedad organizada. Mantiene contra esto su vigor la crítica de una política fetichizada como ente-en-sí o del espíritu inflado en su particularidad. Pero los acontecimientos del siglo XX han afectado a la idea de la totalidad histórica en cuanto la de una necesidad económica calculable. Sólo si pudiese haber sido de otro modo, si la totalidad, apariencia socialmente necesaria en cuanto hipóstasis extraída de los hombres individuales, se rompe en la pretensión de su absolutidad, conserva la consciencia social crítica la libertad de pensar que alguna vez pueda ser de otro modo. La teoría sólo puede mover el inmenso peso de la necesidad histórica si ésta es reconocida como apariencia convertida en realidad, la determinación histórica como metafísicamente contingente. La metafísica de la historia estorba tal conocimiento. A la catástrofe que se prepara corresponde más bien la suposición de una catástrofe irracional en los comienzos. Hoy en día, la abortada posibilidad de lo otro se ha concentrado en la de, pese a todo, evitar la catástrofe.

Hegel, sin embargo, el de la *Filosofía de la historia* y la *Filosofía del derecho* sobre todo, eleva la objetividad histórica, tal como nació, a la trascendencia: «Esta sustancia universal no es lo mundano; lo mundano pugna impotente contra ella. Ningún individuo puede ir más allá de esta sustancia; puede sin duda distinguirse de otros individuos sin-

gulares, pero no del espíritu del pueblo»[6]. Según esto, lo contrario a
lo «mundano», lo no-idénticamente impuesto de la identidad al ente
particular, sería supramundano. Incluso tal ideología tiene su pizca de
verdad: también el crítico del propio espíritu del pueblo está encadenado a lo a él conmensurable mientras la humanidad esté desperdiga-
da en naciones. En el pasado reciente, la constelación entre Karl Kraus
y Viena es el modelo más grande de ello, por supuesto la mayoría de
las veces citado difamatoriamente. Pero en Hegel, como siempre que
tropieza con algo que le estorba, esto no sucede tan dialécticamente.
El individuo, continúa, «puede ser más rico en espíritu que muchos
otros, pero no puede superar al espíritu del pueblo. Los ricos en espíritu son sólo los que saben del espíritu del pueblo y saben regirse por
él»[7]. Con rencor –en el empleo de la palabra «rico en espíritu» no puede dejar de percibirse– describe Hegel la relación muy por debajo del
nivel de su propia concepción. «Regirse por él» sería literalmente mera
adaptación. Como si se viera obligado a la confesión, descifra como
quiebra permanente la identidad afirmativa por él enseñada y postula subordinación de lo más débil a lo más fuerte. Eufemismos como
el de la *Filosofía de la historia,* según el cual, en el curso de la historia
del mundo, «algunos individuos han sido mortificados»[8], se aproximan
mucho, involuntariamente, a la consciencia de la irreconciliación, y la
fanfarria «En el deber el individuo se libera a la libertad sustancial»[9],
por lo demás un lugar común de todo el idealismo alemán, ya no se
puede distinguir de su parodia en la escena del médico en el *Wozzeck,*
de Büchner. Hegel le pone en boca de la filosofía «que no hay ningún
poder sobre el poder del bien, de Dios, que le impida a éste hacerse
valer, que Dios tiene razón, que la historia del mundo no representa
nada más que el plan de la Providencia. Dios gobierna el mundo; el
contenido de su gobierno, la realización de su plan, es la historia del
mundo, comprender ésta es la tarea de la filosofía de la historia del mundo, y su presupuesto es que el ideal se realiza, que sólo tiene realidad
lo que es conforme a la idea»[10]. El espíritu del mundo parece haberse
puesto a la obra con mucha astucia cuando Hegel, a modo de coro-
nación de su edificante prédica, para emplear una expresión de Arnold
Schönberg, remeda anticipadamente a Heidegger: «Pues la razón es la
percepción de la obra divina»[11]. El pensamiento omnipotente tiene que
abdicar y, en cuanto mera percepción, hacerse condescendiente; Hegel
moviliza representaciones griegas más acá de la experiencia de la indi-

vidualidad para dorar la heteronomía de lo sustancialmente universal. En tales pasajes se salta toda la dialéctica histórica y sin vacilar proclama como la verdadera la antigua figura de la eticidad, la misma que primero fue la de la filosofía griega oficial y luego la de los colegios alemanes: «Pues la eticidad del Estado no es la moral, la refleja, en la que domina la propia convicción; ésta es más asequible al mundo moderno, mientras la verdadera y antigua radica en que cada cual se atenga a su deber»[12]. El espíritu objetivo se venga de Hegel. Como panegirista de lo espartano, con la expresión «atenerse a su deber» anticipa en cien años la jerga de la autenticidad. Él se rebaja a conceder a las víctimas una confortación decorativa, sin tocar la sustancialidad de la situación de la que son víctimas. Lo que ronda detrás de sus explicaciones superiores era ya antes calderilla en el patrimonio burgués de Schiller. Éste, en *La campana*, no sólo hace que el padre de familia, tras el incendio de todas sus posesiones, coja el bastón del viajero, que es a la vez el bastón del mendigo, sino que le ordena además hacerlo con alegría; por el honor de la nación, que por lo demás es abyecta, le impone darlo todo sin tampoco dejar de estar contento. El terror del buen ánimo interioriza la *contrainte sociale*. Tal exageración no es un lujo poético; el pedagogo social idealista tiene que hacer algo extra, pues sin el logro suplementario e irracional de la identificación resultaría hasta demasiado flagrante que lo universal roba a lo particular lo que le promete. Hegel asocia el poder de lo universal con el concepto estético-formal de grandeza: «Éstos son los grandes de un pueblo, guían al pueblo conforme al espíritu universal. Las individualidades, por tanto, desaparecen para nosotros y sólo tienen valor para nosotros en cuanto aquellas que ponen en la realidad lo que el espíritu del pueblo quiere»[13]. La desaparición de las individualidades decretada de un manotazo, algo negativo que la filosofía se arroga saber como algo positivo sin que realmente cambie nada, es el equivalente a la brecha permanente. La violencia del espíritu del mundo sabotea lo que en un pasaje posterior Hegel celebra en el individuo: «que si es conforme a su sustancia, lo es por sí mismo»[14]. La expeditiva formulación toca, sin embargo, algo serio. El espíritu del mundo es «el espíritu del universo tal como se explicita en la consciencia humana; los hombres se comportan con respecto a éste como individuos con respecto al todo que es su sustancia»[15]. Esto es cantarle las cuarenta a la concepción burguesa del individuo, al nominalismo vulgar. Lo que se obstina en sí mismo como en lo inmediatamente cierto y sustancial se convierte precisamente por ello en agente de lo universal, individualidad para la representación engañosa. En eso coincidió Hegel con Schopenhauer; aventajaba a éste en la comprensión de que con la dialéctica de individuación y universal no se acaba con la negación abstracta de lo individual. Pero no sólo a Schopenhauer, sino a Hegel mismo, se le sigue pudiendo objetar que el individuo, manifestación necesaria de la esencia, de la tendencia objetiva, tiene a su vez razón contra ésta en la medida en que la confronta con su exterioridad y falibilidad. Eso se implica en la doctrina hegeliana de lo sustancial del individuo por sí mismo. Sin embargo, en lugar de desarrollarlo, se empecina en una contraposición abstracta entre lo universal y lo particular que para su propio método tendría que ser insoportable*.

La comprensión de la unidad de lo particular y lo universal que a veces hace pasar por identidad se opone a tal separación de lo sustancial y la individualidad no menos que a la consciencia embarazosamente inmediata: «Pero la particularidad es, en cuanto universalidad, en y para sí misma, no por medio de un traspasar, tal relación inmanente; es totalidad en ella misma, y simple determinación, esencialmente princi-

---

* Entre los positivistas, Émile Durkheim ha retenido y en lo posible sobrepujado la opción hegeliana por lo universal en la doctrina del espíritu colectivo, en cuanto que su esquema ya no deja lugar a una dialéctica de lo universal y lo particular ni siquiera *in abstracto*. En la sociología de las religiones primitivas ha reconocido desde el punto de vista del contenido que aquello de que hace alarde lo particular, la cualidad, se lo ha aportado lo universal. Igualmente ha designado el engaño de lo particular, en cuanto mera mímesis de lo universal, como la violencia que es lo único que en general hace de lo particular tal: «Le deuil (qui s'exprime au cours de certaines cérémonies) n'est pas un mouvement naturel de la sensibilité privée, froissée par une perte cruelle; c'est un devoir imposé par le groupe. On se lamente, non pas simplement parce qu'on est triste, mais parce qu'on est tenu de se lamenter. C'est une attitude rituelle qu'on est obligé d'adopter par respect pour l'usage, mais qui est, dans une large mesure, indépendante de l'état effectif des individus. Cette obligation est, d'ailleurs, sanctionée par des peines ou mythiques ou sociales» [«El duelo (que se expresa en el curso de ciertas ceremonias) no es un movimiento natural de la sensibilidad privada, conmovida por una pérdida cruel; es un deber impuesto por el grupo. Uno se lamenta no simplemente porque está triste, sino porque se le impone lamentarse. Es una actitud ritual que uno está obligado a adoptar por respeto a la costumbre, pero que es, en gran medida, independiente del estado afectivo de los individuos. Esta obligación es, por lo demás, sancionada por penas bien míticas, bien sociales»] (Émile DURKHEIM, *Les formes élémentaires de la vie religieuse: Le système totémique en Australie,* Travaux de l'Anée sociologique [Trabajos del año sociológico], París, 1912), p. 568 [ed. cast.: *Las formas elementales de la vida religiosa. El sistema totémico en Australia,* Madrid, Akal, 1992, p. 370]).

pio. No tiene ninguna otra determinidad que aquella que está puesta por lo universal mismo y que resulta de aquel mismo de la manera siguiente. Lo particular es lo universal mismo, pero es su diferencia o relación con otro, su aparecer hacia lo externo; ahora bien, no hay ningún otro del que lo particular sería diferente que lo universal mismo. – Lo universal se determina de modo que es él mismo lo particular; la determinidad es su diferencia; es diferente sólo de sí mismo»[16]. Según esto, lo particular sería inmediatamente lo universal, ya que únicamente a través de lo universal encuentra toda determinación de su particularidad; según él, concluye Hegel de un modo una y otra vez recurrente, lo particular no sería nada. La historia moderna del espíritu, y no sólo ella, ha sido el trabajo de un Sísifo apologético en su empeño por eliminar lo negativo de lo universal. Todavía en Kant el espíritu lo recuerda frente a la necesidad: trataba de limitar ésta a la naturaleza. En Hegel la crítica de la necesidad es escamoteada: «La consciencia del espíritu debe tomar forma en el mundo; el material de esta realización, su suelo, no es otro que la consciencia universal, la consciencia de un pueblo. Esta consciencia contiene y por ella se rigen todos los fines e intereses del pueblo; esta consciencia constituye los derechos, costumbres, religiones del pueblo. Es lo sustancial del espíritu de un pueblo, aun cuando los individuos no lo saben, sino que está ahí constituido como un presupuesto. Es como una necesidad; el individuo se educa en esta atmósfera, no sabe de nada más. Pero, sin embargo, no es meramente educación ni consecuencia de la educación; sino que esta consciencia es desarrollada a partir del individuo mismo; no le es enseñada: el individuo es en esta sustancia»[17]. La formulación hegeliana «es como una necesidad» es muy adecuada a la hegemonía de lo universal; el «como», indicio de la esencia meramente metafórica de tal necesidad, roza fugazmente en ella lo aparente de lo más real de todo. La duda sobre la bondad de lo necesario se desecha enseguida y contra viento y marea se asevera que precisamente la necesidad es libertad. El individuo, se lee en Hegel, «es en esta sustancia», esa universalidad que para él todavía coincidía con los espíritus de los pueblos. Pero su positividad es ella misma negativa y tanto más cuanto más positivamente se comporta; la unidad, tanto peor cuanto más a fondo se apodera de lo plural. Su elogio lo recibe del vencedor, el cual no porque lo sea del espíritu renuncia al cortejo triunfal, a la ostentación de que lo infligido sin descanso a los muchos es el sentido del mundo. «Es lo particular lo que se agota en la lucha mutua y de lo que una parte sucumbe. Pero incluso en la lucha, en la ruina de lo particular resulta lo universal. Éste no es estorbado.»[18] Hasta hoy en día no lo ha sido. Sin embargo, según Hegel lo universal tampoco sería sin eso particular que él determina; como algo desprendido. Identificar perentoriamente lo universal y lo particular no determinado, equiparar la mediatez de ambos polos del conocimiento, la *Lógica* de Hegel, también en él a priori una doctrina de las estructuras universales, sólo puede hacerlo porque trata de lo particular en absoluto como lo particular, sino meramente de la particularidad, ella misma ya algo conceptual[19]. La primacía lógica de lo universal así establecida proporciona el fundamento a la opción hegeliana por la prevalencia social y política. A Hegel habría que concederle que es imposible pensar no meramente la particularidad, sino lo particular mismo, sin el momento de lo universal, el cual distingue lo particular, lo acuña, en cierto sentido hace de él lo particular. Pero el hecho de que un momento haya dialécticamente menester del otro, oponerse contradictoriamente a él, no reduce, como Hegel sin duda sabía pero a veces le encantaba olvidar, ni a éste ni a aquél a un μη ὄν. De lo contrario se estipula la validez absoluta, ontológica, de la lógica de la pura no-contradicción, que la demostración dialéctica de los «momentos» había roto; en último término la posición de algo absolutamente primero –del concepto–, para el que el hecho debe ser secundario, pues según la tradición idealista «deriva» del concepto. Mientras que sobre lo particular no se puede predicar nada sin determinidad y por tanto sin universalidad, en ello no desaparece el momento de algo particular, opaco, a que se refiere y en que se apoya esa predicación. Ésta se mantiene en medio de la constelación; de lo contrario la dialéctica se reduciría a la hipóstasis de la mediación sin conservar los momentos de la inmediatez, como Hegel prudentemente quería de ordinario.

La crítica inmanente de la dialéctica hace estallar el idealismo hegeliano. El conocimiento apunta a lo particular, no a lo universal. Su verdadero objeto lo busca en la determinación posible de la diferencia de eso particular, incluso con respecto a lo universal que ella critica como algo sin embargo inevitable. Pero si la mediación de lo universal por lo particular y de lo particular por lo universal se reduce sin más a la abstracta norma formal de la mediación, lo particular tiene que pagar por ello hasta su liquidación autoritaria en las partes materiales del sistema hegeliano: «Qué debe hacer el hombre, cuáles son los deberes que tiene que cumplir para ser virtuoso, es fácil decirlo en una comunidad ética: por su parte, nada más debe hacer sino lo que en sus relaciones le ha sido prescrito, señalado y advertido. La honestidad es lo universal que puede exigírsele en parte legal, en parte éticamente. Pero, para el punto de vista moral, aparece fácilmente como algo subordinado, por encima de lo cual se debe exigir aún algo más en sí y en relación con los demás; pues la manía de ser algo particular no se satisface con lo que es en sí y para sí y universal; sólo en una excepción encuentra la consciencia de la peculiaridad»[20]. Si Hegel hubiese llevado la doctrina de la identidad entre lo universal y lo particular hasta una dialéctica en lo particular mismo, a lo particular, que según él es lo universal mediado, se le habría reconocido tanto derecho como a aquél. Que, como un padre que reprende a su hijo: «tú te crees sin duda algo particular», rebaje este derecho a mera manía y denigre psicológicamente el derecho del hombre como narcisismo no es un pecado original individual del filósofo. La dialéctica de lo particular a que él aspira no puede llevarse a cabo idealistamente. Puesto que, contrariamente al *chorismos* kantiano, la filosofía no debe instituirse como doctrina de las formas en lo universal, sino penetrar el contenido mismo, en una grandiosamente funesta *petitio principii,* la filosofía apresta la realidad de tal modo que ésta se pliega a la represiva identidad con ella. Lo más verdadero en Hegel, la consciencia de lo particular sin cuyo peso el concepto de la realidad degenera en farsa, produce lo más falso, suprime lo particular tras lo que, en Hegel, anda la filosofía. Cuanto más insistentemente se afana su concepto por la realidad, tanto más ciegamente contamina a ésta, el *hic et nunc* que habría que cascar como las nueces doradas en la fiesta de los niños, con el concepto que las subsume: «Es precisamente a esa ubicación de la filosofía en la realidad a lo que afectan los equívocos y vuelvo por eso a lo que he señalado anteriormente, que la filosofía, puesto que es el sondeo de lo racional, es precisamente por eso la aprehensión de lo presente y de lo real, no la erección de un más allá que sabe Dios dónde debería estar o del cual en efecto se sabe bien dónde está, a saber, en el error de un raciocinar unilateral, vacío... Si la reflexión, el sentimiento o cualquier forma que adopte la consciencia subjetiva, considera el "presente" algo vano, está por encima de él y lo sabe mejor, entonces se encuentra en lo vano y, puesto que sólo en el presente tiene realidad, no es ella misma más que vanidad. Si, a la inversa, la idea pasa por ser sólo una idea, una representación en una opinión, la filosofía por contra asegura la intelección de que nada es real sino la idea. Se trata entonces de conocer en la apariencia de lo temporal y pasajero la sustancia que es inmanente y lo eterno que es presente»[21*]. Así de platónicamente habla por necesidad el dialéctico. No quiere admitir que lógicamente, tanto como desde el punto de vista de la filosofía de la historia, lo universal se contrae en lo particular hasta que éste se desgaja de la universalidad abstracta, devenida extrínseca a él, mientras que, correlativamente con esto, lo universal, que él vindica como objetividad superior, se degrada hasta convertise en lo subjetivo malo, en el valor promedio de las particularidades. Quien había aspirado al paso de la lógica al tiempo se resigna a una lógica intemporal.

La simple dicotomía entre lo temporal y lo eterno en medio y a pesar de la concepción de la dialéctica en Hegel es conforme a la primacía de lo universal en la filosofía de la historia. Lo mismo que el concepto universal, el fruto de la abstracción, se las da de estar por encima del tiempo y asienta como ganancia y pagaré sobre la eternidad la pérdida que lo subsumido sufre a través del proceso de abstracción, los momentos supuestamente supratemporales de la historia se convierten en *positiva*. En ellos, sin embargo, se oculta el viejo mal. La conformidad con que siga siempre siendo así desacredita como efímero al pensamiento que protesta contra eso. Tal viraje a la intemporalidad no es extrínseco a la dialéctica y la filosofía de la historia hegelianas. Al extenderse al tiempo, su versión de la dialéctica es ontologizada, se convierte de una forma subjetiva ni más ni menos que en una estructura del ser, ella misma algo eterno. En esto se basan las especulaciones de Hegel, que equiparan la idea de totalidad a la caducidad de todo lo finito. Su intento de deducir el tiempo y eternizarlo como algo que no tolera nada exterior a sí mismo es tan conforme a esta concepción como al idealismo absoluto, el cual puede contentarse con la separación de tiempo y lógica tan poco como Kant con la de intuición y entendimiento. También en esto Hegel, crítico de Kant, fue su ejecutor. Cuan-

---

* El cliché «sólo una idea» ya lo había criticado Kant: «La *República* platónica se ha hecho proverbial como ejemplo supuestamente llamativo de perfección soñada, la cual sólo puede asentarse en el cerebro de un pensador ocioso... De todas formas, se haría mejor en dedicarse más a este pensamiento e iluminarlo (allí donde este hombre eminente nos deja desamparados) con nuevos esfuerzos que en dejarlo a un lado como inútil con el mísero y contraproducente pretexto de la inaplicabilidad» (*Kant, Kritik der reinen Vernunft, WW*, III, edición de la Academia, p. 247 [ed. cast.: *Crítica de la razón pura*, cit., p. 311]).

do éste lo aprioriza como forma pura de la intuición y condición de todo lo temporal, el tiempo está por su parte sustraído al tiempo*. El idealismo subjetivo y el objetivo coinciden en esto. Pues el nivel fundamental de ambos es el sujeto como concepto, despojado de su contenido temporal. Una vez más, el *actus purus* se convierte, como en Aristóteles, en lo inmóvil. El partidismo social de los idealistas desciende hasta los constituyentes de sus sistemas. Glorifican el tiempo como intemporal, la historia como eterna, por miedo a que ésta comience. Para Hegel, en consecuencia, la del tiempo y lo temporal se convierte en la dialéctica de la esencia del tiempo en sí**. Ofrece al positivismo un privilegiado punto de ataque. De hecho sería mala escolástica atribuir la dialéctica al concepto formal del tiempo, expurgado de todo contenido temporal. Para la reflexión crítica sobre ello, sin embargo, el tiempo se dialectiza como unidad en sí mediada de forma y contenido. La estética trascendental de Kant no tendría nada que responder a la objeción de que el carácter puramente formal del tiempo en cuanto una «forma de la intuición», su «vacío», no corresponde él mismo a ninguna intuición de la clase que sea. El tiempo kantiano rechaza toda representación y fantasía posibles: para figurárselo, con él se tiene que representar siempre algo temporal que permita su lectura, algo en lo que se haga experimentable su transcurso o, como se le llama, flujo. La concepción de un tiempo puro ha precisamente menester de la mediación conceptual –de la abstracción de todas las representaciones realizables del tiempo–, de la cual Kant, por amor de la sistematización, de la disyunción entre sensibilidad y entendimiento, quería y tenía que dispensar a las formas de la intuición. El tiempo absoluto como tal, despojado del último sustrato fáctico que en él hay y transcurre,

---

* «No es el tiempo el que pasa, sino que es la existencia de lo transitorio lo que pasa en él. Al tiempo, que es, por su parte, permanente y no transitorio, le corresponde, pues, en el fenómeno lo que posee una existencia no transitoria, es decir, la sustancia. Sólo desde ésta podemos determinar temporalmente la sucesión y la simultaneidad de los fenómenos» (Kant, *Kritik der reinen Vernunft*, cit., p. 137 [ed. cast.: *Crítica de la razón pura*, cit., p. 186]).

** «Ahora bien, más precisamente, el yo efectivamente real mismo forma parte del tiempo, con el que, si abstraemos del contenido concreto de la consciencia y de la autoconsciencia, coincide en la medida en que no es nada más que este vacío movimiento de ponerse como otro y superar este cambio, esto es, conservarse a sí mismo, al yo y sólo al yo como tal, en ello. El yo es en el tiempo, y el tiempo es el ser del sujeto mismo» (Hegel, *WW* 14, cit., p. 151 [ed. cast.: *Lecciones sobre la estética*, Madrid, Akal, 1989, p. 658]).

ya no sería de ninguna manera lo que según Kant tiene que ser inalienablemente el tiempo: dinámico. No hay ningún dinamismo sin
aquello donde tiene lugar. Pero, a la inversa, tampoco se puede representar ninguna facticidad que no posea su relevancia en el *continuum*
temporal. Esta reciprocidad lleva la dialéctica incluso al ámbito formal:
ninguno de los momentos en ella esenciales y mutuamente opuestos existe sin el otro. No la motiva, sin embargo, la forma pura en sí en la que
se desvela. Una relación de forma y contenido se ha convertido ella misma en la forma. Ésta es inalienablemente forma de un contenido; extrema sublimación del dualismo forma-contenido en la subjetividad separada y absolutizada. A Hegel puede arrancársele su momento de verdad
incluso en la teoría del tiempo si uno no hace, como él, que la lógica
produzca a partir de sí el tiempo, sino que, en lugar de eso, percibe en
la lógica relaciones temporales coaguladas, tal como en diversos lugares de la *Crítica de la razón pura*, sobre todo en el capítulo del esquematismo, se insinuaba bastante crípticamente. La lógica discursiva –de
manera inconfundible en las conclusiones– tanto conserva momentos
temporales como, gracias a su objetivación efectuada por el pensamiento
subjetivo, los destemporaliza, los oscurece, hasta reducirlos a la pura
legalidad. Sin una tal destemporalización del tiempo, éste a su vez nunca habría sido objetivado. La interpretación de la conexión entre lógica
y tiempo recurriendo en la lógica a algo prelógico según la doctrina en
boga, positivista, de la ciencia, sería, en cuanto conocimiento de un momento, compatible con Hegel. Pues lo que en él se llama síntesis no es
simplemente la cualidad sin más nueva, brotada de la negación determinada, sino el regreso de lo negado; el progreso dialéctico siempre es
también un recurso a lo que cayó víctima de la progresión del concepto:
la concreción progresiva de éste es su autocorrección. En la medida en
que la consciencia es capaz, la transición de la lógica al tiempo querría compensar a éste de lo que le ha infligido la lógica sin la cual el
tiempo no existiría. Bajo este aspecto, el desdoblamiento bergsoniano
del concepto de tiempo es un pedazo de dialéctica inconsciente de sí
misma. Bergson intentó reconstruir teóricamente, en el concepto del
temps durée, de la duración vivida, la experiencia viva del tiempo y, con
ella, su momento de contenido, que se había sacrificado a la abstracción de la filosofía y a las ciencias causal-mecánicas de la naturaleza.
Lo mismo que éstas, sin embargo, él, más positivista de lo que creía
en su polémica, tampoco hizo la transición al concepto dialéctico; por

dégoût contra la reificación rampante de la consciencia, absolutizó el momento dinámico, del que por su parte hizo, por así decir, una forma de la consciencia, un modo particular y privilegiado de conocimiento; si se quiere, lo reificó en una especialidad. Aislado, el tiempo vicencial subjetivo se convierte, junto con su contenido, en tan contingente y mediado como su sujeto y, por tanto, comparado con el cronométrico, al mismo tiempo en «falso» siempre. Para elucidar esto basta la trivialidad de que las experiencias subjetivas del tiempo, medidas con el tiempo del reloj, están expuestas al engaño, mientras que sin embargo el tiempo del reloj no existiría sin la experiencia subjetiva del tiempo que aquél objetualiza. Pero la crasa dicotomía de ambos tiempos en Bergson registra la disyuntiva histórica entre la experiencia viva y los procesos de trabajo objetualizados y repetibles: su frágil doctrina del tiempo es una precipitación precoz de la crisis objetivamente social de la consciencia del tiempo. La irreconciliabilidad de *temps durée* y *temps espace* es la herencia de esa consciencia escindida que sólo por medio de la escisión es alguna unidad. Esto es lo que no dominan ni la interpretación naturalista del *temps espace* ni la hipóstasis del *temps durée*, en la cual el sujeto que recula ante la reificación espera en vano conservarse a sí mismo como algo sin más vivo. De hecho, la risa, en la que según Bergson la vida debe reconstituirse frente a su esclerosis convencional, se convirtió hace mucho tiempo en arma de la convención contra la vida inaprensible, contra los vestigios de algo natural no totalmente domesticado.

La transposición hegeliana de lo particular a la particularidad sigue la praxis de una sociedad que tolera lo particular meramente como categoría, como forma de la supremacía de lo universal. Marx ha designado este estado de cosas de una manera que Hegel no podía prever: «La disolución de todos los productos y actividades en valores de canje presupone tanto la disolución de todas las rígidas relaciones de dependencia personales (históricas) en la producción como la dependencia universal de los productores entre sí. La producción de cada individuo es dependiente de la producción de todos los demás, de la misma forma en que (también) la transformación de su producto en medio de vida para él mismo se ha hecho dependiente del consumo de todos los demás... Esta dependencia mutua se expresa en la constante necesidad de canje y en el valor de canje como mediador universal. Los economistas lo expresan así: cada individuo sigue su interés privado y con ello sirve, sin quererlo ni saberlo, los intereses privados de todos, los intereses generales. La gracia no consiste en que, en la medida en que cada uno persigue su interés privado, se alcanza la totalidad de los intereses privados, por tanto el interés general. De esta frase abstracta más bien podría seguirse que cada uno obstaculiza mutuamente la satisfacción del interés de los demás y en lugar de una afirmación general de este *bellum omnium contra omnes* resulta más bien una negación general. La clave reside más bien en el hecho de que el mismo interés privado es ya un interés socialmente determinado y sólo puede ser alcanzado dentro de las condiciones puestas por la sociedad y con los medios por ella dados; es decir, que está vinculado a la reproducción de estas condiciones y medios. Es el interés de las personas privadas; pero su contenido, así como su forma y medio de realización, vienen dados por las condiciones sociales independientes de todos»[22]. Tal hegemonía negativa del concepto aclara por qué Hegel, su apologeta, y Marx, su crítico, coinciden en la idea de que lo que Hegel llama el espíritu del mundo posee una preponderancia del ser-en-sí y no meramente tiene, como sería únicamente conforme a Hegel, su sustancia objetiva en los individuos: «Los individuos están subsumidos bajo la producción social, que existe como una fatalidad fuera de ellos; pero la producción social no está subsumida bajo los individuos, que la manejan como su patrimonio común»[23]. El *chorismos* real obliga a Hegel a remodelar contra su voluntad la tesis de la realidad de la idea. Sin que la teoría lo concediera, la *Filosofía del derecho* contiene frases inequívocas a este respecto: «Bajo la idea de Estado no se debe pensar en Estados particulares ni en instituciones particulares, más bien se debe considerar la idea, este Dios real, para sí. Todo Estado, por mucho que se lo pueda declarar también malo según los principios que se tenga, por mucho que en él pueda reconocerse esta o aquella deficiencia, siempre tiene, especialmente si pertenece a los desarrollados de nuestro tiempo, los momentos esenciales de su existencia en sí. Pero, como es más fácil descubrir defectos que comprender lo afirmativo, fácilmente se incurre en la falta de por aspectos aislados olvidar el organismo interno del Estado mismo»[24]. Si se debe «considerar la idea para sí», no «Estados particulares», y ciertamente en principio obedeciendo a una estructura de conjunto, resucita la contradicción entre idea y realidad cuya eliminación constituye el tenor de toda la obra. Ahí encaja la ominosa sentencia de que es más fácil descubrir defectos que comprender lo afirmativo; esto se ha convertido hoy en día en el clamor por la crítica constructiva: sumisa. Como la identidad entre idea y realidad es desmentida por ésta, por así decir se ha menester de un denodado esfuerzo suplementario de la razón para de todos modos asegurarse de esa identidad; lo «afirmativo», la prueba de una reconciliación positivamente llevada a cabo, se postula, alabado como logro superior de la consciencia, porque la pura contemplación hegeliana no basta para tal afirmación. La que la afirmación ejerce sobre lo que se le resiste, lo real, refuerza incansable aquella presión real que la universalidad inflige al sujeto en cuanto negación de éste. Ambas divergen tanto más visiblemente cuanto más concretamente es confrontado el sujeto con la tesis de la sustancialidad objetiva de lo ético. En la concepción hegeliana tardía de la cultura, ésta meramente es todavía descrita como algo hostil al sujeto: «En su determinación absoluta, la cultura es en consecuencia la liberación y el trabajo de la liberación superior, esto es, el punto absoluto de tránsito a la sustancialidad infinitamente subjetiva de la eticidad, ya no inmediata, natural, sino espiritual, elevada igualmente a la forma de la universalidad. – Esta liberación es en el sujeto el duro trabajo contra la mera subjetividad del proceder, contra la inmediatez de los deseos, así como contra la vanidad subjetiva del sentimiento y contra la arbitrariedad del capricho. El hecho de que sea este duro trabajo constituye una parte del disgusto que produce. Pero es mediante este trabajo de la cultura como la voluntad subjetiva misma logra en sí la objetividad en la cual ella solamente es, por su parte, digna y capaz de ser la realidad de la idea»[25]. Adorna esto la pedantería griega ὁμὴ δαρείς que Goethe, al que en absoluto cuadraba, no desdeñó, con talante hegeliano, como *motto* de su autobiografía. Pero, al pregonar la verdad sobre la identidad que primero querría introducir, la máxima clasicista confiesa su propia no-verdad, la de la pedagogía a palos en el sentido literal y en el figurado del mandato inapelable a que someterse. En cuanto inmanentemente no-verdadera, es inútil para el fin que se le confía; de él sabe más la psicología bagatelizada por la gran filosofía que ésta. La brutalidad contra los hombres se reproduce en ellos; los maltratados no son educados, sino represados, rebarbarizados. La comprensión por parte del psicoanálisis de que los mecanismos civilizadores de represión transforman la libido en agresión anticivilizadora ya no se puede borrar. El educado con violencia canaliza la propia agresión al identificarse con la violencia para transmitirla y deshacerse de ella; así se identifican realmente sujeto y objeto según el ideal de cultura en la *Filosofía del derecho* de Hegel. Una cultura que no lo es no quiere en absoluto que los que caen en su molino sean cultivados. En uno de los pasajes más famosos de la *Filosofía del derecho*, Hegel invoca la frase atribuida a Pitágoras según la cual el mejor modo de educar éticamente a un hijo es hacer de él un ciudadano de un Estado con buenas leyes[26]. Eso requiere un juicio sobre si el Estado mismo y sus leyes son realmente buenos. En Hegel, sin embargo, el orden es a priori, sin tener que rendir cuentas ante quienes viven bajo él. Irónicamente se confirma su posterior reminiscencia de Aristóteles: la «unidad sustancial es absoluto fin inmóvil de sí misma»[27]; inmóvil lo está en la dialéctica que debe producirlo. Que «la libertad alcanza su máximo derecho»[28] en el Estado lo devalúa a aseveración vacía. Hegel incurre en aquella insípida edificación de la que en la *Fenomenología* aún abominaba. Repite un *topos* del pensamiento antiguo, procedente del estadio en que la victoriosa corriente principal de la filosofía, la platónico-aristotélica, se solidarizó con las instituciones contra su fundamento en el proceso social; la humanidad descubrió en general la sociedad más tarde que el Estado, el cual, en sí mediado, a los dominados les parece dado e inmediato. El aserto de Hegel «Todo lo que el hombre es se lo debe al Estado»[29], la más evidente exageración, prosigue la ancestral confusión. Lo que le induce a la tesis es que esa «inmovilidad» que él atribuye al fin universal podría ciertamente predicarse de la institución una vez esclerotizada, pero no de una sociedad esencialmente dinámica. El dialéctico refuerza la prerrogativa del Estado de estar dispensado de la dialéctica porque, en esto no se equivocó, ésta lleva más allá de la sociedad burguesa[30]. Él no se fía de la dialéctica como la fuerza para la curación de sí misma y desmiente la aseguración de la identidad que se produce dialécticamente.

Que la metafísica de la reconciliación entre lo universal y lo particular fracasara en la construcción de la realidad en cuanto filosofía del derecho y de la historia no podía seguir oculto a la necesidad sistemática de Hegel. Él se preocupó por la mediación. Su categoría mediadora, el espíritu del pueblo, se extiende hasta la historia empírica. Para los sujetos individuales es la figura concreta de lo universal, pero por su parte el «espíritu determinado del pueblo... no es más que un individuo en el curso de la historia del mundo»[31], una individuación de grado superior, pero como tal, autónoma. Precisamente la tesis de esta autonomía de los espíritus de los pueblos legaliza en Hegel, análogamente a como más tarde en Durkheim las normas colectivas y en Spengler las almas de cada cultura, la dominación violenta sobre los hombres individuales. Cuanto más ricamente se engalana un universal con las insignias del sujeto colectivo, tanto más desaparecen en él los sujetos sin dejar huella. Sin embargo, esa categoría mediadora, a la que por lo demás no se la llama expresamente mediación, sólo cumple su función, se queda por detrás del propio concepto hegeliano de mediación. Rige en la cosa misma, no determina inmanentemente a su otro, sino que funciona como cabeza de puente, un término medio hipostasiado entre el espíritu del mundo y los individuos. Hegel interpreta la transitoriedad de los espíritus de los pueblos, análogamente a la de los individuos, como la verdadera vida de lo universal. Pero lo de verdad transitorio es la categoría de pueblo y de espíritu del pueblo misma, en absoluto sólo sus manifestaciones específicas. Incluso allí donde los espíritus de los pueblos recientemente emergentes hoy en día debieran portar de hecho la antorcha del espíritu hegeliano del pueblo, amenazan con reproducir la vida de la especie hombre en un nivel inferior. Ya por comparación con el universal kantiano de su periodo, la humanidad previsible, la doctrina hegeliana del espíritu del pueblo era reaccionaria, cultivaba algo ya calado como particular. Con la enfática categoría de los espíritus de los pueblos, participa sin titubear del mismo nacionalismo, lo funesto del cual él diagnosticaba en los agitadores de las corporaciones estudiantiles. Su concepto de nación, en el cambio constante portadora del espíritu del pueblo, resulta ser una de las invariantes en que la obra dialéctica, paradójicamente y sin embargo de acuerdo con un aspecto suyo, abunda. A las constantes no-dialécticas en Hegel, que desmienten la dialéctica y sin las cuales sin embargo no habría dialéctica, les corresponde tanta verdad como la historia discurrió en cuanto perennidad, en cuanto mala infinitud de crimen y castigo, tal como ya en tiempos arcaicos Heráclito, el principal testigo de Hegel, reconoció y exaltó ontológicamente. Pero la nación –el término lo mismo que la cosa– es un dato reciente. Tras la caída del feudalismo, para la protección de los intereses burgueses una precaria forma de organización centralizada debía sujetar las difusas asociaciones naturales. Ésta tuvo que convertirse en fetiche porque de otro modo no habría podido integrar a los hombres que económicamente necesitan de esa forma de organización en la misma medida en que ésta les inflige violencia incesantemente. Es más, allí donde la unificación de la nación, precondición para que una sociedad burguesa se emancipe, fracasó, en Alemania, su concepto se sobrevalora y deviene destructivo. Para conmover a las *gentes*, moviliza adicionalmente recuerdos regresivos de la tribu arcaica. En cuanto fermento maléfico, éstos son apropiados para mantener al individuo, igualmente algo tardía y frágilmente desarrollado, oprimido allí donde su conflicto con la universalidad está a punto de transformarse en crítica racional de ésta: la irracionalidad de los fines de la sociedad burguesa difícilmente habría podido establecerse de otro modo que con medios irracionales eficaces. La situación específicamente alemana de la era inmediatamente posnapoleónica confundió quizá a Hegel acerca de lo anacrónica que era la doctrina del espíritu del pueblo por comparación con su propio concepto de espíritu, de cuyo progreso no cabe separar la progresiva sublimación, la liberación de un naturalismo rudimentario. En él ya la doctrina del espíritu del pueblo era una consciencia falsa, una ideología, provocada por la necesidad de una unidad administrativa de Alemania. Enmascarados, en cuanto particularización acoplados con lo que es como es, los espíritus de los pueblos son inmunes a esa razón cuya memoria también se conserva sin embargo en la universalidad del espíritu. Después del tratado *Sobre la paz perpetua*, los panegíricos hegelianos de la guerra no pueden ya atrincherarse tras la ingenuidad de una falta de experiencia histórica. Lo que elogia como sustancial de los espíritus de los pueblos, las *mores*, ya entonces se había depravado hasta convertirse en ese folclore que luego, en la época de las dictaduras, se desempolvó a fin de, en nombre del Estado, aumentar la postración de los individuos llevada a cabo por la tendencia histórica. Ya sólo el hecho de que Hegel tenga que hablar de los espíritus de los pueblos en plural traiciona lo obsoleto de su presunta sustancialidad. Ésta es negada en cuanto se habla de una pluralidad de espíritus de los pueblos, en cuanto se apunta a una pluralidad internacional de las naciones. Rebrotó tras el fascismo.

Debido a su particularización nacional, el espíritu hegeliano ya deja de incluir en sí la base material, tal y como de todos modos quiso todavía afirmarse como totalidad. En el concepto de espíritu del pueblo un epifenómeno, una consciencia colectiva, un nivel de organización, se contrapone en cuanto esencial al proceso real de producción y reproducción de la sociedad. Que el espíritu de un pueblo tiene que realizarse, «convertirse en un mundo existente», dice Hegel, «este sentimiento lo tiene todo pueblo»[32]. Hoy en día difícilmente, y allí donde se hace sentir así a los pueblos, la cosa acaba mal. Los predicados de ese «mundo existente»: «Religión, culto, costumbres, usos, arte, constitución, leyes políticas y todo el entorno de sus instituciones, sus acontecimientos y gestas»[33] han perdido, junto con su evidencia, también lo que para Hegel pasaba por su sustancialidad. Su mandato de que los individuos tendrían que «modelarse según el ser sustancial» de su pueblo, «hacerse conforme a él»[34], es despótico: ya en él era incompatible con la hipótesis entretanto igualmente superada, por así decir shakespeariana, de que lo históricamente universal se realizaba también a través de las pasiones e intereses de los individuos, mientras que a ellos únicamente se les sigue inculcando lo mismo que el sano sentimiento popular a aquellos que se enredan en su maquinaria. La tesis hegeliana de que nadie puede «saltar por encima del espíritu de su pueblo, como no puede saltar por encima de la tierra»[35] es un provincianismo en la época de los conflictos telúricos y de la posibilidad de una institución telúrica del mundo. En pocas ocasiones ha tenido Hegel que pagar un tributo tan alto a la historia como cuando piensa la historia. Sin embargo, su pensamiento también se ha acercado a eso; desde el punto de vista de la filosofía de la historia, ha, por su parte, relativizado los espíritus de los pueblos por él hipostasiados como si hubiese tenido por posible que un día el espíritu del mundo pudiera prescindir de los espíritus de los pueblos y ceder el puesto al cosmopolitismo: «Cada nuevo espíritu individual de un pueblo es una nueva fase en la conquista del espíritu del mundo, en el logro de su consciencia, de su libertad. La muerte del espíritu de un pueblo es tránsito a la vida, y ciertamente no como en la naturaleza, donde la muerte de uno da existencia a otro igual. Sino que el espíritu del mundo asciende desde las determinaciones inferiores hasta principios, conceptos superiores de sí mismo, hasta manifestaciones más amplias de su idea»[36]. Según esto, siempre estaría abierta la idea de un espíritu del mundo que se ha de «conquistar», que se realiza mediante la extinción de los espíritus de los pueblos y los trasciende. Sólo que en una fase en la que el vencedor ya no tiene por qué encontrarse en un nivel superior que desde siempre probablemente no se le ha atribuido más que por ser el vencedor, ya no cabe creer en un progreso de la historia gracias al paso de nación en nación.

Con ello, sin embargo, el consuelo por el hundimiento de los pueblos se asemeja a las teorías cíclicas hasta Spengler. El decreto filosófico sobre el devenir y la desaparición de pueblos o culturas enteros pasa en silencio el hecho de que lo irracional e incomprensible de la historia ha llegado a ser evidente porque nunca fue de otro modo; priva de su contenido al discurso del progreso. A pesar de la famosa definición de la historia, tampoco Kant ha desarrollado, pues, una teoría del progreso. La migración hegeliana del espíritu del mundo de un espíritu del pueblo a otro es la migración de los pueblos esponjada hasta convertirla en metafísica; por supuesto, algo que arrolla a los hombres, prototipo de la historia misma del mundo, cuya concepción agustiniana coincidió con la era de las migraciones de los pueblos. La unidad de la historia del mundo, que anima a la filosofía a calcarla como recorrido del espíritu del mundo, es inmediatamente la unidad de lo arrollador, del terror, del antagonismo. Concretamente, Hegel no fue más allá de las naciones de otro modo sino en nombre de su aniquilación interminablemente repetida. El *Anillo* del schopenhaueriano Wagner es más hegeliano de lo que Wagner se figuró jamás.

Lo que Hegel asignó hipertróficamente a los espíritus de los pueblos en cuanto individualidades colectivas se quita a la individualidad, al ser humano individual. En Hegel, complementariamente, se la sitúa a la vez demasiado alto y demasiado bajo. Demasiado alto en cuanto ideología de los grandes hombres, a favor de los cuales Hegel vuelve a contar el chiste para señores del héroe y el ayuda de cámara. Cuanto más impenetrable y alienada la violencia de lo universal que se impone, tanto más imperiosa la necesidad de la consciencia de hacerla conmensurable. A los genios, los militares y políticos sobre todo, toca pagar los vidrios rotos. Les corresponde la publicidad a escala aumentada que deriva, precisamente, del éxito, el cual, por su parte, debe explicarse a partir de cualidades individuales de las que la mayoría de las veces carecen. Proyecciones de los anhelos impotentes de todos, funcionan como *imago* de una libertad desaherrojada, de una productividad ilimitada, como si éstas cupiera realizarlas siempre y en todas partes. Con tal exceso ideológico contrasta en Hegel un déficit en el ideal; su filosofía no tiene interés en que propiamente hablando haya individualidad. La doctrina del espíritu del mundo armoniza en esto con su propia tendencia. Hegel caló la ficción del ser-para-sí histórico de la individualidad como la de toda inmediatez no mediada y, valiéndose

de la teoría de la astucia de la razón, la cual se remontaba a la filosofía kantiana de la historia, puso al individuo al nivel de los agentes de
lo universal, un papel en el que ha rendido importantes servicios a lo
largo de los siglos. Conforme a una estructura cogitativa corriente que
al mismo tiempo reproduce la de su concepción de la dialéctica y revoca ésta, así pensó él como invariante la relación entre el espíritu del
mundo y los individuos junto con su mediación; obedece también a
una clase que ella misma tiene que perpetuar sus categorías dinámi-
cas a fin de no llegar a la consciencia de los límites de su perennidad.
Lo guía la imagen del individuo en la sociedad individualizada. Es adecuada porque el principio de la sociedad del canje no se realizó más
que por la individuación de los contrayentes individuales; es decir, porque
el *principium individuationis* era literalmente su principio, su universal.
Es inadecuada porque en el complejo funcional totalitario, que ha menester de la forma de la individuación, los individuos son relegados
a meros órganos ejecutores de lo universal. Las funciones del individuo y, con ellas, la propia composición de éste, cambian históricamente. Por comparación con Hegel y su época, ha caído a un grado
de insignificancia que no se podía anticipar: la apariencia de su ser-
para-sí se ha desintegrado para todos del mismo modo que de antemano la especulación hegeliana la demolió esotéricamente. La pasión,
para Hegel lo mismo que para Balzac el motor de la individualidad,
es ejemplar a este respecto. Para los impotentes, para los que lo accesible y no accesible están trazados de un modo cada vez más estrecho,
resulta anacrónica. Ya un tal Hitler, cortado según el modelo burgués
por así decir clásico del gran hombre, parodiaba la pasión con sus llan-
tinas y sus mordiscos a los tapetes. Incluso en el ámbito privado se
está convirtiendo la pasión en una rareza. Los cambios por todos conocidos en los comportamientos eróticos de los adolescentes indican
la descomposición del individuo, que ni allega ya la fuerza para la pasión –la fortaleza del yo– ni ha menester de ella, pues la organización
social que lo integra se ocupa de que las resistencias manifiestas por
las cuales antaño se inflamaba la pasión sean eliminadas y para ello
traslada los controles al individuo en cuanto algo que se adapta a cualquier precio. De ningún modo ha perdido por ello toda función.
Como en el pasado, el proceso social de producción conserva en el
acto sustentante de canje el *principium individuationis*, la disposición
privada, y con ello todos los malos instintos del encarcelado en su pro-

pio yo. El individuo se sobrevive a sí mismo. Pero sólo en su residuo, lo
históricamente condenado, sigue existiendo lo que no se sacrifica a la
falsa identidad. Su función es la de lo carente de función; la del espíritu que no está de acuerdo con lo universal y por eso lo representa de
manera impotente. Sólo en cuanto lo eximido de la praxis universal es
capaz el individuo de pensar lo que una praxis transformadora requeriría. Hegel sintió el potencial de lo universal en lo individualizado: «Quienes actúan tienen en su actividad fines infinitos, intereses particulares;
pero también saben, piensan»[37]. La *methexis* de todo individuo en lo universal a través de la consciencia pensante –y el individuo no se convierte en tal en cuanto pensante– trasciende ya la contingencia de lo particular frente a lo universal en la que, como luego el colectivista, se basa
el desprecio hegeliano de lo individual. Por la experiencia y la consecuencia es el individuo capaz de una verdad de lo universal que éste, en
cuanto poder que se impone ciegamente, se vela a sí mismo y a los demás. El consenso dominante da la razón a lo universal por mor de su
mera forma como universalidad. Ella misma concepto, se convierte por
ello en aconceptual, enemiga de la reflexión; la primera condición de la
resistencia es que el espíritu cale y dé nombre a eso en ella, un modesto comienzo de la praxis.

Como en el pasado, los hombres, los sujetos individuales, están bajo
un hechizo. Éste es la figura subjetiva del espíritu del mundo, la primacía del cual más allá del proceso vital externo ella refuerza interiormente. Se convierten ellos mismos en aquello contra lo que nada pueden y que los niega a ellos mismos. Ni siquiera tienen ya que tomarle
el gusto como lo superior, lo cual es de hecho por comparación con
ellos en la jerarquía de los grados de universalidad. Se comportan conforme a lo ineluctable por sí, por así decir a priori. Mientras que el
principio nominalista les hace creer en la individualización, actúan colectivamente. En la insistencia hegeliana en la universalidad de lo particular es verdad que, bajo la figura pervertida de una individualización impotente y abandonada a lo universal, lo particular es dictado
por el principio de la universalidad pervertida. La doctrina hegeliana
de la sustancialidad de lo universal en lo individual se apropia del hechizo subjetivo; lo que aquí se representa como lo metafísicamente más
digno debe ante todo su aura a la impenetrabilidad, irracionalidad, a
lo contrario del espíritu que según la metafísica debe ser. El nivel fundamental de la no-libertad, en los sujetos más allá aún de su psicolo-

gía, a la cual prolonga, sirve a la situación antagónica que hoy amenaza con aniquilar el potencial de transformarla a partir de los sujetos. El expresionismo, forma espontánea de reacción colectiva, registró convulsivamente algo de ese hechizo. Entretanto éste se ha hecho tan omnipresente como la divinidad cuyo lugar usurpa. Ya no se lo siente porque apenas nada y apenas nadie se habría sustraído ya tanto a él como para que aflorara en la diferencia. La humanidad, sin embargo, no deja nunca de arrastrarse como en las esculturas de Barlach y en la prosa de Kafka, un cortejo infinito de encadenados unos a otros, encorvados hasta no poder levantar ya la cabeza bajo el peso de lo que es[38]. Lo meramente ente, según las copetudas doctrinas del idealismo lo contrario del espíritu del mundo, es la encarnación de éste, acoplada al azar, la figura de la libertad bajo el hechizo*. Mientras que parece como si se extendiera sobre todo lo vivo, sin embargo no es probablemente, como sería en sentido schopenhaueriano, sin más una y la misma cosa que el *principium individuationis* y la tozuda autoconservación de éste. La conducta animal difiere de la humana porque tiene algo de coactivo. Quizá se haya heredado en la especie animal hombre, pero en ésta se convierte en algo cualitativamente distinto. Y por cierto que precisamente gracias a la capacidad de reflexión, ante la cual el hechizo puede ser anulado y que entró al propio servicio de éste. Con tal perversión de sí misma lo refuerza y hace de él el mal radical, desprovisto de la inocencia del mero ser-así. En la experiencia humana el hechizo es el equivalente del carácter de fetiche de la mercancía.

---

* La doctrina hegeliana de la identidad del azar o lo contingente y la necesidad (cfr. *supra*, p. 326) guarda su contenido de verdad más allá de su construcción. Bajo el aspecto de la libertad, la necesidad, aunque prediseñada por el sujeto autónomo, sigue siendo heterónoma. El mundo empírico kantiano, que se supone sometido a la categoría subjetiva de la causalidad, está precisamente por ello fuera de la autonomía sujetiva: para el sujeto individual lo causalmente determinado es al mismo tiempo absolutamente azaroso. En la medida en que se cumple en el reino de la necesidad, el destino de los hombres es para éstos ciego, «por encima de sus cabezas», contingente. Precisamente el carácter estrictamente determinista de las leyes del movimiento económico de la sociedad condena a sus miembros, si verdaderamente se toma su propia determinación como criterio, al azar. Ley del valor y anarquía de la producción de mercancías son una misma cosa. La contingencia, por tanto, no es solamente la figura de lo no-idéntico maltratado por la causalidad; ella misma coincide también con el principio de identidad. Éste, en cuanto algo meramente puesto, algo impuesto a la experiencia, que no surge de lo no-idéntico en ella, oculta por su parte, en lo más íntimo suyo, el azar.

Lo hecho a sí mismo se convierte en el en-sí del que el sí-mismo ya no sale; lo que el sujeto venera con la fe dominante en los hechos, con su aceptación positiva, es su imagen especular. En cuanto hechizo, la consciencia reificada se ha hecho totalitaria. El hecho de que sea falsa es lo que promete la posibilidad de su superación; que no se quedará en eso, que la falsa consciencia deberá inevitablemente moverse más allá de sí, que no podrá tener la última palabra. Cuanto más se dirige la sociedad hacia la totalidad que se reproduce en el hechizo de los sujetos, tanto más profunda, pues, también su tendencia a la disociación. Ésta amenaza la vida de la especie tanto como desmiente el hechizo del todo, la falsa identidad de sujeto y objeto. Lo universal que como un instrumento de tortura comprime lo particular hasta que revienta trabaja contra sí mismo porque su sustancia la tiene en la vida de lo particular; sin ésta se degrada a una forma abstracta, separada y deleble; en el *Behemot*, Franz Neumann diagnosticó esto con respecto a la esfera institucional: la disolución en aparatos de poder insolidarios y que se combaten es el secreto del Estado totalitario fascista. A lo cual corresponde la antropología, la química de los hombres. Entregados sin resistencia al monstruo colectivo, pierden la identidad. No carece de toda verosimilitud que con ello el hechizo se rompa a sí mismo. Lo que bajo el nombre de pluralismo trata por de pronto de negar falsamente la estructura totalitaria de la sociedad recibe su verdad de tal desintegración que se insinúa; a la vez el horror y una realidad en la que el hechizo explota. *El malestar en la cultura* de Freud tiene un contenido que difícilmente le fue presente; no es sólo que en la psique de los socializados el instinto agresivo se acumule hasta convertirse en el ímpetu abiertamente destructivo, sino que la socialización totalitaria incuba objetivamente su opuesto, sin que hasta hoy haya sido posible decir si se trata de la catástrofe o de la liberación. Un esquema involuntario de esto lo trazaron los sistemas filosóficos, que por igual, con unidad creciente, descalificaron lo heterogéneo a ellos, se llamase sensación, no-yo o como fuera, hasta aquello caótico cuyo nombre Kant empleaba para lo heterogéneo. Lo que se prefiere llamar angustia y se ennoblece como un existencial es una claustrofobia en el mundo: en el sistema cerrado. Perpetúa el hechizo como la frialdad entre los hombres sin la cual la calamidad no podría repetirse. Quien no es frío, quien no se queda frío como, según la vulgar figura lingüística, el asesino ante su víctima tiene que sentirse condenado. Con la angustia y su fundamento quizá desaparecería también la frialdad. La angustia es en el frío universal la figura necesaria de la maldición sobre quienes lo padecen.

Lo que el dominio del principio de identidad tolera en lo no-idéntico está por su parte mediado por la coacción de la identidad, resto insípido después de que la identificación se haya cortado su tajada. Bajo el hechizo, lo que es distinto y cuya más mínima adición sería por supuesto incompatible con él, se transforma en veneno. Por su parte, en cuanto contingente, el resto no-idéntico se hace a su vez tan abstracto, que se acomoda a la legalidad de la identificación. Ésa es la triste verdad de la doctrina de la unidad entre el azar y la necesidad, positivamente expuesta en Hegel. La sustitución de la causalidad tradicional por la regla estadística podría confirmar esa convergencia. Pero lo mortalmente común entre la necesidad y el azar, los cuales ya Aristóteles adscribía como comunes al mero ente, es el destino. Éste tiene su lugar tanto en el círculo que el pensamiento dominante traza a su alrededor como en lo que cae fuera de él y, abandonado por la razón, se procura una irracionalidad que converge con la necesidad puesta por el sujeto. El proceso de dominación vomita bocados no digeridos de la naturaleza subyugada. Que lo particular no se evapore filosóficamente en la universalidad requiere que tampoco se encierre en la obstinación del azar. A la reconciliación de universal y particular ayudaría la reflexión de la diferencia, no su extirpación. A ésta se entrega el *pathos* de Hegel, que concede al espíritu del mundo la única realidad, eco de una carcajada infernal en el cielo. El hechizo mítico se ha secularizado en lo real ensamblado sin costuras. El principio de realidad que los listos siguen para sobrevivir en ello los atrapa como un embrujo maligno; son tanto más capaces y están tanto menos dispuestos a sacudirse el peso cuanto el embrujo se lo oculta: lo toman por la vida. Metapsicológicamente el discurso de la regresión acierta. Todo lo que hoy en día se llama comunicación no es, sin excepción, más que el ruido que cubre el mutismo de los hechizados. Las espontaneidades humanas individuales, de momento incluso en gran medida las supuestamente de oposición, están condenadas a la pseudoactividad, potencialmente a la demencia. Las técnicas de lavado de cerebro y afines a ellas practican desde fuera una tendencia antropológica inmanente que por su parte es sin duda motivada desde fuera. La norma de la adaptación, perteneciente a la historia natural y que Hegel también aprueba con la máxima de café de que se tiene que escarmentar, es, por completo lo mismo que en él, el esquema del espíritu del mundo en cuanto el hechizo. La experiencia de éste, tabú entre los hombres, la biología más reciente quizá la proyecta sobre los animales a fin de exonerar a los hombres que los maltratan; la ontología de los animales imita la ancestral animalidad de los hombres, una y otra vez reconquistada como posesión. También en este sentido y contra la voluntad de Hegel, el espíritu del mundo es su propia contradicción. Lo animalizado de la razón autoconservadora expulsa el espíritu de la especie que lo adora. Por eso a todos los niveles la metafísica hegeliana del espíritu está ya tan cerca de la hostilidad al espíritu. Lo mismo que en la sociedad inconsciente se reproduce ampliada la violencia mítica de lo natural, así también las categorías de la consciencia que ella produce, hasta las más ilustradas, están bajo el hechizo y se convierten en obcecación. Sociedad e individuo armonizan en esto como en ningún otro punto. La ideología ha progresado de tal modo a la par de la sociedad, que ya no se constituye como apariencia socialmente necesaria y por tanto como autonomía por más que frágil, sino sólo todavía como aglutinante: falsa identidad de sujeto y objeto. En virtud del mismo principio de individuación, la monótona limitación de todo individuo al interés particular, los individuos, el antiguo sustrato de la psicología, son también iguales entre sí y reaccionan por consiguiente a la universalidad abstracta dominante como si fuera cosa propia suya. Éste es su apriori formal. A la inversa, lo universal al que se pliegan sin todavía sentirlo está cortado de tal modo a su medida, apela tan poco ya a lo que en ellos no se le parecería, que se sujetan libre, fácil y satisfechamente. La ideología actual es tanto recipiente de la psicología de los individuos en cada caso ya mediada por lo universal, como incansable produce de nuevo en los individuos lo universal. Hechizo e ideología son lo mismo. La segunda tiene su fatalidad en el hecho de que se remonta a la biología. El *sese conservare*, la autoconservación de Spinoza es verdaderamente ley natural de todo lo vivo. Tiene como contenido la tautología de la identidad: debe ser lo que de todos modos ya es, la voluntad se retrotrae al sujeto de la voluntad, en cuanto mero medio de sí mismo se convierte en fin. Éste es ya el giro a la falsa consciencia; si el león tuviese, su furia contra el antílope que quiere devorar sería ideología. El concepto de fin, al que la razón se eleva en aras de la autoconservación consecuente, debería emanciparse del ídolo del espejo. Fin sería lo distinto al sujeto en cuanto el medio. Esto, sin embargo, lo oscurece la autoconservación; ésta fija los medios como fines que no se legitiman ante ninguna razón. Cuanto más se incrementan las fuerzas productivas, tanto más la perpetuación de la vida como fin en sí mismo pierde la evidencia. Degeneración de la naturaleza, se hace en sí mismo cuestionable, mientras que en él madura el potencial de algo distinto. La vida se prepara para convertirse en medio suyo, por indeterminado y desconocido que esto distinto pueda ser. Pero su heterónoma organización la inhibe una y otra vez. Como la autoconservación por los siglos de los siglos era difícil y precaria, los impulsos del yo, su instrumento, tienen, incluso después de que la técnica haya hecho virtualmente fácil la autoconservación, una violencia casi irresistible; más grande que las pulsiones del objeto, cuyo especialista, Freud, lo desconoció. Superfluo según el estado de las fuerzas productivas, el esfuerzo se hace objetivamente irracional, por lo cual el hechizo se convierte en la metafísica realmente dominante. El actual estadio de fetichización de los medios en cuanto fines en la tecnología apunta a la victoria de esa tendencia hasta el contrasentido manifiesto; comportamientos en otro tiempo racionales pero superados son conjurados sin ningún cambio por la lógica de la historia. Ésta ya no es lógica.

Hegel formula idealistamente: «La subjetividad misma es la forma absoluta y la realidad existente de la sustancia, y la distinción del sujeto con respecto a ésta como su objeto, fin y fuerza sólo es la distinción, al mismo tiempo igualmente desaparecida inmediatamente, de la forma»[39]. La subjetividad, que después de todo incluso en Hegel es lo universal y la identidad total, es divinizada. Pero con ello alcanza también lo contrario, la comprensión del sujeto como objetividad que se manifiesta. La construcción del sujeto-objeto es de insondable carácter doble. No sólo falsea ideológicamente al objeto convirtiéndolo en el acto del sujeto absoluto, sino que lo objetivo que se representa lo reconoce también en el sujeto y limita por tanto antiideológicamente al sujeto. La subjetividad reclamaba ciertamente la prelación en cuanto realidad existente de la sustancia, pero, en cuanto sujeto «existente», exteriorizado, es tanto objetividad como fenómeno. Lo cual, sin embargo, debería afectar también a la relación de la subjetividad con los individuos concretos. Si la objetividad les es inmanente y opera en ellos; si aparece verdaderamente en ellos, la individualidad de este modo referida a la esencia es mucho más sustancial que allí donde sólo se subordina a la esencia. Sobre tal consecuencia Hegel calla. Quien trata de liquidar el abstracto concepto kantiano de forma arrastra sin embargo la dicotomía kantiana y fichteana de sujeto –trascendental– e individuo –empírico–. La falta de determinidad concreta del concepto de subjetividad es explotada como ventaja de la superior objetividad de un sujeto depurado de contingencia; lo cual facilita la identificación de sujeto y objeto a costa de lo particular. Hegel sigue en esto el uso de todo el idealismo, pero al mismo tiempo socava su afirmación de la identidad de libertad y necesidad. El sustrato de la libertad, el sujeto, en virtud de su hipóstasis como espíritu es distanciado de tal modo de los hombres existentes y vivos, que la libertad en la necesidad no les aprovecha ya para nada. El lenguaje de Hegel delata esto: «Por cuanto el Estado, la patria, es una comunidad de ser-ahí, por cuanto la voluntad subjetiva del hombre se somete a las leyes, desaparece la oposición entre la libertad y la necesidad»[40]. Ninguna hermenéutica podría escamotear que la palabra sumisión significa lo contrario de libertad. Su presunta síntesis con la necesidad se pliega a ésta y se contradice a sí misma.

La filosofía de Hegel abre la perspectiva de la pérdida que comportaba el ascenso de la individualidad en el siglo XIX hasta bien entrado el XX: la de la obligatoriedad, esa fuerza para alcanzar lo universal que sería la única imprescindible para la realización de la individualidad. La decadencia entretanto evidente de la individualidad va emparejada a tal pérdida; el individuo que se despliega y diferencia en cuanto se escinde cada vez más expresamente de lo universal amenaza por tanto con regresar a la contingencia que Hegel le imputa. Sólo que, con ello, el restaurador Hegel descuidó la lógica y la coacción en el progreso de la individuación misma, en favor de un ideal extraído de sentencias griegas modélicas tanto como, preludiando la más maligna reacción alemana del siglo XX, de las fuerzas que sólo maduran con la desintegración de la individualidad[41]. También en esto es injusto con su propia dialéctica. El hecho de que lo universal no sea nada meramente puesto encima de la individualidad, sino su sustancia interna, no permite reducirlo a la simpleza de lo envolvente de la eticidad humana en vigor, sino que habría que rastrearlo en el centro de los comportamientos individuales, sobre todo en el carácter; en esa psicología a la que Hegel, conforme con el prejuicio, acusa de una contingencia que entretanto Freud ha refutado. Ciertamente el antipsicologismo hegeliano consumó el conocimiento de la prioridad empírica de lo socialmente universal que luego Durkheim expresó sólidamente y sin influencia de ninguna reflexión dialéctica[42]. La psicología, aparentemente opuesta a lo universal, cede bajo presión hasta las células de la interiorización, y es en esta medida un *constitutum* real[43]. Sin embargo, tanto el objetivismo dialéctico como el positivista son tan miopes frente a la psicología como superiores a ella. Como la objetividad dominante es objetivamente inadecuada a los individuos, únicamente se realiza a través de los individuos, psicológicamente. El psicoanálisis freudiano no tanto contribuye a tejer la apariencia de individualidad como la destruye tan a fondo como sólo puede hacerlo el concepto filosófico y social. Si, según ella, el individuo se reduce a un pequeño número de constantes y conflictos que se repiten, con desprecio por los hombres, la doctrina del inconsciente ciertamente se desinteresa del yo concretamente desarrollado, pero éste llama la atención sobre la fragilidad de sus determinaciones por comparación con las del ello y por tanto sobre su esencia tenue y efímera. La teoría del yo en cuanto de una suma de mecanismos de defensa y racionalizaciones se dirige contra la misma *hybris* del individuo dueño de sí mismo, contra el individuo como ideología que demolieron teorías más radicales sobre la hegemonía de lo objetivo. Quien describe una situación justa para contestar a la objeción de que no sabe lo que quiere no puede hacer abstracción de esa hegemonía, incluso sobre él. Aun si su fantasía fuese capaz de representárselo todo radicalmente cambiado, seguiría para siempre encadenada a él y a su presente como punto de referencia estático y todo se estropearía. Hasta el más crítico sería en estado de libertad alguien totalmente diferente, lo mismo que aquellos a los que desearía cambiar. Probablemente, para cualquier ciudadano del mundo falso sería insoportable un mundo justo, estaría demasiado lisiado para éste. A la consciencia del intelectual que no simpatiza con el espíritu del mundo esto debería inspirarle, en medio de su resistencia, una pizca de tolerancia. Quien no se deja apear de la diferencia y la crítica no puede ponerse en lo justo. Un tal suplemento de indulgencia sería por supuesto despreciado como decadente en todo el mundo, indiferentemente de bajo qué sistema político. La aporía se extiende también al concepto teleológico de una felicidad de la humanidad que sería la de los individuos; la fijación de la propia menesterosidad y del propio anhelo desfigura la idea de una felicidad que sólo aparecería cuando la categoría del individuo dejara de encerrarse en sí. La felicidad no es una invariante, sólo lo es la infelicidad, que tiene su esencia en la perennidad. Lo que de felicidad el todo establecido tolera o concede intermitentemente lleva de antemano la marca de la propia particularidad[44]. Toda felicidad hasta el día de hoy promete lo que todavía no ha sido, y la fe en su inmediatez le impide llegar a ser. Eso confiere a algunas frases de la filosofía hegeliana de la historia más verdad de la que en su momento se creyó: «... feliz se llama a quien se encuentra en armonía consigo mismo. Se puede tomar también la felicidad como punto de vista en la consideración de la historia; pero la historia no es el suelo para la felicidad. Las épocas de felicidad son en ella hojas vacías. En la historia del mundo hay, sin duda, también satisfacción; pero ésta no es lo que se llama felicidad: pues es la satisfacción de aquellos fines que están por encima de los intereses particulares. Los fines que en la historia del mundo tienen importancia deben ser fijados con energía, mediante la voluntad abstracta. Los individuos de importancia en la historia del mundo que han perseguido tales fines se han sin duda satisfecho, pero no han querido ser felices»[45]. Desde luego que no, pero su renuncia, todavía confesada por Zaratustra, expresa la insuficiencia de la felicidad individual frente a la utopía. La felicidad sólo sería la redención de la particularidad en cuanto el principio universal, aquí y ahora irreconciliable con la felicidad del ser humano individual. Lo represivo de la postura hegeliana sobre la felicidad no ha sin embargo de tratarse, según su propia manera, como *quantité négligeable* desde un punto de vista supuestamente superior. Lo mismo que con la frase de que la historia no es el suelo para la felicidad corrige incisivamente su propio optimismo histórico, comete un sacrilegio al tratar de establecer esa frase como idea más allá de la felicidad. En ninguna parte es el esteticismo latente de alguien para el cual la realidad no puede ser bastante real tan flagrante como aquí[46]. Si las épocas de felicidad deben ser las hojas vacías de la historia –por lo demás una dudosa afirmación ante periodos de la humanidad hasta cierto punto felices como el siglo XIX europeo, al que sin embargo no le faltó dinamismo histórico–, la metáfora de un libro en el que se registran las grandes gestas insinúa un concepto irreflexivamente tomado de la cultura convencional, el de la historia del mundo como lo grandioso. Quien como espectador se emborracha con batallas, revoluciones y catástrofes calla sobre si la liberación por la que burguesamente aboga no debería librarse ella misma de esa categoría. Esto es lo que Marx tenía en mente: a la esfera de la grandeza dispuesta como objeto de contemplación, la de la política, la designaba como ideología y como pasajera. La postura del pensamiento con respecto a la felicidad sería la negación de cualquiera que fuera falsa. Postula, en drástica oposición a la concepción dominante, la idea de la objetividad de la felicidad tal y como estaba negativamente concebida en la doctrina kierkegaardiana de la desesperación objetiva.

La objetividad de la vida histórica es la de la historia natural. Marx se dio cuenta de ello contra Hegel, y ciertamente en extrecha conexión con lo universal que se realiza por encima de las cabezas de los sujetos: «Aunque una sociedad haya encontrado el rastro de la ley natural de su movimiento –y la finalidad última de esta obra es descubrir la ley del movimiento económico en la sociedad moderna–, no puede saltar por encima ni descartar por decreto las fases naturales de su desarrollo... Las figuras del capitalista y del terrateniente no aparecen de ningún modo pintadas de color de rosa. Pero aquí sólo se trata de las personas en la medida en que son la personificación de categorías económicas, portadoras de relaciones de clase e intereses determinados. Menos que cualquier otro puede mi punto de vista, que concibe el desarrollo de la formación económica de la sociedad como un proceso histórico-natural, hacer al individuo responsable de relaciones de las que él es socialmente criatura, por mucho que subjetivamente se eleve muy por encima de ellas»[47]. Aquí no se alude al concepto antropológico de naturaleza que tenía Feuerbach, contra el cual Marx apuntó el materialismo dialéctico, en el sentido de una vuelta a Hegel contra los hegelianos de izquierda[48]. La llamada natural, que no es más que una ley de la sociedad capitalista, Marx la denomina una mistificación: «La ley de la acumulación capitalista, mistificada en una ley natural, no expresa por tanto de hecho más que su naturaleza excluye toda reducción del grado de explotación del trabajo o toda alza del precio del trabajo tales que pudieran hacer peligrar seriamente la reproducción constante de la relación capitalista y su reproducción sobre una escala cada vez más alta. Y no de otro modo puede ser en un modo de producción en el que el obrero existe para las necesidades de explotación de valores dados, en vez de a la inversa existir la riqueza material para las necesidades de desarrollo del objeto»[49]. Esa ley es natural por su carácter de inevitabilidad bajo las relaciones dominantes de producción. La ideología no recubre al ser

social como una capa separable, sino que le es inherente. Se fundamenta
en la abstracción, la cual constribuye esencialmente al proceso de canje. Sin hacer abstracción de los seres humanos vivos, no habría canje
posible. Hasta el día de hoy esto implica necesariamente la apariencia
social dentro del proceso real de la vida. Su núcleo es el valor como cosa
en sí, como «naturaleza». La naturalidad de la sociedad capitalista es
real y, al mismo tiempo, es apariencia. A favor de que la aceptación de
las leyes naturales no se ha de tomar *à la lettre*, ontologizarse al menos
en el sentido de un proyecto de hombre de cualquier clase que sea, habla el motivo más fuerte de la teoría marxista en general, el de la deroga-
bilidad de esas leyes. Allí donde comenzara el reino de la libertad, de-
jarían de valer. La movilización de la mediadora filosofía hegeliana de
la historia transfiere la distinción kantiana entre un reino de la libertad
y uno de la necesidad a la sucesión de las fases. Sólo una perversión de
los motivos marxistas como la del *Diamat*, que prolonga el reino de la
necesidad con la aseveración de que sería el de la libertad, pudo degenerar en la falsificación del polémico concepto marxista de legalidad natural convirtiéndolo en una doctrina científica de las invariantes. Con
ello, sin embargo, el discurso marxista de la historia natural no pierde
nada de su contenido de verdad, precisamente el crítico. Hegel se va-
lió incluso de un sujeto trascendental personificado, al que por supuesto
ya le falta el sujeto. Marx no sólo denuncia la transfiguración hegeliana, sino el estado de cosas al que le ocurre. La humana, la dominación
progresiva de la naturaleza, prosigue la historia inconsciente de la naturaleza, devorar y ser devorado. Irónicamente, Marx fue un darwinis-
ta social: lo que los darwinistas sociales elogiaban y aquello según lo cual
les apetecía obrar es para él la negatividad en que despierta la posibilidad de su superación. Sobre la esencia crítica de su opinión sobre la historia natural no deja ninguna duda un pasaje de las *Líneas fundamentales de la economía política*: «Ahora bien, por más que ahora el todo de
este movimiento aparece como proceso social y por más que los momentos singulares de este movimiento proceden de la voluntad consciente y de los fines particulares de los individuos, la totalidad del proceso se presenta como una conexión objetiva, que surge naturalmente;
ciertamente se origina en la acción recíproca de los individuos conscientes, pero no reside en su consciencia, ni, en cuanto todo, se somete a ellos»[50]. Tal concepto social de la naturaleza tiene su propia dialéctica. La legalidad natural de la sociedad es ideología en la medida en

que es hipostasiada como dato natural inalterable. Pero la legalidad natural es real en cuanto ley del movimiento de la sociedad inconsciente, tal como *El capital* la sigue desde el análisis de la forma de las mercancías hasta la teoría del desmoronamiento en una fenomenología del antiespíritu. La alternancia de las formas económicas sucesivamente constitutivas se produjo del mismo modo que la de las especies animales que se expandieron y extinguieron a lo largo de millones de años. Los «resabios teológicos de la mercancía» en el capítulo sobre el fetichismo se burlan de la falsa consciencia que para los contratantes refleja como propiedad de la cosa en la relación social del valor de canje. Pero son tan verdaderos incluso como que antaño se ejerció de hecho la praxis de una idolatría sangrienta. Pues las formas constitutivas de la socialización, una de las cuales es esa mistificación, afirman su absoluta supremacía sobre los hombres como si fueran la divina Providencia. El aserto sobre las teorías, que se convertirían en violencia real si prendiesen en las masas, vale ya para las estructuras que preceden a toda falsa consciencia, las cuales aseguran hasta hoy a la preeminencia social su nimbo irracional, el carácter de tabú perdurable, de hechizo arcaico. Algo de eso vislumbró Hegel: «Pero, en general, lo absolutamente esencial es que una constitución, si bien producida en el tiempo, no sea tenida por algo hecho; pues es más bien lo que es absolutamente en y para sí, lo cual debe por ende considerarse como lo divino y permanente, y por encima de la esfera de lo que es hecho»[51]. Hegel extiende así el concepto de lo que es φύσει. a aquello por lo que otrora se definía el concepto opuesto de θέσει. La «constitución», nombre del mundo histórico que mediaba toda inmediatez natural, determina a la inversa la esfera de la mediación, precisamente la histórica, como naturaleza. El giro hegeliano se apoya en la polémica de Montesquieu contra las teorías en boga del contrato social, que, como en la Antigüedad, son ajenas, la historia: las instituciones de derecho político no fueron creadas por un acto de voluntad consciente de los sujetos. Sin embargo, el espíritu como segunda naturaleza es la negación del espíritu, y ciertamente tanto más profundamente cuanto más su autoconsciencia se niega a ver su primitivismo. Eso es lo que sucede en Hegel. Su espíritu del mundo es la ideología de la historia natural. Para él ésta se llama espíritu del mundo debido a su violencia. La dominación se hace absoluta, se proyecta sobre el ser mismo, que ahí es espíritu. Pero la historia, la explicación de algo que de siempre debe haber existido, adquiere la cualidad de lo ahistórico. En el seno de la historia, Hegel toma partido por lo que en ella hay de inmutable, por la perennidad, la identidad del proceso, cuya totalidad es sana. Sin metáforas, pues, cabe acusarlo de mitología histórica. El asfixiante mito lo reviste con las palabras espíritu y reconciliación: «A lo que es de la naturaleza de lo contingente le ocurre lo contingente, y por eso este destino precisamente constituye la necesidad, lo mismo que en general el concepto y la filosofía hace desaparecer el punto de vista de la mera contingencia y, en ella, en cuanto la apariencia, reconoce su esencia, la necesidad. Es necesario que lo finito, la propiedad y la vida sean puestos como algo contingente, pues éste es el concepto de lo finito. Esta necesidad tiene, por un lado, la figura de la violencia natural, y todo lo finito es perecedero y efímero»[52]. No otra cosa enseñaron a los hombres los mitos occidentales de la naturaleza. Por un automatismo sobre el que nada puede la filosofía de la historia, Hegel cita la naturaleza y la violencia natural como modelos de la historia. Pero éstas se afirman en la filosofía porque el espíritu que pone la identidad es idéntico al hechizo de la naturaleza ciega, ya que lo niega. Al mirar en el abismo, Hegel ha percibido la acción capital y de Estado en la historia como segunda naturaleza, pero en infame complicidad con ésta glorifica en ella la primera. «El campo del derecho es en general lo espiritual y su próximo lugar y punto de partida la voluntad, que es libre, de modo que la libertad constituye su sustancia y determinación, y el sistema del derecho el reino de la libertad realizada, el mundo del espíritu producido por sí mismo como una segunda naturaleza.»[53] Pero, filosóficamente retomada por vez primera en la *Teoría de la novela* de Lukács[54], la segunda naturaleza es el negativo de aquella que de alguna manera pudiera pensarse como primera. Lo que verdaderamente es θέσει, algo sólo producido si ya no por individuos sí por su complejo funcional, usurpa las insignias de lo que para la consciencia burguesa pasa por naturaleza y natural. Nada de lo que estaría fuera se manifiesta ya a esa consciencia; en cierto sentido, de hecho tampoco hay ya nada fuera, nada no tocado por la mediación total. Por eso lo atrapado se convierte en su propia alteridad: protofenómeno del idealismo. Cuanto más implacablemente se apodera la socialización de todos los momentos de la inmediatez humana e interhumana, tanto más imposible recordar el ser-devenido de la trama; tanto más irresistible la apariencia de naturaleza. Con el distanciamiento de la historia de la humanidad con respecto a la naturaleza, esa apariencia se refuerza: la naturaleza se convierte en símil irresistible de la cautividad. El joven Marx expresó la constante imbricación de ambos momentos con una fuerza llevada al extremo, que ha de irritar a los materialistas dogmáticos: «Sólo reconocemos una única ciencia, la ciencia de la historia. La historia puede considerarse desde dos lados, dividirse en la historia de la naturaleza y la historia de los hombres. Ambos lados, con todo, no pueden separarse: mientras existan hombres, la historia de la naturaleza y la historia de los hombres se condicionan recíprocamente»[55]. La antítesis tradicional de naturaleza e historia es verdadera y falsa: verdadera en la medida en que expresa lo que le ha ocurrido al momento natural; falsa en la medida en que repite apologéticamente el ocultamiento de sí misma que la naturaleza de la historia opera gracias a su reconstrucción conceptual.

En la distinción entre naturaleza e historia se ha expresado al mismo tiempo de manera irreflexiva aquella división del trabajo que sin ningún miramiento proyecta sobre los objetos los inevitables métodos científicos. En el ahistórico concepto de historia que la falsamente resucitada metafísica cultiva en la por ella llamada historicidad se podría exponer el acuerdo del pensamiento ontológico con el naturalista del que el primero con tanto celo se deslinda. Si la historia se convierte en la estructura ontológica fundamental del ente o incluso en la *qualitas occulta* del ser mismo, es, alteración como algo inalterable, imitada de la religión natual sin escapatoria. Esto permite luego trasponer a conveniencia lo históricamente determinado en invarianza y camuflar filosóficamente la opinión vulgar para la que las relaciones históricas, lo mismo que antaño como queridas por Dios, en la época moderna se presentan como naturales: una de las tentaciones a la esencialización del ente. La pretensión ontológica de estar más allá de la divergencia entre naturaleza e historia es subrepticia. A la historicidad abstraída a partir de lo históricamente existente le resbala el dolor, que por su parte tampoco se ha de ontologizar, por la antítesis entre naturaleza e historia. También en esto es la nueva ontología cripto-idealista, relaciona una vez más lo no-idéntico con la identidad, aparta cualquier cosa que pueda estorbar al concepto mediante la suposición del concepto de historicidad como lo que en lugar de ésta porta a la historia. Pero la ontología es movida al procedimiento ideológico, la reconciliación en el espíritu, porque el real ha fracasado. Contingencia histórica y concepto se combaten entre sí tanto más despiadadamente cuanto más indisolublemente interpenetrados están. El azar es el destino histórico del individuo, absurdo porque lo ha seguido siendo el proceso histórico mismo que usurpó el sentido. No menos engañosa es ya la pregunta por la naturaleza en cuanto lo absolutamente primero, lisa y llanamente inmediato frente a sus mediaciones. Lo que persigue lo representa en la forma jerárquica del juicio analítico, cuyas premisas deciden todo lo que sigue, y repite así la obcecación de la que trata de escapar. La antaño establecida distinción entre θέσει y φύσει la reflexión puede diluirla, no superarla. Irreflexiva, por supuesto, esa bipartición haría inocuo el proceso histórico esencial hasta convertirlo en mero accesorio y ayudaría también por su parte a entronizar como esencia lo no-devenido. En lugar de eso, al pensamiento le incumbiría ver toda naturaleza y cualquier cosa que como tal se instale como historia y toda historia como naturaleza, «comprender el mismo ser histórico en su extrema determinidad histórica, allí donde más histórico es, como un ser natural, o comprender la naturaleza, allí donde en cuanto naturaleza más profundamente parece persistir en sí, como un ser histórico»[56]. Sin embargo, el momento en que naturaleza e historia se hacen mutuamente conmensurables es el de la caducidad; éste es el descubrimiento central de Benjamin en *El origen del* Trauerspiel *alemán*. Sobre los poetas barrocos, se lee allí, la naturaleza se cierne «como caducidad eterna, sólo en la cual la mirada saturnina de aquella generación reconocía la historia»[57]. No sólo la suya: la historia natural no ha dejado de ser el canon de interpretación en la filosofía de la historia: «Si con el *Trauerspiel* entra en escena la historia, lo hace en cuanto escritura. La naturaleza lleva "historia" escrita en el rostro con los caracteres de la caducidad. La fisonomía alegórica de la historia-naturaleza que el *Trauerspiel* pone en escena está efectivamente presente como ruina»[58]. Esto es la transmutación de la metafísica en historia. Seculariza a la metafísica en la categoría secular por antonomasia, la de caída. La filosofía interpreta esa escritura, el *menetekel* siempre nuevo, en lo mínimo, los fragmentos que la decadencia arranca y que portan los significados objetivos. Ningún recuerdo de la trascendencia es ya posible sino en virtud de la caducidad; la eternidad no aparece como tal, sino quebrada a través de lo más efímero. Allí donde la metafísica hegeliana equipara transfigurativamente la vida de lo absoluto con la caducidad de todo lo finito, mira al mismo tiempo un poco más allá del hechizo mítico que ella absorbe y refuerza.

III. Meditaciones sobre la metafísica

1

Que lo inmutable es verdad y lo movido, lo efímero, es apariencia, la indiferencia recíproca entre lo temporal y las ideas eternas, no puede seguir afirmándose ni siquiera con la temeraria explicación hegeliana de que el ser-ahí temporal, gracias a la aniquilación inherente a su concepto, sirve a lo eterno que se representa en la eternidad de la aniquilación. Uno de los impulsos místicos que se secularizaron en la dialéctica fue la doctrina de la relevancia de lo intramundano, histórico, de cara a lo que la metafísica tradicional separó como trascendencia, o, al menos, no tan gnóstica y radicalmente, respecto a la posición de la consciencia en relación con las preguntas que el canon de la filosofía asignó a la metafísica. El sentimiento que después de Auschwitz se eriza contra toda afirmación de la positividad del ser-ahí como charlatanería, injusticia para con las víctimas, contra que del destino de éstas se exprima un sentido por lixiviado que sea, tiene su momento objetivo tras acontecimientos que condenan al ridículo la construcción de un sentido de la inmanencia que irradia de una trascendencia afirmativamente establecida. Tal construcción aprobaría la negatividad absoluta y la ayudaría ideológicamente a una pervivencia que realmente se halla por lo demás en el principio de la sociedad establecida hasta su autodestrucción. El terremoto de Lisboa bastó para curar a Voltaire de la teodicea leibniziana, y la visible catástrofe de la primera naturaleza fue de poca monta comparada con la segunda, social, que se sustrae a la imaginación humana por cuanto preparó el infierno real a partir de la maldad humana. La capacidad para la metafísica está paralizada porque lo que ocurrió le destruyó al pensamiento metafísico especulativo la base de su compatibilidad con la experiencia. Una vez más triunfa, inefablemente, el motivo dialéctico de la conversión de la cantidad en calidad. Con el asesinato administrativo de millones, la muerte se convirtió en algo que nunca había sido todavía de temer así. Ya no había ninguna posibilidad de que entrara en la vida experimentada de los individuos como algo concordante con el curso de ésta. El individuo es despojado de lo último y más pobre que le había quedado. El hecho de que en los campos ya no muriese el individuo, sino el ejemplar, tiene que afectar también a la muerte de los que escaparon a la medida. El genocidio es la integración absoluta que se prepara en todas partes donde los hombres son nivelados, pulidos, como se decía en el ejército, hasta que, desviaciones del concepto de su perfecta nulidad, literalmente se los extermina. Auschwitz confirma el filosofema de la identidad pura como la muerte. El *dictum* más audaz de *Final de partida* de Beckett, el de que ya no quedaría mucho que temer, es la reacción a una praxis que en los campos dio su primera prueba y en cuyo concepto, otrora honorable, ya acecha teleológicamente la aniquilación de lo no-idéntico. La negatividad absoluta es previsible, ya no sorprende a nadie. El miedo estaba ligado al *principium individuationis* de la autoconservación, el cual, por su propia consecuencia, se elimina. Lo que en el campo les anunciaban los sádicos a sus víctimas, «Mañana serpentearás como humo desde esta chimenea hasta el cielo», designa la indiferencia de la vida de todo individuo hacia la que se mueve la historia: ya en su libertad formal es tan fungible y reemplazable como luego bajo las patadas de sus liquidadores. Pero, puesto que el individuo, en el mundo cuya ley es el provecho individual universal, no tiene nada más en absoluto que este sí-mismo devenido indiferente, la consumación de la tendencia de antiguo familiar es al mismo tiempo lo más espantoso; nada lo saca de esto, como tampoco de la cerca de alambre electrificado de los campos. El sufrimiento perenne tiene tanto derecho a la expresión como el martirizado a aullar; por eso quizá haya sido falso que después de Auschwitz ya no se podía escribir ningún poema. Pero no es falsa la cuestión menos cultural de si después de Auschwitz se puede seguir viviendo, sobre todo de si puede hacerlo quien casualmente escapó y a quien normalmente tendrían que haberlo matado. Su supervivencia ha ya menester de la frialdad, del principio fundamental de la subjetividad burguesa sin el que Auschwitz no habría sido posible: drástica culpa, la del que se salvó. Como expiación se ve asaltado por sueños como el de que ya no viviría en absoluto, sino que habría sido gaseado en 1944 y toda su existencia posterior no la llevaría más que en la imaginación, emanación delirante de alguien asesinado veinte años antes.

Hombres de reflexión y artistas han dejado en no pocas ocasiones constancia de una sensación de no estar del todo presentes, de no participar en el juego; como si no fueran en absoluto ellos mismos sino una especie de espectadores. Esto repele a los demás de múltiples maneras; Kierkegaard fundamentó ahí su polémica contra la por él llamada esfera estética. La crítica del personalismo filosófico, en cambio, habla a favor de que esa posición hacia lo inmediato por la que es desmentida toda actitud existencial adquiere su verdad objetiva en un momento que lleva más allá de la obcecación del principio de autoconservación. En el «No es para tanto» que por su parte gusta por supuesto de aliarse con la frialdad burguesa es donde mejor puede todavía el individuo darse cuenta sin angustia de la inanidad de la existencia. Lo que de inhumano hay en esto, la capacidad para distanciarse y elevarse como espectador, acaba por ser precisamente lo humano, a lo cual se oponen sus ideólogos. No carecería de toda plausibilidad que esa parte que así se comporta fuera lo inmortal. La escena en que Shaw, camino del teatro, exhibió ante un mendigo su identificación añadiendo con prisa la palabra «Prensa» oculta debajo del cinismo una consciencia de ello. Contribuiría a explicar un hecho que asombraba a Schopenhauer: los débiles que, a la vista de la muerte, no sólo de otros, sino también de la propia, son muchas veces los afectos. Sin duda los hombres están sin excepción bajo el hechizo, ninguno es ya capaz de amar y por eso todos se creen demasiado poco amados. Pero la actitud de espectador expresa al mismo tiempo la duda de si todo esto, pues, puede ser, mientras sin embargo el sujeto, en su obcecación para sí tan relevante, no tiene nada más que eso pobre y en sus pulsiones algo animalmente efímero. Bajo el hechizo los vivos tienen la alternativa entre la ataraxia involuntaria –algo estético por debilidad– y la bestialidad del que está implicado. Una y otra son falsa vida. Pero algo de una y otra se requeriría también para una *désinvolture* y simpatía auténticas. El culpable instinto de autoconservación ha persistido, quizá robustecido bajo la incesante amenaza actual. Sólo que la autoconservación tiene que sospechar que la vida a la que se aferra se está convirtiendo en lo que la espanta, en un espectro, en un pedazo del mundo de los espíritus que la consciencia alerta percibe como no existente. La culpa de la vida que en cuanto puro *factum* roba el aliento a otra vida, conforme a una estadística que completa un número aplastante de asesinados con uno mínimo de salvados, como si esto estuviera previsto por el cálculo de probabilidades, ya no está reconciliada con la vida. Esa culpa se reproduce incesantemente porque en ningún instante puede hallarse totalmente presente para la consciencia. Eso, no otra cosa, obliga a la filosofía. Ésta experimenta entonces el *shock* de que cuanto más profunda, vigorosamente penetra, tanto más se hace sospechosa de alejarse del modo de ser de las cosas; de que, una vez desvelada la esencia, las intuiciones más superficiales y más triviales podrían prevalecer frente a las que apuntan a la esencia. Cae con ello una cruda luz sobre la verdad misma. La especulación siente un cierto deber de conceder a su adversario, el *common sense*, la posición de un correctivo. La vida alimenta el horror del barrunto de que lo que debe conocerse se parecería más a lo que se encuentra *down to earth* que a lo que se eleva; pudiera ser que ese barrunto se confirme incluso más allá de lo pedestre, mientras que el pensamiento sólo tiene su felicidad, la promesa de su ver, en la elevación. Si tuviera la última palabra, si fuera la verdad lo pedestre, la verdad se envilecería. Quizá la consciencia trivial, tal como se expresa teóricamente en el positivismo y en el nominalismo irreflexivo, está más cerca de la *adaequatio rei atque cogitationis* que la sublime; en una grotesca burla de la verdad es más verdadera que la superior, a no ser que debiera lograrse un concepto de verdad distinto del de la *adaequatio*. A tal verdad distinta se dirige la inervación de que la metafísica sólo podría ganar si ella se rechaza. No es ésa la menor de las causas que motivan el paso al materialismo. La tendencia a ello se puede rastrear desde el Marx hegeliano hasta la salvación benjaminiana de la inducción; la obra de Kafka podría constituir su apoteosis. Si la dialéctica negativa exige la autorreflexión del pensamiento, esto implica palpablemente que, para ser verdadero, el pensamiento debería también pensar contra sí mismo. Si no se mide con lo más extremo, lo cual escapa al concepto, es de antemano de la misma especie que la música de acompañamiento con que a las SS les encantaba cubrir los gritos de sus víctimas.

2

Hitler ha impuesto a los hombres en estado de no-libertad un nuevo imperativo categórico: orientar su pensamiento y su acción de tal modo que Auschwitz no se repita, que no ocurra nada parecido. Este imperativo es tan reacio a su fundamentación como otrora el dato del kantiano. Tratarlo discursivamente sería un crimen: en él puede sentirse corporalmente el momento de lo adicional en lo ético. Corporalmente porque es el aborrecimiento, hecho práctico, del inaguantable dolor físico al que están expuestos los individuos incluso después de que la individualidad, en cuanto forma espiritual de la reflexión, está a punto de desaparecer. Sólo en el motivo materialista sin tapujos sobrevive la moral. La marcha de la historia no deja otra salida que el materialismo a lo que tradicionalmente fue lo opuesto a él sin mediaciones, la metafísica. Lo que el espíritu antaño se jactaba de determinar o construir a semejanza suya se mueve hacia lo que no se asemeja al espíritu; hacia lo que se sustrae a su dominación y en lo que ésta sin embargo se manifiesta como el mal absoluto. El estrato somático, alejado del sentido, en el vivo es escenario del sufrimiento que en los campos abrasó sin consuelo todo lo que de apaciguador hay en el espíritu y en la objetivación de éste, la cultura. El proceso por el que la metafísica se desvió incontenible hacia aquello contra lo cual fue otrora concebida, ha alcanzado su punto de fuga. Allí donde no se ha vendido a la elucubración autorizada, desde el joven Hegel la filosofía no ha podido reprimir hasta qué punto se ha inmiscuido en las preguntas del ser-ahí material. La infancia barrunta algo de esto en la fascinación que parte de la zona del desollador, de la carroña, del olor repelentemente dulce de la descomposición, de las expresiones ignominiosas para referirse a esa zona. El poder de ese ámbito en el inconsciente quizá no es menor que el de la sexualidad infantil; ambos se superponen en la fijación anal, pero distan de ser lo mismo. Un saber inconsciente susurra a los niños que lo que importaría sería lo que la educación civilizadora reprime; la miserable existencia física se inflama con el interés supremo, que apenas es menos reprimido: qué es esto y adónde va. Quien consiguiera acordarse de lo que una vez le sugirieron las palabras «cloaca» y «pocilga» estaría sin duda más cerca del saber absoluto que el capítulo hegeliano que se lo promete al lector para negárselo con superioridad. La integración de la muerte física en la cultura habría que refutarla teóricamente, pero no a favor de la esencia puramente ontológica muerte, sino por mor de lo que el hedor del cadáver expresa y sobre lo que su transfiguración en restos mortales engaña. A la vista de su amante hijo, un hostelero llamado Adán mataba a estacazos las ratas que salían de sus guaridas al patio; a su imagen se creó el niño la del primer hombre. Que se olvide esto; que ya no se comprenda qué es lo que antes se sentía ante la furgoneta del perrero, es el triunfo de la cultura y su fracaso. Si no puede tolerar el recuerdo de esa zona es porque una y otra vez actúa como el viejo Adán, y eso precisamente es incompatible con su concepto de sí misma. Aborrece el hedor porque ella hiede; porque su palacio, como dice Brecht en un pasaje grandioso, está hecho de caca de perro. Años después de que se escribiera ese pasaje, Auschwitz demostró irrefutablemente el fracaso de la cultura. Que pudiera ocurrir en medio de toda una tradición de filosofía, de arte y de ciencias ilustradoras, dice más que sólo que ella, el espíritu, no llegara a prender en los hombres y cambiarlos. En esos mismos sectores, en la enfática pretensión de su autarquía, habita la no-verdad. Toda la cultura posterior a Auschwitz, junto con su apremiante crítica, es basura. Al restaurarse después de lo que en su paisaje sucedió sin resistencia, se ha convertido en la ideología que potencialmente era desde que, en oposición a la existencia material, se permitió insuflarle a ésta la luz de la que la separación entre el espíritu y el trabajo corporal la privó. Quien aboga por la conservación de una cultura radicalmente culpable y gastada se hace cómplice, mientras que quien rehúsa la cultura fomenta inmediatamente la barbarie como la cual se reveló la cultura. Ni siquiera el silencio se sale del círculo; únicamente racionaliza la propia incapacidad subjetiva con el estado de la verdad objetiva y una vez más degrada así ésta a mentira. Si los Estados del Este, pese a las sandeces en sentido contrario, han suprimido la cultura y, en cuanto puro medio de dominación, la han transformado en baratija, la cultura que suspira por ello recibe lo que merece y a lo que por su parte, en nombre del derecho democrático de los hombres a lo que se les asemeja, tiende ardientemente. Sólo que la barbarie administrativa de los funcionarios de allí se convierte en que se las da de cultura y protege su monstruosidad como una herencia que no se puede perder; convence de que su realidad, la infraestructura, es por su parte tan bárbara como la superestructura que ella demuele al asumir su control. En el oeste al menos está permitido decirlo. – La teología de la crisis registró aquello contra lo que abstractamente y por tanto en vano se sublevó: que la metafísica está fusionada con la cultura. La absolutidad del espíritu, aureola de la cultura, era el mismo principio que infatigablemente violó lo que simulaba expresar. Después de Auschwitz, ninguna palabra pronunciada desde las alturas, ni siquiera desde la teológica, tiene ningún derecho sin transformarse. La provocación contenida en el dicho tradicional, la prueba de si Dios lo permitiría y no intervendría colérico, volvió a ejecutar sobre las víctimas el juicio que mucho tiempo antes Nietzsche había dictado sobre las ideas. Alguien que, con una fuerza que se ha de admirar, había sobrevivido a Auschwitz y a otros campos, opinaba con intenso afecto contra Beckett que, si éste hubiese estado en Auschwitz, escribiría de otro modo, es decir, con la religión de trinchera del superviviente, más positivamente. El superviviente tiene razón en otro sentido del que él se figura: Beckett, y cualquiera de los que siguieron siendo dueños de sí, allí se habría venido abajo y se habría probablemente visto forzado a abrazar esa religión de trinchera que el superviviente revestía diciendo que él quería dar ánimo a los hombres; como si eso dependiera de alguna configuración espiritual; como si la propuesta que se dirige a los hombres y se instituye en función de éstos no los privara de aquello a lo que aspiran aun cuando crean lo contrario. A eso se ha llegado con la metafísica.

3

Esto confiere su fuerza sugestiva al deseo de empezar con ella desde cero o, como dicen, de preguntar radicalmente, de rascar la apariencia con que la cultura fracasada recubre su culpa y la verdad. Pero en cuanto accede al impulso de un intacto estrato fundamental, esa presunta demolición se conjura aún más con la cultura que se jacta de demoler. Mientras que los fascistas tronaban contra el destructivo bolchevismo cultural, Heidegger hacía respetable la destrucción como medida para penetrar en el ser. Entre crítica cultural y barbarie hay una cierta connivencia. Esto se probó rápidamente en la práctica. Las ponderaciones metafísicas que buscan desprenderse de los elementos que en ellas son cultura, mediados, niegan la relación entre sus categorías supuestamente puras con el contenido social. Prescindiendo de la sociedad, fomentan su pervivencia en las formas establecidas que por su parte bloquean el conocimiento de la verdad y su realización. El ídolo de la protoexperiencia pura es un remedo tanto como lo culturalmente procesado, el obsoleto acervo de categorías de lo que es θέσει. De ahí únicamente podría sacar lo que en su mediatez determina a ambos, la cultura como tapadera de la basura, la naturaleza incluso cuando se convierte en la roca primordial del ser, en cuanto proyección del perverso deseo cultural de que, por muchas mudanzas que se produzcan, todo siga igual. Ni siquiera la experiencia de la muerte basta como lo último e indudable, como metafísica a la manera de la que del frágil *ego cogitans* otrora dedujo Descartes.

El hecho de que las metafísicas de la muerte hayan degenerado en propaganda de la muerte heroica o en la trivialidad de una pura repetición de la evidencia de que uno tiene precisamente que morir, toda su monstruosidad ideológica, se basa sin duda en la debilidad hasta hoy persistente para mantenerse firme ante la consciencia humana de la experiencia de la muerte, quizá en general para integrarla en sí. Ninguna vida humana que se comporte abierta y libremente con respecto a los objetos basta para cumplir lo que en cada ser humano existe como potencial; éste y la muerte divergen. Las reflexiones que le dan un sentido a la muerte son de tan poca ayuda como las tautológicas. Cuanto más se desprende de su animalidad y se convierte en algo firme y en lo perdurable en sus formas, tanto más se empecina la consciencia contra todo lo que le hace sospechosa la propia eternidad. Con la entronización histórica del sujeto como espíritu va aparejado el engaño de que no se pueda perder a sí. Si formas primitivas de propiedad coincidían con prácticas mágicas para desterrar la muerte, la ratio, cuanto más completamente son todas las relaciones humanas determinadas por la propiedad, la ahuyenta tan pertinazmente como antaño sólo los ritos. En un último nivel, en la desesperación, se convierte ella misma en la propiedad. Su elevación metafísica dispensa de su experiencia. La metafísica en boga de la muerte no es nada más que el impotente consuelo de la sociedad por el hecho de que los cambios sociales han hecho perder a los hombres lo que antaño debía hacerles soportable la muerte, el sentimiento de su épica unidad con una vida plena. Éste tampoco pudo transfigurar el dominio de la muerte más que con el cansancio del viejo y hastiado de la vida que se imagina morir bien porque previamente su fatigosa vida ya no era vida en absoluto y le ha robado incluso la fuerza de resistencia contra la muerte. Sin embargo, en la sociedad socializada, en el tejido inextricablemente denso de la inmanencia, los hombres únicamente sienten todavía la muerte como algo externo y ajeno a ellos, sin la ilusión de la conmensurabilidad de ésta con su vida. No pueden asimilar el hecho de que deben morir. Esto lleva adherida una pizca de esperanza torcida, errática: justamente porque la muerte no constituye, como en Heidegger, la totalidad del ser-ahí, en tanto conserva sus facultades mentales uno experimenta la muerte y sus mensajeros, las enfermedades, como heterogéneas, ajenas al yo. Quizá esto se fundamente expeditivamente aduciendo que el yo no es otra cosa que el principio de la autoconservación opuesto a la muerte e incapaz de absorberla con la consciencia, que es ella misma yo. Pero la experiencia de la consciencia le da a ésta poco alimento; ante la muerte no tiene necesariamente la figura de desafío que sería de esperar. La doctrina hegeliana de que lo que es perece en sí mismo es difícilmente confirmada por el sujeto. Incluso al que va para viejo y percibe los signos de la decrepitud, que debe morir le parece antes bien un accidente causado por la propia *physis*, con rasgos de la misma contingencia que la de los accidentes de tráfico hoy típicos. Esto refuerza la especulación que contrapuntea la intelección de la prelación del objeto: la de si el espíritu no tiene un momento de lo autónomo, de lo sin mezcla, que se hace libre justamente cuando él por su parte no lo devora todo y reproduce a partir de sí la descomposición de la muerte. A pesar del engañoso interés en la autoconservación, la fuerza de resistencia de la idea de inmortalidad, tal como todavía la abrigó Kant, difícilmente podría explicarse sin este momento. Por supuesto, esa fuerza de resistencia parece declinar, lo mismo que en los individuos decrépitos, también en la historia de la especie. Tras la hace mucho tiempo ratificada decadencia en secreto de las religiones objetivas que habían prometido quitarle a la muerte su aguijón, ésta hoy en día se convierte por completo en lo totalmente extraño por efecto de la decadencia socialmente determinada de la experiencia continua en general.

Cuanto menos viven los sujetos, tanto más repentina, espantosa, la muerte. Que ésta los transforma literalmente en cosas les hace caer en la cuenta de su muerte permanente, de la reificación, de la forma de sus relaciones, de la cual son en parte culpables. La integración civilizadora de la muerte, sin poder sobre ella y ridícula ante ella, a la cual maquilla, es la formación de una reacción a esto social, torpe intento de la sociedad del canje por tapar los últimos huecos que ha dejado aún abiertos el mundo de las mercancías. Muerte e historia, sobre todo la colectiva de la categoría individuo, forman una constelación. Si antaño el individuo, Hamlet, dedujo su esencialidad absoluta de la naciente consciencia de la irrevocabilidad de la muerte, el desplome del individuo arrastra consigo toda la construcción del ser-ahí burgués. Es aniquilado algo en sí y quizá también para sí nulo. De ahí el pánico constante ante la muerte. Ya no cabe apaciguarlo más que mediante su represión. La muerte como tal, o como protofenómeno biológico, no se ha de dejar despojar de sus enredos históricos[1]; el individuo, que es el que tiene la experiencia de la muerte, es una categoría demasiado histórica para eso. Decir que la muerte es siempre la misma es algo tan abstracto como falso; la forma en que la consciencia se resigna a la muerte varía según las condiciones concretas, según cómo uno muere, hasta en la *physis*. La muerte ha alcanzado un nuevo horror en los campos: desde Auschwitz, temer a la muerte significa temer algo peor que la muerte. Lo que la muerte inflige a los socialmente condenados cabe anticiparlo biológicamente en los seres queridos de avanzada edad; no sólo sus cuerpos, sino su yo, todo aquello por lo que se determinaban como hombres, se deshace sin enfermedad ni intervención violenta. El resto de confianza en su duración trascendente se desvanece en la vida terrenal: ¿qué debe haber en ellos que no muera? El consuelo creyente de que el núcleo de los hombres persistiría aun en tal desintegración o en la demencia tiene, indiferente a esa experiencia, algo de insensato y cínico. Prolonga el impertinente proverbio del burgués provinciano: uno sigue siendo siempre, hasta el infinito, lo que es. Se burla de la necesidad metafísica quien se aparta de lo que niega su posible cumplimiento.

No obstante, el pensamiento de que la muerte es lo absolutamente último es impensable. Los intentos del lenguaje por expresar la muerte son vanos hasta en la lógica: ¿quién sería el sujeto del que ahí se predique que aquí y ahora está muerto? No sólo el placer, que según la iluminada palabra de Nietzsche quiere la eternidad, se rebela contra la desaparición. Si la muerte fuera ese absoluto que la filosofía en vano conjura positivamente, todo sería nada en absoluto, incluso todo pensamiento se pensaría en el vacío, ninguno podría pensarse de ningún modo con verdad. Pues es un momento de la verdad el hecho de que ésta dure junto con su núcleo temporal; sin duración no habría ninguna, la muerte absoluta engulliría hasta su último vestigio. La idea de ésta se mofa del pensamiento casi tanto como la de inmortalidad. Pero lo impensable de la muerte no inmuniza al pensamiento contra la falta de fiabilidad de toda experiencia metafísica. El contexto de obcecación que envuelve a todos los hombres tiene también una parte en aquello con lo que se figuran desgarrar el velo. La pregunta epistemológica de Kant, cómo es posible la metafísica, es sustituida por la de la filosofía de la historia, si en general es aún posible una experiencia metafísica. Ésta nunca estuvo tan más allá de lo temporal como

el empleo académico de la palabra metafísica. Se ha observado que la
mística, cuyo nombre espera salvar la inmediatez de la experiencia metafísica contra su pérdida por la construcción institucional, forma por
su parte una tradición social y procede de la tradición por encima de
la línea de demarcación entre religiones que son herejías la una para
la otra. El nombre del *corpus* de la mística judía, cábala, significa tradición. Allí donde más se aventuró, la inmediatez metafísica no negó
hasta qué punto está mediada. Pero si se reclama de la tradición, tiene también que admitir su dependencia del estado histórico. En Kant
las ideas metafísicas estaban ciertamente exentas de los juicios existenciales de una experiencia que se había de rellenar de material, pero,
a pesar de las antinomias, debían situarse en la consecuencia de la
razón pura; hoy en día serían tan absurdas como en defensa delibe-
radamente clasificatoria se llama a las que expresan su ausencia. No
obstante, la consciencia que rehúsa negar el desplome de las ideas metafísicas desde el punto de vista de la filosofía de la historia, y, sin embargo, no puede soportar éste si con ello debe negarse como consciencia, tiende ella misma, con confusión más que semántica, a elevar sin
rodeos a algo metafísico el destino de las ideas metafísicas. La desesperación por el mundo, que tiene sin embargo su fundamento y su
verdad en la cosa, y no es ni un estético mal del siglo ni una consciencia falsa y condenable, ya garantiza por su parte, erróneamente se
concluye en secreto, el ser-ahí de lo ausente sin esperanza, mientras
el ser-ahí se ha convertido sin embargo en contexto universal de culpa. De todas las que con razón ha sufrido la teología, la peor afrenta
es el alarido de júbilo en que las religiones positivas prorrumpen ante
la desesperación de los no creyentes. Poco a poco van entonando su
Te Deum a cada negación de Dios, pues, al menos, utiliza el nombre
de Dios. Lo mismo que en la ideología que todos los pueblos de la
tierra se han tragado los medios han usurpado los fines, así en la metafísica resucitada de hoy en día la menesterosidad usurpa lo que le
falta. El contenido de verdad en lo ausente se hace indiferente; lo afirman porque es bueno para los hombres. Los abogados de la metafísica argumentan de acuerdo con el pragmatismo por ellos despreciado, el cual a priori disuelve la metafísica. La desesperación es la última
ideología, histórica y socialmente condicionada, del mismo modo que
la marcha del conocimiento que ha devorado las ideas metafísicas no
puede ser detenida por ningún *cui bono*.

4

Lo que sea la experiencia metafísica, quien desdeñe proyectar ésta sobre supuestas protovivencias religiosas lo más probable es que, como Proust, se lo represente en la felicidad que por ejemplo prometen nombres de pueblos como Otterbach, Watterbach, Reienthal, Monbrunn. Se cree que llegar a ellos sería llegar a algo cumplido, como si eso existiera. Si uno está realmente allí, lo prometido retrocede como el arco iris. Uno, sin embargo, no está decepcionado; más bien siente que ahora estaría demasiado cerca y por eso no lo vería. A este respecto, la diferencia entre paisajes y parajes que decidieron sobre el mundo de imágenes de una infancia no es probablemente tan grande. Lo que Proust encontró en Illiers fue análogamente compartido por muchos niños de la misma capa social en otros lugares. Pero para que esto universal, lo auténtico en la descripción de Proust, se forme, uno ha de estar fascinado por un solo lugar, sin mirar de reojo a lo universal. Para el niño es evidente que lo que le encanta de su pequeña ciudad preferida sólo se puede encontrar allí, nada más que allí y en ninguna otra parte; se equivoca, pero su error funda el modelo de la experiencia, de un concepto que al final sería el de la cosa misma, no la pobre proyección de las cosas. La boda en la que el narrador proustiano divisa de niño por primera vez a la duquesa de Guermantes quizá haya tenido lugar por entero así y con el mismo poder sobre la vida posterior, en otro lugar y otro tiempo. Únicamente a la vista de lo absoluto, indisolublemente individuado cabe esperar que precisamente eso ya haya existido y existirá; sólo corresponder a esto cumpliría el concepto del concepto. Pero éste va unido a la promesa de felicidad, mientras que el mundo que la rechaza, que es el de la universalidad dominante, la reconstrucción proustiana de la experiencia lo atacó con cabezonería. La felicidad, lo único en la experiencia metafísica que es más que un ansia impotente, brinda el interior de los objetos como lo al mismo tiempo sustraído a éstos. Quien en cambio se deleita ingenuamente en semejante experiencia, como si ya tuviera en las manos lo que ésta sugiere, se somete a condiciones del mundo empírico más allá de las cuales quiere ir y que son sin embargo las únicas que le ofrecen la posibilidad de hacerlo. El concepto de experiencia metafísica es antinómico de una manera diferente, además, de como lo enseña la dialéctica trascendental de Kant. Lo que en lo metafísico se proclama sin recurso a la experiencia del sujeto, sin la presencia inmediata de éste, está desamparado ante la aspiración del sujeto autónomo a no dejarse imponer nada con lo que él mismo no esté de acuerdo. Lo para él inmediatamente evidente adolece sin embargo de falibilidad y relatividad.

El hecho de que la categoría de reificación que el ideal de una inmediatez subjetiva sin quiebra inspiraba no merezca ya ese carácter clave que con exceso de celo le reconoce un pensamiento apologético, contento de absorber uno materialista, repercute en todo lo comprendido bajo el concepto de experiencia metafísica. Las categorías teológicas objetivas que desde el joven Hegel vienen siendo atacadas por la filosofía como reificaciones no son de ningún modo sólo residuos que la dialéctica excluye de sí. Son complementarias de la debilidad de la dialéctica idealista, que como pensamiento de la identidad reclama lo que no pertenece al pensamiento, lo cual, sin embargo, en cuanto se contrasta con aquél como lo meramente distinto a sí, pierde toda posible determinación. En la objetividad de las categorías metafísicas se condensó no solamente, como quería el existencialismo, la sociedad esclerotizada, sino asimismo la prelación del objeto como momento de la dialéctica. La licuación de todo lo cósico sin resto regresaría al subjetivismo del acto puro, hipostasiaría la mediación como inmediatez. La inmediatez pura y el fetichismo son igualmente no-verdaderos. Como percibió el institucionalismo hegeliano, la insistencia en aquélla contra la reificación se priva del momento de la alteridad en la dialéctica tan arbitrariamente como a su vez ésta, según la práctica del Hegel tardío, queda suspendida en algo fijo más allá de ella. Pero el excedente sobre el sujeto, del que la experiencia metafísica subjetiva no querría desistir, y el momento de verdad en lo cósico son extremos que se tocan en la idea de verdad. Pues ésta no existiría ni sin el sujeto que escapa a la apariencia ni sin lo que no es sujeto y en lo cual tiene su prototipo la verdad. – La pura experiencia metafísica se va haciendo inequívocamente más pálida y lábil en el curso del proceso de secularización, y eso ablanda la sustancialidad de la antigua. Se mantiene negativa en ese «¿Eso es todo?» que con toda probabilidad se actualiza en la espera en balde. El arte lo ha registrado: los compases del *Wozzeck* que Alban Berg más estimaba eran aquellos que, como sólo la música puede hacerlo, expresan la espera en balde, y su armonía la citó en las cesuras decisivas y en la conclusión de *Lulú*. Sin embargo, ningu-

na inervación de esa clase, nada de lo que Bloch llamaba la intención
simbólica, está inmunizada contra la contaminación con la mera vida.
La espera en balde no garantiza aquello que se espera, sino que refleja la situación que tiene su medida en la renuncia. Cuanta menos vida
queda, tanto más sugerente para la consciencia tomar por lo absoluto fenoménico los escasos y evanescentes restos de lo vivo. Nada sin
embargo podría experimentarse como verdaderamente vivo que no pro-
metiera también algo trascendente a la vida; no hay esfuerzo del concepto que lleve más allá. Es y no es. La desesperación por lo que es se
propaga a las ideas trascendentales que otrora la detuvieron. Que el
mundo finito de tormento infinito forme parte de un plan divino para
el mundo se convierte para todos los que se ocupan de los asuntos del
mundo en aquel desvarío que tan bien se compagina con la consciencia
positiva normal. La irrecuperabilidad de la concepción teológica de
la paradoja, un último, famélico bastión, es ratificada por el curso del
mundo que traduce a blasfemia abierta el escándalo que fascinó a Kierkegaard.

5

Las categorías metafísicas perviven, secularizadas, en lo que el vulgar impulso superior llama la pregunta por el sentido. Lo que de la
palabra suena a concepción del mundo condena a la pregunta. A la
respuesta acompaña casi irremisiblemente que el sentido de la vida será
el que quien pregunta le dé. No de otro modo hablará tampoco el marxismo degradado a credo oficial, como el Lukács tardío. La respuesta
es falsa. El concepto de sentido implica objetividad más allá de todo
hacer; en cuanto hecho es ya ficción, duplica al sujeto por más colectivo que sea y le estafa lo que parece concederle. La metafísica trata
de algo objetivo, sin que sin embargo se pueda dispensar de la reflexión subjetiva. Los sujetos están incrustados en sí, en su «constitución»:
a la metafísica toca reflexionar sobre hasta qué punto pueden pese a
todo ver más allá de sí. Los filosofemas que se desprenden de esto se
descalifican como prédica. La actividad de alguien ligado a esa esfera
fue caracterizada hace decenios: viaja de un lado para otro dando a
empleados conferencias sobre el sentido. Quien respira cuando la vida
muestra por una vez semejanza con la vida y no, según reconoció Karl
Kraus, es mantenida en marcha únicamente en aras de la producción

y el consumo, deduce de ahí ansiosa e inmediatamente la presencia de algo trascendente. La depravación del idealismo especulativo hasta convertirse en pregunta por el sentido condena retroactivamente a aquel que incluso en su apogeo, aunque con palabras un poquito distintas, proclamó como lo absoluto tal sentido, el espíritu que no se desprende de su origen en el insuficiente sujeto y sacia su necesidad en su viva imagen. Ése es un protofenómeno de ideología. Lo total de la pregunta misma ejerce un hechizo que, por muy afirmativo que sea su continente, es aniquilado ante la calamidad real. Si un desesperado que quiere suicidarse pregunta por el sentido de la vida a alguien que quiere disuadirle buenamente, el desvalido valedor no podrá decir ninguno; en cuanto lo intente, cabrá refutarlo, eco de un *consensus omnium* que ha resumido el dicho de que el Emperador necesita de soldados. La vida que tuviera sentido no preguntaría por él; él huye de la pregunta. Sin embargo, lo contrario, el nihilismo abstracto, tendría que enmudecer ante la contrapregunta: ¿por qué, pues, vives tú mismo? Ir a por todo, calcular el beneficio neto de la vida, eso precisamente es la muerte a la que la llamada pregunta por el sentido quiere escapar incluso cuando, a falta de otra salida, se deja entusiasmar por el sentido de la muerte. Lo que sin vergüenza aspiraría al nombre de sentido está en lo abierto, no encerrado en sí; la tesis de que la vida no tiene sentido sería en cuanto positiva tan insensata como falso es su contrario; verdadera sólo lo es como golpe contra la frase aseverativa. Tampoco la tendencia de Schopenhauer a identificar bajo la mirada humana la esencia del mundo, la voluntad ciega, como algo absolutamente negativo corresponde ya al nivel de la consciencia; la de subsunción total es harto análoga a la pretensión positiva de sus contemporáneos para él odiosos, los idealistas. La llama que se reaviva es la de la religión natural, la del temor a los demonios contra el que la Ilustración epicúrea pintó una vez como lo mejor la miserable idea de unos dioses desinteresadamente espectadores. Frente al irracionalismo de Schopenhauer, el monoteísmo, al que él atacaba con el espíritu de la Ilustración, tiene también su parte de verdad. La metafísica schopenhaueriana regresa a una fase en la que el genio todavía no se había despertado en medio del silencio. Él niega el motivo de la libertad, que los hombres, de momento y quizá todavía en la fase de la completa no-libertad, recuerdan. La mirada de Schopenhauer penetra a fondo en lo aparente de la individuación, pero su receta para la libertad en el cuarto libro, la negación de la voluntad de vivir, es también aparente: como si lo efímeramente individuado pudiera tener el más mínimo poder sobre su absoluto negativo, la voluntad como cosa en sí, sustraerse a su hechizo de otro modo que mediante el autoengaño, sin que por la brecha escapara toda la metafísica de la voluntad. El determinismo total es tan místico como la totalidad de la lógica hegeliana. Schopenhauer fue idealista *malgré lui-même*, portavoz del hechizo. El *totum* es el tótem. La consciencia no podría en absoluto desesperarse por el gris de no albergar el concepto de un color distinto, cuya huella dispersa no falta en el todo negativo. Ésta procede siempre de lo pasado, la esperanza de su contrario, de lo que tuvo que desaparecer o está condenado; tal interpretación sería sin duda adecuada para la última frase del texto de Benjamin sobre *Las afinidades electivas*: «Sólo por mor de los desesperanzados se nos dio la esperanza». Resulta sin embargo tentador buscar el sentido no en la vida en general, sino en los instantes de plenitud. En el ser-ahí del más acá resarcen del hecho de que éste ya no tolere nada fuera de sí. Del Proust metafísico emana una fuerza incomparable porque como ningún otro se entregó a esta tentación con una indómita ansia de felicidad, sin querer retener su yo. Pero, insobornable, a medida que la novela avanzaba fue confirmando que esa plenitud, el instante salvado por el recuerdo, tampoco existe. Proust estaba tan próximo al círculo de experiencia de Bergson, el cual elevaba a teoría la representación de la sensualidad de la vida en la concreción de ésta, como, heredero de la novela francesa de la desilusión, fue al mismo tiempo el crítico del bergsonianismo. El discurso de la plenitud de la vida, un *locus a non lucendo* incluso allí donde brilla, lo hace vano su enorme desproporción con la muerte. Si ésta es irrevocable, incluso la afirmación de un sentido accesible en el esplendor de una experiencia fragmentaria por más que genuina se hace ideológica. De ahí que, en un pasaje central de su obra, la muerte de Bergotte, Proust, contra toda la filosofía vitalista, aunque sin protegerse en ninguna religión positiva, contribuyera a la expresión a tientas de la esperanza en la resurrección. La idea de una plenitud de la vida, incluida la que prometen a los hombres las concepciones socialistas, no es la utopía con la que se confunde, porque esa plenitud no puede separarse de la avidez de lo que el *Jugendstil* llamaba gozar de la vida, un ansia que comporta un acto de violencia y una subyugación. Si no hay esperanza sin satisfacción del deseo, entonces éste se halla uncido al atroz contexto del diente por diente, precisamente de lo carente de esperanza. No existe ninguna plenitud sin bravuconería. Negativamente, es en virtud de su consciencia de la inanidad como la teología tiene razón contra los creyentes en el más acá. Esto es lo que de verdadero hay en las jeremiadas sobre la vacuidad del ser-ahí. Sólo que ésta no cabría curarla desde dentro, cambiando los hombres de mentalidad, sino únicamente mediante la eliminación del principio de renuncia. Con él acabaría también desapareciendo el ciclo de plenitud y apropiación: hasta tal punto están imbricadas metafísica y organización de la vida.

A los términos clave «vacuidad» y «ausencia de sentido» se asocia el de «nihilismo». Nietzsche adoptó la expresión, que Jacobi había sido el primero en emplear en sentido filosófico, probablemente tomándola de periódicos que informaban sobre atentados rusos. Con una ironía para la que mientras tanto nuestros oídos se han vuelto demasiado sordos, él la utilizaba para la denuncia de lo contrario de lo que la palabra significaba en la praxis conspiratoria, del cristianismo como la negación institucionalizada de la voluntad de vivir. La filosofía ya no ha podido renunciar a la palabra. En una dirección contraria a la de Nietzsche, conformistamente ha convertido su función en la quintaesencia de una situación a la que se acusa o que se acusa a sí misma de nula. Para el hábito cogitativo para el que el nihilismo es en cualquier caso algo malo, esa situación espera la inyección de sentido, indiferente a si la crítica de éste que se atribuye al nihilismo es o no fundada. Pese a su falta de rigor, tales discursos sobre el nihilismo son apropiados para la difamación. Pero demuelen un espantapájaros que ellos mismos han plantado. La frase «todo es nada» es tan vacía como la palabra «ser» con que el movimiento hegeliano del concepto la identificó no para mantener la identidad de ambas, sino para, avanzando y a la vez retrocediendo tras la nihilidad abstracta, sustituirlas por algo determinado que únicamente ya en virtud de su determinidad sería más que nada. Que los hombres querrían la nada, como a veces sugiere Nietzsche, sería, para toda voluntad individual determinada, una *hybris* ridícula por más que la sociedad organizada lograse hacer inhabitable la tierra o que estallara en el aire. Creer en la nada: bajo esto difícilmente se puede pensar más que bajo la nada misma; el algo al que, legítimamente o no, se refiere la palabra creencia, según su propio significado no es una nada. La creencia en la nada sería tan insípida como la creencia en el ser, calmante de un espíritu que orgullosamente encuentra su satisfacción en calar la superchería. Como la indignación hoy en día ya de nuevo atizada contra el nihilismo apenas apunta a esa mística que incluso en la nada, en cuanto el *nihil privativum*, descubre ese algo que ahí se niega, y se entrega a la dialéctica desatada por la palabra misma «nada», más vale sin duda, mediante la movilización de la palabra por todos odiada e incompatible con el entusiasmo universal, simplemente difamar moralmente a quien se niegue a asumir la herencia occidental de positividad y no adscriba ningún sentido a lo establecido. Pero si parlotean sobre el nihilismo de los valores, sobre el hecho de que no hay nada a lo que poder agarrarse, eso clama por la superación correspondiente en la misma esfera subalterna del lenguaje. Queda así tapada la perspectiva de si el único estado digno del hombre no sería aquel en el que uno no pudiera ya apoyarse en nada; aquel que permitiera al pensamiento comportarse al fin de una manera tan autónoma como la filosofía siempre se lo había meramente exigido para al punto impedírselo. Las superaciones, incluidas las del nihilismo y entre éstas la nietzscheana, que pretendía otra cosa y sin embargo suministró consignas al fascismo, son en todos los casos peores que lo superado. El *nihil privativum* medieval, que reconoció el concepto de la nada como negación de algo en lugar de como autosemántico, aventaja tanto a las diligentes superaciones como la *imago* del Nirvana, de la nada como un algo. Aquellos para los que desesperación no es un *terminus* podrían preguntarse si no sería mejor que no hubiera nada en absoluto en lugar de algo. Incluso esto se niega a una respuesta general. Para un hombre en un campo de concentración, si alguien que escapó a tiempo puede de algún modo juzgar sobre ello, sería mejor no haber nacido. A pesar de ello, el ideal de la nada se desvanecería ante el relámpago de una mirada, incluso ante el débil meneo de cola de un perro al que se ha dado un buen mordisco que él enseguida olvida. A la pregunta de si es un nihilista, un pensador de verdad tendría sin duda que responder «demasiado poco», quizá por frialdad, porque su simpatía con lo que sufre es demasiado escasa. En la nada culmina la abstracción y lo abstracto es lo rechazado. A la situación del campo de concentración, que él no nombra como si estuviese prohibida su representación, Beckett ha reaccionado de la única manera adecuada: sea lo que es como un campo de concentración. En una ocasión habla de pena de muerte de por vida. Como única esperanza despunta que ya no haya nada. También la rechaza él. Por el resquicio de inconsecuencia que con ello se forma emerge el mundo que su poetización retiene de imágenes de la nada como algo. Pero en la herencia de acción ahí encerrada, en la perseverancia aparentemente estoica, se grita en silencio que debe ser de otro modo. Tal nihilismo implica lo contrario de la identificación con la nada. De un modo gnóstico, el creado es para él el mundo radicalmente malo y la negación de éste la posibilidad de otro que todavía no es. Mientras el mundo sea como es, todas las imágenes de reconciliación, paz y tranquilidad se parecen a la de la muerte. La más mínima diferencia entre la nada y lo que ha logrado la tranquilidad sería el refugio de la esperanza, tierra de nadie entre los mojones del ser y de la nada. En lugar de superarla, la consciencia debería arrancar a esa zona aquello sobre lo que la alternativa no tiene ningún poder. Los nihilistas son los que al nihilismo oponen sus positividades cada vez más lixiviadas, se conjuran por medio de ellas con toda la vulgaridad establecida y finalmente con el mismo principio destructivo. El pensamiento tiene su honor en la defensa de lo denigrado como nihilismo.

6

La estructura antinómica del sistema kantiano expresaba más que contradicciones en que la especulación sobre objetos metafísicos se enreda necesariamente: algo perteneciente a la filosofía de la historia. Mucho más allá de su contenido epistemológico, la poderosa influencia de la *Crítica de la razón pura* se ha de atribuir a la fidelidad con que consignó el nivel de experiencia de la consciencia. La historiografía de la filosofía considera el mayor logro de esa obra la concluyente separación entre conocimiento válido y metafísica. De hecho, al principio se presentó como teoría de los juicios científicos sin más. La epistemología, la lógica en su sentido más amplio están orientadas a la indagación del mundo empírico según leyes. Kant, sin embargo, intenta más. A través del medio de la reflexión epistemológica da a las preguntas llamadas metafísicas la respuesta, desde el punto de vista metafísico de ningún modo neutral, de que propiamente hablando no deberían ser formuladas. En tal medida, la *Crítica de la razón pura* preforma tanto la doctrina hegeliana de que lógica y metafísica son lo mismo como la positivista que mediante su eliminación elude las preguntas de las que todo dependería y las decide mediatamente en sentido negativo. El idealismo alemán extrapoló su metafísica a partir de la pretensión fundamental de una epistemología que se compromete a sustentar el todo. Pensada hasta el final, la misma crítica de la razón, que cuestiona objetivamente el conocimiento válido de lo absoluto, precisamente con ello juzga algo absoluto. El idealismo subrayó esto. Su consecuencia, sin embargo, invierte el motivo en su contrario y en lo no-verdadero. A las doctrinas de Kant objetivamente mucho más modestas, las que se referían a la teoría de la ciencia, se les atribuye una tesis contra la que, pese a su inevitabilidad, ellas se defendieron con razón. A través de las consecuencias rigurosamente extraídas de él, Kant es expandido a su pesar más allá de la teoría de la ciencia. Con su consecuencia, el idealismo contraviene la reserva metafísica de Kant; el puro pensamiento consecuente se convierte inconteniblemente en lo absoluto. La confesión kantiana de que la razón se enreda necesariamente en esas antinomias que él luego resuelve con la razón era antipositivista[*]. No desdeña sin embargo el consuelo positivista de poderse instalar en el estrecho ámbito que la crítica de la facultad de la razón deja a ésta, satisfecha de tener un suelo firme bajo los pies. Tras la crítica de Kant por parte de Hegel, el veredicto de la razón sobre si ha transgredido los límites de la posibilidad de la experiencia y sobre si podía hacerlo presupone ya una posición más allá de los ámbitos separados en el mapa kantiano, por así decir una tercera instancia[**]. El celo topológico de

---

[*] «Un teorema dialéctico de la razón pura debe en consecuencia tener en sí esto que lo distinga de todas las proposiciones sofísticas: que no se refiera a una cuestión arbitraria que se plantee sólo con cierto propósito caprichoso, sino a una con la que necesariamente debe tropezar toda razón humana en su avance; y, en segundo lugar, que junto con su antítesis lleve consigo no meramente una apariencia artificial que, cuando se la comprende, enseguida desaparece, sino una apariencia natural e inevitable que, incluso cuando ya no engaña, sigue siendo engañosa aunque ya no nos confunda, y por tanto se la pueda hacer inofensiva pero nunca borrar (Kant, *Kritik der reinen Vernunft*, *WW* III cit., pp. 240 [ed. cast.: *Crítica de la razón pura*, cit., p. 392 {B 499 ss.}]).

[**] «Suele... insistirse mucho en los límites del pensamiento, de la razón, etc., y se afirma que no puede irse más allá del límite. En esta afirmación se halla la falta de consciencia de que por el hecho mismo de estar algo determinado como límite, ya por ello se ha ido más allá. Pues una determinidad, un límite, no está determinado como límite más que en oposición a su otro en general, como en oposición a su ilimitado; lo otro

Kant supondría, sin dar cuenta de ello, como posibilidad de la decisión, precisamente esa trascendencia frente al ámbito del entendimiento sobre el que prohíbe juzgar positivamente. En esta instancia se convirtió para el idealismo alemán el sujeto absoluto, el «espíritu», que sería lo único en producir la dicotomía sujeto-objeto y con ella el límite del conocimiento finito. Sin embargo, una vez despotenciada tal visión metafísica del espíritu, la intención delimitadora únicamente sigue limitando al cognoscente, al sujeto. El crítico se convierte en el resignado. No confiando ya en la infinitud de la misma esencia que lo animaría, se atrinchera contra su propia esencia en la propia finitud y en lo finito. No quiere ser molestado ni en la sublimación metafísica, lo absoluto se le convierte en una preocupación ociosa. Ése es el lado represivo del criticismo; los idealistas subsiguientes estaban tan por delante de su clase como protestaban contra ello. En el origen de lo que todavía Nietzsche elogió como honradez intelectual acecha el autoodio del espíritu, la furia interiorizada de los protestantes contra la ramera que es la razón. Una racionalidad que excreta la fantasía todavía tenida en alta estima por los ilustrados y Saint-Simon, la cual, complementariamente, se seca a sí misma, está corrompida de irracionalismo. También el criticismo cambia de función: en él se repite la transformación de la burguesía de la revolucionaria en la clase conservadora. Eco de esta situación filosófica es la maldad de un sano sentido común orgulloso de su estupidez, que hoy llena el mundo. Ésta aboga, *e contrario*, por que no se respete el límite en cuyo culto todos están ya de acuerdo. Es «positiva», marcada por esa arbitrariedad de lo subjetivamente dispuesto de que el *common sense* encarnado por Babbit acusa al pensamiento especulativo. El símil de Kant para la tierra de la verdad, la isla en el océano, caracteriza objetivamente la felicidad intelectual en el rincón como una robinsonada: lo mismo que el dinamismo de las fuerzas productivas destruyó bastante rápidamente el idilio en que a los pequeños burgueses, con razón desconfiados del dinamismo, les habría gustado quedarse. Lo prosaico de su doctrina contradice crasamente el *pathos* kantiano de lo infinito. Si la razón práctica ostenta la primacía sobre la teórica, también ésta, ella misma un modo de conducta, tendría que alcanzar aquello de lo que supuestamente es capaz

de un límite es precisamente el más allá de éste» (Hegel, *WW* 4, p. 153 [ed. cast.: *Ciencia de la lógica*, cit., p. 119]).

la superior a ella, a no ser que por el corte entre entendimiento y razón deba hacer superfluo el propio concepto de ésta. Precisamente a eso, sin embargo, empuja a Kant su representación de la cientificidad. No debería decirlo y, no obstante, tiene que decirlo; la discordancia que desde el punto de vista de la historia del espíritu tan fácilmente se registra como reliquia de la metafísica antigua la produce la cosa. La isla del conocimiento que Kant se jacta de haber medido incurre por su parte, debido a su infatuada estrechez, en aquello no-verdadero que él proyecta sobre el conocimiento de lo ilimitado. Imposible atribuir al conocimiento de lo finito una verdad que por su parte deriva de lo absoluto –kantianamente... de la razón– a que el conocimiento no tiene acceso. El océano de la metáfora kantiana amenaza a cada instante con tragarse la isla.

7

El hecho de que la filosofía metafísica, tal y como históricamente coincide con los grandes sistemas en lo esencial, tenga más brillo que las empiristas y positivistas no es, como podría hacer creer la imbécil expresión «poesía conceptual», ni algo meramente estético ni el cumplimiento psicológico de un deseo. La calidad inmanente de un pensamiento, lo que en él se manifiesta de fuerza, resistencia, fantasía, como unidad de lo crítico con su contrario es, si no un *index veri*, sí al menos una indicación. Incluso si así fuese que Carnap y Mieses estuvieran más en lo cierto que Kant y Hegel, ésa no podría ser la verdad. El Kant de la *Crítica de la razón pura* dijo en la doctrina de las ideas que sin metafísica no hay teoría posible. Pero el hecho de que sea posible implica ese derecho de la metafísica al que se aferró el mismo Kant que la destrozó por efecto de su obra. La salvación kantiana de la esfera inteligible no es sólo, como todo el mundo sabe, apologética protestante, sino que también le gustaría intervenir en la dialéctica de la Ilustración allí donde ésta termina en la abolición de la razón misma. Hasta qué punto el deseo kantiano de salvación se basa más profundamente que únicamente en el piadoso deseo de mantener a mano algo de las ideas tradicionales en medio del nominalismo y contra éste lo atestigua la construcción de la inmortalidad como un postulado de la razón práctica. Éste condena la intolerabilidad de lo establecido y refuerza el espíritu que la reconoce. El hecho de que ninguna mejora intramundana bastaría para hacer justicia a los muertos, el hecho de que ninguna afectaría a la injusticia de la muerte, mueve a la razón kantiana a esperar contra la razón. El misterio de su filosofía es la impensabilidad de la desesperación. Obligado por la convergencia de todos los pensamientos en algo absoluto, no se conformó con el deslinde absoluto entre lo absoluto y lo que es, el cual se vio no menos obligado a trazar. Perseveró en las ideas metafísicas y sin embargo prohibió saltar del pensamiento de lo absoluto que alguna vez podría realizarse como la paz universal a la proposición de que lo absoluto por tanto existe. Su filosofía, como por lo demás todas sin duda, gira en torno al argumento ontológico para la demostración de la existencia de Dios. Con grandiosa ambigüedad, dejó abierta su propia posición; al motivo de «un padre eterno debe habitar», que con espíritu kantiano la composición beethoveniana del kantiano *Himno de la alegría* acentuó en el «debe», se oponen los pasajes en los que Kant, tan próximo en esto a Schopenhauer como éste más tarde reivindicó, desechó las ideas metafísicas, en especial la de inmortalidad, como presas en las representaciones de espacio y tiempo y en consecuencia por su parte limitadas. Desdeñó así el paso a la afirmación.

Incluso según la crítica de Hegel, el bloque kantiano, la teoría de los límites del conocimiento positivo posible, deriva del dualismo forma-contenido. La consciencia humana, se argumenta antropológicamente, estaría por así decir condenada a prisión perpetua en las formas del conocimiento de una vez por todas a él dadas. Lo que afecta a éstas escaparía a toda determinación, sólo las recibiría de las formas de la consciencia. Pero las formas no son aquello último como lo cual las describía Kant. En virtud de la reciprocidad entre ellas y el contenido que es, se desarrollan también por su parte. Esto, sin embargo, es incompatible con la concepción del bloque indestructible. Una vez las formas, como sería ya en verdad conforme a la concepción del sujeto como apercepción originaria, son momentos de un dinamismo, su figura positiva puede estipularse para todo conocimiento futuro tan poco como cualquiera de los contenidos sin los cuales no existen y con los que se transforman. Sólo si la dicotomía de forma y contenido fuese absoluta, podría Kant afirmar que la dicotomía prohíbe todo contenido que sólo proceda de las formas, no material. Si este momento material pertenece a las formas mismas, el bloque se mues-

tra como creado por precisamente el sujeto que él coarta. El sujeto es
tanto elevado como rebajado cuando el límite es traspuesto a él, a su
organización lógico-trascendental. La consciencia ingenua, a la que
sin duda también tendía Goethe, de que aún no se sabe pero sin embargo quizá algún día se desentrañe, está más cerca de la verdad metafísica que el *ignoramus* de Kant. Su doctrina antiidealista del límite absoluto y la idealista del saber absoluto no son en absoluto tan
hostiles mutuamente como creyeron la una de la otra; la segunda, según el curso de pensamiento de la *Fenomenología* de Hegel, también
desemboca en que el saber absoluto no es nada más que el mismo curso de pensamiento de la *Fenomenología*, es decir, que no es, de ningún modo, trascendente.

Kant, que prohíbe el extravío por mundos inteligibles, equipara
la ciencia newtoniana, por su lado subjetivo, con el conocimiento, y
por el objetivo con la verdad. La pregunta por cómo es posible la metafísica como ciencia se ha por tanto de tomar precisamente: si satisface los criterios de un conocimiento orientado al ideal de las matemáticas y de la llamada física clásica. El planteamiento kantiano del
problema se refiere, con el pensamiento de la metafísica por él supuesta
como disposición natural, al cómo de un pensamiento supuesto como
válido universalmente y necesario, pero designa su qué, su misma posibilidad. Él niega ésta según la pauta de ese ideal. Pero la ciencia por
él eximida de ulteriores sospechas debido a sus imponentes resultados es el producto de la sociedad burguesa. La rígidamente dualista
estructura fundamental del modelo kantiano de crítica de la razón duplica la de una relación de producción en la que las mercancías salen
de las máquinas como sus fenómenos del mecanismo cognitivo; en la
cual el material y su propia determinidad son con respecto al beneficio tan indiferentes como en Kant, que los hace troquelar. El producto
final con valor de canje se parece a los objetos kantianos hechos subjetivamente y aceptados como objetividad. La permanente *reductio ad
hominem* de todo lo fenoménico prepara al conocimiento con fines
de dominación interna y externa; su expresión suprema es el principio de unidad, tomado de la producción descompuesta en actos par-
ciales. La teoría kantiana de la razón es dominante por el hecho de
que auténticamente sólo se interesa por el ámbito de poder de las proposiciones científicas. La limitación del planteamiento kantiano a la
experiencia organizada de las ciencias de la naturaleza, la orientación

por la validez y por el subjetivismo de la crítica del conocimiento están de tal modo imbricadas que lo uno no podría existir sin lo otro.
Mientras la prueba de validez deba ser la cuestión subjetiva, los conocimientos no sancionados científicamente, es decir, no-necesarios y no-
universales, son de valor inferior: por eso tuvieron que fracasar todos
los esfuerzos por emancipar la epistemología kantiana del ámbito de
las ciencias naturales. Dentro del enfoque identificador no se puede
recuperar complementariamente lo que éste por su propia esencia elimina; en todo caso el enfoque cabe cambiarlo a partir del conocimiento de su insuficiencia. Pero el hecho de que le haga tan poca justicia a la experiencia viva, la cual es conocimiento, indica su falsedad,
la incapacidad para llevar a cabo lo que se propone, a saber, fundamentar la experiencia. Pues una tal fundamentación en algo rígido e
invariante contradice lo que de sí misma sabe la experiencia, la cual,
cuanto más abierta está y cuanto más se actualiza, tanto más cambia
también sus propias formas. La incapacidad para ello es la incapacidad para la misma experiencia. A Kant no se le pueden añadir teoremas epistemológicos que en él no estén desarrollados, pues, para su
epistemología, la exclusión de éstos es central; de manera bastante inequívoca, la anuncia la pretensión sistemática de la doctrina de la razón pura. El de Kant es un sistema de señales de *stop*. El análisis subjetivamente orientado de una constitución no transforma el mundo,
tal como éste le es dado a la consciencia burguesa ingenua, sino que
está orgulloso de su «realismo empírico». Pero para ese análisis la altura de su pretensión de validez es una con el nivel de abstracción.
Aferrado al apriorismo de sus juicios sintéticos, tiende a expurgar todo
lo que en el conocimiento no se adecúa a sus reglas de juego. Sin reflexión es respetada la división social del trabajo junto con la deficiencia que en los doscientos años transcurridos desde entonces se ha
hecho escandalosa: el hecho de que las ciencias organizadas según la
división del trabajo se hayan apoderado ilegítimamente del monopolio
de la verdad. Los paralogismos de la epistemología kantiana son, burguesa y muy kantianamente dicho, los cheques sin fondos que se pro-
testaron con el despliegue de la ciencia como una actividad mecánica. La autoridad del concepto kantiano de verdad se convirtió en
terrorista con la prohibición de pensar lo absoluto. Lleva irrefrena-
blemente a la prohibición de pensar sin más. El bloque kantiano proyecta sobre la verdad la automutilación de la razón que ésta se infli-

gió como rito iniciático de su cientificidad. Por eso es tan poco lo que en Kant pasa por conocimiento, comparado con la experiencia de los vivos, a la cual, por más que erróneamente, quisieron hacer justicia los sistemas idealistas.

Kant difícilmente habría negado que la idea de verdad pone en ridículo al ideal cientificista. Pero la discrepancia de ningún modo se manifiesta sólo con respecto al *mundus intelligibilis*, sino en todo conocimiento llevado a cabo por una consciencia no tutelada. En este sentido es el bloque kantiano una apariencia que reniega de aquello del espíritu que en los himnos del Hölderlin tardío está filosóficamente por delante de la filosofía. A los idealistas no les era extraño, pero lo abierto cayó para ellos bajo el mismo hechizo que obligó a Kant a la contaminación de experiencia y ciencia. Mientras no pocos impulsos del idealismo querían entrar en lo abierto, lo persiguieron en la ampliación del principio kantiano, y los contenidos se les hicieron menos libres aún que en Kant. Lo cual a su vez confiere a su bloque su momento de verdad: éste ha prevenido contra la mitología del concepto. Está bien fundamentada la sospecha social de que ese bloque, la barrera ante lo absoluto, sea uno con la miseria del trabajo que somete realmente a los hombres al mismo hechizo que Kant transfiguró en filosofía. El encarcelamiento en la inmanencia a que éste condena, tan honrada como cruelmente, al espíritu es el encarcelamiento en la autoconservación, tal como impone a los hombres una sociedad que no conserva nada más que la renuncia de la que ya no habría más necesidad. Si acabara de una vez con la preocupación de escarabajo por la historia natural, la posición de la consciencia hacia la verdad cambiaría. La que actualmente tiene está dictada por la objetividad que la mantiene en su situación. Si la doctrina kantiana del bloque era una parte de la apariencia social, está sin embargo fundamentada del mismo modo en que de hecho la apariencia domina sobre los hombres. La separación entre sensibilidad y entendimiento, el nervio de la argumentación a favor del bloque, es por su parte un producto social; el *chorismos* designa a la sensibilidad como víctima del entendimiento porque, pese a todos los dispositivos en contra, la organización del mundo no le satisface. Con su condicionamiento social podría sin duda desaparecer de una vez la separación, mientras que los idealistas son ideólogos porque glorifican la reconciliación en medio de lo irreconciliado como realizada o la atribuyen a la totalidad de lo irreconciliado. Se han esforzado tan consecuentemente como en vano por explicar el espíritu como unidad de sí mismo con lo no-idéntico a él. Tal autorreflexión afecta incluso a la tesis de la primacía de la razón práctica, que a través de los idealistas llega en línea recta de Kant a Marx. La dialéctica de la praxis exigiría también abolir ésta, la producción por mor de la producción, fachada universal de una praxis falsa. Éste es el fundamento materialista de los rasgos que en la dialéctica negativa se rebelan contra el doctrinario concepto oficial de materialismo. El momento de la autonomía, de la irreductibilidad al espíritu, podría sin duda concordar con la prelación del objeto. Allí donde aquí y ahora el espíritu se hace autónomo, en cuanto llama por su nombre las cadenas en las que cae al encadenar otra cosa, allí, y no en la praxis ambrollada, anticipa la libertad. Los idealistas pusieron al espíritu sobre las estrellas, pero ay de quien lo alcanzó.

8

En Kant a la construcción del bloque se enfrenta la construcción positiva de la metafísica en la razón práctica. De ningún modo calló sobre lo que de desesperado había en ella: «Aun cuando se conceda una facultad trascendental de la libertad para iniciar los cambios del mundo, en cualquier caso esta facultad debería al menos hallarse sólo fuera del mundo (a pesar de lo cual, nunca deja de ser una presunción audaz la de seguir admitiendo fuera del conjunto de todas las intuiciones posibles un objeto que no puede darse en ninguna percepción posible)»[2]. El paréntesis de la «presunción audaz» anuncia el escepticismo de Kant con respecto a su propio *mundus intelligibilis*. Esa formulación extraída de la nota a la antítesis de la tercera antinomia se acerca mucho al ateísmo. Lo que más tarde se exige con ahínco aquí se lo llama presunción teórica; cuesta entonces evitar la desesperada aversión de Kant a la imaginación de que el postulado sea un juicio existencial. Según el pasaje, tendría que poderse pensar como objeto al menos de una intuición posible lo que al mismo tiempo tiene que pensarse como algo sustraído a toda intuición. Ante la contradicción la razón tendría que capitular a menos que por la *hybris* de prescribirse a sí misma el límite hubiera primero reducido irracionalmente su propio ámbito de validez sin estar objetivamente, en cuanto razón, ligada a ese límite. Pero si, como sucede entre los idealistas y también entre los neokantianos, la intuición siguiera incorporada a la razón infinita, la trascendencia sería virtualmente invalidada por la inmanencia del espíritu. – Lo que Kant deja entrever con respecto a la libertad valdría aún más para Dios y la inmortalidad. Pues estas palabras no se refieren a ninguna pura posibilidad de comportamiento, sino que, según su propio concepto, son postulados de un ente de cualquier clase que sea. Éste ha menester de una «materia» y en Kant dependería completamente de esa intuición cuya posibilidad él excluye de las ideas trascendentales. El *pathos* de lo kantianamente inteligible es complemento de la dificultad de cómo se pueda asegurar de él incluso en el medio del pensamiento que se basta a sí mismo y que la palabra «inteligible» designa. Ésta podría no nombrar nada real. El movimiento de la *Crítica de la razón práctica* avanza, no obstante, hacia una positividad del *mundus intelligibilis* que en la intención de Kant no cabía prever. En cuanto lo que debe ser, enfáticamente separado de lo que es, es estatuido como reino de la propia esencia y se lo dota de autoridad absoluta, con este comportamiento asume, por más que involuntariamente, el carácter de un segundo ser-ahí. Un pensamiento que no piensa algo no es tal. Las ideas, el contenido de la metafísica, no pueden ser ni intuitivas ni un espejismo del pensamiento; de lo contrario, se las despojaría de toda objetividad. Lo inteligible sería devorado por precisamente ese sujeto que debía ser trascendido por la esfera inteligible. Un siglo después de Kant, la reducción de lo inteligible a lo imaginario se convirtió en el pecado capital del neorromanticismo y del *Jugendstil* y de la filosofía pensada a medida de éstos, la fenomenológica. El de lo inteligible no es un concepto de lo real ni de lo imaginario. Es más bien aporético. Nada en la tierra y nada en el vacío cielo cabe salvarlo defendiéndolo. El «sí, pero» contra el argumento crítico que no quisiera dejarse arrancar nada tiene ya la figura del testarudamente establecerse en lo establecido, del amarrarse, irreconciliable con la idea de salvar en que se disolvería la crispación de tal autoconservación prolongada. Nada puede salvarse incólume, nada que no haya atravesado la puerta de su muerte. Si la salvación es el impulso más íntimo de cualquier espíritu, no hay más esperanza que la del abandono sin reservas: de lo que se ha de salvar tanto como del espíritu que espera. El gesto de la esperanza es el de no retener nada de aquello a lo que el sujeto quiere atenerse, de aquello de lo que éste se promete que durará. Lo inteligible, con el espíritu de la delimitación kantiana no menos que del método hegeliano, tendría que ir más allá de éstos, pensar únicamente de modo negativo. Paradójicamente, la esfera inteligible a la que Kant apuntaba volvería a ser «fenómeno»: lo que presenta al espíritu finito lo oculto a éste, lo que éste está obligado a pensar y gracias a su propia finitud deforma. El concepto de lo inteligible es la autonegación del espíritu finito. En el espíritu lo que meramente es se percata de su deficiencia; el adiós del ser-ahí empecinado en sí es el origen en el espíritu de aquello por lo que éste se distingue del principio que hay en él de dominación de la naturaleza. Este giro quiere que tampoco el espíritu se convierta para sí mismo en lo que es ahí: de lo contrario, lo perenne se repite infinitamente. Lo que en el espíritu hay de hostil a la vida no sería nada más que perverso si no culminara en su autorreflexión. Falsa es la ascesis que él exige de otro, buena la suya propia: en su autonegación se supera; esto no era tan ajeno a la *Metafísica de las costumbres* de Kant como se esperaría. Para ser espíritu éste tiene que saber que no se agota en aquello que alcanza; no en la finitud a la que se asemeja. Por eso piensa lo que le estaría sustraído. Tal experiencia inspira la filosofía de Kant, una vez que se ha extraído a ésta de su coraza del método. La ponderación de si la metafísica en general es aún posible tiene que reflejar la negación de lo finito exigida por la finitud. Su enigma es el alma de la palabra «inteligible». Su concepción no es del todo inmotivada gracias a ese momento de autonomía que el espíritu perdió con su absolutización y que obtiene como algo también por su parte no-idéntico con el ente en cuanto se insiste en lo no-idéntico, en cuanto no todo lo ente se evapora en espíritu. El espíritu participa, pese a todas sus mediaciones, del ser-ahí que su pureza presuntamente trascendental sustituiría. En el momento de la objetividad trascendental en él, por poco que quepa aislarlo y ontologizarlo, tiene su discreto lugar la posibilidad de la metafísica. El concepto del ámbito inteligible sería el de algo que no es y, sin embargo, no sólo no es. Según las reglas de la esfera que se niega en la inteligible, ésta habría que rechazarla sin oposición como imaginaria. En ninguna otra parte es la verdad tan frágil como aquí. Puede degenerar en algo inventado sin fundamento en lo que el pensamiento se figura poseer lo perdido; el esfuerzo por comprenderlo de nuevo se hace fácilmente un lío con lo que es. Inane es el pensamiento que confunde lo pensado con lo real en el sofisma demolido por Kant del argumento ontológico. Pero se hace un sofisma con la elevación inmediata de la negatividad, de la crítica de lo que meramente es, a algo positivo, como si la insuficiencia de lo que es, garantizara que lo que es estuviera exento de esa insuficiencia. Ni siquiera llevada al extremo es la negación de la negación una positividad. Kant llamó a la dialéctica trascendental una lógica de la apariencia: la doctrina de las contradicciones en que por fuerza se enreda todo tratamiento de lo trascendental como algo positivamente cognoscible. No hace obsoleto su veredicto el esfuerzo de Hegel por vindicar la lógica de la apariencia como la de la verdad. Pero la reflexión no se interrumpe con el veredicto sobre la apariencia. Consciente de sí misma, ésta deja de ser la antigua. Lo que la esencia finita dice sobre la trascendencia es apariencia de ésta, aunque, como bien se percató Kant, una apariencia necesaria. De ahí la incomparable relevancia metafísica que tiene la salvación de la apariencia, objeto de la estética.

9

En los países anglosajones a Kant se lo llama muchas veces, eufemísticamente, agnóstico. Pero, por poco que quede de la riqueza de su filosofía, la atroz simplificación no es un mero absurdo. La estructura antinómica de la doctrina kantiana, que sobrevive a la solución de las antinomias, puede traducirse crudamente como una recomendación al pensamiento de abstenerse de preguntas ociosas. Su nivel es superior a la figura vulgar de la *skepsis* burguesa, cuya solidez sólo es seria con lo que se tiene bien cogido. No estaba Kant del todo libre de tal actitud. El hecho de que en el imperativo categórico y ya en las ideas de la *Crítica de la razón pura* añada con el dedo levantado eso superior desdeñado, un suplemento al que la burguesía renunciaría de tan mala gana como a su domingo, la parodia de la libertad del trabajo, eso reforzó seguramente la autoridad de Kant en Alemania mucho más allá del influjo de los pensamientos. El momento en el rigorismo de una conciliación sin compromiso se adecuaba bien a la tendencia en la decoración a la neutralización de todo lo espiritual que, tras la victoria de la revolución o allí donde ésta no se produjo, mediante el aburguesamiento que imperceptiblemente se iba imponiendo conquistó todo el escenario del espíritu y también los teoremas que la emancipación burguesa utilizaba antes como armas. Una vez los intereses de la clase victoriosa dejaron de necesitarlos, como con bastante agudeza observó Spengler en Rousseau, dejaron de ser interesantes en un doble sentido. La función del espíritu en la sociedad es subalterna, por más que ésta lo alabe ideológicamente. El *non liquet* kantiano contribuyó a la transformación de la crítica de la religión aliada con el feudalismo en una indiferencia que con el nombre de tolerancia se envolvió en un manto de humanidad. El espíritu, como metafísica no menos que como arte, se neutraliza cuanto más se pierde aquello de lo que la sociedad burguesa estaba orgullosa como su cultura, la referencia a la praxis posible. Ésta era todavía inconfundible en las ideas metafísicas de Kant. Con ellas la sociedad burguesa quería ir más allá de su propio limitado principio, por así decir superarse a sí misma. Tal espíritu se hace inaceptable y la cultura se convierte en un compromiso entre su forma burguesamente explotable y lo que en él hay de, según la nomenclatura neoalemana, intolerable, lo cual ella proyecta en una lejanía inalcanzable. Las circunstancias materiales hacen el resto. Bajo la coacción a una mayor inversión, el capital se apodera del espíritu, cuyas objetivaciones, en virtud de su propia e inevitable objetualización, incitan a convertirla en posesión, mercancías. La aprobación desinteresada de la estética transfigura el espíritu y lo degrada al conformarse con contemplar, con admirar, en último término venerar ciega y desproporcionadamente todo lo alguna vez creado y pensado, sin tener en cuenta su contenido de verdad. Con sarcasmo objetivo el carácter de mercancía estetiza la cultura por mor de lo útil. La filosofía se convierte en manifestación del espíritu en cuanto pieza de museo. Lo que Bernard Groethuysen rastreó en la religión hasta los siglos XVII y XVIII, que el diablo ya no es de temer ni cabe tampoco esperar en Dios, se expande sobre la metafísica, en la cual pervive el recuerdo de Dios y del diablo incluso allí donde refleja críticamente esa angustia y esa esperanza. Desaparece lo que en el sentido menos ideológico debería ser lo más urgente para los hombres; objetivamente se lo ha hecho problemático; subjetivamente la trama social y la permanente sobrecarga producida por la presión a la adecuación no les conceden ya ni tiempo ni fuerzas para reflexionar sobre ello. Las preguntas no se han resuelto, ni siquiera se ha demostrado su insolubilidad. Están olvidadas, y cuando se habla de ellas no es sino para arrullarlas tanto más profundamente en su pernicioso sueño. El fatal *dictum* goethiano según el cual a Eckermann no le hacía falta leer a Kant porque la filosofía de éste ya habría ejercido su efecto, habría pasado a la consciencia universal, ha triunfado en la socialización de la indiferencia metafísica.

Pero la indiferencia de la consciencia hacia las preguntas metafísicas, que de ningún modo son compensadas por la satisfacción en el más allá, difícilmente es indiferente para la misma metafísica. En ella se oculta un horror que, si no lo reprimiesen, dejaría sin aliento a los hombres. Uno podría dejarse inducir a especulaciones antropológicas sobre si el cambio en la historia de la evolución que procuró a la especie hombre la consciencia abierta y con ésta la de la muerte no contradice sin embargo una persistente constitución animal que no permite soportar esa consciencia. Por la posibilidad de sobrevivir habría entonces que pagar el precio de una limitación de la consciencia que protegiera a ésta de lo que sin embargo ella misma es, consciencia de la muerte. La perspectiva de que la cortedad de miras de toda ideología se remonte, por así decir biológicamente, a una necesidad de autoconservación, y de que de ningún modo tendría que desaparecer con una organización justa de la sociedad, mientras que por supuesto sólo en la sociedad justa se abriría la posibilidad de una vida justa, es desoladora. La actual sigue mintiendo sobre que a la muerte no se la ha de temer y sabotea toda reflexión sobre ella. Al pesimismo de Schopenhauer le llamaba la atención lo poco que los hombres suelen preocuparse de la muerte *media in vita*[*]. Como Heidegger cien años más tarde, dedujo esta indiferencia de la esencia humana, no de los hom-

---

[*] «Únicamente el hombre lleva consigo de un lado para otro el concepto abstracto de la muerte; ésta, sin embargo, sólo puede angustiarle, lo cual es muy raro, cuando una ocasión se la hace presente a la fantasía. Contra la poderosa voz de la naturaleza, la reflexión puede poco. También en él, como en el animal, que no piensa, predomina como situación duradera aquella seguridad, surgida de la consciencia más íntima, de ser él mismo la naturaleza, el mundo mismo, en virtud de la cual a ningún hombre intranquiliza apreciablemente el pensamiento de la muerte cierta y nunca remota, sino que cada cual sigue viviendo como si tuviera que vivir eternamente; lo cual llega tan lejos que podría decirse que nadie tiene una convicción propiamente hablando viva de la certeza de su muerte, pues de lo contrario no podría haber una diferencia tan grande entre su estado de ánimo y el del criminal condenado a muerte; sino que cada uno reconoce, es cierto, esta certeza *in abstracto* y teóricamente, mas, como otras verdades teóricas pero que no son aplicables a la práctica, la deja de lado sin de ninguna manera aceptarla en su consciencia viva» (SCHOPENHAUER, *Die Welt als Wille und Vorstellung*, I, *SWW*, Leipzig, Frauenstädt, 1888, p. 332 [ed. cast.: *El mundo como voluntad y representación*, México, Porrúa, 1983, pp. 222 s.]).

bres en cuanto productos de la historia. En ambos la falta de sentido
metafísico se convierte en un *metaphysikum*. Con ello cabe en todo caso
medir la profundidad que la neutralización, un existencial de la consciencia burguesa, alcanza. Esa profundidad despierta la duda de si, como
inculca en el espíritu una tradición romántica que perdura más allá de
todo romanticismo, en los tiempos supuestamente cubiertos metafísicamente que el joven Lukács llamaba llenos de sentido las cosas eran
por tanto tan diferentes. La tradición arrastra consigo un paralogismo.
El hermetismo de las culturas, la obligatoriedad colectiva de las concepciones metafísicas, su poder sobre la vida no garantizan su verdad.
La posibilidad de una experiencia metafísica se hermana antes bien con
la de la libertad, y de ésta sólo es capaz el sujeto desplegado, que ha
roto las ligaduras celebradas como saludables. Quien se halla preso de
una concepción socialmente sancionada de tiempos presuntamente felices es por el contrario afín con el creyente positivista en los hechos.
El yo tiene que estar históricamente fortalecido para, más allá de la inmediatez del principio de realidad, concebir la idea de lo que es más
que el ente. Un orden que se encierra en sí como sentido se cierra también a la posibilidad por encima del orden. Con respecto a la teología
la metafísica no es meramente, como según la doctrina positivista, un
estadio históricamente posterior, no sólo la secularización de la teología en el concepto. Esta secularización conserva a la teología en la crítica de ésta al descubrir a los hombres como posibilidad lo que la teología les impone y con ello profana. Al cosmos del espíritu lo hicieron
estallar las fuerzas que él anudó; recibió su merecido. El autónomo Beethoven es más metafísico que el *ordo* de Bach; más verdadero en consecuencia. La experiencia subjetivamente liberada y la metafísica convergen en la humanidad. Toda expresión de esperanza, tal como incluso
en la época de su enmudecimiento las grandes obras de arte la emiten
más poderosamente que los textos teológicos tradicionales, está con-
figurada con la de lo humano; en ninguna parte más inequívocamente que en ciertos momentos de Beethoven. Lo que significa que no todo
es en vano existe gracias a la simpatía con lo humano, autorreflexión
de la naturaleza en los sujetos; únicamente en la experiencia de la propia naturaleza surge el genio de la naturaleza. Lo que en Kant sigue
siendo venerable es el hecho de que en la doctrina de lo inteligible trazó como ningún otro filósofo la constelación de lo humano y lo trascendente. Antes de que la humanidad abriera los ojos, bajo la presión

objetiva de la miseria de la vida, los hombres fueron absorbidos por la infamia de lo más próximo, y la inmanencia vital del sentido es la tapadera de su cautividad. Desde que hay algo así como una sociedad organizada, un contexto en sí sólidamente ajustado, autárquico, en general, el impulso por abandonarlo no ha sido sino débil. Al niño que no estuviese ya preparado tendría que sorprenderle en su cantoral protestante lo pobre y escasa que en él es la parte con el encabezamiento «Postrimerías», comparada con todas las ejercitaciones sobre aquello en que los feligreses tendrían que creer y cómo tendrían que comportarse. La antigua sospecha de que en las religiones siguieron proliferando la magia y la superstición tiene como reverso el hecho de que para las religiones positivas el núcleo, la esperanza en el más allá, casi nunca fue tan importante como exigía su concepto. La especulación metafísica coincide con la de la filosofía de la historia en que la posibilidad de una consciencia justa incluso de esas postrimerías no la confía sino a un futuro sin miserias vitales. Su maldición consiste en que no tanto impulsa más allá del mero ser-ahí como adorna éste, lo consolida a él mismo como instancia metafísica. El «Todo es vanidad» con que, desde Salomón, los grandes teólogos han pensado la inmanencia es demasiado abstracto como para conducir más allá de la inmanencia. Cuando los hombres están seguros de la indiferencia de su ser-ahí, no elevan ninguna protesta; mientras no cambien su postura con respecto al ser-ahí, lo otro es también vano para ellos. Quien sin hacer distinciones y sin perspectiva de lo posible acusa de inanidad a lo que es contribuye a la actividad embrutecida. La animalidad en que tal praxis totalitaria desemboca es peor que la primera: se convierte a sí misma en principio. La prédica de capuchino sobre la vanidad de la inmanencia liquida en secreto también la trascendencia, la cual únicamente se alimenta de experiencias en la inmanencia. Sin embargo, la neutralización, hondamente conjurada con esa indiferencia, sigue sobreviviendo a las catástrofes que según las fanfarrias de los apologetas han arrojado de nuevo a los hombres a aquello que radicalmente les concierne. Pues la constitución fundamental de la sociedad no ha cambiado. Pese a no pocos valientes contraataques protestantes, condena a la teología y la metafísica, por necesidad resucitadas, a convertirse en certificados del conformismo. Ninguna rebelión de la mera consciencia lleva más allá. También en la consciencia de los sujetos la sociedad burguesa prefiere la destrucción total, su potencialidad objetiva, a lanzarse a reflexiones que amenazarían su base. Los intereses metafísicos de los hombres requerirían la percepción sin recortes de los materiales. En la medida en que éstos les están velados, viven bajo el velo de Maya. Sólo cuando lo que es se puede cambiar, lo que es no lo es todo.

10

En un comentario redactado décadas después de su composición sobre el *Éxtasis* de George, Arnold Schönberg elogiaba el poema como anticipación profética de las sensaciones de los astronautas. Al rebajar así una de sus piezas más importantes al nivel de la *science fiction*, procedía involuntariamente movido por la necesidad de metafísica. En el neorromántico poema, el contenido temático, el rostro de quien pone el pie en «otros planetas», es incuestionablemente un símil de algo interior, el arrobamiento y la elevación en el recuerdo de Maximin. No es un éxtasis en el espacio, ni siquiera el de la experiencia cósmica, aunque tenga que tomar de ésta sus imágenes. Pero eso precisamente revela el fundamento objetivo de una interpretación excesivamente terrena. Igual de bárbaro sería tomar al pie de la letra la promesa de la teología. Únicamente un respeto históricamente acumulado inhibe la consciencia de ello. Y del ámbito teológico procede la elevación poética lo mismo que el lenguaje de todo ese ciclo. La religión *à la lettre* se parecería ella misma ya a la *science fiction*; el viaje espacial conduciría al cielo real prometido. Los teólogos no pudieron sustraerse a reflexiones pueriles sobre las consecuencias de los viajes espaciales para su cristología, mientras que a la inversa el infantilismo del interés por la navegación espacial revela el latente en los mensajes salvíficos. Sin embargo, si éstos fuesen expurgados de todo el contenido material, absolutamente sublimados, a la hora de decir qué representan a aquéllos les asaltaría la más espantosa perplejidad. Si cada símbolo no simboliza más que a otro, algo de nuevo conceptual, su núcleo resulta vacío y con él la religión. Ésa es la antinomia de la consciencia teológica hoy en día. El que mejor se las seguiría arreglando con ella sería el –anacrónico– protocristianismo tolstoiano, imitación de Cristo aquí y ahora sin ninguna reflexión, con los ojos cerrados. Algo de la antinomia se esconde ya en la construcción del *Fausto*. Con el verso «Claro que oigo el mensaje, sólo me falta la fe», él interpreta su propia emoción, la cual lo protege del suicidio, como retorno a tradiciones engañosamente consoladoras de la infancia. Es sin embargo redimido en el cielo mariano. El poema no decide si su gradual progreso contradice el escepticismo del pensador adulto o si su última palabra es a su vez un símbolo –«sólo un símil»– y, de manera aproximadamente hegeliana, seculariza la trascendencia en la imagen de una totalidad de la inmanencia colmada. A quien captura la trascendencia se le puede reprochar con razón, como hizo Karl Kraus, ausencia de fantasía, hostilidad al espíritu y, en ésta, traición a la trascendencia. Si, por el contrario, es totalmente eliminada la posibilidad, por lejana y débil que sea, de redención en el ente, en definitiva el espíritu se convertiría en ilusión; el sujeto finito, condicionado, que meramente es, sería divinizado como portador del espíritu. A esta paradoja de lo trascendente respondía la visión de Rimbaud de una humanidad liberada de la opresión como la verdadera divinidad. Más tarde, el kantiano de primera hora Mynona mitologizó el sujeto sin tapujos e hizo que el idealismo se manifestara como *hybris*. Con semejantes consecuencias especulativas se entenderían fácilmente *science fiction* y los cohetes. Si efectivamente entre todos los astros sólo la tierra estuviese habitada por seres racionales, eso sería un *metaphysicum* cuya idiotez la metafísica denunció; al final los hombres serían realmente los dioses, sólo que bajo el hechizo que les impide saberlo; ¡y qué dioses!: por supuesto, sin autoridad sobre el cosmos, con lo cual semejantes especulaciones volverían felizmente a ser improcedentes.

No hay, sin embargo, ninguna verdad que sea metafísica y no esté fatalmente abocada a lo apócrifo. La no-verdad ideológica en la concepción de la trascendencia es la separación de cuerpo y alma, reflejo de la división del trabajo. Llega a la idolatración de la *res cogitans* como el principio dominador de la naturaleza y a una negación material, que se desharía en el concepto de una trascendencia más allá del contexto de culpa. Pero la esperanza va unida, como en la canción de Mignon, al cuerpo transfigurado. La metafísica no quiere oír nada de esto, envilecerse con lo material. Por eso traspasa el límite con la fe inferior en los espíritus. Entre la hipóstasis de un espíritu incorpóreo y sin embargo individuado –¿qué le quedaría sin ésta a la teología en las manos?– y la fraudulenta afirmación de la existencia de seres puramente espirituales por parte del espiritismo no hay más diferencia que la dignidad histórica de que se reviste el concepto espíritu. El éxito

social, el poder, se convierten gracias a tal dignidad en criterio de la
verdad metafísica. El espiritualismo, en alemán la doctrina del espíritu como principio sustancial individual, es, quitadas las letras finales, la palabra inglesa espiritismo. El equívoco procede de la necesidad epistemológica que otrora movió a los idealistas a la construcción
de una consciencia trascendental o absoluta más allá del análisis de
la individual. La consciencia individual es un fragmento del mundo
espacio-temporal sin prerrogativas sobre éste y que, según las facultades humanas, no cabe representarse separado del mundo corpóreo.
Sin embargo, la construcción idealista, que se propone eliminar el resto terrenal, se vacía de esencia en cuanto extirpa por completo aquella egoidad que era modelo del concepto espíritu. De ahí la admisión
de una egoidad no sensible, que incluso como ser-ahí, contra su propia determinación, debe manifestarse en el espacio y el tiempo. Según el estado de la cosmología, cielo e infierno son, en cuanto algo
que existe en el espacio, simples arcaísmos. Lo cual relegaría la inmortalidad a la de los espíritus, le conferiría algo de espectral e irre-
al que se burla de su propio concepto. La dogmática cristiana, que
pensaba el despertar de las almas junto con la resurrección de la carne, era metafísicamente más consecuente, si se quiere más ilustrada,
que la metafísica especulativa; del mismo modo que la esperanza se
refiere a una resurrección corporal y se sabe privada de lo mejor por
su espiritualización. Con lo cual sin embargo las imposiciones de la
especulación metafísica crecen hasta lo insoportable. El conocimiento se inclina profundamente del lado de la mortalidad absoluta, lo
para él insoportable, ante lo cual se convierte en lo absolutamente indiferente. A eso empuja la idea de verdad, entre las metafísicas la suprema. Quien cree en Dios no puede por tanto no creer en él. La posibilidad a que se refiere el nombre divino la retiene el que no cree.
Si antaño se extendió a la pronunciación del nombre, incluso en esta
forma la prohibición de imágenes se ha hecho sospechosa de superstición. Se ha agudizado: hasta sólo pensar la esperanza peca contra
ella y trabaja contra ella. Tan bajo ha caído la historia de la verdad
metafísica que en vano niega la historia, la progresiva desmitologización. Ésta, sin embargo, se devora como los dioses míticos con preferencia a sus hijos. Al no dejar nada más que lo meramente existente, regresa al mito. Pues éste no es nada más que el contexto cerrado
de inmanencia de lo que es. A esta contradicción se ha retirado hoy

en día la metafísica. Por un lado y otro, al pensamiento que intenta eliminarla le amenaza la no-verdad.

11

A pesar de la crítica kantiana, por así decir incluso absorbiendo a ésta en sí, el argumento ontológico resucitó en la dialéctica hegeliana. En vano, sin embargo. Desde el momento en que Hegel, consecuentemente, resuelve lo no-idéntico en la pura identidad, el concepto se convierte en garante de lo no-conceptual, la trascendencia es capturada por la inmanencia del espíritu y convertida en la totalidad de éste tanto como abolida. Cuanto más, por obra de la Ilustración, se va descomponiendo luego en el mundo y en el espíritu, tanto más se convierte la trascendencia en algo oculto, como si por encima de todas las mediaciones se concentrara en una cima máxima. Hasta tal punto tiene su indicio histórico la teología antihistórica de lo sin más distinto. La cuestión de la metafísica se agudiza en la de si esto totalmente tenue, abstracto, indeterminado, es su última y ya perdida posición defensiva, o si la metafísica únicamente sobrevive en lo más pequeño y sórdido, en el estado de completa insignificancia que lleva a la razón la razón autocrática y que sin resistencia ni reflexión se ocupa de sus asuntos. La tesis del positivismo es la de la inanidad también de la metafísica refugiada en la profanidad. Incluso se sacrifica la idea de verdad por mor de la cual se inició el positivismo. Haber señalado esto es mérito de Wittgenstein, pese a que, por lo demás, su mandamiento de silencio case con la metafísica dogmática, falsamente resucitada, que ya no cabe distinguir de la credulidad sin palabras, extasiada en el ser. Lo que no fuera afectado por la desmitologización sin ponerse apologéticamente a disposición no sería un argumento –cuya esfera es la antinómica por antonomasia–, sino la experiencia de que el pensamiento que no se decapita desemboca en la trascendencia hasta llegar a la idea de una constitución del mundo en la que no sólo sería abolido el sufrimiento existente, sino incluso revocado el irrevocablemente pasado. La convergencia de todos los pensamientos en el concepto de algo que sería distinto del ente inefable, del mundo, no es lo mismo que el principio infinitesimal con que Leibniz y Kant pensaban hacer conmensurable la idea de trascendencia con una ciencia cuya propia falibilidad, su confusión entre dominación de la naturaleza y ser-en-sí, es lo primero que motiva la experiencia correctora de la convergencia. El mundo es peor y mejor que el infierno. Peor porque ni siquiera la nihilidad sería aquello absoluto como lo cual al fin y al cabo aparece conciliadoramente incluso en el Nirvana schopenhaueriano. El contexto de inmanencia cerrado sin salida niega incluso aquel sentido que el filosofema indio del mundo como el sueño de un demonio malvado ve en él; Schopenhauer se equivoca porque la ley que mantiene la inmanencia en su propio hechizo él la declara sin mediación aquello esencial que está excluido de la inmanencia y no podría en absoluto ser representado de otro modo que trascendentemente. Pero el mundo es mejor porque el hermetismo absoluto que Schopenhauer reconoce al curso del mundo es por su parte procurado por el sistema idealista, puro principio de identidad y tan engañoso como cualquiera. El trastornado y deteriorado curso del mundo es, como en Kafka, inconmensurable incluso con el sentido de su pura ausencia de sentido y ceguera, no se puede construir rigurosamente según el principio de éstas. Se opone al intento de la consciencia desesperada por erigir la desesperación como algo absoluto. El curso del mundo no es absolutamente cerrado ni tampoco la desesperación absoluta; más bien es ésta la cerrazón de aquél. Por frágiles que sean en él todos los vestigios de lo otro; por mucho que su revocabilidad deforme toda felicidad, en las grietas que desmienten la identidad lo existente es sin embargo impuesto por las promesas una y otra vez rotas de eso otro. Toda felicidad es un fragmento de la felicidad total que se niega a los hombres y que éstos se niegan. La convergencia, lo otro de la historia humanamente prometido, alude sin desviaciones a lo que la ontología sitúa ilegítimamente antes de la historia, o exime de ésta. El concepto no es real, como le encantaría al argumento ontológico, pero no podría ser pensado si algo no impulsase a él en la cosa. Kraus, que, acorazado contra toda afirmación palpable, fantasiosamente desfantasiada, de la trascendencia, prefirió interpretar ésta nostálgicamente desde la nostalgia a eliminarla, no era un metaforista románticamente liberal. La metafísica no puede ciertamente resucitar –el concepto de resurrección pertenece a las criaturas, no a nada creado, y tratándose de configuraciones espirituales es indicio de la no-verdad de éstas–, pero quizá sólo nace con la realización de lo pensado bajo su signo. El arte anticipa algo de esto. La obra de Nietzsche rebosa de invectivas contra la metafísica. Pero ninguna fórmula la describe más fielmente que la de Zaratustra: sólo loco, sólo poeta. El artista pensante entendía el arte impensado. El pensamiento que no capitula ante lo miserablemente óntico, ante los criterios de esto, es reducido a la nada, la verdad a no-verdad, la filosofía a locura. No puede sin embargo abdicar si es que la estolidez no debe triunfar en una contrarrazón realizada. *Aux sots je préfère les fous.* La locura es la verdad en la forma en que los hombres la padecen en cuanto no cejan en ella en medio de lo no-verdadero. El arte es apariencia aun en sus más altas cimas; pero la apariencia, lo que en él hay de irresistible, lo recibe de algo carente de apariencia. Sobre todo el tachado de nihilista, al deshacerse del juicio, dice que todo no es sólo nada. De lo contrario, sea lo que sea, sería pálido, incoloro, indiferente. No hay ninguna luz sobre los hombres y las cosas en la que no se refleje la trascendencia. En la resistencia al mundo fungible del canje es indeleble la del ojo que no quiere que los colores del mundo sean aniquilados. En lo aparente se promete lo carente de apariencia.

12

Cabe preguntar si la metafísica, en cuanto saber de lo absoluto, es en general posible sin la construcción de un saber absoluto, ese idealismo que da título al último capítulo de la *Fenomenología* de Hegel. ¿No dice necesariamente quien se ocupa de lo absoluto que el órgano pensante que se apodera de ello es, precisamente por ello, él mismo lo absoluto?; ¿no infringiría por otra parte la dialéctica su riguroso concepto de negatividad en el paso a una metafísica que no simplemente se asimilara a la dialéctica? A la dialéctica, quintaesencia del saber negativo, no le gusta tener nada distinto junto a sí; incluso en cuanto negativa sigue arrastrando consigo el mandamiento de la exclusividad de la positiva, del sistema. Según tal razonamiento, tendría que negar la consciencia no dialéctica en cuanto finita y falible. En todas sus figuras históricas ha prohibido salir de ella. Queriendo o no, ha mediado conceptualmente entre el espíritu incondicionado y el finito; lo cual hizo de la teología su enemigo de una manera intermitentemente recurrente. Aunque piensa lo absoluto, esto, en cuanto mediado por ella, sigue perteneciendo al pensamiento condicionado. Si lo absoluto hegeliano fue la secularización de la divinidad, fue precisamente la secularización por parte de ésta; en cuanto totalidad del espíritu, eso absoluto siguió encadenado a su modelo finitamente humano. Pero, si el pensamiento, con plena consciencia de ello, trata de ir más allá de sí de tal modo que llama a lo otro algo sin más inconmensurable con él, que, sin embargo, él piensa, en ninguna parte halla cobijo más que en la tradición dogmática. El pensar es en tal pensamiento extraño a su contenido, irreconciliado, y se encuentra de nuevo condenado a la doble verdad, la cual sería incompatible con la idea de lo verdadero. La metafísica depende de si cabe salir sin subrepción de esta aporía. Para ello la metafísica, a la vez reproducción del contexto universal de obcecación y crítica de éste, tiene que volverse incluso contra sí misma en un último movimiento. La crítica de todo lo particular que se pone absolutamente es la de la sombra de la absolutidad sobre sí misma, del hecho de que, contra su tendencia, debe permanecer en el medio del concepto. La pretensión de identidad la honra al probarla. Por eso no va más lejos que ésta. La cual estampa en ella como círculo mágico la apariencia del saber absoluto. Toca a la autorreflexión de la dialéctica, en esto negación de la negación que no se convierte en posición, borrarla. La dialéctica es la autoconsciencia del contexto objetivo de obcecación, al cual todavía no ha escapado. Evadirse de él desde dentro es objetivamente su meta. La fuerza para la evasión le viene del contexto de inmanencia; a ella cabría aplicar una vez más el *dictum* de Hegel según el cual la dialéctica absorbe la fuerza del adversario, la vuelve contra éste; no sólo en lo dialécticamente singular, sino al final en el todo. Con los medios de la lógica agarra el carácter coactivo de ésta esperando que ceda. Pues esa coacción es ella misma la apariencia mítica, la identidad forzada. Lo absoluto, sin embargo, tal como flota ante la metafísica, sería lo no-idéntico que no afloraría hasta que se deshiciera la coacción identitaria. Sin la tesis de la identidad la dialéctica no es el todo; pero entonces tampoco es ningún pecado capital abandonarla en un paso dialéctico. Forma parte de la determinación de la dialéctica negativa que no se tranquilice en sí como si fuera total; ésta es su forma de esperanza. En la doctrina de la cosa en sí trascendente más allá de los mecanismos de identificación, Kant señaló algo de esto. Por astringente que hubiera sido la crítica de esa doctrina por parte de sus sucesores, por mucho que éstos reforzaran el hechizo, regresivos lo mismo que la burguesía posrevolucionaria en su conjunto, hipostasiaron

la coacción misma como lo absoluto. Por supuesto, Kant, en la determinación de la cosa en sí como la esencia inteligible, concibió por su
parte la trascendencia ciertamente como algo no-idéntico, la equipa-
ró con el sujeto absoluto, siguió plegándose pese a todo al principio
de identidad. El proceso cognitivo que debe aproximarse asintótica-
mente a la cosa trascendente desplaza a ésta, por así decir, delante de
sí y la aleja de la consciencia. Las identificaciones de lo absoluto lo
transponen al hombre, del cual procede el principio de identidad; como
a veces confiesan y como la Ilustración se lo puede reprochar contun-
dentemente vez por vez, son antropomorfismos. Por eso ante él se desvanece lo absoluto a que el espíritu se aproxima: su aproximación es
un espejismo. Sin embargo, la eliminación conseguida de cualquier antropomorfismo, con el cual se eliminaría el contexto de obcecación,
al final probablemente coincide con este de la identidad absoluta. Negar
el misterio mediante la identificación, quitándole cada vez más trozos,
no lo resuelve. Como si estuviera jugando, éste, más bien, desmiente el dominio de la naturaleza mediante el memento de la impotencia de su poder. Del contenido de verdad metafísico la Ilustración no
deja prácticamente nada, *presque rien* según una moderna indicación
de ejecución musical. Como Goethe representó en la parábola de la
cajita de la *Nueva Melusina* que designa un extremo, lo que cede se
hace cada vez más pequeño; cada vez más inaparente; ése es el fundamento, tanto desde el punto de vista de la epistemocrítica como desde el de la filosofía de la historia, de que la metafísica emigre a la micrología. Ésta es el lugar de la metafísica como refugio ante la totalidad.
Ningún absoluto puede expresarse de otro modo que con temas y categorías de la inmanencia, mientras que ni en su condicionalidad ni
en su suma total ésta pueda ser sin embargo divinizada. Según su propio concepto, la metafísica no es posible como un complejo deductivo de juicios sobre lo ente. Tampoco se la puede pensar según el modelo de algo absolutamente distinto que se burlaría terriblemente del
pensamiento. Sólo sería en consecuencia posible como constelación
legible de lo ente. De esto recibiría el tema sin el cual no existiría, pero
no transfiguraría el ser-ahí de sus elementos, sino que los llevaría a
una configuración en la que los elementos compondrían una escritura. Para ello debe entender del deseo. Que el deseo es un mal padre
del pensamiento es desde Jenófanes una de las tesis generales de la Ilustración europea, y sigue siendo válida sin atenuantes frente a los in-

tentos ontológicos de restauración. Pero el pensamiento, él mismo una conducta, contiene la necesidad –en primer lugar la necesidad de la vida– en sí. Por necesidad se piensa incluso allí donde se rechaza el *wishful thinking*. El motor de la necesidad es el del esfuerzo que envuelve al pensamiento en cuanto acción. No es por tanto objeto de crítica la necesidad en el pensamiento, sino la relación entre ambos. Pero la necesidad en el pensamiento quiere que se piense. Exige su negación por el pensamiento, tiene que desaparecer en el pensamiento si debe satisfacerse realmente, y en esta negación perdura, representa en la célula más íntima del pensamiento lo que no se le asemeja. Los más mínimos rasgos intramundanos tendrían relevancia para lo absoluto, pues la mirada micrológica rompe las cáscaras de lo, según la pauta del concepto genérico subsumidor, desamparadamente singularizado y hace estallar su identidad, el engaño de que sería meramente un ejemplar. Tal pensamiento es solidario con la metafísica en el instante de su derrumbe.

Notas

Introducción

[1] Cfr. I. KANT, *Kritik der reinen Vernunft*, *WW* III, edición de la Academia, Berlín, [2]1911, pp. 95 ss. [ed. cast.: *Crítica de la razón pura,* Madrid, Alfaguara, 1978] (Tercera parte de la Doctrina trascendental del método).

[2] Cfr. F. A. TRENDELENBURG, *Logische Untersuchungen [Investigaciones lógicas],* vol. I, Leipzig, 1870, pp. 43 ss., 167 ss.

[3] Cfr. B. CROCE, *Lebendiges und Totes in Hegels Philosophie [Lo vivo y lo muerto en la filosofía de Hegel],* K. Büchler (trad.), Heidelberg, 1909, pp. 66 ss., 72 ss. y 82 ss.

[4] Cfr. G. W. F. HEGEL*, *WW* 4, p. 78 [ed. cast.: *Ciencia de la lógica,* Buenos Aires, Solar/Hachette, 1976, pp. 68 s.].

[5] Cfr. Th. W. ADORNO, *Zur Metakritik der Erkenntnistheorie,* Stuttgart, 1956, [ed. cast.: *Sobre la metacrítica de la teoría del conocimiento,* Caracas, Monte Ávila, 1970], *passim.*

[6] G. W. F. Hegel, *WW* 6, *Heidelberger Enzyklopädie [Enciclopedia de Heidelberg],* p. 28.

[7] I. Kant, *Kritik der reinen Vernunft,* cit., 1.ª ed., *WW* IV, edición de la Academia, p. 11 [ed. cast.: *Crítica de la razón pura,* cit., p. 11].

[8] W. BENJAMIN, *Briefe [Cartas],* vol. 2, Fráncfort, 1966, p. 686.

[9] Cfr. K. MARX, *Das Kapital I,* Berlín, 1955, pp. 621 ss. [ed. cast.: *El capital,* México, Fondo de Cultura Económico, 1974, p. 499; K. MARX y F. ENGELS, *Kommunistisches Manifest,* Stuttgart, 1953, p. 10 [ed. cast.: *El manifiesto del partido comunista,* en *El manifiesto del partido comunista; Once tesis sobre Feuerbach,* Múnich, Alhambra, 1985, p. 54].

---

* Los escritos de Hegel se citan según la edición del Jubileo, revisada por Hermann Glockner, Stuttgart, desde 1927, con excepción de la edición especial de *Die Vernunft in der Geschichte [La razón en la historia].*

[10] I. Kant, *op. cit.,* 2.ª ed., *WW* III, p. 109 [ed. cast. cit.: p. 154].

[11] Cfr. E. ZELLER, *Die Philosophie der Griechen [La filosofía de los griegos],* 2, I, Tubinga, 1859, p. 390.

[12] *St.* 265 [ed. cast.: PLATÓN, *Fedro o De la belleza,* en *Obras completas,* Madrid, Aguilar, 1977, p. 876].

[13] G. W. F. HEGEL, *WW* 4, p. 402 [ed. cast.: *Ciencia de la lógica,* cit., p. 282].

[14] G. W. F. HEGEL, *WW* 8, p. 217.

[15] G. W. F. HEGEL, *WW* 4, pp. 291 ss. [ed. cast.: *Ciencia de la lógica,* cit., p. 210].

[16] Cfr. Th. W. ADORNO, «Thesen über Tradition» [«Tesis sobre la tradición»], en *Insel Almanach auf das Jahr 1966 [Almanaque Insel del año 1966],* Fráncfort, 1965, pp. 21 s.].

Primera parte. Relación con la ontología

I. La necesidad ontológica

[1] M. HEIDEGGER, *Aus der Erfahrung des Denkens,* Pfulingen, 1914, p. 7 [ed. cast.: *Desde la experiencia del pensamiento,* Barcelona, Península/Edicions 62, 1986, p. 67].

[2] Cfr. M. HEIDEGGER, *Vom Wesen des Grundes,* Fráncfort del Meno, 1949, p. 14 [ed. cast.: *De la esencia del fundamento,* en *Ser, verdad y fundamento,* Caracas, Monte Ávila, 1968, p. 18].

[3] M. HEIDEGGER, *Platons Lehre von der Wahrheit,* Berna, ²1954, p. 76 [ed. cast.: *Doctrina de la verdad según Platón,* en *Carta sobre el humanismo; Doctrina de la verdad según Platón,* Santiago de Chile, Universidad de Chile, 1953, p. 185].

[4] K. JEINZ HAAG, *Kritik der neueren Ontologie [Crítica de la ontología moderna],* Stuttgart, 1960, p. 73.

[5] Cfr. M. HEIDEGGER, *Was heißt Denken? [¿Qué significa pensar?],* Tubinga, 1954, p. 57.

[6] Cfr. *op. cit.,* pp. 72 ss.

[7] I. Kant, *op. cit., WW* IV, edición de la Academia, p. 233 [ed. cast.: *Crítica de la razón pura,* cit., p. 344].

[8] M. HEIDEGGER, *Einführung in die Metaphysik,* Tubinga, 1958, p. 31 [ed. cast.: *Introducción a la metafísica,* Buenos Aires, Nova, 1959, p. 78].

[9] F. NIETZSCHE, *Gesammelte Werke [Obras completas],* Múnich, 1924, vol. 12, p. 182, aforismo 193 [ed. cast.: *La gaya ciencia,* Madrid, Akal, 2001, p. 186].

[10] Cfr. M. Heidegger, *Holzwege,* Fráncfort del Meno, 1950, pp. 121 ss. [ed. cast.: *Sendas perdidas,* Buenos Aires, Losada, 1960, pp. 100 ss.].

[11] Cfr. M. Heidegger, *Sein und Zeit,* Tubinga, ⁶1949, p. 27 [ed. cast.: *El ser y el tiempo,* México, Fondo de Cultura Económica, 1974, p. 27].

[12] M. Heidegger, *Platons Lehre von der Wahrheit,* cit., p. 119 [ed. cast.: *Doctrina de la verdad según Platón,* cit., p. 232].

[13] Cfr. Th. W. Adorno, *Zur Metakritik der Erkenntnistheorie,* cit., p. 168 [ed. cast.: *Sobre la metacrítica de la teoría del conocimiento,* cit., p. 199].

[14] M. Heidegger, *Platons Lehre von der Wahrheit,* cit., p. 119 [ed. cast.: *Doctrina de la verdad según Platón,* cit., p. 232].

[15] Cfr. M. Heidegger, *Sein und Zeit,* cit., p. 35 [ed. cast.: *El ser y el tiempo*, cit., pp. 45 ss.].

[16] Cfr. Th. W. Adorno, *Zur Metakritik der Erkennthis Theorie,* cit., pp. 135 ss. [ed. cast.: *Sobre la metacrítica de la teoría del conocimiento,* cit., pp. 157 ss.].

[17] Cfr. M. Heidegger, *Einführung in die Metaphysik,* cit., p. 155 [ed. cast.: *Introducción a la metafísica,* cit., p. 240].

[18] Cfr. *op. cit.,* pp. 154 ss. [ed. cast.: *op. cit.,* pp. 239 ss.].

[19] Cfr. Th. W. Adorno, *Drei Studien über Hegel,* Fráncfort, 1963, pp. 127 ss. [ed. cast.: *Tres estudios sobre Hegel,* Madrid, Taurus, 1969, pp. 144 ss.].

[20] M. Heidegger, *Identität und Differenz,* Pfullingen, ²1957, p. 47 [ed. cast.: *Identidad y diferencia,* Barcelona, Anthropos, 1988, p. 115].

[21] M. Heidegger, *Platons Lehre von der Wahrheit,* cit., p. 84 [ed. cast.: *Doctrina de la verdad según Platón,* cit., p. 194].

[22] Cfr. *op. cit.,* p. 75 [ed. cast.: *op. cit.,* p. 185].

[23] *Op. cit.,* p. 84 [ed. cast.: *op. cit.,* p. 195].

[24] Cfr., por ejemplo, M. Heidegger, *Vom Wesen des Grundes,* cit., pp. 42 y 47 [ed. cast.: *De la esencia del fundamento,* cit., pp. 48 y 54 ss.].

[25] Cfr. I. Kant, *op. cit.,* p. 93 [ed. cast.: *op. cit.,* p. 116].

[26] Cfr. A. Loos, *Sämtliche Schriften [Escritos completos],* primer volumen, Viena-Múnich, 1962, p. 278 [ed. cast.: *Escritos I. 1897/1909,* Madrid, El Croquis, 1993, p. 324] *y passim.*

II. Ser y existencia

[1] Desarrollado por W. Benjamin, *Escritos I,* Fráncfort, 1955, pp. 366 ss. y 426 ss. [ed. cast.: *Escritos interrumpidos,* Madrid, Taurus, 1973, pp. 17-58].

[2] Cfr. M. Horkheimer y Th. W. Adorno, *Dialektik der Aufklärung,* Amsterdam, 1947, p. 26 [ed. cast.: *Dialéctica de la Ilustración,* Madrid, Trotta, 1997, p. 69].

³ J. C. F. HÖLDERLIN, *WW 2*, Friedrich Beissner (ed.), Stuttgart, 1953, p. 190.

⁴ Cfr. H. SCHWEPPENHÄUSER, «Studien über die Heideggersche Sprachtheorie» [«Estudios sobre la teoría heideggeriana del lenguaje»], en *Archiv für Philosophie [Archivo para la filosofía]* 7 (1957), p. 304.

⁵ M. Heidegger, *Sein und Zeit*, cit., p. 27 [ed. cast.: p. 21].

⁶ Cfr. *supra*, p. 76.

⁷ K. H. Haag, *op. cit.,* p. 71.

⁸ M. Heidegger, *Sein und Zeit*, cit., p. 42 [ed. cast.: *El ser y el tiempo,* cit., p. 54).

⁹ M. Heidegger, *Platons Lehre von der Wahrheit*, cit., p. 68 [ed. cast.: *Doctrina de la verdad según Platón,* cit., p. 177].

¹⁰ *Op. cit.*, pp. 70 ss. [ed. cast.: *op. cit.,* pp. 179 ss.].

¹¹ Cfr. *op. cit.*, p. 68 [ed. cast.: *op. cit.,* p. 177].

¹² *Op. cit.*, p. 75 [ed. cast.: *op. cit.,* p. 185].

¹³ G. W. F. HEGEL, *WW 4*, cit., p. 110 [ed. cast.: *Ciencia de la lógica*, cit., p. 91].

¹⁴ Cfr. sobre esto W. BECKER, *Die Dialektik der Grund und Begründeten in Hegels Wissenschaft der Logik [La dialéctica del fundamento y de lo fundamentado en la* Ciencia de la lógica *de Hegel],* tesis doctoral, Fráncfort, 1964, p. 73.

¹⁵ Cfr. A. SCHMIDT, *Der Begriff der Natur in der Lehre von Marx [El concepto de naturaleza en la doctrina de Marx], Frankfurter Beiträge zur Soziologie [Contribuciones frankfurtianas a la sociología],* vol. 11, Fráncfort, 1962, pp. 22 ss. [ed. cast.: *El concepto de la naturaleza en Marx,* Madrid, Siglo XXI, 1977, pp. 30 ss.].

¹⁶ K. JASPERS, *Philosophie,* vol. I, Berlín, Gotinga, Heidelberg, 1956, p. XX.

¹⁷ *Op. cit.*, p. 7.

¹⁸ Cfr. *op. cit.*, p. XXIII y M. HEIDEGGER, *Über den Humanismus,* Fráncfort del Meno, 1949, por ejemplo, pp. 47 ss.

¹⁹ M. Heidegger, *Sein und Zeit*, cit., p. 12 [ed. cast.: *El ser y el tiempo*, cit., p. 22].

²⁰ *Ibid.*, p. 13 [ed. cast.: *ibid.,* p. 23].

²¹ K. Jaspers, *Philosophie*, cit., p. 264.

Segunda parte. Dialéctica negativa. Concepto y categorías

¹ Cfr. Th. W. ADORNO, *Zur Metakritik der Erkenntnistheorie,* cit., p. 97 y *passim* [ed. cast.: *Sobre la metacrítica de la teoría del conocimiento,* cit., p. 108 y *passim*].

² Cfr. «Espíritu del mundo e historia de la naturaleza» (*infra*, pp. 277 ss.), *passim.*

³ Cfr. Hegel, *WW* 4, cit., p. 543 [ed. cast.: *Ciencia de la lógica*, cit., p. 384].

⁴ Cfr. *op. cit.*, pp. 98 ss. [ed. cast.: *op. cit.*, pp. 77 ss.].

⁵ G. W. F. HEGEL, *loc. cit*, p. 543 [ed. cast.: *op. cit.*, p. 384].

⁶ Cfr. W. BENJAMIN, *Ursprung des deutschen Trauerpiels*, Fráncfort, 1963, pp. 15 ss. [ed. cast.: *El origen del drama barroco alemán*, Madrid, Taurus, 1990, pp. 16 ss.].

⁷ M. WEBER, *Gesammelte Aufsätze zur Religionssoziologie I*, Tubinga, 1947, p. 30 [ed. cast.: *La ética protestante y el espíritu del capitalismo*, Barcelona, Península, 1973, p. 41].

⁸ *Op. cit.*

⁹ Cfr. *op. cit.*, pp. 4 ss. [ed. cast.: *op. cit.*, pp. 8 ss.].

¹⁰ Cfr. K. MARX, *Kritik des Gothaer Programms*, selección e introducción de F. Borkenau, Fráncfort del Meno, 1956, pp. 199 ss. [ed. cast.: *Crítica del programa de Gotha*, Madrid, Ricardo Aguilera, 1971, pp. 12 ss.].

¹¹ Cfr. A. SCHMIDT, *op. cit.*, p. 21 [ed. cast.: *op. cit.*, p. 24].

¹² Cfr. I. KANT, *op. cit.*, pp 95 ss. [ed. cast.: *op. cit.*, pp. 113 ss.].

¹³ Cfr. W. BENJAMIN, *Deutsche Menschen. Eine Folge von Briefen [Personajes alemanes. Una serie de cartas]*, Fráncfort, 1962, posfacio de Th. W. Adorno, p. 128.

¹⁴ Cfr. K. MARX, *Das Kapital*, cit., p. 514 [ed. cast.: *El capital*, cit., vol. I, pp. 406 ss.].

¹⁵ W. BENJAMIN, *Passagenarbeit*, manuscrito, legajo K, hoja 6.

Tercera parte. Modelos

I. Libertad. *Para una metacrítica de la razón práctica*

¹ ARISTÓTELES, *Metaphysik*, Libro A, 983 b [ed. cast.: *Metafísica*, vol. I, Gredos, 1970, p. 22].

² I. KANT, *Grundlegung zur Metaphysik der Sitten*, *WW* IV, edición de la Academia, p. 432 [ed. cast.: *Fundamentación de la metafísica de las costumbres*, Madrid, Espasa Calpe, 1973), pp. 89 ss.].

³ Cfr. M. HORKHEIMER y Th. W. ADORNO, *op. cit.*, p. 106 [ed. cast.: *op. cit.*, p. 159].

⁴ I. Kant, *Grundlegung zur Methaphysik der Sitten*, cit., pp. 454 ss. [ed. cast.: *Fundamentación de la metafísica de las costumbres*, cit., pp. 123 ss.].

⁵ *Op. cit.*, p. 454 [ed. cast.: *op. cit.*, p. 123].

⁶ I. Kant, *Kritik der praktischen Vernunft*, *WW* V, edición de la Academia, p. 30 [ed. cast.: *Crítica de la razón práctica*, en *Fundamentación de la metafísica de las costumbres*; *Crítica de la razón práctica*; *La paz perpetua*, México, Porrúa, 1977, pp. 111 ss.].

⁷ *Op. cit.* [ed. cast.: *op. cit.,* p. 112].

⁸ *Op. cit.*, p. 37 [ed. cast.: *op. cit.,* p. 117].

⁹ I. Kant, *Kritik der reinen Vernunft*, cit., p. 97 [ed. cast.: *Crítica de la razón pura*, cit., p. 180] — Repetidas veces criticó también Hegel incisivamente, en especial en la *Historia de la filosofía*, el uso filosófico de ejemplos.

¹⁰ I. Kant, *Kritik der praktischen Vernunf*, cit., pp. 56 ss. [ed. cast.: *Crítica de la razón práctica*, cit., p. 130].

¹¹ I. Kant, *Grundlegung*, cit., p. 427 [ed. cast.: *Fundamentación*, cit., p. 81].

¹² *Op. cit.*, p. 446 [ed. cast.: *op. cit.,* p. 111].

¹³ I. Kant, *Kritik der praktischen Vernunf*, cit., p. 59 [ed. cast.: *Crítica de la razón práctica*, cit., p. 132].

¹⁴ *Op. cit.*

¹⁵ I. Kant, *Grundlegung*, cit., p. 448 [ed. cast.: *Fundamentación*, cit., pp. 113 ss.].

¹⁶ *Op. cit.* [ed. cast.: *op. cit.,* p. 114].

¹⁷ I. Kant, *Kritik der praktischen Vernunft*, cit., p. 80 [ed. cast.: *Crítica de la razón práctica*, cit., p. 147].

¹⁸ Cfr. W. BENJAMIN, *Schriften* I, Fráncfort del Meno, 1955, pp. 36 ss. [ed. cast.: *Las afinidades electivas de Goethe,* Barcelona, Gedisa, 2000, pp. 28 ss.].

¹⁹ I. Kant, *Kritik der praktischen Vernunf*, cit., p. 6 [ed. cast.: *Crítica de la razón práctica*, cit., p. 93].

²⁰ I. Kant, *Kritik der reinen Vernunf*, cit., p. 311 [ed. cast.: *Crítica de la razón pura*, cit., p. 410].

²¹ *Op. cit.*

²² *Op. cit.*, p. 308 [ed. cast.: *op. cit.,* p. 407].

²³ *Op. cit.*, p. 310 [ed. cast.: *op. cit.,* p. 409].

²⁴ *Op. cit.*, p. 309 [ed. cast.: *op. cit.,* p. 408].

²⁵ *Op. cit.*, p. 311 [ed. cast.: *op. cit.,* p. 409].

²⁶ *Op. cit.*

²⁷ I. Kant, *Kritik der praktischen Vernunft*, cit., p. 95 [ed. cast.: *Crítica de la razón práctica*, cit., p. 157].

²⁸ I. Kant, *Grundlegung*, cit., p. 451 [ed. cast.: *Fundamentación*, cit., pp. 118 s.].

²⁹ Cfr. nota 19, texto, p. 224.

³⁰ I. Kant, *Kritik der praktischen Vernunft*, cit., p. 6 [ed. cast.: *Crítica de la razón práctica*, cit., p. 93].

³¹ *Op. cit.*, p. 114 [ed. cast.: *op. cit.,* p. 171].

³² *Op. cit.*, p. 99 [ed. cast.: *op. cit.,* p. 160].

³³ I. Kant, *Kritik der reinen Vernunf*, cit., p. 309 [ed. cast.: *Crítica de la razón pura*, cit., p. 407].

³⁴ I. Kant, *Kritik der praktischen Vernunft*, cit., p. 89 [ed. cast.: *Crítica de la razón práctica*, cit., p. 153].

[35] *Op. cit.*, p. 24 [ed. cast.: *op. cit.,* p. 107].

[36] *Op. cit.*, p. 22 [ed. cast.: *op. cit.,* p. 105].

[37] I. Kant, *Grundlegung*, cit., p. 419 [ed. cast.: *Fundamentación*, cit., p. 84].

[38] I. Kant, *Ideen zu einer algemeinen Geschichte im weltbürgerlicher Absicht*, *WW* VIII, edición de la Academia, pp. 20 ss. [ed. cast.: *Ideas para una historia universal en clave cosmopolita*, en *Ideas para una historia universal en clave cosmopolita y otros escritos sobre filosofía de la historia,* Madrid, Tecnos, 1987, pp. 8 ss.].

[39] I. Kant, *Grundlegung*, cit., p. 430 [ed. cast.: *Fundamentación*, cit., pp. 87].

[40] *Op. cit.*, p. 447 [ed. cast.: *op. cit.,* p. 98].

[41] *Op. cit.*, p. 462 [ed. cast.: *op. cit.,* p. 136].

[42] I. Kant, *Kritik der praktischen Vernunft*, cit., p. 36 [ed. cast.: *Crítica de la razón práctica*, cit., p. 116].

[43] *Op. cit.*, pp. 62 ss. [ed. cast.: *op. cit.,* pp. 134 ss.].

[44] *Op. cit.*, pp. 34 ss. [ed. cast.: *op. cit.,* p. 115].

[45] *Op. cit.*, pp. 92 s. [ed. cast.: *op. cit.,* p. 155].

[46] *Op. cit.*, p. 118 [ed. cast.: *op. cit.,* pp. 173 ss.]; cfr. M. Horkheimer y Th. W. Adorno, *Dialektik der Aufklärung*, cit., pp. 123 ss. [ed. cast.: *Dialéctica de la Ilustración*, cit., pp. 175 ss.]

[47] I. Kant, *Grundlegung*, cit., p. 459 [ed. cast.: *Fundamentación*, cit., p. 131].

[48] I. Kant, *Kritik der praktischen Vernunft*, cit., p. 31 [ed. cast.: *Crítica de la razón práctica*, cit., p. 120]; cfr. M. Horkheimer y Th. W. Adorno, *op. cit.,* p. 114 [ed. cast.: *op. cit.,* pp. 166 ss.].

[49] S. FERENCZI, *Bausteine zur Psychoanalyse,* vol. III, Berna, 1939, pp. 394 ss.

[50] *Op. cit.*, p. 398

[51] *Op. cit.*

[52] *Op. cit.*, p. 435.

[53] I. Kant, *Kritik der praktischen Vernunft*, cit., p. 48 [ed. cast.: *Crítica de la razón práctica*, cit., p. 130].

[54] *Op. cit.*, p. 67 [ed. cast.: *op. cit.*, p. 137].

[55] *Op. cit.*, p. 68 [ed. cast.: *op. cit.*, pp. 138 ss.].

[56] *Op. cit.*, p. 72 [ed. cast.: *op. cit.*, p. 141].

[57] *Op. cit.*, [ed. cast.: *op. cit.*, pp. 141 ss.].

[58] *Op. cit.*, p. 99 [ed. cast.: *op. cit.*, p. 159].

[59] *Ibid.* [ed. cast.: *op. cit.*, p. 160].

[60] *Op. cit.*, pp. 99 ss. [ed. cast.: *ibid.*].

[61] *Op. cit.*, p. 87 [ed. cast.: *op. cit.*, p. 151].

[62] W. Benjamin, *Schriften* I, cit., pp. 56 ss.

[63] Cfr. I. Kant, *Kritik der praktischen Vernunf,* cit., p. 76 [ed esp.: *Crítica de la razón práctica,* cit., p. 144].

II. Espíritu del mundo e historia de la naturaleza. *Excurso sobre Hegel*

[1] K. Marx y F. Engels, *Die heilige Familie,* Berlín, 1953, p. 211 [ed. cast.: *La sagrada familia,* Barcelona, Grijalbo, 1978, p. 105].

[2] K. Marx, *Das Kapital,* cit., pp. 621 ss.. [ed. cast.: *El capital,* cit., p. 499].

[3] *Op. cit.*, p. 621 [ed. cast.: *ibid.*].

[4] G. W. F. Hegel, *WW* 7, cit., pp. 28 ss. [ed. cast.: *Filosofía del derecho,* México, Universal Nacional Autónoma de México, 1975, p. 9].

[5] Cfr. W. BENJAMIN, *Schriften* I, cit., pp. 494 ss.

[6] G. W. F. Hegel, *Die Vernunf in der Geschichte [La razón en la historia],* Hamburgo, ⁵1955, p. 60 [ed. cast.: *Lecciones sobre la filosofía de la historia universal,* Madrid, Revista de Occidente, 1974, p. 66].

[7] *Ibid.*

[8] *Op. cit.*, p. 48 [ed. cast.: *op. cit.*, p. 57].

[9] G. W. F. Hegel, *WW* 7, cit., p. 230 [ed. cast.: *Filosofía del derecho,* cit., p. 170].

[10] G. W. F. Hegel, *Die Vernunf in der Geschichte,* cit., p. 77 [ed. cast.: *Lecciones sobre la filosofía de la historia* universal, cit., p. 78].

[11] *Op. cit.*, p. 78 [ed. cast.: *op. cit.*, *ibid.*].

[12] *Op. cit.*, p. 115 [ed. cast.: *op. cit.*, p. 104].

[13] *Op. cit.*, p. 60 [ed. cast.: *op. cit.*, p. 66].

[14] *Op. cit.*, p. 95 [ed. cast.: *op. cit.*, p. 90].

[15] *Op. cit.*, p. 60 [ed. cast.: *op. cit.*, p. 66].

[16] G. W. F. Hegel, *WW* 5, cit., pp. 43 ss. [ed. cast.: *Ciencia de la lógica,* cit., p. 536].

[17] G. W. F. Hegel, *Die Vernunft in der Geschichte,* cit., pp. 59 ss. [ed. cast.: *Lecciones sobre la filosofía de la historia universal,* cit., pp. 65 ss.].

[18] *Op. cit.*, p. 105 [ed. cast.: *op. cit.*, p. 97].

[19] Cfr. *supra,* en particular *Ser y existencia, passim.*

[20] G. W. F. Hegel, *WW* 7, cit., p. 231 [ed. cast.: *Filosofía del derecho,* cit., p. 171].

[21] *Op. cit.*, pp. 32 ss. [ed. cast.: *op. cit.*, pp. 13 ss.].

[22] K. Marx, *Grundrisse der Kritik der politischen Ökonomie,* Berlín, 1953, pp. 75 ss. [ed. cast.: *Líneas fundamentales de la crítica de la economía política (Grundrisse). Primera mitad,* Barcelona, Grijalbo, 1977, pp. 83 ss.].

[23] *Op. cit.*, p. 76 [ed. cast.: *op. cit.,* p. 86].

[24] G. W. F. Hegel, *WW* 7, cit., p. 336.

[25] *Op. cit.*, pp. 268 ss. [ed. cast.: *op. cit.*, p. 198].

[26] Cfr., *op. cit.*, p. 235 [ed. cast.: *op. cit.*, p. 174].

[27] *Op. cit.*, pp. 329 [ed. cast.: *op. cit.*, p. 245].

[28] *Ibid.*.

[29] G. W. F. Hegel, *Die Vernunft in der Geschichte*, cit., p. 111 [ed. cast.: *Lecciones sobre la filosofía de la historia universal*, cit., p. 101].

[30] Cfr. O. NEGT, *Strukturbeziehungen zwischen den Gesellschaftslehren Comtes und Hegels [Relaciones estructurales entre las doctrinas sociales de Comte y Hegel]*, en *Frankfurter Beiträge zur Soziologie [Contribuciones frankfurtianas a la sociología]*, vol. 14, Fráncfort del Meno, 1964, p. 49 y *passim*.

[31] G. W. F. Hegel, *Die Vernunft in der Geschichte*, cit., p. 72 [ed. cast.: *Lecciones sobre la filosofía de la historia universal*, cit., p. 66].

[32] *Op. cit.*, p. 67 [ed. cast.: *op. cit.*, pp. 70 ss.].

[33] *Ibid.* [ed. cast.: *op. cit.*, p. 70].

[34] *Ibid.* [ed. cast.: *op. cit.*, p. 71].

[35] *Op. cit.*, pág. 95 [ed. cast.: *op. cit.*, pp. 90].

[36] *Op. cit.*, p. 73 [ed. cast.: *op. cit.*, p. 75].

[37] *Op. cit.*, p. 95 [ed. cast.: *op. cit.*, p 90].

[38] Cfr. W. Benjamin, *Schriften* II, cit., p. 197.

[39] Cfr. G. W. F. Hegel, *WW* 7, cit., pp. 234 ss. [ed. cast.: *Filosofía del derecho*, cit., p. 173].

[40] G. W. F. Hegel, *Die Vernunft in der Geschichte*, cit., pp. 115 ss. [ed. cast.: *Lecciones sobre la filosofía de la historia universal*, cit., p. 104].

[41] Cfr. Th. W. ADORNO, *Versuch über Wagner*, Berlín y Fráncfort del Meno, 1952, p. 195 [ed. cast.: *Ensayo sobre Wagner*, en *Monogra-fías musicales*, Madrid, Akal, de próxima publicación].

[42] Cfr. É. DURKHEIM, *Les règles de la méthode sociologique*, París, [15]1956, pp. 100 ss. [ed. cast.: *Las reglas del método sociológico*, Madrid, Akal, 2001, pp. 113 ss.]; cfr., al respecto, Th. W. ADORNO, «Notiz über sozialwissenschaftliche Objetivität» [«Apunte sobre la objetividad sociológica»], *Kölner Zeitschrift für Soziologie und Sozialpsychologie [Revista de Colonia para la sociología y la psicología social]*, año 17 (1965), fascículo 3, pp. 416 ss.

[43] Cfr. É. Durkheim, *Les règles*, cit., p. 104 [ed. cast.: *Las reglas*, cit., p. 117].

[44] Cfr. H. MARCUSE, «Zur Kritik des Hedonismus» [«Sobre la crítica del hedonismo»], *Zeitschrift für Sozialforschung [Revista para la investigación social]*, año VII (1938), París, 1939, pp. 55 ss.

[45] G. W. F. Hegel, *Die Vernunft in der Geschichte*, cit., pp. 92 ss. [ed. cast.: *Lecciones sobre la filosofía de la historia universal*, cit., p. 88].

[46] Cfr. Th. W. ADORNO, *Drei Studien zu Hegel*, cit., pp. 154 ss. [ed. cast.: *Tres estudios sobre Hegel*, cit., pp. 175 ss.].

⁴⁷ K. Marx, *Das Kapital,* vol. I, cit., Prólogo a la primera edición, pp. 7 ss. [ed. cast.: *El capital,* cit., p. XV].

⁴⁸ Cfr. A. Schmidt, *op. cit.,* vol. 2, p. 15 [ed. cast.: *op. cit.,* p. 17].

⁴⁹ K. Marx, *Das Kapital,* cit., pp. 652 ss. [ed. cast.: *El capital,* cit., p. 524].

⁵⁰ K. Marx, *Grundrisse,* cit., p. 111 [ed. cast.: *Grundrisse,* cit., p. 129].

⁵¹ G. W. F. Hegel, *WW* 7, cit., p. 375 [ed. cast.: *Filosofía del derecho,* cit., pp. 273 ss.].

⁵² *Op. cit.,* p. 434 [ed. cast. cit.: *op. cit.,* p. 321].

⁵³ *Op. cit.,* p. 50 [ed. cast. cit.: *op. cit.,* p. 29].

⁵⁴ Cfr. G. LUKÁCS, *Die Theorie des Romans,* Berlín, 1920, pp. 54 ss. [ed. cast.: *La teoría de la novela,* Barcelona, Grijalbo, 1975, pp. 380 ss.].

⁵⁵ K. MARX, *Deutsche Ideologie,* en *MEGA,* 1ª sec., vol. V, Berlín, 1932, p. 567 [ed. cast.: *La ideología alemana,* Barcelona, Grijalbo, 1970, p. 676].

⁵⁶ Th. W. Adorno, «Die Idee der Naturgeschichte» [«La idea de historia natural»], conferencia en la delegación frankfurtiana de la Sociedad Kantiana, julio de 1932.

⁵⁷ W. Benjamin, *Ursprung des deutschen Trauerspiels,* cit. p. 199 [ed. cast.: *El origen del drama barroco alemán,* cit., p. 173].

⁵⁸ *Op. cit.,* p. 197 [ed. cast.: *op. cit.,* pp. 170 ss.].

III. Meditaciones sobre la metafísica

¹ Cfr. REGIUS, *Dämmerung [Crepúsculo],* Zúrich, 1954, pp. 59 ss.

² I. Kant, *Kritik der reinen Vernunft,* 2ª ed., *WW* III, cit., p. 313 [ed. cast.: *Crítica de la razón pura,* cit., p. 411].

Noticia

La *Dialéctica negativa* se escribió entre 1959 y 1966. Forman su núcleo tres lecciones que el autor impartió en la primavera de 1961 en el Collège de France de París. Las dos primeras lecciones se convirtieron, sin alteraciones en la estructura, en la primera parte del libro; la tercera, muy transformada y ampliada, constituye la base de la segunda parte. En gran medida, sin embargo, se remonta a mucho antes: los primeros esbozos del capítulo sobre la libertad datan del año 1937, ciertos motivos de «Espíritu del mundo e historia de la naturaleza» proceden de una conferencia pronunciada por el autor en la sección local de la Sociedad Kant en Fráncfort (1932). La idea de una lógica de la descomposición es la más antigua de sus concepciones filosóficas: se encuentra ya en sus años estudiantiles.

En la segunda edición se han corregido erratas de impresión; se ha añadido una sección sobre el momento cualitativo de la racionalidad y una nota al pie sobre contingencia y necesidad.

Índice temático

LA JERGA
DE LA AUTENTICIDAD

SOBRE LA IDEOLOGÍA ALEMANA

Escrito en 1962-1964

Para Fred Pollock
con ocasión del 22 de mayo de 1964

Il est plus facile d'élever un temple
que d'y faire descendre l'objet du culte.

Samuel BECKETT, *L'innommable*

En los primeros años veinte una serie de personas que se dedicaban a la filosofía, la sociología y también a la teología, planearon una reunión. La mayoría de ellas habían pasado de una confesión a otra; les era común el énfasis en la religión recién adquirida, no esta misma. Todas ellas estaban insatisfechas con el idealismo entonces todavía dominante en las universidades. La filosofía les movió a elegir, en nombre de la libertad y la autonomía, la teología positiva, como ya se dice en Kierkegaard. Para ellos, sin embargo, se trataba no tanto del dogma determinado, del contenido de verdad de la revelación, como de una mentalidad. Un amigo al que entonces atraía aquel ambiente no fue invitado, para su ligera irritación. Él no era, así se le indicó, lo bastante auténtico. Pues vacilaba ante el salto kierkegaardiano; sospechaba que una religión que es conjurada desde un pensamiento autónomo se somete con ello a éste y se niega como lo absoluto que según su propio concepto quiere sin embargo ser. Los reunidos eran intelectuales antiintelectuales. Se confirmaban su superior connivencia excluyendo a quien no profesaba del modo en que ellos se atestiguaban mutuamente. Lo que defendían desde el punto de vista espiritual se lo achacaban a su *ethos*, como si el nivel interior de una persona lo elevara el hecho de que fuera partidaria de una doctrina de lo superior; como si en los Evangelios no hubiera nada contra los fariseos. – Todavía cuarenta años después, un obispo retirado abandonó el congreso de una academia evangélica porque uno de los ponentes invitados puso en duda la posibilidad de la música sacra hoy en día. También él se sentía exonerado o había sido advertido de tratar con quienes no se ajustan a lo establecido: como si el pensamiento crítico no tuviera ningún fundamento objetivo, sino que fuera una falta subjetiva. Los hombres de su tipo aúnan la tendencia a, en palabras de Borchardt, imponer su opinión con miedo a reflejar su reflexión, como si no creyeran del todo en sí mismos. Hoy como entonces, huelen el peligro de perder de nuevo lo que llaman lo concreto en la abstracción para ellos sospechosa, la cual no puede extirparse de los conceptos. La concreción se les antoja prometida por el sacrificio, el intelectual en primer lugar. Los herejes bautizaron al grupo como los «auténticos». *Ser y tiempo* tardaría todavía mucho en aparecer. Al introducir en la obra la autenticidad por antonomasia, desde un punto de vista ontológico-existencial, como palabra clave específicamente filosófica, Heidegger vertió enérgicamente en la filosofía aquello que los auténticos ansían menos teóricamente y con ello conquistó a todos los que vagamente se reclaman de ella. Las imputaciones confesionales se hicieron prescindibles gracias a él. Su libro alcanzó su nimbo porque describió como perspicua, puso a la vista como sólidamente comprometedora, la dirección del oscuro impulso de la *intelligentsia* antes de 1933. Ciertamente, en él y en todos los que siguieron su lenguaje, aún hoy resuena debilitado el eco teológico. Pues los afanes teológicos de aquellos años se infiltraron en el lenguaje mucho más allá del perímetro de quienes entonces se erigían como elite. Pero desde entonces lo sagrado del lenguaje de los auténticos vale más para el culto de la autenticidad que para el cristiano, incluso allí donde, por falta temporal de otra autoridad disponible, se asimilan a éste. Antes de todo contenido particular, su lenguaje modela el pensamiento de tal modo que se acomoda a la meta de la sumisión aun allí donde cree estar resistiéndose. La autoridad de lo absoluto es derribada por una autoridad absolutizada. El fascismo no fue meramente la conjuración que también fue, sino que surgió dentro de una poderosa tendencia de evolución social. El lenguaje le da asilo; en él la creciente catástrofe se expresa como si fuera la salvación.

En Alemania se habla, mejor aún, se escribe una jerga de la autenticidad, marca distintiva de selección socializada, noble y reminiscente de la patria chica a un tiempo; un sublenguaje como supralenguaje. Desde la filosofía y la teología no meramente de las academias evangélicas se extiende por la pedagogía, por las escuelas superiores populares y las ligas juveniles hasta el elevado modo de hablar de los representantes de la economía y la administración. Mientras desborda de la pretensión de una profunda conmoción humana, está sin embargo tan estandarizada como el mundo que oficialmente niega; en parte como consecuencia de su éxito de masas, en parte también porque por su pura constitución expone automáticamente su mensaje y con ello lo aísla de la experiencia que se supone que la anima. Dispone de un modesto número de palabras que se engranan a la manera de señales; «autenticidad» misma no es entre ellas la más prominente; antes bien ilumina el éter en que la jerga prospera y la mentalidad que latentemente la nutre. Para empezar, como modelo, bastan «existencial, "en la decisión", misión, llamamiento, encuentro, diálogo genuino, aserción, instancia, compromiso»; a la lista pueden añadirse no pocos términos nada terminológicos de tono afín. Algunos, como la «instancia» recogida en el diccionario de Grimm y que Benjamin todavía empleaba inocentemente, sólo se han coloreado de este modo desde que han entrado en ese campo de tensiones –otra expresión pertinente–. Tampoco se ha, pues, de componer un *Index verborum prohibitorum* de nobles sustantivos corrientes en el mercado, sino de averiguar su función lingüística en la jerga. En absoluto son todas sus palabras sustantivos nobles; a veces recurre también a banales, los eleva a las alturas y los broncea, según el uso fascista, que sabiamente mezcla lo plebiscitario y lo elitista. Poetas del neorromanticismo embebidos de lo exquisito, como George y Hoffmansthal, no escribían de ningún modo su prosa en jerga; sí en cambio no pocos de sus agentes, como Gundolf. Las palabras se convierten en las de la jerga sólo por la constelación que niegan, por el gesto de unicidad de cada una de ellas. Lo que de magia ha perdido se le procura a la palabra singular como por decreto, de modo dirigista. La de la palabra singular es una segunda trascendencia, suministrada de fábrica: un monstruo de la trascendencia perdida. Algunos componentes del lenguaje empírico son manipulados en su rigidez, como si fueran los de uno verdadero y revelado; el manejo empírico de palabras sacras simula para el hablante y para el oyente una cercanía física. El éter es rociado mecánicamente; las palabras atomistas son engalanadas sin ser modificadas. Gracias a la por la jerga llamada trama, adquieren prelación sobre ésta. La jerga, objetivamente un sistema, utiliza como principio de organización la desorganización, la descomposición del lenguaje en palabras en sí. No pocas de ellas pueden utilizarse en otra constelación sin hacer un guiño a la jerga; «aserción», que en epistemología denota estrictamente el sentido de los juicios predicativos; «auténtico» –por supuesto, ya con precaución–, también como adjetivo cuando lo esencial es distinto de lo accidental; «inauténtico» cuando se alude a algo roto, expresión que es inmediatamente adecuada a lo expresado —«las retransmisiones radiofónicas de música tradicional, concebida en categorías de la ejecución viva, se basan en la sensación del como si, de lo inauténtico»[1]–. «Inauténtico» está ahí críticamente, en negación determinada de algo aparente. La jerga, sin embargo, extrae autenticidad, o su contrario, de cada uno de tales perspicuos contextos. – Ciertamente no cabría reprochar a ninguna empresa la palabra «misión» cuando se le encarga una. Pero tales posibilidades siguen siendo estrechas y abstractas. Quien las estira demasiado contribuye a una teoría netamente nominalista del lenguaje para la que las palabras son fichas de juego intercambiables, en nada afectadas por la historia. Ésta sin embargo inmigra a cada palabra y sustrae a cada una de la reconstrucción del supuesto protosentido a la caza del cual va la jerga. Sobre qué sea la jerga y qué no decide si la palabra está escrita en el tono en que ella se pone como trascendente frente al significado propio; si las palabras singulares van cargadas a costa de la proposición, el juicio, lo pensado. Según esto, el carácter de la jerga sería sobremanera formal; éste cuida de que lo que desea sea en gran medida sin tener en cuenta el contenido de las palabras sentido y aceptado por efecto de su exposición. El elemento preconceptual, mimético, del lenguaje lo toma bajo su control a favor de los complejos de efectos por ella deseados. «Aserción», por ejemplo, quiere hacer creer en que la existencia del hablante se comunica al mismo tiempo que la cosa, y confiere a ésta su dignidad; sin este suplemento del hablante, deja traslucir, el discurso sería ya inauténtico, la mera consideración de la expresión respecto de la cosa, una caída en el pecado. Este formalismo es propicio a fines demagógicos. Quien domina la jerga no necesita decir lo que piensa, ni siquiera pensarlo correctamente; la jerga lo exime de ello y devalúa el pensamiento. Que hablara el hombre entero, eso sería auténtico: nuclear. Entonces ocurre lo que la jerga misma estiliza en el «acontecer». La comunicación se entabla y propaga una verdad que por el pronto acuerdo colectivo antes bien debería ser sospechosa. La tonalidad de la jerga tiene algo de la seriedad de los augures, conjurados a discreción con cualquier cosa sagrada.

---

[1] Theodor W. ADORNO, *Das getreue Korrepetitor. Lehrschriften zur musikalischen Praxis* [ed. cast.: *El fiel correpetidor. Instrucciones para la praxis musical,* Madrid, Akal, de próxima publicación], Fráncfort, 1963, p. 218.

El hecho de que las palabras de la jerga, independientemente del contexto lo mismo que del contenido conceptual, suenen como si dijeran algo superior a lo que significan cabría designarlo con el término «aura». No parece casual que Benjamin lo introdujera en el mismo instante en que según, su propia teoría, lo que con él pensaba se le deshacía a la experiencia[2]. Sacras sin contenido sacro, emanaciones congeladas, las palabras clave de la jerga de la autenticidad son productos de la decadencia del aura. Ésta va pareja con una falta de compromiso que en medio del mundo desencantado la hace disponible o, como sin duda se diría en el neoalemán paramilitar, operativa. La permanente reprobación de la reificación que representa la jerga está reificada. A ésta se ajusta la definición dirigida contra el arte malo por Richard Wagner, del efecto como resultado sin causa. Cuando el Espíritu Santo desaparece, se habla con lenguas mecánicas. Pero el secreto sugerido e inexistente es un secreto a voces. Quien no lo conoce sólo necesita hablar como si lo conociera y como si los demás no lo conocieran. La fórmula expresionista «Todo hombre está predestinado», que aparece en un drama de Paul Kornfeld, al cual los nacionalsocialistas asesinaron, sirve, descontado el falso Dostoyevski, para la autosatisfacción ideológica de una pequeña burguesía amenazada y humillada por el desarrollo social. Del hecho de que ésta no acompañase ni real ni espiritualmente ese desarrollo deriva su gracia, la de la originariedad. Nietzsche no vivió lo bastante para asquearse de la jerga de la autenticidad: en el siglo XX es el fenómeno *par excellence* del resentimiento alemán. El «no huele bien» de Nietzsche no habría venido sino al pelo a la vista de las raras fiestas de balneario de la vida sana: «El domingo comienza auténticamente ya el sábado por la tarde. Cuando el artesano ordena su taller, cuando el ama de casa ha dejado toda la casa como los chorros del oro e incluso ha barrido la calle delante de la casa y la ha librado de la suciedad acumulada durante la semana, cuando al final se baña también a los niños y hasta los adultos, haciendo limpieza a fondo, se arrancan el polvo de la semana y el traje nuevo está ya preparado, cuando todo eso se lleva a cabo con minuciosidad y circunspección campesinas, entonces invade a los hombres una sensación

---

[2] Cfr. Walter BENJAMIN, *Das Kunstwerk im Zeitalter seiner technischen Reproduzierbarkeit [La obra de arte en la época de su reproductibilidad técnica]*, en *Schriften I*, Fráncfort, 1955, en p. 374.

de descanso profundamente beatífica»[3]. Incesantemente se inflan expresiones y situaciones de una cotidianeidad la mayoría de las veces ya inexistente, como si estuvieran autorizadas y garantizadas por un absoluto que el respeto silencia. Aunque se recatan de apelar a la revelación, los avisados, ansiosos de autoridad, organizan la ascensión a los cielos de la palabra más allá del ámbito de lo fáctico, condicionado e impugnable, pronunciándola, incluso por escrito, como si la bendición de lo alto se hubiera compuesto en ella misma inmediatamente. Lo supremo que habría que pensar y que repugna al pensamiento, la jerga lo estropea al comportarse como si −«de siempre ya», diría ella− lo tuviera. Lo que la filosofía querría; lo peculiar de ella, por lo cual le es esencial la representación, condiciona que todas sus palabras digan más de lo que cada una dice. De eso se aprovecha la técnica de la jerga. La trascendencia de la verdad por encima del significado de las palabras y juicios singulares ella la agrega a las palabras como posesión inmutable de éstas, mientras que el más únicamente se forma en la constelación, de manera mediada. El lenguaje filosófico va, según su ideal, más allá de lo que dice en virtud de lo que dice, en el curso del pensamiento. Trasciende dialécticamente al hacerse en él consciente de sí misma y, por tanto, dueña de sí la contradicción entre verdad y pensamiento. La jerga se incauta destructivamente de tal trascendencia, la abandona a su chacoloteo. Lo que las palabras dicen más de lo que dicen se les agrega de una vez por todas como expresión, rota la dialéctica; la de palabra y cosa tanto como la intralingüística entre las palabras singulares y su relación. Sin juicios, sin pensar, la palabra debe dejar su significado debajo de sí. La realidad de ese más debe instituirse así, como burlándose de la especulación mística sobre el lenguaje, la cual la jerga, sin fundamento orgullosa de su llaneza, se guarda de recordar. En la jerga se disipa la diferencia entre el más que el lenguaje busca a tientas y su ser-en-sí. La hipocresía se convierte en un a priori: el lenguaje cotidiano se habla aquí y ahora como si fuera el sagrado. A éste uno profano sólo podría aproximarse distanciándose del tono de lo sagrado, no imitándolo. En esto la jerga peca de un modo blasfemo. Si las palabras para lo empírico las reviste de aura, a cambio a conceptos generales filosóficos e ideas como la del ser les da una mano tan espesa, que su esencia conceptual, mediación por el sujeto pensante, desapa-

---

[3] Otto Friedrich BOLLNOW, *Neue Geborgenheit [Nuevo amparo]*, Stuttgart, 1956, p. 205.

rece bajo el barniz: seducen entonces como lo más concreto de todo. La trascendencia y la concreción chirrían; la ambigüedad es el medio de una actitud lingüística cuya filosofía favorita condena a aquélla[4].

Pero lo no-verdadero se declara culpable en lo bombástico. Hubo quien, tras una larga separación, escribió que estaba existencialmente seguro; fue menester alguna meditación para descubrir que se había ocupado lo bastante de las finanzas. Un centro previsto para discusiones internacionales, cualquiera que sea su utilidad, se llama Casa de los Encuentros; la casa visible, firmemente cimentada en la tierra, se convierte en lugar sagrado a causa de las reuniones, las cuales deben ser más que discusiones por el hecho de que acontecen entre hombres vivos existentes que en último término igualmente podrían discutir y que, mientras no se suiciden, difícilmente pueden hacer otra cosa que existir. Más que cualquier contenido debe ser importante la relación con el otro; a este respecto a la jerga le basta aquel raído *ethos* comunitario del Movimiento de la Juventud, censura de que nada vaya ni más allá de la nariz del hablante ni más allá de aquellos a los que últimamente se llama *partners*. La jerga domestica el *engagement* convirtiéndolo en una firme institución y refuerza además la autoestima de los oradores más subalternos; ya son algo, pues en ellos habla alguien incluso cuando éste no es nada en absoluto. La consigna que resuena con la jerga, que su pensamiento no debe esforzarse demasiado, pues de lo contrario ofendería a la comunidad, se convierte también para ellos en garantía incluso de superior verificación. Se omite el hecho de que el lenguaje mismo, en virtud de su universalidad y objetividad, ya niega a ese hombre entero, el sujeto singular de siempre hablante: de entrada cuesta el ser-así de los individuos. Pero, al comportarse como si hablara el hombre entero y no el pensamiento, la jerga simula en cuanto modo de comunicación «a mano» que sería inmune a la deshumanizada comunicación de masas; eso precisamente le granjea el acuerdo entusiasta de todos. Quien respalda sus palabras como éstos fingen hacerlo está a cubierto de la sospecha de lo que en el mismo instante está haciendo: de que habla para otros y para colarles algo. De su coartada se cuida la palabra «aserción», de un modo total cuando se le engancha el «auténtica». Con su prestigio quiere procurar a ese «para otros» la solidez de un en sí. Donde todo es comunicación, ésta es mejor que

---

[4] Cfr. Martin HEIDEGGER, *Sein und Zeit*, Halle, ³1931, pp. 173 ss., § 37 [ed. cast.: *El ser y el tiempo,* México, Fondo de Cultura Económica, 1974, pp. 192 ss.].

comunicación. Pues el hombre elevado a los cielos, que no hace mucho tiempo inventó la expresión «comando de ascensión a los cielos»[*], es para la jerga la razón de ser tanto como el destinatario de la aserción, sin que se pudiera distinguir entre ambas cosas. A la palabra «aserción» también se le adhiere a menudo el atributo «válida»; evidentemente, porque la experiencia enfática que la palabra reclama ya no es en absoluto consumada por quienes la favorecen por mor de esa pretensión. Se ha menester de un amplificador. «Aserción» querría anunciar que algo dicho procede de las profundidades del sujeto hablante, que está sustraído a la maldición de la comprensión superficial. Pero al mismo tiempo el monstruo comunicativo se disfraza en la aserción. Si uno habla, eso debe ser ya, gracias a la elevada palabra «aserción», signo de verdad, como si a los hombres no pudiera atraparlos lo no-verdadero, padecer martirio por un puro disparate. Más que cualquier contenido, este dislocamiento condena a la aserción, en cuanto quiere ser tal, como mentira. Debido a su confiabilidad subjetiva, el que la escucha debe tener algo. Eso, sin embargo, está tomado del mundo mercantil: la exigencia del consumidor de que también lo espiritual debe, contra su propio concepto, regirse por sí. Esa advertencia al espíritu domina tácitamente todo el clima de la jerga. La necesidad real y vana de ayuda debe ser satisfecha por el mero espíritu con consuelo sin intervención. La cháchara sobre la aserción es la ideología complementaria del mutismo al que el orden obliga a aquellos que nada pueden sobre él y cuya apelación por tanto es de antemano huera. Pero lo que revoca críticamente la situación fue devaluado por alemanes con cargo y rango como «sin valor asertivo». No es con la aserción con lo último que se golpea al arte nuevo; la reluctancia de éste al sentido tradicionalmente comunicable es censurada como desde una atalaya más alta por aquellos cuya consciencia estética no está a la altura. Si a la aserción se le añade «válida», entonces se puede introducir de matute, como metafísicamente autorizada, cualquier cosa vigente, sellada. La fórmula ahorra la reflexión sobre la metafísica arrastrada por ella tanto como sobre lo asertado. El concepto de aserción aparece en Heidegger nada menos que como constituyente del «ahí»[5].

---

[*] *Himmelsfahrtkommando*: por mor de la coherencia con el contexto, se ha mantenido la traducción literal, «comando de ascensión a los cielos», en lugar de la acuñada de «comando suicida». [N. del T.]

[5] Cfr. Heidegger, *op. cit.*, p. 154 [ed. cast.: *op. cit.*, pp. 172 ss.].

La tesis que rige tras la jerga, la de la relación yo-tú como el lugar de la verdad, denigra la objetividad de ésta como cósica y recalienta en secreto el irracionalismo. En cuanto tal relación, la comunicación se convierte en aquello suprapsicológico que ella únicamente sería a través del momento de la objetividad de lo comunicado; en definitiva, la estupidez como fundadora de la metafísica. Desde que Martin Buber separó de la cristología de Kierkegaard su concepto de lo existencial y lo falseó hasta convertirlo en una actitud sin más, domina la propensión a presentar como ligado a la llamada relación entre el yo y el tú el contenido metafísico. Éste se remite a la inmediatez de la vida, la teología se fija a determinaciones de la inmanencia que por su parte quieren de nuevo ser, a través del recuerdo de la teología, más, virtualmente ya como las palabras de la jerga. Mediante un juego de prestidigitación se hace desaparecer nada menos que el umbral entre naturaleza y supranaturaleza. Los auténticos más modestos levantan con unción los ojos ante la muerte, pero su conducta espiritual, enamorada de lo vivo, la suprime. A la teología se le extrae la espina sin la cual no se ha podido pensar la redención. Según su concepto, nada natural ha atravesado la muerte sin transformación, ningún «de hombre a hombre» es aquí y ahora la eternidad y ciertamente ningún «de hombre a Dios» que por así decir palmotee a Éste en el hombro. El existencialismo de estilo buberiano, en una *analogia entis* invertida, extrae su trascendencia del hecho de que las relaciones espontáneas entre los hombres no cabe reducirlas a polos cósicos. Sigue siendo la filosofía vitalista de la que desde el punto de vista de la historia espiritual surgió y a la que rechazó; peralta el dinamismo lo mortal hasta la parte inmortal. La trascendencia es así aproximada al hombre. Y por completo en la jerga: ésta es el órgano Wurlitzer del espíritu. En ella tuvo que componerse aquel sermón del *Brave New World [Un mundo feliz]* de Huxley grabado en cinta y utilizable según necesidad, que con alta verosimilitud sociopsicológica lleva a las masas insurrectas a la razón mediante una emotividad planificada, caso de que éstas debieran volverse a unir. Lo mismo que con fines publicitarios el órgano Wurlitzer humaniza el *vibrato*, musicalmente portador antaño de la expresión subjetiva, incrustándolo más tarde mecánicamente en el sonido mecánicamente producido, la jerga proporciona a los hombres modelos del ser-hombre que el trabajo no-libre les ha quitado, si es que alguna vez se dejaron huellas de eso. Heidegger estatuyó la autenticidad contra el «se» y las «habladurías», sin dejarse engañar por el hecho de que entre los dos tipos de lo por él tratado como existenciales no hay ningún salto perfecto, es más, que pasan del uno al otro por su propio dinamismo. Pero no previó que lo por él llamado autenticidad, una vez hecho palabra, incrementa el mismo anonimato de la sociedad del canje contra el que *Ser y tiempo* se rebelaba. La jerga, que en la fenomenología de las habladurías de Heidegger mereció un puesto de honor, califica a los adeptos, según su opinión, de no-triviales y de sentido superior, lo mismo que una y otra vez aplaca la todavía supurante sospecha de desarraigo.

En los grupos profesionales que, como se dice, desempeñan un trabajo intelectual pero al mismo tiempo carecen de autonomía e independencia o son económicamente débiles, la jerga es una enfermedad profesional. En tales grupos a la función social general se añade una específica. Su formación y su consciencia van muy a la zaga de ese espíritu del que según la división social del trabajo se ocupan. Mediante la jerga querrían eliminar la distancia; presentarse como partícipes de una cultura exquisita –los fondos de almacén todavía les parecen a la moda– lo mismo que como individuos de esencia propia: los más candorosos entre ellos no se cansan de, con una expresión de la industria artesanal de la que la jerga ha tomado no pocas cosas, llamar a eso una y otra vez la nota personal. Los estereotipos de la jerga aseguran una emoción subjetiva. Parecen garantizar que no se hace lo que cuando uno se llena de ellos la boca se hace: balar a coro; lo ha conseguido uno mismo, en cuanto alguien inconfundiblemente libre. La pose formal de autonomía no sustituye al contenido de ésta. Rimbombantemente bautizado como «vínculo», se lo toma en préstamo de manera heterónoma. De lo que en la industria cultural se encarga la pseudoindividualización, entre sus detractores se encarga la jerga. Es el síntoma alemán de la progresiva semicultura; como inventada para aquellos que se sienten históricamente condenados, o al menos en decadencia, pero ante sus iguales y ellos mismos se comportan como una elite interior. Su peso no se ha de subestimar porque sea un reducido grupo el que la escribe. Las personas de carne y hueso que la hablan son incontables, desde ese estudiante que en el examen se explaya sobre el encuentro genuino hasta el secretario de prensa de un obispo que pregunta: «¿Cree usted que Dios sólo habla a la razón?» Su discurso inmediato lo reciben de un distribuidor. En las conversaciones teológicas de los estudiantes del *Doktor Faustus*, en la bodega de Auerbach en 1945, Thomas Mann, que apenas había tenido ya ocasión de observar los usos de la lengua neoalemana, adivinó con exacta ironía la mayor parte; si, por supuesto, ya antes de 1933 había sin duda modelos competentes, sólo después de la guerra, cuando el lenguaje nacionalsocialista se hizo indeseable, se volvió la jerga omnipresente. Rige desde entonces entre lo escrito y lo hablado la más íntima reciprocidad; se podría así leer jerga impresa que inconfundiblemente imita las voces radiofónicas que por su parte toman esto de las obras escritas de la autenticidad. Mediatez e inmediatez están mutuamente mediadas de un modo espantoso; al condimentarlas sintéticamente, lo mediado se ha convertido en el hazmerreír de lo natural. La jerga ya no conoce comunidades primarias y secundarias; tampoco partidos. Esta evolución tiene su base real. Lo que Kracauer diagnosticó en 1930 como la cultura de los empleados, la superestructura institucional y psicológica que entonces hacía creer a los proletarios inmediatamente amenazados con la ruina que eran algo mejor, y así los mantenía bajo la férula burguesa, en la coyuntura que desde hace mucho tiempo persiste se ha convertido, entretanto, en la ideología universal de una sociedad que no se reconoce como un pueblo bien avenido de clases medias, y esto lo puede confirmar una lengua unitaria a la cual la jerga de la autenticidad le viene muy bien para los fines del narcisismo colectivo; no sólo a los que la hablan, sino al espíritu objetivo. La jerga proclama la fiabilidad de lo universal mediante una particularización, sellada por lo universal, de procedencia burguesa; el tono preceptivamente electivo parece el de uno mismo. La ventaja más importante es la del certificado de buena conducta. Da igual lo que diga, la voz que así vibra firma un contrato social. El respeto por el ente que es ahí más de lo que es echa abajo todo lo insubordinado. Se da a entender que lo que acontece sería demasiado profundo como para que el lenguaje profanara lo dicho al decirlo. Las manos limpias desdeñan cambiar nada en las relaciones vigentes de propiedad y poder; el tono hace esto despreciable como Heidegger lo meramente óntico. De quien parlotee la jerga se puede uno fiar; se la lleva en el ojal de la solapa en lugar de las insignias del partido, actualmente de nula reputación. El tono puro está empapado de positividad, sin que haya que rebajarse a abogar por algo con demasiados antecedentes; uno se escabulle hasta la sospecha ha mucho socializada de ideología. En la jerga hiberna feliz la bipartición en-

tre lo destructivo y lo constructivo con que el fascismo amputa el pensamiento crítico. En mérito de una cosa se convierte ya el ser ahí en
general, bajo la protección del doble sentido de «positivo»: existente,
dado; y digno de afirmación. «Positivo» y «negativo» son objetualizados más acá de la experiencia viva, como si tuvieran validez previamente
a toda ponderación; como si el pensamiento no determinara primero
lo que es positivo y negativo; y como si el camino de tal determinación
no fuera él mismo el de la negación. La jerga seculariza la disposición
alemana a sin mediación imputar al hombre como lo positivo una relación positiva con la religión, aun cuando su religión se haya derretido
y se haya calado como no-verdadera. La no disminuida irracionalidad
de la sociedad racional estimula a elegir la religión como fin en sí mismo sin tener en cuenta su contenido, como mera mentalidad, en último término como disposición de los sujetos, a costa de la religión
misma. Uno no debe ser más que un hombre creyente, tanto da en qué
crea. Tal irracionalidad tiene función de aglutinante. La jerga de la autenticidad la hereda, puerilmente a la manera de las antologías latinas
que elogian el amor a la patria en sí, de los *viri patriae amantes*, aunque la patria de cada caso oculte las más graves vilezas. Sonnemann ha
descrito el fenómeno como el «no poderse desprender de una benevolencia que defiende el "orden" *partout*, incluso uno "en el cual todas estas cosas no están en orden": ¿qué clase de cosas? Según la lógica de la frase, deberían ser sólo accidentales, en lugar de lo cual son de
lo más esencial: "gases venenosos", "ominosos tabúes", "insinceridad",
"resentimientos", "histeria oculta en todas partes". ¿Qué queda entonces
del ordenamiento del orden? Evidentemente, primero habría que es-
tablecerlo»[6]. La benevolencia es lo mismo que la decisión previa; lo afirmativo, lo salvador, duplica el hechizo de la catástrofe. La jerga conduce a la positiva actitud vital del pequeño burgués de los anuncios
matrimoniales; prolonga cada vez con más exigencias las innumerables
conmemoraciones que quieren hacer a los hombres agradable una vida
que de lo contrario se les haría repugnante y a la altura de la cual tampoco se sienten. Que la religión se haya deslizado al interior del sujeto, que se haya transformado en religiosidad, concierne al curso his-

---

    [6] Ulrich SONNEMANN, *Das Land der unbegrenzten Zumutbarkeiten. Deutsche Re-
flexionen [El país de las cosas razonablemente exigibles. Reflexiones alemanas]*, Reinbeck
bei Hamburg, 1965, pp. 196 ss.

tórico. Pero las células muertas de religiosidad en medio de lo secular se convierten en un veneno. La antigua fuerza de la que según la intelección de Nietzsche todo se nutre, en lugar de entrar sin reservas en lo profano, se conserva sin reflexión y eleva a virtud la limitación que se arredra ante la reflexión.

En el elogio de la positividad están de mutuo acuerdo todos los que dominan la jerga de Jaspers para abajo. Únicamente el cauto Heidegger evita la afirmación demasiado franca por mor de ella misma y cumple su cupo indirectamente, gracias al tono de diligente genuinidad. Pero Jaspers escribe sin remilgos: «En el mundo sólo puede resultar verídico quien viva de algo positivo, que en todo caso sólo tiene mediante un compromiso»[7]. Y lo completa: «Sólo quien se compromete libremente es inmune a la desesperada revolución contra sí mismo»[8]. Su filosofía existencial ha escogido ciertamente como patrón protector al Max Weber que se lanza sin ilusiones a pecho descubierto. Tiene sin embargo que ver con la religión, no importa cuál siempre que exista, pues ella procura o es el necesario compromiso, sin preocuparse de su compatibilidad con la representación de una filosofía sin andaderas, la cual Jaspers se reserva como un privilegio: «Quien ciertamente es fiel a la trascendencia en forma de tal fe no debería ser atacado nunca siempre y cuando no se haga intolerante. Pues en el creyente sólo se puede destruir; él puede estar abierto al filosofar y arrostrar la gravedad, que también le pertenece, de una duda inaceptable para el ser-ahí humano, pero tiene la positividad de un ser en forma histórica como punto de partida y medida que lo llevan a sí de un modo insustituible. De estas posibilidades no hablamos»[9]. Cuando el pensamiento autónomo confiaba todavía en su realización humana, se comportaba menos humanamente. En cambio, cuanto menos infectados están los filósofos de filosofía, tanto más despreocupadamente dejan salir al gato del saco que los prominentes tejen como normas. Hay frases de O. F. Bollnow que dicen: «Por eso parece bastante significativo que en poesía, sobre todo en la lírica de los últimos años, después de todas las experiencias del terror, comience a delinearse un nuevo sentimiento de

---

[7] Karl JASPERS, *Die geistige Situation der Zeit [La situación espiritual de la época]*, Berlín, ²1947, p. 169 [ed. cast.: *Ambiente espiritual de nuestro tiempo*, Madrid, Labor, 1933, p. 184].

[8] *Ibid.* [ed. cast.: *ibid.*, p. 185].

[9] *Op. cit.*, pp. 127 ss. [ed. cast.: *op. cit.*, p. 141].

afirmación del ser, una alegre y agradecida aprobación del propio ser-ahí del hombre tal como es, y del mundo tal como éste se lo encuentra. Aquí debe aludirse brevemente en especial a dos de estos poetas: Rilke y Bergengruen. El último volumen de poemas de Bergengruen, *Die heile welt [El mundo sano]* (Múnich, 1950, p. 272) concluye con esta confesión: "Lo que de dolor vino fue pasajero. Y mi oído no percibió más que himnos de alabanza". Es por tanto un sentimiento de agradecida aprobación del ser-ahí. Y Bergengruen no es desde luego un poeta al que se pudiera acusar de optimismo barato. En este sentimiento de profunda gratitud coincide con Rilke, que al final de su camino puede igualmente decir: "Todo respira y agradece. Oh, vosotras, urgencias de la noche, cómo desaparecisteis sin dejar huella"»[10]. El volumen de Bergengruen es sólo un par de años posterior a la época en que a los judíos a los que no se había gaseado lo bastante se los arrojaba vivos al fuego, donde recobraban la consciencia y gritaban. El poeta al que desde luego no se podría acusar de optimismo barato y el pedagogo de talante filosófico que lo valora no oyen nada más que cantos de alabanza. «En una primera determinación a esta constitución interna del hombre la denominamos el ánimo confiado, y de ella resulta la tarea de investigar la esencia de esta constitución anímica en cuanto a sus posibilidades.»[11] Para esta tarea, que a la vista del horror ni siquiera reconcilia ya por su comicidad, Bollnow ha encontrado el mejor de los nombres posibles: la fe en el ser[12]; el eco de la fe en lo alemán es seguramente casual. Una vez obtenida aquélla, ya no hay freno hasta la «relación positiva con el mundo y con la vida»[13] y hasta el «trabajo constructivo para la superación del existencialismo»[14]. Tras retirar los oropeles existenciales, queda la recomendación de los usos religiosos privados de contenido religioso; que, en cuanto objetos folclóricos, las formas de culto sobrevivan a su misterio como cáscaras vacías no se comprende, sino que se defiende con ayuda de la jerga. La ignominia afecta no sólo al pensamiento, sino también a la religión que un día prometió a los hombres la beatitud eterna, mientras que la autentici-

---

[10] Otto Friedrich Bollnow, *op. cit.*, pp. 26 ss.
[11] *Op. cit.*, p. 51.
[12] *Op. cit.*, p. 57.
[13] *Op. cit.*, p. 61.
[14] *Ibid.*

dad se conforma resignada con un «mundo en último término sano»[15]:
«Distinguimos estas dos formas a fin de tener en lo que sigue una designación manejable, como la esperanza determinada por el contenido y la no determinada por el contenido, o también brevemente como la esperanza relativa y la absoluta»[16]. La mezquina sutileza conceptual se aplica a la asistencia existencial. Según se clasifique él como *low brow, middle brow* o *high brow*, un simpatizante a quien poco importe a qué causa se adhiere precisamente ahora, y que se jacte de ello incluso como de su capacidad de entusiasmo, puede representarse como lo sano la salud del alma o la vida justa, o bien los enclaves sociales todavía no dominados por el industrialismo, o incluso simplemente lugares donde todavía no se ha oído hablar de Nietzsche ni de la Ilustración, o también situaciones castas en las que las doncellas conservan su guirnalda hasta el matrimonio. No cabría, sin duda, oponer a la de amparo la consigna igualmente gastada de la vida peligrosa; ¿quién en el mundo del terror no querría vivir sin angustia? Pero, en cuanto un existencial, el amparo pasa a ser de lo añorado y denegado a algo aquí y ahora presente, independientemente de lo que él impide. Esto deja su huella en la palabra profanada: la reminiscencia de lo cercado y con certeza delimitado está encadenada a ese momento de estúpida particularidad que por sí renueva la calamidad al amparo de la cual no hay nadie. Sólo será patria cuando se haya desprendido de tal particularidad, se haya superado, como universal. Si el sentimiento de amparo echa raíces, hace pasar por vida el veraneo. Lo mismo que el paisaje se vuelve más feo ante el admirador que lo perturba con las palabras «¡Qué bello!», así sucede con los usos, costumbres e instituciones que se venden a caro precio al subrayar su propia ingenuidad en lugar de modificarla. El informe Kogon, según el cual las peores atrocidades de los campos de concentración habrían sido cometidas por jóvenes hijos de campesinos, condena todo discurso sobre el amparo; las relaciones rurales, su modelo, empujan a sus desheredados a la barbarie. Sin excepción, la lógica de la jerga introduce de contrabando como positividad lo limitado, en último término las situaciones de carencia material, y promueve su eternización en el instante en que, según el estado de las fuerzas humanas, tal limitación ya no debería realmente existir. Un espíritu que hace causa de ellas encuentra acomodo como lacayo del mal.

---

[15] *Op. cit.*, p. 63.
[16] *Op. cit.*, p. 100.

En los grados superiores de la jerarquía de los auténticos ciertamente se ofrecen también negatividades. Heidegger se incauta incluso del por debajo mal visto concepto de destrucción junto con las negruras de la angustia, la preocupación y la muerte; en ocasiones Jaspers proclama lo contrario del amparo de Bollnow: «Hoy la filosofía es la única posibilidad para el conscientemente desamparado»[17]. Pero luego lo positivo, como un tentetieso, no se deja abatir. Mas, con la peligrosidad, la osadía, el ponerse en juego y todo el horror correspondiente no se llega muy lejos; ya uno de los protoauténticos hablaba por su parte de que en lo más íntimo del infierno de Dostoievski volvía a brillar la luz de la redención, y tuvo que dejarse decir que el infierno se parecía a un corto túnel ferroviario. Prominentes auténticos lo dicen de mala gana, como también el señor párroco; prefieren cosechar en tierra quemada. No son menos sagaces que la psicología social que observaba que los juicios negativos, indiferentemente de su contenido, tienen mejores perspectivas de ser confirmados que los positivos[18]. El nihilismo se convierte en farsa, en mero método, como otrora ya la duda cartesiana. La pregunta, uno de los instrumentos preferidos de la jerga, debe sonar tanto más radical cuanto más lealmente se oriente a un tipo de respuesta que puede ser todo menos radical. He aquí un ejemplo típico de Jaspers: «La filosofía existencial estaría perdida en cuanto creyera saber otra vez qué es el hombre. Daría de nuevo las líneas fundamentales para investigar la vida humana y animal en sus tipos, volvería a convertirse en antropología, psicología, sociología. Su sentido sólo es posible si en su objetualidad sigue careciendo de suelo. Suscita lo que ella no sabe; ilumina y mueve, pero no fija. Para el hombre que está en camino es la expresión por la que éste se mantiene en su dirección, el medio de conservarle sus instantes elevados para la realización a través de su vida»[19]. «La iluminación de la existencia, puesto que sigue careciendo de objeto, no conduce a ningún resultado.»[20] Justamente. Se adopta amenazadoramente un tono preocupado: ninguna respuesta sería lo bastante seria, cualquiera que fuera su contenido todas serían desechadas como objetualización. Pero el efecto de

---

[17] Jaspers, *op. cit.*, p. 128 [ed. cast.: *op. cit.*, p. 142].

[18] Cfr. *Gruppenexperiment, Frankfürter Beiträge zur Soziologie [Experimento con grupos, Contribuciones frankfurtianas a la sociología]*, vol. 2, Fráncfort, 1955, pp. 482 ss.

[19] Jaspers, *op. cit.*, p. 146 [ed. cast.: *op. cit.*, pp. 160 ss.].

[20] *Op. cit.*, pp. 147 [ed. cast.: *op. cit.*, p. 161].

la feroz inexorabilidad es amistoso; el probo no se fija a ninguna parte: el mundo es demasiado dinámico. El viejo motivo protestante de la fe absurda, fundada en el sujeto, tal como de Lessing a Kierkegaard se transforma en el *pathos* de la existencia contra el resultado cristalizado fuera del sujeto, se alía estratégicamente con la crítica de la ciencia positiva, en la cual, según la tesis de Kierkegaard, el sujeto habría desaparecido. La pregunta radical se convierte a sí misma en lo sustancial a expensas de cualquier respuesta; osadía sin riesgo. Únicamente una diferencia entre erudición y nivel de ingresos sigue determinando si uno se presenta amparado o de momento desamparado. Lo cual permite pasajes como este de las «Tres tesis de fondo sobre la televisión», de Heinz Schwitzke: «En el sermón es totalmente distinto. Aquí un orador eclesiástico, durante más de diez minutos en un único primer plano constante, profesó su credo de un modo existencial. Y, como consecuencia de la elevada fuerza humana de convicción que irradiaba, no sólo su palabra, atestiguada por su presencia icónica, resultó totalmente creíble, sino que además se olvidaba incluso el aparato mediador por completo, y ante la pantalla de los televisores entre los casuales espectadores se formó, análogamente a como en la casa de Dios, una especie de comunidad que se sentía inmediatamente confrontada con el orador y a través de éste ligada al objeto de su sermón, la palabra de Dios. Para este sorprendente proceso no hay otra interpretación que la de que justamente depende sobre todo del hombre que habla, del hombre que es lo bastante valiente e importante para ponerse a sí mismo en la brecha con toda su sustancia y existencia y servir únicamente a la causa de la que es testigo y a los oyentes a los que se sabe unido»[21]. Éste es un anuncio radiofónico de la autenticidad. La «palabra» del cura –como si la suya y la de Dios fueran una sin más– no la atestigua de ningún modo su «presencia icónica», sino que en todo caso es la credibilidad de sus afirmaciones la que es apoyada por sus modales inspiradores de confianza. Si con la aparición del cura se olvida el aparato mediado, la jerga de la autenticidad, que se alegra de ello, se profesa partidaria del «como si»: la escenificación simula el aquí y el ahora de una acción de culto que son superados por la omnipresencia de ésta en la televisión. Pero, por el modo existencial en que el cura,

---

[21] Heinz SCHWITZKE, «Drei Grundthesen zum Fernsehen», *Rundfunk und Fernsehen [Radio y televisión]*, fascículo 2, Hamburgo, 1953, pp. 11 ss.

«en un primer plano constante», confiesa su credo, no se puede pensar más que la evidencia de que el párroco, al cual no queda absolutamente nada más, fue proyectado como persona empírica sobre la pantalla y quizá produjo sobre no pocos un efecto de simpatía. Que formara una comunidad se sustrae a la prueba. De la esfera de la osadía se ha importado el giro de que habría tenido que ponerse a sí mismo en la brecha con toda su sustancia y existencia. Sin embargo, sobre el predicador que cuente en televisión por qué la iglesia se le ha hecho demasiado estrecha no pende la más mínima amenaza; ni contradicción desde fuera ni penurias interiores. Si él mismo, acorralado entre proyectores y micrófonos, tuviera que padecer momentos de tribulación, la jerga tendría preparadas alabanzas suplementarias de su existencialidad. El usufructo de lo negativo se transfiere como de un plumazo a la positividad: la negatividad positiva para calentar los corazones. Las palabras negras, lo mismo que las blancas recién lavadas del domingo de Bollnow, son numinosas, tan cerca del júbilo como desde siempre la trompeta del horror. La jerga utiliza, lo mismo que el doble sentido de la palabra «positivo», el de «metafísica», según en un momento dado se prefiera la nada o el ser. «Metafísica» designa, por una parte, la ocupación con temas metafísicos, aun cuando se discuta el contenido metafísico; por otra, la doctrina afirmativa del supramundo según el modelo platónico. En tal oscilación la necesidad metafísica, ese estado del espíritu que tempranamente se anunciaba en el tratado de Novalis sobre *La cristiandad o Europa,* y que, en el joven Lukács, se llamaba la intemperie trascendental, se ha degradado a bien cultural. Desde Kierkegaard, la liberación teológica de lo numinoso del dogma osificado ha sido involuntariamente parte también de la mundanización de éste. La insaciable purificación de lo divino del mito, a la que le encanta vibrar en el gesto del preguntar estremecido, se traspasa a una herejía mística a quien de alguna manera se presta a ello. Como el contenido sólo debe estar en la relación, el otro polo de ésta, en cuanto lo «absolutamente distinto», se sustrae a toda determinación y la marca con la mácula de la objetualización, la teología liberal, renace por sorpresa. Una desmitologización completa reduce totalmente la trascendencia a la abstracción, al concepto. Contra la voluntad de los oscurantistas triunfa en sus predios la Ilustración que ellos deploran. En el mismo movimiento del espíritu, sin embargo, la violencia técnica del sujeto, velada a sí misma, conjura de nuevo en toda teología dialéctica al mito: lo más elevado en ella, en cuanto lo absolutamente distinto, es ciego. A la fuerza se celebran los compromisos en lugar de lanzarse a la especulación, la única que podría justificar ante los interrogadores radicales los compromisos. Su relación con la especulación es tímida. Se ha menester de ella porque se quiere ser profundo, y se la teme por intelectual. Se preferiría reservársela a los gurús. Los otros siguen confesando su falta de suelo a fin de dar relieve a las salvaciones ofrecidas, que deben salir bien en el máximo peligro, aunque sea imaginario, pero dan en un pensamiento sin suelo en cuanto éste se niega a con su conducta apoyar de antemano los compromisos, los cuales son tan inevitables a la autenticidad como al cine el *happy end*. Si falta esto, en los auténticos existenciales ni siquiera el existencialismo tiene nada de que reírse: «Sólo ante este trasfondo se destaca toda la magnitud de la ética existencialista. Ésta realiza una vez más sobre el suelo del moderno relativismo histórico una actitud ética totalmente decisiva. Pero con ello se da al mismo tiempo el peligro que se expresa en la posibilidad de un aventurerismo existencial. Completamente incondicionado en cuanto al contenido, sin la constancia basada en la fidelidad, el aventurero goza de la osadía de su apuesta como un último y el más sublime estímulo. Precisamente en la incondicionalidad de la apuesta a cada momento está el existencialista especialmente a merced de la tentación de la inconstancia y la infidelidad»[22].

Todas estas palabras extraen del lenguaje al que son robadas el aroma de lo corpóreo, ametafórico, pero son tácitamente espiritualizadas en la jerga. Así escapan a los peligros de los que fanfarronean. Cuanto más a sabiendas santifica la jerga su cotidianeidad, como burlándose de la exigencia kierkegaardiana de unidad entre lo sublime y lo pedestre, tanto más turbiamente mezcla lo literal con lo figurado: «A ese significado fundamental del morar para todo el ser-ahí humano apunta entonces también la observación final de Heidegger, la cual conecta con la "crisis de la vivienda" en cuanto una de las grandes dificultades de nuestro tiempo: "La auténtica miseria del morar", dice él aquí, "no consiste sólo en la falta de viviendas", aunque tampoco esta necesidad debe realmente tomarse a la ligera, sino que tras ella se oculta otra miseria más profunda: la de que el hombre ha perdido su

---

[22] Bollnow, *op. cit.*, pp. 37 ss.

esencia propia y por eso no encuentra reposo. "La auténtica miseria del morar estriba en el hecho de que los mortales... tienen primero que aprender el morar." Pero aprender a morar significa: comprender la necesidad de que a la vista de lo amenazador el hombre se cree un espacio protector y se instale en él con ánimo confiado. Pero, a la inversa, la posibilidad de este instalarse vuelve a estar luego ligada de un modo amenazador a la disponibilidad de una morada»[23]. El ser del espacio protector del amparo es sencillamente deducido de la necesidad de que el hombre se «cree» uno. La inatención lingüística en el mecanismo sin resistencias de la jerga pone al desnudo, como obligando a la confesión, el ontológico ser-amparado como algo meramente puesto. Pero lo que en el juego con la crisis de la vivienda se insinúa es más serio que la pose de una seriedad existencial: el temor a la pérdida del trabajo que, incluso en periodos de gloriosa ocupación total, acecha a todos los súbditos de los países capitalistas avanzados es rechazado por la administración y está por ello clavado en el firmamento platónico. Como todo el mundo sabe que según el nivel de la técnica sería superfluo mientras se produzca en aras de la producción, todo el mundo siente su empleo como un subsidio de desempleo encubierto, un arbitrario y revocable derivado del producto social total a favor del mantenimiento de las relaciones[24]. A quien no se le extiende una cédula de identidad podría en principio ser expulsado mañana; podría continuar la migración de pueblos que ya una vez los dictadores impulsaron hasta Auschwitz. La angustia que tan solícitamente se delimita del miedo intramundano, empírico, no necesita ya desde hace tiempo ser un existencial. En cuanto histórica, responde al hecho de que los uncidos a la sociedad socializada pero llena de contradicciones hasta en lo más íntimo se sienten incesantemente amenazados por ella, que los mantiene, sin que puedan concretar con detalles la amenaza del todo. Pero en el nuevo amparo el desclasado, que sabe lo que se puede llevar, juega sus bazas con arrogancia. Por una parte, no tiene nada que perder; por otra, el mundo administrado todavía respeta la estructura de compromiso de la sociedad burguesa en la medida en que

---

[23] *Op. cit.*, p. 170.
[24] Cfr. Theodor W. ADORNO, *Eingriffe. Neun kritische Modelle*, Fráncfort, 1963, p. 137 [ed. cast.: *Intervenciones. Nueve modelos de crítica*, Caracas, Monte Ávila, 1969, pp. 127 ss.].

por propio interés ésta se arredra ante lo extremo, la liquidación de sus miembros, y en los grandes planes de la economía dispone, entretanto, de medios para un aplazamiento. Así coinciden la asistencia existencial de Jaspers y la asistencia social, la gracia administrada. Sobre el fundamento social de la reinterpretación de la negatividad completa en lo positivo por parte de la jerga, cabe recelar de la confianza chantajista de la consciencia angustiada. Incluso el sufrimiento a precio módico, hace mucho tiempo automatizado como fórmula, causado por la pérdida de sentido no es simplemente el vacío producido por el movimiento global de la Ilustración, como gustan de describirlo los oscurantistas más exigentes. El *taedium vitae* está ya documentado en periodos de religión estatal incontestada; para los Padres de la Iglesia era tan común como para quienes transponen a la jerga el juicio de Nietzsche sobre el nihilismo moderno y se imaginan que con ello estarían en la misma medida más allá de Nietzsche y de un nihilismo cuyo concepto nietzscheano ellos han puesto patas arriba. Socialmente, el sentimiento de carencia de sentido es una reacción a una abolición de gran alcance, la del trabajo en un contexto de duradera no-libertad social. El tiempo libre de los sujetos les priva de la libertad que en secreto esperan y los encadena a lo perenne, al aparato de producción aun allí donde éste les licencia. Con esto tienen que comparar la posibilidad manifiesta y se quedan tanto más desconcertados cuanto menos la cerrada fachada de la consciencia, que imita a la de la sociedad, da paso a la representación de una libertad posible. Al mismo tiempo, en el sentimiento de la carencia de sentido la consciencia elabora la figura real de la miseria real, la amenaza permanente de catástrofe. A lo que la aterroriza le da la vuelta como si le fuera congénita, y así atenúa lo que de la amenaza no cabe en general atribuir ya al hombre. Que el sentido, sea cual sea, parezca en todas partes impotente contra la calamidad; que de ésta no se pueda obtener ninguno, que su afirmación posiblemente incluso la fomente, se registra como falta de contenido metafísico, preferentemente de compromiso religioso-social. Lo mendaz del desplazamiento mediante una especie de crítica cultural con la que regularmente concuerda el *pathos* de ceño fruncido de los auténticos se hace visible en el hecho de que periodos que según los gustos van desde el Biedermeier hasta los pelasgos figuran como épocas de sentido presente, fiel a la tendencia a retrasar los relojes también política y socialmente, a terminar mediante medidas administrativas de las camarillas más poderosas con el dinamismo inherente a una sociedad que todavía parece demasiado abierta. Como la actual configuración de tal sociedad no tiene nada bueno que esperar de tal dinamismo, se obceca convulsivamente contra el hecho de que la cura que éste le ofrece es ella misma el mal que teme. Esto se agudiza en Heidegger; éste acopla muy inteligentemente la apelación a una franqueza arromántico-insobornable con la promesa de algo salvador que luego no se puede interpretar como otra cosa que como esa franqueza misma. El héroe de *Mahagonny* estaba de acuerdo con el lamento sobre el mundo, en el cual no hay nada a lo que poder agarrarse; a lo cual sigue en Heidegger, lo mismo que en el Brecht de las piezas didácticas, la proclamación de un orden coactivo como salvación. La falta de asidero es el reflejo especular de su contrario, la no-libertad; sólo por haberle fallado la autodeterminación, fue la humanidad buscando a tientas la determinación por otra cosa, seguramente eximida del movimiento dialéctico. La situación antropológica del llamado vacío humano, que los auténticos, como si fuera también una lúgubre invariante del mundo desencantado, suelen pintarrajear por mor del contraste, sería modificable, la exigencia de algo saciante cabría aplacarla, en cuanto se dejase de renunciar; no, por supuesto, mediante la inyección de un sentido espiritual o su sustitución por la mera palabra. La constitución social adiestra esencialmente a los hombres para la reproducción de sí mismos y la compulsión a ello se prolonga en su psicología en cuanto se desvanece exteriormente. Gracias a la autoconservación inflada hasta convertirse en la totalidad, lo que sin más se es vuelve a ser el fin. Quizá con este contrasentido desaparecería también la apariencia de lo carente de sentido, la celosamente asegurada inanidad del sujeto, sombra del estado en que cada uno es su propio prójimo. Si nunca se ha creado un pensamiento metafísico que no haya sido una constelación de elementos del mundo de la experiencia, las experiencias sustentantes de la metafísica meramente son rebajadas por un hábito de pensamiento que las sublima como sufrimiento metafísico y las separa del sufrimiento real que las ha provocado. Contra la consciencia de esto va todo el odio de la jerga. En ella no se distingue entre Marx y la superstición racista: «El marxismo, el psicoanálisis y la teoría de las razas son hoy en día los enmascaramientos más extendidos del hombre. Lo directamente brutal en el odio y el elogio, tal como ha llegado a la dominación con el ser-ahí humano, encuentra ahí su expresión:

en el marxismo, el modo en que la masa quiere comunidad; en el psicoanálisis, cómo busca la mera satisfacción del ser-ahí; en la teoría de las razas, cómo le gustaría ser mejor que los otros... Sin sociología no cabe hacer ninguna política. Sin psicología nadie domina la confusión en el trato consigo mismo y con los demás. Sin antropología se perdería la consciencia de las oscuras razones de aquello en que nos somos dados... Ninguna sociología puede decirme lo que quiero como destino, ninguna psicología aclararme lo que soy; el auténtico ser del hombre no se puede criar como raza. El límite de lo que se puede planear y hacer está por doquier. Pues el marxismo, el psicoanálisis y la teoría de las razas tienen propiedades peculiarmente destructivas. Lo mismo que el marxismo cree desenmascarar todo ser-ahí espiritual como superestructura, así el psicoanálisis como sublimación de impulsos reprimidos; lo que entonces se sigue llamando cultura está construido como una neurosis obsesiva. La teoría de las razas es causa de una concepción de la historia que es desesperanzadora; con la selección negativa de los mejores no tarda en alcanzarse la ruina del auténtico ser humano; o bien está en la esencia del hombre producir en la mezcla de razas durante este proceso elevadas posibilidades de, una vez acabada la mezcla dentro de unos cuantos siglos, dejar al infinito el ser-ahí mediocre y sin marcas de sus restos. Las tres direcciones son apropiadas para aniquilar lo que para el hombre parecía tener valor. Son, ante todo, la ruina de todo lo incondicionado, pues, en cuanto saber, hacen de sí lo incondicionado falso que reconoce como condicionado todo lo demás. No sólo la divinidad debe caer, sino también toda forma de fe filosófica. Lo más alto y lo más vulgar reciben la misma etiqueta terminológica para, juzgados, dirigirse a la nada»[25]. De entrada se reconoce con aires de superioridad la utilidad práctica de las disciplinas ilustradas, para que, luego, la irritación por el afán de destrucción impida tanto más eficazmente la reflexión sobre el contenido de verdad de la crítica. Una celosa aflicción por el olvido del ser disimula como lo esencial que lo que se preferiría sería olvidar al ente. De todo lo cual se da ya aviso lleno de barruntos en *Grünen Heinrich [Enrique el verde]*: «Hay un dicho según el cual no sólo habría que derruir, sino también saber construir los modismos que utilizan por todas partes las gentes amables y superficiales cuando se les plantea de forma incómoda una ac-

---

[25] Jaspers, *op. cit.*, pp. 142 ss. [ed. cast.: *op. cit.*, p. 157].

tividad de discernimiento. Ese dicho se encuentra en su sitio allí donde se juzga a la ligera o se niega por una insensata inclinación; pero por lo general no se puede comprender. Pues no se derruye sin cesar para volver a construir; al contrario, se derruye justamente con esfuerzo para ganar espacio libre para la luz y el aire que en todas partes acuden por sí solos allí donde se elimina un objeto que estorba. Cuando se mira a las cosas a la cara y se las trata con seriedad, nada es negativo, sino que todo es positivo, por utilizar este refrán»[26]. Para los viejos luchadores era entonces más cómodo: sólo necesitaban inculcar el sentido en los dubitativos sin refranes, con el garrote del destino y del hombre nórdico. Pero para eso ellos ya tenían a su disposición la jerga: «El incremento extremo de toda la actividad y la tensión de todas las fuerzas creativas, especialmente el gran acontecimiento político como tal, por los que se caracteriza nuestra época, han puesto por así decir este fenómeno en su autenticidad y patente originariedad ante los ojos de la filosofía, y ésta lo ha abordado como un dato de la máxima relevancia filosófica, a fin de dejarse guiar por su contenido y problemática a una comprensión plena y pura del hombre y del mundo... El ser-ahí humano no carece de sentido: ésa es la explicación categórica con que este mismo ser-ahí se opone a la filosofía vitalista para afirmarse frente a ella y contra ella... Decir sí al destino y sin embargo negarlo, sufrirlo y sin embargo dominarlo, es decir, mirarlo a la cara y hacerle frente: ésa es la actitud de la verdadera humanidad. Esta actitud corresponde a la imagen ideal del hombre, tal como ésta, sin más válida y eximida de toda "vinculación temporal", no representa otra cosa que la esencia del hombre y, al mismo tiempo y unitariamente con ello, determina el sentido genuino y profundo del destino, ese sentido que nada tiene que ver con el fatalismo y para el que precisamente el hombre alemán está abierto: este sentido asume para el hombre de sangre nórdica un contenido profundamente religioso y fundamenta lo que para éste significan vinculación al destino y fe en el destino»[27].

---

[26] Gottfried KELLER, *Der grüne Heinrich*, IV/2 [ed. cast.: *Enrique el verde*, Madrid, Espasa, 2002], pp. 693 ss., citado en Friedrick POLLOCK, «Sombarts "Widerlegung" des Marxismus» [«La "refutación" del marxismo por Sombart»], *Beihefte zum Archiv für der Geschichte des Sozialismus und der Arbeitsbewegung* [*Suplementos al archivo para la historia del socialismo y del movimiento obrero*], Carl Grünberg (ed.), fascículo 3, Leipzig, 1926, p. 63.

[27] Wilhelm GREBE, *Der tätige Mensch. Untersuchungen zur Philosophie des Handelns* [*El hombre activo. Investigaciones sobre la filosofía de la acción*], Berlín, 1937, citado en

El lenguaje emplea la palabra «sentido» tanto para el inocuamente epistemológico objeto intencional de Husserl como para que algo se justifique como pleno de sentido, tal como se habla del sentido de la historia. Que lo fácticamente individual tenga sentido en la medida en que el todo, previamente el sistema de la sociedad, aparece en ello; que los hechos dispersos sean siempre más que lo que inmediatamente son, sigue siendo verdadero, aunque tal sentido es un desvarío. La pregunta por el sentido como por lo que algo auténticamente es y lo que en él se oculta desplaza sin embargo a aquella por el derecho de ese algo de un modo muchas veces inadvertido y por consiguiente tanto más rápido; el análisis del significado se convierte para ella en norma no meramente para los signos, sino para lo designado. El sistema de signos que es el lenguaje, que con su puro ser-ahí transfiere de antemano todo a algo preparado por la sociedad, con su propia forma defiende a ésta aun antes de todo contenido. A ello se opone la reflexión; la jerga, sin embargo, se deja llevar por la reflexión corriente y lo que más le gustaría es reforzarla, en unión con las formaciones regresivas de la consciencia. En sus orientaciones semánticas el positivismo ha observado innumerables veces desde un punto de vista lógico la brecha histórica entre el lenguaje y lo expresado. Las formas lingüísticas, en cuanto objetualizadas –y únicamente mediante la objetualización se convierten en formas–, sobrevivieron a aquello de lo que otrora trataron, junto con su contexto. El hecho totalmente desmitologizado se sustraería al lenguaje; el mero opinar lo convierte ya, medido con el ídolo de su pura facticidad, en algo distinto. Que sin lenguaje no hay ningún hecho sigue siendo la espina en la carne y el tema del positivismo, tanto como revela el resto obstinadamente mítico del lenguaje como tal. Con razón son las matemáticas el arquetipo del pensamiento positivista: incluso como sistema alingüístico de signos. A la inversa, lo arcaico de siete vidas en el lenguaje sólo se hace fructífero cuando éste se roza críticamente con él; espejismo moral cuando desde sí lo confirma y refuerza. La jerga comparte con el positivismo la cruda imagen del arcaísmo del lenguaje; ni a la una ni al otro les importa el momento dialéctico en que el lenguaje, en cuanto algo distinto, al mismo tiempo escapa a sus orígenes mágicos, enredado en la progresiva desmitologización. Que esto se desatienda

Theodor W. Adorno, «Rezension», *Zeitschrift für Sozialforschung [Revista para la investigación social]*, 8 (1939-1940), pp. 235 ss.

permite la utilización social del anacronismo lingüístico. La jerga glorifica simplistamente la antigüedad del lenguaje, que los positivistas, de manera igualmente simplista, querrían extirpar junto con toda expresión. La inadecuación del lenguaje a la sociedad racionalizada no induce a los auténticos a estimularlo con mayor rigor a lo que le es debido, sino a su explotación. No se les escapa que no se puede hablar absolutamente de otro modo que arcaicamente; pero lo que los positivistas deploran como regresión lo eternizan como bendición. El bloqueo que el lenguaje hace a la expresión de una experiencia incólumemente presente se convierte para ellos en un altar. Si ya no se deja atravesar, entonces representa la omnipotencia y la indisolubilidad de lo que en el lenguaje se ha ido sedimentando. Pero el arcaísmo se venga de la jerga, cuya avidez de él viola la distancia. Es objetualizado por segunda vez; en él se repite lo que históricamente le ha ocurrido sin más a las lenguas. El nimbo en que las palabras se envuelven como las naranjas en papel de seda lo toma por su cuenta la mitología lingüística, como si no se confiara totalmente en su fuerza de irradiación; tratadas con colorantes, las palabras deben hablar ellas mismas, desprovistas de la referencia al pensamiento que debería modificarlas y por tanto siempre también desmitologizarlas. La mitología lingüística y la reificación se mezclan con aquello en que el lenguaje es antimitológico y racional. La jerga se hace practicable en toda la escala, desde el sermón hasta el anuncio publicitario. En el *medium* del concepto se asemeja sorprendentemente a las prácticas habituales de aquéllos. Las de la jerga y palabras tales como *Jägermeister*, *Alte Klosterfrau*, *Schränke** forman una serie. Se explota la promesa de felicidad de lo que debió venirse abajo; se sangra lo que por mor de su hundimiento únicamente con posterioridad destella como algo concreto. Las palabras rígidamente clavadas y recubiertas por una reluciente capa aislante recuerdan, por su función al menos, las fichas positivas; apropiadas para conexiones caprichosas de efecto, despreocupadas del *pathos* de unicidad que se arrogan y que él mismo procede del mercado, para el cual lo raro es un valor de canje.

Con la aseguración del sentido a cualquier precio, la antigua pasión antisofista se infiltra en la llamada sociedad de masas. Desde la vic-

---

* *Jägermeister* [«Maestro cazador»], *Alte Klosterfrau* [«Anciana monja de clausura»], *Schränke* [«Armarios»] son conocidos nombres de vinos y licores. *[N. del T.]*

toria de Platón y Aristóteles sobre la izquierda socrática, domina la tradición oficial de la filosofía; lo que no se plegaba a su voluntad fue apartado hacia impotentes corrientes subterráneas. Sólo el positivismo moderno ha hecho, mediante su alianza con la ciencia, respetables los motivos sofísticos. La jerga se revuelve en contra. Sin reparar en ello, transmite el juicio de la tradición. La vergüenza de los sofistas combatidos por Platón era que ellos no luchaban contra la mentira a fin de cambiar la sociedad esclavista, sino que hacían sospechosa la verdad a fin de equipar al pensamiento a favor de lo establecido. Su tipo de destrucción era ya del mismo cuño que el concepto total de ideología. Platón pudo caracterizar a los sofistas del *Gorgias* como payasos porque el pensamiento, una vez desentendido del conocimiento de las cosas y en último término de la disposición del objeto, rebaja a farsa, espectro de la mímesis combatida por toda Ilustración, el momento de juego, que le es esencial[28]. La antisofística, sin embargo, abusa de la comprensión de tales malformaciones del pensamiento desbridado para denigrar al pensamiento mediante el pensamiento, tal como Nietzsche se lo reprochaba a Kant, el cual ya habla de raciocinar en el mismo tono que luego Hegel, autoritariamente, de razonar. En la antisofística a la moda confluyen turbiamente la necesaria crítica a la escindida razón instrumental y la oscura defensa de las instituciones contra el pensamiento. La jerga, producto de desecho de la modernidad a la que desafía, trata de protegerse a sí misma junto con las instituciones literalmente destructoras de la sospecha de lo destructivo imputando a otros grupos, en su mayoría anticonservadores, intelectualismo pecaminoso, lo cual forma parte de su propio principio no ingenuamente reflexivo. Utiliza demagógicamente el carácter doble de la antisofística. Tan falsa es una consciencia que exteriormente, según la expresión hegeliana sin estar en la cosa, se coloca por encima de ésta y la despacha desde las alturas, como en ideológica se convierte la crítica en el instante en que para autojustificarse da a entender que el pensamiento ha de tener un suelo. Aquello que la dialéctica hegeliana rebasó, el dogma de que para ser verdadero el pensamiento ha menester de algo absolutamente primero, libre de dudas, en la jerga de la autenticidad se convierte en tanto más terrorista cuanto más autocráticamente establece lo primero suyo fuera

---

[28] Cfr. Max HORKHEIMER y Theodor W. ADORNO, *Dialektik der Aufklärung,* Amsterdam, 1947, pp. 20 ss. [ed. cast.: *Dialéctica de la Ilustración*, Madrid, Trotta, 1997, pp. 63 ss.].

de la trama del pensamiento. En el estadio final de la mitología proce-
sada, la antisofística es un pensamiento empedernido del origen. La recaída de la resurrecta metafísica detrás de la dialéctica la jerga la registra como el camino hacia las madres. «Cuando todo se ha cercenado,
meramente queda la raíz. La raíz, que es el origen del que procedíamos
y del cual nos habíamos olvidado en el entrevero de opiniones, hábitos
y esquemas de concepción.»[29] Más tarde, en *Razón y existencia*: «Sólo
así cabría realizar la verdadera fortaleza del hombre. El poder de lo incondicionado en él, probado en toda posibilidad de lucha y de pregunta,
no necesitaría ya la sugestión, el odio, el placer de la crueldad para hacerse activo, ni la embriaguez de las grandes palabras y de los dogmas
no comprendidos para tener fe en sí, y sólo así se haría auténticamente severo, duro y sobrio. Sólo por esta vía pueden desaparecer los au-
toengaños sin que con la aniquilación de sus mentiras vitales sea aniquilado el hombre mismo. Sólo así se manifestaría sin velos el genuino
fundamento desde las profundidades»[30].

Con la sofística, de la que reniegan y cuya arbitrariedad arrastran
sus proyectos, en lugar de mostrarse a su altura los auténticos se avie-
nen en su tesis favorita de que lo único que importa es el hombre, la
frase *homo mensura* recalentada con inesperada unción. Pero el modelo social de su selecto espantapájaros es, como antaño, la libertad de
residencia ciudadana, que otrora contribuyó a la emancipación del pensamiento. Sólo que en la sociedad burguesa totalmente racionalizada
la movilidad de persona y de espíritu amenaza menos a los grupos de
antiguo instalados, de los que de todos modos apenas quedan ya en
los países altamente industrializados, que el hecho de que provoca la
duradera irracionalidad del sistema, el cual con gusto amputa lo que
por ejemplo todavía sigue vegetando de los comportamientos adqui-
ridos bajo el liberalismo. Por eso tiene la jerga que defender como im-
perdibles formas sociales caducas, incompatibles con el estado actual
de las fuerzas de producción. Si quisiese subir sin rodeos a las barri-
cadas a favor de lo establecido mismo, la sociedad del canje, se comprometería no sólo por algo muy denostado incluso por sus creyentes,

---

[29] JASPERS, *Die philosophische Glaube*, Múnich, 1948, p. 125 [ed. cast.: *La fe filo-*
sófica, Buenos Aires, Losada, 1953, p. 125].

[30] JASPERS, *Vernunft und Existenz*, Múnich, 1960, pp. 88 ss. [ed. cast.: *Razón y exis-*
tencia, Buenos Aires, Nova, 1959, p. 97].

sino posiblemente incluso por la racionalidad que esa sociedad tanto promete como decepciona y por la cual podría ser superada. La forma burguesa de la racionalidad ha de siempre menester de suplementos irracionales para mantenerse como lo que es, una injusticia permanente a través del derecho. Tal irracionalidad en medio de lo racional es el clima de trabajo de la autenticidad. Ésta puede apoyarse en el hecho de que durante largos lapsos temporales la movilidad tanto literal como figurada, pieza capital de la igualdad burguesa, siempre fue injusta con aquellos que no seguían del todo el paso. Éstos experimentaron el progreso de la sociedad como un veredicto: el recuerdo inducido de su sufrimiento a consecuencia de ello pone en efervescencia a la autenticidad junto con su jerga. Sus burbujas hacen desaparecer el verdadero objeto del sufrimiento, la determinada constitución social. Pues las víctimas elegidas de la pasión contra la movilidad están ellas mismas condenadas desde que la esfera de la circulación se fundió con la de la producción. Sólo por eso tiene tanto éxito el esfuerzo de la jerga por convertir el rencor del sedentario, del mudo, en algo así como un juicio aniquilador metafísico-moral contra el que puede hablar, porque, en principio ya fallado, en Alemania se ha ejecutado sobre innumerables; porque el gesto del castizo sigue el compás de los vencedores históricos. Eso es lo sustancial de la autenticidad, la fuente sagrada de su fuerza. El laconismo y la taciturnidad son el mejor contrapunto del parloteo existenciario y existencial: el orden al que aspira recurre a la afasia del signo y el mandato. En beatífico acuerdo son sus consumidores, la jerga llena la laguna creada por la descomposición socialmente necesaria del lenguaje. Las personas sencillas tienen pocos conocidos; se sienten incómodas en cuanto se reúnen con gente que aún no conocen y su rencor hace de ello para ellos una virtud. No de lo que menos tiene la jerga también algo de las maneras bruscas del portero de un hotel de montaña que apostrofa a los huéspedes como si fuesen intrusos y con ello se gana su confianza. A la vista del estatismo social que de nuevo alborea, frente a ello sigue entretanto cayendo un reflejo de lo humano sobre la palabra oficiosamente persuasiva de anteayer. Si la filosofía, desde las esencias exprimidas por la jerga, las posibilidades del ser, devolviese las experiencias que de forma inversa se sedimentaron en ésta a la sociedad en que, si es que la palabra «origen» debe decir algo, surgieron, iría más allá de la oposición de movilidad y estabilidad, de lo carente de suelo y lo auténtico: reconocería

a ambos como momentos del mismo todo culpable en que comerciantes
y héroes son mutuamente valiosos. El liberalismo que empolló a la industria cultural, cuyas formas de reflexión indignan a la jerga de la autenticidad y una de las cuales es ella misma, fue el abuelo del fascismo
que la pisoteó a ella y a sus posteriores clientes. Por supuesto, la culpa de sangre de lo que hoy en día resuena en la jerga es incomparablemente mucho mayor que las maniobras mistificadoras de la movilidad, cuyo principio es incompatible con la violencia inmediata.

Heidegger no es el matador de tal política de la jerga y se guarda
de su grosería. Ciertamente emplea la palabra «autenticidad» de un
modo central en *Ser y tiempo*[31], y la mayoría de las demás siglas están
diseminadas por su texto más conocido, con gestos de autoridad incontestada que luego la masa de los auténticos imita mecánicamente;
el acuerdo en el núcleo tácito es incuestionable. Pero también, igualmente, el empeño de Heidegger en la reserva frente a todas las frases
corrientes, que él despacha desenvueltamente como vulgares malen-
tendidos. No obstante, en cuanto su voluntario autocontrol se relaja,
cae en la jerga con un provincianismo que el hecho de que se haga a
sí mismo temático no excusa. Bajo el título *Desde la experiencia del pensamiento*, ha publicado un tomito de aforismos. Su forma se halla a medio camino entre el poema y el fragmento presocrático, cuyo carácter
sibilino, por supuesto, al menos en no pocos de ellos, proviene del azar
de un suministro discontinuo, no del secreteo. Se elogia el «esplendor
de lo sencillo»[32]. Heidegger recupera de la artesanía para el espíritu la
deshilachada ideología de las materias puras, como si las palabras fueran de un material puro, por así decir bruto. Pero así como tales te-
jidos hoy en día están mediados por su planificado contraste con la
producción en masa, así Heidegger quiere dotar sintéticamente de un protosentido a las palabras puras. En la categoría de lo sencillo interviene también algo específicamente social: la elevación de lo barato según
los deseos de la elite orgullosamente declinante, de manera afín a la
música juvenil, que gustosa acompaña a la jerga y se deja acompañar

---

[31] Cfr. Heidegger, *op. cit.*, pp. 260 ss.; también p. 43 [ed. cast.: *op. cit.,* pp. 291 ss.
y 54 ss.].
[32] HEIDEGGER, *Aus der Erfahrung des Denkens,* cit., p. 13 [ed. cast.: *Desde la experiencia del pensamiento,* cit., 1986, p. 73].

por ella. El atraso histórico es convertido con no menos diligencia en sentimiento de tragedia fatal que en algo superior; también esto palpita en la tácita identificación de lo arcaico con lo genuino. Pero la trivialidad de lo sencillo no cabe atribuirla, como gustaría a Heidegger, a la ceguera para los valores propia de un pensamiento que ha perdido el ser, mientras que aquélla derivaría del presuntamente perceptor y se revelaría como lo más noble. Sino que es la señal de aquel mismo pensamiento preparatorio en las más sencillas palabras, al que Heidegger finge haber escapado: la abstracción. Ya en la primera redacción del libro de Bloch sobre la utopía se dice que las intenciones simbólicas, que para él son las huellas de la luz mesiánica en el mundo de las tinieblas, no son precisamente ni las relaciones ni las palabras fundamentales más simples, como «el viejo, la madre y la muerte». Pero, en la pretenciosa *Carta sobre el humanismo,* Heidegger nos hace oír: «El hombre no es el señor del ente. El hombre es el pastor del ser. En este "menos" no pierde el hombre nada, sino que gana al lograr la verdad del ser. Gana la pobreza esencial del pastor, cuya dignidad estriba en ser llamado por el ser mismo a la salvaguarda de su verdad. Esta llamada viene como la proyección de la que procede el arrojamiento del ser-ahí. El hombre es en su esencia histórico-ontológica el ente cuyo ser como existencia consiste en que mora en la cercanía del ser. El hombre es el vecino del ser»[33]. La banalidad filosófica surge allí donde se atribuye al concepto universal aquella participación mágica en lo absoluto que es desmentida por la propia conceptualidad de éste.

Un peligro del pensamiento sería, según Heidegger, el filosofar[34]. Pero el pensador auténtico, melindroso ante algo tan modernista como la filosofía, escribe: «Cuando a la entrada del verano florecen solitarios narcisos ocultos en la pradera y la rosa de los Alpes brilla bajo el arce...»[35], o: «Cuando desde las pendientes del valle de altura por donde pasan lentos los rebaños no dejan de sonar las esquilas y cencerros...»[36]. O versos como: «Los bosques se extienden, / los arroyos descienden, / las rocas perduran, / la lluvia cae. / Los campos aguardan, / las

---

[33] HEIDEGGER, *Über den Humanismus,* Fráncfort, 1949, p. 29 [ed. cast.: *Carta sobre el humanismo,* Madrid, Taurus, 1970, p. 40].

[34] Cfr. Heidegger, *Aus der Erfahrung des Denkens,* cit., p. 15 [ed. cast.: *De la experiencia del pensamiento,* cit., p. 75].

[35] *Op. cit.*, p. 12 [ed. cast.: *op. cit.,* p. 72].

[36] *Op. cit.*, p. 22 [ed. cast.: *op. cit.,* p. 82].

fuentes manan, / los vientos moran, / la bendición medita»[37]. La renovación del pensamiento por un lenguaje envejecido se juzga por éste. El ideal expresivo es el arcaísmo: «Lo más antiguo de lo antiguo viene en nuestro pensamiento detrás de nosotros y sin embargo a nuestro encuentro»[38]. Pero la palabra la tiene Jungnickel: venganza del mito sobre quien lo codicia, el denunciante del pensamiento. «El carácter poético del pensar todavía está encubierto»[39], añade Heidegger para interceptar en todos los casos la crítica; «allí donde se muestra, se parece durante mucho tiempo a la utopía de un entendimiento medio poético»[40]. Sin embargo, el entendimiento medio poético del que brotan esas sabidurías se parece menos a esta o aquella utopía fracasada que al acreditado arte patrio que, después de todo, no suele hablar bien de ellas. En el Reich de Hitler, Heidegger, lo cual se puede comprender, rechazó un llamamiento a Berlín. Lo justificó en un artículo: «¿Por qué nos quedamos en la provincia?». Con experimentada estrategia desvigoriza el reproche de provincianismo convirtiéndolo en positivo. Lo cual suena entonces así: «Cuando en la profunda noche de invierno se desencadena una salvaje tempestad de nieve con sus golpes sobre la cabaña, y lo cubre y oculta todo, entonces es la hora de la filosofía. Su preguntar debe ser entonces simple y esencial»[41]. Si las preguntas son esenciales, eso puede juzgarse en todo caso por la respuesta, no se puede anticipar y en absoluto ya no según el criterio de una sencillez imitada de un acontecimiento meteorológico. Ésta dice tan poco sobre la verdad como su contrario; Kant, Hegel fueron tan complicados y tan sencillos como el contenido se lo exigía. Pero Heidegger supone una armonía preestablecida entre un contenido esencial y un murmullo íntimo. Por eso los ecos jungnickelianos no son amables debilidades. Deben acallar la sospecha de que el filósofo podría ser un intelectual: «Y el trabajo filosófico no transcurre como ocupación singular de un excéntrico. Se halla en medio del trabajo de los campesinos»[42]. A uno

---

[37] *Op. cit.*, p. 27 [ed. cast.: *op. cit.*, p. 87].
[38] *Op. cit.*, p. 19 [ed. cast.: *op. cit.*, p. 79].
[39] *Op. cit.*, p. 23 [ed. cast.: *op. cit.*, p. 83].
[40] *Ibid.*
[41] Citado según Guido Schneeberger, *Nachlese zu Heidegger. Dokumente zu seinem Leben und Denken [Relectura de Heidegger. Documentos sobre su vida y pensamiento]*, Berna, 1962, p. 216.
[42] *Ibid.*

le gustaría conocer al menos la opinión de éstos. A Heidegger no le
hace falta. Pues él toma asiento «a la hora de la pausa en el trabajo,
por la tarde, con los campesinos, en el banco junto a la estufa... o a la
mesa en el rincón bajo el crucifijo, y entonces la mayor parte de las
veces no hablamos nada. Fumamos en silencio nuestras pipas»[43]. Él mismo lo dice. Johann Peter Hebel, que proviene de la misma región y a
quien Heidegger le gustaría colgar de la campana de la chimenea a la
vista de todos, casi nunca apeló a este autoctonismo; en lugar de eso,
en una de las piezas en prosa en defensa de los judíos más bellas que se
han escrito en alemán, mandaba saludos a los buhoneros Scheitele y
Nausel[44]. El autoctonismo, en cambio, se esponja: «Hace poco recibí
el segundo llamamiento a la Universidad de Berlín. En una ocasión así
me escapo de la ciudad a la cabaña. Escucho lo que dicen los montes y
los bosques y los caseríos. Entonces acudo a mi viejo amigo, un campesino de setenta y cinco años. Ha leído del llamamiento a Berlín en
el periódico. ¿Qué dirá? Clava lentamente la segura mirada de sus cla-
ros ojos en la mía, mantiene la boca enérgicamente cerrada, posa en
mi hombro su mano fiel y prudente y sacude la cabeza de un modo
apenas perceptible. Eso quiere decir: ¡inexorablemente no!»[45]. Mientras el filósofo reprocha a otros amigos de *Blubo* la publicidad del *Blubo*, que podría menoscabar su monopolio, su refleja irreflexividad degenera en la cháchara que se insinúa a la vista del entorno agrícola con
el que él quiere mantener una relación íntima. La descripción del viejo campesino recuerda los más gastados clichés de las novelas del te-
rruño de la zona de un Frenssen no menos que el elogio de la taciturnidad de la que el filósofo deja constancia no sólo en sus campesinos,
sino también en sí mismo. Lo que una literatura que no se ajusta a los
enmohecidos instintos del *kitsch* pequeñoburgués alemán –sobre todo
el realismo francés desde la obra tardía de Balzac hasta Maupassant–
ha aportado al conocimiento de los campesinos se ignora, a pesar de
que sería accesible en traducciones incluso a un presocrático. El pequeño campesinado debe la continuidad de su existencia únicamente
a los obsequios de esa sociedad del canje a la que según la mera apariencia se le ha quitado el fundamento y el suelo de aquél; ante el can-

[43] *Op. cit.*, p. 217.
[44] Johann Peter HEBEL, *Werke [Obras]*, vol. 2.º, Berlín, 1874, p. 254.
[45] Schneeberger, *op. cit.*, p. 218.

je los campesinos sólo tienen en su horizonte una cosa peor aún, la inmediata explotación de la familia, sin la cual estarían en bancarrota: esta zapa, la crisis permanente de las pequeñas empresas agrícolas, tiene su eco en la oquedad de la jerga. Las subvenciones que se les pagan son el fundamento del ser de lo que dispara las primigenias palabras de la jerga hasta lo que significan. Lo mismo que los portavoces menos prominentes de la autenticidad, Heidegger está lleno del rencor de la interioridad, el cual él roza filosóficamente al pensar en la crítica que de ella hace Hegel[46]. Quien por su tipo de trabajo se ve forzado a la permanencia local hace con gusto de la necesidad virtud y trata de convencerse a sí y a los demás de que su apego es de orden superior. Lo refuerzan en ello las malas experiencias con los intermediarios del campesino constantemente amenazado de insolvencia. El odio del socialmente torpe y posiblemente no admitido hacia el más pulido y tratable como ajillo de todas las salsas se aúna con la antipatía hacia el agente, desde el comerciante pecuario hasta el periodista. Las profesiones estables, ellas mismas en una fase de evolución social, en 1956 son todavía empleadas por Heidegger normativamente en nombre de una falsa eternidad de las relaciones agrarias: «El hombre intenta en vano poner en orden el globo terráqueo con sus planes, cuando él no está ordenado a los consuelos del camino rural»[47]. Norteamérica no conoce caminos rurales, ni siquiera aldeas. Una filosofía que desdeña serlo para señalar en general la diferencia, de otro modo inexistente, de la filosofía necesita del símbolo de sexta mano del campesino como prueba de su originariedad. Vale sin duda como en su tiempo la opinión de Lessing según la cual quien ejerce la crítica estética no tiene que hacerlo mejor él mismo. Lo que era cierto para la *Dramaturgia de Hamburgo* es razonable para la teoría filosófica: la autoconsciencia de su límite no la obliga a la poesía auténtica. Pero debe tener la fuerza para impedir que el pensador produzca un artículo de consumo adocenado; de lo contrario éste se convierte en argumento contra una filosofía que adopta la pose de despreciar los argumentos como perturbadores. Su noble miopía crece hasta convertirse en jerga de la autenticidad.

Lo mismo que ésta, también en Heidegger el autoctonismo resulta convicto de lo que en él hay de falso en cuanto por una vez des-

---

[46] Cfr. Heidegger, *Sein und Zeit*, cit., pp. 204 ss. [ed. cast.: *El ser y el tiempo*, cit., pp. 461 ss.].

[47] HEIDEGGER, *Der Feldweg [La senda rural]*, Fráncfort, 1956, p. 4.

ciende al contenido fáctico. Él trabaja con la oposición entre estar solo y soledad: «Los habitantes de las ciudades se admiran a menudo del largo, monótono estar solos de los campesinos en las montañas. No es sin embargo ningún estar solo, pero sí soledad. En las grandes ciudades el hombre puede ciertamente estar con facilidad tan solo como casi en ninguna otra parte. Pero allí nunca puede estar en soledad. Pues la soledad tiene el poder primordial de que no nos aísla, sino que lanza todo el ser-ahí a la vasta proximidad de la esencia de todas las cosas»[48]. Sea lo que sea de la distinción según el contenido, el lenguaje, al que Heidegger recurre como testigo, no la conoce tal como él afirma. El monólogo de la *Electra* de Hoffmansthal, que sin duda entendía de tales matices, comienza: «Sola, completamente sola». Pero la *condition humaine* de la heroína es, de ser algo, aquel extremo estar retirado a sí que Heidegger, hasta cierto punto de modo optimista, confía en que conduzca «a la vasta proximidad de la esencia de todas las cosas», mientras que semejantes situaciones obligan por lo menos en la misma medida a un estrechamiento y empobrecimiento obsesivos. A la inversa, el lenguaje decidirá antes bien, contra Heidegger, que en las grandes ciudades o en las fiestas se está en soledad, pero no se puede estar solo. En todo caso, el uso actual oscila. Una filosofía que tanto se las da de su capacidad de estar a la escucha, se vuelve sorda a las palabras, mientras su énfasis suscita la creencia de que ella, tapadera de la arbitrariedad, se ajusta a las palabras. Los protosonidos de Heidegger, como la mayoría, imitan. Sin embargo, un órgano lingüístico más fino que el suyo difícilmente podría hacer mejor aquello en lo que él fracasa. Todo esfuerzo de ese tipo tiene su límite lógico-lingüístico en el momento ocasional de aun la palabra más exacta. Los significados propios de las palabras pesan mucho. Pero éstas no se agotan en ellos, sino que son afectadas en sí por el contexto. Esto es lo que subestima, a mayor gloria de la ciencia, todo análisis puro de los significados, empezando por el husserliano; más aún el de Heidegger, que se figura muy por encima de la ciencia. Lo que el lenguaje exige sólo lo satisface quien se asegura de su relación con las palabras singulares en las configuraciones de éstas. Lo mismo que la arbitrariedad en la fijación del puro momento del significado, así, por supuesto, amenaza la fe en la supremacía del momento configurativo con convertirse en lo de mala manera fun-

---

[48] Citado en Guido Schneeberger, *op. cit.*, p. 217.

cional, en lo meramente comunicativo; en el desprecio del aspecto objetivo de las palabras. En un lenguaje que sirva para algo ambas cosas se median.

La vida presuntamente sana, en oposición a la deteriorada con cuya consciencia socializada, la *«malaise»*, especula la jerga, es equiparada a través de su pulida figura lingüística, lejos de toda reflexión social, a relaciones agrarias o al menos a la sencilla economía comercial en cuanto algo indiviso, protectoramente cerrado, que transcurre con ritmo estable y continuidad ininterrumpida. El campo de asociación es la escoria del romanticismo y se transplanta sin más ni más a la situación actual, a la cual contradice más abruptamente que nunca antes. De ahí que las categorías de la jerga guste de presentarlas como si no hubieran sido abstraídas de situaciones sociales surgidas y pasajeras, sino que se adhirieran a la esencia humana misma como su inalienable posibilidad. El hombre es la ideología de la deshumanización. De esas categorías que recuerdan relaciones sociales hasta cierto punto naturales, en las que las instituciones del canje no deben tener todavía todo el poder sobre las relaciones entre los hombres, se deduce que su núcleo, el hombre, está inmediatamente presente en los hombres contemporáneos para realizar su arquetipo. Formas de socialización pasadas, anteriores a la división del trabajo, son subrepticiamente introducidas como ellas mismas eternas. Su brillo cae sobre situaciones que otrora fueron víctimas de la progresiva racionalización y que por comparación con ellas se antojan más humanas. Lo que auténticos de grado inferior llaman con *gusto* la imagen del hombre lo localizan en una zona en la que ya no cabe preguntar de dónde surgieron esas situaciones; qué se infligió, con el paso al sedentarismo, a los cada vez subyugados y también a los que ya no pueden vagar; si no fue la situación indivisa misma, torpe y coactiva al mismo tiempo, la que incubó y mereció su ruina. El discurso sobre el hombre se hace popular no sólo en el espíritu del tabique de madera y el techado de aguilón, sino también mediante el comportamiento más al día de un radicalismo que desmonta lo que ahí meramente oculta y medita sobre la esencia desnuda que se esconde bajo todos los revestimientos culturales. Sin embargo, ya que se trata del hombre y no, causa de los hombres, de las situaciones por ellos creadas y contra ellos endurecidas, se dispersa de la crítica de éstas como si, ligada al tiempo lo mismo que su objeto, fuera de demasiado poco calado. El motivo de la *Idea para una historia universal en clave cosmopolita* de Kant de que sólo mediante el antagonismo, por su propia coacción, no por la pura idea, se puede crear una situación digna del hombre es reprimido a fondo. El discurso sobre el hombre es tan indigno porque prepara para lo no-verdadero lo más verdadero. El acento sobre los existenciales del hombre, en los cuales el pensamiento enervado y hastiado de sí mismo se figura tener en sus manos la concreción que perdió con su transformación en método, meramente distrae de qué poco justamente se trata del hombre condenado a apéndice. La misma expresión de la palabra «hombre» ha cambiado históricamente. Aún en la literatura expresionista de la era de la Primera Guerra tenía él su valor histórico en virtud de la protesta contra la flagrante inhumanidad que inventó el material humano para la batalla material. La de antiguo venerable reificación de la sociedad burguesa, que en las grandes épocas aflora y se llama elemento humano, se hace entonces palpable y con ello, polémicamente, también su contraconcepto. La frase «El hombre es bueno» era falsa, pero al menos no necesitaba de ninguna salsa metafísico-antropológica. No obstante, el expresionista «Oh, hombre», manifiesto contra lo que, meramente hecho por el hombre, es una posición usurpatoria, tenía propensión a desatender la violencia de ésta. El incontestado sentido pueril de la humanidad universal se mancha con aquello a lo que se opone; esto se podría mostrar en los escritos de Franz Werfel. La imagen que del hombre tiene la jerga es en cambio la liquidación de aquel desinhibido «Oh, hombre» y la verdad negativa sobre éste. Para la caracterización del cambio de función de «hombre» bastan dos títulos que se parecen. En la época de la Revolución de Noviembre alemana apareció un libro del pacifista Ludwig Rubiner, *El hombre en el centro;* en los años cincuenta, uno titulado *El hombre en el centro de la empresa.* Gracias a su abstracción, el concepto se puede aplicar como lubricante a la misma maquinaria que él un día quiso asaltar. Su *pathos* entre tanto evaporado resuena en la ideología de que la empresa a la que los hombres tienen que servir existe por mor de ellos. Se da a entender que la organización del trabajo tiene que ocuparse de los trabajadores a fin de que aumente su productividad. Sin embargo, la frase hecha sobre el hombre al cual anima a cuidar sería apenas tan capciosa como Elsie, la satisfecha vaca publicitaria americana, si no se apoyara en el barrunto de que a fin de cuentas las relaciones de preeminencia han sido realmente creadas por los hombres mismos y son ellos los que han de abolirlas. Su preeminencia tiene, como la mítica, también algo de fetichista y aparente. Pero tan aparente es el ser-en-sí de la institución, el reflejo de relaciones humanas petrificadas, como realmente esta apariencia domina a los hombres. Esto rebaja a mentira la apelación a la esencia humana inalienable y ha mucho alienada. Las instituciones no las creó el hombre, sino determinados hombres en determinada constelación con la naturaleza y entre ellos; ésta les impuso las instituciones tanto como ellos inconscientemente las erigieron. Todo esto fue tajantemente formulado durante el *Vormärz*, sobre todo por Marx contra la antropología de Feuerbach y contra los jóvenes hegelianos. La apariencia y la necesidad son ambos momentos del mundo mercantil; en cuanto el conocimiento aísla uno de ellos, falla. A quien acepta el mundo mercantil como el en sí que éste pretende ser lo engañan los mecanismos analizados por Marx en el capítulo sobre el fetichismo; quien desprecia ese en sí, el valor de canje, como algo únicamente fingido, condesciende a la ideología de la humanidad universal y se aferra a formas de interrelación inmediata que históricamente son irrecuperables si es que alguna vez existieron. Una vez el capitalismo ha perdido la ingenuidad de la autoafirmación teórica, sus abogados presentan antes bien lo hecho por el hombre en categorías de vida espontánea, como si éstas valieran aquí y ahora. La jerga chapotea adrede más allá de todo esto; posiblemente orgullosa de su amnesia histórica, como si ésta fuera ya lo humanamente inmediato.

Las lenguas angélicas con que registra la palabra «hombre» las extrae de la doctrina de la imagen y semejanza de Dios. Suena tanto más irrefutable y capciosa cuanto más esmeradamente se hermetiza contra su origen teológico. Hay algo en ello que remite a un fenómeno lingüístico procedente del *Jugendstil* que hace a la jerga apta para el consumo de masas; un eslabón de la historia del espíritu entre el *Jugendstil* y ésta fue sin duda el Movimiento de la Juventud. Hauptmann eligió para una sus piezas el título *Hombres solitarios;* en una novela de la Reventlow se hace escarnio de un profesor de la *bohème* durante una fiesta de disfraces en el Múnich de hacia 1910, el cual de cada conocido al que entrega el visado para Schwabing dice: un hombre milagroso. Afín es el gesto de los actores de la primera época de Reinhardt que, poniéndose la mano sobre el corazón y desorbitando además los ojos, se ponían en escena sobre todo a sí mismos. Si un día se derribó el arquetipo teológico, la trascendencia, que poderosos tabúes habían separado del ídolo en las grandes religiones –«No debes hacerte ninguna imagen»–, se desplaza al ídolo; a éste se lo hace pasar por milagroso porque ya no hay milagros. En eso consiste el misterio de toda concreción de la autenticidad; la del ente como su propia *imago*. Mientras que ya no hay nada ante lo que tenga que inclinarse el hombre milagroso, el cual es milagroso porque ya no es nada como hombre, la jerga se comporta como antaño debió de conducirse el hombre ante la divinidad. Apela a una humildad ni interrogada ni relacionada. Sería virtud humana en sí. De siempre ha casado bien con el atrevimiento del sujeto que se pone a sí mismo. La ocultación de aquello para lo que la humildad vale invita ya de por sí a la celebración. Durante mucho tiempo estuvo esto instalado en el concepto de veneración, incluso en el goethiano. Jaspers lo recomienda expresamente, con independencia de a quién se reverencie, condena su ausencia y encuentra fácilmente la transición al culto del héroe, sin que le espanten las huellas de Carlyle: «La fuerza de la veneración mantiene firme, en vista de figuras de grandeza humana, la medida de lo que el hombre es y puede ser. No permite que se desbarate lo que vio. Es fiel a lo que en su advenir como tradición fue eficaz; aprehende aquello de donde brotó su ser en los hombres singulares a cuya sombra llegó a la consciencia; todavía conserva como piedad que nunca renuncia. Le queda como aspiración absoluta mantener presente mediante el recuerdo lo que en el mundo ya no tiene ninguna realidad»[49]. – En la jerga, en cambio, la palabra «hombre», pese al culto de las figuras históricas y de la grandeza en sí, ya no confía en la dignidad humana como el idealismo. En lugar de eso, el hombre, como entonces ya se hace temático entre los filósofos en cuestión, debe tener como sustancia su impotencia y nulidad, a las cuales de hecho se aproxima cada vez más en la sociedad actual. Tal estado histórico es trasladado a la esencia humana pura; afirmado y eternizado a la vez. La jerga, por consiguiente, roba al concepto de hombre, que sería sublime gracias a su nulidad, justamente los rasgos que en toda la Ilustración y también en el primer idealismo alemán contenían una crítica de las situaciones en que no se hace al alma su justicia divina. La jerga acompaña a un concepto de hombre en el que se ha borrado todo recuerdo del derecho natural, por mucho que, en cuanto

---

[49] Jaspers, *Die geistige Situation der Zeit*, cit., p. 170 [ed. cast.: *Ambiente espiritual de nuestro tiempo*, cit., pp. 185 s.].

él mismo una invariante, su hombre se convierta en algo así como una categoría supranatural de la naturaleza. La teología opuso a la transitoriedad del hombre, intolerable en la falsa e insatisfecha, la esperanza de una vida eterna. Ésta desaparece en el elogio de la transitoriedad como algo absoluto al que Hegel, por supuesto, ya se prestó. El sufrimiento, el mal y la muerte habría que, como dice la jerga, aceptarlos: no cambiarlos. Al público se lo entrena en el ejercicio equilibrista de ajustarse a la nulidad como al ser; de honrar la miseria evitable o al menos corregible como lo más humano de la imagen del hombre; de, por mor de la innata insuficiencia humana, acatar la autoridad como tal. Ésta, aunque sólo rara vez se la llama querida por Dios, ostenta los signos de majestad que antaño tomó de Dios Padre. Pero como ya no tiene más legitimación que el hecho de ser, ciega y opacamente, se convierte en radicalmente mala. En esto se entiende el gesto lingüístico universalmente humano con el Estado totalitario. Como para éste, los sujetos para él son con respecto al poder absoluto iguales en un doble sentido. Si Hjalmar Schacht declaró al Tercer Reich que podía esperar mayorías tan considerables que apenas hacía falta falsear las cifras electorales, la verdadera democracia, con él concuerda la concepción temporalmente más inocente que de la humanidad sostiene la jerga. Según ésta todos los hombres serían iguales entre sí en la impotencia de apoderarse del ser. Ser hombre se convierte en la forma de privilegio más general y vacía: estrictamente conforme a una consciencia que ya no tolera ningún privilegio y sin embargo está totalmente bajo su hechizo. Pero tal humanidad universal –caricatura de la igualdad de lo que lleva rostro humano– es ideología porque oculta las no mitigadas diferencias de poder social, las del hambre y la exuberancia, las de espíritu y dócil estupidez en los hombres. Con casta emoción se puede invocar al hombre en el hombre sin que le cueste nada a nadie; pero quien se opone al llamamiento cae en manos de los administradores de la jerga como alguien no humano y en caso de necesidad puede ser arrojado a sus víctimas como presa: él, no el poder, sería el arrogante que arrastra la dignidad humana por el fango. Cualquier praxis en provecho propio puede enmascararse con ayuda de la jerga como utilidad común, como servicio al hombre, sin que se haga nada en serio contra la miseria y la indigencia de los hombres. Pero que una humanidad que se toma la venganza por su mano en medio de lo universalmente inhumano no hace sino reforzar esto es necesariamente velado a los aquí y ahora indigentes. La jerga duplica el velo: la compensación y el consuelo, tal como ella y su mundo los ofrecen, están hechos a medida de su deformado deseo de lo que se les escatima.

La frase hecha sobre el hombre distorsiona el contenido de lo que bajo su concepto se piensa, no sólo su relación con la sociedad. No se preocupa del fraccionamiento real del sujeto, irrevocable desde el mero espíritu, en funciones separadas entre sí. Ya la llamada psicología platónica expresa la interiorización de la división social del trabajo. Cada resorte dentro del individuo, una vez firmemente limitado, niega su principio: se convierte en la suma de sus funciones. Contra esto está tanto peor protegida cuanto su propia unidad, a duras penas conseguida, haya resultado frágil. Sus secciones, separadas bajo la ley de la autoconservación, se endurecen de tal modo que ninguna vive sola ya, ninguna vida puede componerse a partir de ellas: se vuelven contra el sí-mismo al que deben servir. La vida, en la medida en que todavía existe, prueba la falsedad de tal escisión, en el lenguaje la de pensar, sentir y querer. Ningún pensamiento es tal, es más que una tautología, si no quiere también algo; ninguna sensación y ninguna voluntad más que fugaz emoción sin el elemento del conocimiento. La jerga puede señalar cómodamente con el dedo lo tonto de tal división: el término corriente de alienación se lo ha tragado entretanto, sólo que con demasiada disposición a reconocer al joven Marx profundidad para escabullirse ante el crítico de la economía política. Con ello se sale del campo visual la violencia real de la partición del sujeto; el pensamiento que la testimonia es vituperado. El triunfo insaciablemente repetido sobre la psicología mecanicista del siglo XIX abusa de la ella misma ya no tan fresca visión de la teoría de la *Gestalt* como pretexto para no tener que recurrir a lo que se siente como herida; un progreso de la ciencia, por el que por lo demás no se da mucho y que precisamente aquí no tuvo lugar, exoneraría a uno de ello. Rondan en torno a Freud, dándoselas sin fundamento de más modernos que él. Al charlatán que habla de todo el hombre enraizado en el ser el psicoanálisis sigue dándole respuesta contemporánea de vez en cuando. Ninguna elevación del concepto del hombre ha podido nada contra su degradación de hecho a haz de funciones, sino meramente el cambio de las condiciones que llevaron a ella y que de modo ampliado se reproducen incesantemente. Si en lugar de esto, con ayuda de la fórmula mágica «ser-ahí», se hace abstracción de la sociedad y de la psicología de los individuos reales de ella dependiente, y se insiste en la transformación del hombre abstracto en sentido hegeliano, eso meramente tensa las riendas; la elevación no es tal, sino la continuación de una vieja ideología opresora. Mientras golpean al psicoanálisis, están pensando en el instinto, de cuya degradación se apropia irreflexivamente su moral. Así Jaspers: «La exclusividad en el amor entre los sexos compromete a dos seres humanos incondicionalmente para todo porvenir. Arraiga infundadamente en la decisión que, en el momento de auténticamente integrarse, comprometió al sí-mismo a esta fidelidad a través del otro. Lo negativo de renunciar al erotismo polígamo es la consecuencia de algo positivo que sólo es verdadero como amor presente cuando incluye la vida entera; lo negativo de no derrocharse es consecuencia de la descomprometida disposición de un ser-mismo positivo a esta fidelidad. Sin severidad en el erotismo no hay ningún ser-mismo; pero el erotismo se colma humanamente sólo por la exclusividad del compromiso incondicional»[50].

«Compromiso» es el vocablo en boga para la exigencia de disciplina. Su nombre suelda los más ínfimos tratraditos con Heidegger y Jaspers. En principio el vocablo quería germanizar; a los maestros patrióticos les gustaba rumiar que eso es lo que auténticamente significa «religión». Pero no sólo el germanismo dio carta de naturaleza a los compromisos. El extranjerismo «religión» ordenaba subordinación a algo determinado, la revelación cristiana o la ley de Dios de los judíos. En el compromiso de nuevo cuño eso ya no se nota. Mientras que, según las apariencias, la expresión revive la concreción sensible que en el extranjerismo estaba obliterada, frente a sus luminosos colores el a-qué se hunde en las sombras. En lugar de eso, se destaca el hecho del compromiso como tal. Su concepto conserva la autoridad cuya fuente él ocluye. No mejor que la palabra «compromiso» es la cosa: los compromisos se ofrecen como medicina contra el nihilismo, no en aras de su propia verdad, lo mismo que una generación antes los valores hoy de nuevo en danza. Cuentan como higiene espiritual y socavan con ello la trascendencia que ordenan; la campaña que la jerga desencadena cosecha una victoria pírrica tras otra. La de todos modos cuestionable genuinidad de indigencia y fe tiene que llegar a ser el criterio de lo anhelado y creído y se convierte en no-genuina; de ahí que nadie pueda pronunciar

---

[50] *Op. cit.*, p. 171 [ed. cast.: *op. cit.*, pp. 186 ss.].

sin ideología la palabra «genuinidad», en Nietzsche todavía antiideológica. Pero en la jerga se extrae del murmullo sin fin de una liturgia de la interioridad. Lo mismo que un trapero, la jerga se apodera, para revenderlas, de las últimas emociones rebeldes del sujeto devuelto a sí en la caída. La protesta del sujeto vivo contra el hecho de que está por lo general condenado a desempeñar roles –la teoría americana de los roles es tan popular porque lo lamina hasta convertirlo en la estructura de la sociedad en general– es desmochada: el poder ante el que el sujeto huye a su cueva no puede nada sobre éste. La jerga es sacral no en último término como lenguaje de un reino invisible que únicamente existe en el obsesivo delirio de los silenciosos en el campo*. El hecho de que uno no se disperse –hoy en día en el consumo– se desgaja de su contexto social y se reinterpreta como algo esencial, donde sin embargo meramente niega algo negativo. Los pequeños burgueses vigilan a los pequeños burgueses. La disipación, consecuencia del hábito consumista, no es un mal primordial, mientras que la consciencia fue ya antes expropiada en la esfera de la producción, la cual educa a los sujetos para su disipación. Heidegger describe la situación auténtica contra la distraída: «El sí-mismo del ser-ahí cotidiano es el uno-mismo que distinguimos del sí-mismo auténtico, es decir, propiamente aprehendido. En cuanto uno-mismo, es el ser-ahí de cada caso disipado en el uno y tiene primero que encontrarse. Esta disipación caracteriza al "sujeto" de la forma de ser que conocemos como absorberse curándose en el mundo que hace frente de más cerca»[51]. De la conexión, registrada desde Georg Simmel, ya sentida por Baudelaire, de la disipación con la gran ciudad del altocapitalismo no se acuerda. Sin embargo, lo que, lo mismo que su ser-ahí auténtico, permanece únicamente consigo no se empobrece menos que lo que se disuelve en situaciones. Hegel lo mismo que Goethe experimentaron y criticaron la interioridad como mero momento: condición de una consciencia justa tanto como algo de ésta que por su limitación se ha de superar. El recuerdo de esa crítica se reprimió desde que el no-espíritu procuró tanto más a fondo lo que otrora el espíritu exigía del espíritu. La reconciliación del interior y el exterior en la que la filosofía hegeliana aún

---

* «Silenciosos en el campo» *[Stille im Lande]:* así fueron llamados en el siglo XVIII los pietistas que buscaban en la plácida tranquilidad campestre el lugar idóneo para el cultivo de su devoción. *[N. del T.]*

[51] Heidegger, *Sein und Zeit*, cit., p. 129 [ed. cast.: *El ser y el tiempo*, cit., p. 146].

esperaba, fue aplazada a lo imprevisible, y la intercesión a favor de la enajenación se ha hecho superflua una vez ésta rige como ley de los felizmente extrovertidos. Simultáneamente, sin embargo, se hace cada vez más insoportable la consciencia del desgarro que paulatinamente va transformando la autoconsciencia en autoengaño. Ha menester de ella, para convencerse bien, la adaptación total. La ideología puede enlazar con el hecho de que la creciente impotencia del sujeto, su mundanización, ha sido al mismo tiempo una pérdida del mundo y de la objetualidad. Con razón a una de las primeras filosofías originales después de Hegel, la de Kierkegaard, se la llamó filosofía de la interioridad, y ella precisamente se ha desprendido bruscamente de una real reconciliación intramundana. La reflexión sobre la interioridad, su autoposición y por tanto algo de su ascenso remiten a su abolición real. La jerga puso en circulación muchas de sus categorías y mediante tal contradicción aportó lo suyo a su destrucción. Desde el primer día, la historia de la interioridad tras el fracaso de la revolución burguesa en Alemania fue también la historia de su caída. Cuanto menos puede el sujeto que es para sí; cuanto más lo que otrora se declaró con autoconsciencia interioridad se contrae en un punto abstracto, tanto mayor la tentación de que la interioridad se proclame y se lance al mercado ante el cual se retrae. En cuanto término, se convierte en valor y posesión, en los cuales se atrinchera; en sentido oculto es tiranizada por la objetualización, el espantajo kierkegaardiano del mundo «estético» del mero espectador, cuya contrapartida debe ser el interior existencial. Lo que quiere permanecer absolutamente puro de la mancha de la objetualización se convierte, en cuanto propiedad fija adherida al sujeto, en cosa de segundo grado, en último término en artículo de masas de los consoladores asertos de Rilke, desde «los mendigos pueden llamarte hermano y tú sin embargo puedes ser un rey» hasta la tristemente célebre pobreza, el gran brillo desde dentro. Los filósofos que dieron testimonio del desgraciado estado de la consciencia que es para sí, Hegel y todavía Kierkegaard, reconocieron, en línea con la tradición protestante, la interioridad esencialmente en la autonegación del sujeto, el arrepentimiento. Los herederos que por arte de birlibirloque hicieron de la consciencia desgraciada la felizmente adialéctica preservan de él únicamente la autojustificación limitada que Hegel se olió más de cien años antes del fascismo. Limpian la interioridad de lo que en ella sería verdad, de la autorreflexión, en la cual el yo se cala como pieza del mundo por encima del cual se coloca y del cual precisamente por ello es víctima. La endurecida interioridad de hoy día idolatra su propia pureza, supuestamente manchada por lo óntico: hasta ese punto al menos se solapa el enfoque de la ontología contemporánea con el culto de la interioridad. La suya del curso del mundo es también una huida del contenido empírico de la subjetividad misma. Kant, al cual por su parte todavía repugnaba ilustradamente el concepto de lo interno[52], había distinguido el sujeto empírico, al que la psicología trata como una cosa entre cosas, del trascendental, y lo había subsumido en la causalidad. A lo cual sigue, con el acento invertido, el *pathos* de los interiores. Éstos gustan de despreciar a la psicología sin no obstante, como Kant, sacrificar el presunto apoyo de la universalidad trascendental en el hombre singular; por así decir, cobran el beneficio de ambos. El hecho de que por sus determinaciones psicológicas el sujeto se convierta en un momento de la exterioridad anquilosa los tabús, hostiles a los instintos, de los interiores. Se desfogan sobre todo en los libros de Jaspers[53]. Pero en la prohibición de una satisfacción real, en su reducción a la meramente interior del sí-mismo por el sí-mismo, coinciden todos; incluso el Heidegger temprano incluye despectivamente la «capacidad de goce» entre las categorías de lo inauténtico[54]; en *Ser y tiempo* declara, coincidiendo con Jaspers, que la *Psicología de las concepciones del mundo* de éste no es tal ni por asomo[55]. El no menos detestable uso del lenguaje psicoanalítico de inculcar en los pacientes la capacidad de goce como tal, sin tener en cuenta lo que se debe gozar, es simplemente puesto patas arriba. Pero si la interioridad no puede ser ni un ente ni algo universal, sea lo que sea, del sujeto, se convierte en una magnitud imaginaria. Si en el sujeto se suprime todo ente, incluido el psíquico, entonces el resto no es menos abstracto que el sujeto trascendental, sobre el cual se imagina tener tanta ventaja la interioridad humana singular en cuanto ser-ahí. El hecho de que en los textos existencialistas primor-

---

[52] Cfr. Kant, *Kritik der reinen Vernunft*, B 332 ss. (la anfibología de los conceptos de la reflexión) [ed. cast.: *Crítica de la razón pura*, Madrid, Alfaguara, 1978, pp. 286 ss.].

[53] Cfr., ya a este respecto, Karl JASPERS, *Psychologie der Weltanschauungen*, Berlín, ³1925, pp. 132 ss. [ed. cast.: *Psicología de las concepciones del mundo,* Madrid, Gredos, 1967, p. 169].

[54] Cfr. Heidegger, *Sein und Zeit*, cit., p. 43 [ed. cast.: *El ser y el tiempo*, cit., p. 55].

[55] Cfr. *op. cit.*, p. 249 y, especialmente, pp. 301 ss. [ed. cast.: *op. cit.,* pp. 270 y 327].

diales, como la *Enfermedad para la muerte* de Kierkegaard, se convierte en relación que se relaciona consigo misma, bajo la cual nada más se puede pensar; por así decir en el momento absolutizado de la mediación, sin tener en cuenta lo mediado, falla sentencia desde el primer día sobre toda filosofía de la interioridad. De ésta en la jerga no queda ya más que lo más exterior, el creerse los mejores de los auto-elegidos; una pretensión de aquellos que se tienen por bendecidos para ser ellos mismos. Esta pretensión puede sin esfuerzo transformarse en la elitista o en la disposición a adherirse a elites que luego le dan rápidamente la patada a la interioridad. Síntoma de la transformación de la interioridad es la creencia de numerosas personas en que pertenecen a una familia excelente. La jerga de la autenticidad, que vende la igualdad consigo mismo como algo superior, proyecta la fórmula del canje de lo que se imagina no ser canjeable; pues en cuanto individuo biológico cada uno es él mismo. Eso es lo que queda tras descontar del alma inmortal el alma y la inmortalidad.

La totalidad de la apariencia de lo inmediato, que culmina en la interioridad convertida en mero ejemplar, hace enormemente difícil a los rociados por la jerga ver a través de ella. En su originariedad de segunda mano encuentran de hecho algo así como un contacto, comparable al sentimiento de que en la impostora comunidad popular nacionalsocialista se cuidaría de todos los camaradas, que ninguno sería olvidado: un metafísico subsidio permanente de invierno. La base social de lo cual es que muchas instancias de mediación de la economía de mercado que reforzaron la consciencia de la alienación han sido eliminadas en la transición a la economía planificada, que las vías entre el todo y los sujetos atomizados se han acortado tanto que parecen estar cerca entre sí. El progreso técnico de los medios de comunicación discurre en paralelo. Éstos, sobre todo la radio y la televisión, llegan a las poblaciones de una manera que ellas no se percatan de ninguno de los innumerables eslabones técnicos intermedios; la voz del locutor suena en el hogar como si estuviese presente y conociese a cada uno de los individuos. Su artificial lenguaje, lleno de sutilezas técnico-psicológicas –el modelo es el repelentemente confianzudo «Hasta pronto»– es del mismo linaje que la jerga de la autenticidad. La palabra clave es «encuentro»: «El libro sobre Jesús que aquí se presenta adaptado es de un género totalmente insólito. No quiere ser una biografía, una "Vida de Jesús" en el sentido habitual, sino llevar a un encuentro existencial con Jesús»[56]. Gottfried Keller, al que en cuanto lírico los apóstoles de la armonía miran por encima del hombro[57], escribió con ese título un poema de grandiosa torpeza. El poeta se topa inesperadamente en el bosque con la «única que mi corazón desea, / blancamente tocada de pañuelo y sombrero, / transfigurada por un rayo de oro. / Estaba sola, pero yo la saludé, / intimidado, apenas al pasar / porque nunca tan solemne, / tan callada y bella la había visto». La turbia luz es la de la tristeza, y de ella recibe la palabra «encuentro» su fuerza. Pero en sí reúne el poderoso sentimiento, incapaz de expresión inmediata, de la despedida, porque no denota otra cosa que, en el sentido preciso de las palabras, el contenido real de que los dos se han topado sin intención. Lo que la jerga ha perpetrado con la palabra «encuentro» y lo que nunca se puede volver a reparar, estropea el poema de Keller más que jamás una fábrica un paisaje. «Encuentro» es alienado de su contenido literal real y resulta prácticamente explotable gracias a su idealización. En una sociedad en la que virtualmente el azar mismo de que las personas se conozcan, lo que antaño se llamaba simplemente «vida», se reduce cada vez más y, allí donde se conserva, está ya planeado como algo tolerado, no se dan ya apenas encuentros como el de Keller, sino en todo caso citas de tipo telefónico. Pero precisamente por eso se encomia el encuentro, el lenguaje embadurna con colores luminosos los contactos organizados, porque la luz se ha extinguido. El gesto lingüístico entonces es del cara a cara, tal como los dictadores lo practican. A quien mira a uno profundamente a los ojos le gustaría hipnotizarlo, ganar poder sobre él, siempre ya con la amenaza: ¿Tú también me eres fiel? ¿No eres un traidor? ¿No eres un Judas? La interpretación psicológica de la jerga podría descubrir en ese gesto lingüístico una inconsciente transposición homosexual y con ello explicar también el furioso rechazo del psicoanálisis por parte de los patriarcas de la jerga. La maniaca mirada cara a cara está emparentada con la manía racista; quiere una comunidad conjurada, el «Somos de la misma estirpe»; refuerza la endogamia. Incluso el anhelo de purgar la palabra «encuentro» y restaurarla mediante un empleo riguroso se convertiría, con la

---

[56] *Archiv für Liturgiewissenschaft [Archivo para la ciencia de la liturgia]* (1960), sobre el *Jesus* de Rudolf Bultmann.

[57] Cfr. Bruno Russ, *Das Problem des Todes in der Lyrik Gottfried Kellers, Inaugural-Dissertation [El problema de la muerte en la lírica de Gottfried Keller, lección inaugural]*, Fráncfort del Meno, 1959, pp. 189 ss. y 200 ss.

inevitable connivencia de «pureza» y «originariedad», en una componente de la jerga, de la cual querría escapar. – Lo hecho con «encuentro» satisface una necesidad específica. Esos encuentros que se niegan a sí mismos en cuanto organizados, a los que exhortan incansables la voluntad candorosamente buena, la habilidad comercial y la taimada ambición de poder, son tapadera de las acciones espontáneas, que se han vuelto imposibles. Se consuelan o son consolados con que ya ha sucedido algo si hablan en común sobre lo que los oprime. De medio para aclararse sobre algo, la conversación se convierte en fin en sí mismo y sucedáneo de lo que según su sentido debería seguirse de ahí. La demasía de la palabra «encuentro», la sugestión de que ya acontece algo esencial cuando los citados charlan, tiene como núcleo el mismo engaño que la especulación sobre la ayuda en la palabra «afección». Antaño significó enfermedad. En eso reincide la jerga: como si el interés del individuo fuera también su miseria. Mendiga *caritas*, pero al mismo tiempo, por mor de su esencia humana, ejerce el terror. Se debe suponer un poder trascendente que exija que la afección, de nuevo según la jerga, se «perciba». La arcaica superstición que la fórmula «En la esperanza de no haber pedido en vano» explota es llevada por la jerga a excursiones existenciales, la disposición a ayudar exprimida por así decir al ser. Lo contrario a esto, que incuestionablemente irrita a los auténticos, sería el uso comunicativo en los Estados Unidos. *Being cooperative* significa allí el ideal de prestar servicios a otro sin remuneración, al menos poner tiempo a disposición con la expectativa, por vaga que sea, de que, como todos necesitamos de todos, algún día, sea cuando sea, será uno recompensado. Sin embargo, es en la «afección» alemana en lo que ha evolucionado el principio capitalista del canje en una fase en la que aún sigue dominando, mientras que la medida liberal de la equivalencia está rota. Así de dinámico es en su conjunto el carácter lingüístico de la jerga: en ella se vuelve repelente lo que nunca lo fue en modo alguno[58]. En los encuentros en los que parlotea y de los que parlotea, toma la jerga partido por lo que con la palabra «encuentro» denuncia, el mundo administrado. Se adapta a éste me-

---

[58] Sobre el cambio de funciones alecciona al autor su propio trabajo. Ni siquiera en la *Filosofía de la nueva música*, aparecida en América, nada le advirtió contra «afección»; sólo una crítica alemana lo enfrentó contra lo santurrón de la palabra. Incluso quien detesta la jerga no está seguro ante el contagio; tanta más razón para temerla.

diante un ritual de inadaptación. Hasta la dictadura hitleriana solici-
taba la anuencia: en ésta ponía a prueba su base de masas. En suma,
bajo las condiciones de una democracia formal, la administración independizada quiere en todo momento convencer de que existe por mor
del todo administrado. Por eso coquetea con la jerga lo mismo que ésta
con ella, la autoridad ya irracional, que se basta a sí misma. La jerga
se acredita como una pieza del espíritu negativo del tiempo; desempeña un trabajo socialmente útil dentro de la tendencia ya observada
por Max Weber a que las administraciones se extiendan sobre lo que
luego consideran un departamento cultural. Se acumulan las ocasiones en las que los administradores, expertos de formación jurídica u
organizativa, se sienten obligados a hablar, por así decir desde el punto de vista del contenido, sobre arte, ciencia y filosofía. Temen abu-
rrir con su aspereza, y les gustaría proclamar su adhesión al espíritu,
por su parte igualmente especializado, sin que su actividad y experiencia
tengan demasiado que ver con él. Si un jefe de servicios de la administración municipal saluda a un congreso de filósofos, cuyo concepto es ya tan preciso como el título de jefe de servicios de la administración municipal, entonces tiene que servirse de lo que se le ofrece en
rellenos culturales. Eso es la jerga. Ésta lo protege del fastidio de expresarse en serio sobre una cosa de la que él nada entiende y le permite sin embargo fingir relaciones con ésta tal vez más que objetivas.
A lo cual la jerga se presta tan bien porque por sí siempre une la apariencia de algo concreto ausente con su ennoblecimiento. Si no existiese una necesidad funcional de la antifuncional jerga, difícilmente se
habría convertido ésta en un segundo lenguaje, el de los ajenos al lenguaje y los privados de lenguaje. Sin responsabilidad ante la razón, únicamente fomentado por el tono al mismo tiempo estandarizado hacia
lo superior, dobla en uno espiritual el hechizo que la administración
realmente ejerce. Cabría describirla como calco ideológico de la componente paralizadora de la burocracia, cuyo horror representa el sobrio lenguaje de Kafka en el polo diametralmente opuesto a la jerga.
El poder de regulación social se hace para las poblaciones tangible cada
vez que éstas deben solicitar algo de los inaccesibles portavoces de la
administración. Como éstos, la jerga les habla directamente, sin de-
jarles replicar; pero además los convence de que la persona tras la ven-
tanilla es realmente la persona que desde hace poco presenta la placa
con su nombre. Las fórmulas salvíficas de la jerga son latentemente las

del poder, prestadas por el escalafón de las instancias. El administrativo sazonado de autenticidad no es, pues, tampoco una mera forma
decadente del lenguaje filosófico correspondiente, sino que está ya preformado en los textos más notables de éste. El «de entrada» tan querido para Heidegger, que podría tener sus raíces tanto en un procedimiento didáctico como en un cartesiano primero-luego, tutela los
pensamientos en el espíritu de una sistematicidad filosófica lo mismo
que mediante un orden del día aplaza los rebeldes según el estrangu-
lador esquema «pero antes de... debemos todavía plantearnos investigaciones fundamentales»: «El capítulo, que asume la explicación del ser-
en, es decir, del ser del ahí, se divide en dos partes: A. La constitución
existencial del ahí. B. El ser cotidiano del ahí y la caída del ser-ahí»[59].
Tal pedantería, que todavía crea ambiente para la reflexión filosófica supuestamente radical como ciencia sólida, es además recompensada por
el subproducto de que en absoluto llega a lo que la filosofía promete.
Esto se remonta a Husserl, en el curso de cuyos prolíficos prolegómenos uno se olvida fácilmente de la cuestión principal; pero la reflexión
crítica abordaría en primer lugar los filosofemas que la escrupulosidad
aplaza. Incluso la afirmación de que el resultado es despreciable, que
tiene su honorable prehistoria en el idealismo alemán, no carece de sa-
gacidad estratégica. De un modo análogo, las instancias kafkianas elu-
den las decisiones que luego, sin fundamento, sobrevienen de repen-
te a las víctimas. El quid pro quo de lo personal y lo apersonal en la
jerga; la aparente humanización de lo cosal; la cosalización real de lo
humano es la luminosa calcomanía de la situación administrativa en
la que el derecho abstracto y el orden objetivo del procedimiento se
embozan sucesivamente en decisiones cara a cara. Inolvidable, de los
primeros tiempos del Reich hitleriano, la mirada de aquellas gentes de
la SA en que visiblemente se reunían la administración y el terror, arriba la carpeta de los documentos, abajo las botas altas con reborde. Algo
de esa imagen conserva la jerga de la autenticidad en palabras como
«misión», donde la diferencia entre algo dispuesto por instancias jus-
tas o injustas y algo absolutamente exigido, entre autoridad y sentimiento, se desvanece calculadamente. A la incorporación de la palabra «misión» a la jerga podría haber animado la primera de las *Elegías
de Duino* de Rilke, uno de sus fundadores, interpretar la cual hace años

---

[59] Heidegger, *Sein und Zeit*, cit., p. 133 [ed. cast.: *El ser y el tiempo*, cit., p. 150].

todo profesor no titular consideraba una obligación: «Todo esto era misión»[60]. El verso expresa la vaga sensación de que algo inefable en la experiencia quiere algo del sujeto, como ya el del *Torso arcaico de Apolo*[61]: «Exigían no pocas estrellas que las presintieras»[62]. A ello añade todavía el poema la expresión de falta de compromiso y vanidad de tal sensación de consigna, por supuesto en cuanto insuficiencia del sujeto poético: «Pero ¿la superaste?»[63]. Rilke absolutiza la palabra «misión» bajo la protección de la apariencia estética y limita en la continuación la pretensión que su *pathos* ya anuncia. La jerga meramente tiene que, con un ligero trazo, tachar la reserva y tomar al pie de la letra la palabra con cuestionable poética absolutizada. Pero que la lírica neorromántica se comporte a veces como la jerga o al menos la prepare vacilante no puede inducir a buscar sólo en la forma su mal. Éste no se basa sólo, como querría una opinión inocua, en la mezcla de poesía y prosa. Ambas se vuelven igualmente no-verdaderas por lo mismo. En ella es ya malo dotar a las palabras de una resonancia teológica que es desmentida por el estado del sujeto solitario y secular que ahí habla: la religión como ornamento. Dondequiera que en Hölderlin, el modelo secreto, puedan aparecer semejantes palabras y giros, todavía no son los trémolos de la jerga, por descaradamente que los administradores de ésta extiendan la mano hacia el enorme genio. En la lírica, lo mismo que en la filosofía, la jerga tiene su determinación en el hecho de que, al hacer presente algo objeto de su intención como si fuese un ser sin tensión hacia el sujeto, supone su verdad; eso hace de ella, antes de cualquier juicio discursivo, una no-verdad. La expresión no se basta a sí misma. Rechaza por engorrosa la obligación de expresar algo distinto de ella, junto con su diferencia de ello; puede no ser ya nada y, en agradecimiento, esta nada se convierte en lo supremo. El lenguaje de Rilke está todavía en la cresta, como muchas cosas irracionales de la era previa al fascismo. No sólo oscurece, sino que también registra

---

[60] Rainer Maria RILKE, *Duineser Elegien,* Nueva York, s. a., p. 8 [ed. cast.: *Elegías de Duino,* en *Obras de Rainer Maria Rilke,* Barcelona, Plaza y Janés, 1967, p. 771].

[61] Cfr. Rainer Maria RILKE, *Der neuen Gedichte anderer Teil,* Leipzig, 1919, p. 1 [ed. cast.: *De la segunda parte de las nuevas poesías (1907-1908),* en *Obras de Rainer Maria Rilke,* cit., p. 651].

[62] Rainer Maria RILKE, *Duinerser Elegien,* cit., p. 7 [ed. cast.: *Elegías de Duino,* cit., p. 771].

[63] *Op. cit.,* p. 8 [ed. cast.: *ibid.*].

lo que queda por debajo del umbral, lo cual escapa a la racionalidad reificada y así protesta contra ésta. El sentimiento de ser conmovido, tal como la palabra «misión» debe inspirarlo en esa elegía, es de tal esencia. Sólo se hace intolerable en cuanto se objetualiza, en cuanto adopta la pose de lo determinado y unívoco precisamente en su irracionalidad, desde el pensamiento a la escucha y perceptor de Heidegger hasta todo lo que apela e interpela, de cuya calderilla hace alarde la subalterna vanagloria de la jerga. Puesto que Rilke en el poema reconoce, con toda simplicidad, lo multívoco de «misión», la multivocidad quiere ser absuelta. Por otra parte, sin embargo, la misión es ya empleada, como en la jerga, sin un comitente, y suscita una representación del ser en general que se adapta a la jerga. Esto a su vez se aviene a la religiosidad de artesanía del Rilke temprano, sobre todo del *Libro de horas*, que con giros teológicos somete algo psicológico a una especie de procedimiento ennoblecedor; a la lírica, que se permite cualquier metáfora, incluso lo sin más ametafórico como símil, no la perturban ni la cuestión de la objetividad de lo que las emociones del sujeto supuestamente susurran a éste, ni la de si las palabras espigadas en la cultura tapan de alguna manera las experiencias cuya objetivación es la idea de tal lírica. Al enromarse contra la verdad y la precisión de sus palabras —incluso lo más vago debería estar determinado como vago, no introducido de contrabando como determinado—, es mala también en cuanto lírica a pesar de su virtuosismo; la problemática de aquello a lo que aspira a elevarse, de su contenido, es también la de la forma que hace creer que es capaz de trascendencia, y por ello se convierte en apariencia en un sentido más funesto que la del estético. Sin embargo, lo verdadero malo tras esa apariencia es justamente la alianza de la misión con la administración a la que en su servicio niega. Sus palabras son números de protocolo o aquel «ref.» del lenguaje burocrático cuyo disimulo sigue siendo la misión de la jerga. La mirada selectiva a palabras escogidas tal como fueron tratadas léxicamente en los días de la fenomenología preheideggeriana de las pequeñas imágenes fue ya precursora del inventario burocrático. El que a partir de ahí preparaba significados, partero de las palabras puras de hoy en día, se comportaba en todos los casos coactivamente, sin tener en cuenta los santuarios de la filosofía esencialista. El método que prohíbe la más mínima mezcla de una palabra con la contigua tenía, objetivamente, la misma disposición que el pequeño funcionario que vigila que todo permanezca tan estrictamente en su categoría como él mismo en su categoría de sueldo. Incluso la muerte es tratada por un manual, en las ordenanzas de las SS y en las filosofías existenciales; la rutina burocrática cabalgando como Pegaso, in extremis como un caballo del Apocalipsis. En la jerga el sol que ésta tiene en el corazón saca a la luz el lóbrego secreto del método como el de un procedimiento que se impone en lugar de aquello de lo que trata. Así es como en general se determina la jerga. Indiferente al asunto mismo, cabe aplicarla a fines prescritos por una orden, en vez de que el lenguaje, como antaño en la gran filosofía, fluya de la exigencia del asunto. Tal indiferencia del procedimiento lingüístico se ha convertido en metafísica del lenguaje: lo que según la forma a la que él se refiere parece volar se pone con ello como lo superior. Cuanto menos es teóricamente posible el sistema filosófico al que Nietzsche llamó deshonesto, tanto más lo que meramente en el sistema tenía su relevancia se transforma en mera aseveración. Herencia del rigor destruido del sistema es la eficaz confusión lingüística. Por supuesto, en cuanto dispositivo inane, una y otra vez se cae de los chanclos y tropieza en la majadería.

La misión se arroga, en la jerga vulgar de la autenticidad, una autoridad incuestionada. Su falibilidad la disimula el uso absoluto de la palabra. Al ser pasados por alto los gremios o personas que asignan la misión, se instaura como nido lingüístico de órdenes totalitarias, sin interpelación racional sobre el derecho de quienes se reconocen el carisma de caudillo. Una teología avergonzada se aparea con una desvergüenza mundana. Existen vínculos transversales entre la jerga de la autenticidad y las viejas frases hechas de escuela, como el «Así se hace aquí» observado por Tucholsky o el truco del mando militar de vestir el imperativo con una proposición predicativa a fin de, borrando la huella lingüística de la voluntad de los jefes, conferir a lo querido el énfasis de que debe ser obedecido porque lo requerido ya ocurre fácticamente: «Los participantes en la marcha conmemorativa de los héroes se reúnen en Lüneburg». Así hace también Heidegger restallar la fusta cuando en la proposición «La muerte es» el verbo lo pone en cursiva[64]. La traducción gramatical del imperativo en la predicación lo hace categórico; no tolera ninguna negativa, pues ya no es en absoluto, como antaño el kantiano, obligado, sino que describe la obediencia como un hecho consumado, extirpa una posible

---

[64] Cfr. Heidegger, *Sein und Zeit*, cit., p. 259 [ed. cast.: *El ser y el tiempo*, cit., p. 289].

resistencia incluso según la mera forma lógica. La objeción de la razón es desterrada del perímetro de lo socialmente en general pensable. Tal irracionalidad de lo que, aunque aun en el estadio del mito endosado, no renuncia llamarse pensamiento, ya era, por supuesto, la sombra de la Ilustración kantiana, la cual asegura afablemente que para obrar bien no es menester un conocimiento del imperativo categórico, mientras éste, si de verdad debe identificarse con el principio de razón, atribuye a cada uno que obra la razón que, en cuanto incólume, sería la filosófica.

Christian Stütze ha publicado una sátira, el «Discurso solemne en estancias». Arroja la jerga como síndrome con gran fuerza cómica:

¡Muy honorable señor presidente, señores ministros, secretarios de Estado, alcaldes, consejeros, jefes de negociado y ayudantes, damas y caballeros muy estimados de nuestra vida cultural, representantes de la ciencia, de la economía y de la clase media autónoma, distinguida asamblea solemne, señoras y señores!

No es por casualidad que hoy nos hayamos reunido aquí para celebrar este día. Pues precisamente en una época como la nuestra, en la que los genuinos valores humanos deben ser más que nunca nuestra más seria y profundamente íntima afección, se espera de nosotros una aserción. No quisiera exponerles ninguna solución patentada, sino solamente plantear para su discusión una serie de temas candentes que de todos modos están en el ambiente. Lo que necesitamos no es desde luego opiniones prefabricadas, que a nosotros no nos van, sino que lo que necesitamos es más bien el diálogo genuino que nos conmueva en nuestra humanidad. Es el conocimiento del poder del encuentro en la configuración del ámbito intrahumano lo que nos ha convocado. En este ámbito intrahumano están establecidas las cosas que cuentan. No necesito decirles a lo que con ello me refiero. Todos ustedes, que en un sentido particular y eminente tienen que tratar con personas, me comprenderán.

En una época como la nuestra –ya lo dije–, en la que la óptica de las cosas por así decir se ha desenfocado en todas partes, importa más que nunca la individual que sabe de la esencia de las cosas mismas, de las cosas como tales, de las cosas en su autenticidad. Necesitamos personas que sean capaces de ello. ¿Quiénes son esas personas?, me preguntarán ustedes; y yo les respondo: ¡Ustedes! Al haberse reunido aquí, demuestran ustedes más claramente de lo que las palabras podrían hacer que ponen énfasis en su afección. Les doy las gracias por ello. Pero también porque con esta adhe-

sión a una buena causa se oponen con energía a la ola de materialismo en
que amenaza con hundirse todo a nuestro alrededor.

Para decirlo enseguida anticipadamente: ustedes han venido aquí para
recibir directrices, para escuchar. En el plano interpersonal, de este encuentro esperan una contribución al restablecimiento del clima de colaboración humana, de calor del nido que a nuestra moderna sociedad industrial parece faltarle en tan espantosa medida...

Pero ¿qué significa esto para nosotros en nuestra situación concreta aquí
y ahora? Pronunciar la pregunta significa plantearla. Significa incluso mucho más. Significa exponernos a ella, ponérnosla. No deberíamos olvidar
esto. Pero el hombre moderno lo olvida demasiado fácilmente en la prisa
y el trajín de cada día. Sin embargo, ustedes, que pertenecen a los silenciosos en el campo, lo saben. Nuestros problemas provienen, en efecto, de
un ámbito que estamos llamados a cultivar. La saludable perplejidad que
deriva de este hecho abre horizontes que no deberíamos cerrar abando-
nando por aburrimiento. Lo que cuenta es pensar con el corazón y sinto-
nizar la antena humana en la misma longitud de onda. Nadie sabe hoy en
día mejor que el hombre qué es lo que en último término importa[65].

Bien, aquí está todo junto: la afección profundamente seria, el diálogo genuino, las cosas en su autenticidad con vaga reminiscencia de Heidegger, el encuentro en el plano interhumano, la pregunta por mor de sí
misma, incluso el un poco anacrónico ejército de reserva de los silenciosos en el campo. La alocución de largo aliento, que designa por su función a los notables presentes, somete de antemano el todo –él mismo ina-
prehensible– a un motivo administrativo. Aunque no se experimenta lo
que el solemne orador pretende, la jerga lo pone de manifiesto. La afección es el clima de trabajo. La apostrofación de los oyentes como aquellos
«que en un sentido particular y eminente tienen que tratar con personas»
deja traslucir que se trata de aquella clase de liderazgo de personas para la
cual las personas son un pretexto para el liderazgo. Con esto concuerda
precisamente la coriácea frase hecha contra la «ola de materialismo» que
los líderes económicos pura sangre suelen condenar en los de ellos dependientes. Ésa es la razón de ser de lo superior en la jerga. En actos fallidos,
ésta reconoce a la administración como su esencia. El «plano interperso-

---

[65] Christian Schütze, «Gestantze Festsprache», en el *Stuttgarter Zeitung* del 2 de diciembre de 1962, citado en *Die Monat* de enero de 1963, fascículo 160, p. 63.

nal» que debe contribuir «al restablecimiento del clima de colaboración humana» coloca la palabra «plano» junto a «interpersonal», con la asociación tan sociológica como familiar de yo y tú; sin embargo, los planos –plano regional, plano federal– son los de competencias jurídico-administrativas. En el mismo aliento que la exhortación a pensar con el corazón –la fórmula pascaliana según la cual *les grandes hommes proviennent du coeur* ha gustado de siempre a los hombres de negocios– se sintoniza «la antena humana en la misma longitud de onda». Pero el contenido en su conjunto es una flagrante necedad, frases como «pronunciar la pregunta significa plantearla» o «Nadie sabe hoy en día mejor que el hombre qué es lo que en último término importa». Tal necedad tiene una vez más su razón en el mundo: ocultar qué se manipula y qué debe conseguirse; por eso, como dice el alemán administrativo, todo contenido es puesto entre paréntesis, mientras sin embargo no se puede renunciar a la apariencia de contenido a fin de que los oyentes –de nuevo según el mismo alemán– sigan la pista. El propósito, la intención, se contrae en un lenguaje inframundano desprovisto de intención, fiel a la determinación objetiva de la jerga misma, la cual no tiene más contenido que el embalaje.

La jerga se adapta a toro pasado a las necesidades de la filosofía en boga hacia 1925 en cuanto a concreción de la experiencia, el pensamiento y el comportamiento en medio de una constitución global que transcurre realmente según algo abstracto, el canje. Tampoco la jerga, pues, es capaz ni está dispuesta a concretar lo que condena a la abstracción. Gira en círculo; querría ser inmediatamente concreta, sin derivar en mera facticidad, y con ello se ve forzada a una secreta abstracción, poco a poco al mismo formalismo contra el que antaño la propia escuela de Heidegger, la fenomenológica, tronó. Para la crítica teórica esto se hace evidente en la ontología existencial; sobre todo en la pareja de conceptos autenticidad e inautenticidad en *Ser y tiempo*. Ya ahí el impulso a la concreción se hermana con un «no me toques». Se habla como desde una profundidad que se profanaría en cuanto contenido que ella querría sin embargo volver a ser y que querría expresarse. La técnica defensiva de Heidegger de retirarse a la eternidad tiene como escenario aquella «pura y vertiginosa altura»[66] de la que Hegel

---

[66] Hegel, *WW* 1, en Glockner (ed.), Stuttgart, 1958: *Differenz des Fichteschen und Schellingschen Systems*, p. 43 [ed. cast.: *Diferencia entre los sistemas de filosofía de Fichte y Schelling*, Madrid, Tecnos, 1990, p. 16].

trata en la polémica contra Reinhold; como éste, tampoco Heidegger puede hartarse de preliminares rituales al «ingreso en el templo»[67]; sólo que casi nadie se arriesga ya a ponerle el cascabel al gato. Heidegger no es de ningún modo incomprensible, como los positivistas le escriben en rojo al margen; pero él se rodea del tabú de que cualquier comprensión lo falsea enseguida. La insalvabilidad de lo que este pensamiento quiere salvar es convertida con astucia de diplomático en su elemento propio. Rechaza todo contenido contra el que cupiera argumentar; la metafísica fallaría con respecto a él tanto como la traducción a afirmaciones ónticas, las cuales a su vez, en cuanto «componentes» de las ciencias singulares, no son vistas con malos ojos[68]. También de la autenticidad y la inautenticidad se trata por de pronto con cautela. Heidegger se protege contra el reproche de pintura en blanco y negro. No ofrecería ninguna pauta de juicio filosófico, sino que introduciría términos descriptivos, neutrales, en el estilo de lo que en la fenomenología temprana se llamaba investigación y en la lectura weberiana de la sociología denunciada por Heidegger neutralidad axiológica: «Los dos modos de ser de la autenticidad y la inautenticidad –estas expresiones son elegidas terminológicamente en el sentido más estricto de las palabras– se fundamentan en el hecho de que el ser-ahí se determina en general por el ser-en-cada-caso-mío. Pero la inautenticidad del ser-ahí no significa por ejemplo un ser "menos" o un grado "inferior" de ser. La inautenticidad puede más bien determinar al ser-ahí

---

[67] *Ibid.*

[68] En el tratado sobre la identidad y la diferencia, Heidegger, en un momento de distracción, deja ver sus cartas: «Pero, si, por una vez, suponemos que la diferencia es un añadido de nuestra representación, entonces surge la pregunta: ¿un añadido a qué? Se responde: al ente. Bien. Pero ¿qué significa esto: "el ente"? ¿Qué significa sino: lo que es? Así llevamos el supuesto añadido, la representación de la diferencia, al dominio del ser. Pero "ser" dice el mismo: ser que es ente. Vayamos donde vayamos con la diferencia como supuesto añadido, siempre nos encontramos ya con el ente y el ser en su diferencia. Aquí es como en el cuento de Grimm de la liebre y el erizo: "Ya estoy aquí"» (HEIDEGGER, *Identität und Differenz,* Pfullingen, 1957, p. 60 [ed. cast.: *Identidad y diferencia,* Valencia, Anthropos, 1988, p. 135). Lo que aquí, con ayuda de una hipóstasis muy primitiva de la cópula, se dice de la llamada diferencia ontológica para transferir la precedencia ontológica de esa diferencia al ser mismo es en verdad la fórmula del método de Heidegger. Éste se asegura al captar las posibles objeciones como momentos que ya se habrían tenido en cuenta en cada una de las tesis mantenidas; conclusiones erróneas que el mejor lógico podría registrar son proyectadas en la estructura objetiva de aquello de lo que el pensamiento trata y por lo cual se justifica.

según su más plena concreción en su solicitud, ocupación, interés, capacidad de goce»[69]. Todavía en un pasaje muy posterior de *Ser y tiempo*, que se ocupa de la categoría del «se» característica de la inautenticidad, dice Heidegger que «la interpretación tiene un propósito
puramente ontológico y está muy lejos de una moralizadora crítica del
ser-ahí y de aspiraciones de "filosofía cultural"». Incluso la expresión
«habladurías» no debe aquí «usarse con un significado "despectivo"»[70].
Las comillas de «despectivo» son los guantes de una metafísica melindro-
sa. Las ventajas de semejantes dispositivos filosóficos, que tienen su modelo en las aseveraciones de pureza científica en los textos de Husserl,
son considerables. La de la autenticidad necesita sus cláusulas de reserva para, llegada la ocasión, persuadir de que no es una filosofía. La reputación de objetividad científica aumenta su autoridad y deja al mismo
tiempo la decisión entre ser auténtico e inauténtico a un arbitrio que,
de un modo en absoluto tan distinto al «valor» de Max Weber, está
dispensado del juicio racional. La voltereta se ejecuta con tanta elegancia
porque las expresiones «terminológicamente elegidas» no se agotan en
la libertad subjetiva de elección de su aplicación, sino que –como el
filósofo del lenguaje Heidegger debería ser el primero en admitir– ellas
mismas contienen objetivamente aquellas normas de las que Heidegger las deslinda. Los nominalistas vieron esto mejor que el posterior
místico del lenguaje. Ya Hobbes señala, siguiendo la doctrina de los
ídolos de Bacon, «que con las palabras los hombres suelen expresar al
mismo tiempo sus propios afectos, que aquéllas por tanto ya encierran
un cierto juicio sobre la cosa»[71]. La trivialidad de esta observación no
exime de recordarla allí donde es meramente ignorada. Aunque, en
cuanto contemplador neutral de esencias, Heidegger concede que la inautenticidad podría «determinar el ser-ahí según su más plena concreción»,
los adjetivos con que califica ese modo de ser están de antemano cargados de odio. Caracterizan, como solicitud e interés, unas propiedades
que se han vendido al mundo del canje y la mercancía y se asimilan a
él. Es solícito quien lleva a cabo una empresa por mor de ella misma,
quien confunde medios y fines; interesado en sentido exacto quien, o

---

[69] Heidegger, *Sein und Zeit*, cit., p. 43 [ed. cast.: *El ser y el tiempo*, cit., p. 55].
[70] *Op. cit.*, p. 167 [ed. cast.: *op. cit.,* p. 186].
[71] Citado según Rudolf EUCKEN, *Geschichte der philosophischen Terminologie [His-
toria de la terminología filosófica]*, Leipzig, 1879, p. 86; cfr. Thomas HOBBES, *Levia-
than*, caps. 4 y 5 [ed. cast.: *Leviatán,* Madrid, Editora Nacional, 1983, pp. 138 ss.].

bien, según las reglas de juego burguesas demasiado abiertamente, percibe su propia ventaja, o bien, disfrazándola de cosa objetiva, meramente sirve a esa ventaja. Se incluye ahí la capacidad de goce. Según costumbre pequeñoburguesa, las deformaciones que el mundo del lucro inflige a los hombres se explican por la codicia de éstos, como si fueran culpables de ser engañados acerca de su subjetividad. En cambio, con la filosofía de la cultura en la que por ejemplo afloraron tales cuestiones la heideggeriana no quiere tener en común absolutamente nada. De hecho, su concepto es tan petulante como el de filosofía social; la limitación de la filosofía a un dominio específico es incompatible con el hecho de que debería reflejar la separación institucional, deducirla ella misma, reconocer también lo necesariamente separado a su vez como no-separado. La filosofía de la cultura se pliega mediante su autorrestricción al reparto de los fenómenos en ámbitos objetuales y eventualmente a su jerarquización. Como el lugar de la cultura en la construcción de supuestos estratos es inevitablemente casi el de algo derivado, una filosofía que en ella se mueva con exquisitez se contentaría con lo que los funcionarios promueven como ensayismo y eludiría lo que se ha transmitido bajo el nombre de problemas de la constitución y de lo que por supuesto ella sólo por cerrilismo podría apartar la vista. Heidegger, que está familiarizado con el esquema husserliano de disciplinas eidético-filosóficas aquí y objetualmente orientadas allí, y que lo ha fundido con la crítica idealista de la reificación, no pierde todo esto de vista. Pero no debe pasarse en él por alto un armónico de la expresión «filosofía de la cultura»: el denuesto de lo que se adhiere a lo secundario como el parásito a la vida ya producida. Se irrita contra cualquier mediación incluso en el espíritu, que es él mismo esencialmente mediación. En el que prospera esta actitud contra la filosofía de la cultura es aquel clima académico en que al judío Georg Simmel se le daban palmaditas en el hombro porque, al menos en la intención, se sumergía en la concreción siempre sólo prometida por los sistemas y violaba el tabú de la filosofía tradicional, la cual tiene que ver, si no ya con los temas fundamentales de la metafísica occidental, sí al menos con la pregunta por su posibilidad. La crítica de la limitada filosofía de la cultura está taimadamente limitada. No más que ésta vale un concepto químicamente puro de filosofía como la pregunta por la esencia incólume debajo de lo primero puesto o hecho por hombres. El ámbito objetual de lo puro, ni en cuanto verdaderamente filosófico ni siquiera en cuanto algo explicativo o sustentante, tiene ventaja alguna sobre la cultura. Es como ésta una determinación de la reflexión. Si la especializada filosofía de la cultura absolutiza la figura de lo devenido frente a aquello de lo que vive, la ontología fundamental, a la que espanta el espíritu objetualizado mediante la cosalidad, escamotea su propia mediación cultural. Sea lo que fuere de la posibilidad de una filosofía de la naturaleza hoy en día, aquella originariedad que en el atlas filosófico ocupa el lugar antaño señalado a la naturaleza es tanto parte de lo para ella despreciable en cuanto cultura como a la inversa. Incluso la infraestructura material de la sociedad en que el trabajo y el pensamiento humanos están hincados, sólo a través de la cual se convierten éstos realmente en trabajo social, es cultura, sin que por ello se atenúe el contraste con la superestructura. La naturaleza filosófica debe ser considerada como historia y la historia como naturaleza. Ya la contraposición inventada ad hoc por Gundolf para George, entre vivencias originarias y vivencias culturales era, en cuanto contraposición en el seno de la superestructura, ideología, a fin de oscurecer la de infraestructura e ideología. Las categorías que él popularizó y entre las que no falta la posteriormente muy exitosa del ser divino[72] fueron vendidas como sustanciales, mientras que precisamente en el neorromanticismo lo que resalta llamativamente es la mediación cultural, el *Jugendstil*. Bloch se ha burlado de Gundolf, con razón, a propósito de las vivencias originarias de hoy en día. De éstas, parte de un expresionismo recalentado, Heidegger ha hecho luego, con la bendición de la opinión pública, una institución permanente. Lo que de ocuparse de la cultura, de la cual por lo demás forman parte sus propias divagaciones filológicas, le repugna, el partir de la experiencia de algo derivado, no se ha de evitar, sino introducir en la consciencia. En el mundo universalmente mediado todo lo primariamente experimentado está culturalmente preformado. Quien quiere lo otro debe partir de la inmanencia de la cultura para traspasarla. Pero la ontología fundamental se ahorra esto adrede al simular un comienzo fuera. Por eso sucumbe tanto más a las mediaciones culturales; éstas retornan como momentos sociales de su propia pureza. La filosofía se imbrica socialmente con tanta mayor profundidad cuando mayor es el celo con que, pensando en sí misma, se aparta de la sociedad y del espíritu objetivo de ésta. Se

---

[72] Cfr. Friedrich GUNDOLF, *George*, Berlín, ³1930, p. 269.

agarra firmemente al ciego destino social, el cual, según la terminología heideggeriana, ha arrojado a uno a este y no a otro lugar. Eso era conforme al fascismo. Con la caída del liberalismo mercantil surgieron desnudas las relaciones de dominio. Lo escueto del mandato, la auténtica ley del «tiempo precario», puede sin esfuerzo confundirse con lo originario. De ahí que bajo el capitalismo industrial desmesuradamente concentrado del Tercer Reich pudiera fanfarronear de la sangre y el suelo sin producir carcajadas. La jerga de la autenticidad propone esto, de modo menos firme; impunemente, porque entonces las sociales, como las diferencias entre el maestro de escuela nombrado catedrático y el catedrático de carrera, entre el optimismo oficial de la mortífera máquina de guerra y el filosófico fruncimiento de la frente de los demasiado autocráticamente conmovidos por el ser para la muerte, conducían en ocasiones a fricciones.

Las protestas de Heidegger contra la filosofía de la cultura tienen consecuencias funestas en la ontología de la autenticidad: lo que ésta al principio destierra meramente a la esfera de la mediación cultural, lo sigue empujando sin demora al infierno. Al cual por supuesto el mundo es bastante parecido, sumergido en una turbia ola de cháchara como la forma decadente del lenguaje. Karl Kraus condensó esto en la tesis de que la frase hecha hoy en día da a luz a la realidad; sobre todo a aquella que tras la catástrofe ha resucitado bajo el nombre de cultura. Ésta, como Valéry definió la política, en gran medida sólo sigue existiendo para apartar a los hombres de lo que en algo les afecta. En el mismo sentido que Kraus, al cual no menciona, dice Heidegger en *Ser y tiempo*: «El oír y comprender se ha aferrado anticipadamente a lo hablado en cuanto tal»[73]. Así, la industria de la comunicación y sus fórmulas se interponen entre la cosa y el sujeto y lo ciegan contra precisamente aquello a lo que se refiere la cháchara. «Lo hablado en cuanto tal traza círculos más amplios y adopta un carácter autoritario. La cosa es así porque así se dice.»[74] Pero Heidegger achaca el diagnóstico crítico a una situación ontológica negativa, el «ser cotidiano del ahí», que en verdad es de esencia histórica: el enredo del espíritu con la esfera de la circulación en una fase en la que el espíritu objetivo es recubierto por el proceso de explotación económica como por el moho, el cual

---

[73] Heidegger, *Sein und Zeit*, cit., p. 168 [ed. cast.: *El ser y el tiempo*, cit., p. 187].
[74] *Op. cit.* [ed. cast. cit.: *op. cit.*, p. 188].

sofoca la calidad espiritual. Esta confusión ha surgido y lo que se ha de hacer es eliminarla, no deplorarla y admitirla como esencia del ser-ahí. Heidegger percibe correctamente lo abstracto de la cháchara «en cuanto tal», que se ha enajenado de la referencia a la cosa; pero de lo *páthicamente* abstracto de la cháchara deriva él la invarianza metafísica de ésta, por cuestionable que sea. Sólo ya si, en una economía racional, desapareciese el derroche publicitario, disminuiría la cháchara. A los hombres les es impuesta por una constitución social que los niega como sujetos, mucho antes de los consorcios periodísticos. Pero la crítica de Heidegger se convierte en ideológica al golpear indiferenciadamente al espíritu emancipado como aquello que de él resulta bajo compromisos sumamente reales. Condena las habladurías, pero no la brutalidad, pactar con la cual es la verdadera culpa de las en sí mucho más inocentes habladurías. En cuanto Heidegger quiere reducir las habladurías al silencio, su lenguaje tintinea con el armamento: «Para poder callar, el ser-ahí debe tener algo que decir, esto es, disponer de una auténtica y rica apertura de sí mismo. Entonces hace patente la taciturnidad y echa abajo las "habladurías"»[75]. En las palabras «echar abajo» habla como rara vez en otras partes su lenguaje, el de la violencia. Pero el hecho de que aquello a lo que quiere llegar esté de acuerdo con la situación que deplora se confirmó en el Reich hitleriano. Bajo el dominio del «se», nadie tendría que responder de nada, opina Heidegger: «El "se" está en todas partes ahí, pero de tal manera que siempre se ha escabullido ya también de donde el ser-ahí urge una decisión. Sin embargo, como el "se" simula todo juzgar y decidir, le quita al ser-ahí de cada caso la responsabilidad. El "se" puede por así decir permitirse que "se" apele constantemente a él. Puede responder de todo con suma facilidad, porque no es nadie que haya de hacer frente a nada. El "se" siempre "ha sido", y sin embargo puede decirse que no ha sido "nadie". En la cotidianeidad del ser-ahí es lo más obra de aquello de lo que tenemos que decir que no ha sido nadie»[76]. Justamente eso se cumplió bajo el nacionalsocialismo en cuanto el estado universal de obediencia debida con el cual ulteriormente se excusan los torturadores. – El boceto heideggeriano del «se» aún se aproxima al máximo a lo que es, a la relación de canje, allí donde se ocupa de la

---

[75] *Op. cit.*, p. 165 [ed. cast.: *op. cit.*, p. 184].
[76] *Op. cit.*, p. 127 [ed. cast.: *op. cit.*, p. 144].

medianía: «El "se" mismo tiene sus propios modos de ser. La mencionada tendencia del ser-con que llamamos la distanciación se funda en que el ser-unos-con-otros en cuanto tal se cuida de la medianía. Ésta es un carácter existenciario del "se". De ésta es de lo que para el "se" va esencialmente en su ser. Por eso se mantiene fácticamente en la medianía de lo que es como es debido, lo que se admite y lo que no, a lo que se otorga crédito y a lo que se le niega. Esta medianía en el modelo de lo que puede y debe arriesgarse vigila sobre todo conato de excepción. Toda prelación es derogada sin meter ruido. Todo lo originario es allanado de la noche a la mañana como cosa ha mucho sabida. Todo lo conquistado con lucha se vuelve vulgar. Todo misterio pierde su fuerza. Este cuidado de la medianía vuelve a descubrir una tendencia esencial del ser-ahí, a la que llamamos el aplanamiento de todas las posibilidades de ser»[77]. La nivelación descrita según la manera de las elites que se certifican a sí mismas esa «prelación» como la violencia que ellas mismas quieren perpetrar no es otra que aquella de que cada vez es objeto aquello por canjear por su inevitable reducción a la forma de la equivalencia; la crítica de la economía política aprehende el valor de canje en el tiempo de trabajo que de media ha de emplear la sociedad. En el celo contra el «se» negativamente ontologizado, la resistencia contra el anonimato capitalista pasa adrede por alto la ley del valor que se impone; un sufrimiento que no quiere tener palabra para aquello de lo que sufre. Al ser interpretado como posibilidad del ser aquel anonimato cuyo origen social es inconfundible, queda exonerada la sociedad, la cual descalifica y determina al mismo tiempo las relaciones entre sus miembros.

La movilidad de las palabras tenía incuestionablemente en sí desde el comienzo su degradación. En la palabra funcional el engaño, inherente al principio mismo de canje, echa mano del espíritu; como éste no puede existir sin la idea de verdad, en él se hace flagrante lo que en la praxis material se agazapa tras el libre y justo canje de bienes. Pero sin movilidad jamás habría llegado el lenguaje a ser capaz de aquella relación con la cosa por cuya medida juzga Heidegger el lenguaje comunicativo. La filosofía del lenguaje tendría que indagar en éste la conversión de la cantidad en la calidad de la cháchara o, mejor, el ensamblaje de ambos aspectos; pero no dirigir autoritariamente a izquierda y dere-

---

[77] *Ibid.* [ed. cast.: *op. cit.*, pp. 143 ss.].

cha las ovejas y los carneros del espíritu lingüístico. Ningún pensamiento podría desplegarse en algo no pensado ya, sin el chorro de irresponsabilidad por el que Heidegger se acalora; en eso se distingue la palabra hablada de la auténticamente escrita, e incluso en ésta pueden los positivistas fácilmente tachar de irresponsable el exceso con respecto a lo que es el caso. La afasia y el tedio no están más altos que las habladurías. Incluso aquella objetividad de cuño lingüístico que presupone la más extrema vigilancia contra la frase hecha tiene como condición la movilidad, por quebrada que sea, de la expresión: la urbanidad. Sin frases hechas y conforme a la cosa no es capaz de escribir nadie que no sea él mismo también un literato; su defensa sería oportuna tras el asesinato de los judíos. Kraus mismo despreció tal vez más a los iliteratos que a los literatos. Por otro lado, el juicio sumario sobre las habladurías, a las que ontológicamente subordina en un sentido negativo, permite siempre de nuevo la justificación de la frase hecha como fatalidad. Una vez las habladurías son un «encontrarse», tampoco hay que molestarse mucho si la autenticidad se convierte en habladurías. Eso le sucede hoy en día a la propia leyenda de Heidegger. Entresáquense algunas frases de *La idea de la universidad alemana y la reforma de las universidades alemanas,* de Ernst Anrich: «No es ninguna injerencia» –a saber, en la autonomía académica– «si desde el claro reconocimiento de que hoy en día no se puede situar una determinada filosofía como determinante en el centro de la universidad para mantener alerta la universalidad y la responsabilidad ante el conjunto de la realidad, se exige de ese juramento hipocrático que todo científico en ese cuerpo practique su ciencia bajo la pregunta última por el fundamento del ser y el todo del ser, y una y otra vez intercambie puntos de vista sobre estos problemas en la corporación que de ahí extrae su dignidad. Si el estudiante exige con razón que la esencia de sus estudios ha de ser que desde su especialidad vaya penetrando hasta avistar el ser y la responsabilidad ante el conjunto del ser, entonces el profesor debe exigir que en su curso resulte claro cómo su propia investigación es en último término impulsada por los esfuerzos en torno a esta pregunta; cabe esperar que todos sus cursos sean en este sentido un llamamiento y un despertar»[78]. En un contexto organizativo, enormemente óntico, tales frases utilizan la jerga de la autenticidad exac-

---

[78] Ernst ANRICH, *Die Idee des deutschen Universität und die Reform der deutschen Universitäten,* Darmstadt, 1960, p. 114.

tamente del mismo modo que Heidegger lo esboza en *Ser y tiempo* como una característica de las habladurías. Pero la autoridad a la que aquí la jerga se obliga no es otra que la de la misma filosofía heideggeriana. El hecho de que en el capítulo en cuestión se repita con retórico tesón «no es ninguna injerencia» debe precisamente ocultar una, a saber, el juramento –el mismo Anrich emplea la mítica palabra– sobre la llamada pregunta del ser, mientras que en el mismo aliento concede que a ninguna filosofía determinada se la podría hoy en día situar en el centro de la universidad; como si la ominosa pregunta del ser estuviera más allá de la crítica. A quien con razón la desdeñe, y con ella la cháchara a propósito suyo, lo mejor sin duda sería expulsarlo de la universidad. Con lo cual enlaza hábilmente Anrich el hecho de que, en fórmulas como la de la pregunta por el fundamento del ser, resuena para los cándidos una resistencia al trajín desespiritualizado de las ciencias del espíritu. Un derecho humano de los estudiantes, su necesidad de algo esencial, se desvanece en la jerga con la mitología heideggeriana de la esencia del ser. El espíritu que ellos echan de menos en las universidades se convierte tácitamente en monopolio de una doctrina que por su parte calumnia al espíritu en su forma de razón.

Lo mismo que en el concepto de habladurías, también en el con simpatía descrito de ser-a-la-mano, ancestro filosófico del recogimiento, la experiencia del sufrimiento es reinterpretada en lo contrario. En no pocas etapas históricas de la agricultura y en la sencilla economía mercantil, la producción estuvo no radicalmente sometida al canje, más próxima a los trabajadores y consumidores, y las relaciones entre éstos no enteramente reificadas. La idea que queda por realizar de algo indesfigurado difícilmente habría podido crearse sin un vestigio del recuerdo de tales situaciones, por más que éstas probablemente infligieron inmediatamente más brutalidad a los que estaban a su merced que el capitalismo durante largos periodos. De todos modos, el pensamiento identificador, que reduce lo diferenciado a la igualdad del concepto y está adiestrado en el canje, trocea esta identidad más inocente. Pero lo que en su juventud Hegel y Marx condenaron como alienación y reificación, y contra lo que hoy en día todos están espontáneamente unidos, Heidegger lo interpreta ontológicamente, ahistóricamente al mismo tiempo y, en cuanto modo de ser del ser-ahí, como algo corpóreo. La ideología del ser-a-la-mano y su contrapartida quedan al desnudo, por ejemplo, en la praxis de aquellos adeptos al movimiento musical juvenil que juran que un violín adecuado tendría que habérselo construido a sí mismo el violinista. Como la técnica ha superado y hecho superfluas las formas artesanales de producción, la proximidad que les era inherente se ha hecho tan inane como el *do it yourself*. El afuncional ser-sí-mismo de las cosas, su liberación de la coacción a la identidad que ejerce el espíritu dominador, sería la utopía. Ésta presupone la alteración del todo. Sin embargo, en medio del omnicomprensivo complejo de funciones, a éste lo dora cualquier luz ontológica sobre los restos del llamado ser-a-la-mano. Por amor a éste la jerga de la autenticidad habla como si fuera la voz de los hombres y las cosas que son por mor de sí mismas. Mediante esta maniobra se convierte tanto más en algo para otro, para conexiones causales planeadas y pedagógicamente ornadas. Ya el wagneriano «ser alemán significa hacer una cosa por mor de ella misma» aumentó como *slogan* la exportación del espíritu alemán, el cual compitió con éxito contra el más progresista pensamiento mercantil de Occidente mediante la marca de que no era ninguna mercancía. Esto aclara lo que de artesanal tiene la jerga. Ofrece refugio al gastado lema de que el arte ha de ser llevado a la vida y allí ser más que arte, pero también más que mero uso. Practica la artesanía a la sombra de la industria, de un modo tan selecto como barato; colecciona impulsos de reformadores *kitsch* de la vida enterrados por la praxis bajo sí, y les ahorra la inútil prueba de la realización. En lugar de eso, el lenguaje se remanga y da a entender que la acción adecuada en el lugar adecuado vale más que la reflexión. La actitud contemplativa, sin ninguna perspectiva sobre la praxis transformadora, simpatiza tanto más sorprendentemente con el aquí y ahora, el servicio de las tareas dentro de lo dado.

En el análisis de la curiosidad, Heidegger se ve obligado a insinuar algo de la dinámica histórica que necesariamente disuelve las estáticas relaciones[79] de las cuales se nutre la teoría del ser-a-la-mano; llamar a éstas sanas se lo deja a los secuaces. Sin duda sanciona incluso como posibilidad ontológica la de «des-alejar» consagrada por el guión de que los hombres se eleven por encima de la mera inmediatez de la reproducción de la propia vida. Se desliza sin embargo hasta la difamación de la consciencia liberada de su cárcel: «El cuidado se convierte en preo-

---

[79] Cfr. Heidegger, *Sein und Zeit*, cit., p. 172 [ed. cast.: *El ser y el tiempo*, cit., p. 189].

cuparse de las posibilidades de ver, permaneciendo en reposo, el "mundo" sólo en su "aspecto". El ser-ahí busca lo lejano exclusivamente para acercárselo en su aspecto. El ser-ahí se deja arrastrar únicamente por el aspecto del mundo, una forma de ser en que se preocupa de quedar exento de sí mismo en cuanto ser-en-el-mundo, exento del ser cabe lo contigua y cotidianamente a-la-mano. Pero la curiosidad que ha quedado en libertad no se preocupa de ver para comprender lo visto, es decir, para entrar en un ser con respecto a esto, sino sólo para ver. Sólo busca lo nuevo para saltar de ello nuevamente a algo nuevo»[80]. Para Heidegger el camino a la consciencia con libertad de traslado está prediseñado, es inevitable, pero es tan poco propicio a la liberada como los coartados por su círculo de deberes que desconfían del arte y del espíritu emancipado de la praxis por fútiles. La consciencia emancipada él la equipara a la curiosidad. El odio a ésta se asocia a aquel contra la movilidad: ambos los inculca también en el espíritu el retrógrado proverbio: «Quédate en tu tierra y gánate la vida honestamente». En el psicoanálisis genético es conocida la amenaza de castración contra la investigación infantil en torno al sexo; el brutal «Eso no es asunto tuyo» es consonante con la actitud presuntamente suprapsicológica del ontólogo. En la curiosidad el pensador insulta al pensamiento; sin ella el sujeto quedaría encarcelado en la sorda coacción a la repetición, nunca se desplegaría hasta convertirse en experiencia. Una visión tan iluminista está sin duda tan lejos de ser total como de mejorar, por causa de los vituperios de Heidegger al «se», la situación social cuyos síntomas él reprueba. Sólo que su objeción a la curiosidad deriva del decir-sí a cualquier precio; ésta no tiene «nada que ver con la admirativa contemplación del ente, con el θαυμάζειν, no le importa ser llevada por la admiración a la incomprensión, sino que se preocupa de saber, pero simplemente para tener sabido»[81]. En el *Escrito sobre la diferencia* Hegel criticó la curiosidad de modo mucho más incisivo: no como encontrarse, sino como postura de la consciencia reificada con respecto al objeto muerto: «El espíritu vivo que habita en una filosofía exige para desvelarse que lo dé a luz un espíritu afín. Ante el comportamiento histórico que surge de un interés cualquiera por el conocimiento de opiniones, él pasa de largo como un fenómeno ajeno y

---

[80] *Op. cit.* [ed. cast.: *op. cit.,* pp. 191 ss.].
[81] *Op. cit.* [ed. cast.: *op. cit.,* p. 192].

no revela su interior. Puede serle indiferente tener que contribuir a engrosar la superflua colección de momias y todo el cúmulo de las contingencias; pues él mismo se le ha escapado de entre las manos a la curiosidad que colecciona conocimientos»[82]. Lo que de la curiosidad como de todo ser codicioso repugna no se puede atenuar. Pero no es la emoción a tientas, sino aquello en que ésta se convirtió reactivamente, bajo presión de una frustración durante la primera infancia, lo que deforma a lo que una vez quiso librarse de lo perenne, de lo idéntico. Son curiosos caracteres cuya exigencia infantil de verdad con respecto a lo sexual no se satisfizo; su placer es un sórdido sucedáneo. A quien se escamotea lo que le concierne se inmiscuye de mala manera en lo que no le concierne, se embriaga envidioso ante la información sobre la cosa en la que él mismo no debe participar. Así se comporta toda codicia frente al libre deseo. A la arrogancia heideggeriana frente a lo meramente óntico le es indiferente la génesis de la curiosidad. La mutilación la contabiliza en el debe del mutilado en cuanto el del ser-ahí en general. Para él la actividad no tentada por la curiosidad, el saber ocioso, heterónomamente comprometida, se convierte en garantía existencial: ésa es sin duda la prehistoria filosófica del cliché del compromiso. Al denunciar una posibilidad que según su propia doctrina es puramente ontológica, Heidegger se convierte en abogado de la miseria de la vida. Lo mismo que la frase hecha idealista, la autenticidad, mediante la proyección de sus existenciales, se coloca anticipadamente del lado de la carencia frente a la saciedad y la abundancia, y, por tanto, pese a su deliberada neutralidad y su alejamiento de la sociedad, del de las relaciones de producción que absurdamente perpetúan la carencia. – Si, finalmente, Heidegger llama «tercer carácter esencial de este fenómeno» a «la falta de paradero»[83], esto conjura, con la técnica demagógicamente probada de la alusión, la cual silencia aquello en que se espera una connivencia secreta, lo ahasvérico. La dicha de la movilidad se convierte en maldición sobre los apátridas. Pero lo contrario del «ser-ahí cotidiano» que «constantente-

---

[82] Hegel, *WW* 1, cit.: *Aufsätze aus den kritischen Journal der Philosophie und anderer Schriften aus der Jenenser Zeit (Differenzschrift)*, p. 40 [ed. cast.: *Diferencia entre los sistemas de filosofía de Fichte y Schelling*, cit., pp. 12 ss.].

[83] Heidegger, *Sein und Zeit*, cit., p. 173 [ed. cast.: *El ser y el tiempo*, cit., p. 192].

mente se desarraiga»[84] es aquella «admirativa contemplación del ente»[85], de ningún modo ya del ser. El intelectual sin raíces porta en la filosofía de 1927 la mácula amarilla del subversivo.

Cuán profundamente inherente es lo social al análisis heideggeriano de la autenticidad lo confiesa contra su voluntad su uso del lenguaje. Como se sabe, Heidegger sustituye la tradicional categoría de la subjetividad por el ser-ahí, cuya esencia es la existencia. Pero el ser «de que va para este ente en su ser es, en cada caso, mío»[86]. Por eso debe la subjetividad distinguirse de otro ente; impedirse que el ser ahí «se capte ontológicamente como caso y ejemplar de un género de ente en cuanto dado»[87]. Esta construcción, inspirada por la doctrina kierkegaardiana de la «"transparencia" del sí-mismo»[88], quiere permitir el partir de un ente –el que para la epistemocrítica tradicional vale como dato inmediato de los hechos de la consciencia– que, no obstante, como antaño el yo del idealismo especulativo, debe ser más que meramente fáctico. Detrás del impersonal «de que va» no hay más que el hecho de que el ser-ahí es consciencia. La aparición de esa fórmula es la *scène à faire* de Heidegger. El ser se convierte de un concepto abstracto en lo absolutamente precedente, no sólo puesto, pues Heidegger muestra previamente y llama ser-ahí a un ente que, al mismo tiempo, sería no sólo el ente, sino la condición pura de éste, sin por ello perder nada de individuación, plenitud y corporeidad. Según este esquema procede, voluntaria o involuntariamente, la jerga hasta la saciedad. Cura al ser-ahí de la herida de lo absurdo y convoca a la salvación a partir del mundo de las ideas en el ser-ahí. Heidegger tapia esto en el título de propiedad de la persona en sí misma. El hecho de que el ser-ahí se pertenecería, de que sería «en cada caso, mío», se extrae de la individuación como única determinación general que todavía queda tras el desmontaje del sujeto trascendental y de su metafísica. El *principium individuationis* opuesto en cuanto principio a lo individual singular que a su vez sería su propia esencia, la otrora hegeliana unidad dialéctica de lo universal y lo particular, se convierte en relación de propiedad. Ésta ad-

---

84 *Ibid.*
85 *Op. cit.*, p. 172 [ed. cast.: *ibid.*].
86 *Op. cit.*, p. 42 [ed. cast.: *op. cit.*, pp. 54].
87 *Ibid.*
88 Cfr. Sören KIERKEGAARD, *Die Krankheit zum Tode,* Düsseldorf, 1954, p. 10 [ed. cast.: *La enfermedad mortal,* Madrid, Sarpe, 1984, p. 35].

quiere rango y derecho de a priori filosófico. «La mención del ser-ahí conforme al carácter de ser-en-cada-caso-mío de este ente» debe «siempre connotar el pronombre personal»[89]. La distinción entre autenticidad e inautenticidad, la verdaderamente kierkegaardiana, depende de si ese ente, el ser-ahí, elige o no él mismo su ser-en-cada-caso-mío[90]. Como criterio de autenticidad o inautenticidad resulta, hasta nueva orden, la decisión del sujeto individual por sí mismo en cuanto su propiedad. De la reificación que con ello se hace del sujeto, el concepto del cual fue construido como contrapartida de la cosidad, se hace mofa en el lenguaje que precisamente vuelve a cometer el crimen; el concepto general del ser-en-cada-caso-mío, el cual lleva a la subjetividad en sí misma en cuanto el título de propiedad, en el argot berlinés se lee como una variante de villanía*. Este título de propiedad lo reclama a partir de ahora lo que siempre ha pasado bajo el nombre de existenciario o existencial. La alternativa entre autenticidad e inautenticidad, en cuanto disyuntiva ontológica más allá de las condiciones reales, se orienta por si uno se decide por sí o no, en el entendimiento sumamente formal, pero en realidad extraordinariamente rico en consecuencias, del pertenecerse a sí mismo. Una vez se ha alcanzado tal ontología de lo más óntico, la filosofía ya no necesita preocuparse del origen histórico-socio-natural de ese título de propiedad del individuo en sí mismo que presentan palabras como «yo» y, más aún, «personalidad»; tampoco de hasta qué punto la sociedad y la psicología toleran que una persona sea o se convierta en ella misma, ni de si el antiguo mal no se concentraría una vez más en el concepto de tal mismidad. La relación social que se encapsula en la identidad del sujeto se desocializa hasta convertirse en un en-sí. El individuo que ya no puede confiar en ninguna propiedad firme se agarra a sí mismo en su más extrema abstracción como a lo último y presuntamente imperdible. La metafísica acaba en el lamentable consuelo: pase lo que pase, siempre se es lo que se es. Como los hombres de ningún modo siguen siendo lo que son, ni social ni siquiera biológicamente, se resarcen con el magro resto de la igualdad consigo mismo como algo distintivo en cuanto al ser y al

---

[89] *Op. cit.*, p. 42 [ed. cast.: *op. cit.*, pp. 54].
[90] *Ibid.*
* En dialecto berlinés, donde la *g* y la *j* se pronuncian igual [dz], *Jemeinheit* [«ser-en-cada-caso-mío»] y *Gemeinheit* [«villanía»] resultan palabras homófonas. *[N. del T.]*

sentido. Eso imperdible que no tiene ningún tipo de sustrato fuera del propio concepto, la tautológica mismidad del sí-mismo, debe proveer el suelo, como Heidegger lo llama, que los auténticos tienen y del que los inauténticos carecen. Lo que es la esencia del ser-ahí, por tanto más que su mero ser-ahí, no es más que su mismidad: ello mismo. No es la objeción contra el de Heidegger que, como todo lenguaje filosófico, esté plagado de figuras de una empiria por encima de la cual le gustaría elevarse, sino que de la mala empiria haga trascendencia.

Heidegger busca coartadas contra el subjetivismo epistemocrítico. El ser-en-cada-caso-mío o la identidad-a-sí del sí-mismo auténticamente existente habría de separarse de la identidad del sujeto[91]. De lo contrario se abriría paso el idealismo del, según su propia pretensión, incipiente pensamiento; sin embargo, el ser heideggeriano, al cual en último término se atribuyen todo tipo de proezas, sigue siendo un sujeto sin sujeto, por así decir el decapitado yo absoluto de Fichte en la tradicional contraposición con el meramente puesto. Pero la distinción no es sostenible. Si lo diferenciador, que el ser-en-cada-caso-mío corresponde a las personas reales, no fuese el principio abstractamente preordenado de éstas, se acabaría con su primacía ontológica. A la inversa, incluso la identidad idealista se remitía de una manera pasada de moda, en cuanto unidad precisamente de las «representaciones» de una consciencia, a lo fáctico como condición de su propia posibilidad. Casi irreconocible, esto en Heidegger se eleva de nuevo, reinterpretado como eje de todo su enfoque. Éste se vuelve contra la crítica posible análogamente a como antaño Hegel contra la filosofía de la reflexión. Aquélla marra una estructura recientemente descubierta o redescubierta más allá del dualismo de hecho y esencia todavía tradicionalmente enseñado por Husserl. Ahora bien, del dispositivo que esa estructura debe elaborar depende no sólo la filosofía de Heidegger, sino a continuación toda la jerga de la autenticidad. En *Ser y tiempo* se la encuentra en un pasaje muy temprano, allí donde se trata de la prelación del ser-ahí. Heidegger interpreta la subjetividad como concepto de la indiferencia: esencia y hecho en uno. La prelación del ser-ahí sería doble. Por un lado, sería óntica, es decir, determinada por la existencia. El ser-ahí designaría, con otras palabras, lo fáctico, lo que es ahí. Por otro lado, sin embargo, sería «el ser-ahí... en razón de su determinidad por

---

[91] Cfr. *op. cit.*, p. 130 [ed. cast.: *op. cit.*, p. 147].

la existencia en él mismo ontológico»[92]. Con esto se atribuye a la subjetividad inmediatamente algo contradictorio: que ella misma sería fáctica, de hecho, y que, como quería la filosofía tradicional, posibilita-
ría, en cuanto consciencia, la facticidad en general, el concepto puro
frente a ésta, la esencia, en último término el husserliano εἶδος ἐγώ.
Contra la doctrina tradicional del sujeto, este carácter doble, al mismo tiempo en cuanto el de una absoluta unidad en sí antes de la caída en la escisión, reivindica el rango de hallazgo normativo. Por mor
de éste se sirve Heidegger de un procedimiento arcaizante: escolástico. Atribuye esos dos caracteres junto con su unidad al ser-ahí como
propiedades, indiferente en cambio al hecho de que éstas, fijadas como tales, chocan con el principio de contradicción. El ser-ahí no «es», según Heidegger, meramente óntico –esto, teniendo en cuenta lo comprendido bajo el concepto de ser-ahí, sería una tautología–, sino
también ontológico. En esta predicación de lo óntico y lo ontológico del ser-ahí se hace aprehensible como falso el momento regresivo.
El concepto de lo ontológico no puede adherirse a un sustrato como
si fuera el predicado de éste. Predicado de un concepto no lo es ni el
ser-fáctico –según la crítica kantiana del argumento ontológico para
la demostración de la existencia de Dios, ninguna filosofía debería ya
atreverse a aseverar eso– ni su no ser-no-fáctico, su esencialidad. Ésta
está localizada más bien en la relación del concepto con la facticidad
en él sintetizada; nunca le adviene, como sugiere Heidegger, en cuanto cualidad «en él mismo». El hecho de que el ser-ahí «sea» óntico u
ontológico no puede estrictamente ser juzgado en absoluto, pues lo
que con «ser-ahí» se denota es un sustrato y en ese sentido el sentido
del concepto ser-ahí algo no-conceptual. «Óntico» y «ontológico» son
por el contrario expresiones para diversas formas de reflexión, aplicables únicamente a determinaciones del ser-ahí o a su posición en la
teoría, no inmediatamente al sustrato denotado. Su lugar es el de la mediación conceptual. Ésta Heidegger la explica como inmediatez sui géneris y con ello, del mismo golpe, el ser-ahí se convierte en un tercero, sin darse cuenta de que el carácter doble que Heidegger aumenta
a triple no puede en absoluto representarse con independencia de lo
que conceptualmente le sucede al sustrato. Que no hay nada que se
mantenga idéntico sin la unidad categorial, ni ésta sin lo por ella sin-

---

[92] *Op. cit.*, p. 13 [ed. cast.: *op. cit.*, p. 23].

tetizado, aparece en Heidegger como el fundamento de los momentos que se han de distinguir; éstos como derivados. No hay nada entre el cielo y la tierra ni óntico ni ontológico, sino que sólo se convierte en ello gracias a las constelaciones a que la filosofía lo lleva. El lenguaje tenía para ello un órgano cuando hablaba de teorías, juicios, argumentos ontológicos, en lugar de algo ontológico *sans façon*. Mediante tal objetualización se haría ya de ello en todo caso aquello óntico contra lo que el sentido literal de «ontológico», logos de algo óntico, se agudiza. Heidegger, que después de *Ser y tiempo* intentó interpretar según su proyecto la *Crítica de la razón pura*, cometió antes algo muy parecido a lo que Kant critica en la forma racionalista de la ontología, una anfibología de los conceptos de la reflexión. La confusión puede habérsele escapado a Heidegger; para su proyecto es muy favorable. Pues salta a la vista que, según la terminología usual, el concepto de un ente que dice lo que esencialmente le adviene a éste es ontológico; sin embargo, si se convierte inadvertidamente en la esencia ontológica del ente en sí, lo que resulta es precisamente aquel concepto de ser que precede a los conceptos de la reflexión; en primer lugar, en *Ser y tiempo*, la hipóstasis de la esfera ontológica, de la que se nutre toda la filosofía heideggeriana. La anfibología se apoya en el hecho de que en el concepto de sujeto confluyen su propia determinación como ente-ahí, tal como todavía persiste indestructible en entrelazamiento kantiano del sujeto trascendental con la unidad de la consciencia personal, y la del sujeto en cuanto consciencia sin más, en cuanto constituyente de todo ente-ahí. Mientras que esta fusión es inevitable al concepto de sujeto, expresión de la dialéctica de sujeto y objeto dentro del sujeto y comprobante de su propia conceptualidad; mientras que la subjetividad no cabe reducirla sin mediación a ninguno de sus polos pertenecientes a diferentes γένη, tal inevitabilidad se convierte, por la carencia del concepto, en una imaginaria cosa misma: la mediación en identidad no mediada de lo mediador y lo mediado. Ciertamente lo uno no existe sin lo otro; de ningún modo, sin embargo, son ambos, como alega la tesis fundamental de Heidegger, uno. De otro modo, en su identidad el pensamiento de la identificación habría devorado el momento no-idéntico, el ente-ahí, al cual apunta la palabra «ser-ahí», y reinstaurado no obstante en secreto aquella creatividad del sujeto absoluto a la que se imagina sustraído el partir de lo en-cada-caso-mío. La tesis del carácter doble del ser-ahí como óntico y ontológico expulsa al ser-ahí de sí mismo. Ése es el idealismo embozado de Heidegger. Para él la dialéctica entre ente y concepto en el sujeto se convierte en un ser de orden superior y con ello la dialéctica queda en suspenso. Lo que se gloría de recuperar algo sustancial tras los conceptos de la reflexión de sujeto y objeto reifica meramente en un en-sí la indisolubilidad de los conceptos de la reflexión, la irreductibilidad del uno al otro. Ésta es la forma filosófica normal de la subrepción que luego la jerga comete incesantemente. Implícitamente y sin teología, ésta vindica que lo esencial es real y, en la misma jugada, que el ente es esencial, lleno de sentido, justificado.

Hasta qué punto, no obstante las seguridades de Heidegger, el ser-en-cada-caso-mío y por tanto la autenticidad desembocan en la pura identidad puede mostrarse *e contrario*. A saber, lo que para él es siempre «inauténtico», todas las categorías del «se», son aquellas en las que un sujeto no es él mismo, en las que es no-idéntico consigo. Así, por ejemplo, la del no-detenerse en cuanto un abandonarse al mundo[93]: el sujeto se enajena en otro en lugar de quedarse cabe sí mismo «para, sabiendo, estar en la verdad»[94]. Lo que en la fenomenología hegeliana era un momento necesario en la experiencia de la consciencia se convierte para Heidegger en *anathema*, pues la experiencia de la consciencia es comprimida a la de sí misma; la identidad, sin embargo, el huero núcleo de esa mismidad, ocupa con ello el lugar del ideal. Incluso el culto de la mismidad es reactivo; su concepto se eterniza precisamente en el instante en que ya se ha desvanecido. El pensamiento tardoburgués se retroforma como nuda autoconservación, como el *sese conservare* spinozista de la burguesía temprana. Pero quien se obstina en su mero ser-así, porque todo lo demás le ha sido amputado, con ello lo fetichiza. Una mismidad desligada, fijada, se convierte justamente por eso en algo exterior, el sujeto en su propio objeto, que lo cuida y mantiene. Ésta es la respuesta ideológica al hecho de que la situación actual produce visiblemente en todas partes aquella debilidad del yo que extingue el concepto de sujeto en cuanto individualidad. La debilidad tanto como su contrario invaden la filosofía de Heidegger. La autenticidad debe apaciguar la consciencia de la debilidad y sin embargo se asimila a ella. Roba al sujeto vivo toda determinación del mismo modo en que es realmente despojado de sus propiedades. Sin em-

---

[93] Cfr. *op. cit.*, p. 172 [ed. cast.: *op. cit.*, p. 192].
[94] *Ibid.*

bargo, lo que el mundo inflige a los hombres se convierte en posibilidad ontológica de la inautenticidad del hombre. De ahí sólo hay un paso a la crítica corriente de la cultura que, autojustificada, da punzadas sobre el achatamiento, la superficialidad, la masificación.

El uso lingüístico preterminológico de «auténtico» subraya lo que es esencial a una cosa, en oposición a lo accidental. Quien no se da por contento con los insípidos ejemplos de los libros de texto ha menester con frecuencia, para cerciorarse de lo esencial, de la reflexión no menos que de la teoría desplegada. Qué es auténtico en los fenómenos y qué secundario casi nunca sobresale derechamente de ellos. Para que sea determinado en su objetividad, debe ser subjetivamente reflejado. Sin duda, para un trabajador es esencial a primera vista que debe vender su fuerza de trabajo; que los medios de producción no le pertenecen; que él produce bienes materiales, no que es miembro de una cooperativa de pequeños campesinos hortofrutícolas, aunque a él mismo eso se le pueda antojar más esencial. Sin embargo, en cuanto la pregunta va, por ejemplo, sobre lo esencial en un concepto tan central como el capitalismo, Marx y las definiciones verbales de Max Weber dicen algo sumamente diferente. Sin que ello implique ni por lo más mínimo la relatividad de la verdad, la distinción entre esencial e inesencial, auténtico e inauténtico queda al arbitrio definitorio. La razón de esto reside en el lenguaje. Éste aplica la palabra «auténtico» de un modo fluctuante; vacila también según su peso, análogamente a las expresiones ocasionales. En el juicio sobre lo auténtico de un concepto entra el interés por éste; lo auténtico en él también se convierte siempre en tal bajo el punto de vista de algo distinto de él. Nunca es puro en sí mismo; si no, la decisión al respecto degenera en charlatanería. No obstante, lo esencial de una cosa tiene siempre también su *fundamentum in re*. El nominalismo está equivocado frente al empleo ingenuo en la medida en que es ciego al momento de objetividad de lo que la palabra significa, el cual entra y se modifica en las configuraciones del lenguaje. En los significados mantiene un no dirimido proceso con los actos que confieren significado de un modo meramente subjetivo. La consciencia del momento objetivo en la autenticidad, impulso de toda la escuela de Brentano, sobre todo de Husserl, ha contribuido a la doctrina heideggeriana de la autenticidad, según la cual la esencia de una cosa no es algo fabricado a capricho por el pensamiento subjetivo, una unidad de características obtenida por destilación. En Heidegger eso se convierte en el nimbo de lo auténtico: un momento en el concepto se convierte en éste sin más. El *fundamentum in re* es espetado por los fenomenólogos como singularización que es en sí de la esencia; se convierte él mismo en cósico como una *res*, nombrable sin tener en cuenta la mediación subjetiva del concepto. El enfoque de Heidegger querría escapar al husserliano de esencia y hecho y a toda la disputa del nominalismo, pero queda tributario de su escuela en el cortocircuito que infiltra lo auténtico como determinación de las cosas inmediatamente y por tanto como un dominio particular. De ahí la sustantivación de la autenticidad, su promoción a existencial, a «encontrarse». Gracias a la presunta independencia del pensamiento, el momento objetivo de lo que es esencial aumenta hasta convertirse en algo superior, en último término en un absoluto frente a la relatividad del sujeto, en el *summum bonum*, mientras simultáneamente es expuesto, según las costumbres de Scheler, como hallazgo puramente descriptivo. Los nervios del lenguaje, que por supuesto para los auténticos pueden ser sospechosos en cuanto decadentes, se revuelven contra la sustantivación de que aquí es objeto la palabra clave. «-Idad» es el concepto general para lo que una cosa es; siempre la sustantivación de una propiedad; así, «laboriosidad» es aquella que corresponde a todos los laboriosos como lo común a ellos. En cambio, «autenticidad» no nombra nada auténtico en cuanto propiedad específica, sino que sigue siendo formal, relativa a un contenido en la palabra ahorrado, posiblemente rechazado, incluso cuando la palabra se emplea como adjetivo. No dice qué sea una cosa, sino si, en qué medida, es lo ya presupuesto en su concepto, en implícita oposición a lo que meramente parece. El significado la palabra lo recibiría en todo caso de la propiedad de la que es predicada. Pero el sufijo «-idad» estimula la creencia en que ya portaría ese contenido en sí. La mera categoría de relación es pescada y por su parte expuesta como algo concreto; lo supremo sería, según esta lógica, lo que es absolutamente lo que es. El Platón repristinado es más platónico que el auténtico, el cual, al menos en el periodo intermedio, a cada cosa, incluso la más baja, le asignó su idea, y la pura concordancia con ésta de la cosa de ningún modo la confundió con el bien. En nombre de la autenticidad contemporánea, sin embargo, incluso un torturador podría presentar toda clase de reclamaciones ontológicas de indemnización en la medida en que él no ha sido sino un buen torturador.

Ahora bien, la primacía del concepto sobre la cosa es desplazada, mediante la alianza de la autenticidad con el «ser-en-cada-caso-mío», a la pura singularidad, de manera tan artificial como otrora la *haecci-tas* de la tardoescolástica de Duns Scoto, la cual convierte la indisolu-bilidad del esto-aquí mismo, su no-ser-universal, en un universal, pa-radigma de una ontologización de lo óntico. El tabú sobre la reflexión subjetiva aprovecha al subjetivismo: la autenticidad sería, según el len-guaje tradicional de la filosofía, tanto como la subjetividad en cuanto tal. Pero con ello, inadvertidamente, ésta también sería el juez de la auten-ticidad. Como se le niega toda determinación objetiva, sobre ella deter-mina el arbitrio del sujeto, que se es auténtico a sí mismo. La pretensión jurisdiccional de la razón, que Husserl aún mantenía, se desmorona. Huellas de la reflexión sobre tal arbitrio llevaba todavía el concepto de proyecto en *Ser y tiempo*, que de hecho luego permitió el crecimiento de toda clase de otros proyectos ontológicos posibles, la mayoría cómo-damente aguados. Con estudiada estrategia, el Heidegger tardío lo remo-deló. Si en el del filosofante se había salvado incluso algo de la liber-tad del pensamiento contra la mera positividad, el proyecto se convierte, en cuanto del ser mismo, en algo que se proyecta a sí, lo cual impide al pensamiento la libertad. Lo provocador de una evidente teoría au-xiliar asusta a Heidegger tan poco como la sospecha de *hybris*: el blin-dado era tan consciente de los puntos desprotegidos, que prefirió re-currir a un dispositivo más violento que llamar a la subjetividad por su nombre. Va cambiando tácticamente de dirección con el momen-to subjetivo de la autenticidad: ésta ya no es para él algo lógico me-diado por la subjetividad, sino algo objetivamente encontrable en el sujeto, en el ser-ahí mismo. El sujeto observador transcribe al sujeto en cuanto observado lo que es auténtico: la postura ante la muerte. Tal dislocación hurta al sujeto el momento de la libertad y la espontanei-dad: se petrifica totalmente, lo mismo que los «encontrarse» heideg-gerianos, en algo así como un atributo de la sustancia «ser-ahí». El odio a la psicología reificante hace desaparecer en los vivos precisamente aquello por lo que serían otra cosa que cósicos. En cuanto modo de comportamiento que es atribuido al ser-sujeto del sujeto, no al sujeto en cuanto alguien que se comporta, la autenticidad, absolutamente inob-jetual según la doctrina, es objetualizada, en cuanto posibilidad pres-crita y preordenada al sujeto, sin que él mismo pueda nada al respec-to. Se juzga según la lógica de aquel chiste del cochero que, al pedirle explicaciones de por qué fustiga tan despiadadamente a su caballo, contesta que, después de todo, éste ha aceptado ser un caballo y, por tanto, tiene que correr. Introducida en principio de un modo descriptivo, la categoría de autenticidad, que nació de la pregunta comparativamente inocente de qué es auténtico en algo, se convierte en un destino míticamente impuesto. En medio de la total distancia que separa de la naturaleza a un andamiaje ontológico que querría erigirse más allá de todo ente, funciona como algo meramente natural. Los judíos son castigados por serlo, ontológica y naturalmente a la vez. El hallazgo del análisis existencial de Heidegger, según el cual el sujeto es auténtico en la medida en que se posee a sí mismo, distingue positivamente a aquel que dispone soberanamente de sí como de su propiedad, que tiene una actitud: al mismo tiempo interiorización y apoteosis del principio que domina a la naturaleza. «El hombre es el que es justamente en el testimonio de su propio ser-ahí.»[95] El testimonio de tal ser-hombre, que constituye «el ser-ahí del hombre», ocurre «por crear un mundo y su ascensión lo mismo que por la destrucción del mismo y su hundimiento. El testimonio de ser-hombre y por tanto su auténtica consumación ocurren desde la libertad de decisión. Ésta recurre a lo necesario y se pone en la vinculación a un mando supremo»[96]. Noblemente pero ya por entero dentro de la jerga, se dice lo mismo que cuando un suboficial despotrica contra los bajos instintos. Fuera de la tautología, meramente asoma todavía el imperativo: lleva cuidado. No en vano, en Kierkegaard, el ancestro de toda la filosofía existencial, la vida recta se define por la decisión sin más. A ella se atienen todos sus seguidores, incluidos los teólogos dialécticos y los existencialistas franceses. La subjetividad, el ser-ahí mismo, son buscados en el control absoluto del individuo sobre sí mismo, sin tener en cuenta las determinaciones de la objetividad a las que se ve uncido, limitado en Alemania por la «vinculación al mando», completamente abstracta y que por tanto se ha de concretar cada vez según las relaciones de poder, lo mismo que en la expresión fetiche «como un soldado». A este precio se entierra el hacha de guerra entre los ontólogos existenciales y los filósofos de la existencia: «Acción del guerrero. La resolución en situaciones

---

[95] HEIDEGGER, *Hölderlin und das Wesen der Dichtung,* Múnich, 1937, p. 6 [ed. cast.: *Hölderlin y la esencia de la poesía,* Barcelona, Anthropos, 2000, p. 22].

[96] *Ibid.* [ed. cast.: *ibid.,* p. 23].

excepcionales que nunca se repiten de modo absolutamente idéntico es la fuerza para la decisión bajo lo extremo: vida o muerte. La disposición al riesgo junto con la estimación simultánea de lo posible y una habilidad acompañada de presencia de ánimo son los rasgos fundamentales de esta acción, para la cual se pueden ciertamente formular reglas, pero que en lo esencial no cabe reducir a reglas ni jamás deducirla de reglas. En lo extremo se revela qué soy y puedo yo auténticamente»[97]. Los portavoces de la existencia se mueven hacia la mitología heroizante, incluso allí donde no lo notan. El ilimitado control de sí mismo, no aminorado por ninguna heteronomía, converge sin duda con la libertad. Los hombres quedarían reconciliados con su concepto en cuanto sus determinaciones no les fueran impuestas, en una feliz inversión del dominio sobre la naturaleza. Nada, sin embargo, es menos deseado por la filosofía y la jerga de la autenticidad. Se hipostasía el ser dueño de sí mismo sin el derecho de llegar a ser uno mismo. No se anhela el fin de los controles, sino que los controles son incluso introducidos en el ser del ser-ahí, según la antigua costumbre del idealismo alemán de que de la libertad no se debe hablar sin añadir que es una sola cosa con la obediencia. Una vez de las palabras del lenguaje empírico *tel quel* se extrapola como su significado auténtico lo que es auténtico, el mundo meramente ente, el que decide qué es cada vez propio de las palabras, se convierte en la instancia suprema sobre lo que debe ser y lo que no. Hoy en día, sin embargo, una cosa sólo es esencialmente lo que es bajo la no-esencia dominante; la esencia es algo negativo[*].

El parágrafo 50 de *Ser y tiempo*, titulado «El diseño de la estructura ontológico-existenciaria de la muerte» sin que la prensa enrojeciese, contiene la frase: «Al ser-ahí en cuanto ser-en-el-mundo pueden, sin embargo, serle inminentes muchas cosas»[98]. Una vez se atribuyó a un aforista local de Fráncfort la sentencia: «Quien mira por la ventana percibe no pocas cosas». A este nivel traza Heidegger su concepción de la autentici-

---

[97] Jaspers, *Von der Wahrheit*, nueva edición 6.000-10.000, Múnich, 1958, p. 340.
[*] Juego de palabras entre *Wesen* («esencia») y *Unwesen* («no-esencia», pero también «abuso», «desorden», «confusión» e, incluso, «monstruo» y «monstruosidad»). [N. del T.]
[98] Heidegger, *Sein und Zeit*, cit., p. 250 [ed. cast.: *El ser y el tiempo*, cit., p. 273].

dad misma como el ser para la muerte. Tal ser debe ser más que la mortalidad devaluada en cuanto empírico-cósica; pero él pone todo el cuidado en, por amor de la ontología, separarlo una vez más también de la
reflexión subjetiva sobre la muerte. El ser-uno-mismo no estribaría en una
situación de excepción del sujeto desligada del «se»[99], no sería una figura de su consciencia, el auténtico ser para la muerte no sería un «pensar
en la muerte»[100], algo que no gusta al filósofo monopolista: «Necesaria
es en la actual penuria del mundo menos filosofía, pero más atención al
pensar; menos literatura, pero más cuidado de las letras»[101]. El comportamiento que él reprueba «medita la posibilidad, cuándo y cómo podría
sin duda realizarse. Este cavilar sobre la muerte no le quita del todo ciertamente su carácter de posibilidad, la muerte sigue siendo considerada
como venidera, pero sí que la debilita queriendo disponer de ella mediante
el cálculo. En cuanto algo posible, debe mostrar poco de su posibilidad.
En el ser para la muerte, en cambio, si es que ha de abrir, entendiendo,
la caracterizada posibilidad en cuanto tal, la posibilidad debe entenderse no debilitada en cuanto posibilidad, desarrollársela en cuanto posibilidad, y en el comportamiento con respecto a ella aguantársela en cuanto
posibilidad»[102]. La reflexión sobre la muerte es denigrada antiintelectua-
lísticamente en nombre de algo presuntamente más profundo y reem-
plazada por el «aguantar», un gesto también de mudez interior. El oficial, cabría completar, aprende a morir según la tradición del cuerpo de
cadetes, para lo cual sin embargo es mejor si él mismo no se ocupa de lo
que en su profesión, junto al matar a otros, es lo más importante. Es más,
la ideología fascista tuvo que apartar de la reflexión el sacrificio anuncia-
do a favor de la supremacía alemana, porque la posibilidad de que lograra
aquello por lo que se ofrecía era desde un principio demasiado exigua para
que tal reflexión la hubiera soportado. «El sacrificio nos hará libres», escribió, en polémica variación de una consigna socialdemócrata, un funcionario nacionalsocialista en 1938[103]. Todavía en la octava edición de
¿Qué es metafísica?, aparecida en 1960, ha conservado, sin atenuación

---

[99] Cfr. *op. cit.*, p. 130 [ed. cast.: *op. cit.*, p. 147].

[100] *Op. cit.*, p. 261 [ed. cast.: *op. cit.*, p. 285].

[101] Heidegger, *Über den Humanismus*, cit., p. 47 [ed. cast.: *Carta sobre el humanismo*, cit., p. 65].

[102] Heidegger, *Sein und Zeit*, cit., p. 261 [ed. cast.: *El ser y el tiempo*, cit., p. 285].

[103] Cfr. la crítica de Herbert Marcuse en *Zeitschrift für Sozialforschung [Revista para
la investigación social]*, vol. VII, 1938, p. 408.

oportunista, las frases: «El sacrificio es, exento de toda coacción porque surge del abismo de la libertad, el prodigarse de la esencia humana en la salvaguarda de la verdad del ser para el ente. En el sacrificio acontece la oculta gratitud, la única que honra la gratuidad con que el ser se ha transpropiado a la esencia del hombre en el pensar, a fin de que éste asuma en la relación con el ser la vigilancia del ser»[104]. Sin embargo, una vez la autenticidad no debe ser ni la situación empírica del tener que morir ni el comportamiento subjetivamente reflexivo con respecto a él, se convierte en la gracia, por así decir en una cualidad racial de la interioridad, que se tiene o no sin que de ella pueda indicarse más que justamente, de manera tautológica, la participación en ella. En los excursos anejos sobre la muerte, pues, Heidegger es irresistiblemente empujado también a modos de hablar tautológicos: «Es la posibilidad de la imposibilidad de cualquier comportamiento hacia..., de todo existir»[105], es decir, sencillísimamente, la posibilidad de que no se exista más. Pronto se objetaría, sin embargo, que pensar los modos de ser del ser sería en todo caso tautológico, pues éstos no serían otra cosa que ellos mismos. Entonces, sin embargo, la mera recitación maquinal de palabras debería, bajo renuncia a cualquier predicación pensante, liquidar al pensamiento mismo. El estratega se guardó de explicitar esa consecuencia; el filósofo la extrajo en la cosa. La carencia teórica, la indeterminabilidad, la autenticidad, en pro de su propia dignidad, la transforma luego de nuevo en el dictado de algo que se ha de aceptar sin preguntas. Pero lo que debe ser más que mero ser-ahí chupa la sangre de lo meramente ente-ahí, justamente de aquella caducidad que no se puede reducir a su concepto puro, sino que va adherida precisamente al sustrato no-conceptual. La pura tautología que propaga el concepto al negarse a determinarlo y en lugar de eso lo repite rígidamente es espíritu en cuanto acto de violencia. La afección de la jerga, que siempre quiere tener una, es equiparar la esencia –la «autenticidad»– al hecho más brutal de todos. La coacción a la repetición, sin embargo, delata un fracaso; el rebote del espíritu violento contra aquello que habría de pensar en tanto deba seguir siendo espíritu.

---

[104] HEIDEGGER, *Was ist Metaphysik?*, Fráncfort del Meno, [8]1960, p. 49 [ed. cast.: *¿Qué es metafísica?*, Madrid, Alianza, 2003, p. 57].

[105] Heidegger, *Sein und Zeit*, cit., p. 262 [ed. cast.: *El ser y el tiempo*, cit., p. 286].

La violencia es inherente lo mismo a la forma lingüística que al núcleo de la filosofía heideggeriana; a la constelación en que coloca autoconservación y muerte. El hecho de que la muerte, con la cual el principio autoconservador amenaza en cuanto última ratio a los a él sometidos, sea transformada en la propia esencia de ese principio significa la teodicea de la muerte. De ningún modo sólo con no-verdad. El yo del idealismo que se pone absolutamente a sí mismo, que consiste por entero en sí, se convierte, según el conocimiento de Hegel, en su propia negación y se asemeja a la muerte: «La única obra y acto de la libertad universal es, por tanto, la muerte, y ciertamente una muerte que no tiene ningún ámbito interno ni cumplimiento, pues lo que se niega es el punto incumplido del sí-mismo absolutamente libre; es, por ende, la muerte más fría y más chata, sin más significado que cortar una cabeza de col o un sorbo de agua»[106]. Lo que, sin embargo, el Hegel decepcionado adujo contra la Revolución francesa y lo que por supuesto tocó la esencia violenta de la mismidad absoluta se convierte para Heidegger no tanto en motor de la crítica a aquélla como en algo ineludible y por tanto en un mandato. La violencia es complicidad con la muerte no sólo hacia fuera; el hecho de que todo, incluido uno mismo, merezca sucumbir y de que por otra parte se siga el propio mezquino interés con un «¡bah!» despectivo siempre han concordado. Lo mismo que la particularidad, en cuanto ley de la totalidad, se cumple en la aniquilación, así también la obcecación que subjetivamente la acompaña tiene, a pesar de su aferramiento a la vida, algo de nihilista. – Desde Spinoza, la filosofía ha sido consciente, con claridad cambiante, de la identidad del sí-mismo y la autoconservación. Lo que en la autoconservación se afirma, el yo, es constituido al mismo tiempo por ésta, su identidad por lo en él no-idéntico. Esto vibra todavía en la más extrema sublimación idealista, la deducción kantiana de las categorías, donde los momentos en que se representa la identidad de la consciencia y la unidad de la consciencia que se conforma a partir de ellos se condicionan recíprocamente en contra del propósito deductivo en la medida en que se den sin más estos y no otros momentos. El «yo pienso» kantiano es únicamente el abstracto punto de referencia de un proceso de per-

---

[106] Hegel, *WW* 2, cit., *Phänomenologie des Geistes*, p. 454 [ed. cast.: *Fenomenología del espíritu*, México, Fondo de Cultura Económica, 1973, p. 347].

sistencia, nada autónomo frente a él; en tal medida ya sí-mismo en cuanto autoconservación. Sin duda, Heidegger, a diferencia de la abstracta unidad trascendental de Kant, tiene a la vista en su concepto de mismidad algo emparentado con el sujeto husserliano, por cierto fenomenológicamente reducido, pero –bajo la «puesta entre paréntesis» de su existencia empírica– completo, con todas sus vivencias[107]. Pero la mismidad concreta querida por Heidegger no cabe tenerla sin el sujeto empírico, de hecho; ninguna posibilidad pura de lo óntico, sino siempre al mismo tiempo óntica ella misma también. Sólo en la relación con su contenido, en éste, puede representarse algo bajo un sí-mismo; no lo óntico sustraído y el sí-mismo ontológico conservado como resto o como estructura de lo óntico en general; absurdo afirmar de algo de tal manera diluido que «exista auténticamente». Por eso Heidegger extiende dogmáticamente sólo y por entero en vano su concepto del ser-ahí en oposición a la identidad, mientras continúa sin interrupción la tradición de la doctrina de la identidad con la definición implícita del sí-mismo por su propia conservación. Desde luego contra su propósito, ha entrado en la protohistoria de la subjetividad en lugar de desvelar ontológicamente el ser-ahí como protofenómeno; pues no es tal. Pero a la intrínsecamente tautológica relación entre el sí-mismo y la autoconservación le da un giro como si, dicho kantianamente, fuera un juicio sintético; como si la autoconservación y su antítesis, la muerte, fusionada con el propio sentido de aquélla, fueran aquello por lo que la mismidad se determina cualitativamente.

En cuanto Heidegger se explica abiertamente, también su categoría ser-ahí, lo mismo que en el pensamiento burgués de primera hora, se determina por el principio autoconservador y con ello por el ente que se afirma. Según sus propias palabras: «El elemento primario del "cuidado", el sí-de-antemano, quiere sin embargo decir: el ser-ahí existe en cada caso por mor de sí mismo»[108]. Por poco que quiera que este «por mor de sí mismo» se entienda naturalistamente, tampoco se puede eliminar el eco lingüístico en cuanto momento de la cosa; acabar con la categoría heideggeriana del «cuidado», que según él «forma la

---

[107] Cfr. Heidegger, *Sein und Zeit*, cit., p. 130 [ed. cast.: *El ser y el tiempo*, cit., p. 147]; *vid. supra*, p. 466.

[108] *Op. cit.*, p. 236 [ed. cast.: *op. cit.*, p. 258].

totalidad del todo estructural del ser-ahí»[109]. Según su voluntad, «el ser mismo de la totalidad debe entenderse como fenómeno existencial del ser-ahí en cada caso propio»[110], la orientación existencial debe ser ganada en el ser en cada caso propio. Esto asigna a la autoconservación la posición ontológica clave en el llamado análisis del ser-ahí. Pero con ello necesariamente también a la muerte. Ésta no meramente determina, en cuanto límite, la concepción heideggeriana del ser-ahí, sino que coincide, en el curso de su proyecto, con el principio de la mismidad abstracta que se retira absolutamente a sí y persevera en sí. «Nadie puede quitar al otro su morir», lo mismo que en el idealismo kantiano ningún yo al otro sus vivencias, sus «representaciones». La perogrullada confiere a lo en cada caso mío su improcedente *pathos*. Pero la muerte se convierte en el núcleo del sí-mismo en cuanto éste se reduce por completo a sí. Si se ha desprendido de todas las cualidades, en cuanto fáctico-contingentes, lo que queda es lo en doble sentido miserable de que debe morir: luego está muerto. De ahí el acento de esa frase: «La muerte *es*». La irreemplazabilidad de la muerte se convierte para la ontología de *Ser y tiempo* en el carácter esencial de la subjetividad misma; determina todas las demás determinaciones hasta el paso a aquella doctrina de la autenticidad que tiene en la muerte no sólo su medida, sino su ideal. La muerte se convierte en lo esencial del ser-ahí[111]. Si el pensamiento recurre a la individualidad absoluta aislada, entre las manos de hecho no le queda más que la mortalidad; todo lo demás deriva sólo del mundo, el cual, para Heidegger como para los idealistas, es secundario. «Con la muerte es inminente para el ser-ahí él mismo en su más propio poder-ser.»[112] La muerte se convierte en el vicario de Dios, para el que el Heidegger de *Ser y tiempo* todavía se era demasiado moderno. Incluso sólo pensar la posibilidad de abolir la muerte sería para él blasfemo; el ser para la muerte en cuanto existencial está expresamente separado de la posibilidad de su abolición meramente –¡meramente!– óntica. Como, en cuanto horizon-

---

[109] *Ibid.*

[110] *Op. cit.*, p. 240 [ed. cast.: *op. cit.*, pp. 262 ss.].

[111] *Ibid.* [ed. cast.: *op. cit.*, p. 262]. Cfr. sobre esto la crítica que Adolf Sternberger hizo en 1932 especialmente al § 47 de *Ser y tiempo* (*Der verstandene Tod [La muerte entendida]*, tesis doctoral presentada en Fráncfort [Gräfenhainichen, 1933]).

[112] *Op. cit.*, p. 250 [ed. cast.: *op. cit.*, p. 273].

te existencial del ser-ahí, es absoluta, se convierte en lo absoluto en cuanto lo venerable. Se regresa al culto a la muerte; por eso desde el principio la jerga toleró bien el rearme. Hoy como entonces vale la contestación que Horkheimer dio a una fanática que dijo que Heidegger al menos había por fin vuelto a poner a los hombres ante la muerte: Ludendorff se ha ocupado de eso mucho mejor. La muerte y el ser-ahí están identificados, la muerte se convierte en una pura identidad en cuanto lo que le adviene a un ente y en absoluto a nadie más que a él mismo. Sobre lo más próximo y más trivial en la relación entre el ser-ahí y la muerte, su no-identidad sin más: que la muerte destruye al ser-ahí, que verdaderamente lo niega, sobre eso el análisis del ser-ahí resbala sin por su parte, desprenderse de la trivialidad. «La muerte es la posibilidad de la absoluta imposibilidad del ser-ahí.»[113] Así hablan los profesores de instituto en *El despertar de la primavera* de Wedekind. La *characteristica universalis* del ser-ahí en cuanto algo mortal ocupa el lugar de lo que debe morir. Así es maniobrada la muerte a la posición de lo auténtico, el ser-ahí ontológicamente «distinguido»[114] por lo que de todos modos es; el juicio analítico se convierte en filosofema abisal, en lo particular del concepto la más vacía universalidad de éste; a la muerte, en cuanto «distinguida inminencia»[115], se le concede una condecoración. Si la experiencia filosófico-histórica de la ausencia de sentido ontológico desencadenó otrora el movimiento del filosofar heideggeriano, para su teoría de la muerte tal ausencia, la ceguera de lo inevitable, se convierte justamente en lo que falta. Con ello su pensamiento hace salir lo huero que suena en la jerga en cuanto se golpea en ella. Tautología y nihilidad se unen en santa alianza. La muerte sólo cabe experimentarla como algo sin sentido. Ése sería el sentido de la experiencia de la muerte y, puesto que ésta constituye el sentido del ser-ahí, el sentido de éste al mismo tiempo. La irrecuperable metafísica hegeliana, que tenía lo positivamente absoluto suyo en la totalidad de las negaciones, se interioriza hasta un punto adimensional, pero en tal construcción se convierte en la «furia del desaparecer»[116] hegeliana, en la teodicea inmediata de la aniquilación.

---

[113] *Op. cit.*, pp. 250 ss. [ed. cast.: *ibid.*].
[114] Cfr. *op. cit.*, p. 250 [ed. cast.: *op. cit.*, p. 273].
[115] *Op. cit.*, p. 251 [ed. cast.: *op. cit.*, p. 274].
[116] Hegel, *WW* 2, cit., p. 453 [ed. cast.: *Fenomenología del espíritu*, cit., p. 346].

Pensar la identidad ha sido a lo largo de la historia algo mortal que todo lo devora. Virtualmente la identidad siempre busca la totalidad; el uno en cuanto el punto sin determinación y el todo-uno, igualmente sin determinación puesto que no tiene ninguna determinación fuera de sí, son ellos mismos uno. Lo que no tolera nada más allá de sí mismo se entiende en Heidegger, igual que siempre en el idealismo, como todo. El más mínimo vestigio más allá de tal identidad sería tan insoportable como para el fascista el de otra índole en el último rincón del mundo. No en último término por eso quiere la ontología de Heidegger prescindir de cualquier facticidad; ésta desmentiría el principio de identidad, no sería de la esencia del concepto, el cual, justamente por mor de su omnipotencia, quisiera disimular que es concepto; los dictadores encarcelan a los que les llaman dictadores. Sin embargo, la identidad, que en rigor ya no sería idéntica con nada más que consigo misma, se aniquila a sí misma; si ya no va de otro, si ya no es identidad de algo, no es, como Hegel caló, en absoluto. La totalidad es, pues, también el agente de las ponderaciones de Heidegger sobre la muerte. Se aplican a la totalidad[117] como a lo constitutivamente preordenado a sus partes, que el predecesor de Heidegger, Scheler, ya había trasplantado de la en principio menos exigente psicología de la *Gestalt* a la metafísica. La totalidad fue en la Alemania prefascista la divisa de todos los fanáticos opuestos al sumariamente rechazado por anticuado siglo XIX. En particular se apuntaba al psicoanálisis; éste representaba a la Ilustración en general. En los años en torno a la primera publicación de *Ser y tiempo*, la doctrina de la precedencia del todo sobre las partes fascinaba como imagen guía a todo el pensamiento apologético lo mismo que hoy en día aún a los adeptos de la jerga. Heidegger se hizo traer abiertamente y sin complicaciones el concepto de los hábitos de pensamiento entonces en boga. Que la filosofía tenía que proyectar totalidad era para él tan dogmático como en otro tiempo sólo para un idealista la obligación con el sistema: «Así surge, pues, la tarea de situar en el tener-previo al ser-ahí como un todo. Esto, sin embargo, significa desarrollar de una buena vez la cuestión del poder-ser-total de este ente. En el ser-ahí, mientras es, falta en cada caso aún algo que él puede ser y será.

---

[117] En ocasiones Heidegger menciona despectivamente el concepto de totalidad de otros, pero sólo por mor de la prerrogativa del propio.

A esta falta es inherente el "fin" mismo. El "fin" del ser-en-el-mundo es la muerte. Este fin, inherente al poder-ser, es decir, a la existencia, deslinda y determina la totalidad en cada caso posible del ser-ahí»[118]. El modelo cogitativo era especialmente sin duda la «buena forma» de la teoría de la *Gestalt*, un arquetipo de aquel acuerdo entre interior y exterior que la «consciencia en cuanto fatalidad» destruiría. La concepción porta por su parte las señales de la misma división científica del trabajo de la que despotrica su talante antimecanicista. La interioridad de los individuos está para ella intacta más allá de la sociedad. Que haya una unidad redonda entre el sujeto y el mundo en torno depende del sujeto. La totalidad sólo podría serlo en la medida en que éste se opusiera irreflexivamente a la realidad. Con lo cual es la adaptación, la aquiescencia social, meta ya de una categoría según las apariencias tan puramente antropológica o existencial como la de totalidad; mediante la apriorística toma de partido a favor del sujeto tal como luego la ejerce la jerga en nombre del hombre, desaparece la meditación sobre si la realidad, con la que los hombres deben estar inmediatamente de acuerdo a fin de convertirse ellos mismos en totalidades, merece el acuerdo; si al final no es ésta, en cuanto heterónoma, la que les niega la totalidad, y si el ideal de totalidad no contribuye a la opresión de aquellos y al progresivo troceamiento de los carentes de poder. La atomización del hombre es también, en cuanto expresión de la situación global, la verdad; ésta cabría cambiarla con aquélla, no impugnarla en él y acusar de olvido del ser a los que la reconocen. La ligera incomodidad de Heidegger con un optimismo que con el descubrimiento de la forma estructurada antes de todo armazón mental se jactaba en secreto de haber demostrado a Dios en el laboratorio se agazapó en la retórica e involuntariamente cómica pregunta de si a la vista de la muerte podía hablarse de totalidad; pero la tesis de la estructuración inmediatamente dada, objetiva, le vino como anillo al dedo. Con una construcción auxiliar montó la obligación, aceptada sin más, con la totalidad, junto con la experiencia de la vida literalmente frágil, de la cual había menester a su vez el gesto de la seriedad insobornable. Es, según un esquema *hélas!* hegeliano por él casi mecánicamente aplaudido, *justement* la fragilidad del ser-ahí. La muerte lo convertiría en totalidad. La finitud, la cadu-

---

[118] Heidegger, *Sein und Zeit*, cit., pp. 233 ss. [ed. cast.: *El ser y el tiempo*, cit., pp. 255 ss.].

cidad del ser-ahí, lo compactaría como su principio. Como, a pesar de todos los fruncimientos de ceño, la negatividad es *tabou*, Heidegger piensa con la mira desviada. Si la filosofía pudiese determinar de alguna manera la estructura del ser-ahí, ambas cosas a la vez se convertirían para ella en troceadas y en el todo, en idénticas a sí y no-idénticas, y eso por supuesto llevaría a una dialéctica que atravesaría la proyectada ontología del ser-ahí. Pero en Heidegger, gracias a esa doctrina, de manera más ejemplar que en ninguna otra parte lo negativo, en cuanto la esencia, se convierte sencilla, no-dialécticamente, en lo positivo. Él ha incorporado la desde el punto de vista científico-psicológico limitada teoría de la totalidad a la filosofía; la antítesis del ente disperso frente al ser eleáticamente unívoco es tácitamente contabilizada en el debe del pensamiento mecanicista –el chivo expiatorio primordial es Aristóteles–. Que éste, como repite incansable una de las expresiones más sospechosas, debe ser superado, tampoco Heidegger lo ha dudado lo más mínimo; tal talante le procuró la doble aureola de lo moderno y lo supratemporal. El lenguaje irracionalista de los lacayos de los años veinte deliraba con la «unidad de cuerpo y alma». La conexión de los momentos entes con el todo debía ser el sentido de los hombres reales, lo mismo que en el arte; según el modelo del *Jugendstil*, el consuelo se expande de manera estetizante por la desconsolada empiria. Evidentemente, la analítica heideggeriana de la muerte se contenta precavidamente con aplicar la categoría de totalidad a la del ser-ahí en lugar de a los individuos. La deuda con el teorema psicológico de la totalidad –léase: la renuncia a todo sesgo causal que sustraiga a la naturaleza las presuntas totalidades y las transfiera a la trascendencia del ser– acaba sin embargo por saldarse. Pues esta trascendencia no es justamente tal; no sobrepasa kantianamente la posibilidad de la experiencia, sino que se presenta como si la experiencia misma se percibiera a sí inmediata, irrefutablemente, por así decir cara a cara. Una ficticia proximidad corporal a los fenómenos ayuda al antiintelectualismo. El orgullo de ser dueño de éstos en cuanto indeformados se basa, implícitamente, en la sentencia según la cual el mundo estaría dividido en piezas cósicas por un pensamiento deshilachador, no por la institución social. Todavía se habla, según las reglas de entonces en el ramo de la filosofía, de análisis, pero éste ya no querría analizar nada.

El capítulo central de *Ser y tiempo* trata de «El posible ser-total del ser-ahí y el ser para la muerte»[119]. Se pregunta, como luego se demuestra

_____

[119] *Op. cit.*, p. 235 [ed. cast.: *op. cit.*, p. 258].

de manera meramente retórica, «si este ente puede en cuanto existente
en general ser accesible en su ser-total»[120]. La autoconservación ontologizada como cuidado podría contradecirla abiertamente «un posible ser-total de este ente»[121]. Heidegger no se queda en el hecho de
que en su determinación ontológica del cuidado «como la totalidad
del todo estructural del ser-ahí»[122] mediante la transposición del ente-
ahí individual al ser-ahí ya se estipulaba la totalidad que luego él des-
tapa circunstanciadamente. De modo inmanente a Heidegger cabe prever lo que más tarde expone con tanto aplomo: que la vida de un
hombre se redondee en un todo como en una imagen bíblica y épica
no se excluye a priori por el hecho de que todos deben morir. Al esfuerzo de fundamentar la totalidad existenciaria Heidegger puede
haberse visto obligado por lo innegable de que la vida de los individuos hoy en día escaparía a la totalidad[123]. Ésta debe sobrevivir contra la experiencia histórica. A este efecto la totalidad del ente, en lo
cual desemboca la teoría de Heidegger –a la jerga esto se le convierte en la «afección»–, es segregada, según un acreditado procedimiento, del ente meramente sumativo, «en el cual aún falta algo»[124]. El último tiene «el modo de ser de lo a mano»[125]; a lo cual se contrapone
la totalidad elevada a totalidad existenciaria más allá de la vida empíricamente individual. «El junto-con del ente como el cual es el ser-
ahí "en su transcurso" hasta haber completado "su curso" no se constituye por medio de un remiendo "corriente" de un ente que por sí
mismo está ya en alguna forma y "en algún lugar a la mano". El ser-
ahí no es sólo junto-con cuando se ha llenado su aún-no, tanto menos que justamente entonces ya no es. El ser-ahí siempre existe en cada
caso ya justamente de tal manera que siempre le pertenece su aún-no.»[126]
Esto vale sólo en la medida en que en el concepto de ser-ahí ya se ha
pensado la mortalidad, en la medida en que se supone la filosofía
de Heidegger. Como para el ontólogo la totalidad no puede ser la uni-

---

[120] *Op. cit.*, p. 236 [ed. cast.: *op. cit.*, p. 258].

[121] *Ibid.*

[122] *Ibid.*

[123] Cfr. *Einleitung zu Walter Benjamin [Introducción a Walter Benjamin]*, en *Schriften
[Escritos]*, cit., I, p. XXII.

[124] Heidegger, *Sein und Zeit*, cit., p. 242 [ed. cast.: *El ser y el tiempo*, cit., p. 265].

[125] *Ibid.*

[126] *Op. cit.*, p. 243 [ed. cast.: *op. cit.*, p. 265].

dad de todo el contenido de la vida real, sino que, cualitativamente, debe
ser un tercero, la unidad no es buscada en la vida en cuanto algo en sí
armonioso, articulado y continuo, sino en el punto que limita la vida
y la aniquila junto con su totalidad. En cuanto no ente, o al menos en
cuanto ente sui géneris fuera de la vida, este ente sería, a su vez, ontológico: «Pero este no junto-con perteneciente a un tal modo del junto-
con, el faltar en cuanto suspensión, no puede de ninguna manera
determinar ontológicamente el aún-no que como muerte posible pertenece al ser-ahí. Este ente no tiene en general el modo de ser de algo
intramundamente a la mano»[127]. La muerte se convierte, sustraída a la
facticidad, en la fundadora ontológica de la totalidad. Pero con ello en
lo conferidor de sentido en medio de aquel troceamiento en cuanto el
cual la topografía ontológica registra la consciencia atomizada de la era
tardoindustrial, según el hábito cogitativo no puesto en duda por Heidegger, que equipara sin más un todo estructural con su propio sentido, aunque fuera la contradicción de todo sentido. Según esto, de la
muerte, la negación del ser-ahí, se predica el ser con énfasis[128]. Constituyente ontológico del ser-ahí, sólo la muerte pertrecha a éste con la dignidad de la totalidad: «La muerte en cuanto fin del ser-ahí es la posibilidad más propia, irreferente, cierta y en cuanto tal indeterminada,
irrebasable del ser-ahí»[129]. Con ello responde entonces Heidegger a su
propia pregunta inicial, meramente formulada con el fin de la refutación: «Por eso la conclusión formal del aún-no del ser-ahí, del que se
hace además la exégesis ontológicamente inadecuada que lo explica como
suspensión, no insiste correctamente en la no-totalidad del ser-ahí. El
fenómeno del aún-no, tomado del sí-de-antemano, está tan lejos de ser,
al igual que la estructura del cuidado en general, una instancia contra
un posible ser-total existente, que este sí-de-antemano es lo único que
hace posible un tal ser para el fin. El problema del posible ser-total del
ente que en cada caso somos nosotros mismos insiste correctamente si
la cura como constitución fundamental del ser-ahí "conecta" con la
muerte como la posibilidad extrema de este ente»[130]. El ser-ahí se con-

---

[127] *Op. cit.*, pp. 242 ss. [ed. cast.: *op. cit.*, p. 265].
[128] Cfr. *supra* p. 479.
[129] Heidegger, *Sein und Zeit*, cit., pp. 258 ss. [ed. cast.: *El ser y el tiempo*, cit.,
p. 282].
[130] *Op. cit.*, p. 259 [ed. cast.; *op. cit.*, pp. 282 ss.].

vertiría ontológicamente en el todo gracias a la muerte, que lo desgarra ónticamente. Pero ésta sería auténtica en cuanto lo sustraído al «se». Para ello tiene que aguantar su irreemplazabilidad. Al censurar Heidegger todas las posiciones reales pensables con respecto a la muerte como manifestaciones del «se» –es más, según su veredicto meramente el «se» habla precisamente «de la muerte como "caso" que se presenta constantemente»–[131], extirpa su muerte auténtica, lo más real de todo y, sin embargo, más allá de la facticidad. Irreemplazable, la muerte se convierte en aconceptual, lo mismo que el puro esto-ahí; su concepto la tomaría ya anticipadamente y la reemplazaría como todo concepto lo bajo él comprendido. Con el mismo aliento, sin embargo, Heidegger calumnia a la facticidad, la única que le permite hablar de irreemplazabilidad; pues la muerte en cuanto concepto universal designaría la de todos y no ya la en cada caso propia. La muerte como acontecimiento, precisamente la fáctica, no debe ser la muerte auténtica; por eso la muerte ontológica tampoco es en absoluto tan temible. «La publicidad del convivir cotidiano "conoce" de la muerte como suceso que ocurre constantemente, como "caso de muerte". Este o aquel próximo o lejano "muere". Día a día y hora a hora "mueren" desconocidos. "La muerte" sucede como acontecimiento conocido que ocurre intramundanamente. En cuanto tal permanece en el no-sorprender característico de lo que sucede cotidianamente. El "se" ya se ha asegurado una interpretación también para este acontecimiento. El habla expresa o también mayoritariamente elusiva, "fugaz", quiere decir al respecto: al fin y al cabo también se muere alguna vez, pero por lo pronto no le toca a uno»[132]. En el celo de la distinción entre la muerte como acontecimiento y como lo auténtico, Heidegger no se arredra ante el sofisma: «El análisis del "se muere" descubre inequívocamente el modo-de-ser del cotidiano ser para la muerte. Ésta se entiende en tal habla como un algo indeterminado que ha de llegar alguna vez de cualquier parte, pero que por lo pronto es para uno mismo algo aún no dado y, por tanto, no amenazador. El "se muere" difunde la opinión de que la muerte alcanzaría por así decir al "se". La interpretación pública del ser-ahí dice "se muere" porque con ello otro cualquiera y uno mismo puede persuadirse de que: en ningún caso precisamente yo; pues este

---

[131] *Op. cit.*, p. 253 [ed. cast.; *op. cit.*, p. 276].
[132] *Op. cit.*, pp. 252 s. [ed. cast.: *op. cit.*, p. 276].

"se" es el nadie»[133]. La interpretación de que la muerte alcanzaría por
así decir al «se» presupone ya la hipóstasis heideggeriana de los existenciales, cuyo lado negro es el «se», y desprecia falseándolo lo justo que
esa habla expresa por muy gastada que esté: que la muerte sería una determinación universal, que abarca lo mismo al álter ego que al propio.
Si uno dice «se muere», se incluye, en todo caso eufemísticamente, a sí;
el aplazamiento objetado por Heidegger, sin embargo, sí acierta, el hablante debe realmente de seguir viviendo, de lo contrario no hablaría.
Por lo demás tales argumentaciones provocadas por Heidegger se mueven en una esfera de estupidez que por su parte desmiente la autenticidad que en ella debe cristalizar como piedra filosofal; si algo conviene al «se», es tal pro y contra. El «acaecimiento» poco estimado por
Heidegger y que «no pertenece propiamente a nadie»[134] pertenece del
todo, como se suele decir, a alguien, a saber, al que muere; únicamente una filosofía solipsista podría reconocer a la muerte de «mí» un *prius*
ontológico frente a la de cualquier otro. También la muerte se hace enfáticamente más experimentable en la de otro que en la propia. El Schopenhauer del cuarto libro de *El mundo como voluntad y representación*
no dejó escapar esto: «También en él, como en el animal, que no piensa, reina como situación permanente aquella seguridad que surge de la
más íntima consciencia de que él es la naturaleza, el mundo mismo, en
virtud de la cual a ningún hombre intranquiliza notablemente la idea
de una muerte cierta y nunca lejana, sino que todos siguen viviendo
como si todos tuvieran que vivir eternamente; lo cual llega tan lejos que
podría decirse que nadie tiene un convencimiento auténticamente vivo
de la certeza de su muerte, pues de ser así no habría tan gran diferencia entre su estado de ánimo y el de un condenado a muerte; sino que
cada uno reconoce ciertamente esa certeza *in abstracto* y teóricamente,
pero la deja a un lado, como a otras verdades teóricas pero que no son
aplicables a la praxis, sin de ningún modo aceptarlas en su consciencia
viva»[135]. Para Heidegger en el «se» confluyen turbiamente, lo cual es un
mero derivado ideológico de la relación de canje, los *idola fori* de los

---

[133]   *Op. cit.*, pp. 253 [ed. cast.: *op. cit.*, p. 276].
[134]   *Ibid.*
[135]   SCHOPENHAUER, *Sämtliche Werke in fünf Bänden [Obras completas en cinco vo-
lúmenes]*, edición del Gran Duque Wilhelm Ernst, Leipzig, s. a., vol. I: *Die Welt als Wille und Vorstellung*, p. 376 [ed. cast.: *El mundo como voluntad y representación*, México,
Porrúa, 1983, pp. 222 s.].

discursos fúnebres y las esquelas mortuorias, y la humanidad, que no-
identifica a los otros, sino a sí con el otro, empuja más allá del hechizo de la mismidad abstracta y cala a ésta en su mediación. La condena
general sobre aquella zona que la filosofía, de manera bastante ambi-
gua, llamó la intersubjetividad, espera la victoria sobre la consciencia
reificada por parte de un sujeto supuestamente exento de reificación,
primario, que en verdad es algo tan poco inmediato y primero como
cualquier otra cosa. «La muerte», rezan las frases clave de Heidegger,
«es la posibilidad más propia del ser-ahí. El ser para ella abre al ser-ahí
su más propio poder-ser, en el que va sin más del ser del ser-ahí. En él
puede hacérsele patente al ser-ahí que en la señalada posibilidad de sí
mismo queda arrancado al "se", es decir, precursando puede arrancar-
se en cada caso ya a él»[136]. La muerte se convierte en la esencia de lo
mortal, contra lo más próximo, que sea ahí, y por tanto artificialmente, en algo más allá del ente, salvado del «se» y contrafigura sublimada
de éste, lo auténtico; la autenticidad es la muerte. La soledad del individuo en la muerte, el hecho de que su «irreferencialidad» singulariza
«al ser-ahí en sí mismo»[137], se convierte en sustrato de la mismidad. Esto
totalmente sobre sí mismo es la más extrema consolidación del «se» del
sí-mismo, el arquetipo de la obstinación, en la autonegación. De hecho, la abstracta mismidad in extremis, el rechinar de dientes que no
dice nada más que yo, yo, yo, es tan fútil como aquello en que el sí-
mismo se convierte en la muerte; pero el lenguaje de Heidegger infla
esto negativo hasta convertirlo en lo sustancial. Ése es el contenido del
que luego se sacaron los patrones para el procedimiento formal de la
jerga. La doctrina de Heidegger se torna involuntariamente una exégesis del impertinente chiste: «Gratis es la muerte, y cuesta la vida». Se
enamora de la muerte en cuanto lo presuntamente sustraído sin más a
la relación universal de canje; se engaña sobre el hecho de que permanece encerrada en el mismo ciclo fatal que la relación de canje, a la cual
sublima como el «se». En cuanto lo absolutamente ajeno al sujeto, la
muerte es modelo de toda reificación. Sólo la ideología la celebra como
remedio contra el canje, al cual ella rebaja a la forma más desesperan-
zada de eternidad en lugar de ser redimido por el canje justo al cum-
plirse por fin de modo justo. Si para Heidegger como justificación

---

[136] Heidegger, *Sein und Zeit*, cit., p. 263 [ed. cast.: *El ser y el tiempo*, cit., p. 287].
[137] *Ibid.*

del ser-ahí este mismo, por mor de su ignominiosa figura histórica, no basta, entonces únicamente su aniquilación sería él mismo. Surge como máxima suprema que las cosas son así, que hay que conformarse –positivamente: adaptarse–, el lamentable mandamiento de que hay que obedecer a lo que es. Ni siquiera obedecer; el ser-ahí no tiene ninguna elección en absoluto, por eso la muerte es frente a él tan ontológica. Si se llamase no-ideológico a un pensamiento que aproximara la ideología al valor límite de la nada, entonces Heidegger sería no-ideológico. Pero su pretensión de abrir el sentido del ser-ahí convierte una vez más su operación en ideología, análogamente a como hace el discurso hoy en día en boga sobre la pérdida de ideología que da en la ideología y apunta a la verdad.

Con la frase «El "se" no deja brotar el coraje para la angustia ante la muerte»[138], Heidegger desenmascara de hecho estados de cosas de la ideología, el intento de integración de la muerte en la misma inmanencia social que no tiene ningún poder sobre la muerte, como, por ejemplo, en la parodia de Evelyn Waugh *The Loved One*. No pocas formulaciones de Heidegger se aproximan mucho al mecanismo de represión de la muerte: «Mas la tentación, el aquietamiento y la alienación caracterizan el modo-de-ser del caer. El cotidiano ser para la muerte es en cuanto cadente una constante huida ante ella»[139]. Sin embargo, la alienación designa una relación social: incluso aquella con la muerte; el hombre y las instituciones de la piedad reproducen comercialmente la voluntad inconsciente de olvidar aquello ante lo que se debe tener angustia. No son menester ni la ontología fundamental ni su nomenclatura para llegar a consideraciones como: «El "se" procura de este modo una tranquilización permanente respecto de la muerte. En el fondo esto no vale sólo para el moribundo, sino otro tanto para los "consoladores". Y ni siquiera en el caso de fallecer debe ser perturbada e inquietada por el acontecimiento la publicidad en su procurada incuria. En el morir de los otros se ve sin embargo no rara vez una inconveniencia social, cuando no toda una falta de tacto, de que debe guardarse a la publicidad»[140]. Así, ya el asesor Brack de Ibsen había comentado el suicidio de Hedda Gabler con la apostilla: «Esas cosas no se hacen».

---

[138] *Op. cit.*, p. 254 [ed. cast.: *op. cit.*, p. 277].
[139] *Ibíd.* [ed. cast.: *op. cit.*, p. 278].
[140] *Op. cit.*, pp. 253 ss. [ed. cast.: *op. cit.*, p. 277].

Heidegger, que no quiere encanallarse con la psicología, ha calado psicológicamente la esencia reactiva de la integración de la muerte. En *Ser y tiempo* eso se pone en clave: «Pero, con la cadente huida ante la muerte, la cotidianidad del ser-ahí atestigua que también el "se" mismo está determinado en cada caso ya como ser para la muerte, incluso cuando no se mueve expresamente dentro de un "pensar en la muerte". Para el ser-ahí va constantemente, también en la cotidianeidad del término medio, de este poder-ser más propio, irreferente e irrebasable, aun cuando sólo en el modo del procurar de una indiferencia no importunada frente a la más extrema posibilidad de su existencia»[141]. Pese a todo, no penetra lo suficiente para, en la convulsión del «disfrutad de la vida», en ese bobo lugar común que él con razón desprecia, «se muere también alguna vez, pero de momento aún no»[142], sentir y respetar la desesperación que éste reprime. La protesta contra la represión de la muerte tendría su lugar en una crítica de la ideología liberal: debería recordar la naturalidad que la cultura niega porque ésta misma, en cuanto dominio, continúa la naturalidad en lo que se desconoce como antítesis de la naturaleza. Pero, al igual que el fascismo, defiende la más brutal figura de la naturalidad contra la mediada, sublimada. El ser para la muerte heideggeriano se opone irracionalmente a su irracional represión. Ésta es impuesta por la vida convencionalizada, modelada según la forma de las mercancías; no por una estructura del ser, por negativa que fuera. Es pensable una situación social en la que los hombres ya no tuvieran que reprimir la muerte, quizá pudieran experimentarla de otro modo que con angustia, la marca del crudo estado de naturaleza que la doctrina de Heidegger eterniza con palabras supranaturalistas. La muerte se reprime por autoconservación obcecada; de su horror participa la represión misma. En una vida ya no deformada, denegadora, que ya no engañara a los hombres acerca de lo suyo, éstos sin duda ya no necesitarían esperar primero en vano que se les concediera lo denegado y por consiguiente tampoco en absoluto temer ya tanto perderlo, por muy profundamente que tal angustia esté encarnada en ellos. Sin embargo, del hecho de que los hombres reprimen la muerte no cabe deducir que ella misma sería lo auténtico; el que menos

---

[141] *Op. cit.*, p. 254 [ed. cast.: *op. cit.*, p. 278].
[142] *Op. cit.*, p. 255 [ed. cast.: *op. cit.*, p. 279].

Heidegger, que se cuida de atestiguar autenticidad a aquellos que no reprimen la muerte.

La ontologización de la muerte es caracterizada por Heidegger, en una especie de acto filosófico fallido, con el hecho de que su certidumbre es cualitativamente superior a los demás fenómenos; por supuesto, él abjura de ello mediante la referencia a la cotidianeidad: «Con el caracterizado encontrarse cotidiano, la superioridad "angustiosamente" preocupada, aparentemente exenta de angustia frente al "hecho" cierto de la muerte, concede a la cotidianeidad una certidumbre "superior" a la sólo empírica»[143]. El «superior» tiene, a pesar de las comillas, la fuerza probatoria de la confesión de que la teoría sancionaría la muerte. El partisano de la autenticidad comete el pecado del que acusa a las *minores gentes* del «se». Mediante la autenticidad de la muerte escapa a ésta. Lo que ahí se anuncia con certeza superior a la meramente empírica la limpia tan falsamente de la miseria y el hedor del reventar animal como sólo una muerte wagneriana de amor o redención, análogamente a la inserción de la muerte en la higiene que Heidegger imputa a los inauténticos. Mediante lo que la alta estilización de la muerte como autenticidad calla se convierte él en cómplice de lo que ella tiene de atroz. Incluso en el cínico materialismo de la sala de autopsias es esto más sinceramente reconocido, objetivamente denunciado con más fuerza, que en las tiradas ontológicas. Éstas tienen como núcleo la supraempírica certeza de la muerte como algo existencialmente diseñado para el ser-ahí; la pureza de la experiencia repercute en lo que sin metáfora fue antaño, pureza como ausencia de suciedad. Pero la muerte no es en ningún sentido pura; tampoco nada apodíctico. De lo contrario, las promesas de las grandes religiones estarían olvidadas del ser. Sin embargo, de ningún modo se ha menester de ellas aquí. Lo mismo que no pocos organismos inferiores no mueren en el mismo sentido que los superiores, individualizados, así a la vista del potencial de la disposición sobre procesos orgánicos que va adquiriendo perfil no cabe a fortiori descartar la idea de la abolición de la muerte. Puede ser muy inverosímil; sin embargo, se puede pensar lo que desde el punto de vista ontológico-existencial ni siquiera se podría pensar. Pero la afirmación de la dignidad ontológica de la muerte se hace nula ya ante la posibilidad de que en ella, según el lengua-

---

[143] *Op. cit.*, p. 258 [ed. cast.: *op. cit.,* p. 281].

je de Heidegger de una manera óntica, algo cambie; al sofocar Heidegger en germen, como dicen los inquisidores, semejantes esperanzas, el auténtico habla por todos aquellos que, en cuanto oyen hablar de ese potencial, entonan el coro de que nada sería peor que si ya no hubiera muerte. Es lícita la presunción de que siempre se trata de los adeptos a la jerga. El entusiasmo a favor de la eternidad de la muerte prolonga la amenaza con ella; políticamente hace campaña a favor de la inevitabilidad de las guerras. Kant, que admitió la inmortalidad entre las ideas, no se abandonó a esa clase de profundidad en la que nada prospera más que la confirmación de lo harto acostumbrado. Con la restauración de la transición de lo inorgánico a la vida se modificaría a fondo el horizonte existenciario de la muerte en Heidegger. En ninguna parte podrían ser más alérgicos que aquí su filosofía y todo lo que con ella va nadando hasta los últimos canales de desagüe de la creencia alemana en el ser. El acuerdo con el ente que motiva su desplazamiento al ser vive de la complicidad con la muerte. En la metafísica de ésta se cuece todo el infortunio al que se condena físicamente la sociedad burguesa por medio de su propio proceso de movimiento.

Bajo cuerda, la doctrina del «precursar» en cuanto el auténtico ser para la muerte, la «posibilidad de una anticipación existencial de todo el ser-ahí, es decir, la posibilidad de existir como poder-ser total»[144], se transforma en lo que el ser para la muerte no querría ser y sin embargo tiene que ser si es que se quiere decir algo más que una tautología, a saber: un comportamiento. Ciertamente nada se dice de en qué se diferencia este comportamiento del hecho de que se ha de morir, pero sin embargo debe recibir su dignidad en una aceptación sin lenguaje ni reflexión de tal haber-de. «Pero el precursar no esquiva la irrebasabilidad como el inauténtico ser para la muerte, sino que se pone en libertad para ello. El ponerse, precursando, en libertad para la muerte propia libera de la perdición en las posibilidades que contingentemente se ofrecen, de tal manera ciertamente que ante todo hace comprender y elegir auténticamente las posibilidades fácticas que están antepuestas a la irrebasable. El precursar abre a la existencia como posibilidad extrema la abnegación y rompe así todo aferrarse a la existencia en cada caso alcanzada.»[145] Sólo rara vez tienen las palabras de

---

[144] *Op. cit.*, p. 264 [ed. cast.: *op. cit.*, p. 288].
[145] *Ibid.* [ed. cast.: *op. cit.*, pp. 287 ss.].

Heidegger tanta verdad como las últimas. La meditación del hombre sobre sí mismo en cuanto naturaleza sería al mismo tiempo la reflexión crítica del principio de autoconservación; la vida correcta, sin duda una que no se aferre «a la existencia en cada caso alcanzada». Pero al extrapolar en la doctrina heideggeriana tales modos de comportamiento de la muerte a partir del ser-ahí en cuanto el sentido positivo de ésta, al incluso consolidarse en su abnegación el sí-mismo como instancia, Heidegger echa a perder lo que consigue. La resignación se anquilosa hasta la obstinación, que hace de la disolución del sí-mismo la posición de éste, la inflexibilidad estoica; mediante la tenaz identificación con el sí-mismo se convierte en la absolutización del principio negativo. A la obstinación están encadenadas todas las categorías a través de las cuales luego Heidegger explica el auténtico ser para la muerte: la posibilidad de la muerte debe «ser aguantada»[146]; lo que debiera ser otra cosa que la rigidez y la violencia acrecienta ésta al extremo. Para Heidegger el sujeto nunca es tan auténtico como en ese aguantar, según el arquetipo, por ejemplo, del yo que soporta un máximo de dolor. Incluso lo que contrasta con la rigidez del sí-mismo porta lingüísticamente los rasgos de su violencia: él lo denomina un «romper»[147]. Lo mismo que para él el ser ahí –el sujeto– es la muerte, así el ser para la muerte es sujeto, pura voluntad. Una resolución ontológica no puede preguntar para qué muere. La intacta mismidad tiene la última palabra. «Esta señalada apertura auténtica, que en el ser-ahí mismo la conciencia de éste atestigua –el proyectarse, silencioso y dispuesto a la angustia, en el más propio ser-culpable–, la llamamos la resolución.»[148] Pero el coraje para la angustia sería la vida recta, no-ideológica, sólo en la medida en que ya no necesitase prestarse como ideología para todo lo que cabe temer.

La jerga de la autenticidad es ideología en cuanto lenguaje, abstracción hecha de todo contenido particular. El sentido lo afirma mediante el gesto de esa dignidad con que Heidegger reviste la muerte. También la dignidad es de esencia idealista. Una vez el sujeto se imaginó como una pequeña deidad en la consciencia de su propia libertad, lo mismo que como legislador soberano. Tales motivos han sido

---

[146] *Op. cit.*, p. 261 [ed. cast.: *op. cit.*, p. 285].
[147] *Op. cit.*, p. 264 [ed. cast.: *op. cit.*, p. 288].
[148] *Op. cit.*, pp. 296 ss. [ed. cast.: *op. cit.*, p. 323].

extirpados en la dignidad de tono heideggeriano: «Pero ¿de qué otro modo podría llegar jamás una humanidad al agradecer originario si el favor del ser, por medio de la abierta referencia a sí mismo, no le concediese al hombre la nobleza de esa pobreza en la que la libertad del sacrificio esconde el tesoro de su esencia? El sacrificio es la despedida del ente en el camino que conduce a la preservación del favor del ser. El sacrificio puede ciertamente ser preparado y favorecido por el trabajar y el producir en el ente, pero nunca ser consumado por estos medios. Su consumación procede del empeño desde el que cada hombre histórico actúa –también el pensar esencial es un actuar–, que conserva al ser-ahí adquirido para la preservación de la dignidad del ser. Este empeño es la ecuanimidad, que no deja que se impugne la oculta disposición para la esencia de despedida de todo sacrificio. El sacrificio se encuentra en casa en la esencia del acontecimiento, en cuanto el cual el ser reclama al hombre para la verdad del ser. Por eso, el sacrificio no tolera ningún cálculo por el que siempre no se hace sino contabilizar una utilidad o inutilidad, por altos o bajos que se hayan puesto los fines. Esta contabilidad deforma la esencia del sacrificio. La persecución de fines enturbia la claridad del temor, dispuesto a la angustia; del coraje para el sacrificio, que se atreve a asumir la vecindad a lo indestructible»[149]. La solemnidad de estas frases, en las que la dignidad, por lo demás en cuanto la del ser y no la de los hombres, desempeña su papel, se diferencia de los entierros secularizados únicamente por el entusiasmo por el sacrificio irracional: así quizá hablaran los oficiales de aviación cuando, de retorno de una ciudad recién arrasada, bebían champán a la salud de los que no regresaron. La dignidad nunca fue mucho mejor que la actitud de autoconservación, que se las da de más; la criatura imita al creador. En ella se mediatizaba una categoría feudal de la que la sociedad burguesa se sirve póstumamente para la legitimación de su jerarquía. Siempre tuvo tendencia al fraude, tal como en ocasiones festivas lo pone de manifiesto la presunción de los dignatarios de mentalidad conforme a lo prescrito. La dignidad heideggeriana es una vez más la sombra de tal ideología prestada; en lugar del sujeto, que de todos modos fundó la suya en la pretensión pitagórica, todo lo problemática que se quiera, de que él sería el buen ciudadano

---

[149] Heidegger, *Was ist Metaphysik?*, cit., p. 45 [ed. cast.: *¿Qué es metafísica?*, cit., pp. 58 ss.].

de un buen Estado, únicamente aparece todavía el respeto que el sujeto merecería porque ha de morir como todos los demás. En tal medida es Heidegger involuntariamente demócrata. La identificación con lo inevitable es, en cuanto sacrificio, todo el consuelo de la filosofía de la consolación: la última identidad. El gastado principio de la autoconservación del yo, que se sostiene orgulloso conservando su vida a costa de los demás, es revalorizado por la muerte que lo extingue. La filosofía heideggeriana se cerró a lo que antaño era la puerta a la vida eterna; en lugar de eso, adora la pesadez y el tamaño de la puerta. El vacío se convierte en *arcanum* del éxtasis permanente de un numen taciturno. También en las personas reservadas es a menudo incierto si la profundidad de su interioridad, tal como la dan a entender, tiembla ante la profanación, o si su frialdad tiene tan poco que decir como cualquier otra cosa a ella. El resto es piedad, en el caso más humano sentimientos bullendo sin amparo de aquellos a los que se les muere alguien al que han amado, en el peor lo *convenu* que santifica la muerte con la idea de una voluntad divina y una gracia divina, aun allí donde la teología ha empalidecido. Eso es explotado por el lenguaje y se convierte en el esquema de la jerga de la autenticidad. Su muy digna conducta es una formación de reacción a la secularización de la muerte; el lenguaje quiere apresar lo huidizo sin creerlo ni nombrarlo. La muerte desnuda se convierte en el contenido del discurso, que éste sólo tendría en algo trascendente. Lo falso de la dotación de sentido, la nada en cuanto algo, engendra la mendacidad lingüística. Así quiso el *Jugendstil* insuflar a partir de sí sentido, en negación abstracta, a una vida experimentada como vacía de sentido. Su quimérico manifiesto estaba grabado en las nuevas tablas de Nietzsche. Nada semejante puede arrancársele ya voluntariamente al ser-ahí tardoburgués. Por eso es arrojado el sentido a la muerte. Así concluían los dramas tardíos de Ibsen, donde la autodestrucción libremente consumada de una vida enmarañada sin salida del convencionalismo se descarga desde la acción, como si fuera la consumación, rayana ya con la purificadora muerte de la incineración laica. Pero la forma dramática dejaba abierta la inutilidad; el sentido subjetivamente consolador de la autoconservación resultaba objetivamente desconsolador. La última palabra la tenía la ironía trágica. Cuanta menos fuerza tiene entonces socialmente el individuo, tanto menos puede percatarse con calma de su propia impotencia. Igualmente debe esponjarse hasta la mismidad, lo mismo que su futilidad hasta lo auténtico, hasta el ser. De la involuntaria parodia de Heidegger llevada a cabo por un autor que uno tras otro publicó libros con los títulos de *Encuentro con la nada* y *Encuentro con el ser* no debe en absoluto culparse a él, sino al modelo, que se cree por encima de tales depravaciones. Tampoco Heidegger se encontró con la nada más que para una superior propedéutica del ser. La cadencia heideggeriana se profetiza en el estudio de Schiller sobre la dignidad como un cerrarse o afianzarse en sí mismo: «Si en teatros y salones de baile se tiene ocasión de observar la gracia afectada, la falta de dignidad se puede estudiar a menudo en los despachos ministeriales y en los gabinetes de los eruditos (principalmente en las universidades). Si la verdadera dignidad se contenta con impedir el dominio del afecto y pone límites al instinto natural sólo allí donde éste quiere hacer de amo, en los movimientos involuntarios, la falsa dignidad rige también con férreo cetro los voluntarios, suprime tanto los movimientos morales, que son sagrados para la verdadera dignidad, como los sensoriales, y borra todo el juego mímico del alma en los rasgos del semblante. No sólo es rigurosa con la naturaleza que se resiste, sino dura con la que se somete, y busca su ridícula grandeza en el avasallamiento y, donde no puede lograrlo, en su ocultación. Ni más ni menos que si hubiera jurado odio implacable a todo lo que se llama naturaleza, mete el cuerpo en largas y plegadas vestiduras que esconden toda la contextura humana, limita el uso de los miembros con un molesto aparato de adornos inútiles y hasta corta el cabello para reemplazar el don de la naturaleza por una hechura del arte. Si la verdadera dignidad, que nunca se avergüenza de la naturaleza sino sólo de la bárbara, sigue siendo libre y franca aun allí donde se contiene; si en los ojos brilla el sentimiento y por la frente elocuente se extiende el espíritu risueño y sereno, la gravedad arruga la suya, se encierra misteriosamente en sí misma y vigila con todo cuidado sus rasgos como un comediante. Todos los músculos de su rostro están en tensión, toda verdadera expresión natural desaparece y el hombre entero es como una carta sellada. Pero la falsa dignidad no siempre desacierta al sujetar el juego mímico de sus rasgos a una rigurosa disciplina, porque quizá podría delatar más de lo que se quisiera poner de manifiesto, una precaución de la que por supuesto no tiene necesidad la verdadera dignidad. Ésta sólo dominará a la naturaleza, nunca la ocultará; en la falsa, por el contrario, la naturaleza sólo domina tanto más violentamente por dentro al estar sometida por fuera»[150]. Para el kantiano que creía en la disyunción de precio y dignidad de su maestro, la segunda era aún algo deseable. Esto le quitaba la visión plena a la que tanto se acercó el gran escritor: que a la dignidad le es inmanente su forma de caída, algo observable en cuanto los intelectuales se congracian con el poder que no tienen y al que tendrían que resistir. En la jerga de la autenticidad se derrumba al fin la dignidad kantiana, aquella humanidad que no tiene su concepto en la autorreflexión, sino en la diferencia de la animalidad oprimida.

---

[150] Friedrich von SCHILLER, *Sämmtliche Werke [Obras completas]*, primera parte del octavo volumen, Stuttgart y Tubinga, 1818, pp. 96 y ss.: *Über Anmuth und Würde* [ed. cast.: *Sobre gracia y dignidad*, Barcelona, Icaria, 1985, pp. 65 ss.].

Noticia

El autor concibió *La jerga de la autenticidad* como parte de la *Dialéctica negativa*. Excluyó de ésta el texto no sólo porque su extensión incurría en desproporción con respecto al resto. Los elementos fisonómico-lingüísticos y sociológicos ya no se adaptaban muy bien al plan del libro. La resistencia contra la división espiritual del trabajo quiere que ésta sea reflexionada, no ignorada. Sin duda la *Jerga* es filosófica por su intención y por su temática. Mientras la filosofía satisfizo su concepto, tenía un contenido real. En su retirada a la idea de su concepto puro se abandona a sí misma. Pero justamente eso fue lo primero que se desarrolló en el libro entonces incompleto, mientras que la *Jerga* procede según aquella concepción sin fundamentarla ya del todo. Por eso se publicó antes, como una especie de propedéutica.

Al respetar hasta tal punto la división del trabajo, el autor, por supuesto, la ha provocado al mismo tiempo tanto más bruscamente. A quien le reprochara que seduce filosófica, sociológica, estéticamente, sin mantener separadas y en lo posible tratar por separado las categorías según su origen, habría de responderle que la reclamación se proyectaría sobre los objetos de la necesidad de orden de la ciencia clasificatoria, la cual luego habría de proclamar que ellos la elevarían. El autor, sin embargo, se siente más inclinado a abandonarse a ellos que a esquematizar pedantemente, en aras de una cuestionable norma aplicada desde fuera, lo que precisamente se determina por la interpenetración de los momentos que el ideal metodológico de todo el mundo desagrega. Por otra parte, en tal unidad del asunto podría hacerse tanto más visible el nexo de sus propios ensayos, por ejemplo el de los filosóficos con los de teoría musical, como la «Crítica del músico» en *Disonancias*. Lo que en la mala forma lingüística se percibe estéticamente, se interpreta sociológicamente, es derivado de la no-verdad del contenido con ella asentado, de la filosofía implícita.

Esto provoca irritación: pasajes de Jaspers, bloques de ideas de Heidegger son tratados en el mismo plano que una actitud lingüística que presumiblemente los jefes de escuela rechazan con indignación. El texto de la *Jerga* contiene sin embargo, tomadas de un arsenal verdaderamente inagotable, pruebas suficientes de que ellos mismos ya escriben del mismo modo que, para confirmar su propia superioridad, desprecian en los pequeños. Sus filosofemas ponen de manifiesto de qué se nutre la jerga y qué no decirlo expresamente constituye una parte de su fuerza de sugestión. Si en los ambiciosos proyectos de la filosofía alemana de la segunda mitad del siglo XX se ha sedimentado y articulado hacia dónde se tiraba entonces de ese espíritu objetivo que seguía siendo lo que era y por eso hoy en día todavía habla la jerga, sólo en la crítica de esos proyectos cabe determinar objetivamente la no-verdad que resuena desde la mendacidad de la jerga vulgar. Su fisonomía conduce a lo que en Heidegger se desvela.

No es nada nuevo el hecho de que lo elevado se emplee como tapadera de algo bajo: a fin de mantener a las víctimas potenciales bajo el yugo. Pero la ideología de lo elevado ya no se confiesa sin abandono de ella. Hacer esto visible quizá ayude a no quedarse en la vaga e incomprometida sospecha de ideología, ella misma poco a poco rebajada a ideología. La ideología alemana contemporánea se guarda de doctrinas aprehensibles como las liberales o incluso las elitistas. Ha resbalado hasta el lenguaje. A ello llevaron cambios sociales y antropológicos, sin que el velo se rasgara. Que ese lenguaje es de hecho ideología, apariencia socialmente necesaria, puede inmanentemente descubrirse en la contradicción entre su cómo y su qué. La jerga, en su imposibilidad objetiva, reacciona a la incipiente del lenguaje mismo. Éste se vende al mercado, a los disparates, a la vulgaridad dominante. O bien se sienta en el tribunal, se envuelve en la toga y refuerza así el privilegio. La jerga es la síntesis feliz y por eso explota.

Mostrar esto tiene el aspecto de una intervención práctica. Tan irresistible como parece la jerga en la Alemania actual es de flaca y achacosa; el hecho de haberse convertido a sí misma en ideología la hace saltar por los aires en cuanto se reconoce. Si la jerga enmudeciera en

Alemania, con ello algo se habría conseguido de lo que demasiado pronto e injustificadamente se ensalza en la *skepsis* aun tímida. Los interesados, que disponen de la jerga como instrumento de poder o que deben su notoriedad pública al efecto psicológico-social de ella, no se deshabituarán a ella. Otros se avergonzarán: incluso los secuaces de creencias autoritarias temen el ridículo en cuanto sienten lo arcilloso de la autoridad en que buscan sostén. Si la jerga es una forma muy de hoy de la no-verdad en la Alemania más reciente, entonces en su negación determinada podría experimentarse una verdad que se resiste a su formulación positiva.

Se han incorporado al texto algunas secciones de la primera parte publicadas en la *Neuen Rundschau* en 1963, tercer fascículo.

Junio de 1967

Nota del editor

La primera edición de la *Dialéctica negativa* la publicó en 1966 la editorial Suhrkamp en Fráncfort del Meno. Ya un año después apareció una segunda edición, con la que se llegó a los 5.000 o 7.000 ejemplares; sobre sus cambios Adorno habla en la «Nota» de la segunda edición. La ponencia de 1932 «La idea de la historia natural», mencionada en la «Nota» y hasta entonces sin publicar, se reproduce en el primer volumen de la obra completa. – La presente edición de la *Dialéctica negativa* se sirve de la composición de la segunda edición, a la que sin embargo se le han corregido una serie de erratas.

La *Jerga de la autenticidad* se publicó por primera vez en 1964 como volumen 91 de la «edition Suhrkamp». Adorno permitió que el volumen se reeditara sin alteraciones, excepción hecha de unas cuantas correcciones. La nuestra sigue la última edición en vida del autor –con la que se llegó de 24.000 a 30.000 ejemplares–, aparecida en febrero de 1969.

A diferencia de la *Jerga*, para la *Dialéctica negativa* Adorno tenía la intención de escribir interpolaciones adicionales. Del contenido de éstas dio cuenta en la guarda de su manuscrito de la segunda edición.

La primera de estas notas –fechada en «noviembre de 1968»– dice: *En una eventual nueva edición, introducir en el capítulo dedicado a la libertad una nota al pie sobre la filosofía kantiana de la religión, donde lo radicalmente malo es reducido a una m á x i m a y pensado como la posibilidad del carácter inteligible. Esto contradice mi interpretación dada en el texto, pero conduce a una antinomia. Pues si la ley moral debe ser el principio puro de la razón, es incomprensible cómo lo radicalmente malo debe ser un principio puro de la razón. K[ant] se ve obligado a admitir un p r i n c i p i o malo –consecuencia del por él criticado pecado original–, algo así como el Yago de Shakespeare. El mal se convierte en algo puramente espiritual. En Kant el diablo resucita: el ilustrado se convierte en maniqueo. – Pero también la representación de lo indisolublemente bueno en la naturaleza humana es mística. Para la autotrascendentalización del formalismo kantiano.*

Una segunda adición –originalmente sin duda pensada para el excurso sobre Hegel– se encuentra esbozada en la siguiente nota, redactada el 30 de enero de 1969: *La crítica decisiva de la doctrina weberiana de la racionalidad instrumental, de la irracionalidad de los fines y de la neutralidad axiológica se halla esbozada en el cuaderno a, muy al final, pp. 144-1445. El pasaje en el* cuaderno *mencionado dice: sobre la tendencia sociológica. – Crítica de la teoría weberiana de la neutralidad axiológica desde el concepto de r a c i o n a l i d a d . Ésta, en W[eber] como racionalidad instrumental, es decir, una racionalidad de la relación determinada por los medios y los fines. Los fines se han de excluir de ella. Pero esto es la pura arbitrariedad. Pues la racionalidad es –lo mismo que su instancia subjetiva, el yo– inseparable de la autoconservación.* Ratio qua *prueba de la realidad está a su servicio. Pero el momento de la u n i- v e r s a l i d a d se eleva por encima de su portador subjetivo. Su sujeto que se conserva a sí mismo es universal, la sociedad como humanidad. La racionalidad es la propia conservación de ésta, es decir, el fin de su institución racional. Ésta sólo es racional cuando conserva los sujetos socializados. Es irracional el hecho de que ciertamente, por ejemplo, la adecuación de los medios de destrucción al fin de la destrucción debe ser racional, pero irracional el fin de la paz y de la eliminación de los antagonismos. – De hecho, en W[eber] incluso la racionalidad de fin-medio se invierte sin que él –lo mismo que en otros momentos dialécticos de la economía y la sociedad– reflexionara sobre ello. El por él pronosticado desarrollo de la burocracia como la forma más pura del dominio racional en una sociedad de la cáscara es irracional. Conceptos como cáscara, consolidación del aparato no dicen otra cosa que el hecho de que se convierten en fin para sí mismos en lugar de cumplir su racionalidad fines-medios. Éste se convierte en irracional cuando, como quiere W[eber], los fines resultan tales. La ruptura de la racionalidad fines-medios es pura ideología, orientada contra el marxismo. Se desenmascara como desatinada, contradictoria en sí. (La* ratio *no ha de ser m e n o s que autoconservación; mediante la autoconservación tiene que trascender a ésta.)* Mientras que la interpolación sobre Kant quedó sin desarrollar, Adorno desarrolló la crítica de Weber y la incorporó a las «Marginalia sobre teoría y praxis», un epílogo a la *Dialéctica negativa* (cfr. Th. W. ADORNO, *Stichworte. Kritische Modelle* 2, Fráncfort del Meno, 1969, pp. 184 ss.).

La última nota, sin fechar, en manuscrito de Adorno de la *Dialéctica negativa* remite a una tercera interpolación planeada: *Añadir también a la i n t r o d u c c i ó n la idea de la decisión previa idealista, v[éase] el cuaderno U, pp. 102 ss.* El pasaje citado del cuaderno U reza: *Cuaderno sobre la dialéctica, introducción. Toda filosofía, gracias a su procedimiento, afecta a una decisión previa para el idealismo. Puesto que tiene que operar con conceptos, no puede pegar materiales, algo no conceptual, a sus textos (quizá en el arte el principio del* collage *es inconscientemente de sí mismo la protesta precisamente contra eso; también la técnica de encolado de Thomas Mann). Pero por eso ya se procura que a los conceptos, en cuanto el m a t e r i a l de la filosofía, se le otorgue la prelación. Incluso la materia es una abstracción. Pero la filosofía puede reconocer, nombrar, ella misma este* ψεῦδος *a ella necesariamente impuesto; y si sigue pensando a partir de ahí, ciertamente no suprimirlo, sino reconstruirse de tal modo que todas sus frases se zambullan en la autoconsciencia de esa no-verdad. Justamente ésa es la idea de una dialéctica negativa. Central.* – Esta nota ya se escribió en mayo de 1965, en quedó sin desarrollar. Formulaciones análogas se encuentran también en la *Teoría estética* (cfr. Th. W. ADORNO, *Ästhetische Theorie,* Fráncfort del Meno, 1970, pp. 382 ss.).

Diciembre de 1972

Akal/Básica de bolsillo

Títulos publicados